国家出版基金项目
NATIONAL PUBLICATION FOUNDATION
四川省巴蜀文化研究中心重點科研項目
巴蜀文化研究大家系列

十三經恒解

箋解本

卷之六

《禮記恒解》

〔清〕劉沅◎著

總主編◎譚繼和
總策劃◎施維

箋解　譚繼和　祁和暉

巴蜀書社

圖書在版編目（CIP）數據

十三經恒解（箋解本）/（清）劉沅著；譚繼和、祁和暉箋解
—成都：巴蜀書社，2016.1
ISBN 978-7-5531-0569-7

Ⅰ.①十… Ⅱ.①劉… ②譚… Ⅲ.①經學②《十三經》-注釋 Ⅳ.①Z126.2

中國版本圖書館 CIP 數據核字（2015）第 175942 號

十三經恒解（箋解本）　（清）劉　沅　著
譚繼和　祁和暉　箋解

出品人	林　建　侯安國
策劃編輯	施　維
責任編輯	張照華　張亮亮　肖　靜　封　龍 張紅義　王群栗　趙邦媛　童際鵬
出　版	巴蜀書社 地址：成都槐樹街 2 號　郵編：610031 總編室電話：（028）86259397
網　址	www.bsbook.com
發　行	巴蜀書社 發行科電話：（028）86259422　86259423
經　銷	新華書店
印　刷	四川省南方印務有限公司
版　次	2016 年 1 月第 1 版
印　次	2016 年 1 月第 1 次印刷
成品尺寸	210mm×290mm
印　張	218.5
書　號	ISBN 978-7-5531-0569-7
定　價	2000.00 元（全 10 卷）

目　録

禮記恒解

十三經恒解

箋解本

卷之六

禮記恒解

况正兵◎整理

序

天以一元生化，而品物流形，各得其所，自然之秩叙，即禮之原也。人秉五行之秀，而其性則太極之靈。太極之在天地者，播而爲五行，著而爲萬物。人性之秉太極者，分而爲五常，著而爲倫紀，其理一，則其所以順其自然、盡其當然者，無不一也。第人汩於物欲，喪其本來，則以禮爲苦人之具，而不知吾性中之本然，必如是而後安，不如是則[1]不安也。自羲皇以來，代有制作，至唐虞而成功，文章乃焕然其可觀。然世變所趨、人情所向，既踵事而增華，必多方而補救。故三代聖王忠質文互用，而其禮乃詳。周之興也，蓋出於播遷流離，而數聖人以忠厚承之，以至德永之。觀於《詩》《書》所載、孔孟所言，文武周公實能以天地育物之心爲心，故其禮亦能以天地生成之道爲道，傳世久遠。上既無聖天子持其綱，下亦無賢公卿維其緒，及春秋而事雜言龐，有莫知禮之所以爲禮者矣。夫子聖德天縱，尤嚴規矩，凡禮之可以宜古而宜今者，蓋靡不身體之。而其或有當變通者，則有志而未見諸施行也。當時諸賢習聞其説，而不盡得其指歸，一二好學深思之士，裒輯群言，彙爲此書。雖其分編纂叙出於戴、鄭之徒，未必遂得聖人精意，而其文存即其義存，不得謂折衷時中，不藉此而彰也。先儒以《周官》《儀禮》爲經，此經爲註，又因其列學取士，始於荆公，爰多訾議之者。然嘗考其所言，無非採葺賢聖，雜書見聞，意其精者出於七十子之徒，而其淺者亦秦漢篤學之士，非於道概未有聞而能剽襲爲之者也。書中如《月令》《王制》，作者顯其姓名，其他前人所疑，多由未達文義而遽相詬疵。我朝禮教昌明，欽

① 則，《槐軒雜著》卷一本序作而。

定義疏，廣大精微，無美不備。於前儒之是非，判然朗然，蓋大聖人建中和而修百度，不似書生空談曲學也。沅譾陋，於禮意毫末未窺，而幸沐休明，積久，微覺有得，竊慮承學者或苦於繁，否則拘晦其旨，爰於誦習之時，隨文詁義，以便參稽。閲年，忽已成帙。以愚困之留，未忍捐棄也，叙而存之，後有作者其或弗喻爲妄誕也夫。

道光八年初夏日　雙流劉沅識

先生嘗言孔子苟得志，則文武周公之制，必有當損益以宜民者。此書畧見一斑[①]。因前人反以《儀禮》爲經，此書爲註，致因時制宜之道不明。觀全書之註益信。

受業傅泰凝志[②]

① 斑，底本作班。
② 按：傅泰凝題記原載《槐軒雜著》卷一本序末。

凡例

一、《隋書・經籍志》云：漢初，河閒獻王得記一百三十一篇。至劉向，考校得一百三十篇，第而叙之，又得《明堂陰陽記》三十三篇、《孔子三朝記》七篇、《王史氏記》二十一篇、《樂記》二十三篇，凡五種，合二百十四篇。戴德删其煩重，爲八十五篇，谓之《大戴記》。而戴聖又删大戴書爲四十六篇，謂之《小戴記》。漢末馬融遂傳小戴之學，融又益《月令》一篇、《明堂位》一篇、《樂記》一篇，合四十九篇。然考《後漢書・橋元傳》云七世祖仁著《禮記章句》四十九篇，號曰橋君學。仁即班固所謂小戴授梁人橋季卿者，成帝時官大鴻臚，其時已稱四十九篇，無四十六篇之説。孔《疏》於《月令目録》云：此於《别録》屬《明堂陰陽記》。《明堂位目録》云：此於《别録》屬《明堂陰陽記》。《樂記目録》云：此於《别録》屬《樂記》。則三篇皆劉向《别録》所有，非馬融所增。鄭玄《六藝論》云戴德《傳記》八十五篇，則《大戴記》是也。戴聖《傳記》四十九篇，則此《禮記》是也。玄爲馬融弟子，使三篇果馬融所增，豈容不知，何仍以四十九篇屬於戴聖？是四十九篇實戴聖之原書，《隋志》誤也。

一、小戴之學，一授橋仁，一授楊榮，後傳其學者有劉祐、高誘、鄭玄、盧植，今其説多不傳，惟鄭註行世。元延祐中行科舉法，定《禮記》用鄭玄註，爲之疏義者皇侃、熊安生二家最著。貞觀中，孔穎達奉敕修《正義》，以皇、熊二家參補之。明永樂中，敕修《禮記大全》，始廢鄭註，改用陳澔《集説》。澔父大猷師饒魯，魯師黄榦，榦爲朱子之壻。澔以考亭餘蔭，得傳其書。然其中徵引多誤，有不可不辨正者。今皆採諸家之説而折衷之，期於合理。其合解者，亦未嘗盡没之也。

一、《周禮》《儀禮》《禮記》，三代上禮制賴以考證，然其得失不可不辨。《周禮》雖晚出，實周之史官所紀，其宏綱大旨，非聖人不能作，即時勢遞降，治法無能出其範圍。《禮記》雖有殘闕，然亦孔孟餘裔，傳授之言居多。蓋周公之法，至周末已多不可行，故孔子思夏殷之禮，欲損益其制，以爲世法，奈不克見諸施行，惟與門人講習之。故此書所記孔門弟子之事多，不盡周制。且於他人之行禮，亦多以理斷其是非。先儒未通其義，於《記》中言禮不合周制者，便以爲夏禮、殷禮。或牽引《周官》《儀禮》，疑此記所言不確，不知其爲孔孟緒論、門人互相傳述者也。《儀禮》一書，可信者僅數篇，其餘皆周末文勝支離穿鑿之言。先儒誤信，反以《禮記》爲《儀禮》註疏。愚另有《儀禮註》，詳閱自知。

一、秦漢而降，禮制漸湮，竝記禮之書亦紊。三《禮》賴漢儒綴輯而存，雖不盡合，然先王之政，猶賴以知大凡。特説《禮》者多不本聖人之心理以折衷而牽合，彼此議論，淆亂是非，故《禮》書幾如畫餅。今悉就本文，以自然當然之禮衷之，不敢盡廢諸儒之説，亦未嘗盡取其説。至《大戴記》，雖與《小戴記》竝傳，然今已不全，且其佳者小戴已採入此書，餘實不足耐觀矣。

一、前人論説，一字一句閒，動輒千言，誠以毫釐千里，不可不慎也。然愚謂必得聖人之意，而後可定作書者之是非，其非者不可不辨，其是者安可以私意非之也？此書所載，若郊禘等大事，争訟尤多。愚於四子書已多言之，今只各就本文章句訓詁，不暇反復詳辨，以本文自明，無庸别生支節，且尺幅所隘，亦不能廣爲辨説也。

一、禮者，理也，本天理而布之。自天時人事以曁萬有不齊，莫不有自然、當然之理。聖人隨時處中，由其得天之道，合天之心，故能經緯萬物而各協其宜。後世禮法日多，或有聖人所未及者，可謂至詳密矣。然誠正修齊之道弗次第踐行，則區區法制，必不能束人心而化偏雜。説禮者拘文牽義，非是是非，紛然争論，甚必以古禮行之，而不審乎天時人事之宜，徒使人視禮爲畏途。噫！何益也。觀子路爲季氏宰與祭一事，可知夫子若爲東周，必不定循周公之舊。故此書不尚煩文，期於明白易曉而已。天下之大，民俗固不一途，古今之賾，事勢尤須變通，使孔子生今，其尚從周制乎？

一、解經非徒爲誦記，固當通其義而力行之，窮以修身，達以治世。後世宫室、衣服、飲食等事多與古異矣，而猶拘拘曰古禮云云，是爲不達。此書所記，名言至義，詳究而身體之，不容忽也。至於古禮、古樂，考其制，得其意，而變通之，始可以善世宜民，切不可拘泥，以致誤己誤人。愚於前人章句，必細究其義之安否，未嘗盡反前人，亦不敢曲徇前人。識者詳之。

一、此書雖係漢儒採葺，然多孔孟之徒知道者所存，故其文義簡奧，亦不類魏晉以下之習。向來解者或於義理欠明，輒斥爲妄。愚詳加考辨，非者隨文正之，亦有本是而人以爲非者，不敢避違眾之嫌而曲從前人也。

一、《禮記》自漢以來爲之註解者，鄭康成、皇侃、熊安生、孔穎達、朱子奢、李善信、賈公彦、柳士宣、范義頵、張權、周元達、趙君贊、王士雄、邱光庭、成伯嶼、張幼倫、王安石、劉彝、李格非、張横渠、馬晞孟、戴溪、周諝、項安世、陸佃、方慤、吕大臨、陳祥道、胡銓、葉夢得、葉模、朱子、郭忠孝、游桂、石墪、應鏞、輔廣、邵淵、張虙、吴澄、陳澔，明胡廣、黄道周等，國朝黄宗羲、納喇性德、李光坡、方苞、邵泰衢、江永，可考者數十家，大都各有見解。然多零星解説，或一二篇，或數十篇。惟鄭孔之説，依文立義，字櫛句疏，實費苦心。其非者汰之，其是者或時節其字句，及凡前儒之説亦然，不能皆標其爲某某曰，以文義相承，薈諸説而爲之，且尺幅貴簡，非没人之善也，識者鑒之。

一、此書小戴當時彙集序次，以其本屬雜舉禮意，標題章篇，初無深意。後儒患其龐雜，多以意更其篇次，疑其錯簡，如吴草廬《纂言》、黄道周《集傳》之類，别立名義，强爲割裂。竊謂先聖緒言，賴經以存，然朝廷制作以及士民，凡禮樂法度，必因時制宜，不泥古而亦不失中，况儒生講求，原以爲黼黻休明之用，王度所在，固不可或違。即尋常日用，因其地，因其人，因其時與俗而酌之。麻冕可從，拜下不可從，期於不失乎中正。至經文所言，信者亦必折衷，疑者何必强解。此書本係殘書，尤不必拘，不必鑿也。前人或仿古爲曲禮、少儀、冠昏、喪祭等儀，會纂成書，然一家私授以正童蒙可也，若顯違王制所爲，反古有烖。况己意造作，割裂經文，淺學者效尤，其勢必至六經皆爲顛倒。故愚於此書，衹就本文詁釋，不敢妄有更定。

一、《大學》《中庸》，原在是書，本不可别出，但今功令以之命題取士，士子童而習之，章句皆曉，愚既有别本，自可無庸贅説，非闕之也。

一、三《禮》圖自古有之，蓋言禮必徵實，非可以空言了。我朝欽定《禮記義疏》《禮記解義》，美善畢兼，又有圖説，實爲精當。兹編因集隘不能繪圖，亦以學者恭誦義疏，必皆通解，不煩贅也。

雙流劉沅識

禮記恒解卷一 晚年定本

曲禮上

按《禮》云經禮三百，曲禮三千，蓋言瑣細之禮，約其大數有三千耳，無容泥也。周之盛時，禮教修明，人多束身規矩。及其衰也，大綱且紊，曲禮亦復淪亡。此篇乃好禮之儒，隨所見聞，録之以存後。曲有偏曲一端、細微曲折二義。因簡策重大，分爲上下二篇。漢儒因篇首有毋不敬三字，可以該禮之全，故特以此篇冠全書。中有譌誤，隨文正之。

曲禮曰：毋不敬，儼若思，安定辭，安民哉。

毋音無。陸德明曰：女内一畫，禁止意。儼，魚檢反。

曲禮非可以言盡，故要以毋不敬三字。端儼如有所思，安和審定其辭貌，言肅静也。以入德言，則制於外，可以養其中；以成德言，則有諸内，而後形諸外。故推廣歎美其可以安民也。

敖不可長，欲不可從，志不可滿，樂不可極。賢者狎而敬之，畏而愛之。

敖，五報反。長上聲。從縱通。樂音洛。狎，户甲反。

傲長則賈禍，欲從則蔑理，志滿則傾危，樂極則生悲，皆當有禮以節之。而又必敬愛賢者，乃可潛化其氣質而歸於善。狎，熟習。畏，嚴憚也。

愛而知其惡，憎而知其善。積而能散，安安而能遷。

又言愛憎衆人，皆當公理虚心，勿徇愛憎。積，富於財。散，賙人。安安，敬静自適。遷，徙義也。

臨財毋苟得，臨難毋苟免。狠毋求勝，分毋求多。疑事毋質，直而勿有。

難，乃旦反。狠，胡懇反。分去聲。

貪得而畏死者，人情也，然有義焉，審乎義則不苟得苟免，而後廉恥綱常可立。人争狠而我必求勝之，則隘。當得而不求其多，則平。質，正也。直，申也，面斥正之。與人共爲之事有疑，固當正之，但不可面斥其非，徐以理正之。及其義已申，謙退勿自有其功。

若夫坐如尸，立如齊，禮從宜，使從俗。

夫音扶。齊，側皆反。

此節有闕文。劉原父謂記者節取《大戴禮》文，未删若夫二字，亦近之。尸，象神必矜莊。齊事神，必肅敬。坐立如之，内外飭矣。適乎中而不膠於一，是從宜也。使人不必遽矯其俗，而裁之以義，如孔子獵較是也。蓋聖人因時立法，通變宜民，皆如此。

夫禮者所以定親疏，决嫌疑，别同異，明是非也。禮不妄説，人不辭費，禮不踰節，不侵侮，不好狎，修身踐言謂之善行。行修言道，禮之質也。

説音悦。好如字。行，下孟反。

上文由變化氣質而言及禮，此乃提絜禮字以起下文。葉氏夢得曰：親疏位也，嫌疑情也，故言定、言决。同異事也，是非理也，故言别、言明。陳氏祥道曰：兩物相似爲疑，以此兼彼爲嫌。不當説而説之曰妄，辭達而信故不費。節中正之，則侵侮好狎不敬讓矣。申之曰修身而能踐其言，方爲善行。行修而所言合道，乃爲禮之本，恐人務於華也。

禮聞取於人，不聞取人。禮聞來學，不聞往教。

上文皆言成己，此又約言成物之道。取於人，爲人所仰給。取人，取人以自利。來學，則求道誠而後教可入。往教，則褻尊而亦無以成人。

道德仁義，非禮不成。教訓正俗，非禮不備。分争辯訟，非禮不决。君臣、上下、父子、兄弟，非禮不定。宦學事師，非禮不親。班朝、治軍、涖官、行法，非禮威嚴不行。禱祠、祭祀、供給、鬼神，非禮不誠不莊。是以君子恭敬、撙節、退讓，以明禮。

辯音徧。撙，尊上聲。

道，理之總名。德則理得於身。仁、慈、愛、義，裁制四者，一理而異名，各隨其所偏重爲稱。無禮以節文之，則所施不當。教身爲法，以教人訓詞示而已。鄭康成曰：分、辨，皆别也。吕氏大臨曰：理有可否則争，情有曲直則訟。上下所包者廣，恩義有厚薄輕重，必得理以定之。宦學事師，或學仕宦之事，或學六藝，皆有師有禮，然後其情益親。鄭康成曰：班，次；涖，臨也。吕氏大臨曰：正朝位，齊軍政，行法令，三者皆所以治衆。禮以節文其閒。威，威嚴畏憚意。敬，畏而後從命。求福曰禱，得求曰祠。吴氏澄曰：禱祠者因事之祭，祭祀者常事之祭，皆有牲幣之屬，以供給鬼神。禮以將其誠而肅其事。恭敬一也，分言之，則恭在貌而敬在心。撙節亦一也，撙有裁抑意，裁抑而後爲節。退讓亦一也，不謙退，安能讓。蓋約略言禮之意如此。

鸚鵡能言，不離飛鳥；猩猩能言，不離禽獸。今人而無禮，雖能言，不亦禽獸之心乎。夫惟禽獸無禮，故父子聚麀。是故聖人作爲禮以教人，使人以有禮，知自别於禽獸。

陳氏澔曰：鸚鵡，鳥之慧者。隴蜀、嶺南皆有之。猩猩出交趾、封谿等處。禽，鳥之總名。孔氏穎達曰：鳥亦可曰獸，獸亦可曰禽，故鸚鵡不曰獸而猩猩通曰禽也。鄭康成曰：聚，猶共也。鹿牝曰麀。作爲，始爲也。生民之初，人與物無分。聖人爲理明倫飭己，使人皆知自貴，而承天地。愚按：極言無禮之弊，而曰聚麀，然語傷厚。

大上貴德，其次務施報。禮尚往來，往而不來，非禮也；來而不往，亦非禮也。

大音泰。施，以豉反。

大上，全德之人。其次，概凡爲人也。言惟上等之人，貴德成物乃其本心，施而不復望報，其次則必往來酬酢以洽其情焉。

人有禮則安，無禮則危，故曰禮者不可不學也。夫禮者，自卑而尊人，雖負販者必有尊也，而况富貴乎。富貴而知好禮，則不驕不淫；貧賤而知好禮，則志不懾。

夫音扶。販，方萬反。好，呼報反。懾，之涉反。

禮行於人己之閒，而達乎尊卑，各如其分，以洽其情，故有則安，無則危。自卑而尊人，禮之體也。即負販，以明禮之出於天性。驕淫者無禮而凌人，志懾者無禮而失己。懾，鄭康成曰：怯惑也。

人生十年曰幼，學。二十曰弱，冠。三十曰壯，有室。四十曰强，而仕。五十曰艾，服官政。六十曰耆，指使。七十曰老，而傳。八十、九十曰耄。七年曰悼。悼與耄，雖有罪不加刑焉。百年曰期頤。

冠去聲。艾，五蓋反。耆，渠夷反。耄音冒。期，讀如字。幼弱至老七字，句斷從鄭康成，如字。

幼，年少。學，可學也。弱，血氣未充，且當冠也。壯，則血氣足而可有妻室。强，壯之盛。古者四十始命之仕，以道明德立，必俟此時。艾，治服事也，習於治政，可以專事官政也。耆，至也，漸至老境。指使，指事使人，傳家事、任子孫也。耄，衰困意，《爾雅》：髮白髦髦然也。悼，無知可憐愛。尊老慈幼，故雖有罪，可議贖也。期頤，期於頤養而已，百年志慮皆盡，惟期飲食。

大夫七十而致事，若不得謝，則必賜之几杖。行役以婦人，適四方，乘安車，自稱曰老夫，於其國則稱名。越國而問焉，必告之以其制。

致事，致其職事於君而歸老。謝，辭謝。不得謝，君不許其致事也。几，憑之以安其體。杖，持之以助其力。行役，外事也，而以婦人，欲其在外猶在内也。安車，一馬小車。適四方，勞事也，而以安車，欲其逸也。在他國稱老夫，寵異之意。本國則名，不敢以老自居也。越國而問，陳氏櫟曰：苟他國越疆而問老者以事，則必告老者以其國之制度，詳其本末，始可爲之謀，亦以老而免其反覆辨難之勞也。

謀於長者，必操几杖以從之。長者問，不辭讓而對，非禮也。

從，鄭康成曰：就也。事長當謙讓，故雖有知，不敢遽對。應氏曰：操几杖以從，非謂長者所無也，執弟子之役，其禮然耳。

凡爲人子之禮，冬温而夏凊，昏定而晨省。在醜夷不争。

凊，七正反。

凊，寒也。醜，類。夷，平等也。冬寒則思致其温，夏熱則思致其凉。定，安也。定省互文，昏必致其安而旦又省之也。愛敬之心熟則於人無争，在醜夷尚然，則他可知。

夫爲人子者，三賜不及車馬，故州閭鄉黨稱其孝也，兄弟親戚稱其慈也，僚友稱其弟也，執友稱其仁也，交遊稱其信也。

古者車馬之賜，必有勳庸。三賜弗及，蓋功應得而辭讓弗受者。讓善，君親有美弗居，故遠近稱之。《周禮》：二十五家爲閭，四閭爲族，五族爲黨，五黨爲州，五州爲鄉。孝，善事父母、親戚、姻黨、族屬。慈，愛也。同官爲僚。弟，敬長之名。執友，陳氏澔曰：同師之友。仁，仁厚。交遊，孔氏穎達曰：泛交也。本資信合，故稱信。

見父之執，不謂之進不敢進，不謂之退不敢退，不問不敢對，此孝子之行也。

鄭康成曰：敬父同志如事父。蓋孝於親者，無時或忘父母，况見父之執友乎？

夫爲人子者，出必告，反必面，所遊必有常，所習必有業。恒言不稱老。

夫音扶。告，古毒反。

鄭康成曰：告面同爾。反言面者，從外來，宜知親之顔色安否。有常、有業，不貽親憂也。不稱老，不特己不自稱其老，即尋常言語，亦避老字，恐觸親之憂也。

年長以倍，則父事之。十年以長，則兄事之。五年以長，則肩隨之。群居五人，則長者必異席。

此泛言敬長之道，蓋所以廣孝也。父事，隨行。兄事，雁行。肩隨，不相踰，謂同行而非親友者。群居，謂飲食講説時。若賓主禮席，皆無同坐之法，古者席容四人，推長者居席端，若有五人，則推長者别一席也。

爲人子者，居不主奥，坐不中席，行不中道，立不中門。

居，平居也。古者五祀皆祭於奥，父在主奥，祭，子不得爲主。不主奥，猶言不得主家，而借主奥以言主家事。若謂不處奥，奥本空虚之地，祀神之坐，父亦不處也。一席四人，則席端爲上，獨坐則席中爲尊。男女各有路，路各有中。門中央有閾，兩旁有棖，棖閾之中，尊者所立。人子無在不有敬親之心，故不敢同於尊者如此。

食饗不爲概，祭祀不爲尸。

食音嗣。

鄭康成曰：概，量也。張子曰：凡於父母賓客之奉，必極力營辨①，不爲概量。尸，神像也。古者宗廟之尸，用同姓適子之無父者。不特主人之子不爲尸，即其父在與祭之列者，其子亦不爲尸也。

聽於無聲，視於無形。不登高，不臨深，不苟訾，不苟笑。孝子不服闇，不登危，懼辱親也。

鄭康成曰：視、聽，恒若親之將有教使然。蓋其念念不忘父母，故誠意積久而純也。服，事也。吕氏大臨曰：登高臨深，危道也。苟訾近於讒，苟笑近於諂。御案曰：不登危，較不登高臨深有進。高、深，有形之危也。行險、僥倖，無形之高深也。行未光明皆屬闇昧，居非坦易即涉險危。愚案：懼辱其親，必謹其行。舉數者，以明視聽無形聲之意也。

父母存，不許友以死，不有私財。

朋友義合，無許以死之理。此言父母在，始不許友以死。林氏光朝謂戰國閒傳習之語，不可爲訓，是也。不私財，絲粒皆親之有也，而何私乎？

爲人子者，父母存，冠衣不純素。孤子當室，冠衣不純采。

純，之準反。下同。

鄭康成曰：爲其有喪象也。純，緣也。《玉藻》曰：縞冠玄武，子姓之冠也。縞冠素紕，既祥之冠也。《深衣》曰：其父母，衣純以青。孔氏穎達曰：冠純，謂冠飾。衣純，謂深衣領緣。

幼子常視毋誑。童子不衣裘裳。立必正方，不傾聽。

誑，九况反。衣去聲。

視、示同。常視之以正，毋或欺誑，則習於誠矣。陳氏澔曰：裘之温，非童子所宜；裳之飾，非童子所便。正方、不傾聽，所以習之於正也。

長者與之提攜，則兩手奉長者之手。負劍辟咡詔之，則掩口而對。

長，知兩反。奉，芳勇反。辟，匹亦反。咡，如至反。

鄭康成曰：提攜，謂牽將行。奉長者之手，習其扶持尊者。辟，偏。咡，口旁也。長者從背後俯與童子語，若負劍然，非真負劍也。長者親愛童子，從後俯其口旁而語，則掩口而對，恐氣觸長者也。

從於先生，不越路而與人言。遭先生於道，趨而進，正立拱手。先生與之言則對，不與之言則趨而退。

---

① 辨，疑當作辦。

從，才用反。拱，俱勇反。

先生、父兄、師長，皆先我而生者。鄭康成曰：不越路與人言，尊不二也。拱手爲有教使。趨退，爲其不欲與己竝行。

從長者而上丘陵，則必鄉長者所視。登城不指，城上不呼。

鄉去聲。

長者，凡尊長也。陳氏澔曰：高而有向背者爲丘，平而人可陵者爲陵。鄉長者所視，恐有問，可即所見以對。無故而指與呼，則駭聞見。方氏慤曰：言城者士民所會，聞見者衆也。

將適舍，求毋固。將上堂，聲必揚。户外有二屨，言聞則入，言不聞則不入。將入户，視必下。入户奉扃，視瞻毋回。户開亦開，户闔亦闔。有後入者，闔而勿遂。

奉上聲。扃，古螢反。

適舍，行就人館。固，求而必得。聲必揚，使内人知也。古人脱屨在户外，客雖衆，惟長者一人脱屨於户内。户外有二屨，而不聞其言，恐有私議，故不入。鄭康成曰：言聞則入，視必下，不干掩人之私。孔氏穎達曰：扃所以關鼎者，關户之木亦得稱扃，兩手當心，若奉扃然，敬也。回，回轉，廣有瞻視也。陳氏澔曰：開闔皆如前，不違主人之意。遂，闔之盡，嫌於拒後來者，故勿遂。

毋踐屨，毋踖席。摳衣趨隅，必慎唯諾。

踖，在亦反。摳，苦侯反。趨，七俱反。

毋踐屨，後來者不可蹋先入者所脱之屨。踖，躐也。《玉藻》曰：登席不由前爲躐。席前，下也，登席當由下也。孔氏穎達曰：摳，提也。趨，向也。隅，角也。從席之下角而升己位。唯諾，應對也。坐定又謹於應對。

大夫士出入君門，由闑右，不踐閾。

闑，於列反。閾音域。

鄭康成曰：闑，門橛。閾，門限也。門中有闑，兩旁有棖，古人常掩左扉，惟客至乃啟，謂之賓門。君臣出入皆於東，君由闑之中，臣由右之東西，不敢同於君也。孔氏穎達曰：踐閾，一則自高，二則不凈，竝爲不敬。

凡與客入者，每門讓於客。客至於寢門，則主人請入爲席，然後出迎客。客固辭，主人肅客而入。主人入門而右，客入門而左。主人就東階，客就西階。客若降等，則就主人之階。主人固辭，然後客復就西階。主人與客讓登，主人先登，客從之，拾級聚足，連步以上。上於東階，則先右足。上於西階，則先左足。

拾音涉。上上聲。

此大夫士相爲賓客之禮也。吕氏大臨曰：每門者，門不一也。有大門、寢門，若行禮於廟，則有廟門。敵者迎於大門之外，敵以下迎於大門之内。肅客，俯手以揖之，所謂肅拜也。愚案：請入爲席，然後出迎客，明不敢褻尊之意。客固辭，則遂肅以入也。降等，卑下之客也，主客至階，又各讓，不先升也。主人先登，亦肅客之義。鄭康成曰：級，等也。拾級，謂前足躡一等，後足從之併。連步，足相隨不相過，重蹉跌也。先右、先左，近於相鄉敬也。

帷薄之外不趨，堂上不趨，執玉不趨。堂上接武，堂下布武。室中不翔，竝坐不橫肱。授立不跪，授坐不立。

孔氏穎達曰：帷幔，薄簾也。禮：天子外屏，諸侯内屏，卿大夫以簾，士以帷。鄭康成曰：行而張足曰趨，行而張拱曰翔。帷薄之外，不見尊者，不爲容。堂上不趨，爲其迫也，堂下則趨。執玉不趨，志重玉也。武，迹也。陳氏祥道曰：文者上之道，武者下之道，故足在體下曰武，緌在冠下亦曰武。中人之迹尺二寸，接武，每移足半躡之；布武，每移足各自成迹，不相躡。室中地尤迫，故不特不趨，亦不翔也。陳氏澔曰：橫肱，則妨竝坐者。不跪、不立，皆謂不便於受者。

凡爲長者糞之禮，必加帚於箕上，以袂拘而退，其塵不及長者，以箕自鄉而扱之。

爲去聲。糞，古本作撲。拘，古侯反。扱音吸。

爲長者掃除糞穢，初往時必加帚於箕上，兩手奉箕以致其恭。拘，擁也。掃時以衣袂障帚之前，且掃且退，令其塵不及長者。將斂糞，必以箕自鄉而扱取之。張子曰：古者止是子弟事父母，故至於糞除皆有禮。吕氏大臨曰：糞除、布席，役之至褻者也，令使知長者之可敬，甘爲僕役而不辭，是所以存其良心，折其傲慢之氣，然後可與進德，是也。

奉席如橋衡。請席何鄉，請衽何趾。

奉，芳勇反。橋音嶠。鄉去聲，下竝同。

鄭康成曰：橋，井上桔槔。衡，上低昂。席橫奉之，令左昂右低，如有首尾然。孔疏曰：衡，橫也。左尊故昂，右卑故垂。席舒則有首尾，卷則無首尾，此謂卷席奉之法。何鄉、何趾，設坐席則問面向何方，設臥席則問足向何方，皆從所安也。

席南鄉北鄉，以西方爲上；東鄉西鄉，以南方爲上。若非飲食之客，則布席，席閒函丈。

鄭康成曰：上，謂席端。朱子曰：東鄉南鄉之席，皆尚右；西鄉北鄉之席，皆尚左。御案曰：此尋常主客會集之席，而飲食亦在其中。西鄉、北鄉，主家之席；南鄉、東鄉，則親友異姓之席。非飲食，鄭康成曰：謂講問之客。函，容也。講問宜相對，容丈，足以指畫。孔氏穎達曰：席之制，三尺三寸三分寸之一，三席是一丈也。

主人跪正席，客跪撫席而辭。客徹重度，主人固辭。客踐席，乃坐。主人不問，客不先舉。將即席，容毋怍。兩手摳衣，去齊尺。衣毋撥，足毋蹶。

重平聲。摳，苦侯反。齊音咨。

跪而正席，敬客也。撫，以手按止之。席以多爲貴，客不敢當重席，欲徹之，主人固辭，則止。客踐席，主人乃坐，客安，主人乃敢安也。不先舉，言尊主人也。怍，愧赧不安之貌。摳，提挈。衣，謂裳也。以兩手挈裳，令裳下緝去地尺，恐衣長躡之也。撥，舒張。蹶，匆遽。衣毋撥，收斂之使不旁有所觸。足毋蹶，不匆遽使之躓。

先生書策琴瑟在前，坐而遷之，戒勿越。

在前，在有爲妨礙之地。坐，跪也。御案曰：越，播散意，坐而遷之，必有次序，不得瀆亂也。

虚坐盡後，食坐盡前。坐必安，執爾顔。長者不及，毋儳言。正爾容，聽必恭，毋勦説，毋雷同，必則古昔，稱先王。

盡，津忍反。儳音懺。勦，初交反。

孔氏穎達曰：虚，空也。謂非飲食坐盡後而不敢近前。《玉藻》云：徒坐不盡席尺是也。古者地鋪席，俎豆陳於席前之地，坐近後則濺汙席。《玉藻》云：食齊豆去席尺是也。安，鎮静。執，持守意。儳，非類而儳雜以言。正容，指一身而言。聽必恭，敬信意。勦説，抄取人之説爲己説。雷同，不辨是非而附和之，如雷之發聲，物同應也。惟則古稱先，則無二者之弊。

侍坐於先生，先生問焉，終則對，請業則起，請益則起。父召無諾，先生召無諾，唯而起。侍坐於所尊敬，毋餘席，見同等不起。

唯上聲。

陳氏澔曰：問終而後對，欲盡聞所問之旨，且不敢雜亂尊者之言也。請業，求當習之事。請益，再問未盡之藴。起，所以致敬也。唯、諾，皆應辭，諾緩而唯速。事父事師，其道同也。無餘席，孔氏穎達曰：必坐於近尊者之端，親近先生若扶持然，又備先生顧問，不可過遠，且擬後人之來，闕在下空處以待之。同等不起，專所敬於先生也。

燭至起，食至起，上客起。燭不見跋。

見，賢遍反。跋，駢末反。

主人留客，繼之以燭，則情隆，故起。食至，敬其禮上客，敬尊者。跋，本也。古無蠟燭，呼火炬爲燭，火燭者童子所執，燭盡則更之，不以殘本示人，使客不安。

尊客之前不叱狗。讓食不唾。

唾，渴臥反。

凡客之前，皆當肅容柔聲，况尊客乎？雖狗亦不叱，敬之至也。讓食不唾，主人以食讓客，而唾，嫌有厭棄意。

侍坐於君子，君子欠伸，撰杖屨，視日蚤莫，侍坐者請出矣。

莫、暮同。

孔氏穎達曰：志疲則欠，體疲則伸。撰猶轉也。禮：卑賤請進不請退，退由尊者。四者皆倦怠之容，故請出，恐妨尊者就安也。

侍坐於君子，君子問更端，則起而對。侍坐於君子，若有告者曰：少閒，願有復也。則左右屏而待。

閒音閑。屏音丙。

更端，别事，言畢而各各安[1]，尊者又問别事也。閒，閒隙，不敢遽去，故答告者以少閒，尚未白尊長也。復，白也。屏，退也。或尊者未令去，則左右屏而待。

毋側聽，毋嗷應，毋淫視，毋怠荒，遊毋倨，立毋跛，坐毋箕，寢毋伏。斂髮毋髢，冠毋免，勞毋袒，暑毋褰裳。

嗷，古弔反。倨音據。

聽必恭，應必柔聲。嗷，高急也。淫視，流動邪盼也。怠荒，容止惰慢。徐氏曰：遊，閒行。倨，傲慢意。立而兩足整齊，不偏任一足。箕，兩展其足，狀如箕舌。伏，覆也。髢，髮也。御案曰：女人以髮多爲美，故加髢，而後以纚韜之。男子但一收斂，不得加髢，嫌爲婦飾也。免，去也。袒，露體。非當免袒之時不袒。褰，揭也。

侍坐於長者，屨不上於堂，解屨不敢當階。就屨，跪而舉之，屏於側。鄉長者而屨，跪而遷屨，俯而納屨。

長上聲。上，時掌反。鄉去聲。

孔氏穎達曰：長者在堂，故屨脱於階下。若長者在室，則得著屨上堂，不得入室解脱也。解屨，綦也，初升時解屨置階側。鄭康成曰：就猶著也。獨退著屨，屏於側，亦不敢當階也。若鄉長者而屨，則將屨之時，就階跪取，稍移近前，欲便於著。方屨之時，不跪而但俯身納之，亦便著也。此蓋退而長者送之，故有鄉長者時。

離坐離立，毋往參焉。離立者不出中閒。

離，兩竝也，出中閒亦參也。人竝坐立，而我往參之，非謙敬之道。

男女不雜坐，不同椸枷，不同巾櫛，不親授。嫂叔不通問，諸母不漱裳。外言不入於梱，内言不出於梱。女子許嫁，纓，非有大故，不入其門。姑、姊、妹、女子子已嫁而反，兄弟弗與同席而坐，弗與同器而食。父子不同席。

椸，羊支反。枷與架同。漱，悉侯反。

鄭康成曰：此以下皆爲重别，防淫亂也。不雜坐，男子在堂，女子在室。椸，衣架也。古文無枷字，椸枷連文，漢語也。陳氏澔曰：巾以涚潔，櫛以理髮。愚案：通問，不以理而私相問遺。諸母，庶母、伯叔母皆是。裳，賤服。不漱，不敢褻尊，推敬父母之心以敬之也。梱，中門限。内言、外言，尋常言語之迥分内外者，非謂夫婦職業不相謀也。古者女子十五許嫁，笄而禮之，因著纓，示有繫屬。劉氏彝曰：既許嫁，則有姆教之處，於梱内之别室。男子非有疾憂之故，不入其門也。陳氏櫟曰：父

---

[1] 各安，底本原脱，據同治致福樓重刊本補。

之姊妹曰姑，己之女兄弟曰姊妹，己之女曰女子子。兄弟至親且弗同席同器，則他可知。父子不同席，尊者必異席也。

男女非有行媒，不相知名。非受幣，不交不親。故日月以告君，齊戒以告鬼神，爲酒食以召鄉黨僚友，以厚其別也。

齊，側皆反。

行媒，往來傳言。幣，玄纁束帛。不相知名，以遠嫌。受幣，以致敬。日月告君，有位者固然，士庶則告於官，即告於君矣。禮：凡嫁女逆女，必先告於祖廟。方氏慤曰：鄉黨在私，而同國者僚友在公，而同官者爲酒食以召之，以見合乎公私之議也。厚别，重慎以明男女之别。

取妻不取同姓，故買妾不知其姓，則卜之。

取、娶通。下同。

娶同姓瀆倫矣。古者姓必賜於天子，而氏不必命於諸侯，惟貴族則姓與氏竝著。故取妻未有不知其姓者，買妾則或不知，必卜以决之。

寡婦之子，非有見焉，弗與爲友。

見，賢遍反。

鄭康成曰：有見，奇才卓然，衆人所知。孔氏穎達曰：寡婦無夫，若其子凡庸，與往來，則於寡婦有嫌。

賀取妻者，曰：某子使某，聞子有客，使某羞。

羞，進也。《郊特牲》曰：昏禮不賀。而云賀者，爲酒食以召鄉黨僚友，當問遺之，若賀也。使人問遺，而曰某使某進共具之費，以待鄉黨僚友。

貧者不以貨財爲禮，老者不以筋力爲禮。

禮有物以將敬，而不責人以所不能。貨財、筋力，貧老所絀，其心誠敬，財力不足，無傷也。

名子者不以國，不以日月，不以隱疾，不以山川。

名用常語，則以避諱爲難。隱疾暗疾等語，避不祥也。然名子之禮，《左傳》申繻之言乃備。

男女異長。男子二十，冠而字。父前子名，君前臣名。女子許嫁，笄而字。

長，知兩反。冠去聲。

異長，各自爲伯、季，不相干雜。冠，則成人矣，故字以敬其名。君父至尊，故臣子皆稱名，至於他人則稱字，所謂敬其名也。女子之笄，亦猶男子之冠，不言許嫁之年，不可豫定也。

凡進食之禮，左殽右胾。食居人之左，羹居人之右。膾炙處外，醯醬處内。葱渿處末，酒漿處右。以脯脩置者，左朐右末。

殽，户交反。胾，側吏反。食音嗣。渿，以至反。朐音劬。

孔氏穎達曰：肉帶骨曰殽，純肉切曰胾。骨陽，故在左；肉陰，故在右。鄭康成曰：殽在俎，胾在豆。食，飯屬。居人左右，明其近也。内外，殽胾之内外。陳氏澔曰：飯左羹右，分燥溼也。膾炙異饌，故在殽胾之外。醯醬，食之主，故在殽胾之内。葱渫，蒸葱，亦菹類，加豆也，故處末。酒漿，或酒或漿也，處羹之右。若兼設則左酒右漿。孔穎達曰：脯訓始，始作即成也。脩亦脯也。脩訓治，治之乃成。薄析曰脯，捶而施薑桂曰服脩。鄭康成曰：左朐右末，亦便食也。屈中曰朐。

客若降等，執食興辭。主人興，辭於客，然後客坐。主人延客祭。祭食，祭所先進。殽之序，徧祭之。三飯，主人延客食胾，然後辯殽。主人未辯，客不虚口。

食音嗣。飯，扶晚反。辯音徧。下同。

陳氏澔曰：降等，爵齒卑於主人，不敢當賓主之禮，故食至則執之以起，而致辭。主人亦起而致辭，客乃復就其坐。朱子曰：古人祭酒於地，祭食於豆，閒有板盛之，卒食徹去。客不降等，則先祭。此降等，故必主人導客祭，始祭，主人所先進者則先祭之，後進者後祭，各以殽之次序而徧祭之。三飯，三餐也。禮：三餐告飽，須勸，乃更食，故主人導客食胾，然後徧食殽。虚口，食竟而以漿蕩口曰漱，以酒曰酳，俟主人以明敬也。

侍食於長者，主人親饋，則拜而食。主人不親饋，則不拜而食。

饋，群媿反。

上文言降等之客，此言侍食。則侍者非客，長者亦未嘗客之，主人即長者也。饋，進饌也。

共食不飽，共飯不澤手。

飯，扶晚反。

共食，同器食也，非禮。食則同器，不飽，留有餘，以示謙。飯，食飯也。古人飯皆以手，惟飯黍用匕澤挼莎也。不臨食始挼莎其手，恐爲人所穢。

毋摶飯，毋放飯，毋流歠，毋咤食，毋齧骨，毋反魚肉，毋投與狗骨，毋固獲，毋揚飯，飯黍毋以箸，毋嚃羹，毋絮羹，毋刺齒，毋歠醢。客絮羹，主人辭不能亨。客歠醢，主人辭以窶。濡肉齒决，乾肉不齒决。毋嘬炙。

摶，徒端反。上飯如字，下飯音反。咤，陟嫁反。齧，五結反。嚃，他答反。刺，七亦反。濡，仁朱反。乾音干。嘬，初怪反。

摶飯，取飯作摶，嫌貪多不讓。放，粗肆意。流歠，大歠如水之流。咤食，當食而叱咤。齧骨，意近貪而聲形亦可憎。反魚肉，以食之餘反於器。與狗骨，嫌賤主人之物，且恐致犬之争狺也。固獲，固求必得。揚飯，欲其速冷，亦躁而貪。黍易粘，本不用箸，用之，則嫌以主人爲不熟。嚃羹，不用挾而嚼菜，欲速，不恭也。絮，就器中調和，是嫌主人味惡也。刺齒，取齒閒之餘也。醢之味厚，非可歠而歠之，是薄主人之味也。濡，溼。决，斷也。用齒不用齒，各因其物之宜。嘬，不細齧，一舉而竝食之也。辭不能烹，辭以窶，則絮歠者之失禮可知。馬氏晞孟曰：君子於觴酒豆肉之閒，未嘗不致謙而養廉也。

卒食，客自前跪，徹飯齊，以授相者。主人興辭於客，然後客坐。

卒，子恤反。齊，將兮反。相去聲。

卒食，食畢也。齊，醬屬。相者，助主人進食者。跪徹以授，答主人之饋。孔氏曰：此卑者侍食之禮，敵者則否。興辭於客，不聽親徹也。

侍飲於長者，酒進則起，拜受於尊所。長者辭，少者反席而飲。長者舉未釂，少者不敢飲。

少去聲。釂，子妙反。

進，酒初進也。尊所，置尊之所。孔氏穎達曰：陳尊之所，貴賤不同。尊面有鼻，鼻向尊者，示專有此惠也。因尊鄉長者，故往尊所鄉長者而拜。鄭康成曰：進爵曰釂。

長者賜，少者、賤者不敢辭。

陳氏澔曰：辭而後受，賓主平交之禮，非少賤事長貴之道。

賜果於君前，其有核者懷其核。御食於君，君賜餘，器之溉者不寫，其餘皆寫。

溉，古愛反。

不敢棄核，敬君物也。御，侍而勸侑也。餘，所食之餘。溉，陶梓之器，可洗滌者。寫，傳己器中而食之。不溉，萑竹之器，不可洗滌者。戴氏溪曰：果核，餘物也，不敢棄君之餘。器用，微物也，不敢同君之器。所以習臣子恭順之心於人臣慢易之際也。

餕餘不祭，父不祭子，夫不祭妻。

餕，子閏反。

食之餘曰餕，祭之餘亦曰餕。凡餕餘，皆不以祭。雖尊者亦不以祭卑者，極言其不可祭也。

御同於長者，雖貳不辭。偶坐不辭。羹之有菜者，用梜。其無菜者，不用梜。

梜，古協反。

鄭康成曰：御同，侍食於長者，饌具與之同也。貳，重殽膳也。饌爲長者設，而辭之，嫌於當尊。爲客設饌，而己偶共食，禮非在己，亦不辭。梜，猶箸也。

爲天子削瓜者副之，巾以絺。爲國君者華之，巾以綌。爲大夫者累之，士疐之，庶人齕之。

爲去聲。副，逼備反。華，胡瓜反。累，力果反。疐音帝。齕，恨没反。

孔氏穎達曰：削，刊也。絺，細葛。綌，麤葛。瓜必用巾，不敢褻也。以絺綌，當暑以凉爲貴也。爲天子既削，而又四析之，横斷之，以絺覆之。華，中裂之，不四析也。累，如裸裎之裸。士不中裂，横斷去疐而已。庶人以手齕之而同半破。即一食瓜，而正名定分之意寓焉。

父母有疾，冠者不櫛，行不翔，言不惰，琴瑟不御，食肉不至變味，飲酒不至變貌，笑不至矧，怒不至詈，疾止復故。

矧，本作哂。詈，黎志反。

方氏慤曰：言冠者，以别於童子。不櫛、不翔，憂親之疾而忘其身之飾也。不惰，憂勤而不敢惰。琴瑟，常御之樂且不御，則憂親至矣。食肉，多品則味變。飲酒，過量則貌變。齒本曰矧，大笑則見。詈，怒罵也。復故，如常也。

有憂者側席而坐，有喪者專席而坐。

有憂，親疾或尊親有憂患。側席，不居正面與人接對，非謂斜席也。專，單席，不重席也。

水潦降，不獻魚鼈。獻鳥者佛其首，畜鳥者則勿佛也。獻車馬者執策綏，獻甲者執冑，獻杖者執末，獻民虜者操右袂，獻粟者執右契，獻米者操量鼓，獻孰食者操醬齊，獻田宅者操書致。

佛，扶弗反。契，古計反。量音亮。齊，子奚反。

水潦降，魚鼈長養之時，故不獻。佛，捩轉其首，恐其喙害人。以畜禽獻人則不佛，佛之則疑其本喙害人而已故獻之也。策，馬杖。綏，上車之繩。車馬不上於堂，不可進尊者之前，但呈策綏，則知有車馬也。甲，鎧也。冑，兜鍪也。鎧大兜鍪小，小者易舉，執以呈之。末，拄地頭也，不淨，不可向人，故執以自向。民虜，軍所獲也，操其右袂制之。契，券要也。兩書一札而各藏之，以先書者爲尊。右，先書者也。量，斗斛之名，石四爲鼓。孔氏穎達曰：米可即食，爲急，故獻者執量。粟可久儲，爲緩，故獻者執契。孰食，葱渫之屬。醬齊，爲食之主，執主來，則食者可知。書致，圖書於版，丈尺委曲書之，而致之於尊者。古者田宅悉爲官所賦，本不屬民，或有重勳爲君上所賜，故得有獻。已上諸物可動，故不云致，而田宅著土，故言書，又言致也。

凡遺人弓者，張弓尚筋，弛弓尚角，右手執簫，左手承弣，尊卑垂帨。若主人拜，則客還辟，辟拜。主人自受，由客之左，接下承弣，鄉與客竝，然後受。

遺，云季反。弛，式旨反。辟，上扶亦反，下音避。弣音撫。鄉音向。

陳氏澔曰：弓之體，角内而筋外，尚之使在上也，皆取其勢之順。簫，稍末剡之，差斜似簫，故名。弣，中央把處。帨，佩巾也。客主尊卑相等，則授受之際皆稍磬折，故見其帨之垂也。此時弓尚在客手，故不容答主人之拜，而少逡巡遷延以辟之。辟，猶開也，謂離其所立之處。自受者，以敵客不當使人受也。由，從也。由客之左，吉事尚右，以尊賓也。接下承弣者，是時客方承弣，不能容手，故先以左手接下，俟客放手而後承弣，次以右手執簫也。鄉與客竝然後受者，接弓之時，賓主俱卻，既拜，客竟還前立處，賓主俱向南面而立，乃受弓成拜也。

進劍者左首。進戈者前其鐏，後其刃。進矛戟者前其鐓。進几杖者拂之。效馬效羊者右牽之，效犬者左牽之。執禽者左首。飾羔雁者以繢。受珠玉者以掬。受弓劍者以袂。飲玉爵者弗揮。

鐏，在困反。鐓，徒對反。

孔氏穎達曰：進，亦遺也。首，劍拊環也。左首，尊其首也。劍首在左，則主人右手受劍爲便。鋭底曰鐏。戈，鉤子戟也，刃當頭而利，鐏在尾而鈍，故不持向人也。矛，如鋋而三廉。戟，今之戟也。鐓、矛、戟柄尾平底，以平向人，敬也。拂，拭去塵也。馬羊，豢畜而易馴，故右手牽之。犬防齧人，故左牽之。執禽，御案曰：此以禽作摯，與前獻鳥不同。《士相見禮》云：左頭奉之，即左首之謂也。飾以繢，覆以布，而繪畫之也。兩手曰掬，重寶故慎之。以袂，不露手取之，蓋兼受弓劍，故與前專受弓者不同也。陳氏櫟曰：洗他爵必揮揚之，去其餘水，惟玉爵不然，玉器宜慎也。

凡以弓劍、苞苴、簞笥問人者，操以受命，如使之容。

苴，子餘反。簞音單。笥，思嗣反。操平聲。使，色吏反。

孔氏穎達曰：苞者，以草包裹魚肉之屬。苴者，以草藉器而貯物。簞圓笥方，皆竹器。問人者，因問而有物遺之也。使者操持諸物，受尊者命，時先習其威儀，進退如至所使之國之儀容也。

凡爲君使者，已受命，君言不宿於家。君言至，則主人出拜君言之辱。使者歸，則必拜送於門外。若使人於君所，則必朝服而命之。使者反，則必下堂而受命。

爲，于僞反。使者之使，色吏反。使人如字。朝音潮。

命，命之行。言，則所使之事也。不宿，受命即行。君言至，謂國君問事於其臣。使人於君所，謂臣有所告請於其君。命使者言朝服，則君言至，亦朝服受之，互言也。去不下送、反而下迎者，尊君命也。不出門者，己使卑於君使。

博聞强識而讓，敦善行而不怠，謂之君子。

識音志。行，下孟反。

博聞强識，則義理日富而不敢自是，且其所聞者皆實踐。敦其善行，久而不怠，則德成矣。

君子不盡人之歡，不竭人之忠，以全交也。

朋友以先施爲貴，人盡歡竭忠，於我宜自感愧。若必盡竭之，則人必厭倦難繼。

《禮》曰：君子抱孫不抱子。此言孫可以爲王父尸，子不可以爲父尸。爲君尸者，大夫士見之則下之。君知所以爲尸者，則自下之。尸必式，乘必以几。

《禮》，舊禮經。君子，謂知禮者。古人重尸，必取孫行之同姓者，或孫行別無成人，僅有幼者，則使人抱之，必不可以子行爲尸，故曰抱孫不抱子也，非謂子幼而父不抱。古者致齋於家，散齋猶出，故得見君尸。此所謂尸，蓋祭之二日，以内已成其爲尸者。尸必式二句，又明尸所以自處之禮，非謂君下尸而尸但式也。式，車前横木。尸自敬其事，故式乘必以几，所以尊而安之。然尸禮已不可行，無庸泥古禮而復之。

齊者不樂不弔。

齊，側皆反。樂如字。

齊者，所以專致其精誠。樂與哀，則心分於物而不專誠。

居喪之禮，毁瘠不形，視聽不衰，升降不由阼階，出入不當門隧。

衰，所追反。隧音遂。

毁瘠，羸瘦。不形，不自露其狀。形則有心爲之而不誠。視聽不衰，亦自晦其哀毁也。隧，道也。不由、不當，不敢爲主之意。居喪亦然，不忍遽忘親也。

居喪之禮，頭有創則沐，身有瘍則浴，有疾則飲酒食肉，疾止復初。不勝喪，乃比於不慈不孝。五十不致毁，六十不毁，七十唯衰麻在身，飲酒食肉，處於内。

創平聲。瘍音羊。勝平聲。衰，倉回反。處上聲。

不沐浴酒肉，常也，因創瘍有疾而然，權也。下不足以傳後，上不足以奉先，然本心實非不孝，故言。比，致極也，不極毁而滅性。六十衰甚，愚案：五十以上則哀禮有殺，蓋所以體父母愛子之心，而欲全其慈孝也。

生與來日，死與往日。知生者弔，知死者傷。知生而不知死，弔而不傷。知死而不知生，傷而不弔。

與，交與，知交，深而相知者。生者相知，冀其將來；死者相知，念其平日。蓋交情記其善，不記其惡。弔喪之禮，生者相知，弔其死者，與死者本無交誼，則但弔慰生者而已。或死者本相知，而生者無交誼，則傷悼死者而已。古人凡弔必哭。傷，哭之慟也。鄭氏舊解太强。古者臨喪皆哭，弔亦哭，但不過傷慟耳。方氏慤曰：不知生而弔之，近諂；不知死而傷之，近僞。

弔喪弗能賻，不問其所費。問疾弗能遺，不問其所欲。見人弗能館，不問其所舍。賜人者不曰來取，與人者不問其所欲。

陳氏澔曰：以貨財助喪事曰賻。三事不能，則皆不問者，以徒問爲可愧也。賜者，君子。與者，小人。不曰來取，不問所欲，爲人養廉也。賜上予下，與平交也。

適墓不登壟，助葬必執紼。臨喪不笑，揖人必違其位，望柩不歌，入臨不翔。當食不歎。鄰有喪，舂不相。里有殯，不巷歌。適墓不歌，哭日不歌。送喪不由徑，送葬不辟塗潦。臨喪則必有哀色，執紼不笑，臨樂不歎，介胄則有不可犯之色。故君子戒慎，不失色於人。

壟，冢也。墓，塋域。登壟不敬。紼，引車索。臨喪宜有哀色。違位，禮以變爲敬。望柩、入臨，皆哀傷之時。食或以樂，非歎所。相，送杵聲。不相不巷歌，助哀也。墓非樂所，哭日哀未忘，故皆不歌。由徑，苟取其速；避泥潦，嫌於憚勞。臨喪及下介冑諸色，皆宜與事相配。戒慎不失色，總結上文，惟戒慎則不貽失禮之譏。

國君撫式，大夫下之。大夫撫式，士下之。

撫，據也。乘車必正立，據式小俛，以示敬。尊者敬，則卑者愈加敬。

禮不下庶人，刑不上大夫。

上，時掌反。

庶人非可無禮也，禮行必自貴者始，正己而後可以正人。大夫非遂無刑也，身爲民表，何至犯刑。此二句責成在上之辭，俾率庶人以禮而自貴，毋犯刑也。

刑人不在君側。

君側，惟宜賢者輔德性。刑餘之人，未必能革面洗心，且慮其報怨而生變也。

兵車不式，武車綏旌，德車結旌。

兵車、武車，皆革車也。建戈刃曰兵，威猛曰武。旌，車上旗旛也，尚威武，故舒散旗旛若垂緌然。德車，玉金象木四路也。德以謙約爲主，不尚飾，故纏結其旌於竿。

史載筆，士載言。前有水，則載青旌。前有塵埃，則載鳴鳶。前有車騎，則載飛鴻。前有士師，則載虎皮。前有摯獸，則載貔貅。行，前朱鳥而後玄武，左青龍而右白虎，招摇在上，急繕其怒。進退有度，左右有局，各司其局。

載，如字。騎，其寄反。摯音至。貔，婢支反。貅，許求反。繕，如字。

吕氏大臨曰：史，國史。士，史之有司也。國史載筆，以書君言動。有司載言，以備君討論。君行不必盡煩號令，故以物示之，使知戒。易聞者莫如金鼓，易見者莫如旌旗。木色青，青雀，水之所生。鳶鳴則將風。鴻飛有行列。士師，兵衆。虎取其有威勇。貔貅亦摯獸，一名豹，虎類。《爾雅》云：白狐也。蓋皆畫其形以示人行。朱雀、玄武、青龍、白虎，二十八宿四方皆各有是象，王者奉天，故行則旌旗，各象其方之宿。招摇，北斗第七星。招，光也。獨舉招摇，以該七星。急，迫疾意。繕，治之工也。怒，威猛意。言上五者，皆須以迫切意畫之，寫其威猛之狀。度，步武整齊之法。局，部分也，有司各主之，不淆列也。此大概言出行旌旗部伍之法，非必行軍始然，而行軍亦不外此。行字在中，倒裝文法也。

父之讐弗與共戴天，兄弟之讐不反兵，交遊之讐不同國。

凡言讐者，皆謂本無罪而被毒害者也。凡言復讐者，皆謂死者無辜，而君上不能行其討，孝子仁人於心不安，必報之而後已也。後世王章不立，私怨相讐，援《禮經》以爲辭，是爲長亂。弗與共戴天，必殺乃已。兄弟，胞兄弟也。不反兵，不俟反取兵刃，言忿怒生於至性也。交遊，朋友相交深而共遊習者。不同國，惡其人而遠避之也。

四郊多壘，此卿大夫之辱也。地廣大荒而不治，此亦士之辱也。

壘，力軌反。

壘，軍壁也。數見侵伐，則多壘。荒，穢也。士，邑宰也。明食禄宜任其事。

臨祭不惰。祭服敝則焚之，祭器敝則埋之，龜筴敝則埋之，牲死則埋之。凡祭於公者，必自徹其俎。

祭必敬，惰則慢神。焚之、埋之，皆不敢褻之也。助祭於君，必自徹其俎以出，不敢自居於賓客也。

卒哭乃諱。禮不諱嫌名，二名不偏諱。逮事父母，則諱王父母。不逮事父母，則不諱王父母。君所無私諱，大夫之所有公諱。《詩》《書》不諱，臨文不諱。廟中不諱。夫人之諱，雖質君之前，臣不諱也。婦諱不出門。大功、小功不諱。

臣子於君父，生亦諱之，卒哭乃諱，謂衆諱之也。嫌名，音聲相近者。不偏諱，可單舉一字也。逮，及也。王父母，祖父母也。庶人無廟，尋常言語及事父母者，則諱王父母，幸親之存而體親之孝，以敬祖也。不及事父母者，則不諱王父母，哀親之殁，而不敢謂己能繼父母以養也。若適士以上有廟者則不然。鄭康成曰：無私諱，言於君前不避家諱。大夫之所，則避君諱。《詩》《書》，古人所以紀實，諱則失實。臨文所以明理，諱則悖義。廟中不諱，鄭康成曰：事高祖，則不諱曾祖以下，尊無二上也，於下則諱上。質，猶對也。夫人義屈於君，婦人異於丈夫，故君前不諱，不出門也。大功、小功，親殺則諱可略也。

入竟而問禁，入國而問俗，入門而問諱。

孔氏穎達曰：竟，界首。禁，政教所忌。國，國門。門，主人之門。愚案：上言諸諱，此復廣其義，明致敬非一端可拘也。

外事以剛日，内事以柔日。

甲、丙、戊、庚、壬爲陽日、剛日，乙、丁、己、辛、癸爲陰日、柔日。内外猶陰陽也。凡吉禮近於陽，凶禮近於陰，用剛用柔日不同，以順陰陽之義也。先儒紛紛異説，皆非。

凡卜筮日，旬之外曰遠某日，旬之内曰近某日。喪事先遠日，吉事先近日。

此言主人將卜筮，告卜筮者之辭。十日以外爲遠，内爲近。喪事先卜其遠日，不忍迫也。吉事先卜其近日，不敢緩也。

曰：爲日，假爾泰龜有常，假爾泰筮有常。

此卜筮者告龜蓍之辭。假，托也。泰，尊之之辭。龜蓍何知，所以托龜蓍而靈者，神明也，故言神實愛人，假爾龜蓍，示人常理有定而不爽，今故請之也。

卜筮不過三，卜筮不相襲。

或卜或筮，三次則吉凶已决，過三則瀆，而神不告矣。不相襲者，三卜竝吉，則不復筮；三筮竝吉，亦不復卜也。

龜爲卜，筴爲筮。卜筮者，先聖王之所以使民信時日，敬鬼神，畏法令也。所以使民决嫌疑，定猶與也。故曰：疑而筮之，則弗非也。日而行事，則必踐之。

與音預。踐如字。

卜以龜，筮以蓍。謂蓍爲筴者，筴，謀策之義，言用此物以謀於神也。天人同一理也，理不决，而以卜筮求諸神，所以使人信天理而凜神明，自能恪守禮法，故曰使民信時日、敬鬼神、畏法令也。嫌疑，謂理介於疑似之閒，而不能决者。猶與，二獸名，多疑，故人多疑者以是稱之。故曰以下，引古言以結之。弗非，無失也。疑而筮之，則得其理而無失。卜日而行事，既吉，則必踐行，不可復疑。蓋理之是而信之確者，無庸卜筮，惟恐謬於理。而後卜筮既得其兆，而復不從，則信理不真且慢神矣，故戒之。

君車將駕，則僕執策立於馬前。已駕，僕展軨效駕，奮衣由右上，取貳綏。跪乘，執策分轡，驅之五步而立。君出就車，則僕并轡授綏，左右攘辟。車驅而騶，至於大門，君撫僕之手，而顧命車右就車，門閭、溝渠，必步。

軨，歷丁反，上，時掌反。攘，以羊反。辟音避。騶如字。

君僕用士大夫。策，馬杖也。別有人牽馬駕車，僕執杖立馬前，恐馬奔逸也。軨，轄頭轊也。任重之要，故周視駕竟，而後入白君。白君竟，先出就車，於車後振衣去塵，從右邊升上，以君位在左，故辟君空位也。綏，登車索，有二：正綏曰良綏，君執以升；貳綏曰散綏，僕執以升。跪乘，敬也。轡，御馬索。車一轅而四馬駕之，中夾轅兩馬曰服馬，兩邊曰驂馬，每馬四轡，共八轡，以驂馬内二轡繫於軾前，其驂馬外轡竝兩服之轡分置兩手，故曰六轡在手。令右手執杖，以三轡置空手中，三轡執於手中，故曰置策分轡。跪而驅馬以行，調試之，五步即止，倚立以待君出。君出就車，則僕并六轡及策於右手，左手取正綏，轉身向後，引君上。君已上車，侍從諸臣皆遷卻避君，使不妨車之行也。騶，從車也。大門，君之外門。古車右置勇力之士，至大門，恐有非常，故回頭令車右上車。必步，車右必下車步行也。君過門閭，式，則臣當下；溝渠，恐有傾覆，亦須扶持。僕不下者，下則車無御者也。

凡僕人之禮，必授人綏。若僕者降等，則受，不然則否。若僕者降等，則撫僕之手，不然則自下拘之。

拘，古侯切。

凡僕人，爲一切僕也。授綏於所升之人，以鳴敬。主人必謙不敢受，若僕卑降，則受也，然雖受之，而亦必撫其手小止之，以示謙。若非降等，不受其綏，彼亦必授，則從其手下拘取之，示不敢當其授。

客車不入大門，婦人不立乘，犬馬不上於堂。故君子式黄髮，下卿位，入國不馳，入里必式。

鄭康成曰：不入大門，謙也。不立乘，異於男。犬馬，非贄幣也。君子，謂人君。黄髮，老之尤者。卿位，路門外正朝之位，君出，過此乃升車入，至此即下。不馳，恐躪人也。十室必有忠信，故式之。言人君敬老尊賢敬人，民皆致敬，於車中如此，而他可知矣。

君命召，雖賤人，大夫士必自御之。

御，讀爲迓。

鄭康成曰：御，迎也。雖使賤人來，必自出迎之，尊君也。

介者不拜，爲其拜而蓌拜。

爲去聲。蓌，子臥反。

陳氏澔曰：介，甲也。蓌拜，有所枝柱而不利屈伸，明不拜非不敬也。

祥車曠左。乘君之乘車，不敢曠左，左必式。

祥車，葬之乘車。曠，空也。祥車空左，以擬神位。乘君之乘車而亦空其左，惡其近於凶車也。古乘車之禮，君居左，僕居中，車右居右，惟兵戎革路則君在中，而御者居左，雖居左，必憑式爲敬，不敢安也。

僕御婦人則進左手，後右手。御國君則進右手，後左手而俯。

孔氏穎達曰：僕在中央，婦人在左，進左手持轡，使形微相背，以遠嫌也。御國君則禮以相嚮爲敬，故進右手，既御，不得恒式，故但俯俛而爲敬也。

國君不乘奇車。車上不廣欬，不妄指。立視五巂，式視馬尾，顧不過轂。國中以策彗恤勿驅，塵不出軌。

奇，居宜反。欬，開代反。巂，惠圭反。彗，宜遂反。恤，如字。

古者車有定法，《考工記》甚詳。奇車，奇邪不正之車也。大欬，則聲容駭聽。妄指，則手容駭目。立，立於車上。巂，猶規也。車輪一周爲一規，乘車之輪，高六尺六寸，徑一圍三，得一丈九尺八寸。五規爲九十九尺。六尺爲步，總爲十六步半，在前所視十六步半也。馬引車，其尾近車闌，前憑式下頭時，不得遠矚，但視馬尾。轂，車轂，轉頭不得過轂，《論語》云不内顧是也。策彗，朱子曰：策之彗，若今時鞭末韋帶。吴氏澄曰：彗恤，謂掃拂之。勿驅，謂勿以策策馬令疾行。兩轅中閒相去之度爲軌，馬行不疾，則車塵不遠，故不出軌也。

國中下齊牛，式宗廟。大夫士下公門，式路馬。

齊，側皆反。

下，下車。齊牛，祭牲。孔疏引熊氏云：此文有誤，當以鄭註《周官》下宗廟式齊牛爲正。路，大也。路馬，君馬。鄭康成曰：皆廣敬也。

乘路馬，必朝服，載鞭策，不敢授綏，左必式。

孔氏穎達曰：乘路馬，謂臣習儀獨行時也，必朝服，而自御又不敢執杖杖馬，但載鞭策以行。不敢授綏者，君在則僕人授綏，習儀者自御而乘，雖有車右，而不敢授綏與己。左必式者，既不曠左，故亦居左，式而敬之。

步路馬，必中道。以足蹙路馬芻有誅，齒路馬有誅。

陳氏澔曰：步，行而調習之也。蹙，與蹴同。孔氏穎達曰：必中道正路爲敬也。芻，食馬草。鄭康成曰：齒，數年也。誅，罰也。

禮記恒解卷二 晚年定本

曲禮下

凡奉者當心，提者當帶。執天子之器則上衡，國君則平衡，大夫則綏之，士則提之。

奉，亦作捧，芳勇反。綏音妥。

陳氏澔曰：物有宜奉持者，宜提挈者，奉者仰手當心，提者屈臂當帶。帶，深衣之帶也。孔氏曰：朝服之帶，高於心；深衣之帶，下於脇。鄭康成曰：衡，與心平。上衡，高於心；綏之，下於心；提，又下於綏。孔氏曰：即上提者當帶也。

凡執主器，執輕如不克。執主器，操幣、圭璧，則尚左手。行不舉足，車輪曳踵。立則磬折垂佩。主佩倚則臣佩垂，主佩垂則臣佩委。執玉，其有藉者則裼，無藉者則襲。

藉，在夜反。裼，星歷反。

孔氏穎達曰：禮，大夫稱主，此通上下言之。如不克，如重而不勝。尚，上也。右手在下，左手在上。方氏慤曰：左手不如右强，尚左，所以爲容；尚右，所以致力。陳氏澔曰：執器而行，但起其前而曳其踵，如車輪之運於地。孔氏穎達曰：磬折，身僂折如磬之背。身既僂折，則所著之佩從兩邊出，懸垂於前。君若直立，而佩倚於身，則臣宜曲折，故佩垂於前。君若折身，而佩垂，則臣身當彌曲，故佩垂委於地。有藉，璧琮加於束帛之上。無藉，圭璋特達，不加束帛也。古人衣，夏葛冬裘，其上有裼衣，裼之上則有上服、皮弁、祭服之屬。見裼衣者袒衿前上服，見裼衣之美以爲敬，襲則掩覆之也。有藉者禮隆，故裼，無藉者否。

國君不名卿老世婦，大夫不名世臣姪娣，士不名家相長妾。

長，丁丈反。

名，以名呼之。鄭康成曰：卿老，上卿。世臣，父時老臣。孔氏穎達曰：世婦，謂兩媵，次於夫人而貴於諸妾。大夫不世爵，而有世臣，子賢襲父爵也。姪，妻兄弟之女。娣，妻之弟。家相，助知家政者。長妾，妾之有子者。應氏鏞曰：敬之而不名，所以示内外之各有所統也。敬之，而受其敬者莫不竭忠盡心，睹其敬者莫不知所畏而稟命，然後國家政事有所統壹，而緩急有所倚重。

君大夫之子不敢自稱曰余小子，大夫士之子不敢自稱曰嗣子某，不敢與世子同名。

鄭康成曰：君大夫，天子大夫有土地者。余小子，天子未除喪之名。嗣子某，諸侯未除喪之名。不與世子同名，避僭儗也，其先之生，則亦不改。孔氏穎達曰：君子不奪人親之所名。

君使士射，不能，則辭以疾。言曰：某有負薪之憂。

射者，男子之事，可以疾辭，而不可以不能辭。負薪，賤役。

侍於君子，不顧望而對，非禮也。

顧，視後。望，瞻前。從容詳審，察言觀色，而後對也。

君子行禮，不求變俗。祭祀之禮，居喪之服，哭泣之位，皆如其國之故，謹修其法而審行之。

禮本人情而爲之節文，故君子不遽求變俗，即祀喪大事，亦從其俗而裁制之，但期於不違其法。曰謹修審行，則所以權其是非，去取不戾俗，而亦不背禮者在焉。夫子獵較而正簿書，鄉儺必以朝服，是其義也。此節尤要，可以正拘泥之弊。

去國三世，爵禄有列於朝，出入有詔於國，若兄弟宗族猶存，則反告於宗後。去國三世，爵禄無列於朝，出入無詔於國，唯興之日，從新國之法。

有列於朝，己雖去，而故君尚官其族人也。詔於國，故國卿大夫吉凶往來尚相赴告。兄弟宗族，亦故國之親也。宗後，宗子。反告，雙承上文而言。君有恩，則吉凶事當反告，即無列於朝而已。親屬猶存，亦當反告也。若去國已久而君恩已絶，則以起家爲卿大夫日，即從新國之法，而不反告，可知矣。古人臣無外交，既不反告於君，則兄弟宗族亦可知矣。

君子已孤不更名，已孤暴貴，不爲父作謚。

爲去聲。謚音示。

名命於父，孤而更之，則忘親。不爲父作謚，不敢以己貴加於親，若他人謚之，則可矣。

居喪，未葬，讀喪禮。既葬，讀祭禮。喪復常，讀樂章。居喪不言樂，祭事不言凶，公庭不言婦女。

喪祭之禮，人子不忍預爲精究也。臨境而更講求，期於不貽隕越，祭不盡禮，恐無以格。復常，大祥除服之後也。樂章非但以理性情，亦享親之用，故皆以時讀之。

不言樂，哀不暇及。不言凶，懼瀆神明。不言婦女，戒狎褻也。

振書、端書於君前有誅，倒筴、側龜於君前有誅。

鄭康成曰：振，去塵。端，正也。倒，顛倒。側，反側也。孔氏穎達曰：書，簿領也。龜、筴，君之卜筮所須，人臣當豫修其職，臨時而始振端之，及倒側者，皆爲不敬，故有罰也。

龜筴、几杖、席蓋、重素、袗絺綌，不入公門。苞屨、扱衽、厭冠，不入公門。書方、衰、凶器，不以告，不入公門。

重平聲。扱，初洽反。厭，於涉反。衰，七雷反。

鄭康成曰：龜筴，嫌問國家吉凶。几杖，嫌自長老。席蓋，載喪車者。重素，衣裳皆素，喪服也。袗，單也。苞屨，陳氏澔曰：苞讀爲藨，以藨蒯之草爲齊衰喪屨。扱衽，以深衣前衽，扱之於帶，蓋親初死時，孝子以號踊履踐爲嫌，故扱之也。厭冠，喪冠也。吉冠有纚有梁，喪冠無之，故壓帖然也。書方者，條録送死物件於方板之上。衰，五服之衰。凶器，若棺槨牆翣明器之屬。吕氏大臨曰：臣妾有死於宫者，君亦許之殯而成喪，然必告君乃得入也。馬氏晞孟曰：入公門之禁多，此特其大略而已。

公事不私議。

公事必集衆論而取其衷，私議非擅則姦矣。

君子將營公①室，宗廟爲先，廄庫爲次，居室爲後。凡家造，祭器爲先，犧賦爲次，養器爲後。無田禄者不設祭器，有田禄者先爲祭服。君子雖貧，不粥祭器。雖寒，不衣祭服。爲宫室，不斬於丘木。

粥音育。衣去聲。

宗廟所以奉先，故首重之，而廄庫居室之自奉者，在後。家造，士大夫家造作器物。犧賦，斂民使供牲牢。養器，自養之器。不設祭器，先爲祭服，吕氏曰：器可假而衣不可假也。不粥、不衣、不斬，皆所以致敬也。

大夫士去國，祭器不踰竟。大夫寓祭器於大夫，士寓祭器於士。

祭器，君禄所作。去國者必有故，既不食其禄，則亦不以祭器行矣。寄於爵等之同者，所以使其可用，不遂置爲無用，厚之至也。

大夫士去國，踰竟，爲壇位，鄉國而哭。素衣、素裳、素冠，徹緣、鞮屨、素簚，乘髦馬，不蚤鬋，不祭食，不説人以無罪，婦人不當御，三月而復服。

鄉去聲。鞮，都兮反。簚，亦作幭。髦音毛。蚤音爪。鬋，子淺反。

大夫士有不得已而去其丘墓桑梓，必以喪禮自處。爲壇位，除地爲壇，哭者致其不忍别之心也。衣、裳、冠皆素，爲凶飾也。緣，中衣緣也。吉時用采，凶故徹緣而

① 公，阮元《十三經注疏》本作宫。

純素。䩉屨，無絇以飾屨。幦，車覆闌也。素幦，以白狗皮爲飾。髦馬者，吉則翦馬尾爲飾，凶則不翦。蚤治手足爪翦，鬋治鬚髮。祭，祭先也。不説人以無罪，不向人説己無罪。當御，接見也。三月爲一時，天氣一變。復服，復還吉禮之事也。

大夫士見於國君，君若勞之，則還辟，再拜稽首。君若迎拜，則還辟，不敢答拜。

勞，力報反。辟，婢亦反。

勞，他國勞其來聘。還辟，身旋轉而逡讓也。吕氏大臨曰：還辟，再拜稽首，以臣禮見。他國之君迎拜，則還辟，君接以賓主之禮，而己不敢亢也。

大夫士相見，雖貴賤不敵，主人敬客，則先拜客，客敬主人，則先拜主人。凡非弔喪，非見國君，無不答拜者。大夫見於國君，國君拜其辱。士見於大夫，大夫拜其辱，同國始相見。主人拜其辱。君於士，不答拜也，非其臣則答拜之。大夫於其臣，雖賤，必答拜之。男女相答拜也。

禮者自卑而尊人，故賓主相見，不計貴賤，敬之則先拜。下復推言之。孔氏穎達曰：弔喪，助執喪事，非行賓主之禮而來見本國之君，尊卑遼闊，故不答拜。餘則無不答拜。

國君春田不圍澤，大夫不掩群，士不取麛卵。

此言諸侯在國田獵之禮也。圍，圍繞取之。掩群，因其群聚而掩取。麛，鹿子。凡獸子亦通稱。方氏慤曰：用大者取愈廣，位卑者禁愈嚴，特以春言之者，方孕乳之時，尤在所禁也。

歲凶，年穀不登，君膳不祭肺，馬不食穀，馳道不除，祭事不縣，大夫不食粱，士飲酒不樂。

鄭康成曰：登，成也。君大夫士皆自爲貶損，憂民也。禮：食殺牲則祭先，周人以肺，不祭則不殺也。除，治也。不治道，爲妨民取蔬食也。縣，樂器鐘磬之屬。粱，加食也。公食大夫禮設正饌，後乃設稻粱。不樂，去琴瑟。

君無故玉不去身，大夫無故不徹縣，士無故不徹琴瑟。

鄭康成曰：故謂災患疾病。玉、縣、琴瑟，上下之所通用也，此特隨其輕重而互言之。

士有獻於國君，他日，君問之曰：安取彼？再拜稽首而後對。

安取彼，何處得所獻之物。他日者，士有貢獻，乃致於外而不敢見，恐君答己拜，故别日乃見君，君問之也。

大夫私行，出疆必請，反必有獻。士私行，出疆必請，反必告。君勞之，則拜。問其行，拜而後對。

鄭康成曰：必請、必告，臣不敢自專也。私行，謂以己事。士言告者，不必有獻，告反而已。君勞問必拜，敬也。問行，問道中無恙及所經過。

國君去其國，止之曰：奈何去社稷也？大夫，曰：奈何去宗廟也？士，曰：

奈何去墳墓也？國君死社稷，大夫死眾，士死制。

鄭康成曰：奈何去社稷、宗廟、墳墓，皆臣民殷勤之言。國君死其所受於天子，大夫士死其所受於君。眾謂軍師。制，君教令所使爲之者。

君天下曰天子，朝諸侯、分職、授政、任功，曰予一人。踐阼，臨祭祀，内事曰孝王某，外事曰嗣王某。臨諸侯，畛於鬼神，曰有天王某甫。崩，曰：天王崩。復，曰：天子復矣。告喪，曰：天王登假。措之廟，立之主曰帝。

以其代天而足以主治天下，故天下尊之曰天子，其自稱則謙曰予一人，猶言孤與寡也。朝諸侯，諸侯來朝。分職，各命以職。授政，授以禮樂之成法。任功，興功立事。踐阼以下則祝辭也。踐，履。阼，主階。祭祀，履主階而行事也。父死，三年喪畢，子始得由阼階。宗廟，内事，事親主於孝，故曰孝王某。某，天子名也。郊社，外事，繼前人而奉天，故曰嗣。臨諸侯，巡狩至諸侯之國。畛，致也。方氏慤曰：畛，田閒道。望秩之禮必於郊，故以畛言之。祭於畛而謂之畛，猶祭於郊而謂之郊也。吕氏大臨曰：鬼神之在諸侯境内者，天子不親祀也。曰有天王某甫，有司不敢名君，而告神又不可以無字也。甫、父同，男子美稱。天王崩，史書策之辭，王者死如自天墜下，故曰崩。復，始死，持死者之衣升屋，招呼死者之魂，男子稱名，婦人稱字，冀其復生，故曰復。王者不呼名字，一則臣子不可名君，二則普天率土，一人而已。告喪，遣使報天下萬國。登假，升於遐遠之處，猶言其登天。措，置也。始死，鑿木爲重以依神。既葬，虞祭，後卒哭，爲桑主以祔廟，埋重於廟門左，期年乃爲栗主，埋桑主於埋重處，所謂立之主也。主狀正方，穿中央達四方。天子長尺二寸，諸侯長尺。帝王本生死同稱，廟主曰帝，專以主宰之神言之。

天子未除喪，曰予小子。生名之，死亦名之。

居喪，不忍遽言嗣父，故稱予小子，如父存也。生從父而名之，在喪而死亦名之。吴氏澄曰：《春秋》景王崩，悼王未逾年入於王城曰：王猛崩，曰王子猛卒是也。

天子有后，有夫人，有世婦，有嬪。有妻，有妾。

孔氏穎達曰：后，後也，言其後於天子，亦以廣後嗣也。夫，扶也，言扶持於王。婦，服也，言其服事君子，以其猶貴，故以世言之，亦廣世嗣也。嬪，婦人之美稱，可賓敬也。有妻有妾二句，總承上四項人言。四項人内有妻有妾，言不得以寵亂正，蓋惟后得爲妻，餘皆妾耳。妻，齊也，與夫敵體。妾，接也，得接見君子。

天子建天官。先六大，曰大宰、大宗、大史、大祝、大士、大卜，典司六典。

大，音泰。

建天官，統下四節而言。天子代天理物，臣下寅亮天工，故皆曰天官。六大，皆奉天事神之事，重於他職，故先之大宰，即冢宰，於職無所不統；大宗，即宗伯，典禮；大史，掌六典六法八則及天日月星辰之行；大祝，掌六祝六祈以接神；大士，《周禮》無之，而此在卜祝之閒，故鄭康成疑爲以神仕者；大卜，掌三易三兆，以占吉凶。六典，奉天之常法也。

天子之五官，曰司徒、司馬、司空、司士、司寇，典司五眾。

司徒，掌邦教，眾則六卿六遂之屬。司馬，掌邦政，眾則六軍之屬。司空，掌邦士，眾則百工也。司士，掌邦禮，群臣之版及卿大夫士庶子之數，所統者眾，與四官略等，故竝列爲五。司寇，掌邦禁，眾則士師司隸之屬。上文天事尊，故曰典；此民事繁，故曰眾。

天子之六府，曰司土、司木、司水、司草、司器、司貨，典司六職。

鄭康成曰：六府，主藏六物之税者。吕氏大臨曰：農以耕事貢九穀，司土受之。山虞以山事貢木材，司木受之。澤虞以澤事貢水物，司水受之。圃以樹事貢薪芻疏材，司草受之。工以飭材事貢物器，司器受之。商以市事貢貨賄，司貨受之。

天子之六工，曰土工、金工、石工、木工、獸工、草工，典制六材。

孔氏穎達曰：既有六府之物，宜立六工以作爲器物。工，能也，能作器物者，陸氏佃曰：《考工記》凡攻木之工七云云。土工，蓋摶埴之工。金工，攻金之工。石工，刮摩之工。木工，攻木之工。獸工，攻皮之工。草工，設色之工。若以藍爲青，以茢爲紫，以蒨爲紅，以緑爲黄之類是也。

五官致貢曰享。

承上言。六府六工，皆由五官致貢於天子，而曰享。享，獻也，言獻之自下，而非天子有所私取也。不言冢宰，統攝五官故也。

五官之長曰伯，是職方。其擯於天子也，曰天子之吏。天子同姓謂之伯父，異姓謂之伯舅。自稱於諸侯曰天子之老，於外曰公，於其國曰君。

古三公即六卿之兼官，而二伯即三公之分職。就五官中命二人爲二伯，分主畿内諸侯，是爲五官之長，曰伯，尊之也。職，主也，各主其所治之方。其或擯者，稱於天子則曰天子之吏某，名天子稱之，則以同異姓分稱伯父、伯舅，從其始封之稱稱之也。自稱於諸侯曰老，蓋必先朝重望始爲之，天子許以尊而自生嚴憚也。於外曰公，諸侯之國稱之。於其國曰君，其臣民稱之也。

九州之長，入天子之國曰牧。天子同姓，謂之叔父，異姓謂之叔舅，於外曰侯，於其國曰君。

鄭康成曰：每一州之中，天子選諸侯之賢者以爲之牧，牧尊於大國之君，而曰叔父，辟二伯也。牧，養也，爲天子牧養下民。於外曰侯，國外臣民稱之。國内者，則稱曰君。

其在東夷、北狄、西戎、南蠻，雖大曰子。於内自稱曰不穀，於外自稱曰王老。

鄭康成曰：九州之外，天子亦選其諸侯之賢者以爲之長。子者，子民而養教之。大，地廣大也，天子欲其教養斯民，則爵之曰子。自謙不善，則曰不穀。外夷狄之地曰王老，稱天子以威遠國也。

庶方小侯，入天子之國曰某人，於外曰子，自稱曰孤。

方氏慤曰：庶方小侯，亦九州之外也，以其非長，故曰庶方；以其非大，故曰小。雖大不過子，而小乃謂之侯者，蓋五等之爵，通謂之諸侯。入天子之國則曰某人，不以爵稱賤而略之也。於外曰子，則稱之以爵矣。入内則屈，出外則伸。小侯亦有男，特舉子以概之。陳氏澔曰：孤，特立無德之義。

天子當依而立，諸侯北面而見天子，曰覲。天子當宁而立，諸公東面，諸侯西面，曰朝。

依，本作扆。見，賢遍反。

按今惟存《覲禮》一篇，《朝》《宗》《遇》禮俱亡。諸儒牽引聚訟，不知此乃以當依、當宁别朝覲之地，而明天子爲諸侯、大夫、士表率，故下結之以天子穆穆云云也。依，狀如屏風，有築土爲之者，如今照牆；有刻木爲之者，如今罘罳。諸侯分東西面立，以通姓名，謂之朝。既朝，天子乃入廟受覲，廟在應門之外、雉門之内。朝亦兼覲，覲亦兼朝，特春以朝爲重，秋以覲爲重耳。依畫斧文，故亦曰斧依。宁則門屏之閒，人君視外朝宁立處，在皋門内。孔氏穎達曰：春朝陽氣交舒布散，故分兩處，地道尊右，故諸公在西；秋覲陰氣質斂，故并於一處受之，不布散也。

諸侯未及期相見曰遇，相見於卻地曰會。諸侯使大夫問於諸侯曰聘，約信曰誓，涖牲曰盟。

鄭康成曰：《聘禮》今存，《遇》《會》《誓》《盟》禮亡。孔氏穎達曰：未至前所期之日及所期之地，而忽相見，則禮從略，曰遇。既及期，則其禮閒暇，曰會。聘，使人以禮相存問。以言詞相約束曰誓。坎用牲，加書插血曰盟。古盟誓蓋用之於軍旅事變，故《周官》有司盟之官。而《書》存六篇之誓，春秋概用盟誓，故孔子譏之，不得執以疑此也。

諸侯見於天子，曰臣某侯某。其與民言，自稱曰寡人。其在凶服，曰適子孤。臨祭祀，内事曰孝子某侯某，外事曰曾孫某侯某。死曰薨，復曰某甫復矣。既葬，見天子，曰類見。言謚曰類。

臣某侯某，擯者將命之辭。方氏慤曰：某侯，所以别其國；繼某侯而又曰某，所以别其人也。在凶服未除喪，適子猶言嗣子，孤，無父之稱。自此句以下，皆擯者及策書之辭。内祭祀，從繼父以爲稱，曰孝子；外祭祀，從祖德以爲稱，曰曾孫。薨之言奄也，言奄然亡也。某，字也。吕氏大臨曰：不稱爵，與諸侯異。不稱名，與卿大夫士異。孔氏穎達曰：《春秋》之義，三年除喪，後乃見。而此云既葬者，天子巡守至竟，亦得見。言謚，請謚也，非常禮，故曰類。

諸侯使人使於諸侯，使者自稱曰寡君之老。

鄭康成曰：此諸侯之卿上大夫是也。吕氏大臨曰：老，長稱，比於家臣之長，亦謙辭也。

天子穆穆，諸侯皇皇，大夫濟濟，士蹌蹌，庶人僬僬。

此節上文之意，明天子至士與庶人異，履其位則當備其德而飭其容也。穆穆，深遠之意。皇皇，光大貌。濟濟，雍容寅恭貌。蹌蹌，趨公節度貌。僬僬，徑直少文貌。

天子之妃曰后，諸侯曰夫人，大夫曰孺人，士曰婦人，庶人曰妻。

孔氏穎達曰：妃，配也。諸侯以下通有妃義，故以妃字冠之。后，君也。配至尊，爲海内小君。鄭康成曰：夫之言扶，孺之言屬，婦之言服，妻之言齊。然此亦大概别其貴賤言之，其實婦人、妻，亦上下之通稱也。

公、侯有夫人，有世婦，有妻，有妾。夫人自稱於天子曰老婦，自稱於諸侯曰寡小君，自稱於其君曰小童，自世婦以下，自稱曰婢子。

申言公、侯有夫人，亦有世婦，二者有妻妾之分焉。夫人妻而世婦妾也。自稱於天子，鄭康成謂畿内之諸侯助祭，若時事見是也。老，更事之意。婦，謙言服事其夫耳。自稱於諸侯，己國臣民稱於外國也。小童，幼無知意。自世婦以下皆妾，故稱婢子，婢之言卑也。

子於父母，則自名也。

名，父母所賜。子通男女言之。

列國之大夫，入天子之國曰某士，自稱曰陪臣某，於外曰子，於其國曰寡君之老，使者自稱曰某。

大夫，卿大夫通稱。曰某士，如韓起聘於周，擯者曰：晋士起。陪，重也。子，有德之稱。魯《春秋》曰：齊高子來盟。使，謂使人於諸侯。某，名也。寡君之老見前。

天子不言出，諸侯不生名，君子不親惡。諸侯失地，名。滅同姓，名。

言出，所以外之。生名，所以賤之。君子，謂作史者，若孔子是。不親惡，以其惡而絶之。諸侯以保國安民爲職，故失地、滅同姓而名之也。

爲人臣之禮，不顯諫。三諫而不聽，則逃之。子之事親也，三諫而不聽，則號泣而隨之。

顯，明言其罪惡。逃，去也。君臣有義則合，無義則離。子於親無去禮，必誠身幾諫而感動之。此事君親之常法。若孔子去魯，比干死殷，又審乎事勢之宜而然，不可概論也。

君有疾飲藥，臣先嘗之。親有疾飲藥，子先嘗之。醫不三世，不服其藥。

臣子事君父一也，必嘗而後服之，愛敬慎重。三世則其業精，然亦言其概而已，若有十全者，不在此類。

擬人必於其倫。

擬，比也。倫，類也。類或以德，或以才、以位。比擬不以其類，則褻。

問天子之年，對曰：聞之，始服衣若干尺矣。問國君之年，長，曰：能從宗廟社稷之事矣；幼，曰：未能從宗廟社稷之事也。問大夫之子，長，曰：能御矣；幼，曰：未能御也。問士之子，長，曰：能典謁矣；幼，曰：未能典謁也。問庶人之子，長，曰：能負薪矣；幼，曰：未能負薪也。

鄭康成曰：天子既不敢言年，又不敢斥至尊所能。國君以下，皆言所能，則長幼可知。干，猶數也，數其多少，故曰干；約其數，故曰若。陳氏澔曰：宗廟、社稷、國君，事無有先於此者。御者，六藝之一。謁，請也。典謁，主賓客告請之事。負薪，庶人力役之事。

問國君之富，數地以對，山澤之所出。問大夫之富，曰：有宰食力，祭器衣服不假。問士之富，以車數對。問庶人之富，數畜以對。

不問天子，率土莫非王有也。數地，言其廣狹。山澤所出，魚鹽蜃蛤金銀錫石之屬。有宰，明有采地。食力，食下民租税之力。不假，不藉人。士有地不多，無邑宰，故以車數對。畜，雞豚之屬。按周制，非貴不富，君子不以富取人，此言問富，蓋周末之事，記者沿襲記之耳。

天子祭天地，祭四方，祭山川。祭五祀，歲徧。諸侯方祀，祭山川，祭五祀，歲徧。大夫祭五祀，歲徧。士祭其先。

天子代天地而主民神，故祭天地以報本，祭四方以迎氣，祭山川以分報神功。五祀，户、竈、門、行、中霤，日用之所屬也。歲徧，專承五祀而言。《月令》所分春夏秋冬者，是諸侯各有其方，則各祭其山川及五祀。自大夫以下，皆得祭五祀與其先，此互文言之，以該其餘也。

凡祭，有其廢之，莫敢舉也。有其舉之，莫敢廢也。非其所祭而祭之，名曰淫祀，淫祀無福。

此言祭宜慎重也。有其廢舉之，必聖人所制祭禮得禮樂之情意者，非可妄爲舉廢。淫祀，不特神鬼之非正者，凡非所當祭而祭，皆是。福由人作而神司之，非禮則瀆神矣，何以有福。

天子以犧牛，諸侯以肥牛，大夫以索牛，士以羊豕。

索音色。

鄭康成曰：犧，純毛也。肥，養於滌也。索，求得而用之。按：此以分之尊卑大概言，惟貴者得全其精潔，下不得僭上也。

支子不祭，祭必告於宗子。

此以有爵位者言。宗子兼大宗小宗，祖廟在大宗之家，惟大宗得祭之。禰廟在小宗之家，惟小宗得祭之。若宗子有疾，則必告而後祭，蓋周家重嫡故然，後世不可泥矣。

凡祭宗廟之禮，牛曰一元大武，豕曰剛鬣，豚曰腯肥，羊曰柔毛，雞曰翰音，犬曰羹獻，雉曰疏趾，兔曰明視，脯曰尹祭，槀魚曰商祭，鮮魚曰脡祭。水曰清滌，酒曰清酌。黍曰薌合，粱曰薌萁，稷曰明粢，稻曰嘉蔬，韭曰豐本，鹽曰鹹鹺。玉曰嘉玉，幣曰量幣。

鬣，力輒反。腯音突。薌音香。萁音姬。韭音久。鹺，才何反。

祭物必美其名者，時物順成，皆有陰相，故爲之名，以報享也。元，頭。武，迹也。牛肥則足迹大，豕肥則毛鬣剛。豚，小豕。肥盛曰腯。羊肥則毛柔細。雞鳴必振翼，故曰翰音。凡鳥皆棲樹，雉不樹宿而趾特疏，故名。兔肥則目明。脯，肉乾，非一時之物，故言尹祭，尹，主也，言本爲祭而作。槀亦乾者。商祭，言商酌而以爲薦。脡，脯長尺有二寸之名，言魚之大。清滌，清可以滌。清酌，清可以酌，供神食用之意。黍即今之小米，黍粒圓而大，色黄，性最粘，故曰薌合。薌，香也。稷似黍，粒大，性硬色白，鑿之深白，故曰明粢。粱，幹高於黍，味最美，氣最香，故曰薌萁。粱，陸稻。稻，水稻。嘉蔬，陳氏曰：畦畛而種，待水以生者，皆曰蔬，而稻惟善也。古葱韭皆曰本。豐，厚也。鹹，鹽味之厚。陳氏澔曰：嘉玉，無瑕之玉。量幣，中廣狹長短之度。

天子死曰崩，諸侯曰薨，大夫曰卒，士曰不禄，庶人曰死。在牀曰尸，在棺曰柩。羽鳥曰降，四足曰漬。死寇曰兵。

生時尊卑易識，死嫌輕褻，故爲制尊卑之名。崩、薨見前。卒，終也。不禄，不終其禄。死之言澌也，精神澌盡也。尸，陳也，言形體在也。柩，久也，冀其久而不滅。降，下墜也。漬，浸漬。鳥死乃墜，獸死則腐，如浸漬而腐敗。兵，死於兵也。

祭王父曰皇祖考，王母曰皇祖妣，父曰皇考，母曰皇妣，夫曰皇辟。生曰父、曰母、曰妻，死曰考、曰妣、曰嬪。壽考曰卒，短折曰不禄。

皇，大也，又美大之名。考，成也，言其德行已成。妣，媲也，媲於考也。辟，法也，妻所取法。嬪，婦人之美稱。壽考曰卒，言能終其德業。短折，夭也。此與大夫曰卒之文異者，彼論其爵，此論其德也。

天子視不上於袷，不下於帶。國君綏視，大夫衡視，士視五步。凡視，上於面則敖，下於帶則憂，傾則姦。

上上聲。綏音妥。敖去聲。

人之神棲於目，故正心者先正其視。自天子而下，位愈卑，其視愈謹。袷，交領也。天子之視，端正平直，上不上於人之袷，下不下於人之帶。諸侯較天子爲俯。大夫衡視，不敢及遠，直視人也。衡，横也。士更加謹，止視五步之内。要之，凡視皆不上於面，不下於帶，上有敖心，下有憂心，傾則心不正之人也。

君命，大夫與士肄，在官言官，在府言府，在庫言庫，在朝言朝。

肄，以二反。

肄，習也。官，卿大夫治事之所。府、庫，皆藏器物之名，而此分言，則府指六府之類，庫則藏貨幣之所也。朝，公廷。君有所命，而大夫士預習其事，隨其所在謀議之，不敢侵越，所以專其事也。

朝言不及犬馬。輟朝而顧，不有異事，必有異慮。故輟朝而顧，君子謂之固。在朝言禮，問禮，對以禮。

不及犬馬，懼褻也。在朝一於敬君，輟朝而顧，爲異事異慮所紛亂，則不敬矣。固，不達於禮也。又申言在朝言禮，明乎無所不用禮也。

大饗不問卜，不饒富。

大饗，王饗諸侯也。享於太廟，禮隆物備。不問卜者，交神則卜，以祈通；交人不必然也。饒，過豐之意。以訓恭儉，故不饒富。

凡摯，天子鬯，諸侯圭，卿羔，大夫雁，士雉，庶人之摯匹。童子委摯而退。野外軍中無摯，以纓、拾、矢可也。婦人之摯，椇、榛、脯、脩、棗、栗。

摯與贄同。鄭康成曰：天子無客禮而以鬯者，用告神也。孔氏穎達曰：鬯，釀黑黍爲酒，其氣芬芳調暢，故謂爲鬯。諸侯、公、侯、伯、子、男，用璧，而此不言璧，略也。羔，小羊，取其群而不黨。雁，取其候時而行，飛有行列。雉，取性耿介，惟敵是赴。羔雁以生、雉以死者，鄉大夫以道去就，士以死服事也。野鴨曰鳧，家鴨曰鶩，鶩不能飛騰，如庶人但守耕稼而已。童子未成，人不敢抗禮，委其摯於地而自退避之。野外軍中，非爲禮之處，用時物相禮而已。纓，馬繁纓。拾，射韝。婦人無外事，見以羞物，婦人惟初嫁有摯，以見舅姑。椇，枳椇子，一名木蜜，一名木錫實，形卷曲，核在實外。榛，實似栗而小。脯，摶肉無骨而曝之。脩，取肉鍛治而加薑桂乾之如脯。孔氏穎達曰：所以用此六物者，榛，至也；脯，始；脩，治；棗，早；栗，肅也。婦人初至，修身早起，肅敬也。

納女，於天子曰備百姓，於國君曰備酒漿，於大夫曰備埽灑。

備，備其乏。以廣子姓，故曰備百姓。嫁女之家謙辭備。百姓，以嗣續爲重；酒漿，以祭祀爲重；埽灑，以賓客爲重也。

附　解

天地定位，一元之氣，彌綸布濩於六合間，而成象成形者，各安其生，各得其所，此禮之原也。聖人本天立教，以範圍斯民，爰自上達下，皆有制度以齊一之。洪荒以來，開天明道者皆有制作，至唐虞而已略備矣。堯舜相承，群賢襄贊，成功文章巍乎焕乎，則天之業於斯而昭然。世運遞降，人事日臻，非拘泥成跡，而無化裁可以致治也。三代遞嬗，尚忠尚質尚文之不同，豈非因革損益、隨時處中、順其自然且不得不然者哉。周家培植至厚，元公監二代而立制又至詳明，然數傳而後，上無聖人之君相，下無聖人之師儒，禮崩樂壞，遂有不齒人倫之輩。夫子欲爲東周，歎文獻之不足徵，急思救時，欲綜前代而損益之耳。而托諸空言，僅明其事於《春秋》，門弟子習聞其説。秦漢而下，猶有抱殘守闕之士。漢求遺經，諸書始出，然非能有深造聖人之室者，特嗜古而掇拾舊聞，未克綜其始終，條理秩然，故多隨意編輯。是書爲小戴所傳，而以《曲禮》爲首，亦知禮毋不敬矣。然禮者，所以節文天理，天理之實，必本於存心養性，漸次以幾大成。故文王内之德緝熙敬止斯外而仁敬，孝慈著乎外者本乎中，盡其性者盡人物，非第講於儀文度數，即臻聖賢也。第典禮淪亡，賴此以知先王之遺意，誠不可廢焉。讀是篇者，當師其毋不敬之言，而内求諸盡性，外求諸敦倫，克己復禮，人紀肇修，則不必拘拘於其文，而變通化裁，以協時中，庶不泥古，而亦不戾古，爲先王之功臣。不然，時勢日殊，法古而苦其難，從俗而病其陋，兩無所依，説禮竟成畫餅。非禮之不可興，而禮之原失也。舊解繁多，約之而辨其可否，非好爲立異，蓋欲人讀之而可以見諸行焉耳，君子鑒之。

禮記恒解卷三晚年定本

檀弓上

陸德明以檀弓爲魯人，不知何據。此篇多言孔門弟子，蓋亦孔門遺裔所集，摘篇首檀弓名篇，非必以其知禮而稱之，亦非檀弓所記也。中有譌誤，隨文正之。

公儀仲子之喪，檀弓免焉。仲子舍其孫而立其子。檀弓曰：何居？我未之前聞也。趨而就子服伯子於門右，曰：仲子舍其孫而立其子，何也？伯子曰：仲子亦猶行古之道也。昔者文王舍伯邑考而立武王，微子舍其孫腯而立衍也。夫仲子亦猶行古之道也。子游問諸孔子，孔子曰：否。立孫。

免音問。舍音捨。居音姬。腯，徒本反。

公儀，蓋魯同姓。檀弓往弔公儀，始知舍孫之事，故趨而就主位，以問子服伯子所以。免者，酌弔朋友之禮從厚耳，其制以麻布廣一寸爲之，自項中而前交於額，又卻向後而繞於髻。《史記》不載伯邑考，《逸周書》有之。《微子世家》亦無腯名。按文王必無廢長立幼之事，伯子爲仲子諱，誣稱古人，不足信也。伯邑考蓋早卒。

事親有隱而無犯，左右就養無方，服勤至死，致喪三年。事君有犯而無隱，左右就養有方，服勤至死，方喪三年。事師無犯無隱，左右就養無方，服勤至死，心喪三年。

父子主恩，有幾諫而無犯顏。君臣主義，有匡救而無阿諛。師生恩義兼有，而以道合，有疑而諫，問師必不拒，不必犯亦不必隱也。有方，有定方，惟臣事君各有職守，故有方，父師則否。致，極其哀禮。方，比也，比於親喪。心喪，哀戚如父而無服。所以然者，師非一概，各以其道德恩義，而喪之若概爲之服，反無等級矣。

季武子成寢，杜氏之葬在西階之下，請合葬焉，許之。入宫而不敢哭。武子曰：合葬，非古也。自周公以來，未之有改也。吾許其大而不許其細，何居？命之哭。

季武子，季孫夙，季孫行父之子。合葬，父母合也。劉氏彝曰：成寢，而夷人之墓，處其家於人之墓上。杜氏處其先於人之階下，皆不近人情，非禮明矣。大謂合葬，細謂哭。按：古者墓而不墳，或不知而爲宫室有之，豈有明知而成寢於其間者乎？故張子疑之，蓋不足信也。

子上之母死而不喪，門人問諸子思曰：昔者子之先君子喪出母乎？曰：然。子之不使白也喪之，何也？子思曰：昔者吾先君子無所失道，道隆則從而隆，道汙則從而汙。伋則安能？爲伋也妻者，是爲白也母。不爲伋也妻者，是不爲白也母。故孔氏之不喪出母，自子思始也。

周櫟園曰：出母，生母也。《左傳》吕相絶秦云：康公我之自出。子上，子思之妾所生，父母俱在，故不得以衰麻事親，如居喪之禮。先君子指伯魚，伯魚以衰麻侍孔子，孔子嘗示之。子思不敢斥其非，故云然。喪之謂常服衰麻。汙，猶殺也。蓋父母在，恐傷父母之心，故哀切雖至，而不敢服衰麻，非謂並不哀慕也。此禮之常，記者謂自子思始，非也。爲伋妻白之嫡母，不言己在白當殺服，而言其母非嫡，機詞也，避伯魚喪母之事也。

孔子曰：拜而后稽顙，頹乎其順也。稽顙而后拜，頎乎其至也。三年之喪，吾從其至者。

顙，素黨反。頹，徒回反。頎音懇，又音畿。

孔氏穎達曰：拜，主人孝子拜賓。頹，順也。頎，惻隱貌。拜而后稽顙，先以兩手伏地如常，後復引首叩地，此從容拜賓之常。稽顙而后拜，先以手叩地，卻交手如常，則哀遽不暇爲容，故曰至也。至，謂哀戚之至。

孔子既得合葬於防，曰：吾聞之，古也墓而不墳。今丘也，東西南北之人也，不可以弗識也。於是封之，崇四尺。孔子先反，門人後。雨甚，至。孔子問焉，曰：爾來何遲也？曰：防墓崩。孔子不應。三，孔子泫然流涕曰：吾聞之，古不修墓。

識音志。泫，胡犬反。

封土爲壟曰墳。古者墓而不墳，孔子以己將從事四方，故封之，易於識別。先反而修虞事，門人董其餘功，適逢驟雨，新土潰崩。門人比即修完而後反，故來遲。孔子聞其崩，待三而後應，流涕言之者，不以雨甚之故，自寬其罪。因言古人謹於封築，不俟再修，所以教也。

孔子哭子路於中庭。有人弔者，而夫子拜之。既哭，進使者而問故。使者曰：醢之矣。遂命覆醢。

鄭康成曰：寢，中庭也。拜，弔者爲之主也。使者自衛來赴者，故問死之意象。

醢之者，示欲啗食以怖衆。覆，棄之不忍食。按子路於衛爲父母之邦。家貧而仕，如委吏乘田之流，本無可議者。孔悝之難，既爲其臣，聞難自當往視。蒯聵疑其爲劫孔悝來者，遂以石乞、盂黶敵之。子路倉猝不知所以，遂被害，非初志即欲死之也。夫子聞其死而深痛，未嘗以爲非義。後儒不知蒯輒當日情事，竝疑子路。愚於《論語》夫子爲衛君詳辨之，兹不贅。

曾子曰：朋友之墓，有宿草而不哭焉。

鄭康成曰：宿草，謂陳根。方氏慤曰：師猶父，朋友相視猶兄弟，以喪父之義喪師，則以喪兄弟之義喪朋友。

子思曰：喪三日而殯，凡附於身者，必誠必信，勿之有悔焉耳矣。三月而葬，凡附於棺者，必誠必信，勿之有悔焉耳矣。喪三年以爲極亡，則弗之忘矣。故君子有終身之憂，而無一朝之患，故忌日不樂。

樂音洛。

鄭康成曰：言三日、三月，欲其盡心修備之。附於身衣衾之屬，附於棺明器宅兆之屬。慎終，尤爲大事，故必竭誠信而勿貽悔。下文申言終身不忘親之故。喪禮限於三年，而人子之心實不止此，親而亡矣，何時可忘，故君子終身憂念其親，而不敢遺行以招患。忌日不樂，又其顯而易見者也。不樂，無可樂之事。

孔子少孤，不知其墓。殯於五父之衢，人之見之者，皆以爲葬也。其慎也，蓋殯也。問於郰曼父之母，然後得合葬於防。

父音甫。慎，依張子讀如字。郰鄹同。曼音萬。

少孤，孔子三歲喪父也。不知其墓，謂父方卒時，古者墓而不墳，魯地葬深至丈。顔母以孔子年幼，未能記憶墓處，暫殯於五父之衢。埋棺於坎曰殯，殯淺而葬深，人之見之者，皆以爲葬，實則顔母慎重而未葬也。至母卒，孔子欲以合葬，雖知是殯，尤必詳問殯時淺深明器等物，不致毁傷，故又慎重而問，乃合葬焉。郰曼氏之母，蓋當日與殯事者。防山，在今曲阜縣東三十里。

鄰有喪，舂不相；里有殯，不巷歌。喪冠不緌。

陳氏澔曰：冠必有笄以貫之，以紘繫笄，順頤而下結之曰纓，垂其餘於前曰緌。不緌，去飾也。

有虞氏瓦棺，夏后氏堲周，殷人棺椁，周人牆置翣。周人以殷人之棺椁葬長殤，以夏后氏之堲周葬中殤、下殤，以有虞氏之瓦棺葬無服之喪。

堲，古作即，子栗反。翣，所甲反。長，丁丈反。殤，式羊反。

鄭康成曰：有虞氏上陶，始不用薪。火熟曰堲，燒土冶以周於棺，或謂之土周。殷人上梓，椁，廓也，以木爲之，言大於棺。牆，柳衣也。以柳帷柩周圍如牆，翣如扇之狀，所以飾柩。陸德明曰：十六至十九爲長殤，十二至十五爲中殤，八歲至十一爲下殤，七歲以下爲無服之殤，生未三日不爲殤。

夏后氏尚黑，大事斂用昏，戎事乘驪，牲用玄。殷人尚白，大事斂用日中，戎事乘翰，牲用白。周人尚赤，大事斂用日出，戎事乘騵，牲用騂。

驪，力知反。翰，平仄兩音。騵音原。

鄭康成曰：夏建寅之月爲正，物生色黑，大事，喪事，昏時亦黑。戎，兵也。驪，黑色。玄，黑類。殷建丑之月爲正，物牙色白。日中時亦白，翰，白色。周建子之月爲正，物萌色赤。日出時亦赤。騵，駵馬，白腹。此概論三代所尚之色，戎事亦有不盡拘者也。

穆公之母卒，使人問於曾子曰：如之何？對曰：申也聞諸申之父曰：哭泣之哀，齊衰之情，饘粥之食，自天子達。布幕，衛也。縿幕，魯也。

齊音咨，本又作齋。饘，本又作飦，之然反。粥，之六反。幕本又作冪，音莫。徐音覓。縿音綃。徐音蕭。

申，曾子之子。有聲曰哭，無聲曰泣，齊爲母，斬爲父，情同故云情。厚曰饘，稀曰粥。朝夕食一溢米，故曰食。幕，所以覆棺。縿，綃也。言子於父母所以自致者，貴賤無殊，至禮文之末，則擇其當用者可也。蓋舉一二以概其餘。

晉獻公將殺其世子申生，公子重耳謂之曰：子蓋言子之志於公乎？世子曰：不可，君安驪姬，是我傷公之心也。曰：然則蓋行乎？世子曰：不可，君謂我欲弒君也。天下豈有無父之國哉！吾何行如之？使人辭於狐突曰：申生有罪，不念伯氏之言也，以至於死。申生不敢愛其死。雖然，吾君老矣，子少，國家多難。伯氏不出而圖吾君，伯氏苟出而圖吾君，申生受賜而死。再拜稽首，乃卒。是以爲共世子也。

重平聲。蓋作盍。共音恭。

獻公寵驪姬殺申生事，具見《左傳》。言子之志，白己無不孝事。安驪姬，《左傳》：太子曰：君非姬氏，居不安，食不飽是也。傷公之心，公無姬不歡也。辭，猶告也。狐突，申生之傅，舅犯之父。伯氏，鄭康成曰：狐突别氏也。子，驪姬之子奚齊。卓子出而圖吾君，時狐突杜門不出也。乃卒，縊於新城也。《謚法》：敬順事上曰共。按：驪姬害申生，不過欲其子嗣位耳。申生既爲姬所阻，不能自明，且本心不以嗣位爲念，讓國而逃，爲吴泰伯，未嘗不可。必死之以陷父於不義，非中正之道也。特其純愛於親，死而不怨，謚之曰共，名稱其實矣。

魯人有朝祥而莫歌者，子路笑之。夫子曰：由，爾責於人，終無已夫！三年之喪，亦已久矣夫。子路出，夫子曰：又多乎哉，踰月則其善也。

已夫音扶，絶句。

朝祥，旦行祥祭之禮也。時行三年之喪者希，子故抑子路以勸善。然朝祥暮歌，實非禮也，故俟子路出，而復正言以明禮。夫人子之思親，終身無可釋也，三年之喪，所以約太過不及者於中道。朝祥暮歌，其思親者幾何哉？然聖人不深責者，亦衰世之意耳。

魯莊公及宋人戰於乘丘，縣賁父御，卜國爲右。馬驚，敗績，公隊，佐車授綏。公曰：末之，卜也。縣賁父曰：他日不敗績，而今敗績，是無勇也。遂死之。圉人浴馬，有流矢在白肉。公曰：非其罪也。遂誄之。士之有誄自此始也。

乘去聲。縣音玄。賁音奔。父音甫。

按《左傳》魯莊公十年，魯敗宋師於乘丘，無敗績之事。《釋文》作馬驚敗而無績字，當從之。縣、卜，皆氏也。鄭康成曰：凡車右，勇力者爲之。馬驚公隊，而卜國不能禦之，故公斥其無勇。末，微弱意。縣賁父以馬驚由己致，故自任無勇而死於敵。及圉人浴馬而見流矢，乃知馬因中矢而驚，非賁父不善御之罪也，故遂誄之。士之有誄自此始，言非禮之常也。

曾子寢疾，病。樂正子春坐於牀下，曾元、曾申坐於足，童子隅坐而執燭。童子曰：華而睆，大夫之簀與？子春曰：止！曾子聞之，瞿然曰：呼。曰：華而睆，大夫之簀與？曾子曰：然，斯季孫之賜也，我未之能易也。元，起易簀。曾元曰：夫子之病革矣，不可以變，幸而至於旦，請敬易之。曾子曰：爾之愛我也不如彼。君子之愛人也以德，細人之愛人也以姑息。吾何求哉？吾得正而斃焉，斯已矣。舉扶而易之，反席未安而没。

睆，華飯反。簀音責。與音餘。瞿，紀具反。革音急。斃音弊。

病，疾甚也。子春，曾子弟子。元、申皆曾子之子。隅坐，遜於成人也。華、睆，繪畫美好。簀，簟席之類。止，戒童子勿言。瞿然曰呼，覺而倦於言，但聲呼也。革，急也。彼謂童子。以德，相助以成德。姑息，苟安也。斃，仆也。曾子未嘗爲大夫而季孫賜以簀，重違其意，姑受之可也。受之而寢之，則或其子弟所爲，非曾子本意，但以寢疾，故未之能易耳。聞童子之言，雖疾革，必易之而後安。造次不離於正，故朱子亟稱之也。

始死，充充如有窮。既殯，瞿瞿如有求而弗得。既葬，皇皇如有望而弗至，練而慨然，祥而廓然。

瞿音句。

充充，哀懣氣結，如窮極無歸也。瞿瞿，驚顧如親之猶存，求之又弗得也。皇皇，猶棲棲。望無弗至，痛可知矣。慨，歎去日之速。廓然，益覺親之去遠。蓋言孝子未嘗一日忘親之概也。

邾婁復之以矢，蓋自戰於升陘始也。魯婦人之髽而弔也，自敗於臺鮐始也。

婁，力俱反。陘音形。髽，側瓜反。臺音胡。鮐音台。

邾人呼邾聲曰婁，故曰邾婁。魯僖公二十二年，邾人與魯戰於升陘，敗魯師，時師雖勝，而亦有殺傷。魯襄公四年，邾人伐鄫，魯救鄫，侵邾，敗於狐臺。去纚而紒曰髽。復者，哀死而招其魂也，禮當用衣，婦人弔服，大夫之妻錫衰，士妻服禮無明文，鄭康成謂當是疑衰。此記二國失禮之始也。

南宫縚之妻之姑之喪，夫子誨之髽，曰：爾毋從從爾，爾毋扈扈爾。蓋榛以爲笄，長尺，而總八寸。

縚，吐刀反。毋音無。從音總。扈音户。長，直亮反。

南宫縚，即南容，其妻孔子兄女。其姑死，夫子教以髽之制。鄭康成曰：從從，謂太高。扈扈，謂太廣。爾，語助辭。總，束髮垂爲飾。齊衰之總八尺，孔氏穎達曰：吉笄長尺二寸，此榛笄長尺，蓋降吉笄二寸也。

孟獻子禫，縣而不樂，比御而不入。夫子曰：獻子加於人一等矣。

禫，大感反。縣音玄。比，必例反。

孟獻子，仲孫蔑。禫，大祥，祭名。比，及也。喪除矣，而但縣而不樂，比可以御婦人而不入，此禮之常而人不能爲，故夫子賢之。加，猶過也。

孔子既祥，五日彈琴而不成聲，十日而成笙歌。有子蓋既祥而絲屨、組纓。

組音祖。

鄭康成曰：不成聲，哀未忘也。十日則踰月且異旬也。孔氏穎達曰：凶事用遠日，故鄭氏謂踰月異旬。愚按：笙歌，己笙而人歌也。琴由己調，歌由己樂，今自彈不成聲，而與人笙歌則成，明乎聖人哀禮適中之意。孔氏穎達曰：絲屨，白屨，以素絲爲飾。既祥，素紕當用素爲纓，未用組。今用素組爲纓，二者皆變吉之速。陳氏澔曰：蓋者疑辭，記者亦得之傳聞，故疑其辭是也。

死而不弔者三：畏、厭、溺。

厭，于甲反。

明先王制禮以勵行之意。見禮不明。畏，懼而自經於溝瀆。輕身履危，以致厭溺而死，此皆非正命，故禮不當弔。然此因死者以戒夫生者，非爲有倫誼者禁也。

子路有姊之喪，可以除之矣，而弗除也。孔子曰：何弗除也？子路曰：吾寡兄弟而弗忍也。孔子曰：先王制禮，行道之人，皆弗忍也。子路聞之，遂除之。

子路厚於出嫁之姊，夫子欲其抑情以歸於中道。行道之人弗忍，言人人有此情，所以約於中者，爲其無太過不及也。

太公封於營丘，比及五世，皆反葬於周。君子曰：樂，樂其所自生。禮，不忘其本。古之人有言曰：狐死正丘首。仁也。

大音泰。上樂音岳，下音洛。首，手又反。

孔氏穎達曰：營丘，臨淄縣，以水營繞，故曰營丘。太公冢在咸陽文、武、成、康陵附近。五世反葬，蓋其子孫有附太公冢者，而非嗣位之人，五世則親盡矣。凡音之起，由人心生，而後以鐘鼓管弦宣之。禮以達人心之敬，言禮樂皆有其本。太公本以輔周成王業而封，死傍先王，其子孫亦傍先王，得禮樂之意。古人言狐死首必向丘。丘者，其窟藏之處。不忘本者，仁也。

伯魚之母死，期而猶哭。夫子聞之曰：誰與哭者？門人曰：鯉也。夫子曰：嘻，其甚也。伯魚聞之，遂除之。

母，亓官氏也。凡子爲母服，父在降服，期而練，不常以衰麻侍父，恐傷父心也。禮：祥外無哭者。既期猶哭，故夫子歎其甚。而伯魚聞之，遂不哭也。

舜葬於蒼梧之野，蓋三妃未之從也。季武子曰：周公蓋祔。

孟子曰：舜卒於鳴條。前人謂鳴條有蒼梧山，非今南越之蒼梧也。舜巡方而死，歸葬鳴條，其後世傳零陵有舜塚者。郭璞以爲聖人仁化廣及殊俗，皆起土爲冢是也。三妃，娥皇、女英、登比也。登比，一作癸比。均見《山海經》。祔，合葬也。此言合葬之禮，自古所無，季武子則言起於周公耳。

曾子之喪，浴於爨室。

《士喪禮》浴於適室。此記曾元等之失禮也。

大功廢業。或曰：大功誦可也。

陳氏澔曰：業者身所習，如學舞學射學琴瑟之類。廢之者，恐其忘哀也。誦，口所習，稍暫爲之亦可。然稱或曰，亦未定之辭也。

子張病，召申祥而語之曰：君子曰終，小人曰死。吾今日其庶幾乎？

申祥，子張子。終，終成人之事。死，澌滅無餘之謂。子張以道修身，至是而自信其全歸，故召申祥而語之，使自勵也。

曾子曰：始死之奠，其餘閣也與。

其餘，奠之餘物。閣，庋置也。始死，猶有冀幸其生之意，故以所奠之餘閣而俟之，不忍遽以死待之也。與，歎美而疑其辭，言豈徒閣也與？先王蓋明詔人子，以毋忘親也。

曾子曰：小功不爲位也者，是委巷之禮也。子思之哭嫂也爲位，婦人倡踊，申祥之哭言思也亦然。

時有哭小功不爲位者，故曾子非之。委巷，猶曲巷野陋無禮之人也。記者因言子思爲哭嫂也爲位，婦人先踊，而已乃哭以别嫌，得禮之意。蓋兄弟之妻得相爲服也。申祥之哭言思也亦然。言思，子游之子。申祥，妻之昆弟，其妻亦爲位以哭，倡踊而申祥隨之，蓋子思與申祥皆無服，而其妻皆有服，故其爲位也，皆妻爲之主而哭踊皆自妻倡之也。又孔氏連叢云：一子相承，以至九世，是子思無兄弟，此云嫂，故皇氏以子思爲原憲。當存疑。

古者冠縮縫，今也衡縫。故喪冠之反吉，非古也。

縫音逢。

縮，縱也。衡讀爲横。古制，吉凶冠皆順經而直縫之。周末吉冠多辟積而横縫，至喪冠反如古之吉冠縮縫，故記者以爲非古。

曾子謂子思曰：伋，吾執親之喪也，水漿不入於口者七日。子思曰：先王之制禮也，過之者俯而就之，不至焉者跂而及之。故君子之執親之喪也，水漿不入於口者三日，杖而后能起。

曾子自述居喪事以語子思，而子思據禮答之。蓋聖人不爲過中之行，使人可法而可傳也。事師無犯無隱，此爲得之。

曾子曰：小功不稅，則是遠兄弟終無服也，而可乎？

稅，他外反。

鄭康成曰：日月已過，乃聞喪而服曰稅。大功以上則然，小功輕，不稅。遠兄弟，謂相離遠者。先王之制禮也，因其情而爲之節文。小功疎於大功以上，則不必稅。然袒免哭踊，不廢也。春秋禮衰，時人薄於兄弟，而執禮不稅之文以爲辭。曾子故矯禮之言，以明兄弟之不可不親。聖賢因時而爲之補救有如此，非果曾子不達禮意而爲之說也。

伯高之喪，孔氏之使者未至，冉子攝束帛乘馬而將之。孔子曰：異哉！徒使我不誠於伯高。

使，色吏反。乘去聲。

鄭康成曰：使者，謂賻賵者。攝，猶貸也。孔氏穎達曰：代弔非孔子本意，是虛有弔禮也。若重遣人更弔，彌爲不可，故歎之。

伯高死於衛，赴於孔子。孔子曰：吾惡乎哭諸？兄弟，吾哭諸廟。父之友，吾哭諸廟門之外。師，吾哭諸寢。朋友，吾哭諸寢門之外。所知，吾哭諸野。於野則已疏，於寢則已重。夫由賜也見我，吾哭諸賜氏。遂命子貢爲之主，曰：爲爾哭也來者，拜之。知伯高而來者，勿拜也。

赴訃同。惡音烏。夫音扶。爲去聲。

赴，告也。吴氏澄曰：兄弟之喪，周禮哭諸寢，師喪哭諸廟門外，而此不然，蓋孔子所定也。孔子惡野哭者，而此云所知哭諸野，蓋稍遠於寢門外，非郊野無室屋處是也。陳氏祥道曰：禮生於人情之所安，義起於禮之所未有，君子制義以稱情，隆禮以循義，則於禮之所未有者，皆可適於人情而制之。伯高見由賜，故哭諸賜氏。爲子貢而來，知生者也。爲伯高而來，知死者也。知生者弔而不傷，故拜之。知死者傷而不弔，故勿拜。

曾子曰：喪有疾，食肉飲酒，必有草木之滋焉。以爲薑桂之謂也。

滋，味也。因有疾，故不得已而飲酒食肉。其於酒肉也，必有草木之味焉，以爲有疾不甘於食，得酒食則如有薑桂耳，非遂忘哀而以酒肉爲美也。

子夏喪其子而喪其明。曾子弔之，曰：吾聞之也，朋友喪明則哭之。曾子哭，子夏亦哭。曰：天乎，予之無罪也！曾子怒曰：商！女何無罪也？吾與女事夫子於洙、泗之間，退而老於西河之上，使西河之民，疑女於夫子，爾罪一也。喪爾親，使民未有聞焉，爾罪二也。喪爾子，喪爾明，爾罪三也。而曰爾[①]何無罪與？子夏投其杖而拜曰：吾過矣！吾過矣！吾離群而索居，亦已久矣！

① 爾，《十三經注疏》本作女，閩、監、毛本、石經、岳本、嘉靖本同。坊本為爾。

而喪，息浪反。下喪明、喪爾明同。女音汝。

明，目精也。疑汝於夫子，疑其道不似夫子也。未有聞，無至孝之稱。王充《論衡》辨子夏無喪明事，鍾惺亦謂辭氣不似曾子。此事之有無，蓋不可知，而第以事論，曾子有責善之美，子夏有受益之誠，亦非後人所及也。索猶散也。

夫晝居於内，問其疾可也。夜居於外，弔之可也。是故君子非有大故，不宿於外；非致齊也，非疾也，不晝夜居於内。

齊，側皆反。

鄭康成曰：晝居内，似有疾。夜居外，似有喪。大故，謂喪憂也。内，正寢之中。孔氏穎達曰：言君子居處當合於禮。

高子皋之執親之喪也，泣血三年，未嘗見齒，君子以爲難。

見，賢遍反。

子[①]皋，孔子弟子，名柴。居喪守禮曰執。涕淚由悲聲而出，泣出則無聲，悲無聲而淚亦出曰泣血。孔氏穎達曰：大笑露齒本，中笑露齒，微笑則不見齒。未嘗微笑，是其泣血三年之實也。難，難能而可貴也。

衰，與其不當物也，寧無衰。齊衰不以邊坐，大功不以服勤。

衰，七雷反。當去聲。

孔氏穎達曰：物謂升縷及法制長短幅數。不當物則亂禮，無衰而禮猶存也。邊坐，與人鑲坐，不邊坐，張子厚曰專席而坐也。即大功亦不當以衰服勤，此明衰之重也。

孔子之衛，遇舊館人之喪，入而哭之哀。出，使子貢説驂而賻之。子貢曰：於門人之喪，未有所説驂，説驂於舊館，無乃已重乎？夫子曰：予鄉者入而哭之，遇於一哀而出涕。予惡夫涕之無從也，小子行之。

説音脱。驂，七南反。鄉去聲。涕音體。

舊館人，舊時置館舍己者。駕車者中馬爲服，旁兩馬爲驂。哀，孔子哀，遇於一哀，主人哀也。遇，見也。小子行之，客行無他物可易，使遂以往也。愚按：夫子哀，主人亦哀，其交誼必有深者。若徒哀而無厚贈，則哀爲虚禮，故曰惡夫涕之無從，非果無端而涕出，以此文過。

孔子在衛，有送葬者，而夫子觀之，曰：善哉爲喪乎！足以爲法矣，小子識之。子貢曰：夫子何善爾也？曰：其往也如慕，其反也如疑。子貢曰：豈若速反而虞乎？子曰：小子識之，我未之能行也。

識，式志反。

慕，哀慕，隨親而不忍離。疑者，疑親之在彼而己不欲還。子貢以爲不若速反而虞祭以安神。夫子善其哀切之誠，而不以爲易行也。

---

① 子，底本作于，據正文改。

顔淵之喪，饋祥肉，孔子出受之。入，彈琴而後食之。

饋，共位反。

祥，大祥也。孔子感顔子之没已久，不能無戚，然禮所以節情也，故彈琴散哀而後食之。夫三年之喪，大祥則已節哀矣，况師弟乎。彈琴而後食，記者記孔子厚於顔子之意，而非以爲禮當然也。

孔子與門人立，拱而尚右，二三子亦皆尚右。孔子曰：二三子之嗜學也，我則有姊之喪故也。二三子皆尚左。

拱，恭勇反。嗜，市志反。

拱而尚右，拱立而右手在上也。凡拜，凶喪尚右手，吉喪尚左手。凶喪，大功以上。吉喪，小功以下。姊妹在室，期；出嫁，大功。故門人學孔子之尚右，而子正之。

孔子蚤作，負手曳杖，消摇於門，歌曰：泰山其頽乎？梁木其壞乎？哲人其萎乎？既歌而入，當户而坐。子貢聞之曰：泰山其頽，則吾將安仰？梁木其壞，哲人其萎，則吾將安放？夫子殆將病也。遂趨而入。夫子曰：賜，爾來何遲也？夏后氏殯於東階之上，則猶在阼也。殷人殯於兩楹之間，則與賓主夾之也。周人殯於西階之上，則猶賓之也。而丘也，殷人也。予疇昔之夜，夢坐奠於兩楹之間。夫明王不興，而天下其孰能宗予？予殆將死也。蓋寢疾七日而没。

蚤音早。消摇，一作逍遥。萎，紆危反。放，方兩反。楹音盈。

作，起也。負手曳杖於後，示不復用。逍遥，寬舒自適。放，依也。萎，病也。聖人心與天通，天命將盡而自覺之，形諸夢寐，亦理所常有。猶在阼，親猶在阼階，爲主不忍遽死其親也。猶賓之，則以神道事之，而待如賓客。與賓主夾之，介乎不生不死之間。蓋三王制禮，皆有深意，而孔子殷後，以殷人而享殷禮，故知將死也。既知其命，又言道不果行，蓋至死而不忘救世也。前人或疑此事非真，然生死大事，聖人德合神明，無不可預知，而歌辭盡屬比體，不嫌淺露，臨死而示弟子以全歸，未爲不可也。若負手曳杖、逍遥，吴氏澄謂非動容周旋中禮，豈不知居不容乎申申夭夭，豈必如泥塑木雕。此後人學聖人而誤者也。

孔子之喪，門人疑所服。子貢曰：昔者夫子之喪顔淵，若喪子而無服，喪子路亦然。請喪夫子若喪父而無服。

疑所服，愛敬夫子，疑不當以尋常喪師之禮也。若喪父而無服，所謂心喪三年也。心喪者，但身無衰麻，其哀戚起居飲食變常，皆與喪父母同。

孔子之喪，公西赤爲志焉。飾棺牆，置翣，設披，周也。設崇，殷也。綢練設旐，夏也。

披，彼義反。

鄭康成曰：志謂章識。牆，柳衣也。牆之障柩，猶垣牆之障家。翣，以布衣木，如禩。披，柩行夾引棺者，恐柩車傾虧，而以繩左右維持之。其送葬乘車，所建旌旗刻繒爲崇牙之飾，又韜盛旌旗之竿以素錦於杠首。設，長尋之旐。以上諸物，大夫士皆得用之，門弟子採三代而用之，蓋亦體夫子平日損益三代之意，而記者記以爲法也。

子張之喪，公明儀爲志焉。褚幕丹質，蟻結於四隅，殷士也。

褚，張吕反。幕音莫。蟻，魚綺反。

鄭氏康成曰：以丹布幕爲褚，葬覆棺，不牆不翣。畫褚之四角，其文如蟻行往來交錯。蟻結，似今蛇文畫，殷時士禮。公明儀亦賢者，夙聞孔子之教，文質得中，不拘時俗，故如此儀。子張弟子亦曾子弟子。

子夏問於孔子曰：居父母之仇，如之何？夫子曰：寢苫枕干，不仕，弗與共天下也。遇諸市朝，不反兵而鬭。曰：請問居昆弟之仇，如之何？曰：仕弗與共國，銜君命而使，雖遇之不鬭。曰：請問居從父昆弟之仇，如之何？曰：不爲魁。主人能，則執兵而陪其後。

仇音求。苫，始占反。枕去聲。朝，直遥反。銜音咸。使去聲。從，如字。

凡言仇者，必倫紀所關，無辜被害，而有司又不爲理者也。市朝非執兵之處，不反兵，謂不反取兵仗。銜君命，則恐廢君命而不鬭。魁，首也。執兵陪其後，爲其負當成之。《周禮》調人掌司萬民之仇，凡殺人而義者，令勿讐。蓋先王慮刑罰或有不中，而死者銜冤，則有調人以司其事，期於生死不負。後世刑罰失中，乃多仇恨之事，而報怨者衆。若論其常，則惟君父之仇爲重而已，他不可例。昆弟、從父昆弟之仇，若己有父母，豈可從以復仇？

孔子之喪，二三子皆絰而出。群居則絰，出則否。

先王於師不制服者，以師弟道義相親，隆殺不齊也。若其恩誼隆而德行備，則喪之從厚，固所宜然。孔子之喪，二三子皆絰而出，其群居之友則絰，出而他適不群居者則否。此孔門以意制爲此禮，而可爲後世師友之法也。

易墓，非古也。

易，以豉反。

御案：易，修治也，即古不修墓之意。

子路曰：吾聞諸夫子：喪禮，與其哀不足而禮有餘也，不若禮不足而哀有餘也。祭禮，與其敬不足而禮有餘也，不若禮不足而敬有餘也。

禮，所以將其哀敬也。時人或無其本而徒文，故夫子言此以明哀敬之宜自盡也。

曾子弔於負夏，主人既祖，填池，推柩而反之，降婦人而後行禮。從者曰：禮與？曾子曰：夫祖者且也，且胡爲其不可以反宿也？從者又問諸子游曰：禮與？子游曰：飯於牖下，小斂於户内，大斂於阼，殯於客位，祖於庭，葬於墓，所以即遠也。故喪事有進而無退。曾子聞之曰：多矣乎，予出祖者！

從，去聲。與音餘。夫音扶。且音直。飯，煩晚反。牖，羊久反。填池如字。

鄭康成曰：負夏，衛地。祖，喪行辭祖而祭之。池，陸氏佃曰：殯坎也。《孔叢子》曰：埋柩謂之肂，肂坎謂之池。主人既祖，已塡池矣，因曾子來弔，故處而受弔。云塡池，以明柩無可反之理。柩車南出，階閒既空，故婦人得降立階閒。今柩車反還，故婦人復辟之。升堂弔竟，乃復還柩向外，降婦人於階閒，而後行遣奠之禮。從者問，曾子不便直斥主人失禮，而權辭以答。且同趄。《易》曰：其行次且且也。謂柩行而祖，原有次且不忍捨祖之意，何可不反，而且止宿止也。從者未釋，然又問於子游。飯於牖下者，尸沐浴之後以米及貝實尸口中。時尸在室中牖下南首也。小斂在户内，大斂出在東階，主人奉尸，斂於棺，則在西階，掘坎於西階之上曰肂，置棺於肂中而塗之謂之殯。及啟而將遷，則設祖奠於祖廟之中庭，而後行自牖下。而户内、而阼、而客位、而庭、而墓，皆一節遠於一節，故曰有進而無退，豈可推柩而反之。即，就也。多，稱美之。予，曾子自謂。曾子美子游之言，而言我曾告祖者，遂出勿復反，而主人不聽也。蓋使從者知前言特爲主人諱過。

曾子襲裘而弔，子游裼裘而弔。曾子指子游而示人曰：夫夫也，爲習於禮者，如之何其裼裘而弔也？主人既小斂，袒、括髮，子游趨而出，襲裘帶絰而入。曾子曰：我過矣，我過矣，夫夫是也。

夫音扶，下如字。

方氏慤曰：掩而襲衣謂之襲裘，露而裼衣謂之裼裘，以裘在二衣之内，故皆曰裘。曾子徒知喪事爲凶，而不知始死尚從吉，故始非子游而終善之也。張子疑曾子、子游賢者，失禮必面相告，無私指示人而不告之者。然此必曾子已弔而出，子游適來，不及告耳。

子夏既除喪而見，予之琴，和之而不和，彈之而不成聲。作而曰：哀未忘也，先王制禮，而弗敢過也。子張既除喪而見，予之琴，和之而和，彈之而成聲。作而曰：先王制禮，不敢不至焉。

見音現。予上聲。上和去聲，下和如字。

鄭康成曰：見，見於孔子。《記》曰：祥之日，鼓素琴，示民有終也。先王制禮如此，故二子除喪而見各予之琴，而二人各損益其性情而順於禮。

司寇惠子之喪，子游爲之麻衰、牡麻絰。文子辭曰：子辱與彌牟之弟游，又辱爲之服，敢辭。子游曰：禮也。文子退反哭。子游趨而就諸臣之位，文子又辭曰：子辱與彌牟之弟游，又辱爲之服，又辱臨其喪，敢辭。子游曰：固以請。文子退，扶適子南面而立，曰：子辱與彌牟之弟游，又辱爲之服，又辱臨其喪，虎也敢不復位？子游趨而就客位。

適嫡同。爲去聲。

衛靈公生昭子郢，郢生文子木及惠叔蘭。木字彌牟，蘭即惠子。虎，惠子之子也，爲司寇氏。惠子死，彌牟廢嫡子虎而立庶。子游往弔，故爲不如禮之服，以諷其無禮。弔服弁絰，大如緦之絰，一股而環之，今用牡麻，絞絰與齊衰絰同矣。麻衰以吉服之布爲衰。文子初不知其意而辭其重服，及子游就諸臣之位，猶不悟也。子游再不從命，文子始覺之，乃扶嫡子虎而辭謝。子游乃就客位。子游以知禮聞，而爲不合禮之服與位，故文子因而悟己之非禮也。

將軍文子之喪。既除喪，而後越人來弔，主人深衣練冠，待於廟，垂涕洟。子游觀之曰：將軍文氏之子，其庶幾乎！亡於禮者之禮也。其動也中。

亡無通。中去聲。

將軍文子，即彌牟也。主人，文子之子簡子瑕。深衣，既祥之麻衣，制如深衣。練冠，未祥之練冠，非既祥之縞冠。以死者遷入於廟，故待弔於廟。自目曰涕，自鼻曰洟。禮之所無，而能折衷於吉凶之間以盡己哀，以全弔者之情，故子游善之。

幼名，冠字，五十以伯仲，死謚，周道也。絰也者，實也。掘中霤而浴，毀竈以綴足，及葬，毀宗躐行，出於大門，殷道也。學者行之。

冠去聲。絀音拙。

幼名，生三月而名。二十而冠，有成人之道，故加字。五十年尊，故以伯仲别之。死而加謚。孔氏穎達曰：《士冠禮》已有伯某甫、仲叔季者，彼時雖云伯仲，皆配某甫而言。至五十直呼伯仲爾，此皆周道。麻在首、在要，皆曰絰。實，明哀戚之實，非徒文也。中霤，室中占者覆穴而居，開其上以取明，而雨溜焉，故名。掘室中地作坎，置牀坎上，浴尸牀上，令水入坎。毀竈，示不復用，且以竈甓連綴死人之足，令直可著屨。毀宗，毀廟也。殷人殯於廟，至葬，柩出，毀廟門西邊牆而出，於大門行神之位，在廟門西邊，當所毀宗之外。生時出行則爲壇，幣告神，告竟，車躐行壇上而出，使道中安穩如在壇。今向毀宗處出，仍當躐行此壇，如生時之出行也。學者行之，記者記當時學者。

子柳之母死，子碩請具。子柳曰：何以哉？子碩曰：請粥庶弟之母。子柳曰：如之何其粥人之母以葬其母也？不可。既葬，子碩欲以賻布之餘具祭器。子柳曰：不可，吾聞之也，君子不家於喪。請班諸兄弟之貧者。

碩音石。粥，又作鬻，音育。

子柳疑即泄柳。鄭康成曰：具，葬之器用。何以哉，言無其財也。粥，嫁之也。妾賤，取之曰買，則嫁之爲粥。布，錢也。古謂錢爲泉布，言其如泉水通流徧布天下也。家於喪，藉喪以成家。班，猶分也。此善子柳之安貧守禮。

君子曰：謀人之軍師，敗則死之。謀人之邦邑，危則亡之。

亡亦死也。承邦邑危亡言，故曰亡。君子不輕身枉道，非自高也，道存而後可以相濟。輕於爲人，謀迨危敗而復遜其難，則非臣節。

公叔文子升於瑕丘，蘧伯玉從。文子曰：樂哉，斯丘也！死則我欲葬焉。蘧伯玉曰：吾子樂之，則瑗請前。

樂音洛。瑗，于願切。

鄭康成曰：文子，獻公之孫，名拔。請前，請前行而歸，諷其樂此不須去也。

弁人有其母死而孺子泣者。孔子曰：哀則哀矣，而難爲繼也。夫禮，爲可傳也，爲可繼也，故哭踊有節。

弁下同。孺去聲。

弁，魯下邑。孺子泣，一於哀泣而無節也，喪父母固宜哀，而哀毁之過，反比於不孝子，故以禮節之。可傳、可繼，約之於中道而人皆可行也。哭踊有節，正爲此過哀而毁不勝喪者設。

叔孫武叔之母死，既小斂，舉者出户，出户袒，且投其冠，括髮。子游曰：知禮。

古本兩出户，當從之。

鄭康成曰：武叔，公子牙之六世孫，名州仇。《士喪禮》：卒，斂徹帷，主人即括髮，袒奉尸侇於堂。今舉尸者出户，武叔猶冠而隨以出户，因欲括髮，急投其冠，匆遽失節之甚。子游因其平日好臧否人，故反言知禮以譏之。

扶君，卜人師扶右，射人師扶左。君薨，以是舉。

鄭康成曰：扶君，謂君疾時。卜當爲僕，聲之誤也。僕人、射人，皆平時贊正君服位者。薨以是舉，不忍變也。師，長也。游氏桂曰：男子不死於婦人之手，《春秋》人君不薨於路、寢則爲死不以道，故其疾也，以在寢、在朝之正服位，而從君者扶持之，薨則外廷之人共治其喪，所以防微杜漸，致謹於疾病之際也。

從母之夫，舅之妻，二夫人相爲服，君子未之言也。或曰，同爨緦。

從去聲。上夫如字，下音扶。爲去聲。

母黨之服由母而推，故從母與舅有服而從母之夫及舅之妻無服。二夫人，猶言此二人。君子，知禮之人。或曰：同爨則爲之緦麻服，以其有恩而報服之也。記此見禮由義起，苟當於義理，雖先王所未有，可以無譏也。

喪事欲其縱縱爾，吉事欲其折折爾。故喪事雖遽不陵節，吉事雖止不怠。故騷騷爾則野，鼎鼎爾則小人，君子蓋猶猶爾。

縱音總。折音提。

御案：喪事迫，易至陵節；吉事舒，故易怠緩。縱縱則直而密，折折則曲而當是也。縱縱、折折，即有猶猶意，緩急適中也。騷騷、鼎鼎，又即失中者反形之。騷騷，粗率；鼎鼎，怠弛也。

喪具，君子恥具。一日二日而可爲也者，君子弗爲也。

鄭康成曰：喪具，棺衣之屬。《王制》：六十歲制，七十時制，八十月制。惟絞紟衾冒死而後制。陳氏澔曰：恥於早爲之畢具，嫌其不以久生期其親也。

喪服，兄弟之子猶子也，蓋引而進之也。嫂叔之無服也，蓋推而遠之也。姑姊妹之薄也，蓋有受我而厚之者也。

遠去聲。

此釋《儀禮》經文之意。兄弟之子猶己子也，故爲服期，以其親故引而進之也。

嫂叔無服，因嫂叔不通問，故避嫌推而遠之也。姑姊妹未嫁皆服齊衰，不杖期；既嫁則降服大功，以既嫁有夫，夫爲妻服齊衰、杖期，是受而厚之矣。既有厚之者，則在我降服大功而從薄，蓋欲其修婦道，不得不節情殺禮也。按古叔嫂不通問，故無服，後世不然。韓退之爲嫂服，蓋禮以義起，天理人情，酌而行之，非可以一概論也。

食於有喪者之側，未嘗飽也。

應氏鏞曰：食字上疑脱孔子字，是也。若以爲古禮有是而夫子行之，未嘗字殊欠分曉。

曾子與客立於門側，其徒趨而出。曾子曰：爾將何之？曰：吾父死，將出哭於巷。曰：反哭於爾次。曾子北面而弔焉。

鄭康成曰：徒，謂客之旅，是也。其徒以館非己一人，故欲出哭於巷。次，徙所寓之室。哭於己之室則不嫌矣。《士喪禮》：主人西面，其賓在門東北面。曾子蓋以同國賓禮弔之也。

孔子曰：之死而致死之，不仁而不可爲也。之死而致生之，不知而不可爲也。是故竹不成用，瓦不成味，木不成斲，琴瑟張而不平。竽笙備而不和，有鐘磬而無簨簴。其曰明器，神明之也。

知去聲。味，鄭康成作沬。竽音于。和去聲。簨音筍。簴音巨。

劉氏曰：之，往也，謂以禮往送於死者，死而即以死者待之，恝然爲不仁。死而猶以生者待之，昧禮爲不知。先王爲明器以送死者，竹器無縢緣而不成其用，瓦器麤質而不成其黑光之沬，木器樸而不成雕斲之文，琴瑟雖張弦而不平，不可彈也。竽笙雖備具而不和，不可吹也。雖有鐘磬，無縣掛之簨簴，不可擊也。凡此皆不致死，亦不致生，以有知無知之閒待之。神明之者，以神明之道待之也。鄭康成曰：神明者，非人所知，故其器如此。

有子問於曾子曰：問喪於夫子乎？曰：聞之矣，喪欲速貧，死欲速朽。有子曰：是非君子之言也。曾子曰：參也聞諸夫子也。有子又曰：是非君子之言也。曾子曰：參也與子游聞之。有子曰：然。然則夫子有爲言之也。曾子以斯言告於子游。子游曰：甚哉！有子之言似夫子也。昔者夫子居於宋，見桓司馬自爲石槨，三年而不成。夫子曰：若是其靡也，死不如速朽之愈也。死之欲速朽，爲桓司馬言之也。南宫敬叔反，必載寶而朝。夫子曰：若是其貨也，喪不如速貧之愈也。喪之欲速貧，爲敬叔言之也。曾子以子游之言告於有子，有子曰：然，吾固曰非夫子之言也。曾子曰：子何以知之？有子曰：夫子制於中都，四寸之棺，五寸之椁，以斯知不欲速朽也。昔者夫子失魯司寇，將之荆，蓋先之以子夏，又申之以冉有，以斯知不欲速貧也。

喪、爲竝去聲。朝平聲。

喪謂失位。有子問曾子，曾問失位之事於夫子乎？曾子述己所聞，而有子不信，以必求貧、朽，則非人情也。子游美有子能知聖人之意，因述所以爲此言之故，乃爲桓魋、敬叔言耳，非謂喪、死以貧、朽爲快也。敬叔嘗得罪於定公，奔衛，衛侯請復之，載其寶以朝。中都，魯邑名。後入於齊，爲平陸侯國。司空兼司寇，夫子攝行相事爲司寇事也。將之荆，當時有此志耳，非失司寇即之楚也。先之以子夏，申之以冉有者，聖人不苟於托足之意，雖非爲慮其貧而然，然必輕於所適，不能行道而至饑餓，不能出門户，亦非聖人所出也。

陳莊子死，赴於魯，魯人欲勿哭，繆公召縣子而問焉。縣子曰：古之大夫，束脩之問不出竟，雖欲哭之，安得而哭之？今之大夫，交政於中國，雖欲勿哭，焉得而弗哭？且臣聞之，哭有二道，有愛而哭之，有畏而哭之。公曰：然。然則如之何而可？縣子曰：請哭諸異姓之廟。於是與哭諸縣氏。

繆音木。縣音玄。竟音境。焉，於虔反。

鄭康成曰：陳莊子，齊大夫，陳恒之孫，名伯。大夫死，有訃於他國之君之禮，而無哭之之禮。陳氏專齊之權，故縣子言古今事勢不同，今日之哭有不得已者。哭諸異姓之廟，方氏慤曰：哭其非所當哭之人，故哭於非所當哭之廟也。

仲憲言於曾子曰：夏后氏用明器，示民無知也。殷人用祭器，示民有知也。周人兼用之，示民疑也。曾子曰：其不然乎，其不然乎！夫明器，鬼器也；祭器，人器也。夫古之人，胡爲而死其親乎？

仲憲，仲氏而名憲，非原思也。示民無知者，爲其無知，故以不堪用之器送之。殷不別作明器，而即用祭祀之器，示民有知，爲其有知，故以可用之器送之。疑者，不以爲有知，亦不以爲無知。然三代制禮，文質各因其時，以適於中，非謂無知有知與疑，故曾子不然其説。人鬼既殊，器自不侔，則所謂明器者，固神明之之謂，而非死視其親謂爲無知也。然則殷純用祭器之説，憲言蓋亦無稽，而所謂均不然，可知矣。

公叔木有同母異父之昆弟死，問於子游。子游曰：其大功乎？狄儀有同母異父之昆弟死，問於子夏，子夏曰：我未之前聞也。魯人則爲之齊衰。狄儀行齊衰。今之齊衰，狄儀之問也。

木，依鄭康成作朱。古本齊衰下有三月字。

鄭康成曰：木當爲朱，《春秋》作戍，衛公叔文子之子。其大功乎，疑辭也。按《家語》郲人有同母異父之昆弟死，因顔克問於孔子。孔子曰：同居繼父則從爲之服，不同居繼父且無服，况其子乎？是則同居繼父服期，而其子可服緦麻，不同居則無服矣。游、夏蓋偶未之聞，故此各爲之説。又按：公叔木之母，公叔文子之妻也，何至改嫁。此必有誤也。

子思之母死於衛，柳若謂子思曰：子，聖人之後也。四方於子乎觀禮，子蓋慎諸。子思曰：吾何慎哉？吾聞之：有其禮，無其財，君子弗行也。有其禮，有其財，無其時，君子弗行也。吾何慎哉？

子思侍其母仕於衛，而母卒。柳若衛人，意蓋欲子思豐於禮，而子思曉之。時居喪多違禮從奢，故子思言：有禮無財，固弗行。即有禮有財，而時不得爲，亦弗行也。子思位卑禄薄，蓋有不能備禮之處，故云然。先儒以子思母爲嫁於衛，妄也。

縣子瑣曰：吾聞之，古者不降，上下各以其親。滕伯文爲孟虎齊衰，其叔父也。爲孟皮齊衰，其叔父也。

爲去聲。

鄭康成曰：古謂殷時。伯文，殷時滕爵爲伯，名文。孔氏穎達曰：瑣，縣子名。《周禮》以貴降賤，以嫡降庶，惟不降正耳。而殷世以上，雖貴不降賤。上謂旁親族曾祖從祖及伯叔之班，下謂從子從孫之流。彼雖賤不以己尊降之，猶各隨本族之親輕重而服之。孟虎乃滕伯之叔父，而滕伯又孟皮之叔父，言滕伯上爲叔父，下爲兄弟之子，皆著齊衰，是上不降遠，下不降卑也。

后木曰：喪，吾聞諸縣子曰：夫喪，不可不深長思也。買棺外内易。我死則亦然。

易音異。

鄭康成曰：后木，魯孝公子，惠伯鞏之後。買棺之時，當令内外精好平易，此孝子當爲之事，而木囑其子，記者蓋譏之也。

曾子曰：尸未設飾，故帷堂，小斂而徹帷。仲梁子曰：夫婦方亂，故帷堂，小斂而徹帷。

始死未斂，設帷於堂，不欲人褻之。故小斂畢乃徹帷，而仲梁子謂夫婦之哭位未定，故帷堂，失禮意也。

小斂之奠，子游曰：於東方。曾子曰：於西方，斂斯席矣。小斂之奠在西方，魯禮之末失矣。

按：《禮》小斂畢，奉尸侇於堂，乃奠於尸，當尸右手。如其能食者，然不欲遽死其親也。將大斂，乃徹，小斂奠設於序西南於西漸神之矣。大斂既殯，乃設席於奥而奠，則直神事之矣。曾子謂於西方，且言既小斂，即可設席以奠，非也，故《記》以爲魯末俗之失。

縣子曰：綌衰、繐裳，非古也。

綌音隙。繐音歲。

陸德明曰：綌，粗葛布。細而疏曰繐。孔氏穎達曰：當時失禮，多尚輕細，有喪者不服麤衰，但疏葛爲衰，繐布爲裳，故云非古也，古謂周初制禮時。

子蒲卒，哭者呼滅。子皋曰：若是野哉！哭者改之。

鄭康成曰：滅，蓋子蒲名。惟復呼名。子皋，孔子弟子高柴。野哉，非之也。

杜橋之母之喪，宮中無相，以爲沽也。

鄭康成曰：沽猶略也。孔氏穎達曰：孝子親死，悲迷不復自知，禮節事儀，皆須相導。而此不然，故以爲粗略。

夫子曰：始死，羔裘、玄冠者，易之而已。羔裘、玄冠，夫子不以弔。

易音亦。

羔裘、玄冠，朝服也。養疾者著之，死則易之。小斂之前，主人未成服，弔者猶可服。小斂後則不可以弔，故夫子有然。

子游問喪具。夫子曰：稱家之有亡。子游曰：有無惡乎齊？夫子曰：有，毋過禮。苟亡矣，斂手足形，還葬，縣棺而封。人豈有非之者哉？

稱去聲。亡音無。惡音烏。還音旋。縣音玄。封音窆。

喪具，送終之儀物。惡乎齊，以何爲劑量。毋過禮，不以富而厚喪。還葬，斂畢即葬，不待三月之期。縣棺，鄭康成曰：不設碑綷，不備禮也。封當爲窆，下棺也。《春秋傳》作塴。人豈有非之，不責以所不能也。

司士賁告於子游曰：請襲於牀。子游曰：諾。縣子聞之，曰：汰哉，叔氏！專以禮許人。

賁音奔。汰音泰。

《喪大記》有疾病廢牀之文，蓋始死置尸於地，迨復而不生，則尸復登牀，襲者斂之以衣也。時相沿襲於地，司士賁請於牀。子游不稱禮而諾之，故縣子譏其汰。汰，矜大也。賁，司士名。叔氏，子游字。

宋襄公葬其夫人，醯醢百甕。曾子曰：既曰明器矣，而又實之。

醯，呼兮反。醢音海。甕，烏弄反。

孔氏穎達曰：夏專用明器，分半以實之。殷全用祭器，亦分半以虛之。周人兼用，則實人器而空鬼器。襄公百甕，既實祭器，并明器俱實之，故曾子追論而譏之。又按：宋襄夫人王姬，卒在襄公之後，而此云葬其夫人，豈夫人先卒，而後又立王姬夫人歟？

孟獻子之喪，司徒旅歸四布。夫子曰：可也。

鄭康成曰：獻子，魯大夫仲孫蔑。旅，下士也。司徒使下士歸四方之賻布。時人皆貪，故夫子善其能廉。熊氏曰：《左傳》叔孫氏之司馬鬷戾，是家臣亦有司徒司馬也。

讀賵，曾子曰：非古也，是再告也。

以車馬助葬曰賵。主人受賵而書其人名與物於方，蓋已告神矣。及柩將行，又於柩前東西面讀之，故曾子以爲再告非古也。

成子高寢疾，慶遺入，請曰：子之病革矣。如至乎大病，則如之何？子高曰：吾聞之也，生有益於人，死不害於人。吾縱生無益於人，吾可以死害於人乎哉！我死，則擇不食之地而葬我焉。

遺去聲。革音亟，入聲。

鄭康成曰：成子高，齊大夫國成伯高父也。遺，慶封之族。革，急也。大病，死也，諱之之詞。不食謂不墾耕。吴氏澄曰：其意慊然不足，言其謙儉，可謂賢矣。

子夏問諸夫子曰：居君之母與妻之喪。居處、言語、飲食衎爾。

衎，苦旦反。

《家語》居處上有如之何子曰五字，衎爾下有在喪所則稱其服而已九字，當從之。衎爾，和適之貌。按古重别男女，又諸侯各君其國，臣民屬焉，即天子亦但治其畿内。後世天下一家，則君之母，太后；君之妻，后也。《論語》已重君夫人之稱，漢以後禮制益嚴，無輕視其喪之禮。此節所言，不可泥也。故小戴採《家語》而畧之，若但以爲子夏之言者。

賓客至，無所館，夫子曰：生於我乎館，死於我乎殯。

《家語》無所館下有死無所殯四字，當從之。賓客，朋友也，以其至自遠曰賓客，生死皆當全其義也。

國子高曰：葬也者，藏也。藏也者，欲人之弗得見也。是故衣足以飾身，棺周於衣，椁周於棺，土周於椁。反壤樹之哉。

國子高即成子高。成，謚也。壤，封土爲墳。樹，種樹爲表。古聖人制棺椁以全孝子之心，周制：冢人以爵等爲之邱封之度與其樹數，蓋表其賢以爲後識。子高殆因時尚奢而言，此非中論也。

孔子之喪，有自燕來觀者，舍於子夏氏。子夏曰：聖人之葬人與，人之葬聖人也，子何觀焉？昔者夫子言之曰：吾見封之若堂者矣，見若坊者矣，見若覆夏屋者矣，見若斧者矣。從若斧者焉，馬鬣封之謂也。今一日而三斬板，而已封。尚行夫子之志乎哉！

燕平聲。與平聲。坊音防。鬣，力輒反。

燕人自遠來觀，子夏謙言非聖人葬人，乃人葬聖人耳，未必有合於禮也。因述夫子言而從其儉者。封，築土爲墳。堂形四方高，坊形旁殺平上而長，夏屋旁廣而卑，斧形旁殺刃上而長。若斧者上狹如刃，較上三者易爲功。馬鬣，馬鬃鬣之上，其肉薄，封形似之。板廣二尺長六尺。築墳之法，側板於坎上，兩旁繩以約，板納土板中，築之令土與板平，斬所約繩，更升板如前築之。凡三斬其繩而墳即成。行夫子之志，儉約之志也。

婦人不葛帶。有薦新，如朔奠。既葬，各以其服除。池視重霤。

陳氏澔曰：《禮》：婦人之帶牡麻結本，卒哭。丈夫去麻帶服葛帶而首絰不變。婦人以葛爲首絰，易去首之麻絰，而麻帶不變，所謂不葛帶也。既練，則男子除絰，婦人除帶，此斬衰之服也。大功以下則卒哭，竝變爲葛，與男子同。《士喪禮》有朝夕奠、朔奠、月半奠、朔奠。用特豚三鼎，視朝夕奠爲盛，朔望有定期，薦親無定期。然孝子以時申怵愴之懷，故重其禮，如朔奠，自天子至於士庶，既奠，各以其服除衰麻，不待主人卒哭之變也。池柳，車之池也。重霤之木爲之，承屋水而瀉於地。孝子不忍死其親，故喪器以生時之具奉之。帷荒既象屋，亦設池以象重霤，以竹爲之，衣以青布，於車覆鼈甲之下，牆帷之上。

君即位而爲椑，歲一漆之，藏焉。

椑，蒲歷反。

椑，鄭康成曰：椑，杝棺親尸者。椑，堅著之言也。天子椑内又有水兕革棺。歲一漆之，若未成然，藏焉不令人見，虚其棺而不蓋合其上。

復、楔齒、綴足、飯、設飾、帷堂竝作。父兄命赴者。

楔音屑。綴音錣，亦音輟。

復，招魂也。楔，柱也。以角爲柶，長六尺，兩頭屈曲，拄亡人之齒，令齒開，易含。用燕几綴亡人之足，令直，易著屨。飯，含也。設飾，尸襲斂也。《士喪禮》：始死設奠，即帷堂不待卜斂，六事一時竝作。始死，孝子悲迷，故諸父諸兄爲命赴告者。

君復於小寢、大寢、小祖、大祖、庫門、四郊。

小寢、大寢，燕寢、正寢也。小祖，高祖以下之廟。大祖，太祖之廟。諸侯庫門，即臯門。由近及遠，君尊，故求之地備也。

喪不剥奠也與？祭肉也與？

剥音駁。與平聲。

剥，體解之名。《詩》曰：或剥或亨。祭必剥，居喪而奠，不死其親亦當剥。時或不剥而奠，故記者言喪不可剥奠也，與其必祭肉而後然。與，疑其詞，以明不然也。

既殯，旬而布材與明器。

陳氏澔曰：布，分列而曝乾之也。材爲椁之木，殯後旬日即治此事。

朝奠日出，夕奠逮日。父母之喪，哭無時，使必知其反也。

人死處於陰，奠則以生者待之，故朝奠在日出時，夕奠及日未没時。哭無時，孺慕之忱也。或練後奉君命使，不得已而出使，必告於親，使知其反期。皆事死如事生也。

練，練衣黄裏，縓緣。葛要絰，繩屨無絇，角瑱。鹿裘衡長袪。袪，裼之可也。

縓音倩。緣音願。要平聲。絇音劬。瑱，吐練反。衡作横。袪音胠。

孔氏穎達曰：練，小祥也。小祥著練冠，練中衣。黄爲中衣裏。正服不可變，中衣非正服，但承衰而已，故小祥爲之黄袷裏。縓，淺絳色。緣，中衣領及褏緣也。領緣用縓，明其外除，故飾見外。葛要絰者，小祥，男子去首絰，惟餘要葛。繩屨者，父母喪。菅屨卒哭，蒯藨屨，小祥繩麻屨也。絇屨，頭飾也。瑱，所以充耳，以角爲之，微飾也。冬時吉凶，衣裏皆有裘，吉時則貴賤有異，喪時則同用大鹿皮爲之。小祥之前裘狹而短袂，又無袪。小祥稍飾，故更横廣，又長之，且爲袪。袪袖口也。裼，裘上加衣也。明小祥時外有衰，衰内有練中衣，中衣内有裼衣，内有鹿裘，鹿裘内自有常著襦衣也。

有殯，聞遠兄弟之喪，雖緦必往；非兄弟，雖鄰不往。

三年之喪在殯，不得出弔，不弔外人也。兄弟則恩義存焉，故雖緦服、兄弟之異居，而遠者必往。若非兄弟，則雖近不往。

所識，其兄弟不同居者皆弔。

所識，所交知之人，所知者死其兄弟不同居者，皆弔，所以全恩舊也。

天子之棺四重，水兕革棺被之，其厚三寸，杝棺一，梓棺二，四者皆周。棺束縮二衡三，衽每束一。柏椁以端長六尺。

重平聲。

水牛兕牛之皮耐溼，爲被體親身之棺，厚三寸，二者合爲三寸杝棺，即椑也，亦耐溼，故次於革。杝棺之外有屬棺，屬棺之外有大棺。屬棺、大棺，竝用梓。四者皆周，四重之棺上下悉周帀也。古棺木無釘，惟用皮條束之，直束者二道，横束者三道。陳氏澔曰：衣之縫合處曰衽，以小要連合棺與蓋之際，故亦名衽，先鑿木置衽，然後束以皮，每束處必用一衽，故云衽每束一也。端，猶頭也。椁以柏木之頭爲之，其長六尺。

天子之哭諸侯也，爵弁絰紂衣。或曰，使有司哭之。爲之不以樂食。

紂，一作緇，一作純。

御案：紂服即緦衰也。服問公爲卿大夫錫衰以居，出亦如之，則天子爲諸侯緦衰以居，出亦如之矣。特當事弁絰，不當事弁而不絰。春秋王室卑，時有弁絰而哭者，故記者因記之。或曰記者之詞，言或使人哭之，不親其食，不以樂則同。愚按：君臣恩誼不一，此特言其概。

天子之殯也，菆塗龍輴以椁，加斧於椁上，畢塗屋。天子之禮也。

菆，才官反。輴音春。

殯時用輴車載柩，而畫轅爲龍，曰龍輴。菆，叢也。叢木以周龍輴，而四面塗之，如椁之形。斧，繡覆棺之衣爲斧文也。先菆木周棺如椁形，而上猶開也，以棺衣從椁上入覆於棺上，然後盡塗之，而四注爲屋以覆之，此惟天子然也。

惟天子之喪，有別姓而哭。

御案：周之宗盟，異姓爲後，故哭，同姓先，異姓後，庶姓尤後。若諸侯，則子入卿大夫序，而哭不分同異姓矣。

魯哀公誄孔丘曰：天不遺耆老，莫相予位焉。嗚呼哀哉，尼父！

相去聲。父音甫。

稱美死者之行曰誄。稱孔丘者，君臣之辭。相，助也。父，字也，丈夫之美稱。尼父，因其字而尊之。

國亡大縣邑，公卿、大夫、士皆厭冠，哭於大廟三日，君不舉。或曰，君舉而哭於后土。

厭，于葉反。大音泰。

國亡，軍敗失地也。厭冠，喪冠。盛饌而以樂侑食曰舉。應氏鏞曰：哭於太廟，傷祖宗基業之虧損；哭於后土，傷土地之朘削。不舉，自貶損也。曰君舉者，非也。

孔子惡野哭者。

惡去聲。

君子言哭所知於野，蓋必設位而帷之，以成禮。或郊野之際、道塗之際，哭非其地，倉卒行之，使人疑駭，故惡之也。

未仕者不敢稅人，如稅人，則以父兄之命。

古人四十曰强仕，未仕者概言爲人子弟者。稅，遺於人。人子不專家財，即不得已而遺人，必稱父兄之命以將之。仕，則或爲君國事，不以此概也。

士備入而後朝夕踊。

備，盡。君喪，群臣朝夕哭踊，雖嗣君先入哭，必待諸臣皆入，乃俱踊。士卑，最後，故舉士入爲節。

祥而縞。是月禫，徙月樂。

樂音岳。

祥，大祥也。縞，冠素紕，大祥後著之。除服而祭曰禫。是月，祥之月。徙月，下月。除服必祭者，思親之意無窮，而禮有限，故必告於親也。然哀心未亡，故必踰月而後可爲樂。

君於士有賜帟。

帟音亦。

天子之喪，帷幕帟俱供，在旁曰帷，在上曰幕。帟在幕及幄中，坐上承塵。幄帟皆以繒爲之，士則第有帷，君賜而後有帟，大夫以上則幕人供之矣。

禮記恒解卷四晚年定本

檀弓下

君之適長殤，車三乘。公之庶長殤，車一乘。大夫之適長殤，車一乘。

適，丁歷反。長、乘並去聲。

君公一也。因適長君之繼體，故言君，庶長皆公子，故泛言公。遣車者，柩將行，遣奠取牲體臂臑，折之爲段，用此車載之，以遣送亡者，如墓置於椁中之四隅，其數貴賤不同。殤，未成人。未有爵命、車馬之賜，而得遣車者，其父有之，得以與其子也。十九至十六爲長殤，十五至十二爲中殤，十一至八歲爲下殤。

公之喪，諸達官之長杖。

長上聲。

達官，尊顯而名達於上也。其長受君恩厚，故杖。餘則不杖。

君於大夫，將葬，弔於宫，及出，命引之，三步則止。如是者三，君退。朝亦如之，哀次亦如之。

朝，直遥反。

宫，殯宫也。《禮》：弔於葬者，必執引。君尊，不親執，故命人代爲之。出，出殯宫門也。君三命引車，以致其隆誼而後退。或君弔而當柩，朝廟之時亦如是。或已出大門，至哀次亦如之。哀次者，死者平生待賓次舍之處，孝子至此而哀，暫停柩車，故曰哀次。

五十無車者，不越疆而弔人。

五十始衰，不以筋力爲禮。越疆道遠，弔人哀戚，恐增衰惡也。

季武子寢疾，蟜固不説齊衰而入見，曰：斯道也將亡矣。士唯公門説齊衰。

武子曰：不亦善乎，君子表微。及其喪也，曾點倚其門而歌。

蟜音矯。說音脱。

鄭康成曰：季武子，魯大夫季孫夙也。强且專政，蟜固能守禮，不畏之。武子無若之何，佯若善之。表猶明也。點字皙，曾參父。御案：季武子卒在昭公七年，孔子方十七歲，曾皙少於子路，時止六七齡耳，未必有倚門而歌事。此傳聞之誤也。

大夫弔，當事而至，則辭焉。

事謂大小斂及殯之事。辭，擯者以主人當事，辭其入，事畢乃入。此明當事之重也。

弔於人，是日不樂。婦人不越疆而弔人。行弔之日，不飲酒食肉焉。弔於葬者，必執引，若從柩及壙，皆執紼。

樂音岳。壙音曠。紼音弗。

不樂、不飲酒食肉，不以哀弔爲虚文也。婦人無外事，故不越疆而弔。車索曰引，棺索曰紼。孔氏穎達曰：執紼用人，貴賤有數，若其數足，赢餘之人散行從柩，及壙下窆之時，則不限人數，皆執紼也。

喪，公弔之，必有拜者，雖朋友、州里、舍人可也。弔曰：寡君承事。主人曰：臨。

拜，往謝君也。或無主後者，則朋友、州里、舍人可代往。承事言爲執事而來，稱寡君。弔，異國臣之辭。臨，謝君辱臨其喪。

君遇柩於路，必使人弔之。大夫之喪，庶子不受弔。

遇，不期而遇之也。必使弔之，仁也。若有爵之喪，則當弔於其家。庶子不受弔，爲有適子者言之。

妻之昆弟爲父後者死，哭之適室，子爲主，袒、免、哭、踊。夫入門右，使人立於門外，告來者，狎則入哭。父在，哭於妻之室。非爲父後者，哭諸異室。

哭，妻哭之。哭之適室，以其承父也。子，死者之子，云子爲主，明父不爲主也。婦人出嫁，父母兄弟俱降服，此記夫婦同弔妻昆弟之禮也。言妻之昆弟，爲父後者，妻往弔，則哭之適室。昆弟之子，袒免哭踊，以女兄弟本有服也。至其夫往弔，則人立門外，使門外告擯者以來弔之意，而後入門右。蓋己與死者無服，不同於妻也。若平日與死者狎熟，則不必先告而後入，即入哭，蓋狎則情厚也。其死者之父若在，則哭於妻未嫁時之室，明己因妻而及其昆弟，且不使其父聞哭增哀感也。若死者非爲父後者，亦哭諸異室，不必妻室，不使其父動哀。舊解穿鑿甚矣。

有殯，聞遠兄弟之喪，哭於側室。無側室，哭於門内之右。同國則往哭之。

鄭康成曰：哭於側室，嫌哭殯也。同國往哭，親親也。異國則否，以己有喪，殯不得往也。

子張死，曾子有母之喪，齊衰而往哭之。或曰：齊衰不以弔。曾子曰：我弔也與哉？

御案：曾子於子張誼若兄弟，不容不往哭，又不可釋服而往，故即以母服往哭之。然哭以傷之，非弔也，故曰我弔也與哉。

有若之喪，悼公弔焉。子游擯，由左。

悼公，魯哀公之子。君弔於臣，升降皆自阼階，臣不敢有其室也。擯，爲主人導君以入。由左，自阼階也。臣不敢爲君賓，故導君由阼階入。

齊穀王姬之喪，魯莊公爲之大功。或曰：由魯嫁，故爲之服姊妹之服。或曰：外祖母也，故爲之服。

穀音告。

鄭康成曰：穀當爲告，聲之誤也。王姬，周女，齊襄公之夫人。卒而赴告於魯，其初由魯嫁，故莊公爲之服。禮爲嫁姊妹服大功，或人之言是也。而或又以爲外祖母則非，蓋王姬莊公舅之妻也。記此見當時禮衰，議者各爲之説。

晉獻公之喪，秦穆公使人弔公子重耳，且曰：寡人聞之，亡國恒於斯，得國恒於斯。雖吾子儼然在憂服之中，喪亦不可久也，時亦不可失也。孺子其圖之。以告舅犯，舅犯曰：孺子其辭焉！喪人無寶，仁親以爲寶。父死之謂何？又因以爲利，而天下其孰能説之？孺子其辭焉！公子重耳對客曰：君惠弔亡臣重耳，身喪父死，不得與於哭泣之哀，以爲君憂。父死之謂何？或敢有他志以辱君義。稽顙而不拜，哭而起，起而不私。子顯以致命於穆公。穆公曰：仁夫公子重耳！夫稽顙而不拜，則未爲後也，故不成拜。哭而起，則愛父也。起而不私，則遠利也。

重平聲。喪去聲。與音預。稽音啟。顯當作韅。夫音扶。遠去聲。

獻公殺其世子申生，重耳辟難出奔翟。秦穆公使人就弔之。於斯，謂在喪代之際。喪，謂失位。孺，稺也。勸其反國，意欲納之。舅犯，重耳之舅狐偃，字子犯。因以爲利，欲反國求爲後。説，猶解也。他志，私心。子顯，公子縶也。孔氏：凡喪禮先稽顙而後拜，今不成拜，不私與使者，言無利國之心也。陳氏曰：爲後者成拜，所以謝弔禮之重。今公子以未爲後，故不成拜。愛父，哀痛其父。愛父、遠利，皆仁者之事，故稱之曰仁。

帷殯，非古也。自敬姜之哭穆伯始也。

鄭康成曰：穆伯，魯大夫，季悼子之子公甫靖。敬姜，穆伯妻，文伯歜之母也。《禮》：朝夕哭，不帷。張氏逸曰：敬姜早寡，晝哭以避嫌，雖非古，而實有合於《禮》，故記之。

喪禮，哀戚之至也。節哀，順變也。君子念始之者也。

自此以下至孔子善殷，總論孝子遭喪所爲，而此則論哭踊有節也。言喪乃哀戚之至情，而先王制禮以節其哀，順其至情而漸變之使輕，如三月變食粥爲疏食，期年又變爲菜果，大祥而食鹽醬之類。君子念始，制禮者思慮周至，如下文所云也。

復，盡愛之道也。有禱祠之心焉。望反諸幽，求諸鬼神之道也，北面，求諸幽之義也。

父母有疾，必禱祠求愈。死而復以招魂，冀其或生，猶是禱祀之心。鬼神處于幽。復者，升屋。北面求諸幽之義也。

拜、稽顙，哀戚之至隱也。稽顙，隱之甚也。

稽顙，以顙觸地。隱，痛也。就二事中，稽顙尤爲痛甚。

飯用米、貝，弗忍虚也。不以食道，用美焉爾。

飯上聲。

實米與貝於死者口中，不忍其口之虚焉，非果能食，故但用美潔之物實之。

銘，明旌也。以死者爲不可别已，故以其旗識之。愛之斯録之矣，敬之斯盡其道焉耳。

識音志。

《儀禮·士喪禮》：爲銘各以其物。銘曰：某氏某之柩。未爲重時設之，蓋孝子不忍一日死其親，爲此表之。而此云愛敬之斯盡其道焉耳，其詞甚輕，又似别人表死者之詞，則《儀禮》不足信矣。

重，主道也。殷主綴重焉，周主重徹焉。

重平聲。

始死既斂，以木爲重，似主以依神，死者依之，故名曰重。既虞後乃立主，重非主也，有主之道爾。殷雖作主矣，猶綴重而懸於廟，不忍棄之。周既作主，重遂徹而埋於土，不敢瀆之也。

奠以素器，以生者有哀素之心也，唯祭祀之禮，主人自盡焉爾，豈知神之所饗？亦以主人有齊敬之心也。

齊，側皆反。

始死至葬之祭，通名曰奠。哀素，哀而不暇飾也。因推論凡祭祀之禮，不必神定饗之，亦主人自盡其哀敬，故必然也。

辟踊，哀之至也。有算，爲之節文也。

辟，撫心。踊，跳踊。算，數也。孝子哀親之至，辟踊本無庸算，先王恐過哀而毁，故爲之算，以節其過，文其不及。

袒、括髮，變也。愠，哀之變也。去飾，去美也。袒、括髮，去飾之甚也。有所袒，有所襲，哀之節也。

孔氏穎達曰：袒衣括髮，形貌之變；悲哀愠恚，哀情之變。去吉時服飾之美，袒、括髮尤爲甚。哀、袒、襲有時，以節其哀。

弁絰葛而葬，與神交之道也。有敬心焉。周人弁而葬，殷人冔而葬。

居喪，冠絰衰，純凶。至葬時則素弁首絰，用葛而要帶，仍用麻，蓋以骨肉將歸復於土，魄棲於地，魂升於天，既不以死者爲腐形，則必冀其與山川之靈竝壽，故曰與神交之道而敬焉。不然，葬而虞始爲吉祭，未葬而爲吉服，不已戾乎，故記者特明之也。周弁殷冔，俱象祭冠而素，禮則同。

歠主人、主婦、室老，爲其病也，君命食之也。

爲去聲。食音嗣。

歠，粥也。主人，亡者之子。主婦，亡者之妻。室老，家長。按親喪三日之後，此三人皆不應食粥，而君命食疏食，爲其病也。此大夫之禮，凡居喪可類推。

反哭升堂，反諸其所作也。主婦入于室，反諸其所養也。

養去聲。

堂與室，皆謂廟中，卒窆而歸，反哭於祖廟，必升堂。作，始也。所養者，所饋食供養之處。

反哭之弔也，哀之至也。反而亡焉，失之矣，於是爲甚。殷既封而弔，周反哭而弔。孔子曰：殷已慤，吾從周。

封，當爲窆。

反哭有弔，禮爲主人哀極之時，故弔之，葬反而痛親亡，無可復得，其哀爲尤甚。弔者弔其哀而已。既窆而即弔，在墓所不能行禮，故孔子以爲太慤質而從周。

葬於北方，北首，三代之達禮也，之幽之故也。

北方，塋地。北首，柩也。三代同此葬法，以人死之幽冥北。幽，陰鬼之地。殯時仍南首者，孝子猶若其生時，不忍遽以死待之。

既封，主人贈，而祝宿虞尸。既反哭，主人與有司視虞牲，有司以几筵舍奠於墓左。

封讀窆。舍音釋。

贈，送也。主人孝子既窆，主人埋遣車所載之物，以送死者，而祝先歸，預戒虞。虞不筮尸宿，先戒之也。主人葬而反哭，乃省視虞牲，言與有司，明有司先具牲而主人更省視也。有司以几筵釋奠於墓左，告死者欲其隨孝子而反，當在未反前，此倒文也。

反，日中而虞，葬日虞，弗忍一日離也。是日也，以虞易奠。卒哭曰成事。

反，主人反也，承上言。主人遄反，日中而虞，所以必於葬日虞者，弗忍一日離親，故祭以安其魂氣，使有所歸也。喪禮有奠無尸虞，爲尸以祭，不徒奠，蓋既葬以神禮事之，不純用喪禮。既虞後卒哭，謂爲成喪葬之事。卒哭，不朝夕哭耳，非竟無哭。

是日也，以吉祭易喪祭。明日，祔於祖父。其變而之吉祭也。比至于祔，必於是日也接：不忍一日未有所歸也。

承上言，所以易喪爲吉者，以將祔主於廟，以神道事之，其變喪禮而至吉祭也。葬日即虞，再虞、三虞比至於祔，必從虞日接連行之，不忍死者一日無所歸也。

殷練而祔，周卒哭而祔，孔子善殷。

殷期年服練乃祔，周人葬卒哭即祔，孔子善殷者，以期年之内，哀思未忘，時有哭奠，必期後始祔主於廟，爲得情理之中。

君臨臣喪，以巫祝桃茢執戈，惡之也。所以異於生也。喪有死之道焉，先王之所難言也。

桃，辟鬼。茢，萑苕，作掃。周末尊君而抑臣，君臨臣喪，若先掃除不祥而後入，記者誤以爲禮之當然，而曰惡之異於生時，且云喪有死之道，非也。君臣同體，生死何分。或謂非惡死者，惡其因而死者，然德可化凶，正可卻邪，畏死懼鬼，常人而非，君子聖人，必不爲此無禮之制。

喪之朝也，順死者之孝心也。其哀離其室也，故至於祖考之廟而後行。殷朝而殯於祖，周朝而遂葬。

朝，直遥反。

朝，將葬以柩朝廟，人子之禮。出必告，反必面，今將葬，以車載柩而朝於廟，是順死者之孝心也。即死者之心，亦必自哀其違離寢處，欲至祖考之廟而訣别。殷人以死則爲神，故朝而殯於祖廟，周人親没，不忍即以神事之，故殯於路寢，及朝遂葬。

孔子謂爲明器者，知喪道矣，備物而不可用也。哀哉！死者而用生者之器也，不殆於用徇乎哉！其曰明器，神明之也。塗車、芻靈，自古有之，明器之道也。孔子謂爲芻靈者善，謂爲俑者不仁，不殆於用人乎哉！

記者引孔子言古之爲明器者，知喪道也。雖備物而不可用，若竹不成用、瓦不成味之類是也。哀哉後世竟以死者而用生者之器，不幾於用人以徇之哉？夫古稱明器，所以神明之，明死者異於生人，以泥爲車，以草爲人，自古有之，畧似而已。若以木爲人，設關而能踊跳，名之曰俑，則太似人形矣，故孔子亦嘗謂其不仁，而以爲幾疑用人以徇。哀哉以下，皆記者之言。

穆公問於子思曰：爲舊君反服，古與？子思曰：古之君子，進人以禮，退人以禮，故有舊君反服之禮也。今之君子進人若將加諸膝，退人若將隊諸淵，毋爲戎首，不亦善乎，又何反服之禮之有？

爲舊君，爲去聲。與音餘。膝音悉。隊又作墜。

穆公，魯哀公之曾孫，名顯。古有爲舊君反服之禮，蓋諸侯之臣，因事羈留他國，君嘗有恩，則必爲之服，非謂天子及天下一家之時也。戰國君勢日尊，多虐其臣，故子思、孟子皆言君有禮之事，以警時君，爲臣者不得以此藉口。戎首，寇亂之首也。人臣擇主而事，不可苟進以受禄，則不可悖也。

悼公之喪，季昭子問於孟敬子曰：爲君何食？敬子曰：食粥，天下之達禮也。吾三臣者之不能居公室也，四方莫不聞矣。勉而爲瘠，則吾[1]能，毋乃

① 吾，底本作無，據阮元《十三經注疏》本改。

使人疑夫不以情居瘠者乎哉？我則食食。

夫音扶。食食，上如字，下音嗣。

鄭康成曰：昭子，季康子曾孫，名强。敬子，武伯之子，名捷。三臣，仲孫、叔孫、季孫氏。敬子言我三家不能以臣禮事君，四方皆知。勉强食粥，爲毁瘠之貌，我雖能之，然豈不使人疑我非真情毁瘠乎，不若違禮食食也。應氏鏞曰：季孫之問，有君子補過之心，而孟氏之對，可謂小人無忌憚矣。

衛司徒敬子死，子夏弔焉，主人未小斂，絰而往。子游弔焉，主人既小斂，子游出絰，反哭。子夏曰：聞之也與？曰：聞諸夫子，主人未改服，則不絰。

司徒，以官爲氏也。《士喪禮》：主人小斂改服，弔者乃改服。子夏未知，而子游述夫子以告之。

曾子曰：晏子可謂知禮也已，恭敬之有焉。有若曰：晏子一狐裘三十年，遣車一乘，及墓而反。國君七个，遣車七乘，大夫五个，遣車五乘。晏子焉知禮？曾子曰：國無道，君子恥盈禮焉。國奢則示之以儉，國儉則示之以禮。

乘去聲。焉知焉，於虔反。

曾子以晏子恭儉爲知禮，而有若非之。遣車之數，各如其命數。晏子上卿而用一乘，太儉矣。及墓而反，即窆即歸，不拜賓送賓。个，遣奠牲體之數。曾子言時齊方奢，矯之是也。有子言其經，曾子言其權。

國昭子之母死，問於子張曰：葬及墓，男子、婦人安位？子張曰：司徒敬子之喪，夫子相，男子西鄉，婦人東鄉。曰：噫！毋。曰：我喪也斯沾。爾專之，賓爲賓焉，主爲主焉。婦人從男子皆西鄉。

相、鄉竝去聲。毋音無。斯去聲。沾覘同。

國昭子，齊大夫。夫子，孔子也。東鄉、西鄉，夾羨道爲位。斯，盡也。沾讀曰覘，視也。國昭子自謂齊之大家，有事人盡視之，欲人法其所爲。專，主也。方氏慤曰：禮尤重於男女之際，雖喪紀覂遽，亦莫不各正其位，故自始死至葬，男子西鄉而位乎東，婦人東鄉而位乎西。昭子徒爲賓主之辨，曾無男女之别，其失禮已甚。

穆伯之喪[1]，敬姜晝哭。文伯之喪，晝夜哭。孔子曰：知禮矣。文伯之喪，敬姜據其牀而不哭，曰：昔者吾有斯子也，吾以將爲賢人也。吾未嘗以就公室。今及其死也，朋友諸臣未有出涕者，而内人皆行哭失聲。斯子也，必多曠於禮矣夫。

夫音扶。

喪夫不夜哭，嫌私情勝也。以爲賢人平日亦有才藝，就公室，與到公室，而察其行。内人，妻妾也。

① 喪，底本作妻，據阮元《十三經注疏》本改。

季康子之母死，陳褻衣。敬姜曰：婦人不飾，不敢見舅姑。將有四方之賓來，褻衣何爲陳於斯？命徹之。

鄭康成曰：敬姜，康子從祖母。御案：《士喪禮》襲斂陳衣、禒衣、散衣，俱非上服。此褻衣當在禒衣、散衣之外，禮所不當陳者，故敬姜斥之。

有子與子游立，見孺子慕者，有子謂子游曰：予壹不知夫喪之踊也，予欲去之久矣。情在於斯，其是也夫。子游曰：禮有微情者，有以故興物者，有直情而徑行者，戎狄之道也。禮道則不然，人喜則斯陶，陶斯咏，咏斯猶，猶斯舞，舞斯蹈矣。人悲則愠，愠斯戚，戚斯歎，歎斯辟，辟斯踊矣。品節斯，斯之謂禮。人死，斯惡之矣。無能也，斯倍之矣。是故制絞衾，設蔞翣，爲使人勿惡也。始死，脯醢之奠。將行，遣而行之。既葬而食之。未有見其饗之者也。自上世以來，未之有舍也，爲使人勿倍也。故子之所刺於禮者，亦非禮之訾也。

去上聲。猶音摇。辟，婢亦切。樂音洛。惡去聲。絞音交。蔞音柳。爲去聲。遣去聲。食去聲。舍上聲。訾音疵。劉氏敞曰：舞斯二字①脱蹈矣人悲則五字，當從之。

孺子慕，哀慕而無禮節。壹與一同，語辭也。有子言欲去踊之節如此，孺子慕者哀情在此，即是子游備舉制禮之意以曉之。微，殺也。賢者恐其太過，制禮節以殺其情，不肖者恐其不及，以喪故興起禮物，以動其哀。若直情而徑行，乃夷狄之道也。禮道則不然，陶喜於心而未發，猶身體動摇舞蹈，則樂之極矣。愠，含怒。戚則憂深。歎形於口。辟，拊心。踊，跳躍。人之喜愠，情本如是，因而品節之以成禮。人死，易起人惡。無能，易忘。倍，聖人制禮絞衾以飾尸，蔞翣以飾棺，使人勿惡始死，設脯醢之奠，葬將行，設遣奠而送之。既葬，反哭虞祭以食之。雖未見死者，親饗之然。自古如此，爲使人勿倍也。故子之所譏刺於禮者，不足爲禮病也。

吴侵陳，斬祀殺厲。師還出境，陳行人儀使於師。夫差謂太宰嚭曰：是夫也多言，盍嘗問焉？師必有名，人之稱斯師也者，則謂之何？行人儀曰：古之侵伐者，不斬祀，不殺厲，不獲二毛。今斯師也，殺厲與？其不謂之殺厲之師與？曰：反爾地，歸爾子，則謂之何？曰：君王討敝邑之罪，又矜而赦之，師與有無名乎？

還音旋。大音泰。使去聲。夫差，夫音扶。是夫，夫如字。與音餘。洪氏邁云：大宰嚭當作行人儀，行人儀當作大宰嚭，從之。

吴侵陳，在魯哀公元年。祀，神位有屋樹者。厲，疫病。大宰、行人，官名也。夫差，吴子光之子。盍，何不也。嘗猶試也。夫差修舊怨，欲求其師有美名。獲，繫虜之。二毛，鬢髮斑白。止言殺厲，重人也。子，所獲臣民。夫差行惡事而欲得善名，陳行人斥以殺厲之師。吴大宰因欲反地歸子，行人遂爲甘言以誘之。

---

① 字，底本作之，恐誤。

顔丁善居喪，始死，皇皇焉如有求而弗得。及殯，望望焉如有從而弗及。既葬，慨焉如不及其反而息。

顔丁，魯人。皇皇，猶彷徨，如求物而不得。望望，如逐人後行而不及。如不及其反而息，遲遲而歸，如望親之偕反而不及，欲息以待之。

子張問曰：《書》云高宗三年不言，言乃讙。有諸？仲尼曰：胡爲其不然也？古者天子崩，王世子聽於冢宰三年。

不言，命令不自爲之，非絶口不言也。讙，當乎理而人心喜悦。古者德修而委任大賢，故居喪委政冢宰，己得盡其哀禮之誠，天下亦享太平之福。後世不可行，以無其本也。

知悼子卒，未葬。平公飲酒，師曠、李調侍，鼓鐘。杜蕢自外來，聞鐘聲，曰：安在？曰：在寢。杜蕢入寢，歷階而升，酌，曰：曠飲斯。又酌，曰：調飲斯。又酌，堂上北面坐飲之，降，趨而出。平公呼而進之曰：蕢，曩者爾心或開予。是以不與爾言。爾飲曠何也？曰：子卯不樂，知悼子在堂，斯其爲子卯也大矣。曠也太師也，不以詔，是以飲之也。爾飲調何也？曰：調也，君之褻臣也，爲一飲一食，忘君之疾，是以飲之也。爾飲何也？曰：蕢也，宰夫也。非刀匕是共，又敢與知防，是以飲之也。平公曰：寡人亦有過焉，酌而飲寡人。杜蕢洗而揚觶。公謂侍者曰：如我死，則必無廢斯爵也。至於今，既畢獻，斯揚觶，謂之杜舉。

知去聲。調如字。蕢音快。飲去聲。樂如字。共音供。與去聲。觶音志。

知悼子，晉大夫荀盈。平公，晉侯彪也。飲酒，偶然飲酒。紂以甲子死，桀以乙卯亡，謂之疾日，君不舉樂以自戒懼。君於卿大夫，比葬不食肉，比卒哭不舉樂。人臣喪重於疾日，太師典奏樂。詔，告也。褻，褻也。近臣當規君疾憂。爲一飲一食，言調貪飲食防禁放溢也。平公聞義而服，毋廢斯爵，欲後世以爲戒。揚觶，洗爵而揚之，以致潔。杜舉言昔者杜蕢所舉也。《春秋左傳》昭公九年文與此小異。

公叔文子卒，其子戍請謚於君，曰：日月有時，將葬矣。請所以易其名者。君曰：昔者衛國凶饑，夫子爲粥與國之餓者，是不亦惠乎？昔者衛國有難，夫子以其死衛寡人，不亦貞乎？夫子聽衛國之政，修其班制，以與四鄰交，衛國之社稷不辱，不亦文乎？故謂夫子貞惠文子。

文子，衛獻公孫，名拔。有時，言時近。君，靈公也。衛國有難，魯昭公二十年盗殺衛侯之兄縶，時齊豹作亂，公如死鳥。班制，尊卑之差也。謚法：愛民好與曰惠。外内用情曰貞。道德博聞曰文。按文子以死衛君，事不可考，而春秋時尚無以二字謚者。北宫喜衛衛君，君謚之曰貞子，豈記者傳聞之誤歟？然文子與僎同升，夫子許之，則不得以他書所載非之，亦不必定以貞惠爲貴也。

石駘仲卒。無適子，有庶子六人，卜所以爲後者，曰：沐浴佩玉則兆。五人者皆沐浴佩玉。石祁子曰：孰有執親之喪，而沐浴佩玉者乎？不沐浴佩玉。石祁子兆，衛人以龜爲有知也。

駘音苔。適音的。

鄭康成曰：駘仲，衛大夫石碏之族。六人莫適立，故卜爲後者。沐浴佩玉，則兆繇辭也。五人皆沐浴佩玉，而石祁子獨否，以是知祁子之賢而立之，故衛人以龜爲有知也。謚法：治典不殺曰祁。

陳子車死於衛，其妻與其家大夫謀以徇葬，定而后陳子亢至。以告曰：夫子疾，莫養於下，請以徇葬。子亢曰：以徇葬，非禮也。雖然，則彼疾當養者，孰若妻與宰？得已，則吾欲已。不得已，則吾欲以二子者之爲之也。於是弗果用。

亢音剛。養去聲。

鄭康成曰：子車，齊大夫。子亢，子車弟，孔子弟子。下謂地下。子亢度諫之不能止，以斯言拒之。已猶止也。

子路曰：傷哉；貧也！生無以爲養，死無以爲禮也。孔子曰：啜菽飲水，盡其歡，斯之謂孝。斂首足形，還葬而無椁，稱其財，斯之謂禮。

養去聲。還音旋。稱去聲。

還葬，葬速不必及日月。啜菽，以菽爲粥而啜之，所飲僅水，然父母安而歡之，則必有深愛矣。斂首足形而無椁，稱其財，財實乏也。貧而養志，不失親歡，非賢者不能。

衛獻公出奔，反於衛，及郊，將班邑於從者而后入。柳莊曰：如皆守社稷，則孰執羈靮而從？如皆從，則孰守社稷？君反其國而有私也，毋乃不可乎！弗果班。

從，才用反。羈音基。靮音的。

獻公以魯襄公十四年出奔齊，二十六年復歸衛，欲專賞從者。柳莊言從守一也，有私則生怨。靮，紖也。方氏慤曰：羈以絡馬，靮以控馬，從君而奔故以執羈靮言之。愚按：從者、守者亦各有忠勤不同之事，各即其最上者賞之，乃安。

衛有太史曰柳莊，寢疾。公曰：若疾革，雖當祭必告。公再拜稽首，請於尸曰：有臣柳莊也者，非寡人之臣，社稷之臣也。聞之死，請往。不釋服而往，遂以襚之。與之邑裘氏與縣潘氏，書而納諸棺曰：世世萬子孫無變也。

大音泰。革，本又作急。襚音遂。縣音玄。

以衣服贈死者曰襚。裘、縣潘，二邑名。莊疾，公命其家，若當疾革，我雖在祭祀，必告。及其死也，果當公祭時，遂不釋祭服而往，因釋以襚之，又賜之二邑。此雖見尊賢之意，然棄祭事而不終，以諸侯之命服而襚大夫，書封邑之券而納諸棺，皆非禮也。

陳乾昔寢疾，屬其兄弟而命其子尊己，曰：如我死，則必大爲我棺，使吾二婢子夾我。陳乾昔死，其子曰：以殉葬，非禮也，况又同棺乎？弗果殺。

乾音干。屬音燭。

鄭康成曰：婢子，妾也。尊己不陷父於不義，記者善之。

仲遂卒於垂，壬午猶繹，《萬》入去《籥》。仲尼曰：非禮也，卿卒不繹。

繹音亦。去上聲。

仲遂，魯莊公之子東門襄仲也。垂，魯地名。祭之明日復祭而賓尸曰繹，以志不忍遽忘之意。仲遂爲魯卿，適值辛巳日正祭卒，禮不當繹而猶爲之，第於《萬》入之時去《籥》。《公羊傳》曰：去其有聲者，廢其無聲者。《萬》，樂舞之總名。按：仲遂，魯之罪人。此事在孔子前，蓋門人追問其事，夫子答以卿卒不繹之禮，非爲遂一人言也。

季康子之母死，公輸若方小。斂，般請以機封，將從之。公肩假曰：不可。夫魯有初，公室視豐碑，三家視桓楹。般，爾以人之母嘗巧，則豈不得以？其母以嘗巧者乎？則病者乎？噫！弗果從。

般音班。封音窆。

鄭康成曰：公輸若，名般，若蓋其字。方小，年尚幼，未知禮也。斂，謂下棺於椁。般若之族，欲從般説。初謂故事。豐碑，斲大木爲之，形如石碑，於椁前後四角樹之，穿中間爲鹿盧，下棺以繞紼。天子六紼四碑，前後各重鹿盧，諸侯四紼二碑。斲木如楹，雙植之曰桓。大夫二紼二碑。時魯僭禮，公室亦擬天子，三家亦擬公室。嘗，試也。公肩假言魯有舊禮如此，人母亦如己母，般，爾以人之母嘗巧，則豈不可以其母而嘗其巧乎？則大害禮乎？病，害也。又歎息之。於是弗果從之。按：嘗巧固非，而僭禮尤非，似反不如般之善也。

戰于郎。公叔禺人遇負杖入保者息，曰：使之雖病也，任之雖重也，君子不能爲謀也，士弗能死也。不可。我則既言矣。與其鄰重汪踦往，皆死焉。魯人欲勿殤重汪踦，問於仲尼，仲尼曰：能執干戈以衛社稷，雖欲勿殤也，不亦可乎？

禺音遇。重通童。踦音紀。

鄭康成曰：郎，魯近邑。哀十一年齊國書帥師伐我也。禺人，昭公之子公叔務人，即公爲也。禺人遇避齊師而入保城邑者負其杖而息於途，乃歎之曰：使民甚病，任民甚重，然素無德惠，君子不能爲之謀，士不能爲之死，此理之甚不可者。然我既言人不能死，則我當自盡。於是與其鄰童汪踦往鬭，而皆死焉。魯人以踦能死難，欲以成人禮葬，而孔子善之。此事左氏亦載之，當以此爲正。

子路去魯，謂顔淵曰：何以贈我？曰：吾聞之也，去國，則哭於墓而后行。反其國，不哭，展墓而入。謂子路曰：何以處我？子路曰：吾聞之也，過墓則式，過祀則下。

秦氏繼宗曰：所哭之墓，謂祖考之墓。所過之墓，祀則古帝王聖賢忠臣孝子之墓，祀及國家之正祀。子路，衛人而仕於魯。顏子述哭墓、展墓之禮，以慰其歸。顏子，魯人，子路述式墓下祀之禮，以廣其敬。方氏慤曰：凡物展之則可省而視，故省謂之展。

工尹商陽與陳弃疾追吴師，及之。陳弃疾謂工尹商陽曰：王事也，子手弓而可，手弓。子射諸？射之斃一人，韔弓。又及，謂之又斃二人。每斃一人，揜其目。止其御曰：朝不坐，燕不與，殺三人，亦足以反命矣。孔子曰：殺人之中，又有禮焉。

射音石。韔音暢。朝音潮。與去聲。

鄭康成曰：工尹，楚官名。弃疾，楚公子。魯昭公八年帥師滅陳，縣之，楚人善之，因號焉。至十二年，楚子狩於州來，使蕩侯、潘子等圍徐以懼吴，於時有吴師。商陽仁，不忍殺人。弃疾以王事勸之。斃，仆。韔，韜也。韔弓，不忍復射。揜其目，不忍視之也。不坐，不與，商陽與御者士也，兵車參乘，射者在左，戈盾在右，御在中央。曰有禮，善之也。按：《家語》亦載此事，子路曰：人臣之節，當君大事，惟力所及，死而後已。夫子曰：吾取其有不忍殺人之心而已。

諸侯伐秦，曹桓公卒於會。諸侯請含，使之襚。襄公朝於荆，康王卒。荆人曰：必請襲。魯人曰：非禮也。荆人强之。巫先拂柩，荆人悔之。

含、强，竝去聲。

鄭康成曰：魯成十三年曹伯廬卒於師，廬謚宣，言桓，聲之誤也。請含，以朋友有相啖食之道。使之襚，非也。襚，賤者之事。朝荆，在魯襄公二十八年。康王，楚子昭也。請襲，時楚子已大斂入棺，楚人以襲禮最賤，故使魯君行襲禮。魯人遂以君臨臣喪禮行之，蓋欺其無禮而報之也。楚人既而知之，悔反爲所辱。巫祝桃茢，君臨臣喪禮。楚本號荆，魯僖公元年始稱楚。

滕成公之喪，使子叔敬叔弔，進書，子服惠伯爲介。及郊，爲懿伯之忌不入。惠伯曰：政也，不可以叔父之私，不將公事。遂入。

成公，喪在魯昭三年。子叔[1]敬叔，魯宣公弟叔肸之曾孫叔弓。進書，奉君弔書也。惠伯，慶父元孫子，名椒。介，副也。郊，滕之近郊。懿伯，惠伯叔父。忌，忌日。懿伯，敬叔從祖。及滕郊而遇，此日欲緩，至次日乃入。惠伯曉之以公事，言有公利則無私忌，而叔弓亦遂入焉。

哀公使人弔蕢尚，遇諸道，辟於路，畫宫而受弔焉。曾子曰：蕢尚不如杞梁之妻之知禮也。齊莊公襲莒于奪，杞梁死焉。其妻迎其柩於路而哭之哀，莊公使人弔之，對曰：君之臣不免於罪，則將肆諸市朝，而妻妾執。君之臣免於罪，則有先人之敝廬在，君無所辱命。

辟音避。畫音獲。奪當作隧。肆音四。朝音潮。

① 叔，底本作服，據正文改。

哀公，魯君。辟於路畫宫，闢除道路，畫宫室之位也。魯襄二十三年，齊侯襲莒，杞殖、華還載甲入且於之隧。隧、奪，聲相近，或爲兑。梁即殖也。肆，陳尸也。大夫以上於朝，士於市。執，拘也。無所辱命，辭不受弔也。《春秋傳》曰齊侯弔諸其室。

孺子䵣之喪，哀公欲設撥，問於有若。有若曰：其可也。君之三臣猶設之。顔柳曰：天子龍輴而椁幬，諸侯輴而設幬，爲榆沈，故設撥。三臣者廢輴而設撥，竊禮之不中者也，而君何學焉？

䵣，吐孫反。撥，半末反。幬音道。爲去聲。沈音沈。中去聲。

鄭康成曰：䵣，魯哀公之少子。三臣，孟孫、叔孫、季孫氏。猶，尚也。有若以臣况子也。輴，殯車也。天子畫轅爲龍。幬，覆也。殯以椁覆棺而塗之，所謂菆塗龍輴以椁也。諸侯輴不畫龍。廢，去也。榆沈，以榆白漬水，榆汁濃，故曰榆沈。撥，以物澆榆汁，播於道，使道滑，輴車易行。有輴乃用榆沈，三臣僭用撥，而不知撥爲輴設，是竊禮而不中。

悼公之母死，哀公爲之齊衰。有若曰：爲妾齊衰，禮與？公曰：吾得已乎哉？魯人以妻我。

爲去聲。齊音咨。衰，七回反。與音餘。

以妻我，以爲我妻，孔氏穎達曰：天子、諸侯絶旁期，於妾無服，惟大夫爲貴妾緦。哀公失禮，而文過。

季子皋葬其妻，犯人之禾。申祥以告，曰：請庚之。子皋曰：孟氏不以是罪予，朋友不以是弃予，以吾爲邑長於斯也，買道而葬，後難繼也。

鄭康成曰：季子皋，孔子弟子高柴，季蓋以其行稱之，如子路曰季路，爲孟氏成邑宰。犯，躐也。申祥，子張子。庚，償也。御案曰：爲政在大體，不在小惠，若一犯禾而必償之，是煦煦之仁也。且使民將責償於君，亦傷忠敬之俗。子路治蒲，壺漿施德，夫子責之。孔子之馬傷禾，使子貢辭焉，亦不償也。

仕而未有禄者，君有饋焉曰獻，使焉曰寡君。違而君薨，弗爲服也。

仕未有禄，如客卿之類，賓之，故饋不言賜。稱寡君，以鳴謙。違而君薨弗服，亦爲未受爵禄之故，若在國則必爲之服矣。

虞而立尸，有几筵，卒哭而諱。生事畢而鬼事始已。既卒哭，宰夫執木鐸以命於宫曰：舍故而諱新。自寢門至于庫門。

舍音捨。

生事，未葬，猶以生事之，不忍死其親也，故未有尸。既葬，則親形已藏，故立尸。未葬，雖有脯醢之奠，不立几筵。虞而立尸有几筵，鬼事以鬼神事之。已，止也。故死者，新謂生者。舍故諱新，言新君更始之意。卒哭，諱死者之名，此諱生者之名。寢門、庫門，諸侯也。

二名不偏諱。夫子之母名徵在，言在不稱徵，言徵不稱在。

陳氏澔曰：二名，二字爲名也。

軍有憂，則素服哭於庫門之外，赴車不載櫜韔。

櫜音高。韔去聲。

憂，爲敵所敗也。素服，縞冠。赴車，還告於國之車。櫜，甲衣。韔。弓衣。素服哭者，君也。赴車，軍中使還告於國者也。兵車有弓矢，不載櫜韔，示不忘復戰。然亦必審其爲義戰而後可。

有焚其先人之室，則三日哭。故曰：新宫火，亦三日哭。

焚室而哭之哀，非哀其室，思先人而慟也。引魯成公三年新宫災以實之。新宫，宣宫，正先人之室也。

孔子過泰山側，有婦人哭於墓者而哀。夫子式而聽之，使子路問之，曰：子之哭也，壹似重有憂者。而曰：然，昔者吾舅死於虎，吾夫又死焉，今吾子又死焉。夫子曰：何爲不去也？曰：無苛政。夫子曰：小子識之，苛政猛於虎也。

重去聲。識音志。

而哀，慟也。夫子聞哀而戚，故式而聽之。壹，專一。而猶乃也。夫之父曰舅。苛政嚴於猛虎。

魯人有周豐也者，哀公執摯請見之，而曰不可。公曰：我其已夫。使人問焉，曰：有虞氏未施信於民，而民信之。夏后氏未施敬於民，而民敬之。何施而得斯於民也？對曰：墟墓之間，未施哀於民而民哀。社稷宗廟之中，未施敬於民而民敬。殷人作誓而民始畔，周人作會而民始疑。茍無禮義、忠信、誠慤之心以涖之，雖固結之，民其不解乎。

摯音志。夫音符。涖音利。解，佳買反。

執摯請見，下賢之禮。已，止也。不再請見，而但使人問之也。舊居毁敗之地曰墟。哀公問古之民信敬其上，非有所要結，而何以然。周豐言民心哀敬出於自然，但無禮義、忠信、誠慤之心以臨之，雖要結而不可得。若殷周之末，以誓會爲重，而民始生疑畔，正以其無本而徒事末也。

喪不慮居，毁不危身。喪不慮居，爲無廟也。毁不危身，爲無後也。

爲去聲。

慮，憂念。經營廟以安親，重於居室。危身傷生，而使親無後。

延陵季子適齊，於其反也，其長子死，葬於嬴、博之間。孔子曰：延陵季子，吴之習於禮者也。往而觀其葬焉。其坎深不至於泉，其斂以時服，既葬而封，廣輪揜坎，其高可隱也。既封，左袒，右還其封且號者三。曰：骨肉歸復于土，命也。若魂氣則無不之也，無不之也。而遂行。孔子曰：延陵季子之於禮也，其合矣乎。

長去聲。嬴音盈。深去聲。封如字。廣、隱竝去聲。還與環同。號平聲。

吴季子名札，居延陵，因號焉。嬴、博，齊地。鄭康成曰：今泰山縣也。不至泉，不至太深。以時服，不至太厚。廣輪，猶横縱，縱横相稱。揜坎而爲墳，可以隱身而止，不至太高也。喪事袒右，而袒左，漸變吉也。還其封而號之者三匝，欲其魂氣依己而歸也。人之生也，受氣於天，成形於地，故性秉乾而命秉坤，死則歸其骨肉於土，命之所歸，故曰命也。若魂氣則受天之陽以生，得其正而全歸者，可以無所不之。季子蓋祝其子以生之正也。若《中庸》言天命之謂性，又據天之所以主宰此理者言，與此微異。季子所爲，不盡拘於禮而合禮，故夫子善而歎之。

邾婁考公之喪，徐君使容居來含。曰：寡君使容居坐含，進侯玉。其使容居以含。有司曰：諸侯之來辱敝邑者，易則易，于則于，易于雜者，未之有也。容居對曰：容居聞之，事君不忘其君，亦不敢遺其祖。昔我先君駒王西討，濟於河，無所不用斯言也。容居，魯人也。不敢忘其祖。

婁音閭。含、使竝去聲。

鄭康成曰：考公，隱公之曾孫。弔含，弔且含也。含不使賤者，君行則親含，大夫歸含耳。容居欲親含，非也。坐，跪也。徐自擬天子，以邾爲己之諸侯，故云進侯玉也。其使容居以含，言專爲含而使，欲强自進含也。易，簡。于，迂遠意。有司不便斥其僭妄，但言其托於天子爲于，欲自進含爲易，而容居不知其失，猶復援其祖制，謂自來如是，則妄甚矣。按：《春秋》，魯昭公三十年吴滅徐，徐子章羽奔楚，楚城夷使徐子處之，久已失國，安得更如此僭妄？故鄭康成以爲考公當是定公也。

子思之母死於衛，赴於子思，子思哭於廟。門人至，曰：庶氏之母死，何爲哭於孔氏之廟乎？子思曰：吾過矣，吾過矣！遂哭於他室。

母，庶母也。子思嘗仕衛，而其母卒矣。其庶母或本衛人，留衛而卒，故門人以爲庶氏之母，不宜哭於祖廟。前人混而爲一，且以其母爲嫁衛，大非。他室非廟也，謂他人之室。

天子崩，三日，祝先服。五日，官長服。七日，國中男女服。三月，天下服。虞人致百祀之木，可以爲棺椁者斬之。不至者，廢其祀，刎其人。

鄭康成曰：祝佐含斂，故先服。官長，大夫、士。國中男女，庶人也。愚按：此亦以其遠近概言之。致百祀之木，不取諸民而就百祀之木，可以爲棺椁者斬之，非盡百祀而取之也。不至者，謂法當奔喪而不至者，則滅其國以廢其祀，竝刎其人，非謂不肯斬木者也。然其罰太過，蓋記者之誤。

齊大飢，黔敖爲食於路，以待餓者而食之。有餓者蒙袂輯屨，貿貿然來。黔敖左奉食，右執飲曰：嗟，來食！揚其目而視之，曰：予惟不食嗟來食，以至於斯也。從而謝焉，終不食而死。曾子聞之，曰：微與！其嗟也可去，其謝也可食。

食之，食音嗣，餘竝如字。輯音集。貿音茂。奉上聲。與平聲。

方氏慤曰：饑主歲言之，餓主人言之。蒙，裹也。《左傳》：以幕蒙之。輯當作緝，字誤，屨敝而緝之也，言其貧且餓。貿貿，昏餓之貌。嗟來食，憫嘆呼之，使來食。從，就也。微與，猶言細故。嗟來之言雖不敬，然非大過，故其嗟可去，而謝焉則可食矣。

邾婁定公之時，有弑其父者。有司以告，公瞿然失席，曰：是寡人之罪也。曰：寡人嘗學斷斯獄矣。臣弑君，凡在官者，殺無赦。子弑父，凡在宫者，殺無赦。殺其人，壞其室，洿其宫而豬焉。蓋君踰月而後舉爵。

瞿音屨。斷，丁玩反。壞音怪。洿音烏。

定公，貜且也。民不孝，由上失教，故曰寡人之罪。瞿然，驚怪貌。在官者，諸臣。在宫者，家人。惡無大於此者，是以人皆得而誅之。君不舉爵，以人倫大變，教化不明所致，故傷悼而自貶。孔氏穎達曰：豬，水聚之名。

晉獻文子成室，晉大夫發焉。張老曰：美哉輪焉！美哉奂焉！歌於斯，哭於斯，聚國族於斯。文子曰：武也得歌於斯，哭於斯，聚國族於斯，是全要領以從先大夫於九京也。北面再拜稽首。君子謂之善頌善禱。

要平聲。京，古原字。

獻，以物賀之。文子，趙武也。發，爲詞以美之。輪，輪囷，言高大。奂，同焕，言焕爛。歌、哭、聚國族於此，言久居也。文子申其意，而自幸無罪以承先人。張老之頌無浮諛，文子自禱無奢願，故曰善也。

仲尼之畜狗死，使子貢埋之，曰：吾聞之也，敝帷不棄，爲埋馬也。敝蓋不弃，爲埋狗也。丘也貧，無蓋，於其封也，亦予之席，毋使其首陷焉。路馬死，埋之以帷。

畜，許六切。爲去聲。封音窆。予上聲。

畜狗，馴守。陷，没於土。路馬，君所乘者。其他狗馬，不能以帷蓋。狗馬有功，故特示恩以帷，不用之敝帷也。

季孫之母死，哀公弔焉。曾子與子貢弔焉。閽人爲君在，弗内也。曾子與子貢入於其廄而修容焉。子貢先入，閽人曰：鄉者已告矣。曾子後入，閽人辟之。涉内霤，卿大夫皆辟位，公降一等而揖之。君子言之曰：盡飾之道，斯其行者遠矣。

爲、鄉竝去聲。内入聲。辟音避。

此記者傳聞之妄也。曾子、子貢始至，豈不爲禮服？閽人爲君在弗内，亦是；及君弔已畢，二人乃入，亦禮也。豈有因其弗内而始修容者？内霤，門屋後簷。君子，當時所謂君子，二子素有賢名，君與卿大夫皆知之。而閽人不知，故其始入而弗内，繼則見禮貌而敬之。當時君子亦不揣其本，以爲盡飾之道可以行遠，謬矣。

陽門之介夫死，司城子罕入而哭之哀。晉人之覘宋者，反報於晉侯曰：陽門之介夫死，而子罕哭之哀，而民説，殆不可伐也。孔子聞之曰：善哉覘國乎！《詩》云：凡民有喪，扶服救之。雖微晉而已，天下其孰能當之。

説音悦。扶服同匍匐。

鄭康成曰：陽門，宋國門名。介夫，甲衛士。宋以武公諱司空爲司城。子罕，樂喜。覘，窺視也。按介夫蓋有勞者，故子罕哭之哀，適晉人使人覘宋，見其事而知其能得士心，以爲不可伐。孔子善之，引《詩》言即此哀死之念推之，可以仁民，不特無晉寇而已，即天下孰能當之。然此事，三傳諸書不載，子罕時晉宋方睦。故御案以爲誤也。

魯莊公之喪，既葬，而絰不入庫門。士大夫既卒哭，麻不入。

莊公薨，世子般即位。公子慶父弑之而立閔公。公時年八歲，既葬，即除服，故絰不入庫門。庫門，近外第一門也。士大夫則卒哭而除。麻猶絰也。記慶父惡逆廢禮之事。

孔子之故人曰原壤，其母死，夫子助之沐椁。原壤登木曰：久矣，予之不託於音也！歌曰：貍首之斑然，執女手之卷然。夫子爲弗聞也者而過之。從者曰：子未可以已乎？夫子曰：丘聞之，親者毋失其爲親也，故者毋失其爲故也。

卷平聲。從去聲。

鄭康成曰：沐，治也。木，椁材。託，寄也。爲弗聞也而過，佯爲不知也。已，止也。劉氏曰：貍首之斑，言木文之華，執女手之卷，言木文之滑膩。從者疑夫子當絶交，夫子言爲親故者，雖有非禮，未可遽失其親故之情。此聖人隱惡全交之意。

趙文子與叔譽觀乎九原。文子曰：死者如可作也，吾誰與歸？叔譽曰：其陽處父乎？文子曰：行并植於晉國，不没其身，其知不足稱也。其舅犯乎？文子曰：見利不顧其君，其仁不足稱也。我則隨武子乎？利其君，不忘其身。謀其身，不遺其友。晉人謂文子知人。文子其中退然如不勝衣，其言吶吶然如不出諸其口。所舉於晉國管庫之士七十有餘家，生不交利，死不屬其子焉。

處上聲。并、知爲竝去聲。勝平聲。吶，如劣切。屬音燭。

文子，晉大夫，名武。叔譽，據《韓詩外傳》即叔向也。陽處父，晉襄公之傅。并，專。植，直。没，終也。謂專直自用。後爲狐射姑所殺。舅犯從文公，公反國，至河要文公與之盟而後入，故曰見利不顧其君。事竝見《左傳》。武子，士會也，食邑於隨，氏范，字季。有利於君而未嘗失己，自謀其身而未嘗遺友。晉人以文子爲能知人。中，身也。不勝衣，卑退之貌。吶吶，如不出諸口，慎言也。管，鍵也。庫，物所藏。管庫，賤職。舉，舉以爲大夫。士不交利屬子，承上二句言，於所舉之士不與之交利、死屬其子，言不市恩而私己也。

叔仲皮學子柳。叔仲皮死，其妻魯人也，衣衰而繆絰。叔仲衍以告，請繐衰而環絰，曰：昔者吾喪姑姊妹亦如斯，末吾禁也。退，使其妻繐衰而環絰。

學如字。衣去聲。繆，鄭康成作樛。繐音歲。喪如字。

叔仲皮，叔孫惠伯彭之子，始爲叔仲氏。子柳蓋泄柳。衰，齊衰。繆，絰首。絰，兩股相交也。孔氏穎達曰：五服之絰皆然，惟弔服環絰一股不繆。衍蓋皮兄弟，叔仲皮學於子柳，皮死，其妻魯國之人，亦知禮，爲皮服齊衰而繆絰。叔仲衍以爲子柳之教也，故告於子柳，請繐衰而環絰，且言其昔喪姑姊妹亦如斯，無人禁也。子柳未許之。衍退自使其妻繐衰而環絰。妻爲夫服，與喪姑姊妹異，而兄弟之妻爲夫兄弟服亦異。今衍概以繐衰環絰，悖禮殊甚，記此以明禮失由狂夫也。

成人有其兄死而不爲衰者，聞子皋將爲成宰，遂爲衰。成人曰：蠶則績而蟹有匡，范則冠而蟬有緌，兄則死而子皋爲之衰。

緌，而追切。

成，魯孟氏邑。匡，蟹背殼似匡。范，蜂也。績絲必盛於匡，而蟹之匡則非爲蠶之績也。飾冠必資於緌，而蟬之緌則非爲范之冠也。以喻兄死者之爲衰不爲兄而爲子皋。蓋譏服衰者之不誠而賢子皋之能化民也。

樂正子春之母死，五日而不食，曰：吾悔之。自吾母而不得吾情，吾惡乎用吾情？

惡音烏。

情，實也。禮不食三日，子春勉至五日。既而悔其過禮之不誠，反不若由禮之誠也。是亦善補過者也。

歲旱，穆公召縣子而問然。曰：天久不雨，吾欲暴尫而奚若？曰：天則不雨，而暴人之疾子，虐，毋乃不可與？然則吾欲暴巫而奚若？曰：天則不雨，而望之愚婦人，於以求之，毋乃已疎乎？徙市則奚若？曰：天子崩，巷市七日，諸侯薨，巷市三日，爲之徙市，不亦可乎？

旱音汗。縣音懸。暴，步卜反。尫音汪。與平聲。爲去聲。

然，禮之宜者。尫，錮疾，巫能接神，暴之，皆欲天哀之而雨也。孔氏穎達曰：《楚語》觀射父曰：民之精爽不攜貳者，明神降之，在女曰巫，在男曰覡。此云愚婦人，據末世之巫言也。鄭康成曰：徙市者，庶人居喪之禮，行居喪之禮以自責。可者，僅可之辭也。陳氏祥道曰：先王之於旱也，内則責諸己，外則求諸神。

孔子曰：衛人之祔也離之，魯人之祔也合之，善夫！

祔音附。夫音扶。

鄭康成曰：祔即合葬也。離之，有以間其槨中。善夫，善魯人也。祔葬當合。朱子曰：古者槨合眾材爲之，故大小隨人所爲。今用全木，難得大木，故合葬者只同穴而各用槨也。

附　解

此篇摘篇首檀弓二字名篇，雜記諸事，多記時人之事，蓋秦火以後，鄒魯學者採之成帙。小戴分編而彙載焉。先儒多議之者，然或誤會文義，今悉隨文而辨正之。讀者當類推而會通之，始能即其是非，以窺古人之原，不可隨矮人觀劇也。

禮記恒解卷五晚年定本

王　制

盧氏植曰：漢文帝令博士諸生作此篇，其時五經未畢出，而孔孟餘裔，猶有存者。三代之制，亦散見於雜家傳記。文帝令主，其時去古未遠，使有得孔孟之實者出而輔治，廣求賢士，採先王之制，折衷至善，垂爲典型，豈非一大嘉會？惜不能然，名曰《王制》，而實於本末内外功夫、九經之義不全，亦可慨矣！然其所言，猶多古制，可佐參考，故不可廢。但古今異勢，多有難行，得其意而變通之，不泥古，亦不戾古。協乎天理人心之自然，宜於民生日用所當然，是在善讀是書者也。中有疑誤，隨文正之。

王者之制禄爵：公、侯、伯、子、男，凡五等。諸侯之上大夫卿、下大夫、上士、中士、下士，凡五等。

《穀梁》曰：仁義歸往曰王。鄭康成曰：禄，所受食。爵，秩次也。公之爲言公也，近天子而爵尊，故必以無私爲德。侯者候也，爲天子扞衛於外。伯，長也，其德足以長人。子，養也，其道足以養人。男，任也，足以荷任而安人。諸侯，一國之君，侯國無中大夫，止有下大夫五人，其上大夫即卿也。大夫者，能扶進人也。士，任事之稱。孟子言天子一位，而此不言者，漢承秦後，天子甚尊，不復與公侯等竝列爲等；亦尊諸侯，故亦不與臣下共列爲等。

天子之田方千里，公侯田方百里，伯七十里，子男五十里。不能五十里者，不合於天子，附於諸侯曰附庸。

不能猶不足也。不合於天子貢賦，不能自達於天子，附於大國之諸侯以達。庸，功也，附而達其功，此與孟子言合，斷爲周制而非殷制。又本文明言田之里，其地之山林、川澤、原隰不計，先儒拘牽言之，非也。

天子之三公之田視公侯，天子之卿視伯，天子之大夫視子男，天子之元士視附庸。

鄭康成曰：視猶比也。朱子曰：元士，上士也。御案：此就孟子遞減一等，亦酌時宜而將以爲漢制也。愚按：公卿大夫士所受之田，蓋又在天子千里之外，而非即以天子之田與之。然周之盛時，天子公卿往往以外侯爲之，則所受之地，自非畀以世守。周衰，蓋始有據以傳世者。

制：農田百畝。百畝之分，上農夫食九人，其次食八人，其次食七人，其次食六人，下農夫食五人。庶人在官者，其禄以是爲差也。

分去聲。食音嗣。差，楚宜反。

古尺當宋鈔尺六寸四分弱，周制步百爲畝，漢景帝始以百四十步爲畝。百畝之田，《周禮》所謂不易之田也。分之言均也，約其概而均之。大率農之勤惰不同，有上、次、中、下之别，而要使足於食。至庶人在官，若府史胥徒之屬，其任有大小，才有優絀，亦視農夫之五等以爲差。蓋禄皆出於民力，視之以爲激勸，所以重民力而儆素餐也。

諸侯之下士視上農夫，禄足以代其耕也。中士倍下士，上士倍中士，下大夫倍上士。卿四大夫禄，君十卿禄。次國之卿三大夫禄，君十卿禄。小國之卿倍大夫禄，君十卿禄。

徐氏曰：下士，田百畝，可食九人。中士，二百畝，可食十八人。上士，四百畝，可食三十六人。大夫，八百畝，可食七十二人。大國卿三千二百畝，可食二百八十八人。君三萬二千畝，可食二千八百八十人。次國卿，二千四百畝，可食二百十六人。君二萬四千畝，可食二千一百六十人。小國卿一千六百畝，可食百四十四人。君一萬六千畝，可食千四百四十人。所食之禄皆助法之公田，藉庶人之力以耕而收其租。士之無田與庶人在官者則但受禄於官，如田之入而已。

次國之上卿，位當大國之中，中當其下，下當其上大夫。小國之上卿，位當大國之下卿，中當其上大夫，下當其下大夫。

鄭康成曰：此諸侯使卿大夫頫聘會盟之序也。方氏慤曰：上大夫即卿矣。有上中下卿，又有上大夫者，蓋下大夫之上者也。同爲卿，則小國在大國之下。若大國大夫小國卿，則卿必位於大國大夫之上。

其有中士下士者，數各居其上之三分。

其或卿大夫出聘，而有中士下士爲介者，禮數各居其上之三分。上謂卿大夫爲賓者。三分，十分而減其七，謙不敢僭正賓也。

凡四海之内九州。州方千里，州建百里之國三十，七十里之國六十，五十里之國百有二十，凡二百一十國。名山大澤不以封，其餘以爲附庸閒田。八州，州二百一十國。

閒音閑。

此概言畿外建國之數也。古有國之君，地之廣狹，爵之崇卑，不必一轍。或仍前代，或建新封，或各就其地之君長，令自爲治，約言有二百一十國耳。名山大澤不以封，與民公利，亦以險遠有不盡可封者也。其餘謂非名山大澤，可封而不以封人，但屬之附庸爲閒田，以待有功而封也。

天子之縣内，方百里之國九，七十里之國二十有一，五十里之國六十有三，凡九十三國。名山大澤不以朌，其餘以禄士，以爲閒田。

朌音頒。

此概言畿内建國之數也，凡九十三國。考之三代，經無明文，蓋漢儒擬爲此數云。名山大澤不以朌，則畿内侯國所受之地皆歸天子，而特食其賦入，非同畿外諸侯世守也。禄士，謂拔自草茅者，取其地之賦以禄之，無專屬，故曰閒田也。

凡九州，千七百七十三國。天子之元士，諸侯之附庸不與。

與去聲。

孔氏穎達曰：此總名畿内畿外之數。陳氏澔曰：元士附庸不與者，以上文所算止五十里，而元士附庸皆不能五十里，故不與。按：古諸侯之國，其地或不及今一縣之廣，則千七百餘國，非誣也。

天子，百里之内以共官，千里之内以爲御。

共音恭。

葉氏夢得曰：官者，天子宗廟社稷賓客燕享，有司所共。御者，乘輿服膳匪頒賜予，王所用也。方氏慤曰：以近者與人，欲其易給而無勞；以遠者奉己，欲其難致而有節。百里之内非不共御，以共官爲主；千里之内非不共官，以共御爲主耳。御者以尊御卑之稱，故凡天子所用之物，皆謂之御。

千里之外設方伯，五國以爲屬，屬有長。十國以爲連，連有帥。三十國以爲卒，卒有正。二百一十國以爲州，州有伯。八州八伯，五十六正，百六十八帥，三百三十六長。八伯各以其屬，屬於天子之老二人，分天下以爲左右，曰二伯。

長上聲。帥，色類反。卒音萃。

孔氏穎達曰：屬，繫屬。連，連接。卒，卒伍。州，聚居。皆有聚意。長諸侯者，非賢不可，故因其州内賢侯爲之，非州外别取賢牧也。鄭康成曰：伯、帥、正，亦長也。彭氏汝礪曰：千里之外以下，以國之體統言，八州以下以國之名數言。伯即取諸正，正即取諸帥，帥即取諸長之中。八伯各有所統，而又上屬於天子之老。老謂二伯。愚按：二伯或即以三公爲之，如周公主陝以東，召公主陝以西。或以外諸侯爲之，如太公得征五侯九伯，魯公統徐奄諸國是也。

千里之内曰甸。千里之外曰采，曰流。

甸，治田賦之意。采，采邑所需。流，流移不一意。方氏慤曰：甸服四面五百里，則爲方千里矣。王畿，千里之外，莫近於侯服，而采又侯服之最近者；莫遠於荒服，而流又荒服之最遠者。舉此則綏要之服在其中矣。

天子三公、九卿、二十七大夫、八十一元士。

方氏慤曰：三公，取陽數也。卿倍公而三之，大夫又三之，元士又三之。位尊者其事約而總，位卑者其事詳而分，故官之法，位愈卑而數愈衆焉。彭氏汝礪曰：此漢儒斟酌建官之法，欲以爲定制耳。

大國三卿，皆命於天子，下大夫五人，上士二十七人。次國三卿，二卿命於天子，一卿命於其君，下大夫五人，上士二十七人。小國二卿，皆命於其君，下大夫五人，上士二十七人。

彭氏汝礪曰：大國欲其權不侔上，故三卿皆命於天子。小國欲其權足制下，故二卿皆命於其君。陳氏祥道曰：三等之國，卿數不同，大夫、士之數則同者，卿合治，大夫分職，故卿數與禄以國之大小爲差，大夫、士之數與禄則同焉而已。於大夫言下大夫，則知卿之爲上大夫也。於士言上士，則知其有中下也。

天子使其大夫爲三監，監於方伯之國，國三人。

方伯統屬一方，諸侯有不順者，得奉王命以討之。使監必與聞，恐其挾私專擅也。蓋自古有此制，孟子曰：象不得有爲於其國，天子使吏治其國。武王封武庚，以紂之故都而命三叔爲監，皆此制。先儒不得其意，疑竇所由起也。

天子之縣内諸侯，禄也。外諸侯，嗣也。

天子之公卿、大夫，亦稱諸侯，受田視外諸侯，且尊之也。天子地方千里，選賢共治，但禄其人，賢則世守，不賢則去之，無世官之之法，亦不概爲世禄。外諸侯則世繼，然苟非其人，亦必選賢更之。此但言其概耳。若春秋世官世禄諸人，皆非古制。

制：三公一命卷，若有加則賜也，不過九命。次國之君，不過七命。次國之君，不過七命。次國之君，不過五命。

卷音衮。

制，命服之制。卷，繪衮龍於服也。朱子曰：天子之龍一升一降，上公但有降龍，以龍首卷然，故謂之卷。三公爵至隆，再加一命，然後服衮。若後再有加恩，則賜他物，而不更加衣。極言衮之重也。下文又推言之，凡天子恩賜於臣，不過九命，次國不過七命，小國不過五命。

大國之卿，不過三命，下卿再命。小國之卿與下大夫一命。

此又明大夫命數。孔氏穎達曰：大國之卿不過三命，則知次國之卿不過再命；大國下卿再命，則知小國次卿一命。至大夫，則大國次國小國皆同一命，以大國下卿再命差之，明大夫一命。又小國大夫一命，則次國亦可知矣。

凡官民材，必先論之。論辨，然後使之。任事，然後爵之。位定，然後禄之。

鄭康成曰：論謂考其德行道藝。辨，考問得其定也。論而辨矣，然後使之。使之而果足任事，然後爵之。爵之而位適與才稱矣，然後禄之。

爵人於朝，與士共之。刑人於市，與衆棄之。是故公家不畜刑人，大夫弗養，士遇之塗，弗與言也。屏之四方，唯其所之，不及以政，示弗故生也。

共之衆著其賢，於市衆著其惡，皆本公理而示無私也。畜，養。皆謂使近左右。若墨者守門，劓者守關，宫者守内，刖者守囿，髡者守積，皆憫其廢而使得以其能効職，不畜養之以爲僕從也。遇塗弗言，屏之弗近，所以戒將來之爲惡者。弗及以政，其尤要者。示弗故生，非故欲其生，猶望其人之自新也。

諸侯之於天子也，比年一小聘，三年一大聘，五年一朝。

朝音潮。

鄭康成曰：比年，每歲也。小聘使大夫，大聘使卿，朝則君自行。

天子五年一巡狩。

《周禮·大行人》：十有二歲，王巡狩。而此云五年，蓋酌遵《虞書》所言。孟子曰：巡狩者，巡所守也。

歲二月，東巡狩，至於岱宗。柴而望，祀山川。覲諸侯，問百年者就見之。命大師陳詩，以觀民風。命市納賈，以觀民之所好惡。志淫好辟，命典禮，考時月，定日，同律、禮、樂、制度、衣服，正之。

大音泰。賈價同。好去聲。辟僻同。

岱宗，東嶽也，五嶽之長，故稱宗。柴，鄭康成曰：祭天告至是也。地統於天，故柴後乃於山川之當祭者望而祀之，遂接見東方諸侯，存問百年耆老，有事則就見詻之。詩以言志，民情風俗政治得失皆可以徵，故命太師陳之。物聚於市，好尚者則價昂，故納之以觀好惡得失。若志淫好辟，則必在上者之禮樂教化不正也。則命典禮考其國所用時月日憲天之治何如，又同其律吕，以期無失中和之意。至禮、樂、制度、衣服，皆民生日用，服習好尚所由得失者，故皆正之。陰陽和而風雨時，性情正而百爲昌，志淫好辟者，寡矣。

山川神祇，有不舉者爲不敬，不敬者君削以地。宗廟有不順者爲不孝，不孝者君絀以爵。變禮易樂者爲不從，不從者君流。革制度衣服者爲畔，畔者君討。有功德於民者，加地進律。

不舉、不順，皆不祭也。外神故曰舉，内神故曰順。土地司於神祇，不敬則不能守土，故削地。爵位傳自先君，不孝則不能承先，故絀爵。禮樂天子所制，不從則有違悖之漸，故流竄。其君若居然革制度衣服，則畔矣，則討而戮之。有功德於民，謂守典奉法而能實惠及民者。律，爵命之等也。

五月南巡狩，至于南嶽，如東巡守之禮。八月西巡守，至於西嶽，如南巡守之禮。十有一月北巡守，至於北嶽，如西巡守之禮。歸假于祖禰，用特。

假音格。

鄭康成曰：假，至也。特，特牛也。自祖及禰皆一牛。按：天子奉天以理民，巡狩以正諸侯而察民隱，每至必柴以祀天，示不敢專也。望祀以恭神祇，欲其體天意以衛民也。歸用特，敬承先烈也。自陋儒創爲封禪之説，而秦皇漢武輩，不務勵治安民，矯誣瀆祭，其失甚矣。

天子將出，類乎上帝，宜乎社，造乎禰。諸侯將出，宜乎社，造乎禰。

造，七報反。

類、宜、造，皆祭名。類者本非常祭，類其禮而爲之；宜者求其無所不宜；造，至也。凡祖禰，皆告反也。禰卑，舉禰則凡爲祖可知。天子將出，謂出巡諸侯。出蓋朝覲會同之事也。

天子無事，與諸侯相見曰朝。考禮、正刑、一德，以尊於天子。

陳氏澔曰：無事，無死喪寇戎之事也。考禮，考正，使無違僭。正刑，公正使無偏枉。一德，無二心。三者皆尊天子之事。

天子賜諸侯樂，則以柷將之。賜伯子男樂，則以鼗將之。諸侯賜弓矢，然後征。賜鈇鉞，然後殺。賜圭瓚，然後爲鬯。未賜圭瓚，則資鬯於天子。

陳氏澔曰：柷狀如漆桶，方二尺四寸，深一尺八寸，中有椎柄，連底撞之，令左右擊，所以合樂之始。鼗如鼓而小有柄，持而摇之，則旁耳自擊，所以節樂之終。將之，謂使者執此以將命也。鈇，莝斫刀也。鉞，斧也。孔氏穎達曰：柷以節一曲之始，其事寬，故以將諸侯命。鼗以節一唱之終，其事狹，故以將伯子男命。圭瓚，以大圭爲柄，黄金勺，青金外而朱其中，鼻寸，衡四寸。瓚槃大五升，口徑八寸，下有盤，口徑一尺。鼻勺爲龍口，有流前注。鬯者，釀秬黍爲酒，和以鬱金之草。御案：諸侯能和民人，則賜樂；能征不服，則賜弓矢；能殺有罪，則賜鈇鉞；能修孝道，則賜鬱鬯。

天子命之教，然後爲學。小學在公宫南之左，大學在郊。天子曰辟雍，諸侯曰頖宫。

辟璧同。頖泮同。

命之教然後爲學，言所以有學之義，非諸侯或有學，或否也。小學以教未成人者。郊，近郊。朱氏申曰：小學在内，大學在外，由内升外，以達於天子也。天子小學在外，大學在内，由外升内，以達於朝也。鄭康成曰：築土雍水之外，圓如璧，故曰璧雍。泮宫，半之，東西門，以南通水，北無之。

天子將出征，類乎上帝，宜乎社，造乎禰，禡於所征之地。受命於祖，受成於學。出征執有罪，反，釋奠於學，以訊馘告。

禡音罵。訊音信。馘，古獲反。

禡爲兵禱。受命於祖，示不敢專。受成於學，定謀于講禮之所，示文德修而不服者爲逆也。釋奠，即舍采用幣事神也。孔氏穎達曰：訊，生獲而可言問者。馘，已死而截耳者。必於學者，武功亦歸於文德也。

天子諸侯無事，則歲三田，一爲乾豆，二爲賓客，三爲充君之庖。無事而不田，曰不敬。田不以禮，曰暴天物。

乾音干。

陳氏澔曰：無事，無征伐、出行、喪凶之事。歲三田，爲下文乾豆三者而田也。孔氏穎達曰：非腊而云乾者，作醢及臡，先乾其肉，故云乾豆。愚按：先王蒐苗獮狩，皆爲衛民田而獵，故因田而講武，祭物藉此以修，故無事而不田。曰不敬田不以禮，則下文天子不合圍以下所言是也。暴天物，暴害天所生物。

天子不合圍，諸侯不掩群。天子殺則下大綏，諸侯殺則下小綏，大夫殺則止佐車。佐車止則百姓田獵。

綏如字。

圍而不合，猶得逸也。群雖多而不盡取，不欲盡其類也。諸侯，畿内諸侯綏旌旂之章，未殺時抗綏，既殺而下之，然後尊卑以次獵也。佐車，驅出禽獸，使就禽者。

獺祭魚，然後虞人入澤梁。豺祭獸，然後田獵。鳩化爲鷹，然後設罻羅。草木零落，然後入山林。昆蟲未蟄，不以火田。不麛，不卵，不殺胎，不殀夭，不覆巢。

罻音尉。麛音迷。殀，於表切。夭，烏老切。覆音福。

孔氏穎達曰：獺一歲兩祭魚，正月，十月。此謂十月也。梁，堰也。豺祭獸，九月末十月初。鳩化爲鷹，八月時。罻，小網。昆蟲未蟄，不以火田，以火伏而後蟄者畢也。然孟春啟蟄，而《周禮》仲春之田有火弊者，春去草燒薙，以利耕，秋乃及山林也。麛，鹿子，亦凡獸子之通稱。不覆巢，惡傷其字乳及盡取之也。

冢宰制國用，必於歲之杪，五穀皆入，然後制國用。用地小大，視年之豐耗。以三十年之通制國用，量入以爲出。

杪音眇。量音亮。

杪，末也。歲杪，萬物皆成，九賦皆入，故《周官》以九式均財用，必在於九賦之後，以地之小大、年之豐耗計算，通計三十年所入之數，使有十年之餘。孔氏穎達曰：三十年之間，大略有閏月十三，足爲一年，故惟有九年之蓄。愚按：此亦大概言之，量入以爲出其要也。

祭用數之仂。喪三年不祭，唯祭天地社稷，爲越紼而行事。喪用三年之仂。喪祭用不足曰暴，有餘曰浩。祭，豐年不奢，凶年不儉。

仂音勒。

仂，數之餘。總算今年一歲之用而用其什一。御案：越紼與大輅越席之越同，謂輅車之索，不用絲而用苧麻也。三年不祭，謂六宗及山川之等命冢宰攝之，而不親祭也。若祖先之祭，則既葬即可祭，但不用盛服，祭罷仍反喪服。暴，慢肆意。浩，奢濫意。不奢、不儉，中而可久也。

國無九年之蓄曰不足，無六年之蓄曰急，無三年之蓄曰國非其國也。三年耕，必有一年之食。九年耕，必有三年之食。以三十年之通，雖有凶旱水溢，民無菜色，然後天子食，日舉以樂。

溢音亦。

御案：九年之蓄，九年耕之所蓄食，僅支三年。無六年所耕之蓄，則是國無二年之食，故曰急。無三年所耕之蓄，則國且無一年之食，故曰國非其國。以三十年之通而有九年之食，雖有旱潦，民無菜色，然後天子食而可舉樂，極言其難也。陳氏澔曰：饑而食菜則色病，故云菜色。

天子七日而殯，七月而葬。諸侯五日而殯，五月而葬。大夫、士、庶人三日而殯，三月而葬。三年之喪，自天子達。

鄭康成曰：尊者舒，卑者速。按：父母之喪，無貴賤一也，故曰三年之喪，自天子達，惟殯葬之期，臣讓於君，以明尊卑。大夫、士皆臣也，故同爲三月。《左傳》所云大夫三月同位至，士踰月外姻至，言赴弔者耳，非謂士衹踰月而葬也。先儒多誤會。

庶人縣封，葬不爲雨止，不封不樹。不貳事，自天子達於庶人。

縣懸同。封，窆同爲去聲。

縣窆，無碑繂縣繩下棺。古中原今北五省地土厚，葬者穴土丈餘，故有縣窆之法，不可以例天下也。不積土爲封，不標墓以樹，卑不須顯異也。按：葬爲雨止，非古也，此云庶人乃不爲雨止，蓋漢儒沿後世以定制如此。不貳事，御案謂一志於親，天子諒陰不言，諸侯居廬，未有命戒，大夫亦致其事於君士，三年，廢業也。

喪從死者，祭從生者，支子不祭。

從死、從生，《中庸》曰父爲大夫子爲士，葬以大夫，祭以士；父爲士子爲大夫，葬以士，祭以大夫是也。支子不祭，解見《曲禮》。

天子七廟，三昭三穆，與太祖之廟而七。諸侯五廟，二昭二穆，與太祖之廟而五。大夫三廟，一昭一穆，與太祖之廟而三。士一廟。庶人祭於寢。

太祖，始祖，諸侯則始封之君。大夫祀始爵者。士一廟，諸侯國中下士也。上士二廟。天子諸侯正寢謂之路寢，卿大夫士同適室，亦謂之適寢。庶人無廟，故祭先於寢。按：此文明言昭穆與太祖爲七，爲五，爲三，而先儒拘牽眾説，云止祀及高祖，紛紛辨論，不亦傎乎？且此止言廟制，非謂祭止於一二代，禁人以追遠之孝也。

天子諸侯宗廟之祭，春曰礿，夏曰禘，秋曰嘗，冬曰烝。

礿禴同。

此時祭之名。礿一作禴。礿，薄也。春物未成，祭品鮮薄。禘，帝也。夏時帝德盛明，故因以名。嘗，嘗也。秋成薦新穀而嘗之。烝，眾也。冬時庶物咸備，故名。四時之祭，三代所共，第其名或異，而其實則同。《周禮》以祠春享先王，以禴夏享先王，錯舉言之。《天保》詩言禴祠烝嘗于公，先王亦爲錯舉以成文，不得牽引以疑此也。

天子祭天地，諸侯祭社稷，大夫祭五祀。天子祭天下名山大川，五嶽視三公，四瀆視諸侯。諸侯祭名山大川之在其地者。

視，一作眂。

天子代天地司化，諸侯爲天子守土養民，故其祭不同。五祀，春户木，夏竈火，夏季中霤土，秋門金，冬行水也。鄭康成曰：視，視其牲器之數。在其地，若齊祭泰山，晉祭河也。

天子諸侯，祭因國之在其地而無主後者。

天子所都，諸侯所封，其先所因之國，無子孫主其後者，則祭之，仁也。

天子犆礿，祫禘、祫嘗、祫烝。諸侯礿則不禘，禘則不嘗，嘗則不烝，烝則不礿。諸侯礿犆，禘一犆一祫。嘗祫，烝祫。

犆音特。祫音合。

鄭康成曰：犆猶一也。祫，合也。天子惟犆礿，各於其廟祀之。禘、嘗、烝，則三昭三穆皆升，合食於大廟。若大祫，則毁廟之主亦與，與此不同。諸侯礿則不禘，以四方諸侯各以一時朝王，則必廢一時之祭也。又下言諸侯礿祫與天子不同。諸侯如同犆，則惟行夏之禘祭，大抵一歲之中，一犆一祫，非如天子三時皆祫也。如犆礿矣而不及禘，則嘗祫、烝祫。若禘，則必不可祫，以盛夏帝旺之時，惟天子可備物以合享。其犆，則天子諸侯皆爲春礿可。《詩》曰礿祀烝嘗，雖錯文，亦以其禮然也。

天子社稷皆大牢。諸侯社稷皆少牢。大夫、士宗廟之祭，有田則祭，無田則薦。庶人春薦韭，夏薦麥，秋薦黍，冬薦稻。韭以卵，麥以魚，黍以豚，稻以雁。

大如字，又音泰。少去聲。

賈氏公彦曰：羊豕曰少牢，牛羊豕三牲具爲大牢。陳氏祥道曰：天子社稷，福被天下，故用大牢。諸侯社稷，福止一國，故用少牢。而宗廟亦大牢者，宗廟以仁，社稷以義，仁極其隆，故與天子同，義有所辨，故亞於天子。庶人則不過致其易得者而已。鄭康成曰：有田者既祭，又薦新。士薦牲用特豚，大夫以上用羔，所謂羔豚而祭百官皆足也。

祭天地之牛角繭栗，宗廟之牛角握，賓客之牛角尺。諸侯無故不殺牛，大夫無故不殺羊，士無故不殺犬豕，庶人無故不食珍。庶羞不踰牲，燕衣不踰祭服，寢不踰廟。

繭，一作蠒。

陳氏澔曰：如繭如栗，犢也。握，謂長不出膚，側手爲膚，四指也。賓客之用，則取其肥大而已。鄭康成曰：故謂祭享羞祭牲。愚按：無故不殺，禮有節而仁存乎其中矣。庶羞、燕衣及寢不踰牲，與祭服廟敬有加，而義在其内矣。

古者公田藉而不税，市廛而不税，關譏而不征，林麓山澤，以時入而不禁。

夫圭田無征。用民之力，歲不過三日。田里不粥，墓地不請。

夫音扶。粥音育。

古音二字貫全節，蓋由秦漢以溯三代而言。藉，借也，借民力以耕公田，而不税其私。鄭康成曰：廛，市物邸舍，税其舍，不税其物。譏，譏異服異言。征亦税也。麓，山足也。以時入而不禁，與民公利。夫，語助辭。孟子曰：卿以下必有圭田，不征其税，所以厚賢也。承上不征不税而竝及之，故用夫字。用民力，用以供當爲之役。孔氏穎達曰：《周禮》均人豐年旬用三日，中年旬用二日，無年旬一日。年雖豐，不得過三日。田里墓地皆受於公，民不得私粥賣。請，求也。

司空執度度地。居民山川沮澤，時四時，量地遠近，興事任力。

度上如字，下待洛切。量去聲。

司空，冬官，掌邦事者。度，丈尺也。度地、居民，規畫經界也。下申言之。方氏慤曰：小而水所止曰沮，大而水所鍾曰澤。相其高卑燥溼，察其四時物候，因以得其沃瘠之狀，乃量地遠近，興其事與地相宜，任其力而力有所成就。

凡使民，任老者之事，食壯者之食。

食音嗣。

陳氏澔曰：老者食少而功亦少，壯者功多而食亦多。今使民雖少壯，但責以老者之功程，雖老者亦食以少者之飲食，寬厚之至也。

凡居民材，必因天地寒煖燥溼。廣谷大川異制，民生其閒者異俗，剛柔、輕重、遲速異齊，五味異和，器械異制，衣服異宜。修其教，不易其俗。齊其政，不易其宜。

異齊，齊去聲。和去聲。

材謂民之才技藝能也。天地生人，理同而氣化各異，故必因之。下文申言其義。寒煖，天氣。燥溼，地氣。廣谷大川，舉其顯然者。鄭康成曰：異制，異其形，象俗所好惡。齊，謂性情緩急。異和，香臭鹹苦。異制，謂作務之用。異宜，謂旃裘與絺綌。教謂禮義，政謂刑禁。愚謂俗有美惡，不易以俗之可因者。言宜，宜於日用者。蓋聖人以三綱五常立教，而政令以一之，其習尚之可從士宜之所便者，則不必盡革，所以民日遷善而不知爲之也。

中國戎夷，五方之民，皆有性也，不可推移。

性謂氣習之性，總冒下文。

東方曰夷，被髮文身，有不火食者矣。南方曰蠻，雕題交趾，有不火食者矣。西方曰戎，被髮衣皮，有不粒食者矣。北方曰狄，衣羽毛穴居，有不粒食者矣。中國、夷、蠻、戎、狄，皆有安居、和味、宜服、利用、備器。五方之民，言語不通，嗜欲不同。達其志，通其欲，東方曰寄，南方曰象，西方曰狄鞮，北方曰譯。

衣、和竝去聲。趾音止。粒音立。鞮音低。譯音亦。

被髪，斷髪而被之。不火食，生啖也。雕，刻。題，額也。刻其額，以丹涅之。交趾，足相鄉，浴則同川，臥則僢。不火食者，地氣煖。不粒食者，地氣寒。有者，其事雖異，各自足也。《風俗通》云：東方人好生，萬物觝，觸地而出。夷者，觝也。南方君臣同川而浴，極爲簡慢。蠻者，慢也。西方斬伐殺生，不得其中。戎者，凶也。北方父子嫂叔同穴無别。狄者，辟也，其行邪辟。劉氏曰：寄者，寓也，其言難通，寄托其意於事物，而後能通之。象，像也，彷像其形似而通之。狄猶近也。鞮，屨名，履其事而知其思之所在。譯，釋也，轉相釋而知之。愚按：此亦大概言之，其實外域袤延，風土民俗甚繁，名稱非中國所知。中國僅如彈丸，特禮教勝之，惟聖王能達其志，通其欲，不遽革其俗，而能使之服教畏神，漸次歸於治化。

凡居民，量地以制邑，度地以居民，地邑民居，必參相得也。無曠土，無游民，食節事時，民咸安其居，樂事勸功，尊君親上，然後興學。

度，待洛切。樂音洛。

邑即今之村堡，量地勢之大小以制邑，度地之肥瘠以居民。地邑居民，必參互相宜以便民，是故邑之大小無定也。無曠土，地利闢也，無游民，職業修也。食節而用有餘，事時而力有餘，民咸安居樂其日用之事，勸於當爲之功，尊君親上，然後興學，養立而後教可行。以上皆司空得人之效也。

司徒修六禮以節民性，明七教以興民德，齊八政以防淫，一道德以同俗，養耆老以致孝，恤孤獨以逮不足，上賢以崇德，簡不肖以絀惡。

鄭康成曰：司徒，地官，掌邦教者。六禮、七教、八政，見篇末。徐氏師曾曰：此承上興學而言。司徒掌六鄉之政教，以民氣質之性，有過不及也，於是修六禮以節之，使賢者俯而就，不肖者跂而及。以人倫之德由物欲而薄也，於是明七教以興之，感發其良心，鼓舞其德行。恐其溺於欲，則齊八政以防之，使知禁戒而不敢肆。恐其入於邪，則一道德以同之，使學術歸一而不敢歧。教法之詳如此，而其所以爲教，皆以身先之。老吾老以爲孝，又合鄉之耆老而養之，推極吾心之孝，使之興孝也。幼吾幼以爲慈，又合鄉之孤獨而恤之，逮及人之不足，使民不倍也。身教至矣，又恐資稟有厚薄，觀感有深淺，不可無勸懲，故率教者上升之，以崇德；叛教者簡去之，以黜惡。詳見下文。

命鄉簡不帥教者以告。耆老皆朝於庠，元日，習射上功，習鄉上齒。大司徒帥國之俊士與執事焉。不變，命國之右鄉，簡不帥教者移之左。命國之左鄉，簡不帥教者移之右，如初禮。不變，移之郊，如初禮。不變，移之遂，如初禮。不變，屏之遠方，終身不齒。

帥音率。朝音潮。與音預。屏音丙。

孔氏穎達曰：此論絀惡之事。司徒使鄉簡擇以告者，六鄉皆統於司徒。元日，善日。鄭康成曰：耆老，致仕及鄉中老賢者。朝猶會也。庠，謂鄉學。鄉，謂飲酒也。孔氏穎達曰：射禮中者在上，故云上功。飲則老者居上，故云上齒。欲使不帥教之人觀其上功而自勵功，觀其上齒而知敬長，俊士與之以爲榮，使惡者慕之而自勵。鄭康成曰：中年考校，而又不變，使轉徙其居，覬其見新人，有所化也。亦復習禮於鄉學，使之觀焉，鄉則鄉界之外也，稍出遠，之後中年又爲之習禮於郊學。郊之外曰遂。遂，大夫掌之。又中年復移之使居遂，又爲習禮於遂之學。又不變，屏之遠方，謂九州之外。齒猶録也。徐氏師曾曰：必遲之以九年，需之以四不變，重絶人之意也。

命鄉論秀士，升之司徒，曰選士。司徒論選士之秀者而升之學，曰俊士。升於司徒者不征於鄉，升於學者不征於司徒，曰造士。

論，選竝去聲。下同。

孔氏穎達曰：此論崇德之事。論，量。考校也。鄭康成曰：秀士，鄉大夫所考，有德行道藝者。升之司徒，移名於司徒。升之學，則身入大學矣。不征，不給徭役。造，成也。使習禮則爲成士。董氏師讓曰：不征，即《周禮》施舍。施，弛也。舍，無所取也。司徒掌教亦掌役，故施舍屬焉。周人役法凡七，曰祭祀、朝覲、會同、賓客、軍旅、田役、喪荒，施舍，則七事皆免。其施舍凡六，曰貴賢、能服、公事、老疾。

樂正崇四術，立四教。順先王《詩》《書》《禮》《樂》以造士，春秋教以《禮》《樂》，冬夏教以《詩》《書》。王大子、王子、群后之大子，卿大夫、元士之適子，國之俊選，皆造焉。凡入學以齒。

大音泰。適音嫡。造，七倒反。

鄭康成曰：樂正，樂官之長，掌國子之教。《虞書》命夔典樂，教胄子。術者，道路之名。學道如適道路也。《詩》《書》《禮》《樂》，四時皆習，而分言之者。御案曰：春秋節候平調，人之氣體皆舒，習禮樂者有揖讓之容，舞蹈之節，故於春秋教之爲宜。《詩》《書》須講貫誦數，而夏之日永，冬之夜永，爲時久而功可專，故於冬夏教之爲宜，是也。順遵其成法而不違乎中正也。鄭康成曰：王子，王之庶子。群后、公及諸侯入學，皆以長幼受學，不用尊卑也。古人之學六德、六行、六藝，由比閭師長教之，入於小學，洊升大學，入大學者皆成德才矣。猶恐其性情之未中和，故以神瞽爲師，察其隱微之疵而化之。

將出學，小胥、大胥、小樂正簡不帥教者，以告於大樂正，大樂正以告於王。王命三公、九卿、大夫、元士皆入學。不變，王親視學。不變，王三日不舉。屏之遠方，西方曰棘，東方曰寄，終身不齒。

屏音丙。棘如字。

鄭康成曰：出學，九年大成學止也。大胥、小胥，皆學官屬，蓋中道而廢者，入學亦習禮以化之。王親視學，恐有司化導未真也。又申教之，而不變，則安於自棄，故屏之遠方。陳氏澔曰：棘，急也，欲其遷善之速也。寄，寓也，暫寓而終歸之意。雖屏之，終身不齒，猶爲此名，以示不忍終棄之意。賤者至於四不變，然後屏之。貴者二不變，遂屏之。貴者異於賤。且大學爲風教之本，故法倍嚴也。

大樂正論造士之秀者，以告於王，而升諸司馬，曰進士。

大樂正，即前樂正，升諸司馬，移其名於司馬，進於朝也。司馬以德詔爵，以功詔禄，凡入仕者皆司馬主之。

司馬辨論官材，論進士之賢者，以告於王，而定其論。論定，然後官之。任官，然後爵之。位定，然後禄之。

論平聲。其論如字。

辨論官材，核其材與官。稱進士，已無不賢，而云賢者，其材更優者也。官試之以職，任官則能其職矣，然後爵之以位，位定然後禄之。蓋古者鄉學教庶人，國學教國子，而鄉學所升俊選之士，亦與國子同用，特其材能或止堪用於鄉遂，或自願試用者，則司徒遂選用之，而非限以一制也。劉氏彝謂編氓與世族異，殊誤。

大夫廢其事，終身不仕，死以士禮葬之。

古以德任官，爲大夫，則前此非不賢矣，而廢事，是中敗者，故生黜之，而死亦貶之。

有發，則命大司徒教士以車甲。

發，軍旅發卒也。軍旅，司馬之事，而司徒教士車甲者，古者士即農，農即兵，平日教養皆屬司徒，至出兵，則更申令以授司馬，所以無不教而用之者也。

凡執技論力，適四方，臝股肱，决射御。凡執技以事上者，祝、史、射、御、醫、卜及百工。凡執技以事上者，不貳事，不移官，出鄉不與士齒。仕於家者，出鄉不與士齒。

論去聲。臝，力果反。

此因上文論士及有發而推及之技力。執技，他無長而但有技也。凡執技以論力者，必其實有可見之技，如適四方而健於行，臝股肱而能舉重，决射御而穿札輦重是也。若不論力，而亦有執技以事上者，祝、史、射、御、醫、卜及百工。覆舉射御者，上言論力之射御，此則以巧法言。不貳事，欲其專。不移官，以其他無所長。不與士齒，賤之，恐人務末而忘本也。鄉黨論齒，出鄉乃不然。仕於家，執技爲家臣者。按：周制寓兵於農，文武具足，無執技論力之教。此蓋以秦漢時民風作周制，實非先王之典也。

司寇正刑明辟，以聽獄訟。必三刺，有旨無簡，不聽。附從輕，赦從重。

辟，婢亦反。刺音次。

司寇，秋官，掌刑者。正，不偏濫。辟，法也。刺，深察也。如刀入肉。《周禮》一曰訊群臣，二曰訊群吏，三曰訊萬民。旨，意。簡，核實也。有其意而無其實跡者不罪。附，附而入之。赦，寬而免之。《書》曰：與其殺不辜，寧失不經也。

凡制五刑，必即天論，郵罰麗於事。

郵與尤同。

鄭康成曰：制，斷。即，就也。郵，過也。麗，附也。愚按：必即天論，必就天理，而折衷以求中，即過罰之微，亦必與其事相麗也。

凡聽五刑之訟，必原父子之親，立君臣之義，以權之。意論輕重之序，慎測淺深之量，以别之。悉其聰明，致其忠愛，以盡之。疑獄，氾與衆共之。衆疑，赦之。必察小大之比，以成之。

論、量竝去聲。氾又作汎。比音俾。

君父，大倫。忠孝，至行。或事涉君父之獄，必原其親義而權其至當。意論，己意細爲辨論，不露其迹。慎測，謹慎揣測。陳氏祥道曰：輕重言其罪，淺深言其情。悉聰明，致忠愛，則明察，與哀矜交至，而民無冤濫矣。若有可疑，必汎與衆議，衆人皆以爲枉，則赦之，不任己見也。必察小大之比以成之，又總言聽訟之法。比，例也，謂舊案輕重之例。

成獄辭，史以獄成告於正，正聽之。正以獄成告於大司寇，大司寇聽之棘木之下。大司寇以獄之成告於王，王命三公參聽之。三公以獄之成告於王，王三又，然後制刑。

又作宥。

獄辭，獄吏初訊之辭。成，已定也。鄭康成曰：史，司寇吏也。正蓋周鄉師之屬。司寇聽於王之外朝，左九棘，孤卿大夫位焉。右九棘，公侯伯子男位焉。面三槐，三公位焉。參聽之，三公復與司寇及正共平之。又當作宥，寬也。一宥曰不識，再宥曰過失，三宥曰遺忘。愚按：如上文所云，獄成必無冤濫矣。然王必三宥者，盡其哀矜，猶恐或有可宥，仁之至也。

凡作刑罰，輕無赦。刑者侀也，侀者成也。一成而不可變，故君子盡心焉。

侀同刑。

此言制刑之法。古無刑書，以義斷之。作猶爲也。凡作刑罰，雖輕不赦，欲人雖小必慎也。刑之爲言侀也。侀，成也。法一定則不可變，故作刑者必盡心酌理，求其至當。

析言破律，亂名改作，執左道以亂政，殺。作淫聲、異服、奇技、奇器以疑衆，殺。行僞而堅，言僞而辯，學非而博，順非而澤以疑衆，殺。假於鬼神、時日、卜筮以疑衆，殺。此四誅者，不以聽。

行去聲。

析亦破也。言謂法令。律則成法。亂名，變亂名義。改作，改造法度。左道，非正道。淫聲，如鄭衛之音。異服，非禮之服。奇技，奇幻惑人之術。奇器，新異而亂正者。僞而堅，虚詐自是。僞而辯，巧佞亂德。非學之正，而博以濟之，則人不覺其非。順非而澤，文過無迹。鬼神、時日、卜筮，皆聖王所不廢，而假之以疑衆，則必令人惶惑而不守其正道。聽，風聞也。此四誅者非顯有悖亂干罰之迹，而實爲民心大蠹，特誅之者必得其實，不可以聞聽所及，遽加誅戮也。舊以聽爲聽訟之聽，聖人於民豈有不察情僞而妄加刑殺者乎?

凡執禁以齊衆，不赦過。有圭璧金璋，不粥於市。命服命車，不粥於市。宗廟之器，不粥於市。犧牲，不粥於市。戎器，不粥於市。用器不中度，不粥於市。兵車不中度，不粥於市。布帛精麤不中數，幅廣狹不中量，不粥於市。姦色亂正色，不粥於市。錦文珠玉成器，不粥於市。衣服飲食，不粥於市。五穀不時，果實未熟，不粥於市。木不中伐，不粥於市。禽獸魚鼈不中殺，不粥於市。關執禁以譏，禁異服，識異言。

粥同鬻。中去聲。孰同熟。

禁，戒止也。理法不當爲者示禁之。過可赦，而此不赦者，恕一人則衆效尤，令不行矣。圭璧、金璋，至戎器，皆尊物，非民所宜有。戎器，軍器。粥，賣也。用器，弓矢、耒耜、飲食之器。度，丈尺。數，升縷多少。用器不中度至姦色，以其不可用也。錦文珠玉成器，尚奢麗也。衣服飲食，古農圃蠶桑，比户自具，若粥於市，則多曠士游民矣。按：聖王道以德，齊以禮，皆本諸躬行，而法制又備，則貴賤不相干，巧僞亦不作，奢靡無所用之，亦何待一一而爲之禁；此漢儒因後世之弊，而竊取先王之意言之者也。不時，未熟，則或傷人。不中伐，不中殺。徒暴殄而無益於用。譏，察也。異言、異服，恐屬姦民。關，所禁也。

大史典禮，執簡記，奉諱惡。天子齊戒受諫。

大音泰。惡去聲。齊音齋。

典禮，主禮籍。簡記，策書也。左史記言，右史記事，執簡而直記天子之行，以示規戒。諱惡，忌諱之事。凡天子違禮，言行所當諱當惡者，天子齊戒受諫，誠重以自謹惕。

司會以歲之成，質於天子。冢宰齊戒受質。大樂正、大司寇、市三官以其成，從質於天子。大司徒、大司馬、大司空齊戒受質。百官各以其成，質於三官。大司徒、大司馬、大司空以百官之成，質於天子。百官齊戒受質，然後休老勞農，成歲事，制國用。

歲之成，一歲政治所就，即《周禮·天官》所謂日正月要歲會也。質，平也。奏上聽天子平量之。冢宰，貳王，故亦齊戒贊王。受質，共王論定。市，司市。從，從於司會。三官，司徒、司馬、司空。天子平斷畢當，頒報於下，故百官齊戒，受天子所平之要。休老勞農，即蜡祭，飲酒勞農也。成歲事、制國用，一歲事成，乃制來歲之國用。莫不齊戒者，重天工天職也。大司徒、大司馬、司空，漢時以此爲三公。此亦漢儒以意竊取舊制而言，故與《周禮》不盡合。

凡養老，有虞氏以燕禮，夏后氏以饗禮，殷人以食禮，周人修而兼用之。

食音嗣。

養老有三，國老、庶老、死政者之老也。燕禮，折俎有酒而無飯，其牲用狗，升堂行一獻，禮畢而脱屨升堂，坐飲以至醉。饗則體薦而不食，爵盈而不飲，依尊卑爲數，數畢而止。食禮有飯有殽，雖設酒而不飲，其禮以飯爲主，故曰食。先儒謂燕禮有二，饗禮有四，食禮有二，其儀略分隆殺。此養老之燕、饗、食，特用其名而儀不盡同。御案曰：凡肅賓客、祀鬼神曰享，敬老如賓與神，故亦名其禮曰饗。居處安之爲燕，養老時不欲煩其拜跪，以逸其肢體，故亦名其禮曰燕。飲食以養其厭飫，故亦名其禮曰食。周人修而兼用之，則皇氏侃云：先行饗，次燕，次食，一日中行三事爲勝。蓋養既致其敬，又欲其安且樂，故始則饗而敬之，繼乃燕而安之，食之使有醉飽之樂。愚案：此特言國家有時養老之禮，其實王政使民孝養在於平日人人親其親，長其長，不專恃在上養之也。

五十養於鄉，六十養於國，七十養於學，達於諸侯。八十拜君命，一坐再至，瞽亦如之。九十使人受。

鄉，鄉學。國，國中小學。學，大學。就學中行養老禮，所以教孝達於諸侯。天子養老之禮，諸侯得通行之，無降殺也。人臣拜受君命，禮也，惟八十之老與瞽者爲難備禮，故其拜也，足一跪而首再至地。九十則不必親拜矣。

五十異粻，六十宿肉，七十貳膳，八十常珍，九十飲食不離寢，膳飲從於遊可也。

粻音張。離去聲。

此乃記凡優養老者之禮。粻，糧也。異粻，與少壯者殊。宿肉，先日而備之。貳膳，食之膳者爲之副貳，毋使缺。常珍，常有珍味。不離寢，爲其急求易得。或有所遊，備膳飲以從，可也。

六十歲制，七十時制，八十月制，九十日修。唯絞、紟、衾、冒，死而后制。

絞者爻。紟音噤。

制，制棺也。歲制，歲中修而備之，年愈老則制愈切，所以預爲慎終之具也。絞，斂而用以束衣令堅者。紟，舉尸之單被。衾，則覆尸者也。冒，帽也。古不剃髮，冠制最重，貴賤各别。死者裁纚爲帽，以覆其首，後世生者亦多用帽，但無項圈，後乃高其屋焉。先儒誤解，程子爲温公制帽，如直囊囊尸。蘇子瞻譏之，非過也。四物易成，故死而後制。

五十始衰，六十非肉不飽，七十非帛不煖，八十非人不煖，九十雖得人不煖矣。五十杖於家，六十杖於鄉，七十杖於國，八十杖於朝，九十者，天子欲有問焉，則就其室，以珍從。

從去聲。

杖，所以扶衰，五十始衰，故杖。雖得人不煖，則衰之極，養之宜無不至。就其室以珍從，蓋世事增華，政治宜隨時損益，以歸至中。耆年之人，所閱歷多，就問以爲變通盡利之資，故敬禮之如是也。

七十不俟朝，八十月告存，九十日有秩。

孔氏穎達曰：此謂年老而聽致仕者不俟朝，朝君之時，君出揖之，即退，不待朝畢。告存，每月使人致膳，告問存否。日有秩，日使人以常膳致之。

五十不從力政，六十不與服戎，七十不與賓客之事，八十齊喪之事弗及也。五十而爵，六十不親學，七十致政，唯衰麻爲喪。

與音預。齊音齋。衰音催。

五十始衰，不任力役之政。六十更衰，不習兵戎之事。從謂行其事，與則與之而已，及則旁及之，以其老，甚非特不能從與，而事固不當及之矣。爵，爵命，賢而功懋者特賜之爵。四十强仕，五十乃爵，必待其功德懋也。不親學，不能備弟子禮。致政，還其君事。御案曰：唯衰麻，所謂飲酒食肉處於内也，然亦通制耳。若仁人孝子，豈無所以自盡哉。

有虞氏養國老於上庠，養庶老於下庠。夏后氏養國老於東序，養庶老於西序。殷人養國老於右學，養庶老於左學。周人養國老於東膠，養庶老於虞庠，虞庠在國之西郊。

國老，卿大夫致仕者。庶老，謂士。上庠、下庠，以尊卑言之。東序、西序，以方言之。右學、左學，以位言之。國老、庶老，略分尊卑而異其地，不必鑿求其義。孟子曰：庠者，養也。序者，射也。膠有糾義，諸侯謂膠爲校。庠、序、校皆鄉學，天子諸侯皆有之。古以德行道藝取人，比閭族黨皆有師鄉三物之義。幼而學之，視爲固然。鄉大夫以時飲射讀法董勸之，有成就者入於庠序，考校無差，乃貢諸天子。凡鄉飲讀法入學釋菜等事，無不行養老之禮。此言大小左右及三代不同，蓋採先王之制而誤會其制，説者又委曲傅會，向名義斤斤争辨，非也。所以後世視學第爲虚文，以其本原未講耳。

有虞氏皇而祭，深衣而養老。夏后氏收而祭，燕衣而養老。殷人冔而祭，縞衣而養老。周人冕而祭，玄衣而養老。

冔，火羽反。

皇、收、冔，皆冠名，其制無考。此言自虞至周，皆以養老爲重。皇、冔、冕，皆冠之貴者，言鄭重其事也。知其義不必區區向冠服辨究，蓋古衣服制已不可行矣。引年二句入下段，遵御案爲是。

凡三王養老，皆引年。八十者一子不從政，九十者其家不從政。廢疾非人不養者，一人不從政。父母之喪，三年不從政。齊衰大功之喪，三月不從政。將徙於諸侯，三月不從政。自諸侯來徙家，期不從政。

御案：引，引伸之義。由國之養老而推之，凡國中之老，亦必使之得所，如八十、九十及廢疾需養者，皆恤之；將徙、來徙二者，又因不從政而連類及之也。方氏慤曰：人莫衰於老，莫苦於疾，莫憂於喪，莫勞於徙，故王政恤之。徙於諸侯，自我國而往者，以其將去，預恤之來。徙家，自他國徙家於此者，初來皆非素習，故期不從政。

少而無父者謂之孤，老而無子者謂之獨，老而無妻者謂之矜，老而無夫者謂之寡。此四者，天民之窮而無告者也，皆有常餼。

少去聲。矜鰥同。

孤，顧也。顧望無所瞻依。獨，單也。又獨，獸名，似猿而大，食猨。猨性群，獨性特，故惸獨取象之。鰥，劉熙曰：愁悒不能寐，目恒鰥鰥然，其字從魚，魚目恒不閉。寡，倮也，倮然單獨。餼，廩也。

瘖、聾、跛躃、斷者、侏儒，百工各以其器食之。

瘖音音。跛，彼我切。躃音璧。斷音段。侏音朱。食音嗣。

孔氏穎達曰：瘖不能言，聾不聞聲，躃不能行，斷肢節解絶，侏儒容貌短小。此等既非無告，不特與常餼，然既有疾病，又不可不養，故各以其器能供官役，使以廩餼食之。御案曰：《淮南子》云：伊尹之興土工也，修脛者使跖钁，强脊者使負土，眇者使之準，傴者使之塗。即各以其器食之之意。愚案：此亦言其概耳。所以設法周全之者，正不一途，勿泥視也。

道路，男子由右，婦人由左，車從中央。父之齒隨行，兄之齒雁行，朋友不相踰。輕任并，重任分，斑白者不提挈。

行，户剛反。并一作併[1]。挈，苦結反。

鄭康成曰：道有三途，遠别也。於途中而隨行、雁行、不相踰，廣敬也。雜色曰斑。孔氏穎達曰：任有擔負者并分，老少并輕，則并與少者，老少并重，則重與少者，輕與老者。此亦謂北方道路，不可以概天下，要貴避嫌敬老可也。

君子耆老不徒行，庶人耆老不徒食。

君子以位言之。無車而行爲徒行，無肉而食爲徒食。

大夫祭器不假。祭器未成，不造燕器。

大夫有采地者，可以備器而假，未成祭器而爲燕器，皆慢也。

方一里者，爲田九百畝。方十里者，爲方一里者百，爲田九萬畝。方百里者，爲方十里者百，爲田九十億畝。方千里者，爲方百里者百，爲田九萬億畝。

億，於力反。

御案曰：由一里推之，而總計一州田畝之數。縱廣一里，爲田九百畝。縱一里廣十里，則九千畝。縱十里廣十里，則九萬畝。縱十里廣百里，則九十萬畝。縱百里廣百里，則九百萬畝。此大國之數。縱百里廣千里，則九萬萬畝。此一州之數。朱子謂漢儒硬爲此算法，是也。若論其實，可井則井之，不可井則截長補短，有百畝之地，即可授一夫；有二十五畝之地，即可授一餘夫。此方田之法，所以爲九數之首，原不必盡其地而井之，盡其井而方之也。

---

① 併，底本作并，據阮元《十三經注疏》本改。

自恒山至於南河，千里而近。自南河至於江，千里而近。自江至於衡山，千里而遥。自東河至於東海，千里而遥。自東河至於西河，千里而近。自西河至於流沙，千里而遥。西不盡流沙，南不盡衡山，東不盡東海，北不盡恒山。凡四海之内，斷長補短，方三千里，爲田八十萬億一萬億畝。

此因前九州千七百國之文而約計其地。皇氏侃曰：千里而近者，以千里言之，其地稍近，不滿千里。千里而遥者，其地稍遠，不僅千里也。愚按：由北而南，自恒山至南河，至江至衡山，近遥不一，約計得三千里；由東而西，自東河至東海，至西河至流沙，近遥不一，亦約計得三千里。此皆以其邊徼言之，而其中未及，蓋亦各千里也。故結之曰西不盡流沙，南不盡衡山，東不盡東海，北不盡恒山。凡四境之内，斷長補短，東西南北各得方三千里，三三而九九九八十萬億畝又一萬億畝。孟子曰：海内之地方千里者九，而此則方千里者十二，蓋南由衡山推及以外，東由東海以推，西由流沙以推，皆曰千里而遥，則與孟子所指當時千里之國異，故廣狹不侔也。

方百里者，爲田九十億畝。山陵、林麓、川澤、溝瀆、城郭、宫室、塗巷三分去一，其餘六十億畝。

舉一大國而概言田畝之實，以申上文。三分去一，亦大概言之。

古者以周尺八尺爲步，今以周尺六尺四寸爲步。古者百畝，當今東田百四十六畝三十步。古者百里，當今百二十一里六十步四尺二寸二分。

古謂自昔至周，今謂漢時也。自黄帝至三代，無不以十寸爲一尺，言周尺以該前朝也。步謂步田步里。尺皆十寸，而丈田里，則古去一尺之二，漢去一尺之三寸四分，惟古今丈計田里不同，故古者百畝百里，較漢時爲多。《東田》詩曰。東南其畝，順地勢及水道也。此言東田，蓋以東方爲生物之本而名其田，猶言腴田也。御案曰：此申前制農田百畝之意。

方千里者，爲方百里者百，封方百里者三十國，其餘方百里者七十。又封方七十里者六十，爲方百里者二十九，方十里者四十，其馀方百里者四十，方十里者六十。又封方五十里者百二十，爲方百里者三十，其餘方百里者十，方十里者六十。名山大澤不以封，其馀以爲附庸閒田。諸侯之有功者，取於閒田以禄之。其有削地者，歸之閒田。

閒音閑。

孔氏穎達曰：此論畿外建國之法。凡千里之方，以開方計之，爲方百里者凡有一百。方百里者三十，公國也。方七十里者六十，侯國也。方五十里者百二十，伯國也。周氏諝曰：所謂封國之數，非實有。此國特計其地之廣狹所能容者是也。名山大澤，廣遠不以封，不專屬何國也。其餘謂封國所遺之田地。方氏慤曰：有功者取於閒田。巡守之禮，有功德于民者加地是也。削地者歸之閒田，不敬者君削以地是也。御案曰：此申前州二百一十國之實。

天子之縣内，方千里者，爲方百里者百，封方百里者九，其餘方百里者九十一。又封方七十里者二十一，爲方百里者十，方十里者二十九，其餘方百里者八十，方十里者七十一。又封方五十里者六十三，爲方百里者十五，方十里者七十五，其餘方百里者六十四，方十里者九十六。

御案曰：此申前縣内九十三國之實。國即公卿大夫食邑，所謂禄也。其餘以爲賓喪祭諸用所出。愚按：天子畿内千里，其封國無多，周時之大略猶可考，此以封國多少核計畿内之地，能容若干。然竊意王者家天下，畿内千里，亦特大概言之。周末東西周分據，天子猶自有地，未必盛時恰止千里，豈凡天下之名山大川不以封者，皆天子所有也？此記以開方法計，而曰封方百里、七十、五十云云，核之實不盡合，是漢儒之拘且陋也。必一一而求其合，亦難以見諸施行，存而不論可也。

諸侯之下士，禄食九人，中士食十八人，上士食三十六人，下大夫食七十二人，卿食二百八十八人，君食二千八百八十人。次國之卿，食二百一十六人，君食二千一百六十人。小國之卿，食百四十四人，君食千四百四十人。次國之卿，命於其君者，如小國之卿。

食音嗣。

御案：此申前諸侯之士視上農夫君十卿禄之制。應氏鏞曰：由下士以至於君，其禄愈厚，則所食愈眾，豈非以人徒服役漸增而漸廣歟？必析其數以見其所食之多，亦欲居人上者，知吾之所奉，合眾力而爲之，必思其有以稱此，且不致擁利自私，而必推己以養人。按：此言食禄大概，亦不如孟子所言之簡盡。

天子之大夫爲三監，監於諸侯之國者，其禄視諸侯之卿，其爵視次國之君，其禄取之於方伯之地。

上監如字。下監平聲。

篇首言監於方伯之國，此言監於諸侯者，方伯即以諸侯爲之，方伯得專征伐，恐其擅命，故有三監，此古制也。然則使三叔監殷武庚，不特修其禮物，作賓王家，且待以方伯，而前人不察，以爲監督之，誤矣。

方伯爲朝天子，皆有湯沐之邑於天子之縣内，視元士。

爲去聲。朝音潮。

湯沐之邑，言備其沐浴之費，謙詞也。視元士，湯沐邑之廣狹。

諸侯世子世國。大夫不世爵，使以德，爵以功。未賜爵，視天子之元士，以君其國。諸侯之大夫，不世爵禄。

諸侯，畿外諸侯。大夫，天子公卿大夫，使必有德，爵必有功。凡諸侯之子，命於天子，乃稱世子，不然則否。君薨，其子初立，未奉天子命。視天子之元士以君其國，三年喪畢，天子命之爵，始爲公侯。天子之大夫且不世爵，何况侯國？若其先有德，則世禄而已。周衰不然，故亂。

六禮：冠、昏、喪、祭、鄉、相見。七教：父子、兄弟、夫婦、君臣、長幼、朋友、賓客。八政：飲食、衣服、事爲、異别、度、量、數、制。

御案：冠以昭成人，昏以正男女，喪以慎終，祭以報本，鄉飲以崇齒德，相見以正交接：六者所以節民性也。父慈子孝，兄友弟恭，夫義婦聽，以齊其家，君仁臣忠，長惠幼順，朋友有信，賓客有禮，則達於鄉國：七者所以興民德也。事爲，導民以所當爲，異别，教民以所當辨，如親踈貴賤之等。飲食有節，衣服有章，事爲有恒，異别有辨，度有長短，量有大小，數有多寡，制有廣狹：八者皆以防民之淫也。按：此亦漢儒綜括前代禮制大意而言。五禮不備舉而增鄉、相見，五倫增長幼、賓客，八政亦不該括，蓋其於聖人本末之道未知，而雜取見聞以成斯篇，故當分别而觀，取其是者，不可斤斤拘守其説也。

附解

古時藏書甚難，國家典禮存於王府，民間罕有成書，即諸侯之國，亦少全籍。惟魯備六代禮樂，文武之政，布在方策。其他各國記載，第記其本國之事，他邦之事，來告乃書，或有所聞，傳記不實。故晚近之書，今可見者，往往事蹟錯出，或文義不同。又王朝大經大法，有妨於後世者，諸侯惡其害己，而皆去之。故孟子言班爵禄之制，第聞大略，何况秦火以後，典籍淪亡，一二好古之士記其聞見，而小戴採爲此篇。其時《周官》未出，先王政教之實，當時不行，特書其大概。而先儒必一一鑿求，亦見其不達矣。其所記爵禄、田里，在後世已必不可施行，即巡狩、學校、養老等事，先王正本清源之道無有，而徒踵舊文，亦多窒礙。如漢代臨雍講學，但飾儀文，何嘗實有善政？第大致猶存，亦有斷不可廢者，要在得其大義，隨時處中，以善世宜民。斯爲善讀是書者也。

禮記恒解卷六 晚年定本

月　令

王者承天理民，凡事無不當法天，而授時尤重。周公兼三代而立法，一年歲功月正歲正，懸法象魏，民間當有録記之者，故遂流傳成書。若《夏小正》《王居明堂禮》類是也。商周建子建丑不同，蓋以子丑月受朝賀，息農功，如今年節。其民事仍用夏時。《周禮》月正即建子，月歲正即夏正也。前人不得解，遂增疑竇。即如秦以亥月爲歲首，然民事亦用夏時。此篇本《吕氏春秋》而加變易，較《夏小正》獨詳，雖其中不盡可行，而後世本之以授時，至今遂成典禮。是此書之爲益不少。歷代治曆，藍本此書，參以《夏小正》《易緯·通卦驗》《逸周書·時訓》等，屢有增省，至我朝而其義大備。此篇雜引先王政事，不專紀時，其中多有不可行者，當分别觀之。

孟春之月，日在營室，昏參中，旦尾中。其日甲乙。其帝大皞。其神句芒。其蟲鱗。其音角。律中太蔟。其數八。其味酸。其臭羶。其祀户。祭先脾。

參本如字，今讀作森。句音勾。中去聲，篇内竝同。蔟音凑。

孟春，夏正建寅之月也。日月一歲十二會，而周十二辰，獨言日者，日爲陽光，統陰而成歲功也。鄭康成曰：孟春之月，日月會於陬訾。營室，北方火宿二星，上有離宫六星遶之，此星昏而正中，可以營建宫室，故曰營室。此據記者當時言之。立春之後，昏時參星在南方之中，旦時尾星在南方之中，其實以歲差之法考之，隨時漸遠，不常如此也。參，西方水宿七星，三心二肩二足，爲白虎之身。尾，東方火宿九星，如鈎，爲蒼龍之身。十干以配五行，春於行屬木，帝出乎震，主於施生，故其日甲乙。日即帝之意，非每月紀日之日也。五行之氣，宰之者爲五帝，太皞、炎帝、黄帝、少皞、顓頊是也。分司者爲五神，句芒、祝融、后土、蓐收、玄冥是也。伏羲、神農、軒轅、金天、高陽，後世以五人帝配五天帝，以重黎、句龍、該、修、熙五人官配五神，謂其功足相埒也。鱗蟲三百六十，龍爲之長，東方蒼龍七宿，象如龍，故凡物之有鱗者屬木。人聲有自然之天籟，而五行應之，比而和之曰音節，而宣之爲律。五音六律，廢一不能成樂。而此言其音角。律中太蔟者，春則木旺，木之聲清於土金而濁於水火。律中太蔟，以立春月中氣而言。律吕以調陰陽之氣，木氣盛則角音爲多，自然之理氣也。鄭康成曰：太蔟者，林鍾之所生，三分益一，律長八寸。言陽氣大湊，地而出數，本於河圖天三生木地八成之。獨言八者，舉其成數也。在口爲味，在鼻爲臭。酸，木之味，羶，木之氣也。方氏慤曰：户奇而在内，陽自内出之象，春生爲陽出之時，故祀之木。在臟爲肝脾，屬土木，盛則尅土，祭之物先脾，爲其木盛而養土也。

東風解凍，蟄蟲始振，魚上冰，獺祭魚，鴻雁來。

即物情以記時候也。振，動也。來，自南而北。五日爲一候，每月有六候。此篇有止記五候者，有不足五候者，此書主於記古之遺制。非若《夏小正》等書專記時候也。

天子居青陽左个，乘鸞路，駕倉龍，載青旂，衣青衣，服倉玉，食麥與羊，其器疏以達。

天子坐明堂，南面出治。此言每月所居不同，謂閒居以順時氣也。室名青陽，取東方青帝陽生之義。左个，左夾室，當寅上。鸞，青鳳，故青路曰鸞路。載，建之車上。倉蒼同。服，冕，佩飾。麥，金穀，故金旺而生，火旺而死。羊，兑畜，亦金也。金恐尅木，故食以制之。疏以達，孔氏穎達曰：刻鏤爲文，使文理麄疏，直而通達。黄氏震曰：象陽氣之射出也。

是月也，以立春。先立春三日，太史謁之天子曰：某日立春，盛德在木。天子乃齊。立春之日，天子親帥三公、九卿、諸侯、大夫，以迎春於東郊。還反，賞公、卿、諸侯、大夫於朝。命相布德和令，行慶施惠，下及兆民。慶賜遂行，毋有不當。

先去聲。齊音齋。帥入聲，篇内竝同。還音旋。相、當竝去聲。

孔氏穎達曰：凡言是月，謂是月之節氣，不謂是月之日也。天地之氣，分布四時，其始至也，王者必迎之至敬，各於其方，以其帝在焉，爲壇於其方之郊而祭之。還反，即體其意以施政令。賞先貴者，以其有共襄德惠之責也。德令無時不布不和，特此時更命相申之，布欲其遍，和欲其洽。慶，吉禮。惠，賞賚。又申之曰慶賜遂行毋有不當，言不後時，不濫缺也。

乃命太史，守典奉法，司天日月星辰之行，宿離不貸，毋失經紀，以初爲常。

離如字。貸忒同。

典禮掌之太史，至時特申命之耳。典，大經不易之禮，法則有時變通者，故守與奉不同。日月星辰之行，又典法中之至重者。徐氏師曾曰：宿，守其次；離，去其次。經紀，鄭康成曰：天文，進退度數。初謂聖王推步之舊法。

是月也，天子乃以元日，祈穀於上帝。乃擇元辰，天子親載耒耜，措之於參保介之御閒，帥三公、九卿、諸侯、大夫躬耕帝籍。天子三推，三公五推，卿諸侯九推。反，執爵於太寢，三公、九卿、諸侯、大夫皆御，命曰勞酒。

音參驂。帥入聲。推，吐回切。勞去聲。

元，善也。孔氏穎達曰：甲乙丙丁等謂之日，子丑寅卯等謂之辰。以上辛之時郊祭天，而配以后稷以祈穀。郊後擇元辰躬耕籍田。陸氏佃曰：參，參乘。保，介車右保君而甲者。御，御者。置耒耜於保、介、御者之閒，即爲親載。帝籍者，千畝之田，必有籍以紀之，與民之公田異。《周禮》甸師耕耨王籍，即帝籍。推，執耒而進之。以三，以五，以九，以貴賤差勞逸也。耕陽事，故數奇，不及大夫，以其卑不必預拘其數也。既耕而宴飲，以勞群臣。大寢，路寢。御，侍也。

是月也，天氣下降，地氣上騰，天地和同，草木萌動。王命布農事，命田舍東郊，皆修封疆，審端徑術。善相丘陵、阪險、原隰，土地所宜，五穀所殖，以教道民，必躬親之。田事既飭，先定準直，農乃不惑。

上上聲。術音遂。相去聲。阪音反。隰音習。畯音俊。

天地之氣，無日不交也，特當春而陰陽和平，若和親相濟者然，故曰天氣下降，地氣上騰，草木萌動，是其兆也。王者及時布令勸農。田，田畯，農官之屬。舍東郊，下文所謂躬親之。封疆，井田之界域。步道曰徑，術與遂同，田之溝洫也。審而端之，使無迂。壅高曰丘，平而可陵曰陵，陂而不平曰阪，水所行曰險，廣平曰原，下溼曰隰。所宜，若山林宜皁，川澤宜橐。所殖，若黍宜高燥，稌宜下溼。教之使能其事，道之使達其理，弗躬弗親，庶民弗信，故必躬親之焉。以人言之曰農，以地言之曰田，人事興然後地事成，故先言布農事，後言田事既飭。馬氏晞孟曰：各適其平之謂準，各得其正之謂直。

是月也，命樂正入學習舞。

順春陽之動，故命樂官之長入學，教國子習羽籥之舞。樂必有舞，和暢四支，且習容觀，必與樂相應而中節。

乃修祭典。命祀山林川澤，犧牲毋用牝。禁止伐木。毋覆巢，毋殺孩蟲、胎、夭、飛鳥，毋麛毋卵。毋聚大眾，毋置城郭。掩骼埋胔。

夭，烏老切。骼音格。胔音漬。

祭典，一歲當祭之禮，皆修明之。有春當祭者尊，皆不用牝。山林川澤卑，故可用牝。惟正月禁之，以方妊也。孩蟲，蟲之稚者。胎，未生者。夭，已生者。飛鳥，初學飛之鳥。麛，獸子之通稱。毋聚大眾，置城郭爲妨農也。骨枯曰骼，肉腐曰胔。

此皆以順天地之仁也。

是月也，不可以稱兵，稱兵必天殃。兵戎不起，不可從我始。

天以好生爲心，春生之時而稱兵，逆天，故殃也。若人伐我，不得已而應之，則可。

毋變天之道，毋絶地之理，毋亂人之紀。

彭氏廉夫曰：天道，即上文春氣時令之類。地理，即上文農田土地之類。人紀，即上文禮樂賞賜之類。此三句總結上文。方氏慤曰：此古今所同也。孟春一歲之首，故於此特言之。

孟春行夏令，則雨水不時，草木蚤落，國時有恐。行秋令，則其民大疫，猋風暴雨總至，藜莠蓬蒿竝興。行冬令，則水潦爲敗，雪霜大摯，首種不入。

猋音標。莠音有。摯音至。種上聲。

天時人事，理氣相通，人君奉天出治，令悖而天道應之，有必然者，顧其遲速大小不可必定。此篇亦舉其概以明其理，謂爲妄者非，必執一定以求之亦泥。要之，人君敬天履道，則庶徵協矣。下倣此。高氏誘曰：木德用事，法當寬仁，而行火令，火性炎上，故草木槁落，不待秋，天氣不和，國人惶恐也。木仁也，金殺也，而行其令，氣不和，故民疫病。金生水，與水相干，故風雨總至，而荒穢滋生。春陽也，冬陰也，而行其令，陰乘陽，故水潦爲敗，雪霜大摯，傷害五穀。孔氏穎達曰：《爾雅》扶搖謂之猋，謂風之迴轉也。百穀惟稷先種，故曰首種。

仲春之月，日在奎，昏弧中，旦建星中。其日甲乙。其帝太皞。其神句芒。其蟲鱗。其音角。律中夾鍾。其數八。其味酸。其臭羶。其祀户。祭先脾。

鄭康成曰：仲春之月，日月會於降婁，而斗建卯。奎，西方木宿十六，星形如破鞋，廣十六度。孔氏穎達曰：昏旦中星，皆舉二十八宿。此云弧建者，井三十二度，斗二十六度，不可的指，而弧星有九，近井之南十六度，形如弧矢，曰天弓。建，六星近斗之北十六度，狀如連珠，曰天旗。故舉以定昏旦之中也。鄭康成曰：夾鍾者，夷則之所生，言陽氣適中，相夾而種生萬物。餘見孟月。

始雨水，桃始華。倉庚鳴，鷹化爲鳩。

陽氣和而雨始多水。倉庚，郭景純曰：鵹黄也。鷹，一名鶆鳩。朱氏申曰：鷹以秋殺，仲春仁氣盛，故化爲鳩。

天子居青陽太廟，乘鸞路，駕倉龍，載青旂，衣青衣，服倉玉，食麥與羊，其器疏以達。

陸氏佃曰：《爾雅》云室有東西廂曰廟。所謂青陽，明堂總章元堂大廟，以其居正有左右廂故也。若中央大廟，無左右廂，故曰大廟大室。

是月也，安萌芽，養幼少，存諸孤。

少去聲。

馬氏晞孟曰：凡植物始茁爲萌，浸長爲芽。御案：養幼少，專指人，對後養壯佼衰老言，春養其幼，夏養其長，秋養其衰，順時令也。諸孤，尤幼少中之宜恤者。方氏慤曰：無父何怙，有亡之道，故以存言之。

擇元日，命民社。

社有大社、國社、侯社、民社之别，此專言民社也。元，《郊特牲》言日用甲用日之始，後世則避甲而用戊命民。祀土神，以祈年，言社則該稷矣。

命有司，省囹圄，去桎梏，毋肆掠，止獄訟。

省，悉并切。囹音零。圄音語。掠音亮。

蔡氏邕曰：囹，牢也。圄，止也。所以指出入皆罪人所舍也。方氏慤曰：囹圄不可去，故省以察之。桎梏可脱，故去以除之。肆掠行於吏，故毋以禁之。獄訟作乎下，故止以息之。應氏鏞曰：肆掠，任意笞箠。愚按：皆以順生生之德而施仁也。

是月也，玄鳥至。至之日，以大牢祠於高禖，天子親往。后妃帥九嬪御，乃禮天子所御，帶以弓韣，授以弓矢，于高禖之前。

禖音媒。韣，大力反。

玄鳥，燕也。春入巢人居而字乳，故於此祈嗣。高禖，古媒氏之官，變媒言禖，神之也。御，謂從往侍祠，天子所御，謂有娠者，於祠大祝酌酒，飲於高禖之庭，以神惠顯之。帶弓韣、授弓矢，求男之祥也。後儒因此節謂玄鳥生商，乃簡狄從帝祠高禖，不知古今有不由夫而娠者。史傳可徵，三代之生，皆不偶，神聖鍾靈，亦理之常，何概以爲妄也。

是月也，日夜分，雷乃發聲，始電，蟄蟲咸動，啟户始出。先雷三日，奮木鐸以令兆民曰：雷將發聲，有不戒其容止者，生子不備，必有凶災。

先去聲。

馬氏融曰：日夜分，晝夜各五十刻也。古法子午時皆十刻，餘皆八刻，故百刻。今時憲書皆八刻，故晝夜共九十六刻。要之，分至原未嘗不同也。雷出自地，陽日浮盛，故奮空而有聲。陽光發越，故激射而有電。蟄蟲感陽而蘇，啟户以出。陳氏澔曰：不戒容止房幃之事，褻瀆天威也。生子不備，謂形體有損缺。凶災，謂父母。

日夜分，則同度量，鈞衡石，角斗甬，正權概。

度音杜。量音諒。甬音勇。概，古代反。

因晝夜平而更審其所當平，非前此不然也。同，無異。鈞，平也。角，校定也。丈尺曰度，斗斛曰量，三十斤曰鈞，稱上曰衡，百二十斤曰石。甬，今斛也。稱錘曰權。概，平斗斛者。

是月也，耕者少舍，乃修闔扇，寢廟畢備。毋作大事，以妨農之事。

少上聲。

舍，居止處也。出耕於野，少居都邑，所謂厥民析也。門用木曰闔，用竹葦曰扇。畢，猶皆也。凡廟前曰廟，後曰寢，闔扇所以安身，寢廟所以事祖，惟此恐有不修，當乘閒修之。其餘則否，恐妨農事也。大事，大征役之事。

是月也，毋竭川澤，毋漉陂地，毋焚山林。

御案：流曰川，瀦曰澤，皆水之自然者。堰曰陂，鑿曰池，皆水之人爲者。水利便農，山林育物，皆須順時養之。

天子乃鮮羔開冰，先薦寢廟。

鮮如字，平聲。

陸氏佃曰：言鮮者以下文言不用犧牲，嫌於不殺，見小祀用牲，唯開冰也。獻羔，祭司寒也。祭司寒而出冰，薦於寢廟，乃後賦之。御案：適士以上乃有廟，庶人無廟，祭於寢，禮有田則祭，無田則薦。先王以孝治天下，知人子之心無窮，而分則有限，有限者以祭定之，無窮者以薦伸之，故於四時之物，先薦寢廟。

上丁，命樂正習舞，釋菜。天子乃帥三公、九卿、諸侯、大夫親往視之。仲丁，又命樂正入學習樂。

樂正孟春已習舞，而此又習之，陽和盛而將釋菜先師。故天子帥臣下皆往釋菜。菜字説者不一，愚按：即《詩》采芹採茆之意，而以薦也。火，文明之象，而丁則火之成數，故用丁習舞，以順陽氣，既乃習樂，則不止舞矣。

是月也，祀不用犧牲，用圭璧，更皮幣。

祀如字。

孔氏穎達曰：此謂祈禱小祀也，若大祀自依常法。御案：時當生育，故但用圭璧，而以皮幣更犧牲，蓋以用獸之皮爲用牲也。

仲春行秋令，則其國大水，寒氣總至，寇戎來征。行冬令，則陽氣不盛，麥乃不熟，民多相掠。行夏令，則國乃大旱，煖氣早來，蟲螟爲害。

高氏誘曰：仲春，陽中也。陽氣長養而行殺戮，故寒氣至而寇兵來伐。冬陰縮殺，陰氣乘陽，陽不勝，故麥不熟，而民饑，饑故相掠。夏氣炎陽，而行其令，火氣盛，故旱煖。方氏慤曰：仲春向於成矣，而陽不勝，故不熟。螟食心，夏德在火而心屬焉，其害亦以類而已。

季春之月，日在胃，昏七星中，旦牽牛中。其日甲乙。其帝太皞。其神句芒。其蟲鱗。其音角。律中姑洗。其數八。其味酸。其臭羶。其祀户。祭先脾。

鄭康成曰：季春，日月會於大梁，而斗建辰。胃，西方土宿，三星鼎足，廣十五度。七星，南方陽宿，七星如鉤，其廣七度。牽牛，河鼓也。牛，北方金宿，六星，二角三腹一尾，其廣亦七度。河鼓三星，直建牛上，若牽之者，故曰牽牛。不言牛而言牽牛，牛星稍細，牽牛明大，易見也。鄭康成曰：姑洗者，南吕之所生。高氏誘曰：姑故洗新也，物皆去故就新。

桐始華，田鼠化爲鴽，虹始見，萍始生。

鴽音如。虹音紅。見音現。

桐有數種，鳳棲之桐花紫而不實，葉大如盤，仲春乃華。田鼠，嗛鼠。鴽，一名鴮鶪。雄曰虹，雌曰霓，映日而生，朝西暮東。萍有數種，大者曰蘋，小者曰萍，小如豆，柳絮入水所化。又一種大而有叉缺，一名荇菜，又名接余。四物皆陰類爲陽氣所化，而華而化，而見而生。

天子居青陽右个，乘鸞路，駕倉龍，載青旂，衣青衣，服倉玉，食麥與羊，其器疏以達。

右个，張氏虙曰：當辰上三月位。

是月也，天子乃薦鞠衣于先帝。

鞠衣，如鞠之黄，王后將親蠶，而天子以此衣告先帝，后統於君，親蠶以供祭服，告先帝以克勤婦職之意，而祀先蠶，不待言矣。

命舟牧覆舟，五覆五反，乃告舟備具于天子焉。天子始乘舟，薦鮪于寢廟，乃爲麥祈實。

覆音福。鮪音偉。爲去聲。

舟牧，主舟之官。天子將乘舟，漁以薦鮪，恐有缺漏，故反覆視之，至于五，以示慎。鮪似鱣而長鼻，口在頷下，體無鱗甲，大者爲王鮪，小者爲鮛鮪。禮食麥以魚，魚者麥之配，故薦魚以祈麥。

是月也，生氣方盛，陽氣發泄，句者畢出，萌者盡達，不可以内。天子布德行惠，命有司發倉廩，賜貧窮，振乏絶。開府庫，出幣帛，周天下。勉諸侯，聘名士，禮賢者。

句音勾。内入聲。

句，屈生者。芒而直曰萌。不可以内，當宣布恩惠，以順陽氣之發，越下文即其事也。方者曰倉，高者曰廩，無財曰貧，無親曰窮，暫無曰乏，不續曰絶。名士，有實之稱；賢者，有德之稱。此亦大概言順時育物之意。其實布德行惠，恩周於百姓，禮隆於賢才，無時不當然也。

是月也，命司空曰：時雨將降，下水上騰，循行國邑，周視原野，修利隄防，道達溝瀆，開通道路，毋有障塞。

上上聲。行如字。道去聲。塞入聲。

司空掌邦土，故命之以預防水患。下水上騰，水氣上浮。御案：隄以蓄水，防以止水，溝以通水，瀆以受水，而溝上之路，亦田甽之水所由以入溝者。内而國邑，外而原野，皆疏通之，毋有障塞，所以備潦，而於疏通之中，寓潴蓄之法。

田獵罝罘、羅綱、畢翳、餧獸之藥，毋出九門。

罝音嗟。罘音浮。翳音噎。餧音僞。

鳥獸方字乳，或傷之，則逆天時。獸罟曰罝罘，鳥罟曰羅網。小而柄長曰畢翳，射者所以自隱。餧獸之藥，毒藥也。九門蓋天子城門。記者以當時之制言之。

是月也，命野虞毋伐桑柘。鳴鳩拂其羽，戴勝降于桑。具曲、植、籧、筐，后妃齊戒，親東鄉躬桑，禁婦女毋觀，省婦使，以勸蠶事。蠶事既登，分繭稱絲效功，以共郊廟之服，毋有敢惰。

植音治。籧筐同，音舉。齊齋同。鄉、觀竝去聲。省，生上聲。共供同。

野虞，主田及山林之官。桑柘，蠶食也。鳴鳩，斑鳩。是月直刺上飛，高數十丈乃復。戴勝，鵖鳩，《爾雅》云：部生於桑，織絍之鳥也。降者若自天來，重之，此蠶將生之候。曲，薄也，所以藉蠶。植，柱也，所以承曲。室謂之籧，以宿蠶。器謂之筐，以求葉。東鄉以迎時氣，后妃特親視，不常留也。常養蠶自有世婦等，婦女即養蠶之人。毋觀，去容飾。婦使，縫線組紃之事。登，成也。分繭，使之繅。稱絲，使之織。效其功之多少，以供祭服。特言郊廟，外祭莫重於郊，内祭莫重於廟也。

是月也，命工師，令百工，審五庫之量，金、鐵、皮、革、筋、角、齒、羽、箭、幹、脂、膠、丹、漆，毋或不良。百工咸理，監工日號：毋悖于時，毋或作爲淫巧，以蕩上心。

量上聲。監、號竝平聲。

工師，司空之屬官。方氏慤曰：五庫以五材而得名，金鐵之類，皆不離五材也。不謂之材而謂之量，以材各有所受也。咸理，使之各治其事。日號，恐或惰於事。工固有巧，然過巧則淫，故因其作而戒之。孟冬又因其成而戒之。鄭康成曰：良，善。咸，皆也。悖，逆也。時，若弓人春液角，夏治筋，秋合三材，冬奠體之屬。蕩，動之使生奢泰也。

是月之末，擇吉日，大合樂。天子乃帥三公、九卿、諸侯、大夫，親往視之。

前既習舞習樂，此又大合之，以成春氣。太和，盈也。凡聲陽也，春陽之中，大合樂於此。中，聲之所止也。中聲以降，非和平，君子弗聽。

是月也，乃合累牛騰馬，遊牝于牧。犧牲、駒、犢，舉書其數。

累上聲。

累牛，父牛。騰馬，父馬。牡本遊也，遊牝以就之，使其孳生。駒，新生馬。犢，新生牛。犧牲，體全而色純者。書其數以備用。

命國難，九門磔攘，以畢春氣。

難音那。磔音責。

鄭康成曰：此難，陰氣。陰氣右行，此月之中，日行歷昴，昴有大陵積尸之氣，氣佚則厲鬼隨而出行，命方相氏師百隸索室驅疫以逐之，又磔牲以攘於四郊之神，所以畢止其災。愚按：自子月陽生，至巳月而陽亢，亢則爲災。木火之氣淫而生癘，故難以袪之。裂牲曰磔，祭祝曰攘。畢春氣，使春氣無旁泄而生火。以長養也。

季春行冬令，則寒氣時發，草木皆肅，國有大恐。行夏令，則民多疾疫，時雨不降，山林不收。行秋令，則天多沈陰，淫雨蚤降，兵革並起。

高氏誘曰：春行冬寒殺之令，故寒氣早發。草木上聳曰肅，木不曲直也。氣不和故國大惶恐。行夏炎陽之令，火干木，故多疾疫，雨澤不降，故山林所殖不收。行秋金之令，金者水之母，故多沈陰，爲淫雨，又金爲兵，故並起。

孟夏之月，日在畢，昏翼中，旦婺女中，其日丙丁。其帝炎帝。其神祝融。其蟲羽。其音徵。律中中吕。其數七。其味苦。其臭焦。其祀竈。祭先肺。

中吕之中仲通。

鄭康成曰：孟夏，日月會於實沈，斗建巳之辰。夏，大也，物盛而長大也。畢，西方陰宿，八星，狀如掩兔之畢，旁一星爲耳，白虎性猛，故以畢制之，其廣十七度。翼，南方火宿，二十二星，爲朱鳥之翼，廣十九度。女，北方土宿，婺女，吕氏作須女。婺、須皆女賤者之稱。四星如箕，廣十一度。鄭康成曰：丙之言炳也。萬物皆炳然著見而强大。孔氏穎達曰：丙，炳。丁，成也。炳明於丙，大成於丁。御案：炎帝，天火德之帝。祝融，天火氣之神。吴氏澄曰：南方井鬼等七宿，有鳥之象，故凡物之有羽者屬火。鄭康成曰：三分宫音，去一以生徵，徵數五十四。屬火者，以其微清，事之象也。夏氣和則徵聲調。孟夏氣至，則中吕之律應之。中吕者，無射之所生。陰律爲吕，吕，助也。孟夏陽亢之時，而火生焉。火在先天爲陽，後天爲陰，月值純陽，而陰火司長養，宣助陽氣，陰含陽中，故曰中吕也，火生數二，成數七。言七，舉成數。孔氏穎達曰：火燒物則焦，焦則味苦。夏陽氣盛熱，於外祀竈，從熱類也。蔡邕《獨斷》曰：祀竈之禮，在廟門外之東，先席於門奥，而東設主於竈陘。陘，竈承氣之物也，以土爲之。祭先肺者，火盛尅金，金者先天元氣，不可傷，故祭先之以養金氣。

螻蟈鳴，蚯蚓出，王瓜生，苦菜秀。

螻，螻蛄，一名螻蛄，聲似蚯蚓，亦謂之土狗。蟈，蛙也。王瓜，鄭康成曰：萆挈也。方氏慤曰：至陰之物，感正陽之氣而出。王瓜，南方之果、色赤，感火之色而生。苦菜，南方之菜，感火之味而成。《爾雅》：不榮而實曰秀。

天子居明堂左个，乘朱路，駕赤騮，載赤旂，衣朱衣，服赤玉，食菽與雞，其器高以粗。

騮音留。

明堂左个，説見仲春。騂馬黑尾曰騮。色淺曰赤，深曰朱。鄭康成曰：菽實孚甲堅合，屬水。雞，木畜，食之以安性也。愚按：菽，豆之總名，屬水，食之以其制火；雞，巽畜，食之以其助火。蓋火爲陽中之陰，長養賴之，而亦惡其太盛，故調之使中和也。

是月也，以立夏，先立夏三日，太史謁之天子曰：某日立夏，盛德在火。天子乃齊。立夏之日，天子親帥三公、九卿、大夫，以迎夏於南郊，還反，行賞，封諸侯，慶賜遂行，無不欣説。

先去聲。齊同齋。還音旋。説音悦。

不言帥諸侯，三公、九卿内即有諸侯也。應氏鏞曰：《樂記》舜作五絃之琴，以歌南風，夔始制樂以賞諸侯。則封於盛夏，古之制也。蓋封爵以夏時，而出命田邑，至秋始割耳。要之，可以待時而賞者，特其功之常，其非常者，自不容緩。《司馬法》所謂賞不二時者也。

乃命樂師，習合禮樂。

禮樂以導中和。陽盛之時，恐有偏駁，故命習合之。

命太尉贊傑俊，遂賢良，舉長大。行爵出禄，必當其位。

當去聲。

陳氏澔曰：太尉，秦官也。傑俊以才言，贊則引而升之。賢良以德言，遂使之得行其志。長大以力言，《王制》言執技論力，舉選而用之也。當其位，爵必當有德之位，禄必當有功之位。

是月也，繼長增高。毋有壞墮，毋起土功，毋發大眾，毋伐樹。

壞音怪。墮隳通，許規反。

孟夏爲純陽之月，物之長且高者，當益繼之增之，以順陽氣，毋使壞墮。起土功、發大眾，皆逆天地而妨民。伐大樹，亦壞墮之事也。

是月也，天子始絺。

暑之始也。絺，細葛也。

命野虞出行田原，爲天子勞農勸民，毋或失時。命司徒循[1]行縣鄙，命農勉作，毋休于都。

行、爲、勞，竝去聲。

既命野虞勞勸，又命司徒循勉，皆欲民毋或失農時也。休于都，則怠廢矣。

是月也，驅獸毋害五穀，毋大田獵。

先王四時之獵皆爲田而然，故曰田。而夏時之田，爲苗除害，尤不可傷長養之氣也，故曰毋大田獵。

農乃登麥，天子乃以彘嘗麥，先薦寢廟。

鄭康成曰：登，進也。麥之新氣尤盛，以彘食之，散其熱也。彘，水畜。

是月也，聚畜百藥。靡草死，麥秋至斷薄刑，決小罪，出輕繫。

方氏慤曰：《周官·醫師》掌聚毒藥，藥之采，不必皆在孟夏，而蕃蕪之時可采者爲多。靡草，羊不食草也，生於冬，死於夏。百穀各以其初生爲春，成熟爲秋。刑就上言，罪就下言。順長養之令，故薄刑小罪立即斷決之。輕繫，罪輕而繫，以待訊者。小罪薄刑，原不可以久羈，至此尤加意耳。

蠶事畢，后妃獻繭，乃收繭税，以桑爲均，貴賤長幼如一，以給郊廟之服。

長上聲。

后妃親總蠶事，蠶事既畢，内外命婦獻繭於后妃，后妃乃獻諸天子，於是天子乃收。繭税，蓋命婦等獻繭之外，餘得自入，復量其受桑之多寡，税其什一，以正供之

① 循，宋監本、岳本、嘉靖本、《十三經注疏》本作巡。

繭有限，不足供郊廟之服也。貴賤長幼如一者，皆以桑爲均，齊其勤惰。

是月也，天子飲酎，用禮樂。

酎，直又反。

鄭康成曰：酎之言醇也，謂重釀之酒也。君臣燕飲以通情，而禮樂節之，《鹿鳴》《天保》所以歌也，亦順時慶賞之意。

孟夏行秋令，則苦雨數來，五穀不滋，四鄙入保。行冬令，則草木蚤枯。後乃大水，敗其城郭。行春令，則蝗蟲爲災，暴風來格，秀草不實。

數音朔。蝗音皇。

雨謂之苦，以其太甚而爲人所苦。雨以滋穀，而苦則反傷之，故不滋。鄙，邑之在外者。保，在内者。在外入内求安，象秋氣之斂藏也。感肅殺之氣，故蚤枯。大水，冬之盛德所在，春木盛，故蝗殘其末。不實，亦櫱於末也。

仲夏之月，日在東井，昏亢中，旦危中。其日丙丁。其帝炎帝。其神祝融。其蟲羽。其音徵。律中蕤賓。其數七。其味苦。其臭焦。其祀竈。祭先肺。

亢音剛，一音抗。蕤，人誰反。

鄭康成曰：仲夏，日月會於鶉首，斗建午之辰。東井，一名天井，南方木宿，八星，狀如井字，故謂之井，廣三十四度。亢，東方金宿，四星，狀如彎弓，廣九度。危，北方陰宿，三星，中曲而東，廣十六度。蕤賓，陽極而陰生，草木委蕤而柔，陽始衰而爲賓也。鄭康成曰：蕤賓者，應鍾之所生。

小暑至，螳螂生，鵙始鳴，反舌無聲。

螳音堂。螂音郎。鵙，古役反。

鄭康成曰：螳螂，螵蛸母。鵙，博勞。反舌，百舌鳥。方氏慤曰：暑極於季夏，此時尚小。螳螂與鵙皆陰類，故或感微陰而生，或感微陰而鳴。百舌之鳴，感陽中而發，故感微陰而無聲。

天子居明堂太廟，乘朱路，駕赤駵，載赤旂，衣朱衣，服赤玉，食菽與雞，其器高以粗。

張氏虙曰：當午上五月，位正南，向明而治，故曰明堂。

養壯佼。

壯，形體壯盛。佼，美好。養者愛護之意。各就其材能而養之，使成，以順長養之令，非必他爲之加禮也。

是月也，命樂師修鞀、鞞、鼓，均琴瑟、管、簫，執干戚戈羽，調竽笙箎簧，飭鐘磬柷敔。

鞀鼗同。鞞音裨。竽音于。箎音池。柷音祝。敔音語。

孔氏穎達曰：鞀或爲鼗，鞀柷竝見《王制》。鞞，小鼓，在大鼓旁以裨助鼓節。鼓，廓也，張皮冒之，其中空廓。琴長三尺六寸六分；瑟長八尺一寸，二十七弦；管長尺圍寸，併漆之，有底，賈謂如篪，六孔。簫編二十管，長尺四寸。干，盾也。

戚，斧也。戈，鈎孑戟。羽，鳥羽，《周禮》羽舞皇舞之屬是也。竽，三十六簧；笙，十三簧。列管匏中，施簧管端。竽，汙也，其中汙空。笙，生也，象物出地所生。篪即箎，長尺四寸，圍三寸，一孔上出寸三分，名翹。《廣雅》云八孔，先鄭云七孔。箎，嗁也，如嬰兒嗁。许氏慎曰：女媧作簧，隨作笙。陳氏祥道曰：《詩》言左執簧，非笙中之簧也。孔氏曰：鐘，空也，内空也。内空受氣多，大者曰鏞。磬，聲堅磬磬然，大者曰馨。柷如漆桶，方二尺四寸，深一尺八寸，中有椎柄，連底撞之，令左右擊。敔如伏虎，背有二十七鉏鋙，刻以木，長尺櫟之。陳氏澔曰：修者理其弊，均者平其聲，執者操持學習。調，調和音曲。飭，整治之也。將用盛樂雩祀，故謹修之。

命有司爲民祈祀山川百源。大雩帝，用盛樂。乃命百縣雩祀百辟卿士有益於民者，以祈穀實。

爲去聲。

鄭康成曰：山川百源，能興雲雨者也。衆水始所出爲百源，必先祭其本，乃雩。雩，吁嗟求雨之祭也。自鞀鞞至柷敔，皆爲盛樂，凡他雩用歌舞而已。陳氏澔曰：百辟卿士，古者上公，若后稷、句龍之類。方氏慤曰：此言大雩帝，後言大饗帝。雩以祈，饗以報也。雩不必皆於帝，雩於帝，然後爲大雩；饗不必皆於帝，饗於帝，然後爲大饗。

是月也，農乃登黍。天子乃以雛嘗黍，羞以含桃，先薦寢廟。

許氏慎曰：黍以暑得名，小暑至，農遂登黍。高氏誘曰：雛，新雞也。含桃，櫻桃也。黍，火穀。櫻桃春熟，而其色先得火氣，故配食之。方氏慤曰：必謂雛者，雞以雛爲美也，配菽食。又曰：雞者，日之所食爲常，時之所嘗爲暫，固不能無貴賤之别也。

令民毋艾藍以染。毋燒灰，毋暴布。門閭毋閉，關市毋索。挺重囚，益其食。

艾刈通。暴入聲。灰，《吕氏春秋》作炭。

此月藍始可别而不可刈，惡其傷長養也。毋燒灰，草木未成也。毋暴布，麻苧之屬方長，暴之恐傷其氣。門，城門。閭，里門。毋閉，順陽氣布散於外也。關，要塞。市，人所聚。毋索，不征税。挺，緩也。孔氏穎達曰：益其食，增益囚之飯食，恐瘐死，傷長養之氣。

游牝别群，則縶騰駒。班馬政。

季春游牝于牧，至此妊孕已成，故不使同群，拘縶騰躍之駒，止其踶齧。班，布也。言駒不言犢，以牛性順，無事乎縶之。馬政，若《周官》趣馬簡其節，巫馬治其疾，校人辨其屬，庾人掌其閑，以及圉師所教，圉人所養，皆是。馬政有常，星馬在午，故此月尤重之。

是月也，日長至，陰陽争，死生分。君子齊戒，處必掩身，毋躁。止聲色，毋或進。薄滋味，毋致和。節耆欲，定心氣。百官静事毋刑。以定晏陰之所成。

齊齋同。和去聲。

至，極也。晝極長而夜極短，陰生於下，陽極於上，陰陽交爭，死生分，謂其機自此分。君子必齋明其心，禁戒其欲。掩身，以敬其居體。毋躁，以静其德。聲色易蕩揺心志，止以節之，毋或進，毋許進御也。滋味厚，腸胃滯陽而助陰，故薄之。和即滋味濃厚之意。耆欲引於外，心氣亂於内，節之正所以定之。静，事不擾。毋刑，不助陰而害陽也。晏陰者，陰所以成陽，非害陽也。安静以順陰氣，正欲其成陽之功，故曰定晏陰之所成也。此節及仲冬日短至，當細玩，確有至理也。

鹿角解，蟬始鳴，半夏生，木堇榮。

堇音謹。

鹿，陽獸，夏至感陰生而角解。御案：蟬最大曰蝒，青小曰蠽，有文曰蜻，五采曰螗，楚名蜩，宋名蝘，陳鄭名蜋蜩，齊魯名蟧蟟，關東名蜓蚞。先伏土中，脱殼而出，見日則鳴，日陰則止。半夏，實圓色白，性燥烈，感陽盛，故生。木堇，朝榮暮落，微陰喜附盛陽，故不久也。方氏慤曰：言木堇以别於堇草。

是月也，毋用火南方。可以居高明，可以遠眺望，可以升山陵[①]，可以處臺榭。

南方火旺之地，火旺時用火，則旺而又旺，反爲災患。居高明，順陽在上也。高明謂樓觀。闍者謂之臺，有木者謂之榭。

仲夏行冬令，則雹凍傷穀，道路不通，暴兵來至。行春令，則五穀晚熟。百螣時起，其國乃饑。行秋令，則草木零落，果實早成，民殃於疫。

螣音特。

御案：雹陰脅陽，故雹中虚。凍，陰奪陽，故凍上實。不通，冬閉塞也。暴兵，水戰火，陰勝陽也。五穀晚熟，生氣促也。螣又名蝗，百言其多。鄭康成曰：八月宿直昴畢，爲天獄主殺。果實早成，生日短也。民殃於疫，大陵之氣來爲害也。

季夏之月，日在柳，昏火中，旦奎中。其日丙丁。其帝炎帝。其神祝融。其蟲羽。其音徵。律中林鍾。其數七。其味苦。其臭焦。其祀竈。祭先肺。

鄭康成曰：季夏者，日月會於鶉火，斗建未之辰也。柳，南方土宿，八星，廣十四度。火，大火，心星也。東方陰宿，在天爲大辰，三星，中星高起爲帝座，左一星爲太子，右一星爲庶子，皆稍卑，明堂之位也。奎見仲春。鄭康成曰：林鍾者，黄鍾之所生。林，大。鍾，聚也。萬物聚盛之時。

温風始至，蟋蟀居壁，鷹乃學習，腐草爲螢。

蟋音悉。蟀音率。

至，極也。陰火長養萬物，氣著於風，至此而極。蟋蟀，蛬也，生土中，此月羽

① 陵，底本作林，據阮元《十三經注疏》本改。

翼始成，未能遠飛，故居壁。其類不一，促織、斯螽、蜻蛩、莎雞，但以大小青黄爲别，隨時隨地而異名。鷹，鷙鳥，以膺擊物，故謂之鷹。學習，始搏空也。螢，火蟲，一名即照、耀夜、景天、熠燿、丹良、丹鳥、夜光、宵燭燐，皆是木氣之餘，乘火而化。

天子居明堂右个，乘朱輅，駕赤駵，載赤旂，衣朱衣，服赤玉，食菽與雞，其器高以粗。

明堂右个，南堂西偏，當未上六月位。

命漁師伐蛟，取鼉、登龜、取黿。命澤人納材葦。

葦，于鬼反。

四者甲類，秋乃堅成，作記之人誤以周之八月當夏之六月。不言是月，煩細之事，且非止一月所爲也。《説文》：蛟狀似蛇而四足，細頸，頸有白嬰，大者數圍，卵生，眉交，故謂之蛟。鼉，皮可冒鼓。黿可爲羹。言伐，以其暴惡難取。言登，尊異之言，取易而賤之也。蒲葦之屬，此時柔韌，可作器物。葦，菼之小者，可緯以爲薄，必擇其材者，故以材言之。

是月也，命四監大合百縣之秩芻，以養犧牲。令民無不咸出其力，以共皇天上帝，名山大川，四方之神，以祠宗廟社稷之靈，以爲民祈福。

共音供。爲去聲。

四監，四方主山林川澤之官。言百縣則非止畿内出，合收蓄之。草木方盛，恐民務薪燎而輕斬艾，故令四監飭民上供，堪給養犧牲者。下申言以祠以祈，爲民而然，則不藉以擾民可知。既卜而芻謂之牲，將殺而告謂之犧。神佑民而靈，言神，尊之，言靈，親之。天帝山川四方，外事，故言神。宗廟社稷，内事，故言靈。

是月也，命婦官染采，黼黻文章，必以法故，無或差貸。黑黄倉赤，莫不質良，毋敢詐僞。以給郊廟祭祀之服，以爲旗章，以别貴賤等給之度。

貸音二。等給，《吕氏春秋》作等級。

鄭康成曰：婦官，染人也。采，五色。質，正。良，善也。白與黑謂之黼，黑與青謂之黻，青與赤謂之文，赤與白謂之章。以此月染之者，以其盛暑溼，染帛爲宜也。方氏慤曰：有所守謂之法，有所因謂之故。差，兩相雜。貸，兩相貸。五色不及白，以所受者爲本也。等給，各隨宜而度之，故言度。若天子龍衮、諸侯黼，所以别衣服貴賤等給之度也。王建太常，諸侯建旂，所以别旌旗等給之度也。凡此順文明之時，故染文明之色。

是月也，樹木方盛，乃命虞人入山行木，毋有斬伐。不可以興土功，不可以合諸侯，不可以起兵動衆。毋舉大事，以摇養氣。毋發令而待，以妨神農之事也。水潦盛昌，神農將持功，舉大事則有天殃。

斬，絶之。伐，傷長養之氣。是月中央土，孕養秋金，以禦火氣，故不可興土功，以耗土氣。合諸侯以下，皆安静以養之也。發令而待，發令使民待命。農事恃長養以成功，不養土氣，則農事將敗。曰神農者，以火德長養，炎帝主之也。違天長養之意，故有天殃。

是月也，土潤溽暑。大雨時行，燒薙行水，利以殺草，如以熱湯。可以糞田疇，可以美土疆。

溽音辱。薙音替。疆，其兩切。

陰火盛，故土潤而蒸熱爲溽暑。溽，溼意。薙，芟草也。燒所薙之草，而行水以漬之。利以殺草。以下復申明燒薙之事。熱，蒸。水草可以糞田使肥。蔡氏邕曰：穀田曰田，麻田曰疇。陸氏佃曰：糞能厚其力，美能善其性。鄭康成曰：土疆，强檃之地。

季夏行春令，則穀實鮮落，國多風欬。民乃遷徙。行秋令，則丘隰水潦，禾稼不熟，乃多女災。行冬令，則風寒不時，鷹隼早鷙，四鄙入保。

欬，苦代切。隼，息允反。鷙音至。

季夏穀垂成矣，春氣反發之，故方鮮而落。春木主風，風火相搏，故民多欬疾。遷徙，亦風火相煽不寧之意。盛夏水漲，金生水者也，又助之，故邱隰皆水潦。金氣殺禾稼，故不熟。兑金爲女，金被火尅，故女疾。冬陰閉，故風寒不節，鷹隼早鷙，象冬氣殺戮。四界之民，畏寇賊之來，故入城郭自保。

中央土。其日戊己。其帝黄帝。其神后土。其蟲倮。其音宫。律中黄鍾之宫。其數五。其味甘。其臭香。其祀中霤。祭先心。

文王八卦方位，坤在西南，土雖運於四時，而夏秋之閒，賓爲戊己。中土遞連及金，故於此時陳之。自天地定位，即有五行，五行之精，是爲五帝。黄帝即所謂黄老也。精在天而質在地，后土則司氣質之神，土乃先天虚無一氣凝而爲塊者。土之質非土之神也。神藏於質，質不足以囿神。民受天地之中以生，即得真土之靈，以爲性命，其義甚微。仲尼下襲水土即此，前人多未見。及今略言之，人爲倮蟲之長，天地之心秉土德也。黄鍾之宫，陽生於土而成於土，一陽在子，老於乾八十一之數，含元氣於方生。土爲中，氣渾厚而音濁。土生數五，成數十，但言五者，土以生爲本。甘香，土之臭味也。凡甘香者皆屬之。古者窟居，隨地而造，平地不鑿，但累土爲之，謂之復。高地則鑿爲坎，謂之穴。皆開其土以取明。雨霤之謂之霤。後世開牖，則不當棟而在室之中央，因名室爲中霤。霤，室中之祭，祭后土也。祭先心，火也，用所由生。金木水火之祭，皆用其所勝，而土獨否者，土以生爲本，祭其所由生養，土之義也。

天子居太廟太室，乘大路，駕黄騮，載黄旂，衣黄衣，服黄玉，食稷與牛，其器圜以閎。

圜音圓。閎音宏。

高氏誘曰：南向中央室曰大廟，又處其中央，故曰大室。季夏居明堂右个矣。而此又云然者，應中央土之義。鄭康成曰：大路，殷路也。車如殷路之制，而飾之以黄。稷，五穀之長。牛，土畜也。圜者，象土周匝[1]於四時。閎謂中寬，象土含物。

孟秋之月，日在翼，昏建星中，旦畢中。其日庚辛。其帝少皞，其神蓐收。其蟲毛，其音商。律中夷則。其數九。其味辛。其臭腥。其祀門。祭先肝。

蓐音辱。

鄭康成曰：孟秋者，日月會於鶉尾，斗建申之辰。翼、畢，見孟夏。建，見仲春。庚之言更也，辛之言新也。萬物肅然改更，秀實新成。御案：少皞，天金德之帝。蓐收，天金氣之神。金天與該，則人帝人官之配食於此者。吴氏澄曰：西方七宿，有虎之象，故凡物之毛者皆屬金。夷則者，大吕之所生。夷，平。則，法也。萬物既成可法也。金生數四，成數九，但言九以成爲功也。金在氣則腥，在日則辛也。張氏虙曰：塞向墐户，至春而出户，祀其出也。萬寶告成，至秋而入門，祀其入也。金剋木，故祭以養之。

涼風至，白露降，寒蟬鳴，鷹乃祭鳥，用始行戮。

至，來也。金氣寒凝，故風涼而雨漸凝爲露。白，金色也。蟬類甚多，蛣蟀所化。小而色紫者，春鳴，胡蟬也。首方廣有角如花冠，五月鳴，聲清越，馬蟬也。又鳴聲雄壯，始終一聲，螿也，蜩也。小而青赤，七八月鳴，寒蟬、啞蟬也。未得秋風不鳴，其聲淒急，又有大而有文，額廣且方曰蜇，小而有文曰蜻。蛪，似蝗而小，黑色有角，趯善跳者，其名稱不一。此言啞蟬，始鳴也。鷹殺鳥於大澤之中，四面陳之，謂之祭鳥。馬氏晞孟曰：鷹至不仁，猶祭然後食，而况人乎？

天子居總章左个，乘戎路，駕白駱，載白旂，衣白衣，服白玉，食麻與犬，其器廉以深。

駱音洛。

總章，秋成萬物章明化工，故名。西室爲總章室。鄭康成曰：戎路，兵車也。制如周革路，而飾之以白。白馬黑鬣曰駱。麻，木穀而實於秋，金剋木，實所以成之，食麻取斯義也。犬，艮畜，金非土不能生，土非金亦不能成，相需爲義，故食之也。廉，利也，金斷制之義深，象天地之氣得金而深藏。

是月也，以立秋。先立秋三日，太史謁之天子曰：某日立秋，盛德在金。天子乃齊。立秋之日，天子親帥三公、九卿、諸侯、大夫以迎秋於西郊。還反，賞軍帥、武人於朝。

鄭康成曰：軍帥，諸將也。武人謂環人之屬，有勇力者。

天子乃命將帥選士厲兵，簡練桀俊，專任有功，以征不義。詰誅暴慢，以明好惡，順彼遠方。

將、好、惡，竝去聲。

才足以將物謂之將，知足以帥人謂之帥。士言其人，兵言其器。簡擇士中之俊桀

① 匝，底本作布，據阮元《十三經注疏》本改。

者，而使練習之。有功，可必其成功者。不義，虐民悖上者。暴，殘虐。慢，傲肆。秋令肅殺，然殺之乃所以生之。王者之好惡亦然。順遠方，順其所好，而去其所惡也。

是月也，命有司修法制，繕囹圄，具桎梏，禁止姦，慎罪邪，務搏執。命理瞻傷，察創視折，審斷、决獄，訟必端平。戮有罪，嚴斷刑。天地始肅，不可以贏。

繕，市戰反。搏音博。創平聲。折音舌。審斷之斷音段。嚴斷之斷音鍛。

法制隨時修正，豈必斯日下，各事亦然。此特言順時更加意耳。治獄之官，有虞氏曰士，夏曰大理，周曰大司寇。繕囹圄以防湫隘。姦，狡詐。邪，不正。搏，擊之。執，拘之。皮曰傷，肉曰創，骨曰折。骨肉皆絶曰斷。瞻，察視，審之欲療而生之也。端心無私徇，平刑無反側，惟戮有罪而已。嚴者慎重之意。贏，餘也。天地之氣肅殺。然殺者所以生之，故不可使肅殺之氣有餘也。

是月也，農乃登穀。天子嘗新，先薦寢廟。

穀，稷也。獨於稷言穀，以稷爲五穀之長。言嘗新而不云牲，貴穀也。先薦寢廟，不忘親也。

命百官始收斂。完隄防，謹壅塞，以備水潦。修宫室，坏垣墻，補城郭。

坏音培。

秋而萬寶告成，故始收斂。完，修補之。謹，疏通之。備水潦，或漲溢爲災。坏猶培也。皆順秋成之意，使完固耳。

是月也，毋以封諸侯，立大官。毋以割地，行大使，出大幣。

使去聲。

此亦概言順金氣收藏之義耳。若有大功當封，大事當遣，則亦不拘。

孟秋行冬令，則陰氣大勝，介蟲敗穀，戎兵乃來。行春令，則其國乃旱，陽氣復還，五穀無實。行夏令，則國多火災。寒熱不節，民多瘧疾。

水王於冬，金所生也。行冬令則子洩母氣，陰不能成物，當云陰氣不勝，而云大勝，謬矣。介蟲，冬元武之屬。戎兵，御案：兵戎亥中，北落師門，主非常兵寇也。鄭康成曰：旱，雲雨以風除也。無實，陽氣能生而不能成。瘧疾，寒熱所爲者。

仲秋之月，日在角，昏牽牛中，旦觜觿中。其日庚辛。其帝少皥。其神蓐收。其蟲毛。其音商。律中南吕。其數九。其味辛。其臭腥。其祀門。祭先肝。

觜音慈。觿音攜。

鄭康成曰：仲秋者，日月會於壽星，斗建酉之辰也。角，二星，爲蒼龍之角，十一度，七度入辰，八度入卯，占兩宫之界。牽牛，見季春。觜觿，三星，如蘂，其度最狹，漢魏猶二度，至明止半度。今《時憲書》乃十度者，蓋觜在上，參在下，二星同體，古法先觜後參，則以觜度屬參。今參足更展，觜已無度，而二十八宿不可缺其一，故先參後觜，則以參度屬觜，其實一也。鄭康成曰：南吕者太蔟之所生。南，任也。陰吕於陽，任其成功也。

盲風至，鴻雁來，玄鳥歸，群鳥養羞。

方氏慤曰：盲者閉暗之稱，西閶户，故其風謂之盲風，又謂之閶闔。陳氏澔曰：孟春言鴻雁來，自南而來北。此言來，自北而來南。玄鳥，燕也。春分而來，秋分而去，歸於蟄所。傳曰：玄鳥氏，司分者也。方氏慤曰：羞謂所美之食，養之以備冬。《夏小正》作丹鳥羞白鳥。則言飛螢食蚊，不必牽混可也。

天子居總章大廟，乘戎路，駕白駱，載白旂，衣白衣，服白玉，食麻與犬，其器廉以深。

張氏虙曰：當酉上八月位。

是月也，養衰老，授几杖，行糜粥飲食。

此等事王者早有養老定制，至此日感天地衰謝之意，而思及衰貧之人，更申明布令也。几杖以安之，糜粥以養之。授，特授之。行，徧行之也。

乃命司服具飭衣裳，文繡有恒，制有小大，度有長短。衣服有量，必循其故。冠帶有常。

此亦本有定制，特更申明之，恐有不循其故者，將近授衣之時預飭之。文繡，祭服文畫也。祭服，畫衣而繡裳。衣服則謂朝燕及他服。具飭句領下文。命服重，故先舉小大長短，各隨其人以爲量，而有定式。故，舊制也。

乃命有司申嚴百刑，斬殺必當。毋或枉橈，枉橈不當，反受其殃。

當去聲。橈，女教切。

金旺於酉，斬殺之時而或不當，則傷天地成物之意，故有殃。申命鄭重之意。百刑，非特斷獄恐枉橈，凡斬殺皆留有餘之恩。枉，不直，謂屈其直者。橈，挫折，謂以刑恐而挫之。

是月也，乃命宰祝循行犧牲，視全具，按芻豢，瞻肥瘠，察物色，必比類，量小大，視長短，皆中度。五者備當，上帝其饗。

行、中、當竝去聲。

於鳥獸肥充之時省牲，以致其敬。宰，太宰。祝，太祝。主祭祀之官。養牛羊曰芻，犬豕曰豢。視全具，恐毀傷也。察肥瘠，恐失養也。物色，騂黝之别，《周禮》陽祀用騂，陰祀用黝，望祀各以方之色。比類，比附其色之類。小大以體言，長短以角言，皆欲中法度。言上帝以該百神。其饗，庶幾其饗，敬慎之辭也。

天子乃難，以達秋氣。以犬嘗麻，先薦寢廟。

難儺同。

此難，難陰熱之氣也。秋，金，實爲乾光，此月已四陰矣，而暑熱之氣不除，乃陰火邪熱，害將及人，故難以達秋氣。鄭康成謂此月斗建昴畢，亦得大陵積尸之氣者，亦一義也。麻始熟，故薦之。其義見前。

是月也，可以築城郭，建都邑，穿竇窖，修囷倉。

竇音豆。窖音教。

周制：冬起土功，此乃記者以秦地言，云可以者，農事初畢，亦可爲也。穿地圓曰竇，方曰窖；圓曰囷，方曰倉。

乃命有司趣民收斂，務畜菜，多積聚。乃勸種麥，毋或失時，其有失時，行罪無疑。

趣音促。畜音蓄。積音恣。

趣民，急趣之也。孟秋命始斂，以其物初成，至此則既成，而收斂不可緩。菜以佐穀，故畜之。凡物皆多積聚以備歲用，北方以麥爲常食，尤利於民，故特勸種而罰其惰者。

是月也，日夜分，雷始收聲，蟄蟲坏户。殺氣浸盛，陽氣日衰，水始涸。

坏，步回反。涸，户角反。

日夜分，如仲春。雷乃陽威，故陽壯而發聲，陰壯而收聲。坏，益也，益其蟄之户，使通明處稍小，至寒，乃墐塞之。始涸，漸涸，非盡涸也。

日夜分，則同度量，平權衡，正鈞石，角斗甬。

方氏慤曰：鈞，三十斤。石，四鈞之稱，以其尤重而内實，故謂之石。吴氏澄曰：度量權衡總言之，下二句分言之。鈞石，五權之二。斗甬，五量之二。舉二而他可知。正之、角之，所以同之、平之。此亦舊有定制，特更申正之。

是月也，易關市，來商旅，納貨賄，以便民事。四方來集，遠鄉皆至，則財不匱，上無乏用，百事乃遂。

易去聲。

易，不重征以難之。金玉曰貨，布帛曰賄。貨賄由商旅而致，民便於財，則上用足而百事可成。

凡舉大事，毋逆大數，必順其時，慎因其類。

此因上文言衣服、城郭、宫室、財貨等事而總言，以戒人也。秋成之時，大事可興，然必毋逆一定之數，不可逾制，必順其時，不可違天，必因其類，不可侵越。

仲秋行春令，則秋雨不降，草木生榮，國乃有恐。行夏令，則其國乃旱，蟄蟲不藏，五穀復生。行冬令，則風災數起。收雷先行，草木蚤死。

陰所以成陽也，秋雨不降，宜枯而反榮，則物不成矣。有恐，方氏慤謂少陰之所動，是也。陽亢故旱，當藏不藏，不當生而生，皆陽不收斂之故。水泄金氣，故風厲而爲災。雷激而先行，草木感而蚤死。

季秋之月，日在房，昏虚中，旦柳中。其日庚辛。其帝少皞，其神蓐收。其蟲毛。其音商。律中無射。其數九。其味辛。其臭腥。其祀門。祭先肝。

射音亦。

鄭康成曰：季秋者，日月會於大火，斗建戌之辰也。房，東方陽宿，四星，直下微曲，廣六度。虚，北方陽宿，二星，正直，廣九度。柳見季夏。鄭康成曰：無射者，夾鍾之所生，射，厭也。九月爲剥卦，陽益消，陰益盛，然窮上返下，一元未嘗稍息，故無厭斁也。

鴻雁來賓，爵入大水爲蛤，鞠有黄華，豺乃祭獸戮禽。

蛤，古答反。華音花。

雁本北方之鳥，生於陰而能從陽，故此書重之而屢記之。八月來，始向南，未全至也，至此則全來，如賓之集。爵飛陽物也，蛤無陰陽牝牡，而能生珠，一於陰也。陰須陽化，故爵入海爲蛤也。陳氏澔曰：鞠，色不一，而言黄者，秋令在金，金有五，以黄爲貴，故鞠以黄爲正也。禽，鳥獸之總名。鳥不可曰獸，獸亦可曰禽。御案：祭，仁者之事也。豺、獺、鷹，不仁之物，其言祭，貴仁也。獺言祭不言戮，春生仁也，不忍言殺也。秋殺義也，戮於是始可用也。於鷹言戮，猶不言禽，豺乃明言戮禽，於殺不忍遽盡其辭也。其曰乃，如不得已之辭也。

天子居總章右个，乘戎路，駕白駱，載白旂，衣白衣，服白玉，食麻與犬，其器廉以深。

鄭康成曰：西堂北偏。張氏虙曰：當戌上九月位也。

是月也，申嚴號令。命百官貴賤無不務内，以會天地之藏，無有宣出。

内納通。

務内，收斂財貨，蓋天地成物之候，内之正以爲將來發之之地，非務殖也。會，合也，合天地閉藏之令。宣出，任其宣露而不收藏。

乃命冢宰，農事備收，舉五穀之要，藏帝藉之收於神倉，祗敬必飭。

備，猶盡也。冢宰命民盡收斂，無有宣出，舉五穀之要，定其租税之簿。周知歲收豐歉，乃可以制國用。帝藉，藉田所收，以供祭祀，重其所入，故名倉曰神。祗，敬也。飭，正也。

是月也，霜始降，則百工休。乃命有司曰：寒氣總至，民力不堪，其皆入室。

秋成，天氣寒凝，王者命有司示百工休以恤之。百工休亦大概言，其有不可休者，固聽之也。

上丁，命樂正入學習吹。

吹去聲。

凡竹聲爲吹。金旺尅木之時，恐管籥不諧，故令習吹以諧聲，而將行饗也。

是月也，大饗帝。句。嘗，句。犧牲告備於天子。

嘗，秋祭之名。大饗帝，以報成功，而因命概舉秋祭。告備，先期告而始行祭也。嘗祭於季秋，蓋記者據秦禮言之，非古也。

合諸侯制百縣，爲來歲受朔日，與諸侯所税於民，輕重之法，貢職之數，以遠近土地所宜爲度，以給郊廟之事，無有所私。

古無此制，秦以建亥之月爲歲首，此月爲歲終，故制此法。合諸侯制百縣，令諸侯同飭，百縣，蓋彷《周禮》正月之吉，始和布治於邦國都鄙之意，以行於十月。來歲受朔日及諸侯税民輕重之法，皆自此月爲之以待。至貢職之數，則以遠近土地所宜爲度，可以給郊廟之事而已。天子無有所私，時井田已開，貢賦非古，故如此。

是月也，天子乃教於田獵，以習五戎，班馬政。

周制寓兵於農，四時田獵，兼習武事，此亦秦法。教於田獵，因田獵之禮，教民以戰法。五戎，謂五兵，弓、矢、殳、矛、戈、戟也。馬政，謂齊其色，度其力，使同乘也。《校人職》曰：凡軍事，物馬而頒之，亦不必秋時。

命僕及七騶咸駕，載旌旐，授車以級，整設于屏外。司徒搢扑，北面誓之。

此亦據秦法而采古制以文之，不可以證也。僕，戎僕及馭夫。七騶，趣馬也。七騶亦秦制。駕馬而載旌旗，若《司馬職》辨旗物之用，王載太常，諸侯載旂等。而旌旐不盡如古制。級，等次也。整，正列也。設，陳也。屏所田之地門外之蔽。司徒誓衆，以軍法扑夏楚也。插之於帶，示有事於教，無事於刑，必北面田，主殺陰事故也。

天子乃厲飾，執弓挾矢以獵。命主祠祭禽於四方。

厲飾，爲戎服以示威武，此亦秦法。以所獲禽祀四方之神，明田獵順肅殺之令，先報祭百神以示敬。

是月也，草木黄落，乃伐薪爲炭。

方氏慤曰：黄者土之色，百昌皆生於土，反於土，將反於土，故黄，黄故落也。伐薪爲炭，以禦冬寒，所謂斧斤以時也。

蟄蟲咸俯在内，皆墐其户。乃趣獄刑，毋留有罪。收禄秩之不當，供養之不宜者。

趣音促。當去聲。

孔氏穎達曰：前月但藏而坏户，至此既寒，垂頭向下，以隨陽氣，又塗塞其户，穴以避地上陰殺之氣。獄刑原不宜留滯，至此更趣之早决。禄秩供養亦本有常制，恐有逾制，至此更察而收之。非至此始收也。

是月也，天子乃以犬嘗稻，先薦寢廟。

高氏誘曰：稻始升，故嘗之。先薦寢廟，孝敬親也。

季秋行夏令，則其國大水，冬藏殃敗，民多鼽嚏。行冬令，則國多盜賊，邊竟不寧，土地分裂。行春令，則煖風①來至，民氣解惰，師興不居。

鼽音求。嚏音帝。竟音境。解懈同。

夏水漲之時，秋金爲水母，水盛漬，物必敝，故大水。冬藏之物殃敗，火尅金故。鼽嚏，鼽，鼻塞也。冬水，金之子也，盜母氣而恣行，土不能制，故盜賊邊境土

① 風，底本作氣，據阮元《十三經注疏》本改。

地等應之。金不足以制木，且木性疏散，故煖風至而民氣惰。師興不居，木不受金之制而妄動也。

孟冬之月，日在尾，昏危中，旦七星中。其日壬癸。其帝顓頊，其神玄冥。其蟲介。其音羽。律中應鍾。其數六。其味鹹。其臭朽。其祀行。祭先腎。

鄭康成曰：孟冬者，日月會於析木之津，斗建亥之辰也。尾見孟春。危見仲夏。七星見季春。壬之言任也，癸之言歸也。純陽閉藏，實所以孕養陽氣如懷妊然。爲其養陽，故曰壬，言能任養元氣也。歸亦謂元氣，歸復於土也，歸藏以固陽氣。御案：顓頊，天水德之帝；元[①]冥，天水氣之神。高陽與修熙，則人帝人官之配食於此者也。吴氏澄曰：北方七宿，有龜之象，故凡物之甲者皆屬水。鄭康成曰；三分商去一以生羽，陽施而陰生。十月卦值坤中，土含養元氣，無爲而實，生生之本。地應乎天，而鍾聚生氣，曰應鍾。水，生數一，成數六，但以六言，舉其成數。陳氏澔曰：水受惡穢，故有朽腐之氣。御案：揚雄、蔡邕、劉安皆謂冬祀。井行即井也。《易》曰往來井井，蓋祀井於汲道之旁，故云行歟？祭先腎，與中央先心同，蓋水火者陰陽之主，而人所以生成，即以其所藏祀之，貴之也。

水始冰，地始凍，雉入大水爲蜃，虹藏不見。

見音現。

方氏慤曰：冰即水也。以陽釋，以陰凝。凍，氣閉而陽不能熙也。馬氏晞孟曰：雉火屬，蜃水屬，陽不勝陰，而竝與遷焉。虹以陰干陽，則見此時，陽升陰降而弗通，故藏。

天子居玄堂左个，乘玄路，駕鐵驪，載玄旂，衣黑衣，服玄玉，食黍與彘，其器閎以奄。

鄭康成曰：玄堂左个，北堂西偏也。張氏虙曰：當亥上十月位。鐵驪，色如鐵。孔氏穎達曰：黑深而玄淺，旂色淺，衣色深，玉亦用自然之色。御案：黍，南方之穀，而宜黑墳，從其宜也。彘，坎畜，文王八卦方位坎居北，取《河圖》之象也。陽在内故器中寬，陰在外故上下窄。

是月也，以立冬。先立冬三日，太史謁之天子曰：某日立冬，盛德在水。天子乃齊。立冬之日，天子親帥三公、九卿、大夫，以迎冬於北郊。還反，賞死事，恤孤寡。

死事，死於王事。孤寡，謂凡孤寡者賞恤之，所以救殺氣也。

是月也，命太史釁龜筴，句占兆審卦，句吉凶是察。阿黨則罪，無有掩蔽。

筴，初革反。

先王以龜筮教人，欲人審理而宜於事。吉凶由善惡而分，神，司善者也，故卜筮决之。《周禮》上春釁龜，以歲審卜兆，以定一歲所行之事。秦以亥月爲歲首，故於

① 元，當作玄，避玄燁諱改。

是月行之。筮，蓍也。占兆審卦，愼詳之也。吉凶是察，察其果當理否也。阿黨，不由理而曲從上意者，則罪之。馬氏曰：曲承曰阿，私附曰黨。掩，自上掩之。蔽，從旁蔽之。

是月也，天子始裘。

鄭康成曰：九月授衣，至此可以加裘矣。

命有司曰：天氣上騰，地氣下降，天地不通，閉塞而成冬。命百官謹蓋藏。命司徒循行積聚，無有不斂。

天地無日不交也，特陰壯之時，陽含陰中，陽氣之在上者微，陰氣之在下者盛，有似上騰下降，故云然。不通，謂其不交融。舒，散也。天地之氣閉塞，所以養陽而爲來歲發育之地，蓋藏積聚，人事之儲蓄，亦所以爲將來施散之地，其理一也，故命之如此。御案：蓋藏，積倉府庫之在官者，故命有司謹之。積聚，囷倉窖竇之在民者，故命司徒循行之。

坏城郭，戒門閭，修鍵閉，愼管籥，固封疆，備邊竟，完要塞，謹關梁，塞蹊徑。飭喪紀，辨衣裳，審棺槨之厚薄，塋丘壟之大小、高卑、句厚薄之度，貴賤之等級。

鍵音蹇。下塞入聲。塋，《吕氏春秋》作營。

鄭康成曰：坏，益也。鍵，牡。閉，牝也。管籥，搏鍵器也。孔氏穎達曰：鏁器入者謂之牡，受者謂之牝。搏鍵似樂器之管籥，搢於鏁内，搏取其鍵。城郭當須牢厚，故言坏。門閭備禦非常，故云戒。鍵閉或有破壞，故云修，管籥不可妄開，故云愼。封疆理當險阻，故云固。邊竟防擬盗賊，故云備。要塞理宜牢固，故云完。關梁禁御姦非，故云謹。蹊徑細小狹路，故須塞。皆所以順閉塞之時令也。方氏慤曰：喪在人而我以禮紀之，謂之喪紀。辨衣裳以下皆其事也。陳氏澔曰：上衰下裳，以布之精粗爲親疎，故曰辨，亦謂襲斂之衣數多寡。御案：棺，天子厚二尺四寸，槨厚一尺，遞降至庶人，棺厚四寸，槨五寸。衣裳，天子百二十稱，遞降至三十稱。丘壟，天子高一丈，至士四尺。凡禮之厚薄，皆以其人之貴賤爲等級，所當飭正之者也。馬氏晞孟曰：喪，人之終事。冬歲之終時，故於此時飭之。

是月也，命工師效功，陳祭器，按度程，毋或作爲淫巧，以蕩上心，必功致爲上。物勒工名，以考其誠。功有不當，必行其罪，以窮其情。

致音緻。當去聲。

工師，工官之長。效功，録見。百工所用器物尤重者祭器。度謂制大小，程謂器之所容。淫巧，奢僞怪好。蕩，動摇，生其奢淫。勒，刻也。刻工姓名於上以察其功致與否，功不當，取材美而器不堅也。

是月也，大飲烝。

鄭康成曰：十月農功畢，天子諸侯與其群臣飲酒於大學，以正齒位，謂之大飲。烝謂有牲體爲俎也。

天子乃祈來年于天宗，大割祠于公社及門閭，臘先祖五祀。勞農以休息之。

勞去聲。

禮有蜡祭，亦有臘祭。《左傳》虞不臘矣。但當在丑月，此蓋秦法。天宗，日月星辰。大割，大殺群牲。臘謂以田獵所得禽祭也。五祀，門行中霤竈户，天施地生，以成有年。祈即祠，祠即祈，互文耳。大割，大殺牲體。社，自天子達於庶人。此公社，以王社、國社言。勞其勤，息其力，天子所以張弛之道。門閭，蓋非止一家之門也。

天子乃命將帥講武，習射御，角力。

將去聲。

此亦秦法。方氏慤曰：武言其道，故講之使明。射御言其事，故習之使熟。角則相抵而已。然豈平日不然，而至此始爾邪？

是月也，乃命水虞、漁師收水泉池澤之賦，毋或敢侵削衆庶兆民，以爲天子取怨於下。其有若此者，行罪無赦。

文王澤梁無禁，而《周禮》有禁，禁其過取，若數罟不入之意，非必收其賦以自贍也。此亦秦法。蓋既收其賦而戒毋侵削，衆庶勢必不能也。水虞即澤虞，漁師即𢿱人。自此犯彼曰侵，减彼益此曰削。

孟冬行春令，則凍閉不密，地氣上泄，民多流亡。行夏令，則國多暴風，方冬不寒，蟄蟲復出。行秋令，則霜雪不時，小兵時起，土地侵削。

高氏誘曰：春陽散越，故凍不密，而地氣發泄，民多流亡，象陽布散也。愚案：夏陽與重陰相干，故暴風不寒，而蟄蟲復出，秋金凝聚，故霜雪不以時降。小兵、削地，亦金氣之應也。

仲冬之月，日在斗，昏東辟[①]中，旦軫中。其日壬癸。其帝顓頊，其神玄冥。其蟲介。其音羽。律中黄鍾。其數六。其味鹹。其臭朽。其祀行。祭先腎。

辟，必亦反。

鄭康成曰：仲冬者，日月會於星紀，斗建子之辰也。斗，北方木宿，六星，形如北斗，故亦謂之斗，廣二十五度。東壁，西方水宿，二星，廣七度。軫，南方水宿，四星，似張，廣十七度。黄鍾律長九寸，黄者中土之色；鍾，種也。陽氣始種於黄泉，孳萌萬物，爲六氣之元。天道止一陽布化，而地承之，有動必有静，静者動之本，故陰陽各六而成歲。十月陽養於陰，子月陽始生，於卦爲復，而易以爲見天地之心。黄鍾之數始於子，而爲萬事根本，此理數之原，其實備於人身，八卦足盡其義。揚子雲見一斑，演爲《太玄》，自若奇特，而實未窺全體也。

冰益壯，地始坼，鶡旦不鳴，虎始交。

鶡，户割反。

---

① 辟，阮元《十三經注疏》本作壁。

孟冬水始冰，地始凍，至此益壯，凍盛而坼。鶡旦，名不一，號寒蟲也，似雞而小，四足肉翅，不能遠飛。仲春不鳴，夏月毛生五色，則鳴曰：鳳凰不如我。冬月毛落如雛，則鳴曰：得過且過。冬至陽生，則不甚鳴。其矢臊惡，大如豆，爲五靈脂。虎陰物，大寒而交，或月暈而交，生不再交，一交一乳，乳必成雙。

天子居玄堂太廟，乘玄路，駕鐵驪，載玄旂，衣黑衣，服玄玉，食黍與彘，其器閎以奄。

張氏虙曰：當子上十一月位。玄堂即明堂，正位在北，故曰玄。

飭死事。

死事，喪葬等事，承孟冬飭喪紀來。孟冬飭，此又飭之。人死形復歸土，而魂氣或不盡亡，是月陰中之陽，實象其義，故飭死事者，使仁人孝子安其親以養其陽光也。

令有司曰：土事毋作，慎毋發蓋，毋發室屋，及起大衆，以固而閉。地氣沮泄，是謂發天地之房，諸蟄則死，民必疾疫。又隨以喪，命之曰暢月。

沮上聲。

是月至陽凝於至陰之下，養其生機，不可宣洩，故毋作土事，以固閉陽氣爲來年生生之本。蓋蓋藏之物，穉陽方生，故不可沮遏發洩之。人所次舍曰房。元氣靜養於中，若房也。蟄蟲賴靜陽以養，而發之故死，陽不能堅固而輕洩，陰挾陽以播虐，故疾疫，喪不勝其病而死也。暢月者，固閉以養陽氣，令其暢生也。

是月也，命奄尹申宫令，審門閭，謹房室，必重閉。省婦事，毋得淫。雖有貴戚近習，毋有不禁。

鄭康成曰：奄尹，主領奄豎之官。於周爲内宰，掌治王之内政、宫令。譏出入及開閉之屬。重閉，外内閉也。省婦事，所以静陰類。淫，謂女工奢僞怪巧物也。貴戚，姑姊妹之屬。近習，天子所親幸者。宫中之令固有常典，以閉藏之月，故申之。郝氏敬謂以奄爲尹，内宫之事毋不禁，其權太重，此秦作法之弊，趙高所以專制也。詳考此書所言，多合先王之禮意，不應奄尹即是以奄爲之，故從鄭氏。

乃命大酋，秫稻必齊，麴糵必時，湛熾必潔，水泉必香，陶器必良，火齊必得，兼用六物，大酋監之，毋有差貸。

酋音揫。齊，上如字，下去聲。湛音尖。監平聲。貸音二，忒通。

鄭康成曰：大酋，酒官之長，於周爲酒人。黍全黏曰秫，而稻粱之黏者亦曰秫。秫稻，酒材也。必齊，多寡中度。必時，制造及時。湛，漬而滌之；熾，蒸炊也。必潔，無所汙。必香，無穢惡之氣。必良，無罅漏之失。必得，得生熟之宜。六物，必齊以上六事。差貸，不中法式也。孔氏穎達曰：於此時始爲春酒也。

天子命有司祈祀四海、大川、名源、淵澤、井泉。

鄭康成曰：順其德盛之時祭之也。董氏師讓曰：四海，水所聚。大川名源，江源岷山，河源崑崙，淮源桐柏，濟源沇水。淵澤，水所鍾。井泉，人所汲。

是月也，農有不收藏積聚者，馬牛畜獸有放佚者，取之不詰。

不詰，官不問其罪也。前此已命謹蓋藏積聚，至此猶不收斂而放逸，是游惰之民不聽令者也，故不詰。

山林藪澤，有能取蔬食田獵禽獸者，野虞教道之。其有相侵奪者，罪之不赦。

道音導。

無水曰藪，有水曰澤。於農隙時可取野物以資用，但必教道之，若侵奪人之所有，則强暴之徒也，故罪之不赦。

是月也，日短至。陰陽争，諸生蕩。君子齊戒，處必掩身，身欲寧，去聲色，禁耆欲，安形性，事欲静，以待陰陽之所定。

齊齋同。

短至，短從此極，陽從此始也。故今以此爲長至，受朝賀。蕩，動摇之意。陰陽迭爲消長，非果有争也，特以彼方盛而此已將衰，故以争狀其機。齊戒，掩身，與夏至同。穉陽不可不善養，故寧其身而絶聲色耆欲，以安形性。形安而動無非禮，性安而内無愆陽。且凡事皆欲静，以待陰退陽充，如天地之和而不忒也。當與夏日長至互看而詳體之。

芸始生，荔挺出，蚯蚓結，麋角解，水泉動。

麋原本作麋，今遵上諭改之。

芸，香草，一名隨手香。荔挺，一名鐵掃箒，以其質勁，故曰挺也。蚯蚓，一名曲蟺，一名土龍，其行也引而後申，其塿如邱，故名蚯蚓。結，結土蟄居也。麋似鹿而大，其尾辟塵，群鹿隨之。視麋尾所轉而往。鹿本陽獸，麋爲之主，故應一陽而角解。純皇帝辨之甚明。陽於此始，故水泉動。

日短至，則伐木，取竹箭。

鄭康成曰：此其堅成之極時。木大故言伐，竹小故言取。箭又竹之小者，愈堅愈良。

是月也，可以罷官之無事，去器之無用者。塗闕廷門閭，築囹圄，此所①以助天地之閉藏也。

因事暫設之官，事畢可去；暫時急需之器，不用可去。吴氏澄曰：門，各家廟寢之門。閭，二十五家巷口之門。闕廷畚土以補其凹陷，門閭埏埴以塞其罅隙，皆塗也。囹圄曰築，不特防逸，且堅固禦風寒也。

仲冬行夏令，則其國乃旱，氛霧冥冥，雷乃發聲。行秋令，則天時雨汁，瓜瓠不成，國有大兵。行春令，則蝗蟲爲敗，水泉咸竭，民多疥癘。

氛音分。雨去聲。

---

① 所，底本無，據阮元《十三經注疏·校勘記》補。

御案：火氣勝水故旱，鬱蒸故氛霧。秋宜雨，冬宜雪，二氣雜故汁昴爲旌頭。又金氣勝，故大兵。木氣盛，風生蟲，故蝗爲敗，甚於災也。疥癘，亦風疾。愚按：火氣炎上，陽不固閉於下，故雷發聲，水泉咸竭，木氣泄，水氣而發散之也。

季冬之月，日在婺女，昏婁中，旦氐中。其日壬癸。其帝顓頊，其神玄冥。其蟲介。其音羽。律中大吕，其數六。其味鹹，其臭朽。其祀行。祭先腎。

鄭康成曰：季冬者，日月會於元枵，斗建丑之辰也。婺女，見孟夏。婁，西方金宿，三星，直而不勾，廣十一度。氐，東方土宿，四星，似斗而側，廣十六度。鄭康成曰：大吕者，蕤賓之所生也。吕，拒也。陽氣已壯而丑土止之，以益培固生機，若拒之，使不出然。然固藏益盛，明年春氣愈旺，故曰艮，所以成終而成始也。

雁北鄉，鵲始巢，雉雊，雞乳。

鄉音向。雊音豆。

彭氏廉夫曰：雁爲隨陽之鳥，冬至日已南至，故反而向北；夏至日已北至，故運而向南。鵲營巢知避方，冬將告終，春將更始，故識時而營搆。馬氏晞孟曰：雉，火畜，感於陽而有聲。雞，木畜，麗於陽而有形。

天子居玄堂右个，乘玄路，駕鐵驪，載玄旂，衣黑衣，服玄玉，食黍與彘，其器閎以奄。

鄭康成曰：北堂東偏。張氏虙曰：當丑上十二月位也。

命有司大難，旁磔，出土牛，以送寒氣。

孔氏穎達曰：季秋唯國難，仲秋唯天子難，此則下及庶人，故云大難。陰陽播而爲五行，五行消長，或有滯氣，則聖王必節之。是月陽壯，生氣將達，土制水以養陽，其凍愈甚，陽氣固，春至發洩亦益昌。但恐土氣太厚，制陽太甚，生氣鬱而不宣，故出土牛以送寒氣，使陽易達。丑，牛象也。艮，土也。旁磔，磔非一方，不止九門而已。

征鳥厲疾。

鄭康成曰：征鳥，題肩也。齊人謂之擊征，或名曰鷹。厲，嚴猛。疾，捷速。殺氣將盡，故猛疾與時競也。

乃畢山川之祀，及帝之大臣，天之神祇。

方氏慤曰：自孟冬祈來年於天宗，割祠於公社，至是一歲之祀畢，故曰乃畢。是也。帝之大臣，勾芒之屬。天神地祇，不言地，省文耳。

是月也，命漁師始漁。天子親往，乃嘗魚，先薦寢廟。

御案：夏不漁，魚方孕；秋不漁，魚未成也。《周禮·鼈人》秋獻龜魚，乃埋藏於土泥中者，故以矠得之，而名貍物，非漁也。孟冬獺祭魚，虞人入澤梁，乃聽民取之，而君猶不取。至此以魚最美，將薦寢廟，故命漁師始漁，而天子親往，順陽氣之始升，且重祭祀也。季春薦鮪爲繼事，故不言始漁。

冰方盛，水澤腹堅，命取冰。

盛，無處不冰也。腹堅，堅達於水之腹。按：隆冬陰盛，而實孕陽以養生機。盛暑陰熱耗陽，聖人預取冰，以殺邪熱而葆真陽，調燮之義也。

冰以入，令告民，出五種。命農計耦耕事，修耒耜，具田器。

冰入，藏冰也，固陰沍寒，陰極而陽已盛，農事將起，故令民出五穀之種，計度耦耕之事。揉木爲耒，斲木爲耜，田器鎡基之屬，預修具以待耕。

命樂師大合吹而罷。

樂以人聲爲主，吹人聲之諧樂者也。陽氣將發，恐有鬱滯，故大合吹以宣之，罷不再吹，所以終一歲之事也。

乃命四監收秩薪柴，以供郊廟及百祀之薪燎。

其音恭。燎，力召反。

四監説見季夏。秩，常也。薪柴有常數，不多取也。大者可析謂之薪，小者合束謂之柴。薪燎，聚薪與柴，置璧與牲於上而燎之，升其氣以祀神，夜亦用之以代燭，收之以備來歲之用也。

是月也，日窮于次，月窮于紀，星回于天，數將幾終。歲且更始，專而農民，無有所始。

幾、更竝平聲。

鄭康成曰：次，舍也。紀，會也。而，猶汝也。孔氏穎達曰：去年季冬日次元枵，每月移次，此月窮盡，還次元枵。去年季冬日與月相會元枵，每月一辰，此月窮盡，復會於元枵。二十八宿隨天而行，每日過一度，此月復其故處，與去年季冬早晚相似。一年三百五十四日，未滿三百六十五日之正終，故曰幾終。在上之人，當專一，汝農民之事，毋得有所使役也。

天子乃與公、卿、大夫共飭國典，論時令，以待來歲之宜。

吴氏澄曰：國典，經國之典，法常而一定者也。時令，隨時之政令，變而從宜者也。國典有定，故飭正其舊而已；時無常，故須商論所宜而行。御案：孟春命太史守典奉法，而於此先飭之論之。待來歲之宜，待正月始和而布之也。

乃命太史次諸侯之列，賦之犧牲，以共皇天、上帝、社稷之饗。乃命同姓之邦，共寢廟之芻豢。命宰，歷卿大夫至于庶民，土田之數，而賦犧牲，以共山林名川之祀。凡在天下九州之民者，無不咸獻其力，以共皇天、上帝、社稷、寢廟、山林、名川之祀。

列謂大小之等差。歷，序次其多寡之數。諸侯分土治民，故皆出牲以共事。天地寢廟，同姓之國所共也，故命共之。山林、名川，大夫、士庶田禄衣食之所出也，故皆賦犧牲而獻力。不言士，省文也。賦由大宰而言大史，主祭祀言也。歷而數之，則小宰之事。御案：禮莫重於祭，聖人之祭，凡以爲民也，神無私福，聖人無私祈。

季冬行秋令，則白露蚤降，介蟲爲妖，四鄙入保。行春令，則胎夭多傷，國多固疾，命之曰逆。行夏令，則水潦敗國，時雪不降，冰凍消釋。

白露，秋金清肅之氣。介蟲，丑爲鼅蟱也。感秋氣不斂藏而爲妖。金爲兵革，故民入城郭以自保。胎，未生者。夭，方生者。嚴寒固閉之時，而春温發之，故多傷。固疾，久而不愈之疾。木泄水氣，害及筋骨，逆不順天道。夏令大雨時行，故水潦，當雪不雪，當凍不凍，皆火氣尅水之故。

附解

天生物以養人，而不能使之自養。畀人以天理，而不能使之皆賢。是以篤生君長，代天理物，必實有覆載生成之心、裁成輔相之道，而後無愧於天地。孔子稱堯則天而美其成功文章，蕩蕩難名者在心，而成功文章其外著也。外者本乎内，乃能禮樂制度之皆宜，豈徒張皇補苴哉？三代下之法制漸密矣，然因時制宜、不泥古而亦不戾古者甚希，非制作之難，而所以修身蓄德者無其功也。是書爲漢儒所葺，於憲天出治之意亦見一班，而不明乎九經之義，事或不可盡行，義亦多乖聖道。昔人或穿鑿附會，每增學者之疑，久將竝此篇而亦不足信，不可不辨也。如每月所居，必易其方，失令則必有咎。夫天子南面而治，所居有常，謂明堂面面開門，豈成莊正之規模？明堂不一，愚於《孟子恒解》已辨之，兹不贅。盛暑居南，不得納凉，隆冬北處，霜雪砭膚，揆之情理，毋乃笑人。若夫行春令、行秋令等，事事而言，其應未必皆然，亦增人疑惑。《洪範》之以五事言休咎也，不過明人道通於天道，王者當慎其微，讀者不察，演爲《五行傳》，如京房且以殺身，故此等宜善觀之。夫授時治曆，國家之大政也，然明節候，興農功，敬神天，薦寢廟，皆禮所不可闕。但主德不修，法度不立，仁育義正之道不能隨時制宜，以協於人心天理之自然，則一切皆同畫餅。讀是編者，宜擇别而詳酌之，毋徒拘牽舊聞，反貽害於政事民風也。其中述先王之制，又以秦法參之，亦其大疵。

禮記恒解卷七晚年定本

曾子問

禮者所以經緯人倫，該洽物理，然或古有今無，古無今有，惟聖人始能因人情而曲當乎物則。周衰，禮制多廢，其尤有當義起者，不一而足。此篇彙記曾子所問，足以見聖賢因時處中之經濟，使其得志，所行當不止此，蓋亦全豹之一斑也。

曾子問曰：君薨而世子生，如之何？孔子曰：卿、大夫、士從攝主，北面於西階南。大祝裨冕，執束帛，升自西階，盡等，不升堂，命毋哭。祝聲三，告曰：某之子生，敢告。升，奠幣於殯東几上，哭降。衆主人、卿、大夫、士、房中皆哭，不踊。盡一哀，反位，遂朝奠。小宰升，舉幣。

大祝之大音泰，下同。裨音皮。毋音無。三去聲，下同。

攝主，蓋冢宰代國政者。于西階南，以殯在西階，將以生子告於殯也。大祝，祝官之長。裨，卑也。毛氏奇齡曰：言服之卑者。天子以衮冕以下爲卑服，諸侯以驚冕以下爲卑，卿大夫以絺冕以下爲卑，或服絺衣，或服玄衣，而加冕也。冕，各以旒玉之數分等級。絺冕，五旒十二玉。玄冕，三旒十二玉。此時宜服衰，因重告事，故服冕，因接鬼神，宜自下，故服裨冕。凡告神必有幣，故執一束帛，束帛即十端也。凡寢廟，内外不拘，阿棟櫩楹，自階級以上，竝謂之堂。命毋哭，恐告時亂神聽也。聲三，作聲者三，以警神聽也。某，生子夫人之氏也。殯東，殯以東爲前。几，殯前原設之几。《周官》司几筵，所謂每敦一几者也。當大祝哭時，君之親臣與卿大夫及婦人在房者皆哭。不踊，祇盡哀而各反初位，遂行朝夕哭奠之禮。以告時在朝，故止言朝奠。小宰，大宰之副。升舉，前所奠幣而埋之階閒。以上生子告君之變禮也。

三日，衆主人、卿、大夫、士如初位，北面。大宰、大宗、大祝皆裨冕，少師奉子以衰，祝先，子從，宰、宗人從，入門，哭者止。子升自西階，殯前北面，祝立於殯東南隅。祝聲三，曰：某之子某，從執事敢見。子拜稽顙，哭。祝、宰宗人、衆主人、卿、大夫、士，哭，踊三者三，降東反位，皆袒。子踊，房中亦踊，三者三，襲衰杖。亦[①]出。大宰命祝史，以名徧告于五祀山川。

大宰、大宗竝音泰。奉捧同。子從、人從之從，去聲。見音現。

此下三日，見子名子之禮也。常禮三日負子，三月始見而名也。今君薨，幼子幸生，當立名定位，以曉中外，故略負子之禮，而急行名子之禮。如初位，如告子時北面階南。少師，太師之副。奉子以衰，少師自著衰，而又以衰奉子也。大祝先子而行，子從之，宗人又在子後。門，殯宫之門也。哭者皆止，以俟告殯。某之子某，某氏之子某名也。踊三者三，九踊也。此諸臣見子而踊，降東反位，諸臣降階而反，朝夕哭位。子踊，蓋乳子者代之踊耳。婦人亦踊，諸臣不踊，以去殯遠也。襲衰杖，襲衰而授以杖，成人子之禮也。奠出，行朝奠而出。按命子之禮見君，君名之，或父在而見於祖，祖亦名之。今君薨，始生世子，名之者無考，或者宗臣擬名而卜定之乎？且子幼不能成禮，必保母、乳母等抱子行禮而已。

曾子問曰：如已葬而世子生，則如之何？孔子曰：大宰、大宗從大祝而告于禰。三月，乃名於禰，以名徧告及社稷、宗廟、山川。

告於禰，告主也。既葬，以神事之，故以廟名，而曰禰。禰，殯宫之主也。徧告，無所不告，前不云社稷、宗廟，此不云五祀，互文。不言告群臣，省文也。

孔子曰：諸侯適天子，必告於祖，奠于禰。冕而出視朝。命祝史告于社稷、宗廟、山川，乃命國家五官而后行，道而出。告者五日而徧，過是非禮也。凡告用牲幣，反亦如之。

朝，直遥反。牲如字。

孔氏穎達曰：凡無問而稱孔子曰者，皆記者失問也。祖、禰，皆奠幣以告，此互文也。諸侯視朝，當用玄冠緇衣素裳，今視朝服裨者，天子將於廟中受己之禮，故豫敬之，以冕服視朝也。裨冕者，公衮，侯伯鷩，子男毳。出告，反面人子之禮。告廟，事死如事生，言社稷山川爲守土也。五官，五大夫典事者。命者，敕之以其職。道，祖道也。五日而徧，既告，不敢久留也。孔氏穎達曰：道路以險阻爲難，是以委土爲山，或伏牲其上，使者爲軷，祭其牲，天子犬，諸侯羊，卿大夫酒脯。

諸侯相見，必告于禰。朝服而出視朝。命祝史告於五廟、所過山川。亦命國家五官，道而出。反必親告于祖禰，乃命祝史告至於前所告者，而后聽朝而入。

---

① 亦，底本作奠，據阮元《十三經注疏》本改。

告禰，不言告祖，省文也。山川所不過，則不告視朝，惟著朝服降于天子也。徐氏師曾曰：聽朝而后入，以久不在國，當飭政也。

曾子問曰：竝有喪，如之何？何先何後？孔子曰：葬，先輕而後重；其奠也，先重而後輕，禮也。自啟及葬不奠。行葬不哀次，反葬，奠而后辭於殯，遂修葬事。其虞也，先重後輕，禮也。

竝有喪，同時竝有父母之喪及祖父母喪也。皇氏侃曰：葬是奪情，故從輕者爲首。奠是奉養，故令重者居先。次，大門外之右，平時待賓之處。柩車至此，孝子悲哀，柩車暫停，今爲父喪在殯，故不哀次父母之喪，一也。因竝喪，故先葬母。其不奠，不哀次也，非略於母也。母統於父，母柩雖出，而父猶在殯，孝子之心，以爲母魂猶共父居也。及反，葬而后告於父殯，言母葬已備，父可遂行，事死如事生也。遂修葬事，言不敢緩也。及父葬而奠而哀次，其必痛父母之同永辭，可知也。虞祭亦奠之類，故亦先重，實則未嘗不竝重也。輕重云者，猶言先後耳。

孔子曰：宗子雖七十，無無主婦。非宗子，雖無主婦可也。

孔氏穎達曰：宗子領宗男於外，宗婦領宗女於內。昭穆事重，不可廢闕，故雖七十猶娶。然此謂無子孫及有子而年幼者，若有子孫，則七十老而傳矣。

曾子問曰：將冠子，冠者至，揖讓而入，聞齊衰、大功之喪，如之何？孔子曰：內喪則廢。外喪則冠而不醴，徹饌而埽，即位而哭。如冠者未至，則廢。

冠、埽竝去聲。齊音咨。衰，七回反。

冠者，當冠者。聞喪，亦冠者聞喪也。內喪，同門也，孔氏穎達曰：加冠必於廟，廟在大門之內，吉凶不可同處，故內喪則廢。若喪在大門外，則猶可加冠，但平常三加之後，設醴以禮冠者，今冠者既聞喪，則不受醴，且徹饌而埽，即己之位而哭。如冠者未至，則不冠也。

如將冠子，而未及期日，而有齊衰、大功、小功之喪，則因喪服而冠。除喪不改冠乎？孔子曰：天子賜諸侯、大夫冕弁，服於大廟，歸設奠，服賜服，於斯乎有冠醮，無冠醴。

大廟，大音泰。醮音醮。

此言冠子者聞喪之禮也。因喪服而冠，已既著喪服，即以喪服告廟，而冠其子也。曾子疑已有喪，則吉禮不全，除喪之後當改冠。孔子言諸侯、大夫未冠朝天子，天子賜之冕弁，服歸，則但設奠告廟，服賜服，亦不改冠。今冠子者既告廟而冠其子，告於祖與告於君，一也，豈必改？冠醮，以祭飲冠者。醴，禮畢而以醴飲冠者，歸設奠，則以君賜告祖，亦祭而醮飲，不復行冠禮，故無冠醴也。

父没而冠，則已冠，埽地而祭於禰，已祭而見伯父叔父，而後饗冠者。

見音現。

孔氏穎達曰：父没加冠禮，父兄戒賓，冠之日，主人紒而迎賓，已冠之後，埽地而祭於禰。廟已祭之後，見伯父叔父，乃饗冠賓及贊者。愚按：冠以告廟及尊者爲主，故祭禰見伯叔，而後禮賓。而上二條之義，亦可曉然矣。

曾子問曰：祭如之何則不行旅酬之事矣？孔子曰：聞之小祥者，主人練祭而不旅，奠酬於賓，賓弗舉，禮也。昔者魯昭公練而舉酬行旅，非禮也。孝公大祥，奠酬弗舉，亦非禮也。

此承上齊衰、大功而言。問祭當如何則不行旅酬之事矣，夫子言小祥則主人練祭而不旅酬，大祥則可旅酬。父母之喪如此，則大小功可類推。奠酬於賓，奠其酬爵於賓前。賓弗舉，不舉以旅也。方氏慤曰：昭公不及於禮，孝公過於禮。

曾子問曰：大功之喪，可以與於饋奠之事乎？孔子曰：豈大功耳，自斬衰以下皆可，禮也。曾子曰：不以輕服而重相爲乎？孔子曰：非此之謂也。天子諸侯之喪，斬衰者奠。大夫齊衰者奠，士則朋友奠。不足則取於大功以下者，不足則反之。

與、爲竝去聲，下同。

陳氏澔曰：饋奠，奠於殯也。大夫朔望皆有殷奠，士惟月朔其禮盛，故執事者眾。曾子問己有大功之喪，可以與人饋奠之事乎？孔子曰：豈直大功，自斬衰以下皆可也。曾子疑輕己之服，而重爲人之事，孔子曰：非爾此言之謂也。天子諸侯之喪，子臣皆斬衰，臣爲奠。大夫，兄弟之服齊衰者奠。士，朋友奠。朋友弔服加麻，如不足則取於大功以下者，再不足則反取大功以上者。是斬衰以下，皆有與人饋奠之事，而非謂居父母喪，身爲人饋奠也。毛大可曰：反者初取大功以下，今反取大功以上，初避大夫齊衰，今不然，謂從前事一反之，是也。

曾子問曰：小功可以與於祭乎？孔子曰：何必小功耳，自斬衰以下與祭，禮也。曾子曰：不以輕喪而重祭乎？孔子曰：天子諸侯之喪祭也，不斬衰者不與祭。大夫齊衰者與祭。士祭不足，則取於兄弟大功以下者。

與去聲。

大意與上節略同。祭，告祭也。其義見下文。

曾子問①曰：相識，有喪服可以與於祭乎？孔子曰：緦不祭，又何助於人？

彭氏廉夫曰：前所論大小功、斬衰、齊衰，皆爲之族而服其屬，爲之臣而服其主，是也。爲人臣子，爲其主效職事，但可爲所服者奠祭，而不可爲他人奠祭，以己有親屬之服，即緦亦不祭，又何能助人之祭？

曾子問曰：廢喪服，可以與於饋奠之事乎？孔子曰：説衰與奠，非禮也。以擯相可也。

説音脱。相去聲。

廢喪服，謂新除喪服。曾子意方除喪服，决不可與祭，疑可與饋奠也。夫子言方

① 問，底本脱，據阮元《十三經注疏》本補。

脱衰即與奠，忘哀太速，故曰：非禮。擯相事輕，亦或可耳。

曾子問曰：昏禮既納幣，有吉日，女之父母死，則如之何？孔子曰：壻使人弔。如壻之父母死，則女之家亦使人弔。父喪稱父，母喪稱母。父母不在，則稱伯父世母。壻已葬，壻之伯父致命女氏曰：某之子有父母之喪，不得嗣爲兄弟，使某致命。女氏許諾而不敢嫁，禮也。壻免喪，女之父母使人請，壻弗取而后嫁之，禮也。女之父母死，壻亦如之。

御案：有吉日，則已請期也。請期出之男氏，而女氏諾之。男既請期而今失其期，女既諾其期，而今違其諾。古之人重信，故不可不致命也。許諾而弗敢嫁，順孝子之心也。父死稱父，母死稱母：如死者父，則稱父命以弔；如死者母，則稱母命以弔。如父母不在，則稱伯父世母以弔也。兄弟，婚姻也。壻免喪，可娶矣，而請之，必出自女氏，餘哀未忘，不汲汲也。壻弗娶，猶戚戚乎爾，蓋不親迎也。而後嫁之，言前弗敢嫁，至此而后嫁也。鄧氏元錫曰：不曰娶而曰嫁，若壻終不忍娶，而女家以婦歸之，可謂曲而至矣。

曾子問曰：親迎女在塗，而壻之父母死，如之何？孔子曰：女改服，布深衣，縞總以趨喪。女在塗，而女之父母死，則女反。

迎去聲，後倣此。

孔氏穎達曰：嫁服，士妻褖衣，大夫妻展衣，卿妻鞠衣也。深衣，衣裳相連，前後深邃。縞，白絹。總，束髮者，長八寸。徐氏師曾曰：壻父母死，女改服以奔喪，雖未成婦，而婦之分已定也。女父母死，女改服而反，不可奪喪而成昏：皆以教孝也。女居壻家，若今童婦，皆除喪而後成昏。

如壻親迎，女未至，而有齊衰大功之喪，則如之何？孔子曰：男不入，改服於外次。女入，改服於内次，然後即位而哭。曾子問曰：除喪則不復昏禮乎？孔子曰：祭過時不祭，禮也。又何反於初？

過仄聲。

孔氏穎達曰：改服，男改其親迎之服，服深衣於門外之次；女改其嫁服，服深衣於門内之次，就壻家爲位而哭。過時不祭，謂四時常祭，若喪祭及禘祫，雖過時，猶追而祭之。孔子言祭重昏輕，重者過時尚廢，輕者豈可復行？然鄭康成以不復者指飲食之道，則既哭而見舅姑，除喪而後合巹，禮所必然，特不復如初陳設贊拜之儀耳。

孔子曰：嫁女之家，三夜不息燭，思相離也。取婦之家，三日不舉樂，思嗣親也。三月而廟見，稱來婦也。擇日而祭於禰，成婦之義也。

離，力智反。見音現。

思相離，父子之恩。思嗣親，克家之難。三月廟見，謂舅姑没者，按廟見奠菜也。以一筐菜先獻舅，後獻姑，猶舅姑在時，婦初見以腶修等見也。擇日而祭於禰，另爲一事，然衹是終廟見之禮，猶舅姑在時，婦以特豚盥饋也。

曾子問曰：女未廟見而死，則如之何？孔子曰：不遷於祖，不祔於皇姑，壻不杖、不菲、不次，歸葬於女氏之黨，示未成婦也。

禮：舅姑存者，昏之明日，婦執棗栗腵脩見於舅姑。舅姑没，未廟見，則尚未成婦而死，故不遷柩而朝於壻之祖廟，不祔於皇姑之廟，稱皇者，尊之之辭。壻爲妻服齊衰，杖而菲屨，别止哀次，今但服齊衰而殺其禮。

曾子問曰：取女有吉日而女死，如之何？孔子曰：壻齊衰而弔，既葬而除之。夫死亦如之。

以其已請期，故齊衰而弔。尚未成昏，故既葬而除之。若夫死，女亦斬衰而弔。或以未成夫婦爲嫌，然弔而即歸，既葬即除，禮自適中。其男則别娶，女或不别嫁，亦視乎其人之自命，先王亦未嘗明爲之禁也。

曾子問曰：喪有二孤，廟有二主，禮與？孔子曰：天無二日，土無二王。嘗、禘、郊、社，尊無二上，未知其爲禮也。昔者齊桓公亟舉兵，作僞主以行。及反，藏諸祖廟。廟有二主，自桓公始也。喪之二孤，則昔者衛靈公適魯，遭季桓子之喪，衛君請弔。哀公辭，不得命。公爲主，客入弔。康子立於門右，北面。公揖讓，升自東階，西鄉。客升自西階弔，公拜興哭，康子拜稽顙於位。有司弗辯也。今之二孤，自季康子之過也。

與平聲。鄉去聲。

鄭康成曰：時有二孤二主者，故怪問之。而孔子以尊喻卑，見不可二也。亟，數也。陳氏澔曰：師行而載遷廟之主於齊車，示有所尊奉也。既作偽主，又藏於廟，是二主矣。國君弔鄰國之臣，尊卑不等，哀公爲主禮也。公既爲主，康子但當哭踊，公拜而康子又拜，稽顙，是二孤矣。不言始而言過者，孔子、康子同時也。鄭康成曰：靈公先桓子卒，當是出公。

曾子問曰：古者師行，必以遷廟主行乎？孔子曰：天子巡守，以遷廟主行，載於齊車，言必有尊也。今也取七廟之主以行，則失之矣。當七廟五廟無虚主。虚主者，惟天子崩，諸侯薨，與去其國，與祫祭於祖，爲無主耳。吾聞諸老聃曰：天子崩，國君薨，則祝取群廟之主而藏諸祖廟，禮也。卒哭成事，而后主各反其廟。君去其國，太宰取群廟之主以從，禮也。祫祭於祖，則祝迎四廟之主。主出廟入廟，必蹕。老聃云。

守去聲。齊齋同。從去聲。聃音貪。

鄭康成曰：齊車，金路也。言必有尊，遵先王之法，意天子諸侯崩薨，聚群主於太廟，以喪，三年不祭也。孔氏穎達曰：三年祫祭，祝迎高曾祖禰四廟主於太祖廟祭之。天子則迎六廟之主。出廟，出已廟，往太祖廟。入廟，由太祖廟還入己廟。主出入，當蹕止行人，惟入太廟不蹕，以壓於尊也。若有喪及去國無蹕。老聃云，結上義也。《史記》老聃陳國苦縣賴鄉曲仁里人，爲周柱下史，孔子嘗從問禮，蓋隱君子，而後世異端託之，遂爲世詬病，誣矣。

曾子問曰：古者師行無遷主，則何主？孔子曰：主命。問曰：何謂也？孔子曰：天子諸侯將出，必以幣、帛、皮、圭告於祖禰，遂奉以出，載於齊車以行。每舍奠焉，而后就舍。反必告，設奠，卒，斂幣、玉，藏諸兩階之閒，乃出。蓋貴命也。

舍並去聲。

陳氏澔曰：既以幣圭告於祖廟，則奉此幣圭，猶奉祖命也。故曰主命每舍必奠，神之也。反則設奠以告而埋藏之，不敢褻也。

子游問曰：喪慈母如母，禮與？孔子曰：非禮也。古者男子外有傅，內有慈母，君命所使教子也，何服之有？昔者魯昭公少喪其母，有慈母良，及其死也，公弗忍也，欲喪之。有司以聞曰：古之禮，慈母無服。今也君爲之服，是逆古之禮而亂國法也。若終行之，則有司將書之，以遺後世，無乃不可乎？公曰：古者天子練冠以燕居。公弗忍也，遂練冠以喪慈母。喪慈母自魯昭公始也。

喪平聲，下同。與平聲。爲去聲。少、喪皆去聲。

子游見當時有此而問。慈母，君使鞠養子者。昭公，《家語》作孝公，是也。公以私情，喪慈母而援古以爲辭，然練冠以燕居，蓋諸侯妾子，君及夫人在而不得服三年喪者，非喪慈母之制。然此慈母者，乳母耳。若母死而父命妾養之成人，則誠慈母，亦齊衰三年。《家語》記子游問諸侯世子喪慈母，文義較明。大夫以下及乳母恩誼，亦有不同，當酌天理人情而爲之。

曾子問曰：諸侯旅見天子，入門，不得終禮，廢者幾？孔子曰：四。請問之？曰：大廟火，日食，后之喪，雨霑服失容，則廢。如諸侯皆在而日食，則從天子救日，各以其方色與其兵。大廟火，則從天子救火，不以方色與兵。

見音現。幾，居豈反。大音泰。

鄭康成曰：大廟，始祖廟、宗廟皆然，主於始祖耳。以方色，示奉時事。以兵，示有所討也。方色，東方衣青，南方衣赤，西白，北黑。孔氏穎達曰：兵，東方用戟，南方用矛，西弩，北楯，中央鼓。陳氏澔曰：日陰侵陽，故正五行之方色以厭勝之。

曾子問曰：諸侯相見，揖讓入門，不得終禮，廢者幾？孔子曰：六。請問之？曰：天子崩，大廟火，日食，后夫人之喪，雨霑服失容，則廢。

夫人，君之夫人。旅見，君臣之禮，故以事而廢者少。相見，敵國之禮，故以事而廢者多。此輕重之别也。御案：古人曆法疎，故有日食晦日、日食二日者。若今則可預推而避此日矣。

曾子問曰：天子嘗、禘、郊、社五祀之祭，簠簋既陳，天子崩，后之喪，如之何？孔子曰：廢。曾子問曰：當祭而日食，太廟火，其祭也如之何？孔子曰：接祭而已矣。如牲至未殺，則廢。

鄭康成曰：既陳，謂夙興陳饌牲器時也。孔氏穎達曰：接，捷也，速而祭之。御案：古人祭祀，恒窮日之力，即極速，亦必三四時。日食與火，皆有不及，大抵牲未殺則廢牲，既殺，則但接以朝踐一獻。大廟火，即牲殺亦不得不廢矣。

天子崩，未殯，五祀之祭不行。既殯而祭。其祭也，尸入，三飯不侑，酳不酢而已矣。自啟至于反哭，五祀之祭不行，已葬而祭，祝畢獻而已。

飯，扶晚反。下同。侑音又。酳音引。酢，才各反。

天子諸侯祭禮亡。今《儀禮》士祭尸九飯，大夫祭尸十一飯，則諸侯十三飯，天子十五飯。天子初喪，哀戚未遑，故五祀之祭不行。然五祀外神，不可以私喪久廢。既殯，則哀稍殺而後祭，不得純用吉禮，故迎尸入奧之後，尸三飯告飽則止，不更勸侑，使滿常數。酳，食畢而以酒漱口。酢尸，尸飲畢而酢。主人啟殯以後，反哭以前，哀摧更甚，故祭仍不行。既葬，漸吉，故祝侑滿常數，攝主酳尸，尸酢攝主，攝主飲畢獻祝，祝受飲則止，以非全吉，亦無獻佐食以下事也。

曾子問曰：諸侯之祭社稷，俎豆既陳，聞天子崩，后之喪，君薨，夫人之喪，如之何？孔子曰：廢。自薨比至于殯，自啟至于反哭，奉帥天子。

比音畀。帥入聲。

比及帥，循也。天子之祭廢，則諸侯亦廢。且不特此也，自薨至殯，自啟至反，哭皆奉天子爲法，而循其變禮之制。

曾子問曰：大夫之祭，鼎俎既陳，籩豆既設，不得成禮，廢者幾？孔子曰：九。請問之。曰：天子崩，后之喪，君薨，夫人之喪，君之大廟火，日食，三年之喪，齊衰，大功，皆廢。外喪自齊衰以下，行也。其齊衰之祭也，尸入，三飯，不侑，酳不酢而已矣。大功，酢而已矣。小功、緦，室中之事而已矣。士之所以異者，緦不祭。所祭，於死者無服，則祭。

齊音咨。衰，七回反。

孔氏穎達曰：大夫祭，祭宗廟。若遭異門齊衰之喪，其祭迎尸入室，三飯，則止，不復勸侑。至十一飯，主人酳尸，尸不酢主人。大功既輕其禮，稍備，以尸酢主人而止。小功緦又輕其禮，更備尸酢主人，主人獻祝佐食，賓長獻尸，尸酢賓，賓又獻祝佐食而止。此時尸祝佐食，皆在室中，故曰室中之事而已。若常禮則賓獻尸，尸不舉，待致爵，其致爵不於室中也。士卑於大夫，雖緦亦不祭。末句又總論凡有喪，所祭之人於死者無服，則可祭也。

曾子問曰：三年之喪弔乎？孔子曰：三年之喪，練不群立，不旅行。君子禮以飾情，三年之喪而弔哭，不亦虚乎？

不群立，不旅行，不忘哀也。三年之喪而弔哭，忘其親而哀他人，是其居喪皆虚文耳。

曾子問曰：大夫士有私喪，可以除之矣。而有君服焉，其除之也如之何？孔子曰：有君喪服於身，不敢私服，又何除焉？於是乎有過時而弗除也。君之喪服除，而后殷祭，禮也。

君親一也，有位者先公後私，故有君喪服不敢私服，而私喪之不必除，可知矣。殷，盛大義。此殷祭，謂新主初入廟，舊主合祭，故曰殷。與下文殷字不同。必君服除而後行私喪之殷祭，亦有位者然也。

曾子問曰：父母之喪，弗除可乎？孔子曰：先王制禮，過時弗舉，禮也。非弗能勿除也，患其過於制也。故君子過時不祭，禮也。

曾子因上文變禮，有君喪則不除服，欲終身不除父母之喪。夫子言先王以中道制禮，非弗能勿除，患其過制，若以意過於隆，則必將有以意過於殺者，如祭所以敬先，然因喪而廢，喪除亦不追祭，以遵制非失禮而不孝也，則喪可知矣。

曾子問曰：君薨既殯，而臣有父母之喪，則如之何？孔子曰：歸居于家，有殷事則之君所，朝夕否。

御案：喪以未殯、既殯、既啟分三大節。未殯，則尸露。既啟，則棺露，最爲嚴急之時。既殯，則稍緩也。孔氏穎達曰：朔月月半薦新之奠。比朝夕爲大，故亦曰殷。君既殯，歸治父母新喪，有殷事則適君所哭君，朝夕不往，唯在家爲父母治喪，則於忠孝兩全也。

曰：君既啟，而臣有父母之喪，則如之何？孔子曰：歸哭而反送君。

蓋即服君服，歸哭父母，更反送君葬，不待虞祭而即歸，治父母之喪。

曰：君未殯，而臣有父母之喪，則如之何？孔子曰：歸殯，反于君所。有殷事則歸，朝夕否。大夫室老行事，士則子孫行事。大夫内子，有殷事，亦之君所，朝夕否。

盧氏植曰：歸殯，反於君所者。人君五日而殯，故可以歸殯父母而往殯君也。殷事與君不同時，故必歸，至朝夕之奠，則大夫以家老代行事，士則子孫行事。鄭康成曰：内子，大夫適妻，謂夫之君既殯而有舅姑之喪者。妻爲夫之君，如婦爲舅姑服齊衰。

賤不誄貴，幼不誄長，禮也。唯天子稱天以誄之。諸侯相誄，非禮也。

長去聲。

誄，累也，累列其生平德行而稱之。有誄之而作謚者，有但誄之者，要皆自貴者長者施于幼賤。敵體且不相誄，况幼賤乎？惟天子至尊，而又不可以無謚，則稱天以誄之。鄭康成曰：《春秋》公羊説讀誄制謚于南郊，若受之于天然，是也。

曾子問曰：君出疆，以三年之戒，以椑從。君薨，其入如之何？孔子曰：共殯服，則子麻弁絰，疏衰菲杖，入自闕，升自西階。如小斂，則子免而從柩，入自門，升自阼階。君、大夫、士，一節也。

椑音僻。從去聲。共供同。免音問。

鄭康成曰：戒猶備也。親身棺曰椑。曾子問出必預爲戒備，若或死而後入，當如之何。殯服，布深衣、苴絰、散帶垂，殯時主人所服，共之以待其來也。此謂君已大斂者。柩未入，子未成服，故麻弁絰，疏衰菲杖從柩入，自毀宗之墻闕，升自西階，如已小斂，子布深衣，不括髮，入自門。御案：小斂以尸入，則猶以生人之道待之，而入自門。大斂以椑入，則並不見尸，故以殷道之尊神者待之，而用毀宗之禮。入自闕，周人大斂於阼，故既小斂，則升自阼階，以便大斂，殯于西階，故既大斂，則升自西階以就殯。

曾子問曰：君之喪既引，聞父母之喪，如之何？孔子曰：遂既封而歸，不俟子。

封讀窆，下同。

鄭康成曰：遂，遂送君。封當爲窆。子，嗣君也。

曾子問曰：父母之喪既引及塗，聞君薨，如之何？孔子曰：遂既封，改服而往。

鄭康成曰：改服，括髮、徒跣、布深衣、扱上衽，不以私喪包至尊也。

曾子問曰：宗子爲士，庶子爲大夫，其祭也如之何？孔子曰：以上牲祭於宗子之家，祝曰：孝子某爲介子某薦其常事。

祝，之六反。爲介之爲，去聲。

鄭康成曰：上牲，少牢。介，副也。孝子，宗子。介子，庶子也。不言庶，庶卑賤之稱，介則副貳之義，所以貴之也。時祭禮之常，故曰常事。御案：古人最重宗法，高祖之祭，高祖之適世主之，曾祖之祭，曾祖之適世主之。祖廟禰廟亦然。庶子家無廟，故以上牲祭於宗子之家。若庶人崛起爲大夫，則三廟以大夫而立，自當立於大夫之家，其祭使曾祖之禰主之，故曰士大夫惟宗子，其辭曰宗子某爲介子某薦其常事。愚按：宗子主廟祭，必其祖曾爲大夫而後有廟，今庶子復爲大夫，亦純於祖廟，不容又自立廟。故以上牲告於宗子之家，而仍使宗子主之，已則從其後也。

若宗子有罪居于他國，庶子爲大夫，其祭也，祝曰：孝子某使介子某執其常事。攝主不厭祭，不旅，不假，不綏祭，不配。布奠於賓，賓奠而不舉。不歸肉。其辭於賓曰：宗兄、宗弟、宗子在他國，使某辭。

厭或作壓，於豔反。假當作嘏。綏當作墮。歸如字。

厭，足也，饜飫神也。祭末尸既起，設饌食獻，謂之厭祭。此庶子攝宗子之祭，其禮不備，故曰不厭祭，猶言不備禮也。下文即其事。不敢賓主交歡，故不旅酬。假，尸十一飯訖，主人酳尸，尸酢主人畢，命祝嘏于主人曰：皇尸命工祝承，致多福無疆于汝孝孫。今攝主不敢受嘏也。綏，減毀之名。尸與主人皆有綏祭，主人減黍稷肺而祭於豆閒，尸則取菹擩黍稷肺而祭於豆閒，爲謂綏祭。今尸自綏祭，主人是攝主，故不綏祭也。不配，祝告神，不言以某妃配某皇氏。布奠，謂主人酬賓，奠觶于薦北。賓奠，謂取觶于薦南。此即旅酬始事。上言不旅酬，見主人不敢與賓盡歡，此言賓不舉，是賓亦不與主人盡歡也。鄭康成曰：肉，俎也。謂攝主不敢饋俎肉于賓，與祭者留之共燕。辭猶告也。宿賓之辭，與宗子爲列，則曰宗兄宗弟。昭穆異者曰宗子而已。愚按：此亦宗子被罪暫出，而將歸者也。若君逐之，不得反，則當别立之宗子以主祭，若君不許立後，而别無大夫，則廟制亦殺矣。當通變之，不可泥。

曾子問曰：宗子去在他國，庶子無爵而居者，可以祭乎？孔子曰：祭哉！請問其祭如之何？孔子曰：望墓而爲壇，以時祭。若宗子死，告於墓，而後祭于家。宗子死，稱名不言孝，身没而已。子游之徒，有庶子祭者以此，若義也。今之祭者，不首其義，故誣于祭也。

曾子承上文庶子有爵可攝祭，而問無爵者亦祭否？夫子言宗子有罪去國，其廟尚存，庶子望墓爲壇，以時祭，不敢於廟。若宗子死，或宗子先以廟主行，或宗子賤，本無廟，則以其死告于墓，而後祭于家，但稱名不稱孝子某，以别于有爵者稱介子。然亦止終庶子之身而已者。其子則可稱孝，以其爲庶子之適也。徐氏師曾曰：子游以下，非孔子語，記者以爲証，是也。鄭康成曰：以，用也。若，順也。首，本也。誣猶妄也。

曾子問曰：祭必有尸乎？若厭祭，亦可乎？孔子曰：祭成喪者必有尸，尸必以[1]孫。孫幼，則使人抱之。無孫，則取于同姓可也。祭殤必厭，蓋弗成也。祭成喪而無尸，是殤之也。

厭饜通。下竝同。

孔氏穎達曰：祭末，尸既起，直設饌食以厭飫曰厭祭。曾子疑神本虚無，可以不用尸，直設饌食厭祭亦可。夫子言成人威儀具備，必有尸以象之，其尸必取昭穆孫行之適者，同姓亦孫行。祭殤者不立尸，以無威儀可象也。若祭成人無尸，是以殤待之。然尸之爲義，窒礙難行，故今廢之，不得謂聖人所制，可以必久行也。

孔子曰：有陰厭，有陽厭。曾子問曰：殤[2]不祔祭，何謂陰厭、陽厭？孔子曰：宗子爲殤而死，庶子弗爲後也。其吉祭特牲，祭殤不舉肺，無肵俎，無玄酒，不告利成，是謂陰厭。凡殤與無後者，祭于宗子之家。當室之白，尊於東房，是謂陽厭。

肵音祈。

孔子承上而言。祭殤有陰厭、陽厭二義，非謂凡祭皆有此名也。禮：喪主祔廟則陰祭。曾子言殤不祔祭，何謂陰厭陽厭，孔子乃分明之。庶子弗爲後者，祔祭必爲其後者奉廟入主而祭。今宗子殤死，無子，庶子弗能爲後也，第卒哭成事。以後之吉祭，則兄弟或兄弟之子皆可以祭，其禮特牲。舉，舉肺脊授尸。肵，敬也。肵俎，尸食之餘歸之，肵俎主人敬尸而授此俎。玄酒，水也，存太古之意。利，養也。告利，成告共養之禮已成，祭殤無尸，故無此四者。陰厭者義由宗子，而生謂死者，闇中自

---

① 以，底本作有，據阮元《十三經注疏》本改。

② 殤，底本作喪，據阮元《十三經注疏》本改。

饜飫也。此宗子之殤則然。若凡非宗子之殤，與庶子無後者祭于宗子之家，當室户明白處，其尊則設于東房。陽厭者，庶殤幼賤本可不祭，宗子推錫類以祭之，使其饜飫，義由生者而起，故曰陽也。

曾子問曰：葬引至于堩，日有食之，則有變乎，且不乎？孔子曰：昔者吾從老聃助葬于巷黨，及堩，日有食之。老聃曰：丘！止柩就道右，止哭以聽變。既明反，而後行，曰：禮也。反葬，而丘問之曰：夫柩不可以反者也。日有食之，不知其已之遲數，則豈如行哉！老聃曰：諸侯朝天子，見日而行，逮日而舍奠。大夫使，見日而行，逮日而舍。夫柩不蚤出，不莫宿。見星而行者，唯罪人與奔父母之喪者乎！日有食之，安知其不見星也？且君子行禮，不以人之親痁患。吾聞諸老聃云。

堩音亘。且不之不，否通。從去聲。數音速。舍如字，去聲。使去聲。莫音暮。痁，凡占反。

堩，道也。變乎、不乎，言變禮與否。就道右，凶事尚右。聽變，聽日食之變。已，止也。陳氏澔曰：明反，日光復常。舍奠，晚止舍而設奠于行。主安知其不見星，謂日食，既而星見，則昏闇中恐有姦慝。痁，病也，不可使人之親病于危亡之患。陸氏德明曰：老聃即老子，按老子耆年碩德，夫子嘗從問禮，即是受學，故夫子自言從之助葬。老子且名呼夫子而告之，後儒因異端假托老子，遂疑非夫子所問禮者，謬矣。閻百詩云：昭公二十四年日食，是孔子從老子時。然《春秋》昭公七年、十五年、十七年、二十一年、二十二年、二十四年皆日食，孔子弱冠喪母，則適周當在服闋之後，宜在昭公十五六七年間。閻氏不足信也。

曾子問曰：爲君使而卒于舍，禮曰：公館復，私館不復。凡所使之國，有司所授舍，則公館已，何謂私館不復也？孔子曰：善乎問之也。自卿大夫士之家曰私館，公館與公所爲曰公館。公館復，此之謂也。

爲君之爲及使，竝去聲。

鄭康成曰：復，始死招魂也。公館若今縣官舍。公所爲君命，始舍己者。

曾子問曰：下殤土周，葬于園，遂輿機而往，塗邇故也。今墓遠，則其葬也如之何？孔子曰：吾聞諸老聃曰：昔者史佚有子而死，下殤也，墓遠。召公謂之曰：何以不棺斂于宫中？史佚曰：吾敢乎哉！召公言于周公。周公曰：豈不可？史佚行之。下殤用棺衣棺，自史佚始也。

佚逸通。召音邵。衣去聲。衣棺之衣，去聲。

八歲至十一爲下殤。鄭康成曰：土周，即堲周。周人以夏后氏之堲周，葬下殤於園中，以其去成人遠，不就墓也。機，輿尸之牀。以繩絙其中央，又以繩從兩旁鉤之。尸就園而葬，塗近故耳。今人斂下殤于宫，而葬于墓，與成人同。墓遠，曾子問當輿尸而往乎，抑載棺往乎。孔子引史佚之事明之。衣棺，既斂以衣，又殮以棺也。豈不可，言何不可也。

曾子問曰：卿大夫將爲尸于公，受宿矣，而有齊衰内喪，則如之何？孔子曰：出舍于公館以待事，禮也。

陳氏澔曰：受宿，受君命而宿，齊戒也。齊衰内喪，大門内齊衰服之喪。御案：尸必取于適，不敢以卑者憑吾親，必取適之有爵者，不敢以賤者憑吾親。此卿大夫爲尸，于公是。同姓之公族、士大夫，則取適之無爵者，避君也。故尸幼則使人抱之。

孔子曰：尸弁冕而出，卿大夫士皆下之。尸必式，必有前驅。

此言尸之重也。弁，爵弁，士服。冕，卿大夫服。尸弁冕，以卿大夫士言也。言卿大夫士，而君尸可知。凡祀之尸，皆可知人爲尸。下尸亦式之，謙也。必有前驅，爲辟道也。

子夏問曰：三年之喪卒哭，金革之事無辟也者，禮與？初有司與？孔子曰：夏后氏三年之喪，既殯而致事，殷人既葬而致事。記曰：君子不奪人之親，亦不可奪親也。此之謂乎？

辟音避。與平聲。

無辟，無敢辭辟。時有此事，子夏問禮與抑有司初使然與？孔子引夏殷人臣遭喪皆致職事於君，無弗辟者。所謂不奪人親，亦不可自奪其親也。

子夏曰：金革之事無辟也者，非與？孔子曰：吾聞諸老聃曰：昔者魯公伯禽有爲爲之也。今以三年之喪從其利者，吾弗知也。

上爲去聲。

魯公之國有母喪，而徐戎作難，東郊不開，不得已而征之，是有爲爲之。若居三年之喪，而用兵以求利，則非。春秋尚攻伐，多藉口伯禽，故云然。

附　解

禮者，天理之節文，理有一定而人事變遷無定，故自堯舜至於周孔，皆因時制中。地域之廣、人物之繁，書籍所不載、見聞所不及者何窮，然而夫子曰一以貫之者，何也？天人衹此一理，盡性至命，則物理人情無不曲到，而又以虚公出之。合天下之才以爲己才，盡天下之賢以之自輔，故雖耳目所弗周，心思所未及，皆可得而折衷棄取之。此篇夫子與曾子言，皆先王禮度之所未及者，而夫子隨問隨答，皆有當然。耳順而從心不踰，不即此而可徵哉？然夫子非恃一己而獨造也。《家語》載孔子謂南宫敬叔曰：吾聞周有老聃，博古知今，則吾師也。吾將往而學焉。遂適周，問禮。夫魯備一代之禮樂，布在方策，夫子亦何難考證，而必往學？且其問禮之實，不見於書，惟此篇老聃云及吾聞諸老聃，足見一斑，然特儀文焉耳。夫子臨别稱爲猶龍，龍之云者，神化不測之名。《周易》惟乾卦取象於龍，而老子隱於柱下，夫子稱之，蓋以其爲潛龍也。使老子第即王府所藏與之講習，亦何足當龍之一字。觀其名呼夫子，喻以神龍，則子之誠服可見。《韓詩外傳》子夏對魏文侯言仲尼師老聃，而《文心雕龍》亦云李實孔師，自唐以前無異論也。説者以其目夫子矜氣驕態泰色淫聲，謂以爲非。又謂夫子生知安行，何必有師？不知生知安行，特人倫日用當然之禮，自然知之，亦且行之耳。人爲天地之心，萬物皆備於我，欲造其微，窮神達化，豈無師而可以臆測？老子之告夫子也，曰至陰肅肅，至陽赫赫。赫赫出乎地，肅肅出乎天。此羲文先天後天之奥義，而人心道心所由判也。其曰良賈深藏若虚，盛德容貌若愚，君子得時則駕，不得時則蓬虆而行，又用舍行藏之所本。若夫矜驕淫泰，其失在隱微之間，亦非若凡人之弊。禹之告舜也，曰：無若丹朱傲，惟慢遊是好。舜何至如丹朱，猶有傲慢？禹，臣工也，言之不諱，蓋大聖人相與儆戒之意，精益求精，豈容以庸俗參求乎？至誠之德，必有師授，乃可漸次而幾。孔子由志學而至從心不踰，孟子由有諸己而至神化，功豈朝夕？境原躬親，弗知其實，而以爲聖人天授，封己自是，其害滋大。愚故表而出之，豈抑夫子以尊老子哉？且子嘗師項橐，人亦不以爲非，以老子爲孔子師，未必有益於老子，亦復何損於夫子？而令天下後世，謂聖人無師，高者自恃，卑者自諉，道之不明職此，其由安得而不辨正？朱子之初註老彭也，亦以爲老子，因其爲異端所託，改註曰商賢大夫。然商賢大夫之籛鏗，即守藏史之老子，非二人也。老子長年有德，恐其惑人，故隨時易名。太史公去老子非遠，而其作傳曰周太史儋老萊子，莫知其然否。蓋古人原不求名，丈人、沮溺、楚狂，孔子師弟所悉也，而不書其姓字，蓋不易乎世，不成乎名，不見世而無悶，正其所以爲潛龍也。聖學衰而異端熾，談天雕龍之輩，好爲大言。漢晉以後，愈支離惝恍，一切奇衺，皆歸咎於老子。昌黎疾唐人之佞佛，矯之是也，而論亦欠醇。其斥老子也，固未知老子之所謂。而大盗不止、剖斗折衡諸語，以莊子之言爲老子，其誣已甚。且道德之名，孔孟所貴，一理也，而天人共之故曰道，得於身曰德，非第作閒字也。不察其實而易其言，夫子所謂猶龍，韓子譏爲坐井，豈其學反優於尼山邪？《道德經》人罕通曉，白樂天云：玄玄五千言，不言藥，不言仙，不言白日昇青天。蓋亦見其大凡。老子之子忠爲魏中山將，固非棄人倫者。見夫子後，不久而過函關，隱西蜀，亦非毫無可稽者。世儒必詬詈之以爲高明，豈此篇夫子之言亦妄語乎？夫天無二道，聖人無二心，使老子而外心性倫常，夫子豈能從之贊之？自古賢哲，得夫子一言即奉爲定論，惟老子夫子之所服膺，而獨蒙誣謗。試問言理學者：一心也，而有人心、道心，其故云何？則至陰肅肅數言，不可不知矣。愚亦何私於老子，特以心性之學，必宗孔孟，而孔孟求仁養性之功，必知羲文《周易》，始可從事。蓋太極之渾然，性也，陰陽易位而心有先天、後天之分，存有覺之心，養虚明之性，至陰至陽，各返其初，人心道心，統歸於一。從古聖人如斯，一以貫萬如斯。若以知覺運動之心爲天命之性，則告子之不動心非是，而原思之克伐怨欲亦非仁，且范淳夫女亦能不動心矣，奚由而窮神達化以希聖哉？愚故不辭謗議，而反復言之。

禮記恒解卷八 晚年定本

文王世子

諸侯以上之適子曰世子。其子道與凡人子同，而所以成就德行者尤要。因記文王爲世子事，而及武王竝教世子之法，摘篇首以名篇。亦以見世子之道，至文王而始詳美也。中有譌誤，隨文辨正。

文王之爲世子，朝於王季日三。雞初鳴而衣服，至于寢門外，問内豎之御者曰：今日安否何如？内豎曰：安。文王乃喜。及日中又至，亦如之。及莫又至，亦如之。其有不安節，則内豎以告文王。文王色憂，行不能正履。王季復膳，然後亦復初。食上，必在視寒暖之節。食下，問所膳。命膳宰曰：末有原。應曰：諾。然後退。

朝音潮。衣去聲。豎音樹。莫，古暮字。上去聲。

孔氏穎達曰：朝曰朝，暮曰夕。朝禮具，夕禮簡。世子恒日二朝，文王增一時，聖人法也。鄭康成曰：内豎，小臣通命者。御，直日者。節謂居處故事。履，蹈地也。復膳，飲食安。復初，憂解也。陳氏澔曰：食上，進膳於親。在，察也。食下，食畢而徹，問所食多寡。末猶勿也。原，再也，謂所食之餘，不敢再進也。

武王帥而行之，不敢有加焉。文王有疾，武王不說冠帶而養。文王一飯亦一飯，文王再飯亦再飯。旬有二日乃間。

帥音率。説音脱。養上聲。間去聲。

不敢有加，言文王事親已盡善，且明武王之亦如文王也。不脱冠帶，服勤備至可知。間，病瘥也。

文王謂武王曰：女何夢矣？武王對曰：夢帝與我九齡。文王曰：女以爲何也？武王曰：西方有九國焉，君王其終撫諸？文王曰：非也。古者謂年齡，齒亦齡也，我百，爾九十。吾與爾三焉。文王九十七乃終，武王九十三而終。

女音汝。

齒，年數也。莊氏夏曰：文王直以年齡告，欲使武王知己年如此，天命未寢，欲以釋武王之憂也。非武王愛親之切，不足以召上帝之夢；非文王與天爲一，不足以知上帝之誠。愚按：聖人德與天通，至誠感召，則武王之夢，文王之自知，亦理之所有。第以己年與子，則不通矣。先儒以爲好事者爲之，其信然歟。

成王幼，不能涖阼。周公相，踐阼而治。抗世子法於伯禽，欲令成王之知父子、君臣、長幼之道也。成王有過，則撻伯禽，所以示成王世子之道也。文王之爲世子也。

相去聲。治、令皆平聲。長上聲。

涖，臨。踐，履也。成王年幼且居憂，周公以冢宰相王踐阼，所謂負斧扆南面而立。朝諸侯者，成王也。其國事則公以王命行之。蓋古者天子居諒闇之禮也。鄭康成曰：抗，舉也。舉世子之法，使與成王居而學之，以成王之過，撻伯禽則足以感喻焉。愚按：武王年近百歲始終，成王年幼，蓋武王元妃無適子，晚年娶邑姜，始生成王與叔虞也。崔東壁謂成王無年幼事，然書言冲人及孔子之言，必非誣。孔氏穎達曰：武王、成王之爲世子，皆法文王，故以文王之爲世子結之。

凡學世子及學士必時，春夏學干戈，秋冬學羽籥，皆於東序。小樂正學干，大胥贊之。籥師學戈，籥師丞贊之。胥鼓《南》。春誦夏弦，大師詔之。瞽宗秋學《禮》，執禮者詔之。冬讀《書》，典書者詔之。《禮》在瞽宗，《書》在上庠。

學竝音效。學禮之學如字。

士，學已成而升於大學者，故學世子使同學以成其德器。必時，必及時，恐廢惰也。干，盾。戈，句孑戟。干戈武舞，故於陽氣發動時學之。羽，翟羽。籥，笛也。文舞，故於陰氣凝静時學之。雖分時肄習，而舞以習容止，意主於舒暢，故皆於東序。小樂正，即樂師。《周禮》樂師掌國學之政，掌教國子小舞。大胥掌學士之版，以待致諸子。春入學，舍菜合舞。秋頒學合聲。籥師掌教國子舞羽吹籥。胥掌以六樂之會正舞位。是數人者，皆合樂和聲，以陶淑學者之性情也，故錯舉之，以見其教之之備。非必一人遂盡所長，亦非專學舞而不學樂也。《南》，南籥。文王始化二南，周公作樂，即以爲名。鼓《南》者武功，悉本文德示學者，非徒舞也。以上五句，申春夏學干戈二句之義。誦，誦樂之章。弦，習樂之音。瞽宗，殷學名。上庠，虞學名。周兼立四代之學，詔之。凡聲陽也，故弦誦，尤宜於春夏。太師，樂官之長，瞽而工於音者，故居瞽宗。禮所以成其行，故秋學之。執禮者，能踐禮者也，《書》所以儲其政，故冬讀之。典者掌籍，能授受者也。然此亦大概言之。其實先王教人禮樂，斯須不去，而《詩》《書》又與禮樂相經緯者，特學者學之有漸，則設官以司其事，不得不廣其選，因而别其任以專其責，究何嘗判然不相屬哉？

凡祭與養老乞言，合語之禮，皆小樂正詔之於東序。

祭，釋奠也。養老，養五更群老。乞言，求教於老。合語，共析疑解義。陳氏澔曰：其間各有威儀容節，皆小樂正詔之於東序是也。

大樂正學舞干戚，語説，命乞言，皆大樂正授數。大司成論説在東序。

學音效。語去聲。

戚，斧也。前小樂正學干，籥師學戈，始習其事也。此大師學舞干戚，則學已就而大師更課之以大成也。語，告也。語説，告以樂舞之説。命乞言，命求教於老者。數威儀進退高下節序之節。大司成論説，則爲講明其義蘊也。王氏炎曰：大樂正授數，所謂樂正司業。大司成，所謂父師司成。太傅在前，少傅在後，入則有保，出則有師，以成世子之德者也。

凡侍坐於大司成者，遠近間三席，可以問。終則負牆，列事未盡不問。

間平聲。

鄭康成曰：間猶容也。容三席則得指畫相分别。席之制，廣三尺三寸三分，則是所謂函丈也。孔氏穎達曰：終則負牆，避後來問者，列事未盡不問，來問者言終，然後更問。

凡學，春官釋奠於其先師，秋冬亦如之。

鄭康成曰：官謂《禮》《樂》《詩》《書》之官。不言夏，夏從春可知。孔氏穎達曰：釋奠者，奠置於地，無迎尸酬酢之事，以主於行禮，非報功也。春誦夏弦，則太師釋奠教干戈，則小樂正籥師釋奠之類。先師，先代明習此事者。

凡始立學者，必釋奠于先聖先師。及行事，必以幣。

始立學，鄭康成曰：天子命之教，始立學官者也。先聖，周公若孔子。陳氏澔曰：行事，行釋奠之事，必以幣，必奠幣爲禮。愚按：先聖先師，三代以前無考，後世以周公爲先聖，孔子爲先師。然師必以聖，聖即可師，不必以貴賤論。今以孔子爲師，爲其集群聖之大成，而名位未顯，使凡學者皆師法之，義允當矣。

凡釋奠者，必有合也。有國故則否。凡大合樂，必遂養老。

劉氏彝曰：合謂合樂，春釋菜合舞，秋頒學合聲，此竝合之以侑神，故謂凶札師旅。陳氏澔曰：常事合樂不養老，惟大合樂。人君視學則養老。

凡語於郊者，必取賢斂才焉：或以德進，或以事舉，或以言揚。曲藝皆誓之，以待又語。三而一有焉，乃進其等，以其序，謂之郊人，遠之於成均，以及取爵於上尊也。

遠去聲。

陳氏澔曰：語於郊，論辨學士才能於郊學之中也。有賢德者録取之，有才能者收斂之。道德爲先，事功次之，言語又次之。愚按：此言郊學之異於大學也。司徒論選士之秀者而升之，德事言三者其要。即一曲之藝，亦皆戒教之，以待下次考論者。三事有一善者，則拔進之，以其所能優劣爲序。謂之郊人，不稱士，所以然者，遠之於成均，俊選二士以及取爵于上尊者，皆不得與也。蓋升於司徒爲選士者，天子視學飲酒之時，乃取爵于堂上之尊，以相酬也。

始立學者，既興器用幣，然後釋菜。不舞，不授器。乃退，儐於東序，一獻，無介語可也。教世子。

興，鄭康成讀釁。

始立學者，初造禮樂之器，器成而釁必用幣，然後釋菜於先聖先師，以告器成，明不比常奠，惟釋菜而已。但作樂而不舞，亦不授舞者以干戈羽籥之器，以告器成，重在文德，故畧之也。東序，夏制也。諸侯惟立時王之學有功德者，始得立三學，如魯有米廩、東序、瞽宗。孔氏穎達曰：東序在東，虞庠在西，相對。儐於東序，禮賓於中也，禮惟一獻。無介無語，謂告誡之辭。以上錯舉學官之儀，雖非專爲教世子而設，而世子就學，皆當知之。然後知尊師重道，以成德，故結以教世子也。

凡三王教世子，必以禮樂。樂，所以修内也，禮，所以修外也。禮樂交錯於中，發形於外，是故其成也懌，恭敬而温文。

修内，消其中心之邪慝。修外，正其容體之威儀。然内外實無兩分，交相爲制，錯雜爲功，内和平而外莊敬。及其成德，則有以發其天性之樂而適於日用之宜。懌，悦也。鄭康成曰：貌恭心敬。方氏慤曰：温則不暴，文則不野。

立太傅、少傅以養之，欲其知父子君臣之道也。太傅審父子君臣之道以示之，少傅奉世子以觀太傅之德行而審喻之。太傅在前，少傅在後，入則有保，出則有師，是以教喻而德成也。師也者，教之以事而喻諸德者也。保也者，慎其身以輔翼之而歸諸道者也。《記》曰：虞夏商周，有師保，有疑丞。設四輔及三公，不必備，唯其人。語使能也。

大音泰。少、行竝去聲。

鄭康成曰：養，教也。言養者積浸成長之。示之，爲之行其禮。審喻之，爲之説其義。前後謂在學時，出入謂燕居時。以有四人維持之，是以教諭而德成也。慎其身，謹安護之，《記》所云謂天子也。語，言也。得能則用之，無則已，不必備其官也。小人處其位，不如且闕。愚按：引《記》以明師保之重，四輔即師保、疑丞、三公，或兼或否，皆所以成君德，不必專在爲世子時。語，言也，言使能也。記者釋之之詞。

君子曰德，德成而教尊，教尊而官正，官正而國治，君之謂也。

上文所言，莫非所以成就君德，故引君子之言咏歎及之。先言德者，鄭重之辭也，本德以立教，故尊官皆有德，故正君之謂也。言君德爲治國之本，故教世子以豫之也。

仲尼曰：昔者周公攝政，踐阼而治，抗世子法於伯禽，所以善成王也。聞之曰：爲人臣者，殺其身有益於君則爲之。况于其身以善其君乎？周公優爲之。

于，鄭康成讀迂。

武王在而成王爲世子，則直以世子法教成王可也。因武王崩，成王幼，周公以冢宰行諒闇禮攝政，負成王踐阼而治，舉世子之法使伯禽與成王學之。孔子言，人臣殺身有益於君且爲之，况迂曲其身以善其君乎？不直教以世子之法，而令伯禽與學，故曰于優爲之，言其德足也。

是故知爲人子，然後可以爲人父。知爲人臣，然後可以爲人君。知事人，然後能使人，成王幼，不能涖阼，以爲世子，則無爲也。是故抗世子法於伯禽，使之與成王居。欲令成王之知父子、君臣、長幼之義也。君之於世子也，親則父也，尊則君也。有父之親，有君①之尊，然後兼天下而有之。是故養世子不可不慎也。

承上而推言其理，凡事身體力行而後可推以治人。武王既崩，以成王爲世子，則無父可事，而不得明其道，故曰則無爲也。親則致其愛，尊則致其敬，愛敬篤而身修，然後可以君天下。故養世子不可不慎也。

行一物而三善皆得者，唯世子而已，其齒於學之謂也。故世子齒於學，國人觀之，曰：將君我而與我齒讓，何也？曰：有父在則禮然。然而衆知父子之道矣。其二曰：將君我，而與我齒讓，何也？曰：有君在則禮然。然而衆著於君臣之義也。其三曰：將君我，而與我齒讓，何也？曰：長長也。然而衆知長幼之節矣。故父在斯爲子，君在斯謂之臣。居子與臣之節，所以尊君親親也。故學之爲父子焉，學之爲君臣焉，學之爲長幼焉。父子、君臣、長幼之道得而國治。語曰：樂正司業，父師司成，一有元良，萬國以貞。世子之謂也。周公踐阼。

長去聲。學音效。

鄭康成曰：物猶事也。學之，教之也。司，主也。一，一人也。元，大也。良，善也。貞，正也。孔氏穎達曰：三善謂衆知父子、君臣、長幼。父子天性自然，故云道。君臣以義合，故云義。長幼有等級，故云節。陳氏澔曰：語，古語也。樂正，主世子《詩》《書》之業。父師，主於成就德行。結以周公踐阼者，言周公相成王踐阼時，正行此禮也。阼、階，主人之位，父在子不敢當阼，周公踐阼，言國事周公主之耳。至朝諸侯，則公抱成王臨之。後世托於周公權奸干政，不得以此爲口實也。

庶子之正於公族者，教之以孝弟、睦友、子愛，明父子之義，長幼之序。

① 君，底本作母，據阮元《十三經注疏》本改。

鄭康成曰：正者，政也。庶子，司馬之屬，掌國子之倅，爲政於公族者。徐氏師曾曰：上言天子諸侯之世子教已備矣，其餘若天子之子弟與諸侯之公族，其子謂之國子，亦將有分理之責。故使庶子之正於公族者教之，事上以孝弟，旁交以睦友，恤下以子愛。

其朝於公，内朝則東面北上，臣有貴者以齒。其在外朝，則以官，司士爲之。

朝音潮。

鄭康成曰：内朝，路寢庭。外朝，路寢門之外庭。司士，亦司馬之屬，掌群臣之班，正朝儀之位。孔氏穎達曰：此對路寢庭朝爲外朝。若對庫門外朝，朝士所掌三槐九棘之朝，又爲内朝，《玉藻》云：朝於内朝，辨色始入。徐氏師曾曰：内朝異姓之臣不與，故惟以昭穆爲序。外朝同異姓皆在，故惟以官之高下爲序。

其在宗廟之中，則如外朝之位，宗人授事，以爵以官。其登餕、獻、受爵，則以上嗣。

鄭康成曰：宗人，掌禮及宗廟也。以爵，貴賤異位。以官，官各有所掌。若司徒奉牛，司馬奉羊，司空奉豕，上嗣君之適子。孔氏穎達曰：初，尸未入之前，祝酌奠於鉶南。尸入，祭奠，不飲，至此嗣子盥入，再拜稽首。尸執奠，嗣子進受。復位，再拜稽首。尸答拜，嗣子卒觶拜尸，尸答拜，所謂受爵。舉奠後，嗣子盥酌入，尸拜受，嗣子答拜，所謂獻也。無算爵之後，禮畢，尸出，宗子遣嗣子長兄弟相對而餕。先受爵而後獻，獻而後餕。今以餕爲重，故從後逆言之。登謂登堂，無事之時，嗣子在堂下，餕時、獻與受爵亦登堂。餕時雖有長兄弟以上，嗣爲主。

庶子治之，雖有三命，不踰父兄。

上文言庶子正於公族而朝，廟則有司士宗人司之。其庶子正於公族之事，未詳也。故此特提明之。自此至親哭之，皆正於公族之事，而三命不踰父兄，又其大綱也。蓋周道親親，庶子職在正公族，故首以序齒爲先，雖貴不先父兄。蓋專言公族之禮，而凡事皆序齒可知矣。

其公大事，則以其喪服之精麤爲序，雖於公族之喪亦如之，以次主人。

公大事，君喪也。服重者麤，服輕者精。庶子序列位次，使麤者在前，精者在後。非但公喪如此，公族在死喪之事相爲者亦然。主人，主喪者也。

若公與族燕，則異姓爲賓，膳宰爲主人，公與父兄齒。族食，世降一等。

燕飲必立賓以行禮，同姓無相爲賓之禮，故使異姓爲賓。君尊賓，不敢敵，故使宰夫爲主人，以養君之人養賓，厚意也。與父兄齒，親親也。族食，與族人燕食。燕主於飲，其禮文；食主於飯，其禮質。世降一等，孔氏穎達曰：如齊衰，一年四會食，大功，則一年三會食，以次遞降是也。

其在軍，則守於公禰。公若有出疆之政，庶子以公族之無事者守於公宫，正室守大廟，諸父守貴宫貴室，諸子諸孫守下宫下室。

大音泰。

陳氏澔曰：禰當讀作祧，謂遷主載在齊車，隨公出行者也。出疆之政，朝覲、會同之事，無事者不從行，謂無職守之人。公官，總言宗廟官室。正室，公族公卿大夫士者之適子。大廟，大祖之廟。諸父，公之伯叔父。宫以廟言，室以居言。貴宫，尊廟。貴室，路寢。下宫下室，親廟與燕寢也。

五廟之孫，祖廟未毁，雖爲庶人，冠、取妻必告，死必赴，練祥則告。

冠、取竝去聲。

方氏慤曰：諸侯二昭二穆，與大祖之廟而五，始祖廟百世不遷。此言同四親廟者，雖爲庶人，冠婚死喪則告，以敦本也。

族之相爲也，宜弔不弔，宜免不免，有司罰之。至于賵、賻、承、含，皆有正焉。

爲上聲。免音問。賵音諷。賻音附。承如字。含去聲。

在五廟之外者則爲族。五世免，六世弔，蓋同始祖而非四親廟者也。孔氏穎達曰：車馬曰賵，布帛曰賻，珠玉曰含，衣服曰襚，庶子宜治之正，謂正其禮。御案：襚服皆以承身，故曰承。

公族其有死罪，則磬于甸人。其刑罪，則纖剸，亦告于甸人。公族無宫刑。獄成，有司讞于公。其死罪，則曰：某之罪在大辟。其刑罪，則曰：某之罪在小辟。公曰：宥之。有司又曰：在辟。公又曰：宥之。有司又曰：在辟。及三宥，不對，走出，致刑於甸人。公又使人追之曰：雖然，必赦之。有司對曰：無及也。反命于公。公素服不舉，爲之變。如其倫之喪，無服。親哭之。

纖，鄭讀殲。剸，之免反。告，鄭讀鞠。讞，巘硯孽三音。宥音又。辟音闢。爲去聲。

鄭康成曰：甸人，掌郊野之官，縣縊殺之曰磬。不於市朝者，隱之也。纖讀殲，刺也。剸，割也。告讀爲鞠，讀書用法曰鞠。宫，割，淫刑。成，平也。讞之言白也。辟亦罪也。宥，寬也。欲寬其罪，出於刑也。又，復也。對，答也。倫謂親疎之比也。素服亦皮弁矣。愚按：宫、刵、劓、刖五刑，乃有苗淫刑，非聖王之制，周衰，尚嚴法，乃誤襲用，而此亦但謂公族無宫刑而已。其實聖王曷嘗有之哉？至公曰三宥，有司三對，或以爲虛文相欺，不知聖人求其生於萬一之中，以示仁。有司執其法於明允之際，以示義。上下固各盡其道也。葉氏時曰：甸師掌供粢盛，子孫所不忘也。今也罪不可免而刑之甸師，是猶得罪於祖宗，而祖宗罪之也。劉氏彝曰：如其倫之喪，責化之不逮於宗族也，而無服者，罪其忝祖而絶之也。

公族朝于内朝，内親也。雖有貴者以齒，明父子也。外朝以官，體異姓也。宗廟之中，以爵爲位，崇德也。宗人授事以官，尊賢也。登餕、受爵以上嗣，尊祖之道也。喪紀以服之輕重爲序，不奪人親也。公與族燕則以齒，而孝弟之道達矣。其族食世降一等，親親之殺也。戰則守於公禰，孝愛之深也。正室守大廟，尊宗室，而君臣之道著矣。諸父諸兄守貴室，子弟守下室，而讓道達矣。五廟之孫，祖廟未毀，雖及庶人，冠、取妻必告，死必赴，不忘親也。親未絶而列於庶人，賤無能也。敬弔臨賻賵，睦友之道也。古者庶子之官治而邦國有倫，邦國有倫而衆鄉方矣。

朝音潮。殺去聲。鄉音向。

此覆解上文，以明庶子正公族之義。内親，親之故在内也。昭穆之序，由父子而推，尊卑不可紊。體，欲聯爲一體。宗德尊賢，體祖宗養育人材之意，以德賢明孝享。上嗣，祖之嫡系。紀猶事也。喪服由己親而漸推及之，以服之精粗爲序，不奪其親，親之本心也。公降尊而與族人齒，欲人皆知孝弟之道也。親親無等殺，則或反薄其所厚者矣。載主而行凡事稟命，又守護之，是事亡如存，孝愛之深也。太廟，宗主。正室，宗子。君爲大宗，有事而出，必以宗子守太廟，明乎君之所重，臣亦重之，是君臣之道著矣。子弟卑賤，讓於父兄之尊貴者。冠、婚、死喪，必告赴，以其爲一本之親也。既係公族之親，何以列爲庶人，以其無能，賤以激厲之也。敬弔臨賻賵，和睦友愛之道，凡此皆庶子之官治之。古者庶子之官，得人而親親誼，明推之以治邦國。衆知愛親敬長，知所嚮矣。

公族之罪雖親，不以犯有司正術也，所以體百姓也。刑于隱者，不與國人慮兄弟也。弗弔，弗爲服，哭於異姓之廟，爲忝祖，遠之也。素服居外，不聽樂，私喪之也，骨肉之親無絶也。公族無宮刑，不翦其類也。

爲、遠竝去聲。

鄭康成曰：術，法也。翦，割截也。不以犯有司，不使撓有司之法。體百姓，法與百姓同，示公也。然必刑于隱者，兄弟親而諱之，不與國人共議兄弟之罪也。以其有罪忝祖，故弗弔，弗爲服，哭於異姓之廟。然猶素服居外，不聽樂，以爲祖雖絶之，而已不忍私喪之也。蓋骨肉之親，無斷絶之理。宫刑以滅其類，是以禁之也。

天子視學，大昕鼓徵，所以警衆也。衆至，然後天子至，乃命有司行事，興秩節，祭先師、先聖焉。有司卒事反命。始之養也。

昕音欣。

鄭康成曰：大昕，早昧爽擊鼓，以召衆，警之起也。《周禮》凡用樂，大胥以鼓徵學士。興猶舉也。秩，常也。節，禮也。使有司攝其事。不親祭者，視學觀禮，非爲彼報也。反命，告祭畢也。祭畢，天子乃入，又之養老之所。凡大合樂，必遂養老，是以往焉。應氏鏞曰：此東序，非郊之東序，蓋即學宫之東序焉耳。西者，廂宫之所存，所以尊先聖先師。東者，饗舍之所寓，所以處國子俊秀。學宫亦然，故立學，釋菜視學。釋菜，皆退儐於此，而行一獻之禮。視學卒事，設位于此，而退備孝養之禮。蓋以廟宫爲尊，故以饗舍爲退也。

適東序，釋奠於先老。遂設三老、五更、群老之席位焉。適饌省醴，養老之珍具，遂發咏焉。退修[1]之，以孝養也。反，登歌《清廟》。既歌而語，以成之也。言父子、君臣、長幼之道，合德音之致，禮之大者也。下管《象》，舞《大武》，大合衆以事，達有神，興有德也。正君臣之位，貴賤之等焉，而上下之義行矣。有司告以樂闋，王乃命公、侯、伯、子、男及群吏，曰：反，養老於東序。終之以仁也。

更平聲。闋音闕。

老，年德竝茂者。更，年老更事者。三五，約其尊者爲之數，人不必備，亦不必不備也。適饌省醴，天子親至饌所，省視醴酒。發咏，奏樂歌咏以迎老者。退，對進而言。老更既入，天子乃退而修孝養之禮也。反，老更即席，天子亦即席。樂工登堂歌《清廟》之詩。既歌而後，三老五更乃語衆，以成《清廟》詩所言之道。其語爲何？言父子君臣之道，是文王所以修身教人，垂留後世，使人皆體行，以合詩樂之德音，不徒爲文，此乃禮之大者也。已而堂下管奏《象》《武》之曲，舞《大武》，所以然者，大合衆人以有事，達其意於有神。興勸有德也。神謂文武，天子爲君，餘皆臣。三公六卿及老更爲貴，群臣百執事爲賤。禮畢，有司告樂闋，王乃命五等諸侯及畿内鄉遂之官，曰：若等反于其國，皆當如此，養老於東序。蓋推以及遠，是終之以仁心也。

是故聖人之記事也，慮之以大，愛之以敬，行之以禮，修之以孝養，紀之以義，終之以仁。是故古之人一舉事，而衆皆知其德之備也。古之君子，舉大事必慎其終始，而衆安得不喻焉。《兑命》曰：念終始典于學。

兑音説。

記事，記其事以垂教。大謂根本之道，孝弟是也。愛必以敬，行之始不褻。禮謂養老諸禮。孝養，適饌、省醴、備珍皆其事。義主於分别，上文所謂正君臣貴賤者，是仁主於慈愛。上文命公侯等言者，是德之備甚，言養老之禮之重也。古之君子以下，又美養老之禮，終始盡善，故人咸興起。引《説命》以明養老於大學，其義隆而教遠也。

《世子之記》曰：朝夕至於大寢之門外，問於内豎曰：今日安否何如？内豎曰：今日安。世子乃有喜色。其有不安節，則内豎以告世子，世子色憂不滿容。内豎言復初，然後亦復初。朝夕之食上，世子必在視寒暖之節。食下，問所膳。羞必知所進，以命膳宰，然後退。若内豎言疾，則世子親齊玄而養，膳宰之饌，必敬視之。疾之藥，必親嘗之。嘗饌善，則世子亦能食。嘗膳寡，世子亦不能飽。以至于復初，然後亦復初。

上上聲。齊，側皆反。

陳氏澔曰：《世子之記》，古教世子之禮篇也。不滿容，不能充其儀觀之美。鄭康

① 修，底本作休，據阮元《十三經注疏》本改。

成曰：朝夕，朝而朝，暮而夕也。日中又朝，文王爲世子加謹之制。親猶自也。養疾者齊玄，玄冠，玄端也。敬視，疾者之食，齊和所欲或異也。親嘗，試毒味也。善謂多於前。按：此篇本記教世子之法，故終之以此。

附　解

天下古今事變無窮，而聖人曰修己以敬，修其身而天下平，何也？萬事萬理，皆本於心，而心有人心、道心之異。克己復禮，去其陰私，化其氣質，使人心悉聽命於道心，而又實踐倫常，旁通物理，内外交修，本末交養，久之而中和在抱，天宇澄清，不特平日之習而安焉者胥協乎？則即耳目所不及、心思所不周者，一經見聞，是非立剖，執兩用中，化成天下。凡有德者無不庸，凡利民者無不至，一道風同，悉由主德。此論教之法，不可一日而不講也。此篇所記，蓋其遺法。後世昧此，故天亶之才，英明之略，功業炳如而禮樂不興，郅隆難致。《大學》言明明德，而即曰親民，以親爲新，則於此篇之義不明矣。蓋太學之地，天子元子、諸侯世子、卿大夫元士之子及俊選皆與焉，而其平日之教之也，六德、六行、六藝，莫非本諸心性實踐倫常以及材藝便民之事。升於太學者，皆成德之材，猶恐其心性不能中和，即言行未必純粹也，又以神瞽爲師，有德行而深於樂者，察其中心之安仁否，使之蕩滌邪僞，益葆天真。故夫子曰成於樂焉。至元子適子等，下與庶人同學，凡三物所有，皆力行之，與天下賢才朝夕居遊，養成德性，且周悉於物理人情，異日加民，即以成己者成人。此爲親民之實，即明德之所由精純也。是篇特錯舉其儀文，而本原所在，誠正修齊，何以漸次而幾實踐，而詣固未道及。是必七十子之徒，授受相承，得其緒論，而爲此編。其事蓋皆周制，其言世子，亦以文王爲宗。夫文王之德之純，固非特爲世子一節也，而爲世子如斯，其後武王、周公致治，亦由斯。欲爲文武之治，必爲文武之人，豈不在後人之自奮哉。

禮記恒解卷九 晚年定本

禮　運

世運有升降，而隨時處中，必禮以維持之。此篇極論禮本天地而治人情，氣運無常，禮足以運之，故曰《禮運》。中有譌誤，隨文正之。

昔者仲尼與於蜡賓，事畢，出遊於觀之上，喟然而歎。仲尼之歎，蓋歎魯也。言偃在側，曰：君子何歎？孔子曰：大道之行也，與三代之英，丘未之逮也，而有志焉。

蜡祭詳見《郊特牲》篇孔子與蜡祭之事。觀，闕也，懸法於上，使民觀之，故曰觀。懸象巍峩曰象魏。歎魯者，歎其衰也。大道之行，聖王之時。英，謂賢君臣。夫子謙言己不能而願慕之。

大道之行也，天下爲公，選賢與能，講信修睦。故人不獨親其親，不獨子其子，使老有所終，壯有所用，幼有所長，矜寡孤獨廢疾者皆有所養。男有分，女有歸，貨惡其棄於地也，不必藏於己，力惡其不出於身也，不必爲己。是故謀閉而不興，盜竊亂賊而不作。故外户而不閉，是謂大同。

選、長竝去聲。矜音鰥。分、惡竝去聲。爲己爲去聲。

天下爲公，不以天下爲一己之私利。五帝三王皆然，舊説專指禪讓，謬矣。選賢二句，正天下爲公實事。選與賢能，而以爵位公之，自三公九卿以暨内外諸侯大夫士皆然。講信，言皆誠信。修睦，行皆和睦。蓋賢能修於身而率其下者然也。己之親與子皆得所而推以及人，使老壯幼皆得所極之窮民，廢疾皆有所養，極言人心悉得其天理之公而無私也。分，各有職分。歸，于歸有家。貨棄於地，則無以資民用，然公諸同類，不必私藏於己也。各奮其力，乃易以成功業，然與衆同功不必爲己經營也。凡此皆以義理之公，行當然之事，故詐謀盜賊諸僞無由而作，外户可以不閉。大同，人同循乎道而無私也。

今大道既隱，天下爲家。各親其親，各子其子，貨力爲己。大人世及以爲禮，城郭溝池以爲固。禮義以爲紀，以正君臣，以篤父子，以睦兄弟，以和夫婦，以設制度，以立田里，以賢勇知，以功爲己。故謀用是作，而兵由此起。禹、湯、文、武、成王、周公，由此其選也。此六君子者，未有不謹於禮者也。

知去聲。爲己爲去聲。

今，孔子自謂當時也。天下爲家，以天下爲一家之物，而不知天立君師之意也。各親各子，各以私心相爲親愛，而不必盡出於義理也。若聖人之止慈止孝，則親其親，子其子，即可以推之天下而有餘，不與此同也。大人世及，亦聖王之法也。然三代聖王，選賢與能，使之世及，謂夫賢能，則必能修身齊家以貽後，非第報其勳也。至春秋則以爲禮之固然，不復念爲君之難。城郭溝池，所以守國之要，然有其本，不徒險也。今則第恃此爲固。禮義，經國之本，然身體力行，不徒文也。今則第以爲科條之密。君臣、父子、兄弟、夫婦，本於天性，而將以禮樂，有其自然而不容已，當然而不可紊者也。今則爲上者不修其本，第思有以正之、篤之、睦之、和之。制度、田里，範民之行，養民之生，不可廢也。今則以此設之、立之，惟恐其奸欺。勇知與功亦可取，而非其上也，今則以此爲賢，以此爲己，此皆後世刑名法術之治。故民不知仁義、禮樂之本，而詐謀滋多，兵由此起。禹、湯、文、武、成王、周公，值此末世，故乃除亂反正，復興禮治，此六君子者，正所謂三代之英，未有不謹於禮。禮本諸身心，而推以治人，大道之行，有志未逮，正爲六君子以禮成己成人之道非易。

以著其義，以考其信，著有過，刑仁、講讓，示民有常。如有不由此者，在埶者去，衆以爲殃。是謂小康。

埶音勢，亦作勢。

著，明。考，核。刑，法也。在埶，有勢位者，承上而反言之，以明禮非徒禁令也。禹湯六君子，其謹於禮也，皆本躬行心得以垂爲教法。下此者無誠正修齊之本，而但以禮治人，著其大義，不能盡其曲折也。考其誠否，不能以信相孚也。有過者罰之，使人知懼，而使以仁爲法。又講習禮讓之事，示民以朝廷有常法，如有不遵常法者，則責有位去之。衆人皆以去位者爲殃禍。此第彷彿，禮意爲之法制禁令，不由修己而推，故曰小康。康，安也。

言偃復問曰：如此乎禮之急也？孔子曰：夫禮，先王以承天之道，以治人之情，故失之者死，得之者生。《詩》曰：相鼠有體，人而無禮。人而無禮，胡不遄死？是故夫禮必本於天，殽於地，列於鬼神。達於喪、祭、射、御、冠、昏、朝聘。故聖人以禮示之，故天下國家可得而正也。

復，扶又切。治平聲。相去聲。殽音效。冠去聲。朝音潮。

禹、湯、文、武、成王、周公，皆以禮致治，而不得禮之實者，僅小康。故偃復問禮急矣，而其實果何如。禮本於天而著爲物，則先王因而品節之，以協乎中正，是爲承天之道，治人之情，失死得生。禮本於性，人無性不立也。相鼠，鼠名，亦曰禮鼠，見人則拱手而立。本於天，天之理本中正。殽於地，地承天而分品類，即自然之秩叙也。殽，效也。鬼神，特造化陰陽之爲，其屈伸變化，皆一本中正。故禮可得而著列之也。達，通行無滯。以禮示之，躬行以率民也。

言偃復問曰：夫子之極言禮也，可得而聞與？孔子曰：我欲觀夏道，是故之杞，而不足徵也。吾得《夏時》焉。我欲觀殷道，是故之宋，而不足徵也。吾得《坤乾》焉。《坤乾》之義，《夏時》之等，吾以是觀之。

與音餘。

極言，盡言之，謂前代禮制之詳。《夏時》，如《夏小正》之屬，記時之書，故曰夏時。《坤乾》，殷易名，天之元氣孕於地，故殷易始坤而名《歸藏》。《夏時》《坤乾》二書名，夫子蓋猶見之。舉此以言夏殷之禮，即二書可知也。當時禮多非先王之遺，故子游欲聞其詳，而夫子自夏商言之，以起下文。蓋三代聖王因時損益，以歸於中，備歷忠質文，而禮之意始全。夫子將綜三代以言禮，故從此説起，非薄文、武、周公也。

夫禮之初，始諸飲食，其燔黍捭豚，汙尊而抔飲，蕢桴而土鼓，猶若可以致其敬於鬼神。及其死也，升屋而號，告曰：皋某復！然後飯腥而苴孰，故天望而地藏也。體魄則降，知氣在上。故死者北首，生者南鄉。皆從其初。

燔音煩。捭音蘗。汙音蛙。抔音陪。蕢凷通。桴音孚。號平聲。飯，扶晚反。孰熟通。首、鄉竝去聲。

夫子承上而本禮之初言之。飲食，人所以生，故禮始於此。捭擘通。燔黍捭豚，鄭康成曰：釋米捭肉，加於燒石之上而食之也。汙，鑿地爲尊。抔飲，以手掬之也。蕢讀爲凷，塩也，謂摶土爲桴也。土鼓，築土爲鼓也。禮制未起，即以養人之具事神，而亦可以致其禮，祇貴一敬耳。以其事在上古，故以猶若字想像之。鄭康成曰：升屋而號，招之於天也。孔氏穎達曰：皋，引聲之言。某，死者名。復，令其反復魄也。飯腥，以生米爲含。苴熟，包裹熟食以奠。天望，望天招魂。地藏，穴地藏尸。所以然者，體魄則降於地，知氣必上升於天。北首歸陰之義，南鄉向陽之義。皆從其初者，人受氣於天，成形於地，故其死也，亦順陰陽之義而爲之禮。

昔者先王未有宫室，冬則居營窟，夏則居橧巢。未有火化，食草木之實，鳥獸之肉，飲其血，茹其毛，未有麻絲，衣其羽皮。後聖有作，然後修火之利，范金，合土。以爲臺榭、宫室、牖户。以炮以燔，以亨以炙，以爲醴酪。治其麻絲，以爲布帛，以養生送死，以事鬼神上帝，皆從其朔。

窟，苦忽反。橧音曾。茹音汝。衣去聲。范範通。炮，薄交反。亨烹通。酪音洛。治平聲。

孔氏穎達曰：營窟者，地高則穴於地，地下則營累其上而爲窟。橧巢，橧，聚其薪以爲巢。陳氏澔曰：未有火化，故去毛不盡而食之也。鄭康成曰：作，起也。修火之利，謂熟治萬物。范金，謂鑄作器用。合土，謂瓦瓴、甓及甒。臺榭，器之所藏也。炮，裹燒之。燔，加於火上。亨，煮之鑊也。炙，貫之加於火上。醴酪，烝釀之也。酪，酢截。皆從其朔，本前代之初意而文之也。

故玄酒在室，醴醆在户，粢醍在堂，澄酒在下。陳其犧牲，備其鼎俎，列其琴、瑟、管、磬、鐘、鼓，修其祝、嘏，以降上神與其先祖，以正君臣，以篤父子，以睦兄弟，以齊上下。夫婦有所，是謂承天之祜。

醆，側眼反。粢如字。醍音體。嘏音古。祜音户。

古無酒，以水爲酒，後世重古，尊曰玄酒而陳於室。其下三者，以後人所爲賤之，故以次下列。孔氏穎達曰：醴醆成而汁滓相將，如今甜酒。粢，稷也。稷亦可爲酒。醍，紅赤色。澄酒，極清之酒。户，室外。堂，在階上。下，堂下也。琴、瑟，堂上之樂。管、磬、鐘、鼓，堂下之樂。祝，以主人之辭饗神。嘏，以尸之辭致福而報主人。陳氏澔曰：上神，在天之神。孔氏穎達曰：正君臣上下，詳見《祭統》。君臣、父子、兄弟、夫婦、上下，人倫之大者，皆於祭而見之。故可以承天之福。此只大概言禮樂祀神之事，不必區區據儀禮解之。

作其祝號，玄酒以祭，薦其血毛，腥其俎，孰其殽，與其越席①，疏布以冪，衣其澣帛，醴醆以獻，薦其燔炙。君與夫人交獻，以嘉魂魄。是謂合莫。

孰熟通。殽本作肴。越音活。冪音密，又作幂。衣去聲。莫漠通。

鄭康成曰：《周禮》祝號有六號者，所以尊神顯物也。孔氏穎達曰：一神號，若皇天上帝。二鬼號，若皇祖伯某。三祇號，若后土皇祇。四牲號，若牛曰一元大武。五齍號，若稷曰明粢。六幣號，若幣曰量幣。玄酒，以祭朝夕之時，設玄酒於五齊之上。薦其血毛，朝踐時延尸在堂，祝以血毛，告於室。腥其俎，朝踐時既殺牲，以俎盛肉進於尸前。熟其殽，殽，骨體也，以湯爓之，以其所爓骨體進於尸前。與其越席，至澣帛，皆謂祭初之時。越席，蒲席。疏，麤也。澣帛，練帛，染而爲之，朝踐時用。醴，饋食時用醆。燔炙，燔肉炙肝。交獻，第一君獻，第二夫人獻，第三君獻，第四夫人獻，交錯而獻。冪，覆尊也。嘉，樂也。莫，虚無也。愚按：祝號尊而神之，美其名稱，以别於生人。玄酒存太古之意，不忘其初。血毛俎殽以下，兼上古中古之制，而事之如生，以樂死者之魂魄，是其誠敬直合於冥漠中也。

然後退而合亨，體其犬、豕、牛、羊，實其簠、簋、籩、豆、鉶、羹。祝以孝告，嘏以慈告，是謂大祥。此禮之大成也。

亨音烹。鉶音刑。羹音庚。

---

① 席，底本作薦，據阮元《十三經注疏》本改。

陳氏澔曰：前此薦爓，未是熟物。迨後乃取爓肉，更合烹之使熟。體其犬豕牛羊，既熟乃體，别骨之貴賤以爲眾俎用，供尸及賓客等也。簠，内圓而外方，盛稻粱器。簋，外圓而内方，盛黍稷器。籩豆形制同，竹曰籩，木曰豆。鉶如鼎而小，盛羹之器。少牢：祝曰，孝孫某，敢用柔毛剛鬣嘉薦普淖，用薦歲事于皇祖伯某，以某妃配某氏，尚饗；嘏曰，皇尸命工祝，承致多福無疆于女孝孫。來女孝孫，使女孝孫受福于天，宜稼于田，眉壽萬年，勿替引之。是各盡其孝慈也。祥，善也。通孝慈之意，以迄於群臣子姓，其事大善而禮亦於是大成矣。以上言飲食之用，養人即以事神，爲禮制之本。

孔子曰：嗚呼哀哉！我觀周道，幽、厲傷之。吾舍魯，何適矣！魯之郊禘，非禮也，周公其衰矣！杞之郊也，禹也。宋之郊也，契也。是天子之事守也。故天子祭天地，諸侯祭社稷。

舍音捨。契音薛。

夫子既言禮之所由始，而又歎當時禮之所由壞。如此傷之，禮經亂而凌夷也。《周禮》在魯，故夫子欲於魯觀之。而魯又失周公之制，所以歎也。后稷教民稼穡，周公制禮，去先代勾農之享而以稷代之，郊祀后稷以配天，蓋謂至尊者莫如天，而社稷次之，以是爲功德配天云耳，非郊祀天而以稷配也。諸侯有祫無禘，《明堂位》云季夏六月，以禘禮祀周公於大廟，牲用白牡。四時之祭，春曰礿，夏曰禘，夫子所謂禘嘗之義者也。今因正夏之禘祭，而用殷天子之禮，以尊公，比於白馬賓王所用禮文，與周天子實異，成王之權而不失其正也。傳世既久，魯之子孫以其爲天子特賜，遂不遵季夏之常期，燕享時祭，概襲用之，以爲光榮。故范獻子曰：魯有禘樂，賓祭用之。《春秋》所記時禘吉禘不一，皆因禘祭禮文特豐，故隨意用之，非爲追祀文王也。《吕覽》云惠公請郊禘於周，王弗許，歸而自用之。蓋二王之後得祭天地三辰。見《國語》。惠公以魯既蒙天子恩，用殷禮以祀周公，竝郊望之禮亦僭如二王之儀，非成王賜而伯禽受也。夫子言杞之郊也祀禹，宋之郊也祀契。天子之事，守周，特崇以賓禮。周公雖聖，猶是臣子，何得妄擬哉？但魯僭用之。郊非燔柴，泰壇之郊，而仿杞宋天地三辰之文，且隆其儀於郊壇之后稷也。故《魯頌》曰皇皇后帝，皇祖后稷。誇耀其祖爲稷神，比于皇天后土之尊，鄙人之見也。《家語》夫子對定公，亦言魯郊非大郊。前人多未明此章之義，故於魯郊禘之事不明。

祝嘏莫敢易其常古，是謂大假。祝嘏辭説，藏於宗祝巫史，非禮也，是謂幽國。

常古，孝慈之義，自古爲然。祝以孝告，嘏以慈告，非徒文也。乃祭者平日實能敬承其先德而後祭，時祝以孝告，尸亦命祝爲辭，以美之，是爲不敢易常古之義，所以爲大美。若平日無孝德之實，徒使祝史以孝告，先尸亦嘏之，且預撰爲辭説，藏於宗祝，巫史臨時用之，則非禮也。幽，闇也。謂君臣皆不明。假通作嘉，美也。《詩》曰假樂君子。

醆斝及尸君，非禮也，是謂僭君。冕弁兵革藏於私家，非禮也，是謂脅君。

大夫具官，祭器不假，聲樂皆具，非禮也，是謂亂國。

斝，古雅反，又音嫁。脅，許劫反。

孔氏穎達曰：夏曰醆，殷曰斝。唯王者之後得用之。周氏諝曰：及尸君，君以獻尸，尸以酢君也。御案：君之冕弁，臣不敢服，何故藏之私家？若臣之冕弁，亦無藏公府之禮，蓋卿大夫之冕弁，必君命乃得服，不待命而自爲之，即藏也。脅，劫脅。具官，官事不攝。祭器，孔氏穎達曰：大夫無地不得造祭器，有地雖造，而不得具足。唯公孤以上得備造。大夫祭不得用樂，唯君賜乃有之。若大夫竝爲上事，則非禮。臣與君敵，敗亂之國。

故仕於公曰臣，仕於家曰僕。三年之喪，與新有昏者，期不使。以衰裳入朝，與家僕雜居齊齒，非禮也。是謂君與臣同國。

承上而言，尊卑之等不可紊也。公臣家僕，名分攸分，君上體恤之可也，縱容之不可也。三年喪與新有婚者，期不使，令所以體恤之。使其臣棄親喪而衰裳入朝，與家僕雜居齊齒，則上實慢之，下亦因而犯上矣。君與臣同國，無尊卑之分也。

故天子有田以處其子孫，諸侯有國以處其子孫，大夫有采以處其子孫，是謂制度。故天子適諸侯，必舍其祖廟，而不以禮籍入，是謂天子壞法亂紀。諸侯非問疾弔喪，而入諸臣之家，是謂君臣爲謔。

天子、諸侯、大夫各有以處其子孫，而不相侵瀆，故各遂其欲，各得其分，制則有所裁，度則有所限。鄭康成曰：以禮籍入，謂太史典禮執簡記奉諱惡者也。天子雖尊，舍人宗廟，猶有敬焉，自拱勑也。無故而相之，是戲謔也。

是故禮者，君之大柄也，所以別嫌明微、儐鬼神、考制度、別仁義，所以治政安君也。

別，必列反。儐音擯。

陳氏澔曰：國之有禮，如器之有柄。孔氏穎達曰：接賓以禮曰擯。別嫌，別尊卑貴賤男女之嫌。明微，明幽微心志之隱。賓，禮鬼神，可以誠格。考定制度，使適中正。分別仁義敬愛，所施無紊，皆所以治其政而安其君也。

故政不正，則君位危；君位危，則大臣倍，小臣竊。刑肅而俗敝，則法無常；法無常，而禮無列；禮無列，則士不事也。刑肅而俗敝，則民弗歸也。是謂疵國。

倍，背君也。竊，攘盜也。先言政不正之弊，而後推其由。法者所以正人，而禮則經緯此法者也。法無常，即禮無列，禮無列，則士不事其事，而民弗歸之。由其末以推其本，故倒言之。士兼大臣、小臣言。疵，病也。

故政者，君之所以藏身也。是故夫政必本於天，殽以降命。命降于社之謂殽地，降于祖廟之謂仁義，降于山川之謂興作，降于五祀之謂制度。此聖人所以藏身之固也。

殽音效。

政成而民安其教，戴君德於不知，若君藏其身然。本於天，天秩天叙，自然之節文也。殽，效也。命即天命。天有此理而君效法之以出政，天施生而地承天命降于社，而有祭后土之禮，效地之成天功也。命降于祖廟，而有祭先之禮，仁義愛敬之本也。命降于山川，而有祭嶽瀆之禮，興作材物備用也。命降于五祀，而禮祭五行之神，制度宫室起居也。固謂久安長治。

故聖人參於天地，竝於鬼神，以治[①]政也。處其所存，禮之序也；玩其所樂，民之治也。故天生時而地生財，人其父生而師教之。四者君以正用之，故君者，立於無過之地也。

申明上文藏身之意。竝，比也。聖人德修於身，凡事必求其可以參天地竝鬼神者，無他，以治政也。以己正人，存於心者，有自然之秩序，處居而安也。及於民者，皆當然之和樂玩愛而守也。蓋天以時育物，地承天生財，皆所以養人。其父師生之教之，亦天地自然之理，而君總其綱，能正己以正人，則政治乃成立於無過之地，君德一天德也。

故君者所明也，非明人者也。君者所養也，非養人者也。君者所事也，非事人者也。故君明人則有過，養人則不足，事人則失位。故百姓則君以自治也，養君以自安也，事君以自顯也。故禮達而分定，故人皆愛其死而患其生。

分去聲。

承上立於無過之地而言。所明，人所賴以明；明人，明於人也。所養，食於人；養人，食人。所事，役人；事人，役於人。明人則有過己不明而因人以明，恐闇於聽而理不正也。沾沾養人則不足，屈己事人則失位，故百姓衆賴於君。君不必降尊勞力，但以禮制之，則人各安分，皆愛其死而恐其徒死，死必以禮。患其生而生不虚生，生必以禮。

故用人之知，去其詐；用人之勇，去其怒；用人之仁，去其貪。

知音智。

申明上文君所明非明人之義。知、仁、勇，天下之達德，所謂父生之而師教之者，然各有其弊。明君以正用之，去詐怒與貪，而知仁勇得其正矣，此所以立於無過之地，所明非明人者也。知，明理。詐，行私。勇，好義。怒，私忿。仁，愛人。貪，泛濫。即三者以明似是而非之界，非至明不能察而去之。所以君爲人所明，不徒明於人。非謂尊賢取友之可無也。

故國有患，君死社稷，謂之義；大夫死宗廟，謂之變。

申明上文愛其死而患其生之義。死生必準於理，即二者以明其概也。國君守土，死社稷爲義；大夫非義，當死君，而爲一己宗廟死，則非常矣。凡死不徒死，當以禮

---

① 治，底本作致，據阮元《十三經注疏》本改。

爲準，可類推。當死不死，則生爲虚生。

故聖人耐以天下爲一家，以中國爲一人者，非意之也，必知其情，辟於其義，明於其利，達於其患，然後能爲之。何謂人情？喜、怒、哀、懼、愛、惡、欲，七者弗學而能。何謂人義？父慈、子孝、兄良、弟弟、夫義、婦聽、長惠、幼順、君仁、臣忠，十者謂之人義。講信修睦，謂之人利，争奪相殺，謂之人患。故聖人之所以治人七情，修十義，講信修睦，尚辞[1]讓，去争奪，舍禮何以治之？

耐，古能字。辟，婢亦反。惡去聲。下弟音悌。長上聲。去、舍竝上聲。治平聲。

天下一家，中國一人，言治之之易。意，私心臆度。情易流，以義節之。辟，闢其途。不一端，利民所便，患民所苦。七情者心之用，而必以理宰之。十義者天之經，而必誠孚情睦。講，講明。修，去其非也。由家而推之，故君臣在後，講明其理，修治其事，則七情當而十義修。反是，則爲人患。凡此皆舍禮無以治之。

飲食男女，人之大欲存焉。死亡貧苦，人之大惡存焉。故欲惡者，心之大端也。人藏其心，不可測度也。美惡皆在其心，不見其色也。欲一以窮之，舍禮何以哉！

惡去聲。度入聲。舍上聲。

情雖有七，約言止欲惡二端耳。情在於心，不可色求，欲一概以窮治之，舍禮無術。蓋禮立而人義正，利患明，天下可以作一家治，中國可以作一人治矣。

故人者，其天地之德，陰陽之交，鬼神之會，陰陽之秀氣也。

天地，一太極也。太極，全體備於人，故爲天地之德。太極動而生陽，静而生陰，陰之靈曰鬼，陽之靈曰神。陰陽變化，而生五行，五行之質有精粗美惡，惟人得其秀氣。交、會言其動静變化，其實一太極之英而已。下文乃詳言之。

故天秉陽，垂日星；地秉陰，竅於山川。播五行於四時，和而後月生也。是以三五而盈，三五而闕。

竅，苦弔反。播上聲。

秉，執持意。日爲陽光，星與日竝言者，以其光照與日同無盈虧而垂照也。地平廣，山川流峙，若開竅然。播五行於四時，承上合天地言之。陰陽屈伸消長，而生五行，四時分布，五行之迹昭然可見。和而後月生，月本無光，映日而生光，晦朔之交，日月合璧，陰陽諧和，至初三日而月哉生明。五日一候，至十五日而盈，陰之象盈，實陽之氣滿也。又五日而哉生魄，三五日而月晦，陰之象消，實陽之氣斂也。即月之盈虧，而陰陽屈伸消長之義朗然如揭。蓋陰陽一天氣之運行，而地實載之，地呈其象，天宰其靈，一元之氣，無時不和。故日月之行，萬古如一，而人實秉其精。夫

① 辭，底本作慈，據阮元《十三經注疏》本改。

子將言人之至貴，故先言此也。

五行之動，迭相竭也。五行四時十二月，還相爲本也。五聲六律十二管，還相爲宫也。五味六和十二食，還相爲質也。五色五章十二衣，還相爲質也。

還音旋。

承上推廣五行之用，以見天之盛也。動，運轉竭盡也。此盛彼衰，彼衰此盛，迭相虧竭，實迭相生化。二句總包下四者。五行見於四時十二月，還相爲本。春木夏火之本，中央土秋金之本，秋金冬水之本，冬水春木之本。五行見於聲律十二管，還相爲宫，宫聲五音之首，黄鐘爲律本，音之元也，十二管皆可以起宫聲，隨其損益變化而皆不離乎中氣，故曰還相爲宫。五行見於飲食酸苦甘辛鹹之五味，調以醯醢、鹽梅、薑桂，十二月各以其時所主之味爲質，而五味六和未嘗不相爲用也。五行見於章采，青黄赤白黑之五色，繪日月星辰山龍華蟲，以爲十二等之衣，各以所宜之色爲質，而五色六章未嘗不交相需也。即四者以例推之，而五行之動可見。

故人者，天地之心也，五行之端也，食味、別聲、被色而生者也。

天地之理，至粹者在人，非人則天地亦不能成其功化，故曰天地之心。端，始也，首也。五行散布於萬物，而其要在人。味、聲、色皆具五行之理氣而人食之、別之、被之以生，故人爲萬物之靈也。

故聖人作則，必以天地爲本，以陰陽爲端，以四時爲柄，以日星爲紀，月以爲量，鬼神以爲徒，五行以爲質，禮義以爲器，人情以爲田，四靈以爲畜。以天地爲本，故物可舉也。以陰陽爲端，故情可睹也。以四時爲柄，故事可勸也。以日星爲紀，故事可列也。月以爲量，故功有藝也。鬼神以爲徒，故事有[①]守也。五行以爲質，故事可復也。禮義以爲器，故事行有考也。人情以爲田，故人以爲奥也。四靈以爲畜，故飲食有由也。

量去聲。畜，許六切。

萬物皆天地所生，以天地爲本，則萬物之理，可該而舉其要。人情本於陰陽，以陰陽爲端，情狀美惡可睹，凡事必待時而成，以四時爲柄，人乃乘時勸事。日星分布流行，有序不紊，民事則之，則有成法而綱紀布列。月之盈虚消息，則天道運行卷舒之迹，以之爲量，則始終消長。相時而爲，凡功可藝。藝，治也。鬼神祇是造化之迹，與之爲徒，凡事盡其人道而鬼神來享，可守而弗失矣。五行循環不窮，一元之氣宰之故也。人事不無盛衰，惟一理以宰之。以五行爲質，則剥復乘除，順適守理，事可周而復始也。凡事若無禮義，即無規範。以禮義爲器，或事或行，可以考其得失。田滋生而不息，人情百出而不窮。人情以爲田，芸治使無伐性，故人爲萬物之主而貴也。奥，主也。四靈，眾物之長。若飲食無禮，暴殄其類，則四靈不至。四靈爲畜，故飲食可以備禮而無濫用也。由，謂由其禮。

---

① 有，底本作可，據阮元《十三經注疏》本改。

何謂四靈？麟、鳳、龜、龍謂之四靈。故龍以爲畜，故魚鮪不淰。鳳以爲畜，故鳥不獝。麟以爲畜，故獸不狘。龜以爲畜，故人情不失。

鮪音偉。淰音審。獝，况必切。狘，許月切。

孔氏穎達曰：淰，水中驚逝。獝，驚飛。狘，驚走。釋四靈及爲畜之義，蓋物與人異類而同生，王者仁恩洽而庶物熙，四靈直如家畜，衆類各安其性，不淰不獝不狘，其氣相感也。龜於四靈之中尤爲有知而切用，人情不失，藉龜卜以交神明，而誠敬篤也。

故先王秉蓍龜，列祭祀，瘞繒，宣祝嘏辭説，設制度。故國有禮，官有御，事有職，禮有序。

蓍音尸。瘞，於列反。繒如字。

鄭康成曰：埋牲曰瘞，幣帛曰繒。宣猶揚也。承上言聖人作則，本天地以及於萬物如此，故先王重之而不敢私心自用。秉蓍龜以决於神明，而列爲祭祀。瘞繒以通幽，宣祝嘏辭説以達意。設爲一切之制度，使人有遵守，故國有典禮，官有以御下，事各得其職，禮各得其序。上禮言其綱，下禮言其紀也。

故先王患禮之不達於下也。故祭帝於郊，所以定天位也；祀社於國，所以列地利也；祖廟，所以本仁也；山川，所以儐鬼神也；五祀，所以本事也。故宗祝在廟，三公在朝，三老在學，王前巫而後史，卜筮瞽侑皆在左右。王中，心無爲也，以守至正。

儐音擯。朝音潮。筮，市制反。瞽音古。侑音又。陳氏澔以王中爲句，從之。

禮達於下，必自正己始。故先王祭帝以定天至尊之位，祀社以列地利之主，祀祖廟以明仁愛之本，祀山川以明賓禮鬼神之道，祭五祀以明事爲之所起。宗祝在廟以盡事神之禮，三公在朝以盡輔導之義，三老在學以明人倫之教。前巫以御不祥，後史以紀言動。卜筮以决猶豫，瞽樂人侑疑丞之屬，所以佐佑君德者。言既制禮以通天地鬼神宗祖，而又廣設輔弼，如此王居中，恭己無爲，不使一毫私意萌動，以守至正，是乃禮之所以達，而自天地以及萬物皆正也。

故禮行於郊，而百神受職焉；禮行於社，而百貨可極焉；禮行於祖廟，而孝慈服焉；禮行於五祀，而正法則焉。故自郊社祖廟山川五祀，義之修而禮之藏也。

藏如字。

承上而言禮達於天下意。百神皆統於天，天心順而百神効職矣。社祀地，地効靈而百貨可極其盛矣。祝以孝告，嘏以慈告，祖先妥而孝慈之義廣矣。五祀，民生日用事爲之本，即此以爲端，而一切法則之正可推，山川亦在乎中矣。義之修，天理之自然，人事之當然，宜如此。禮之藏萬理，皆由此推，若府藏也。

是故夫禮必本於大一，分而爲天地，轉而爲陰陽，變而爲四時，列而爲鬼神。其降曰命。其官於天也。

太一即太極也，以其誠一不貳，故曰大一。大一爲理氣之原，即《易》所謂大哉乾元也。大一剖分而爲天地，運轉而有陰陽，變化而爲四時，燦列而爲鬼神。由一本以達於萬殊，皆天理之自然與其當然。故聖法之以爲禮，其降於萬物則爲命，令其實皆取法乎天，而非有私也。官，法也，主也。

夫禮必本於天，動而之地，列而之事，變而從時，協於分藝，其居人也曰養，其行之以貨力、辭讓、飲食、冠、昏、喪、祭、射、御、朝、聘。

分去聲。養如字。冠上聲。朝音朝。

本於天，天理之自然。動而之地，地承天而亨品物，即禮當然之法象，分列而爲庶事，變化而合時中。分，事物各有分量。藝，治之而治也。居人，人得禮而安，若居然。養，養其身心。貨力所在易争，禮爲之辭讓。飲食、冠、昏以下，皆非貨力不行，皆以辭讓行之，是禮之所以協於分藝而養人也。

故禮義也者，人之大端也。所以講信修睦，而固人之肌膚之會，筋骸之束也。所以養生送死，事鬼神之大端也。所以達天道順人情之大竇也。故唯聖人爲知禮之不可以已也，故壞國、喪家、亡人，必先去其禮。

壞音怪。喪去聲。

行而宜之之謂義，如其宜而履之之謂禮，其實一也。信存於己，睦孚於人。吴氏澄曰：人身膚最外，肌次之，筋次之，骸最内。以肌會膚，以筋束骸，四者之聚爲身是也。有禮則莊敬曰强。大端猶言大要。天道之自然，即人情之當然，達之使勿滯，順之使勿違，如孔穴然，必由之以出入也。唯聖人達天人之奥，故知禮不可已，敗國喪家亡身，必先去其禮，而後悖天忤人，罹於凶禍也。

故禮之於人也，猶酒之有糵也，君子以厚，小人以薄。

糵，魚列反。

酒必麴糵而成，人必順理而生。君子如醇酒，其味厚。小人如醨酒，其味薄。若竟無禮則非人，猶無糵則非酒也。

故聖王修義之柄、禮之序，以治人情。故人情者，聖王之田也，修禮以耕之，陳義以種之，講學以耨之，本仁以聚之，播樂以安之。

治平聲。種上聲。耨，奴豆反。

柄，所執持者，因其宜而爲之。節文則曰禮序，因其宜而第之也。田非芸治不熟，人情非聖王不中。禮有綱紀條目，故如耕，先爲陳説大義，以動其天良，故如種。再爲講學，以精其事，故如耨。禮義熟而心德全，則仁矣。聚如收穫，而聚久或思變，故播樂以暢其天而安之。

故禮也者，義之實也。協諸義而協。則禮雖先王未之有，可以義起也。義者，藝之分，仁之節也。協於藝，講於仁，得之者强。仁者，義之本也。順之體也，得之者尊。

分去聲。

承上而推言之，以明禮本於仁義也。凡事以合理之宜爲主，而理必以禮節文之乃得其宜。故曰義之實，協諸義而協。則雖先王無其禮，亦可以義。起義者治事之分，限天性之品節，協於治事之當然，講於天性之自然，則得之者强，固不屈於物而仁者。尤人之性得於天者，順天性而施於事爲，爲義之本。順之體尊，無以尚也，故得之者尊。

故治國不以禮，猶無耜而耕也。爲禮不本於義，猶耕而弗種也。爲義而不講之以學，猶種而弗耨也。講之以學，而不合之以仁，猶耨而弗穫也。合之以仁，而不安之以樂，猶穫而弗食也。安之以樂，而不達於順，猶食而弗肥也。

耜音似。種上聲。穫，户郭反。

吴氏從曰：此反解上文，而以順爲解也。合仁謂合聚衆理於一心。仁而未能安，是猶與仁爲二也。成於樂而安於仁，則與仁爲一矣。仁者體之全於内，順者用之達於外。體雖全而用猶未達，猶内腹雖充而外體未肥，故必達於順，而後爲禮義治情之極功。

四體既正，膚革充盈，人之肥也。父子篤，兄弟睦，夫婦和，家之肥也。大臣法，小臣廉，官職相序，君臣相正，國之肥也。天子以德爲車，以樂爲御，諸侯以禮相與，大夫以法相序，士以信相考，百姓以睦相守，天下之肥也。是謂大順。

承上達於順意而極言之，即承食之肥以設譬。正，無邪僻也。膚外皮，革内皮。人之肥，即《大學》心廣體胖意。篤，篤厚之至。睦，無可間。和，無所乖。法，躬行法度，廉潔己守。法官修其職，職稱其官曰相序。君正己以率臣，臣誠身以盡忠曰相正。德兼内外，而言車所以載身而行，御所以節車而安。德具於心，而推暨於萬事萬爲，如車之自邇之遠，樂即行之而和之，謂非但鐘鼓琴瑟等也。諸侯以下非不可備德，特以其職守，分輕重言之。禮主於敬讓，法主於遵循。信者成事之本，故以相考；睦者善俗之原，故以相守。天下雖廣，猶一身也，故可以肥言之，而無往不達，即爲大順。

大順者，所以養生、送死、事鬼神之常也。故事大積焉而不苑，竝行而不謬，細行而不失，深而通，茂而有間，連而不相及也，動而不相害也，此順之至也。

苑音婉。謬音繆。

順者，理達而情孚之謂。恐人務求其順，而不中乎禮，故又申言之。常謂自然而不容已，當然而不可紊。苑，多草木養禽獸之地，此借以爲鬱滯之意也。事積而有禮以行之，則不滯。竝行而各有禮，故不錯。謬，細微之事，皆有禮以行之。故不失極深之理，有禮以達之，故通繁茂而各有條理，故有間相連而各有分際，故不相及變動而適得其中，故不相害。蓋合巨細精粗各得其宜，乃爲順之至也。

故明於順，然後能守危也。故禮之不同也，不豐也，不殺也，所以持情而合危也。

危者安之反，世事危者甚多，明乎天理之自然當然，順而行之，雖危無咎，故能守也。豐，太過；殺，不及。情易流易危，以至順之禮持之合之。

故聖王所以順，山者不使居川，不使渚者居中原，而弗敝也。用水、火、金、木、飲食必時。合男女，頒爵位，必當年德。用民必順，故無水旱昆蟲之災，民無凶飢妖孽之疾。故天不愛其道，地不愛其寶，人不愛其情。

渚，之汝反。頒音班。當去聲。孽，魚列反。

申言所謂順者，衹是順乎理之自然，而無拂逆，因以聖王之順言之。合乎情理之當然，而天地與人皆順，習於山川者不使失居，弗勞敝之也。必時，各得其宜，不竭其用，婚姻當其年，爵位當其德。用民必順，不非時而勞役之。不愛道，陰陽和而風雨時。不愛寶，生成多而財貨足。不愛情，親親長長以及於天下人之親長。

故天降膏露，地出醴泉，山出器車，河出馬圖，鳳凰麒麟皆在郊棷，龜龍在宮沼，其餘鳥獸之卵胎，皆可俯而闚也。則是無故，先王能修禮以達義，體信以達順，故此順之實也。

棷、藪同音叟。闚窺同。

又推言順之至者，天地人物無不協應。膏露，露甘如膏。醴泉，泉香如醴。器，鄭康成謂如銀甕丹甑。車，陳澔謂山車垂鉤，不待揉治而自圓曲，是也。俯而闚，巢穴與人相近，不畏避也。無故猶無他，極言順德之應，非有他故，由先王修理以達乎義之當然，體天理人情之誠然者，以達乎人物之所順。故此順之實也，非德極其盛，安能制禮以順天地人哉？

附　解

自羲農以來，聖人迭起，制爲禮以便民生。至唐虞而成功，文章巍然煥然，蓋大典略具矣。然世運以漸而開，人物以漸而盛，又歷三代而法始明備。周公兼三王，以施四事，禮之精微廣大，蓋無弗周詳。而宰制無人，日久弊生，固其常理。夫子欲爲東周，使得志於時，監前代而損益之，所以善世宜民者，雖因革不同，然豈或有異於五帝三王哉？奈遇合無期，則空言奚補？與蜡賓而興歎，歎魯即以歎周，謂周公之遺留，不可復見耳。及言偃進叩，而夫子乃慨然於大道之行，三代之英。夫大道之行而曰三代之英，固非上古洪荒之治也。而或乃疑其語涉空濶，非夫子之言，豈非未明其語義乎？天下爲公，非謂禪讓也。堯以唐興，舜以虞號，上古君民，止如後世部落酋長，故成邑成聚成都，舜有羶行，不以爲怪。而殷之居亳，周之居岐，亦非受封夏商。即周室之興也，庸蜀羌髳從征牧野，而不入版圖，井田封建，止此中原之地，蓋聖人未嘗欲胥天下而臣妾之，又何嘗欲盡疆宇而控馭之？此即公天下之説也。不獨親其親、不獨子其子，則言老吾老以及人之老，幼吾幼以及人之幼，非謂不親其親而親人之親，不子其子而子人之子。其他誤會，皆因章句不明之故。若夫篇中言禮之初、禮之失，而歸結於聖人作則與大順之義，下篇言禮時爲大順，次之因時處中，固非聖人不能也。而能以義行禮，肥其身以曁於天下，則亦可以次於大同，而不僅小康。蓋夫子實有聖王之德，而不得其時，平日以禮教人，使之自束身心，漸臻美大。至折衷前聖，爲禮制以化民，其時中妙用，則非空言可了。因言偃問而反復言之。古今事變，帝王治道大意，蓋已悉該其中，以夫子言禮遺文考之，未有精詳若斯篇者也。讀者其可忽諸?

禮記恒解卷十 晚年定本

禮　器

禮以範人倫，自朝廟以暨民生日用，皆有禮，即皆有器。此篇略舉其概，以明聖人制禮精意，即器而可識矣，故曰禮器。中有譌誤，隨文正之。

禮器，是故大備。大備，盛德也。禮，釋回，增美質，措則正，施則行。其在人也，如竹箭之有筠也，如松柏之有心也。二者居天下之大端矣，故貫四時而不改柯易葉。故君子有禮，則外諧而内無怨。故物無不懷仁，鬼神饗德。先王之立禮也，有本有文。忠信，禮之本也。義理，禮之文也。無本不立，無文不行。

措，七路反，又作厝。

此節冒起全篇。禮必有器，是故聖人大備其器。大備，聖人之盛德，所以範圍曲成也。釋回增美質，閑其邪而存其誠也。措諸己則正，施諸人則行。竹箭有筠，以飾於外，松柏有心，以固於内。大端猶大要。貫四時而不改柯易葉，喻其貞且久也。外諧和合於人，内無怨無憾於己。禮合萬物之情而通鬼神之奥，故懷仁饗德。承以有本有文。明乎器以行禮，禮不徒器，欲人務忠信以清其源，明禮義以善其用也。

禮也者，合於天時，設於地財，順於鬼神，合於人心，理萬物者也。是故天時有生也，地理有宜也，人官有能也，物曲有利也。故天不生，地不養，君子不以爲禮，鬼神弗饗也。居山以魚鼈爲禮，居澤以鹿豕爲禮，君子謂之不知禮。

天時變化而生萬物，禮隨時而損益合中。地生財以養人，禮因地制宜，各得其當，如陳設然。設，陳也。鬼神者理之，宰以禮合天理，順鬼神，亦順人心，有天理，禮因而節文之，合其本心之良。萬物錯雜，有禮而後各得其理。理，治也。人以五官爲能，物各有所，利用不一致，故曰曲。聖人因天地人物自然之理制禮以品節之，故可以通鬼神而奠民物，非是不以爲禮。居山以水産爲禮，居澤以山産爲禮，則不順其自然，即非禮之當然，舉以概其他。

故必舉其定國之數，以爲禮之大經。禮之大倫，以地廣狹。禮之薄厚，與年之上下。是故年雖大殺，衆不匡懼，則上之制禮也節矣。

狹音洽。上下之上上聲。殺，色介切。匡音眶。

定國之數，謂地物所出多少。經猶法也。倫猶例也。禮非財用不行，酌地廣狹以爲禮之厚薄，又視豐凶以爲隆殺，即年大殺而衆不恐懼，仍循禮而行，以上之制禮有節故也。此節乃言制禮之義。

禮，時爲大，順次之，體次之，宜次之，稱次之。堯授舜，舜授禹，湯放桀，武王伐紂，時也。《詩》云：匪革其猶，聿追來孝。天地之祭，宗廟之事，父子之道，君臣之義，倫也。社稷山川之事，鬼神之祭，體也。喪祭之用，賓客之交，義也。羔豚而祭，百官皆足，大牢而祭，不必有餘，此之謂稱也。

稱去聲，後皆同。革音棘。

時，隨時以處中也，惟聖人能然，故爲大。下四者皆在時字中，而得其一端，不必全備，故次之。順，順其自然之理。體，别其體類。宜，合於當然。稱，如其分量。即揖讓征誅以明，惟聖人能時中。《詩》言文王非急於成已之欲，乃追述先人之孝於來兹，蓋聖人事天如事親，揖讓征誅承天心而爲之，亦猶是也。天地之祭數事，皆天理自然之倫次，聖人順而修明之。社稷、山川、鬼神，皆有祭而所事不同，則禮類亦異。喪祭、賓客、吉凶，殊而禮不侔，各適其宜。羔豚逮於百官，大牢惟在天子，各稱其爵位之大小，非故爲豐嗇。申言制禮有此五義，而器之所以異也。

諸侯以龜爲寶，以圭爲瑞；家不寶龜，不藏圭，不臺門，言有稱也。

上文言五者禮之大凡，而稱尤所以别尊卑正名分，故特申言之，以起下文。國有守龜以卜吉凶，而爲天子守土。圭受於天子，故以爲瑞。大夫之家則不然。臺門，門兩旁築士爲臺，闕其中，曰闕，曰兩觀，曰象魏，皆是也。

禮有以多爲貴者。天子七廟，諸侯五，大夫三，士一。天子之豆二十有六，諸公十有六，諸侯十有二，上大夫八，下大夫六。諸侯七介七牢，大夫五介五牢。天子之席五重，諸侯之席三重，大夫再重。天子崩，七月而葬，五重八翣；諸侯五月而葬，三重六翣；大夫三月而葬，再重四翣。此以多爲貴也。

介音戒，後同。重平聲，下同。翣，所甲反。

孔氏穎達曰：士一廟，據下士爲言。若適士，則二廟也。天子豆二十六，正差也。尊者宜備味。諸公，上公。諸侯，侯伯子男。十六、十二，更相朝時堂上之豆數。上下大夫或八或六，皆主國食使臣堂上之豆數。介，副也。牢，太牢也。諸侯朝天子，天子以大牢禮賜之。介及牢，不云天子者，天子無介牢禮無等及爲賓客之事也。諸侯席三重，相朝時賓主皆然。尊者須從厚葬。五重，謂藉棺茵褥。鄭氏據《儀禮》兼抗言，非是。翣，棺羽飾。

有以少爲貴者。天子無介，祭天特牲。天子適諸侯，諸侯膳以犢。諸侯相朝，灌用鬱鬯，無籩豆之薦。大夫聘禮以脯醢。天子一食，諸侯再，大夫、士三，食力無數。大路繁纓一就，次路繁纓七就，圭璋特，琥璜爵。鬼神之祭單席。諸侯視朝，大夫特，士旅之。此以少爲貴也。

犢音獨。朝，直遥反，下同。脯音甫。醢音海。繁音盤。琥音虎。璜音黄。單音丹。

鄭康成曰：天子無介，無客禮也。孔氏穎達曰：天神尊貴質，故祭止一特牲。諸侯事天子，如天子事天，故奉膳亦止用牛。諸侯相朝，朝享禮畢，未饗食之前，主君酌鬱鬯之酒以獻賓，示相接以芬芳之德，不在殽味也。大夫行聘禮畢，主國禮之酌，以酒而又有脯醢，是味稍多也。食，飡也。尊者以德爲飽，不在食味，故每一飡輒告飽，待勸之乃更飡。諸侯再食而告飽，大夫、士德轉少，告轉疏。自食其力者，以飽爲度，不須告勸，故飡無數也。繁，馬腹帶。纓，鞅也。染絲而織之曰罽，五色一帀曰就。就，成也，言色帀則一成。大路，車既朴素，馬亦少飾。圭璋，玉中之貴也，不用他物媲之，言以德獨達於君前也。琥璜，玉劣於圭璋，不特達，附爵乃通。單席，神道尊而異人不假多也。諸侯視朝，日出見諸臣。特，人人揖之。旅，共一揖也。御案：玉路有再就，《郊特牲》言次路、五就，指繼先路之次路。此七就指繼次路而又次者也。周路有五，則殷路固不止於三矣。

有以大爲貴者。宫室之量，器皿之度，棺椁之厚，丘封之大，此以大爲貴也。

量音亮。皿，命景反。

方氏慤曰：周官典命宫室，以命數爲節，自上公至子男，或以九，或以五，各有等差。宫室貴大也，天子之路弓斗房，皆謂之大，此器皿貴大也。尊者之棺四重，卑者止於一重，椁則周於棺。《周官·冢人》以爵等爲丘封之度，此棺椁丘封貴大也。量言所容，度言所至，互相備也。車旂之屬謂之器，不可謂之皿。籩豆之屬謂之皿，亦可謂之器。積土言之曰丘，度土言之曰封。丘必高，封則不必高也。

有以小爲貴者。宗廟之祭，貴者獻以爵，賤者獻以散，尊者舉觶，卑者舉角。五獻之尊，門外缶，門内壺，君尊瓦甒。此以小爲貴也。

散去聲。觶音志。缶，方有反。甒音武。

鄭康成曰：凡觴一升曰爵，二升曰觚，三升曰觶，四升曰角，五升曰散。獻，獻尸也。壺大一石，瓦甒五斗。孔氏穎達曰：凡饗有酒，其列尊之法，缶盛酒在門外，壺在門内。瓦甒云君尊，則壺缶但飲諸臣也。今《韓詩説》：爵，盡也，足也。觚，寡也，飲當寡少。觶，適也，飲當自適。角，觸也，不能自適觸罪過也。散，訕也，不能自節，爲人所謗訕。總名曰爵，其實曰觴，觴者，餉也。觥亦五升，所以罰不敬。觥，廓也，所以著明之貌。君子有過，廓然明著，非以餉不得名觴。

有以高爲貴者。天子之堂九尺，諸侯七尺，大夫五尺，士三尺。天子諸侯臺門。此以高爲貴也。

御案：階以一尺爲一級，臺門惟在雉門。但天子外闕兩觀，諸侯内闕一觀爲别耳。

有以下爲貴者。至敬不壇，埽地而祭。天子、諸侯之尊廢禁，大夫、士棜禁。此以下爲貴也。

壇，大丹反。棜，於據反。

方氏慤曰：祭天之禮，謂之至敬。壇待人爲高，非體之自然也，故埽地以致其潔。有足爲禁，無足爲棜，廢去之也。有足則高，無足則下。棜禁皆承酒尊之器，棜以厭飫爲義，禁以禁止爲義，尊者取其厭飫，卑者禁其過飲。陳氏祥道曰：天子，諸侯之尊，有罍有舟，謂雷動以時，則有鼓物之利，否則害物；舟，善操之則利濟，否則覆溺，所以爲戒也。德尊者有戒而無禁，德卑者戒而又禁之，天下所以無彝酒之過。

禮有以文爲貴者。天子龍衮，諸侯黼，大夫黻，士玄衣纁裳。天子之冕，朱緑藻，十有二旒，諸侯九，上大夫七，下大夫五，士三。此以文爲貴也。

黼黻音甫弗。纁，許云反。

即祭冕服之一端，以言其貴文。龍爲至陽之精，人君則天，以此表其德。諸侯德貴乎能斷，故言黼。大夫貴乎能辨，故言黻。士服止於玄衣纁裳，則質而已。天子至士，皆玄衣裳閒色。天子至士，皆纁裳。所異者，特藻績之功，或多或寡，或有或無而已。

有以素爲貴者。至敬無文，父黨無容。大圭不琢，大羹不和，大路素而越席，犧尊疏布鼏，樿杓。此以素爲貴也。

琢又作瑑，丈轉反。大羹之大音泰。和去聲。越音活。犧如字。樿音展。

敬之至者不尚文飾，所以有貴素之禮。容，容飾。孔氏穎達曰：大圭，天子朝日月之圭。大羹，肉汁不和，無鹽梅也。大古初變腥，但煮肉而飲其汁，未知調和，後人祭則用之，以存古意。大路，殷祭天車。越席，蒲席，祭天質素，故然。疏，麤也。鼏，覆也，《冪人》云祭祀以疏布巾冪八尊。陸氏佃曰：凡木不飾爲樿，若龍勺、疏勺、蒲勺，則於杓加飾矣。　　御案：犧尊之制，惟聶崇義畫牛尊腹之圖近之。

孔子曰：禮不可不省也。禮不同、不豐、不殺。此之謂也。蓋言稱也。

省，悉并反。殺，所戒反。稱去聲。

省，察也。引子言證上諸事。禮既所趣不同，不察則禮道無由而知。不豐，應少不可多。不殺，應多不可少也。

禮之以多爲貴者，以其外心者也。德發揚，詡萬物，大理物博，如此，則得不以多爲乎？故君子樂其發也。禮之以少爲貴者，以其内心者也。德產之致也精微，觀天下之物無可以稱其德者，如此，則得不以少爲貴乎？是故君子愼其獨也。

詡音許。樂，吾教切。

一理也，發於外曰外心，存於内曰内心。禮備於身曰德，德發揚普於萬物，其理至大，其物至博，故以多爲貴。蓋君子樂其德之及人，非自夸也。詡，普也。德產，蓄德之地。致，密緻。德藴於心，生生而不窮，精微而難測，無物可以象之，以少爲貴也。獨知之地，萬物性命繫焉，安得不愼以爲制禮之本。

古之聖人，内之爲尊，外之爲樂，少之爲貴，多之爲美。是故先王之制禮也，不可多也，不可寡也，惟其稱也。

樂音洛。

德藴於内，與天地參，故尊德及於物，無不生成，故樂少以寓無華之意，多以成濟物之功。多寡無定，唯其當乎時中而已。

是故君子大牢而祭謂之禮，匹士大牢而祭謂之攘。

大音泰。攘，如羊反。

鄭康成曰：君子謂大夫以上，即一端以明理，唯其稱之意。攘，非其有而取之也。

管仲鏤簋朱紘，山節藻梲，君子以爲濫矣。晏平仲祀其先人，豚肩不掩豆，澣衣濯冠以朝，君子以爲隘矣。

鏤，力豆反。簋音軌。紘音宏。梲，章悦反。澣又作浣。朝，直遥反。

孔氏穎達曰：簋，盛黍稷之器。紘用組爲之，從下屈而上屬之於兩旁，垂餘爲纓，二者天子之飾。山節，刻柱頭爲斗拱，形如山也。藻梲，畫梁上侏儒柱爲藻文，亦天子廟飾。大夫祭用少牢，士特豚，而平仲用豚，豚又過小。必言肩者，周人貴肩，肩在俎。今云豆，喻其小，假豆言之也。方氏慤曰：濫者溢而無所制，隘者陋而無所容。陳氏澔曰：管仲豐而不稱，晏子殺而不稱也。

是故君子之行禮也，不可不愼也。衆之紀也，紀散而衆亂。孔子曰：我戰則克，祭則受福，蓋得其道矣。

愼謂愼其行禮之原。紀對綱而言。禮以别衆理，如紀無紀，則衆物皆不理，故亂。戰克，仁智洽也。祭受福，誠敬孚也。夫子不自聖，此必有爲而言，私訓門弟子者也。而記者引之，以見聖人有以裕其原，勖人必先愼德。

君子曰：祭祀不祈，不麾蚤，不樂葆大，不善嘉事，牲不及肥大，薦不美多品。

麾，毁皮反。蚤音早。葆音保，本又作保。

祈，求也。不祈，無私禱也。麾之言快也。祭有常期，不以先時爲快。葆者，褒也。頌禱不貴褒大。嘉事，嘉禮，告神以致孝敬，不以其爲嘉事而更豐美，必循乎禮。牲不肥大，薦不多品，申言不善之義。

孔子曰：臧文仲安知禮！夏父弗綦逆祀而弗止也。燔柴於奥。夫奥者，老婦之祭也。盛於盆。尊於瓶。

父音甫。綦，《左傳》作忌。燔音煩。奥，依鄭作爨。盛音成。

引此以明失禮不稱之事。閔公嫡而少，僖公庶而長，俱莊公子。莊公卒，閔公立，閔公卒，僖公立，僖公卒，子文公立。夏父弗忌爲宗伯，躋僖公於閔公之上，臣先君，庶先嫡，故爲逆祀。文仲弗能止。禮：尸卒食而祭，饎爨饔爨，時人以爲祭，火神，乃燔柴，文仲亦弗止。故孔子譏之。老婦，先炊者也。盆、瓶，皆炊器，明其禮卑賤，非祭火神也。

禮也者，猶體也。體不備，君子謂之不成人。設之不當，猶不備也。禮有大有小，有顯有微。大者不可損，小者不可益，顯者不可揜，微者不可大也。故《經禮》三百，《曲禮》三千，其致一也。未有入室而不由户者。君子之於禮也，有所竭情盡慎，致其敬而誠若，有美而文而誠若。

當去聲。

鄭康成曰：猶體，若人身體。致之，言至也。一，謂誠也。《經禮》大綱，《曲禮》節文，或竭情盡慎以致其敬，或有美而文，皆非誠不可，所謂其致一也。若，語助辭。

君子之於禮也，有直而行也，有曲而殺也，有經而等也，有順而討也，有摲而播也，有推而進也，有放而文也，有放而不致也，有順而摭也。

殺去聲。摲音芟。放上聲。摭，之石反。

直而行，若至敬無文，始死，哭踊無節。曲而殺，若父在，爲母期。經而等，若三年之喪自天子達。討，求也，進求其理，若服制由父母而遞衍。摲，芟也，若常禮遇變減等。播，布也，布於人，使知變通，推而進，以其情誼貴賤，禮本輕而推而進之，以致其隆。放不拘制，意如冕之尚文，孝養之從豐。放而不致，雖不爲之限制，亦不得極致，以入於僭侈。摭，拾取也。如喪之有杖，即別其苴桐，起居飲食之必需，即因而品節。

三代之禮一也，民共由之，或素或青，夏造殷因。

一也者，損益不同，歸於一中也。即素與青，以明禮之不可變者，聖人必因。秦趙高變亂名實，以青爲黑，黑爲黄，記者襲其語而名白與黑。

周坐尸，詔侑武方，其禮亦然，其道一也。夏立尸而卒祭，殷坐尸，周旅酬六尸。曾子曰：周禮其猶醵與？

侑音又。武，鄭作無。醵，七庶反。與音餘。

孔氏穎達曰：殷人坐尸，周因之。詔，告。侑，勸也。告尸行節及勸尸飲食，無定方，若孝子就養無方。周因於殷之禮，事亡如事存，理不可易，故曰道一。夏禮質言尸，是人不可久坐神坐，故惟飲食時暫坐，非飲食，則尸倚立，以至祭竟。殷益爲常坐之禮，周又因殷而爲次序酬尸之禮。合錢飲酒爲醵，旅酬相酌似之也。昭穆各用一尸，大祀不與旅酬，故惟旅酬六尸。

君子曰：禮之近人情者，非其至者也。郊血，大饗腥，三獻爓，一獻孰。

爓音潛。

聖人節文人情而有禮，即事天明，事地察，亦是人至情之所推極，而曰近人情，非其至。記者之陋也，以其獻物言之，所見甚淺。郊祀天，先獻血，次腥，次熟。大饗先王，先獻腥，三獻，祭山林川澤。爓，沈肉之湯也。一獻，群小祀。

是故君子之於禮也，非作而致其情也，此有由始也。是故七介以相見也，不然則已慤，三辭三讓而至，不然則已蹙。故魯人將有事於上帝，必先有事於頖宮；晉人將有事於河，必先有事於惡池；齊人將有事於泰山，必先有事於配林。三月繫，七日戒，三日宿，慎之至也。故禮有擯詔，樂有相步，温之至也。

蹙音促。頖或作泮。惡池即滹沱。相、温竝去聲。

作而致强，造作以屈人。由始，謂禮本於天理人情，如賓主相見，必有介以道之。又辭讓而後進，不然，則過慤而野，過蹙而躁，而情反無以致矣。惡池，川名。配林，林名。河岱之從祀也，不直告所祭，而先告其所配，慎之至也。祭先繫牲於牢，芻之三月。戒，散齋。宿，致齋也。擯以道儀，詔以達意，相以治亂歌之終，步以見方舞之始。温如柔色以温之温，言不直致其情也。

禮也者，反本修古，不忘其初者也。故凶事不詔，朝事以樂，醴酒之用，玄酒之尚，割刀之用，鸞刀之貴，莞簟之安，而稾鞂之設。是故先王之制禮也，必有主也，故可述而多學也。

鸞，刀端反。莞音官。簟，徒點反。稾、鞂、秸，同。

本謂天理，即人之性也。古，古時。古人樸厚，天性未漓，後世人心澆漓，聖人故制禮，使人反本修古，不忘其本初之性。詔，告也。古人行禮，必有相禮者。告之凶事，不待告而哭泣。朝廷以養賢爲樂，故人臣入門而縣興，哀其親而樂其君，皆本性也。醴酒、玄酒見前。割刀利於割肉。鸞刀，古刀，刀鐶有鈴，宗廟不用割刀而用鸞刀。莞簟精細可安，而郊祭不用。稾鞂，取稈藁爲席，粗質乃用之。凡此皆以修古也。主，主宰之理。述，相傳述。多學，禮正所以爲復性之實。

君子曰：無節於内者，觀物弗之察矣。欲察物而不由禮，弗之得矣。故作事不以禮，弗之敬矣；出言不以禮，弗之信矣。故曰：禮也者，物之致也。

禮者，天理之節文。凡行禮者内純乎理，然後於事能有節制。或無節於内者，雖欲行禮，觀物弗察其是非。孔子曰：人而不仁，如禮何？克己復禮即此意。不由禮，則觀物作事出言，皆不可。然必先有節於内。致，推及也。内有節而後推致以及於物理皆當，故誤解格物不先求有節於内，而徒物物窮理，爲無當也。

是故昔先王之制禮也，因其財物而制其義焉爾，故作大事必順天時，爲朝夕必放於日月，爲高必因丘陵，爲下必因川澤。是故天時雨澤，君子達亹亹焉。

朝音朝。放上聲。亹音尾。

財物人所必需，而無禮則亂，故先王因而致其義。然其義非由意造也。皆天地自然之理。如作大事，必順天時以爲興作，朝日夕月，以敬天紀。高則因乎丘陵，下則因乎川澤，皆順其自然之義而制爲禮。是故天時至而雨澤降，造化生成之理，自然不爽。君子則順天而達其勉勉之之懷。凡禮之制，皆必則天地而爲之。

是故昔先王尚有德，尊有道，任有能，舉賢而置之，聚眾而誓之。

體道於身謂之德，而分言者，德不一端，道則全德之人能，不必皆道德而有才藝者。置之使在位，誓之示至公，道德賢能，皆分得天地之理者。先王故順天，而制理以待之。

是故因天事天，因地事地，因名山升中于天，因吉土以饗帝于郊。升中于天，而鳳皇降，龜龍假。饗帝于郊，而風雨節[①]，寒暑時。是故聖人南面而立，而天下大治。

假音格，至也。治平聲。

因天事天，因地事地，即事天地之理。以見聖人無禮不本於天地。升中，巡狩至於方嶽，燔柴祀天王者，中天地而立，宰制群倫，爲三才之主，告其職於天，升高山以達中心之誠。吉土，圜丘也。蓋天子承天理物，即時雍風動，猶恐有過，故告天地以祈宥，非自矜也。升中祗是升高，近天以告上帝。五嶽高如在天中然，故曰升中於天。鳳凰以下瑞應，因其則天而安民物，故應有此瑞，非因此升中饗帝之儀文也。後世妄解，謬爲封禪之説，則非禮而反獲罪於天。

天道至教，聖人至德。廟堂之上，罍尊在阼，犧尊在西。廟堂之下，縣鼓在西，應鼓在東。君在阼，夫人在房。大明生於東，月生於西。此陰陽之分，夫婦之位也。君西酌犧象，夫人東酌罍尊，禮交動乎上，樂交應乎下，和之至也。

罍音雷。犧如字。縣音玄。應去聲。分，扶問反。

天道無言，而燦著於日月星辰事物者，皆有禮，即至教也。聖人體之，是爲至德。君立於阼以象日生於東，夫人在西房以象月生於西。而犧尊縣鼓，君所酌也，反在西；罍尊應鼓，夫人所酌也，反在東，以君與夫人交相酌獻，取其便也。陰陽和而萬物生，夫婦和而萬化理，即此一端，可概其餘。禮謂君夫人酬獻之禮，樂謂縣鼓應鼓之類。縣鼓，大鼓。應鼓，小鼓也。案君后萬民之父母，天地又君與后之父母。故

① 節，阮元《十三經注疏》本無此字。

修身正家，上事天祖，下安民物，夫婦之責同，因有此禮。後世反之，云重夫綱，實失正内正外之禮矣。

禮也者，反其所自生。樂也者，樂其所自成。是故先王之制禮也以節事，修樂以道志。故觀其禮樂而治亂可知也。蘧伯玉曰：君子之人達。故觀其器而知其工之巧，觀其發而知其人之知。故曰：君子慎其所以與人者。

道音導。蘧平聲。治音智。

人本天理而生，失其性乃悖於理。聖人以禮節之，使循理以返乎性之本然，故曰反其所自生，樂其所自成。理見於事，非禮不節，理得於心，非樂不和。先王以禮樂節之，道之本於人心，而達於事爲，故治亂可知。達，聰明也。即器可以知工巧拙，即發可以知人知愚，况禮樂之本於性而著爲物則者乎？故君子慎其所以與人者與人，謂應事接物，不可不由禮樂也。

大廟之内敬矣！君親牽牲，大夫贊幣而從。君親制祭，夫人薦盎。君親割牲，夫人薦酒。卿大夫從君，命婦從夫人。洞洞乎其敬也，屬屬乎其忠也，勿勿乎其欲其饗之也！納牲詔於庭，血、毛詔於室，羹定詔於堂：三詔皆不同位，蓋道求而未之得也。設祭於堂，爲祊乎外，故曰：於彼乎？於此乎？

大音泰。從去聲。盎，烏浪反。洞音慟。屬音竹。祊，百彭反。

此申上文君夫人行禮本陰陽和之義，而以洞洞等形其忠敬皆同。祼鬯既訖，君出廟迎牲，牽牲而納於庭，大夫則贊佐執幣而從。殺牲既畢，進血腥之時，君斷制牲肝祭神於室，夫人薦盎，齊以獻之。卿大夫從君，謂制祭割牲之時。命婦從夫人，謂薦盎齊時。洞洞，質慤貌。屬屬，專一貌。詔，告也。牲入在庭，以幣告神於庭，殺牲取血及毛，入，以告神於室。羹，肉湆也。定，孰肉也。羹肉既熟，將迎尸主入室，乃先以俎盛之，告神於堂。三詔皆不同位，蓋言求神而未必得也，故致其敬慎也。設祭，謂薦腥爓之時，設此所薦於堂廟門，謂之祊。繹祭在廟門外之西。鄭康成曰：勿勿猶勉勉也。於彼於此，不知神之所在也。

一獻質，三獻文，五獻察，七獻神。

此大概言獻禮之義。天地五帝先王之類，大祀也。社稷五祀之類，中祀也。四方百物之類，小祀也。大祀獻多，小祀獻寡。一獻熟，近於人，情爲近，故曰質。三獻爓，異於人，情漸遠，故曰文。察，明察，言其神居高而察下。神則不可方物，然此節於義欠安。夫祭所以達其誠敬也，自群小祀以至大祀，禮所當祭，必將以誠敬，即父母亦無不以察且神奉之也。而乃以獻之多寡别之乎？神人均有尊卑，則禮之有獻亦異。漢儒去古漸遠，斤斤儀文，不識本原，故其言如此。

大饗，其王事與？三牲、魚、腊，四海九州之美味也，籩豆之薦，四時之和氣也。内金，示和也。束帛加璧，尊德也。龜爲前列，先知也。金次之，見情也。丹、漆、絲、纊、竹、箭，與衆共財也。其餘無常貨，各以其國之所有，則致遠物也。其出也，《肆夏》而送之，蓋重禮也。

與平聲。腊音昔。内音納。見音現。纘音曠。肆如字。

大饗，祫祭也。備物非天子不能，故曰王事。三牲、魚、腊，籩豆之薦，諸侯所貢，致九州美味及和氣所產，以將孝享，皆以天下養之義。金可剛可柔，爲和命，諸侯内金，庭實先設之，示君臣和同意。諸侯朝而行享，以束帛加璧於上，君子比德於玉，故尊之也。龜能前知，陳在前，金次之，見人情所同欲。纘，緜也。與衆共財，示王者不以財自私，故能合天下之財以享親。遠物皆致，王者德無外，則親之澤亦無外也。諸侯助祭，禮畢而出，作《肆夏》之樂以送之，明大饗之禮極重，惟天子能合萬國之歡，以祀其先也。

祀帝於郊，敬之至也。宗廟之祭，仁之至也。喪禮，忠之至也。備服器，仁之至也。賓客之用幣，義之至也。故君子欲觀仁義之道，禮其本也。

天至尊，就郊之曠遠而祭，不敢致之，敬之至也。思親追遠，仁之至也。自始喪至終喪，喪禮繁重，然皆所以自盡其誠。無一毫文飾，故爲終之至。備服器，不敢死其親，仁之至。賓客相見必以幣，將其厚意，人情之宜，故爲義之至。仁義根於心而見於事，爲非禮則無由見，故欲觀仁義之道，禮其本也。

君子曰：甘受和，白受采，忠信之人可以學禮。苟無忠信之人，則禮不虚道。是以得其人之爲貴也。

和去聲。

鄭康成曰：道猶由也，從也。味必甘而後能和，質必白而後能受，采人必忠信而後可學禮。御案：前既廣言義理，禮之文，此復歸本忠信，以見必本立而文乃行也。

孔子曰：誦《詩》三百，不足以一獻。一獻之禮，不足以大饗。大饗之禮，不足以大旅。大旅具矣，不足以饗帝。毋輕議禮。

旅從方，與從示者别。

誦《詩》三百，喻多學而不踐禮也。一獻，大饗，見前。大旅，陳師鞠旅，告廟而後行，可以祭群小祀而不可以饗先王，誠可以格幽而未足以合衆志，可以合衆志而未足以通上帝，蓋其禮愈重，則其誠乎愈難。故毋輕議禮。引以足上文忠信禮之本意。

子路爲季氏宰。季氏祭，逮闇而祭，日不足，繼之以燭。雖有强力之容、肅敬之心，皆倦怠矣。有司跛倚以臨祭，其爲不敬大矣。他日祭，子路與，室事交乎户，堂事交乎階，質明而始行事，晏朝而退。孔子聞之，曰：誰謂由也而不知禮乎！

跛，彼義反。與音預。朝音潮。

鄭康成曰：季氏祭，謂舊時倦怠，以其久也。偏任爲跛，倚物爲倚。室事，祭時。堂事，儐尸。孔氏穎達曰：逮，及也。正祭之時，事尸在室，室外人將饌至户，内人於户受饌，設於尸前，相交承接，在於户也。儐尸之時，事尸於堂，堂下之人送饌至階，堂上之人於階受取，是交乎階也。質，正。晏，晚也。愚按：禮以將敬，周末文盛而敬不足。子路節繁文以將敬，不拘拘於古，而得禮之中，故孔子稱之。記者記此於末，以明禮當隨時變通，不可泥古，尤不可失中也。

附　解

禮者所以節文天理，故凡理之所當爲者，必有禮以行之。經禮三百，威儀三千，無處非禮，即無處非天理之發皇。而其器數儀節，隨時而通變者，古今亦多異宜，要在神明規矩不失至中而已。聖人制禮以節民性，而盡性之學，豈斯民旦夕可幾哉！亦惟使之服習於儀文，變化其氣質，而六德六行，平日所以陶淑者有方，故内神明其志氣，外服習於威儀，本末交修，動静相養。三代盛時，所以致民於中和而多循乎天理也。世運益衰，踰閑蕩檢，先王之禮制幾爲虛文，而一二好古之士，斤斤遺文，反復辨析。夫其珍重於聖賢之傳，恐違乎古初之意，固屬雅懷，而拘泥穿鑿，間亦有焉，則人益視禮爲畏途矣。此篇名禮器，而篇首即揭明大備盛德也。言聖人有盛德，而乃制爲禮器，故禮必有器，知禮之本者，始能神明於器。申之曰忠信，禮之本也。末仍歸結到忠信之人可以學禮，而以子路助祭於季氏，不拘拘舊制，夫子稱爲知禮。子路固忠信人也，意與篇首神迴氣合。作者其亦有所心得與？夫天下至大，六合民物尤繁，因其風土人情而爲之禮，即各有器，時勢不同，好尚各異，安有執此篇所言之器而可以行禮者哉？第不觀古人，不知尚象之意，得其大義，則禮且可以隨時處中，而况於器乎？篇中惟近人情者非其至及一獻質二節，於義不純，學者當分別觀之。

禮記恒解卷十一 晚年定本

郊特牲

此篇多記禮意，而雜以冠昏二段，其義詳附解。摘篇首三字以名篇，亦無深意。間有引伸上篇之意者，非必原與《禮器》通爲一篇也。中有疑誤，隨文正之。

郊特牲而社稷大牢。天子適諸侯，諸侯膳用犢。諸侯適天子，天子賜之禮大牢，貴誠之義也。故天子牲孕弗食也，祭帝弗用也。

大音泰。膳，市戰反。犢音獨。孕，餘證反。

禮統於天子，而天至尊，故以郊社之禮首明之。特，牲也，太牢也，犢也。天地至尊，社稷生養至宏，天子代天出治，諸侯奉天子以亮天工，故牲牢均用一。誠，專一之義也。人心專一則誠，二則惑。然以食物祀神，事天地如事父母，事群神如事尊長，牲牢用其碩，特亦不得已耳。若恣殺，則反傷天地之仁，故牲孕弗食，祭帝弗用。獨言天子，天子教化之主，非謂天子以下可以不然也。

大路繁纓一就，先路三就，次路五就。郊血，大饗腥，三獻爓，一獻孰。至敬不饗味而貴氣臭也。諸侯爲賓，灌用鬱鬯，灌用臭也。大饗，尚腶修而已矣。

繁音盤。腶，丁亂反。

祭祀用牲牢，此義人罕知之。記者恐人以爲近褻，故篇首特揭言之，而又推廣郊之車與血，明至敬以將至誠，諸侯以下陪說。御案：大路，郊之車也。而先路、次路之繁，其飾者不與焉。郊血也，而腥爓熟不得竝焉。事天以質，且至尊，故不與其他同。至敬不饗，味不尚氣臭耳。諸侯爲賓，灌用鬱鬯，亦不饗味。天子饗諸侯於廟中，亦從其質，猶是不饗味之意。腶，捶肉如腶，修，以薑桂修之，鳴其敬而已。合上節爲發明尚誠敬之意。

大饗，君三重席而酢焉。三獻之介，君專席而酢焉。此降尊以就卑也。

重平聲。酢，才各反。

孔氏穎達曰：此大饗，謂諸侯相朝，主君饗賓，賓主禮敵，故主君設三重之席而受酢。若諸侯遣卿來聘，卿禮三獻，其副既是大夫，與卿爲介，謂之三獻之介。大夫席雖再重，今爲介降一席，祇合專席，主君若受介之酢爵，必徹己重席，而專席以受酢。所以然者，降諸侯之尊，以就介之卑也。

饗禘有樂，而食嘗無樂，陰陽之義也。凡飲，養陽氣也。凡食，養陰氣也。故春禘而秋嘗，春饗孤子，秋食耆老，其義一也，而食、嘗無樂。飲，養陽氣也，故有樂。食，養陰氣也，故無聲。凡聲，陽也。

禘如字。食音嗣。

饗，饗帝。禘祭之時，六經無明文，據此及《祭統》，蓋在春也。後儒因《明堂位》六月禘周公，遂疑在夏，不知彼沿時祭而異其禮，不可執以論王者禘祭也。食，饋食。嘗，秋祭。祭天主於陽氣上通，祭人主於陰氣下達。春饗孤子，秋食耆老者，皆所以順時氣而恤物，而食嘗獨無樂者，亦以孤子欲其長養，陽以遂之，耆老欲其壽考，陰以成之。凡聲，陽也，釋樂之義。然此節可疑。聖人以禮樂和神人、達上下，祭祀尤重，以諸經考之，《内則》大嘗禘升歌清廟下管象，《王制》言周人饗食竝用，《文王世子》言大合樂，遂養老，《詩》言顧予烝嘗，而有鞉鼓管聲，《小雅》云以往烝嘗，鐘鼓既戒，《周禮》凡饗食奏燕樂，曷嘗食、嘗無樂耶？豈漢人襲前代而變其時歟？抑記者傳聞之誤歟？

鼎俎奇而籩豆偶，陰陽之義也。籩豆之實，水土之品也。不敢用褻味而貴多品，所以交於旦明之義也。

奇，居衣反。旦，依鄭作神。

孔氏穎達曰：鼎俎，盛牲體，牲體，動物屬陽，故其數奇。籩豆兼有植物，植物屬陰，故其數偶。褻味，人所賤，用者多品，美大其報也。按：陰陽之義，無處不在，記者未達其原，僅就器數言，此節尚可，而上節所以誤也。

賓入大門，而奏《肆夏》，示易以敬也；卒爵而樂闋，孔子屢歎之。奠酬而工升歌，發德也。歌者在上，匏竹在下，貴人聲也。樂由陽來者也，禮由陰作者也，陰陽和而萬物得。

賓，朝聘者。及燕享已，臣子燕於大門寢門，享則大門廟門。易以敬，君以和易接賓與臣，而將其敬。卒爵，賓主獻酬之時俱作樂。屢歎之，善其敬以將和也。方氏慤曰：主酌賓曰獻，賓答主曰酢，主復答賓曰酬。禮成於三奠，酬則禮成，而工升歌以表賓主之德。樂器必待人以成，故貴人聲而上之樂，以導其歡。禮以節其情，盡歡以洽君臣之間。如此上下交歡，萬化可理。而凡禮樂之本陰陽，以成其和敬者，亦概諸此矣。

旅幣無方，所以别土地之宜，而節遠邇之期也。龜爲前列，先知也。以鐘次之，以和居參之也。虎豹之皮，示服猛也。束帛加璧，往德也。

往，熊本作任，從之。

鄭康成曰：旅，眾也。孔氏穎達曰：無方，非止一方。御案：别土地之宜，不求之非產。節遠邇之期，不責之非時。先知以見德之明無不照，服猛以見德之威無不畏。然明忌察，威忌暴，金之爲物，可柔可剛，故參居其間，以示和。孔氏穎達曰：玉以表德，享用束帛，帛上加幣，表以德相任，故尊而顯之。前篇所謂尊，德也。

庭燎之百，由齊桓公始也。大夫之奏《肆夏》也，由趙文子始也。

燎，力妙反。

鄭康成曰：庭燎，公五十，侯伯子男三十。百燎，僭天子也。《肆夏》，僭諸侯也。趙文子，晉大夫，名武。孔氏穎達曰：九夏，《王夏》天子所用，其餘八夏，諸侯皆用。《陔夏》，卿大夫亦用之。《鄉飲酒》客醉而出，奏《陔夏》，但非堂上正樂所用。

朝覲，大夫之私覿，非禮也。大夫執圭而使，所以申信也。不敢私覿，所以致敬也。而庭實私覿，何爲乎諸侯之庭？爲人臣者無外交，不敢貳君也。

覿，大力反。使，色吏反。

大夫從君朝覲而行，不得私覿，受命專使鄰國，得行私覿，所以申己之誠信。從君不私覿，所以明無私交。致敬於其君，若從君而竟庭，實陳私覿，則僭亂無外交，不敢貳心於他君也，所以私覿非禮。

大夫而饗君，非禮也。大夫强而君殺之，義也，由三桓始也。天子無客禮，莫敢爲主焉。君適其臣，升自阼階，不敢有其室也。覲禮，天子不下堂不見諸侯。下堂而見諸侯，天子之失禮也，由夷王以下。

臣不敢與君敵，大夫而饗君，非禮也。其敢然者强也，强則君宜殺之，義也。此饗君之事，由三桓始，是義當殺者也。率土皆王臣，故莫敢爲主。君由阼階，君爲主也。鄭康成曰：夷王，周康王之玄孫之子。

諸侯之宫縣，而祭以白牡，擊玉磬，朱干設錫，冕而舞《大武》，乘大路，諸侯之僭禮也。臺門而旅樹，反坫。繡黼丹朱中衣，大夫之僭禮也。故天子微，諸侯僭，大夫强，諸侯脅。於此相貴以等，相覿以貨，相賂以利，而天下之禮亂矣。諸侯不敢祖天子，大夫不敢祖諸侯。而公廟之設於私家，非禮也，由三桓始也。

鄭康成曰：宫縣，四面縣也。干，盾也，錫傅其背如龜。《武》，萬舞也。白牡、大路，殷天子禮。以上皆天子之禮。旅，道也。屏謂之樹，樹所以蔽行道。禮：天子外屏，諸侯内屏，大夫以簾，士以帷。反坫，反爵之坫，蓋在尊南，兩君相見，主君既獻，反爵焉。繡黼丹朱以爲中衣領緣。以上皆諸侯之禮。孔氏穎達曰：諸侯軒縣三面，祭用玉牲，擊石磬，得舞《大武》，不得朱干設鍚冕服。中衣得用素，不得繡黼爲領，丹朱爲緣。臣不長君，而擅相尊貴以等列，不避君而私覿以貨賄，公廟設於私家，三家皆私立桓公廟也。愚按：成王命魯以六月禘祀周公於太廟，白牡、大路，蓋用殷禮，以崙公於賓王意。後世襲用盛禮，凡祭皆僭之，故此云然也。詳見《明堂位》。

天子存二代之後，猶尊賢也。尊賢不過二代。

周封夏殷二代之後於杞宋，修其禮物作賓王家，以禹湯之賢久而猶尊之也，故得用先人天子禮樂。他國不可以僭。此節與《禮運》我觀周道節參觀，可知魯僭禮之事。不猶無也，言尊賢之至，無過此者。

諸侯不臣寓公，故古者寓公不繼世。

寓音遇。

寓，寄也。寓公，失地之君。不臣之者，以其嘗爲君，若繼世則亦不臣之，非禮也，故古者不然。

君之南鄉，答陽之義也。臣之北面，答君也。大夫之臣不稽首，非尊家臣，以辟君也。

鄉去聲。辟音避。

陽，王於南而萬物昌。君南鄉，以符陽德盛大之義，臣北面而承君德。答，對也。孔氏穎達曰：臣於國君，已皆稽首。大夫之臣，又稽首於大夫，便是兩君，故云以避君也。諸侯臣稽首，不避天子者，專有其國，去天子遠也。

大夫有獻弗親，君有賜不面拜，爲君之答己也。

爲去聲。

不敢煩君，敬也。鄭康成曰：不面拜者，於外告小臣，小臣受以入。小臣掌三公及孤卿之復逆。復，奏事。逆，受下奏也。

鄉人裼，孔子朝服立于阼，存室神也。

裼音傷。

鄭康成曰：裼，强鬼也。謂時儺，索室敺疫，逐强鬼也。朝服立於阼，欲室神依己而安。

孔子曰：射之以樂也，何以聽？何以射？孔子曰：士使之射，不能，則辭以疾，縣弧之義也。

縣音懸。弧音胡。

射之以樂，欲其容節内外相和而觀德也。何以聽，何以射，欲學者求其兩協。男子生而縣弧，以示有志四方。射者，男子之事也，而不能，則以疾辭，謂其可恥也。

孔子曰：三日齊，一日用之，猶恐不敬。二日伐鼓，何居？

齊，側皆反。

鄭康成曰：居讀爲姬，語之助也。何居，怪之也。伐猶擊也。齊者止樂，而二日伐鼓，則成一日齊也。

孔子曰：繹之於庫門内，祊之於東方，朝市之於西方，失之矣。

繹音亦。祊，百彭反。

陳氏祥道曰：禮有正祭之祊，有繹祭之祊。此繹祭之祊也。孔氏穎達曰：祊是室内求神，繹是堂上接尸，一時之事。繹祭當於廟門外之西堂，祊當在廟門西室。今不然，故言失之。朝市，朝時而市，當於東方。《周禮》市有三期，大市日側而市，百族爲主；朝市朝時而市，商賈爲主；夕市夕時而市，販夫販婦爲主。

社祭土而陰氣也，君南鄉於北墉下，答陰之義也。日用甲，用日之始也。天子大社，必受霜露風雨，以達天地之氣也。是故喪國之社屋之，不受天陽也；薄社北牖，使陰明也。

大音泰。喪去聲。薄本又作亳。牖音酉。

孔氏穎達曰：土謂五土，山林、川澤、丘陵、墳衍、原隰也。土屬陰，陰宜在北，故君南鄉，於内北墻下祭之。土以生物爲德，甲乃生氣之始，且十干之始也，故用甲日以祭。大社，王爲群姓所立之社，達天地之氣，天氣下達，地氣上達也。鄭康成曰：屋之北牖，絶其陽通其陰而已。薄社，殷之社。殷始都薄。

社，所以神地之道也，地載萬物，天垂象，取財於地，取法於天，是以尊天而親地也，故教民美報焉。家主中霤而國主社，示本也。唯爲社事，單出里；唯爲社田，國人畢作；唯社，丘乘供粢盛，所以報本反始也。

乘去聲。共音恭。粢音資。盛音成。

神地之道，著地之神明也。下文乃繹其義。載萬物而生財，天之垂象示法，乃非虚渺，是地德配天也，故尊天親地，教民美報其德。中霤，亦土神也。家國皆同主親地，示生養之本。單，盡也。二十五家爲里，唯爲祭社之事，合里之家，盡出一人。唯爲祭社而田，國中人盡行。九夫爲井，四井爲邑，四邑爲丘，四丘爲乘。唯祭社而使丘乘供其粢盛，所以報本反始。土者，生成之本始也。

季春出火，爲焚也。然後簡其車賦，而歷其卒伍，而君親誓社，以習軍旅，左之右之，坐之起之，以觀其習變也。而流示之禽，而鹽諸利，以觀其不犯命也。求服其志，不貪其得。故以戰則克，以祭則受福。

卒，祖忽反。鹽，依鄭作豔。

《周禮》仲春以火田，田止弊火，然後獻禽，即春蒐也。周之仲春，夏之十二月。蒐以焚萊，驅禽獸，爲民耕種計。季春出火，則夏之正月命司爟出火，蓋取榆柳之火以宣木氣。火爲民生所必需，一年之始，故出之。而木爲火母，恐太洩母氣，故用榆柳。記者誤以出火爲焚矣。鄭康成曰：簡、歷謂算具陳列之也，君親誓社，誓吏士以習軍旅。既而遂田，以祭社也。鹽讀爲豔。愚按：左右坐起，以觀其習於武勇變化之事。流，流漫意，布也。流示之禽，欣豔之以觀其用命，不貪得，否求服四句，申結之。服，馴習也。守禮用命，故克而受福。

天子適四方，先柴。

天子巡狩，必先燔柴祭天，以明代天理物，非無事而遊觀也。

郊之祭也，迎長日之至也。大報天而主日也。兆於南郊，就陽位也。埽地而祭，於其質也。器用陶匏，以象天地之性也。於郊，故謂之郊。牲用騂，尚赤也。用犢，貴誠也。

郊祭在建子之月，陽生於子，日長自此始。於其始長迎之，重天之生氣也。主日者，日爲陽精，兆爲之區域於南郊。陽王於南，於其陽之初生而即以至王之地祭之，重陽也。天至尊，無可稱者，故尚質素。陶匏至質，而利民用，以象天地生養爲性，不尚文也。騂赤，南方之色。犢，小牛，未有牝牡之情，貴其誠慤意。

郊之用辛也，周之始郊，日以至。

郊有二，冬至祀天，郊祀后稷，以祈穀，用辛，蓋祈穀之祭也。而後人相沿而誤，必以辛日郊天，故此言郊之用辛也，亦無大害也。若論其正，則周之始郊天，必以冬至。

卜郊，受命於祖廟，作龜于禰宮，尊祖親考之義也。卜之日，王立于澤，親聽誓命，受教諫之義也。獻命庫門之内，戒百官也。大廟之命，戒百姓也。

陳氏澔曰：郊用冬至有定日。卜，卜牲也。先告於祖，如受命，退卜於禰宮。孔氏穎達曰：作，灼也。考亦禰也。祖始其事而親成之，故以著尊親之義。澤，澤宫，即辟雍也。誓命，先王戒勑祭祀之辭。有司宣之，而王親聽之，受教於祖，受諫於臣之義。獻命，有司獻王所以命百官之事。鄭康成曰：庫門，在雉門外，入庫門則至廟門外矣。大廟，祖廟。百官，公卿以下。百姓，王之親。皇氏曰：姓者生也，竝是王之先祖所生。

祭之日，王皮弁以聽祭報，示民嚴上也。喪者不哭，不敢凶服，氾埽反道，鄉爲田燭。弗命而民聽上。

氾音泛，亦作汎。埽去聲。

報猶白也。祭報，報日時蚤晚及牲事備具也。上謂天。嚴，嚴畏。氾埽，洒水而後埽。反道，剗道上之土，令新者在上。鄉爲田燭，六鄉之民，於田首爲燭。君致其嚴敬，而民亦化之，故弗命而民聽上也。

祭之日，王被袞以象天。戴冕璪十有二旒，則天數也。乘素車，貴其質也。旂十有二旒，龍章而設日月，以象天也。天垂象，聖人則之，郊所以明天道也。

璪與藻同。

方氏慤曰：天以龍爲用，而袞以龍爲首，故被袞以象天。璪者聚采以貫玉，而有華藻，故謂之璪。字通於藻。《左傳》曰：周之王也，制禮上物，不過十二，以爲天之大數也。彼有象而我象之，故於龍言象。彼有則而我則之，故於數言則。十有二旒之旂，大旂也，非諸侯所得建。天之氣化，備於十二時，其變化之象，著於龍，生成之功，柄於日月，故旂爲此以象之。郊以祀天，天道之神不可測，而其昭著者可知，故制禮以明之。

帝牛不吉，以爲稷牛。帝牛必在滌三月，稷牛唯具，所以别事天神與人鬼也。

此言帝牛之重也，卜帝牛不吉，則以爲稷牛。滌，搜埽清滌之所。凡牲既卜，皆繫於牢，芻之三月，而帝牛必在滌三月。稷牛唯取其具，不必在滌。帝天神，稷人鬼，别其尊卑如此也。

萬物本乎天，人本乎祖，此所以配上帝也。郊之祭也，大報本反始也。

此又明郊天而以祖配之義。萬物皆本於天，而天至尊，惟天子代天理物，可以祭之。然非有則天之德，代天之功，不得爲無愧。天子功德本於祖，祖德深厚，而後及於天子。祀天而以祖配，明天爲萬物之本，祖爲功德之始，報天而反求其始，不敢自恃也。

天子大蜡八，伊耆氏始爲蜡。蜡也者，索也。歲十二月，合聚萬物而索饗之也。

蜡音乍。耆音其。索，色窄反。

大蜡，比諸侯一國之蜡爲大也。八，見下文。伊耆氏，堯也。或據《周禮》謂爲古佐天子之官，不知《周禮》因伊耆氏始爲蜡，而借以名官也。索，求也。歲十二月，夏正也。物成之時，索物之靈而報饗之，非皆有專神，故曰索也。

蜡之祭也，主先嗇而祭司嗇也。祭百種，以報嗇也。饗農及郵表畷、禽獸，仁之至，義之盡也。古之君子，使之必報之。迎貓，爲其食田鼠也。迎虎，爲其食田豕也。迎而祭之也。祭坊與水庸，事也。曰：土反其宅，水歸其壑，昆蟲毋作，草木歸其澤。

種上聲。畷，丁劣反。爲去聲。坊音房。

先嗇一，司嗇二，農三，郵表畷四，貓五，虎六，坊七，水庸八。鄭康成曰：先嗇，若神農。司嗇，若后稷也。祭百種，以百穀祭之。報嗇，報其教民稼嗇之功。農，古田畯有功於民者。郵，郵亭。表畷，標表於田畔，相連畷處，皆田畯勸農所居者。禽獸，即下文貓虎。言迎祭之於此也，報恩爲仁，除害爲義。使之必報之，謂使貓虎去害，故祭之也。坊，堤也。水庸，溝也。事也，農事所賴。曰，祝辭也。土安則無崩圮，水歸則無泛溢，昆蟲、螟蝗之屬，草木各歸根於藪澤，不干稼穡，祝其神之相之，以報以祈也。

皮弁素服而祭。素服，以送終也。葛帶、榛杖，喪殺也。蜡之祭，仁之至，義之盡也。

殺，所界反。

《周禮》國蜡祭，則吹《豳頌》，擊土鼓，息老物，即蜡祭也。天地以生物爲心，而陰陽二氣循環，此盛則彼必衰，陽衰則陰盛，陰盛則陽老。一年四時，自春生夏長而秋成，陽始其氣，陰成其功。冬則陽氣收藏，重陰沍之，以養元氣，物之有質者皆萎，如人老而將死然。先王制蜡祭，以順天時，若憫其死而祭之者然。故素服而祭，以送其終，終一歲之事也。又祭貓虎坊與水庸，以報其功仁，哀而祭之義。裁制不使之過，謂順天時以息老物。不用麻而用葛，不用竹而用榛，故若喪禮之殺。

黄衣、黄冠而祭，息田夫也。野夫黄冠。黄冠，草服也。

鄭康成曰：既蜡，臘先祖五祀，於是勞農以休息之。《論語》云：黄衣狐裘。物象其時，物之色，季秋而草木黄落。

大羅氏，天子之掌鳥獸者也，諸侯貢屬焉。草笠而至，尊野服也。羅氏致鹿與女，而詔客告也，以戒諸侯曰：好田、好女者亡其國。天子樹瓜華，不斂藏之種也。

笠音立。好去聲。

孔氏穎達曰：《周禮》羅氏掌羅烏鳥，蜡則作羅襦。諸侯有貢獻鳥獸於王者，皆屬大羅氏。草笠，野人之服。歲終功成，由野人而得，故重其事而尊其服，致鹿與女，蓋天子以此二物答諸侯之貢，而使大羅氏致之。詔客告，詔使者歸以此告其君，所以戒之。華，果蓏也。天子樹瓜果以覘時候，然不斂藏其種，示非與民争利。

八蜡以記四方。四方年不順成，八蜡不通，以謹民財也。順成之方，其蜡乃通，以移民也。既蜡而收，民息已。故既蜡，君子不興功。

移如字。

八蜡，蓋自天子以及諸侯國皆有此禮，而且告諸天子，故可以記四方之豐歉。年歉則八蜡不通，謂其財不足而謹之也。年豐其蜡乃通，以悦其心志。謂之移者，豐年相與報賽爲樂，移其勤苦之心而縱暢，且使惰者奮勤者益，勸也。既蜡，而收斂積聚矣。於是臘祭以息民，故既蜡，君子不興功以勞民。

恒豆之菹，水草之和氣也。其醢，陸產之物也。加豆，陸產也。其醢，水物也。籩豆之薦，水土之品也。不敢用常褻味而貴多品，所以交於神明之義也，非食味之道也。

菹，争居反。醢音海。

孔氏穎達曰：恒豆，朝事常所薦之豆。加豆，尸食訖，酳尸所加之豆。水草和氣，若昌本茆菹。其醢陸產，若麋臡麕臡。加豆陸產，若葵菹豚拍之屬。其醢水物，若蠃醢魚醢。愚按：恒豆，人所用，加豆，尸所用。人用者豆取諸水草，而醢取諸陸產。尸亦人也，而象神。豆取諸陸產，而醢取諸水物，尊之故與人異。他若籩豆之薦，則不盡可食，而用水土之品者，不敢用常褻味，而貴多品，以交於神明之義也。蓋聖人以神處於幽，而以人象之，致其孝享如此之誠，然亦不遂以人可代也。故尸食之外，更有籩豆之薦，不同於人之食味，以存神之道。經明言非食味之道，而先儒通人神詁之，拘牽禮經，實悖本文矣。

先王之薦，可食也，而不可耆也。卷冕、路車，可陳也，而不可好也。《武》

壯，而不可樂也。宗廟之威，而不可安也。宗廟之器，可用也，而不可便其利也。所以交於神明者，不可同於所安樂之義也。

耆音嗜。卷音衮。路本作輅。樂音洛。

此下二節申明上文未盡之義。薦，即上文籩豆之薦。孔氏穎達曰：質而無味，不可歆嗜。冕、路，尊嚴，不可尋常乘服，以爲榮好。舞大《武》以示壯勇，不可常爲娛樂。宗廟尊嚴，不可常安處其中，宗廟之器可用，而不可便以爲私利，皆以别於人所安樂也。

酒醴之美，玄酒、明水之尚，貴五味之本也。黼黻、文繡之美，疏布之尚，反女功之始也。莞簟之安，而蒲越、稾鞂之尚，明之也。大羹不和，貴其質也。大圭不琢，美其質也。丹漆雕幾之美，素車之乘，尊其樸也。貴其質而已矣。所以交於神明者，不可同於所安褻之甚也。如是而后宜。

莞音官。簟，大點反。越音活。稾又作槀，古老反。鞂音戞。和去聲。幾音祈。乘去聲。

酒醴美矣，而尚玄酒、明水。玄，酒水也。明水，亦水，以陰鑑所取於月之水也。陳列之時，明水在五齊之上，玄酒在三酒之上。疏布之尚，以疏布冪八尊，平常居則下莞上簟，祭天則蒲越藁鞂爲藉神席。明之者，神明之也。琢，刻篆爲文。雕謂刻鏤。幾謂沂鄂。尋常車以丹漆雕飾之，以爲沂鄂，而祭天則素車。沂即圻。鄂，節高貌。刻者以幾爲界，於雕幾加丹漆，如是而后宜，尚質尚儉，乃得交神明之義也。

鼎俎奇而籩豆偶，陰陽之義也。黄目，鬱氣之上尊也。黄者，中也。目者，氣之清明者也。言酌於中而清明於外也。

奇，居宜反。

黄目，黄彝也。以黄金鏤其外以爲目，因取是名，祭時列之，最在諸尊之上。鬱氣，芬香之氣。土中央，黄色。目，人身氣之最清明者。言酌以敬神，其中至誠，而其外則至清明也。

祭天，埽地而祭焉，於其質而已矣。醯醢之美，而煎鹽之尚，貴天產也。割刀之用，而鸞刀之貴，貴其義也。聲和而後斷也。

埽去聲。醯，呼兮反。斷上聲。

天至尊，故貴其質。醯醢美矣，鹽則天產自然之味。煎謂鍊冶之，設之於醯醢之上，故云尚。割刀可用，必用鸞刀，取其鸞鈴之聲，宫商調和，而後斷割其肉，能和能斷，其義貴也。

冠義，始冠之，緇布之冠也。大古冠布，齊則緇之。其緌也，孔子曰：吾未之聞也。冠而敝之可也。

之冠、冠布均平聲。餘去聲。齊，側皆反。緌，耳佳反。敝，婢世反。

冠義二字通冒下文冠禮三加冠。始冠，用緇布。冠上古無飾，惟用白布，冠齊則緇之，故始冠用此，以存古。其緌也，孔子曰未聞。蓋諸侯始有緌，大夫士無之，而後人概用綏，故非之也。緇布冠既冠，亦敝棄不用，以非時王制也。

適子冠於阼，以著代也。醮於客位，加有成也。三加彌尊，喻其志也。冠而字之，敬其名也。

適音的。冠去聲。醮，子妙反。

阼，主人之階，成人則將代父之意。客位，户牖之間，南面，庶子則皆醮於房。户外醮用酒，每一加則一醮用醴，三加禮畢，乃一醮於客位。初加緇布冠，欲其尚質重古。次加皮弁，欲其行三王之德。後加爵弁，欲其行敬事神明，是喻其志益大也。字之者，既冠，見母畢，立於西階，東南面，賓東面字之。著代，著將代父而爲主。加有成，勗其有成人之道，以賓禮加之。敬其名，既成人則外人不擅呼其名。陳氏澔曰：酌而無酬酢曰醮。

委貌，周道也。章甫，殷道也。毋追，夏后氏之道也。周弁、殷冔、夏收，三王共皮弁、素積。

毋音牟。追音堆。冔音詡。

此因冠禮而推明冠制。孔氏穎達曰：委貌、章甫、毋追，三代常服之冠，俱用緇布，而其形殊。委，安也，言所以安正容貌。章，明也，言所以表明丈夫。毋，發聲。追，猶堆也。夏后氏質，以其形名之。鄭康成曰：弁名出於槃。槃，大也，言所以自光大。冔名出於幠。幠，覆也，所以自覆飾。收，言所以收斂髮也，其制未聞。皮弁、素積，以其質素，故三王同服，無所改易。

無大夫冠禮，而有其昏禮。古者五十而後爵，何大夫冠禮之有？諸侯之有冠禮，夏之末造也。天子之元子，士也。天下無生而貴者也。繼世以立諸侯，象賢也。以官爵人，德之殺也，死而謚，今也。古者生無爵，死無謚。

殺，色介切。

天子、諸侯、大夫，冠皆用士禮，二十而冠，五十後爵，故無大夫冠禮。天子之元子亦士也，諸侯可知。諸侯之有冠禮，夏之末爲未冠而父没者造之，繼世以立諸侯，爲其象賢也。若二十，則未必即賢，故止用士禮冠之。以官爵人，因其德以爲等殺。若二十，則德未必崇，故亦以士禮冠之。然則自天子至大夫，惟用士禮者，所以勗其成德，而禁其驕心也。至於謚亦然。死皆有謚，亦今時之法。古者生無爵，則死無謚。蓋爵必以德，無爵則無德也。

禮之所尊，尊其義也。失其義，陳其數，祝史之事也。故其數可陳也，其義難知也。知其義而敬守之，天子之所以治天下也。

孔氏穎達曰：此因上論冠義，下論昏義，故因上起下。是也。後世多失先王制禮之義，故記者特解其義，而冠昏尤禮之始、義之大者，故特於此申明之。禮之數顯而易陳，禮之義精而難知，知其義而敬守之，躬行以率天下，天子之所以致治也。祝史，第職禮之數而已。

天地合，而後萬物興焉。夫昏禮，萬世之始也。取於異姓，所以附遠厚别也。幣必誠，辭無不腆。告之以直信。信，事人也，信，婦德也。壹與之齊，終身不改，故夫死不嫁。

取音娶。別，兵列反。

方氏慤曰：天地合，萬物興，昏禮之合二姓，本於此。有夫婦然後有父子。父子傳世，故曰萬世之始。遠，謂異姓親附。厚，猶重也。附於疏遠者，以重別嫌之意。誠實具無辭讓，其致辭，亦不謙言。不腆，腆，厚也。尋常禮多，謙言不腆。惟昏禮則幣必實具，納之而不讓，所以然者，告之直而無曲，信而無詐，終身以此爲信。信者，事人之義，婦人之德不踰乎此也。一成夫婦，則彼此齊德，榮辱休戚，終身不改，故婦人夫死不嫁，所謂信也。

男子親迎，男先於女，剛柔之義也。天先乎地，君先乎臣，其義一也。

迎、先竝去聲。

先，先爲之倡也。夫爲妻綱，君爲臣綱，凡德行俱必先爲之倡，而此親迎，其一端也。

執摯以相見，敬章別也。男女有別，然後父子親。父子親，然後義生。義生，然後禮作。禮作，然後萬物安。無別無義，禽獸之道也。

摯音至，亦作贄。

馬氏晞孟曰：摯者，交接所以致敬。人之私褻，莫甚於衽席之上。執摯以敬章別，蓋男女無別，於内則夫婦之道喪，而淫僻之罪多，雖父子之親，亦不得而親之也。章，別也。愚按：義所以行仁，父子相親，恩也，而有義以節之。義之所在，而禮以行；禮之所在，而萬物安。故原其始於夫婦，而敬以別之，然後恩義洽，而可理萬物。禽獸去人遠矣，而其故皆由無別無義，然則夫婦之厚別而重義，不得謂爲細故也。

壻親御授綏，親之也。親之也者，親之也。敬而親之，先王之所以得天下也。出乎大門而先，男帥女，女從男，夫婦之義由此始也。婦人，從人者也。幼從父兄，嫁從夫，夫死從子。夫也者，夫也。夫也者，以知帥人者也。

先去聲。帥入聲。知音智。

親之，親愛之。重言親之，不特親愛，而情誼一切自此皆屬至親也。敬謂親迎，親御本愛本敬，先王之得天下不過如此，極言其禮之重也。帥即上文先字之義。女異姓，本疏，親之而聯爲一體，帥之而使齊其德行。從人者也，申明帥字之義，見夫之帥之者不可不慎。下言三從，又以婦職言之。以其爲閫内人，故以從人爲職，從父、從夫，從其德令，從子，則不過不能主外事耳。而後人誤解，遂若强賢母而從逆子，其壞人倫、傷天理特甚。夫之言丈夫也，當以知帥人，知明理之至也。不知而强妻以從，可乎？

玄冕齊戒，鬼神陰陽也。將以爲社稷主，爲先祖後，而可以不致敬乎？

鄭康成曰：玄冕，祭服也。著祭服而齊戒，親迎告於鬼神者。鬼神陰陽之靈，夫婦陰陽之正，重其事以隆其禮，爲社稷主先祖後，故敬之，非私昵也。下文申明之。

共牢而食，同尊卑也。故婦人無爵，從夫之爵，坐以夫之齒。器用陶、匏，尚禮然也。三王作牢，用陶、匏。

申明夫婦一體之義。牢，牲牢也。牢禮有等，尊卑異焉，而夫婦則共牢而食者，同其尊卑。爵齒亦各有尊卑，尊卑同，故爵齒亦從於夫。共牢之時，器用陶匏無飾之物，尚古禮之自然，不尚虛文也。陶匏祭天地之器，而用於昏，尚禮之至。

厥明，婦盥饋，舅姑卒食，婦餕餘，私之也。舅姑降自西階，婦降自阼階，授之室也。

共牢之明日，婦盥饋特豚以饗舅姑。舅姑食竟，以餘食賜婦，示相恩私之義。餕餘，禮畢，舅姑從賓階而下，婦從主階而降，示授室與婦之義。

昏禮不用樂，幽陰之義也。樂，陽氣也。昏禮不賀，人之序也。

婦人陰也，其德主於幽静。且昏者，日昏也，樂爲陽氣，不作於昏。昏禮娶婦，人生相承之序，將以爲社稷主先祖後，惟恐負荷之難，而可昏時作樂耶？

有虞氏之祭也，尚用氣。血、腥、爓祭，用氣也。

此下明禮以漸而備。尚，先薦之也。有虞氏質，故但尚血，取其氣可達幽而已。血腥爓三者，竝未熟。

殷人尚聲，臭味未成，滌蕩其聲，樂三闋，然後出迎牲。聲音之號，所以詔告於天地之間也。

殷人漸文，祭先奏樂，以尚聲。不言夏，或從虞也。臭味未成，未殺牲也。闋，止也。奏樂三遍，止，乃迎牲入殺。鬼神在天地間，不知於彼於此，故用音聲號呼以感之。滌蕩者，澡除塵穢，使清虛之氣與鬼神通也。

周人尚臭，灌用鬯臭，鬱合鬯，臭陰達於淵泉。灌以圭璋，用玉氣也。既灌，然後迎牲，致陰氣也。蕭合黍、稷，臭陽達於牆屋，故既奠，然後焫蕭合羶、薌。

灌用鬯臭絕句。焫，如悅反。薌音香。

周人亦尚氣尚聲，而更灌地以氣，求諸幽臭，亦氣也。未殺牲，先酌鬯酒灌地，以求神。鬱，鬱金草，以鬱金和酒，使臭陰達於淵泉。圭璋爲瓚之柄，以鬯玉氣潔潤。蕭薌，蒿也。染以脂，合黍稷燒之，臭陽達於牆屋，求諸陽也。奠，灌爵也。羶，脂也。既奠灌然後焫蕭，蓋先求諸陰而後求諸陽，禮益備也。

凡祭，慎諸此。魂氣歸于天，形魄歸于地，故祭求諸陰陽之義也。殷人先求諸陽，周人先求諸陰。

總承上文。凡祭必準此而加慎焉。蓋人之生也，受氣於天，成形於地，故其死也，魂魄各有所歸如此。求諸陰陽，謂死者之在天在地，不可知也。聖人制禮，文質以次而增其理，實相足也。

詔祝於室，坐尸於堂，用牲於庭，升首於室。直祭祝於主，索祭祝於祊。不知神之所在，於彼乎？於此乎？或諸遠人乎？祭於祊，尚曰求諸遠者與？

遠去聲。與音餘。

詔，告也。天子諸侯之祭，朝事時祝取牲之膟膋燎於爐炭，而入告神於室。此時主尸皆在堂，室中虛位，故曰告神用牲殺牲也。灌獻後尸坐户，西南向，用牲於庭，升牲之首於室，直祭薦熟時正祭，祝官以辭告神主。索，求也。求索其神而祭之，則祝于祊，正祭之祊，在廟門内，與繹祭異。因不知神之所在於彼於此，或遠人而居，故遍索之。至祭於祊，則以爲近在廟門内，不得爲遠也。尚得曰求諸太遠與，言祭者之至誠，可曲達也。

祊之爲言倞也，肵之爲言敬也。富也者，福也。首也者，直也。相，饗之也。嘏，長也，大也。尸，陳也。

倞音諒。肵音祈。相去聲。

又覆解其名義。倞或爲諒，誠也，信也。正祭之後而祭於祊，信神之必格而降，恐其遂去，又於廟門内祭之。肵，主人敬尸之俎。富謂禮儀富足，所以致福於神，而神克享此富有。首，升首也。方氏慤曰：首犆而直，支偶而曲。以其直，故得特達以升於室。相謂相尸也。尸必有相，如神之親饗之，而以相佐侑之。主人受祭曰嘏，然非徒希福，欲其長久光大，以永神之享也。尸，神象也，神處於幽，陳其尸則如生也。

毛、血，告幽全之物也。告幽全之物者，貴純之道也。血祭，盛氣也。祭肺、肝、心，貴氣主也。

毛在外而血在内，内則幽矣，即毛血以告神，言全體之物已具。純謂表裏完善也。神有功於人，以物之得天純美者報之，血由氣滋，血祭，明氣之盛也。天地幽冥，莫非此氣所貫注，以誠感者，必以氣通。周祭肺，殷祭肝，夏祭心。金木者水火之神，而心則五官之主。氣舒於木而盛於火，成於金，皆取氣之所盛者以達之，故曰貴氣主也。

祭黍稷加肺，祭齊加明水，報陰也。取膟膋燔燎，升首，報陽也。

齊，才細反，下同。

孔氏穎達曰：尸既坐，祝命綏祭。尸左執觶，右取菹，抨於醢，祭於豆間。佐食取黍稷，肺祭授尸，尸祭之正，祭之時陳列五齊之尊，上又加明水之尊。肺於五行屬金，金水，形魄歸地爲陰，以陰物祭之，故云報陰。朝踐時祝取膟膋燎於爐炭，入以告神於室，出以綏於主前，又升首於室。膟膋、黍稷竝陽氣之物，首牲體亦屬陽，魂氣在天爲陽，故云報陽。膟膋，腸間脂也，與蕭合燒之，亦有黍稷。

明水涚齊，貴新也。凡涚，新之也。其謂之明水也，由主人之絜著此水也。

涚，始鋭反，又作説。絜同潔。

鄭康成曰：涚猶清也，五齊濁，泲之使清，謂之涚齊。及取明水，皆貴新也。涚齊或謂泛齊。方氏慤曰：明水謂之明，固以取之於月，亦由主人之潔誠著於此水。

君再拜稽首，肉袒親割，敬之至也。敬之至也，服也。拜，服也。稽首，服之甚也。肉袒，服之盡也。

方氏慤曰：以人君之尊而服勞如此，所以爲敬之至。服，屈服於神，故曰敬之至也。服也，《詩》言勿翦勿拜，而以拜爲屈，故曰拜服也。拜下兩手而已，稽首則首至地焉，故曰服之甚也。首雖至地，猶未若肉袒之勞焉，故曰服之盡也。

祭稱孝孫、孝子，以其義稱也。稱曾孫某，謂國家也。祭祀之相，主人自致其敬，盡其嘉，而無與讓也。

義者，欲顧名思義而盡其所以孝也。謂國家，明有國有家，皆由先世積累也。詔尸必以相，事死如事生，致其敬，盡其養，而使尸不以代死者爲嫌，謙讓而不醉飽也。

肆、腥、爓、腍祭，豈知神之所饗也？主人自盡其敬而已矣。

腍，而審反。

肆，陳也。腍，熟也。言陳腥爓及熟食以祭，何以生熟竝陳？蓋神處於幽，豈知神之所饗？亦主人自盡其敬而已矣。而已矣，非輕詞，乃鄭重之詞。

舉斝、角，詔妥尸。古者尸無事則立，有事而后坐也。尸，神象也。祝，將命也。

斝、角，皆爵名。灌以降神之後，舉斝角，祝詔主人拜，以安尸。古者尸無事則立，有事後坐。《周禮》不然，以尸神象也，既以神事之，當安坐爲是。尸象神不言，故用祝將命，達幽明之意。

縮酌用茅，明酌也。醆酒涚于清，汁獻涚于醆酒，猶明、清與醆酒于舊澤之酒也。

醆，側產反。汁，之十反。獻如字。澤，鄭讀爲醳，音亦。

縮酌用茅，以茅縮醴齊，泲而清之，使清明而後酌之以實尊彝，故曰明酌也。醆酒，盎齊也。盎酒差清，和之以清酒，泲之而已。不曰盎而曰醆者，盎以所造之器言，醆以所酌之器言也。汁獻，即鬱齊獻酌也。以煮鬱金汁和之，故曰汁以獻之，而不縮，故曰獻汁。言其物獻，言其事鬱。齊以灌亦曰獻者，以居九獻之首，故通謂之獻。汁獻尤不若醴酒之濁，故以醆酒涚之而已。涚之亦明矣，然不若縮之爲尤明。故於用茅言明酌齊酒，不止此三者，以灌事用鬱齊，朝事用醴齊，饋食盎齊，尊彝之所實，宗廟之所用，常祀不過於此，故經指是言之。此皆古禮，後世以舊醳之酒涚清酒醆酒而明之，其制雖異，其理則同。故曰猶明、清與醆酒於舊醳之酒也。

祭有祈焉，有報焉，有由辟焉。

辟如字。

祈，求也。求神宥平日之愆，而降福於民，若祈穀之類。報，答也，以答神庥，若豐年良耜之報賽。辟，去也，祈穀辟除不祥，若《月令》之磔攘用桃弧棘矢之類。

於辟言由者以非祭之常，禮有所以而後用之也。

齊之玄也，以陰幽思也。故君子三日齊，必見其所祭者。

孔氏穎達曰：解齊服所以用玄衣玄冠之義。以陰幽思也，以神處於陰，必幽深思慕而後可冀來格。故君子三日致齋，内清其思，外潔其體，必見其所祭者。孔子祭如在，以平日德行既純，臨時誠敬又至，而凡以齋爲虚文，恍惚將之者，謬矣。

附　解

一元之理氣，無始無終，無聲無臭，闔闢之機剖而後天地成形。然天地雖分，仍此一元之氣彌綸運化焉耳。有理斯有氣，有氣斯有神。鬼神者，陰陽之靈而已，而何以情壯不同？精氣爲物，游魂爲變，物之秉其靈者異，即所以呈其態者亦異。本乎天者親上，神之所以正而清。本乎地者親下，鬼之所以濁而雜。祭享之禮，聖人所以通幽明而達忠孝也。惟牲牢一事，大小祀皆用之，以爲人神一理，事亡如存，則以飲食之道事之，亦固其所。而天地則至尊，無可褻矣，何爲乎郊特牲而社稷太牢哉？天地之性，人爲貴，生民之利牛，爲先王者，父天而母地，享以太牢，人子之義云爾。然亦有其義之至精者，一陽生於子而老於乾，歲氣周流，後天八卦象之，由一陽而三、而五、而七、而九。陽終於戌，乾位乎西北，由二、而四、而六、而八、而十，陰極其盛。坤王於亥宫，復則陽生矣，臨則陽壯矣。然重陰沍寒，艮以止之，斗牛在丑子。曰艮也者，萬物之所以成終而成始也。牛爲星紀歲星，一周而功成。陽氣育於坤土，其藏彌深，其發乃彌盛，所以貴乎艮止。然真陽既旺，則當發育而普春生，惡乎土之尅水而傷木母也，故出土牛以送寒氣。坤爲牛，爲子母牛，元武之精其象龜蛇，故名牛曰一元大武。然則郊特牲，而社稷太牢，非獨享帝，如享親也。夫固以乾孕乎坤，生氣之所以成；而陰閉乎陽，亦戾氣之所以肇。故殺牲以告，明乎節宣陰陽之意焉耳。夫陰陽之氣，萬物所以生成。而調燮之權，聖王所以輔相，禮制雖微，必有其義。記者揭言郊特牲句，而下即以饗禘籩俎，明陰陽之理，申之曰樂由陽來，禮由陰作，陰陽和而萬物得等語，其用意不至深乎？若夫郊之祭也，迎長日之至也，社祭土而主陰氣也。其言祀天地之義至明，而後人分祭合祭，猶紛紛曲爲之説，豈不知天地一父母歟？父母不可分，而天地又何可分？於其氣始至而敬之，冬至祀天於南郊，夏至祀地於北郊。南陽老之地，北陰老之方，於其氣之始至，而即於終老之鄉祀之。陰陽互爲生成，二氣無非一氣。天地豈判然不相屬哉？若夫蜡之祭也，近於戲矣。而年不順成，八蜡不通，則燮理陰陽，即在其中。飲食之禮，近於奢矣。而交於神明，不同安褻，則尊卑又嚴其辨，冠昏二禮，何以旁及？冠者，男子所以成人；昏者，女子所以有家。人生正内正外，乃陰陽之大者。謹於其始，故類記而詳其文。篇末錯舉諸禮，而曰求諸陽也，求諸陰也，魂歸天魄降地，以及尚臭、尚聲、直祭、索祭、血祭盛氣肺肝貴氣主，皆無非推廣陰陽之義，以明禮制不外乎斯。篇首曰貴誠，篇中曰盡敬，結之以祭與齋，蓋必至誠至敬，而後可以合幽明、爲一致，其用意可謂周矣。昔人辨論至多，而未得此篇之精微，愚故約其大概於斯。

禮記恒解卷十二——晚年定本

内　則

孝弟始於家庭而達於天下，天子與庶人一也。聖王制禮，家人婦子之間，蓋無所不詳。此篇所記，特其一二。記者以内則名之，亦欲後世彷而推之耳。中有疑誤，隨文正之。

后王命冢宰，降德于衆兆民。

后王，君王也。命冢宰降德，謂君相皆正身齊家之人，而以其德施爲教令，使兆民率之也。天子曰兆民衆，則統貴賤言之。修身齊家，推以治民，君相之責也。記者大書特書：后王命冢宰降德于衆兆民，意深哉。無德以率之，民安能然。

子事父母，雞初鳴，咸盥、漱，櫛、縰、笄、總、拂髦、冠、緌、纓、端、韠、紳，搢笏。左右佩用，左佩紛帨、刀、礪、小觿、金燧，右佩玦、捍、管、遰、大觿、木燧。偪，屨著綦。

漱音瘦。櫛音節。縰音蹝。笄音雞。髦音毛。緌音蕤。韠音必。紳音申。搢音晉。笏音忽。帨音税。觿音兮。玦音决。捍音汗。遰音逝。著音斫。綦音忌。下同。

孔氏穎達曰：盥，洗手。漱，漱口。櫛，理髮也。縰，一幅長六尺，以韜髮作髻，既訖，横施笄於髻中以固結，非固冠之髻。總，裂繒爲之束髮之本，垂餘於髻，後以爲飾。鄭康成曰：拂髦，振去塵著之。髦用髮爲之，象幼時鬌。緌，纓之飾也。端，玄端，士服也。庶人深衣。紳，大帶，所以自紳約也。搢猶扱也，扱笏於紳，所以記事。左右佩用，自佩以備尊者使令。紛帨，拭物之佩巾。刀礪，小刀及礪礱也。小觿，解小結者，觿貌如錐，以象骨爲之。金燧可取火於日。捍，拾也，言可以捍弦管筆彄。遰，刀鞞也。木燧以鑽火。偪，行縢綦。屨，繫也。劉氏彝曰：左佩玦者，護巨指以開弦。捍者著左臂以遂矢。皇氏侃曰：晴則以金燧取火於日，陰則以木燧鑽火。彭氏汝礪曰：大觿，解大結。木燧，榆棗桑柞槐之類。按：此修容備物，蓋侍父母起而後退。

婦事舅姑，如事父母。雞初鳴，咸盥、漱、櫛、縰、笄、總，衣紳。左佩紛帨、刀礪、小觿、金燧，右佩箴、管、線、纊、施縏袠，大觿，木燧。衿纓、綦屨。

衣如字。線，本又作綫。纊音曠。縏，又作槃。袠，陳乙反，又作帙。衿，本又作紟，其鴆反。

鄭康成曰：笄，今簪也。衣紳，衣而著紳。縏，小囊也。縏袠言施，明爲箴、管、線、纊而有之。衿猶結也，衿纓以佩容臭。又婦人别有纓，五采聯貝，上繫於頂，下當心胸，許嫁即繫之，明有繫屬，嫁則夫親脱之。此事舅姑之纓，與之異。

以適父母舅姑之所。及所，下氣怡聲，問衣燠寒，疾痛苛癢，而敬抑搔之。出入則或先或後，而敬扶持之。

燠，本又作奥，音郁。苛音柯。癢，以想反。

總承上二段。適，之也。怡，悦也。苛，疥也。抑，按。搔，摩也。先後隨其便。

進盥，少者奉槃，長者奉水，請沃盥，盥卒，授巾。問所欲而敬進之，柔色以温之。饘、酏、酒、醴、芼、羹、菽、麥、蕡、稻、黍、粱、秫，唯所欲。棗、栗、飴、蜜以甘之，堇、荁、枌、榆、免、薧、滫、瀡以滑之，脂膏以膏之。父母、舅姑必嘗之而後退。

少去聲。奉長俱上聲。温本又作蕴，於運反。饘，之然反。酏音移。芼音冒。蕡音焚。秫音述。飴音怡。堇音謹。荁音丸。免音問。薧音考。滫，思酒反。瀡音髓。膏之膏音告。

此言進盥及視膳之禮，子婦皆同。槃，承盥水者。巾以帨手。温，藉也。承尊者必和顔色。饘，厚粥。酏，薄粥。芼，菜也。蕡，熬枲實。荁，堇類，冬用堇，夏用荁。榆白曰枌。陳氏澔曰：免，新鮮者。薧，乾陳者。言堇荁枌榆四物，或用新，或用舊也。滫，《説文》久泔也。瀡，滑也。滫瀡，滫之滑者。凝者爲脂，釋者爲膏。甘之、和之、膏之，皆謂調和飲食之味，必嘗之敬也。

男女未冠笄者，雞初鳴，咸盥、漱、櫛、縰、拂髦；總角、衿纓，皆佩容臭。昧爽而朝，問：何食飲矣？若已食則退，若未食，則佐長者視具。

冠去聲。朝音潮。

陳氏澔曰：總角，總聚其髮而結束之爲角。容臭，香物也。以纓佩香物以爲容，恐身有穢氣，觸尊長也。昧，晦也。爽，明也。昧爽，欲明未明之時。具，上文所言奉養之具。未冠笄無養老之責，然已使之稍學習其禮。

凡内外，雞初鳴，咸盥、漱、衣服，斂枕簟，灑埽室堂及庭，布席，各從其事。孺子蚤寢晏起，唯所欲，食無時。

衣如字。簟，徒點反。灑，又作洒。

孔氏穎達曰：此總論子婦之外卑賤及僕隸之事。簟，席之親身者。斂枕簟，不欲人見己褻者。灑埽，先以水洒而後埽之。布席，以待尊者之行事。各從其事，若女服事於内，男服事於外。孺子，小子未成人者。唯孺子則任其起居飲食，以養之。

由命士以上，父子皆異宫，昧爽而朝，慈以旨甘。日出而退，各從其事。日入而夕，慈以旨甘。

上，上聲。

父子本應異宫，以不褻處爲敬。命士以下，或貧無力，命士以上，則可爲矣。慈，愛也。事親必愛之篤者，乃彌致敬，故獨以慈，言朝夕皆親甘旨也。視膳畢，則退而各修其職業。

父母舅姑將坐，奉席請何鄉。將衽，長者奉席請何趾。少者執牀與坐。御者舉几，斂席與簟，縣衾，篋枕，斂簟而襡之。

奉上聲。鄉去聲。縣音玄。篋，口協反。襡音獨。

坐，閒坐。衽，倦臥。何趾，足向何方。皆謂偶憩之時也。牀所以坐，几所以憑，衽臥之物，晝則斂之。懸其衾，篋其枕，以襡韜其臥簟，恐其或汙褻韜也。

父母舅姑之衣，衾、簟、席、枕、几不傳；杖、屨祇敬之，勿敢近；敦、牟、卮、匜，非餕莫敢用。與恒食飲，非餕莫之敢飲食。

敦音對。卮音支。匜音移。餕音俊。

不傳，非奉命不敢傳移他處。孔氏穎達曰：敦，今杯盂。牟，士[①]釜。皆黍稷器。卮，酒器。匜，盛水漿器。勿近，勿敢偪近。與，及也。陳氏澔曰：四器非餕其餘，無敢用及尊者。所常食飲之物，非餕餘不敢擅飲食之。

父母在，朝夕恒食，子婦佐餕，既食恒餕。父没母存，冢子御食，群子婦佐餕如初。旨甘柔滑，孺子餕。

父母食而子婦佐餕者，分父母之惠，且勿使有餘而再設也。御食，侍母食如初，如父在時。言冢子者，冢子主家政，責尤重也。侍食者不餕，推母之心以惠其下，而使之餕。旨甘柔滑，於孺子爲宜，父母之心尤眷之也。

在父母舅姑之所，有命之，應唯，敬對，進退、周旋慎齊。升降、出入、揖遊不敢噦、噫、嚏、咳、欠、伸、跛、倚、睇視，不敢唾洟。寒不敢襲，癢不敢搔。不有敬事，不敢袒裼。不涉不撅。褻衣衾不見裏。父母唾洟不見。冠帶垢，和灰請漱。衣裳垢，和灰請澣。衣裳綻裂，紉箴請補綴。五日則燂湯請浴，三日具沐。其間面垢，燂潘請靧。足垢，燂湯請洗。少事長，賤事

① 士，恐當作土。

貴，共帥時。

應去聲。唯上聲。齊音齋。噫，於界反。嚏音帝。咳，苦愛反。跛，彼義反。睇音第。洟音替。撅音蹶。見音現。漱平聲。澣，户管反。綻，直莧反。紉，女陳反。絀音拙。燂，詳廉反。潘音翻。靧音悔。帥音率。

唯，應之速。敬對，對雖是而不敢逞，慎恐失禮。齊，莊也。吴氏澄曰：堂階或升或降，室户或出或入，或揖而舉手爲容，或遊而後容緩步。當此時，皆不敢有噦噫等不恭之事。陳氏澔曰：噦，嘔逆之聲。氣乏則欠，體疲則伸。偏任爲跛，依物爲倚。洟自鼻出者。睇，傾視也。襲謂重衣，撅謂揭衣。不見裏，爲其可穢。父母唾洟不見輒刷去之。朱子曰：敬事如習射之類，袒裼乃爲恭敬，若以勞倦袒裼，則是不敬，唯涉水而後撅。陳氏澔曰：漱澣皆洗濯之事。和灰，如今人用灰湯。以線貫箴曰紉。燂，温也。潘，淅米汁。靧，洗面也。共帥時，皆循是禮。

男不言内，女不言外。非祭非喪，不相授器。其相授，則女受以篚，其無篚，則皆坐奠之而後取之。外内不共井，不共湢浴，不通寢席，不通乞假。男女不通衣裳。内言不出，外言不入。男子入内，不嘯不指；夜行以燭，無燭則止。女子出門，必擁蔽其面；夜行以燭，無燭則止。道路，男子由右，女子由左。

篚，非尾反。湢，彼力反。本又作偪。

不言内、不言外，謂男女各相會聚之時。男不言婦人專業之事，女不言男子外任之事，非謂夫妻各不相謀也。鄭康成曰：授器，祭嚴，喪遽，不嫌也。奠，停地也。湢，浴室也。擁猶障也。陳氏澔曰：不嘯、不指，謂聲容有異，駭人視聽也。由右由左，見《王制》。

子婦孝者敬者，父母舅姑之命勿逆勿怠。若飲食之，雖不耆，必嘗而待。加之衣服，雖不欲，必服而待。加之事，人待[①]之，己雖弗欲，姑與之，而姑使之，而后復之。

飲去聲。食音嗣。耆音嗜。

平日能孝敬者，勿恃愛而或逆或怠。陳氏澔曰：嘗而待、服而待，皆俟尊者察。其不耆不欲而改命之，則或置之，或藏去，乃敢如己意也。尊者任之以事，或念其勞，又使他人代爲，己雖不以爲勞，而不欲其代，然必順尊者之意而姑與之。若慮其爲之不如己意，姑教使之，及其果不能，而後己復爲之也。以上勉子婦之孝於父母。

子婦有勤勞之事，雖甚愛之，姑縱之，而寧數休之。子婦未孝未敬，勿庸疾怨，姑教之。若不可教，而后怒之；不可怒，子放婦出而不表禮焉。

數音朔。

此勉父母之慈於子婦。理當勤勞之者，不可愛此而移苦於彼，寧數使之休息。

① 待，底本作代，據阮元《十三經注疏》本改。

庸，用也。怒，譴責。表猶明也。子婦非有大惡不可出，不得已而出，猶不表其惡於衆人，以存厚也。

父母有過，下氣怡色，柔聲以諫。諫若不入，起敬起孝，説則復諫。不説，與其得罪於鄉黨州閭，寧孰諫。父母怒，不説，而撻之流血，不敢疾怨，起敬起孝。

説音悦，下同。撻，吐達反。

氣和色悦聲柔，以冀父母之悦而後諫。如其言不入，又益加孝敬以感之，俟其悦而再諫。若不悦，則緩以俟之，待悦而諫。與其使父母有過得罪於鄉黨州閭，寧孰諫而使父母怒己。復諫，再諫也。孰諫者，至三至四而弗已，如火之熟物，必期變化。若父母不悦而施箠撻，雖至於流血，亦不致有疾怨於父母。惟當益加孝敬，以感動之。人子以成親之美爲大孝，故特言此，然非己德已修而孝敬又至，安能諭親於道。故曰不成乎身，不能事其親。

父母有婢子若庶子庶孫，甚愛之，雖父母没，没身敬之不衰。子有二妾，父母愛一人焉，子愛一人焉，由衣服飲食，由執事，毋敢視父母所愛，雖父母没不衰。子甚宜其妻，父母不説，出。子不宜其妻，父母曰：是善事我，子行夫婦之禮焉，没身不衰。

婢子，女使也。由猶同。宜，善也。父母所愛亦愛，久而不衰，知有親而不知有己也。然此特言父母愛之當者，或其人無他巨惡，亦優容之；若大奸大猾爲父母禍，而父母不知，則不長奸禍，亦不至傷父母之心，孝子必有善處之法，不可一概而論。至七出之禮，尤當審慎。娶妻以養父母，故父母不説，出。而世傳七出之條，惡疾、無子皆出，非聖人之法，前人已有辨之者，不可不察。

父母雖没，將爲善，思貽父母令名，必果。將爲不善，思貽父母羞辱，必不果。

貽，以之反。

善者，天之理而人之所以爲人。誠身以事親，德爲聖人，舜之所以爲大孝也。我身即父母之身，我善即父母之善。存順没寧，事亡如存，豈以親没而一念可苟哉。令名，以人所易見者言之。

舅没則姑老，冢婦所祭祀賓客，每事必請於姑。介婦請於冢婦。舅姑使冢婦，毋怠、不友，無禮於介婦。舅姑若使介婦，毋敢敵耦於冢婦，不敢竝行，不敢竝命，不敢竝坐。

姑老，傳家事於冢婦也，猶必請於姑，不敢專行。介婦，衆婦也，使信任之。舅姑若使冢婦，冢婦毋得恃愛而怠，及不愛敬介婦。舅姑若使介婦，介婦亦不敢恃愛敵耦於冢婦。皆尊舅姑以及其所使也。竝行、竝命、竝坐，婦姒之禮也。因舅姑所使愛，己不敢與之竝，蓋兼冢婦、介婦言之。夫娣姒猶兄弟也，相愛相敬，而後家道和昌。然必舅姑與夫以德倡之，以禮節之，而後可以如此文所言耳。

凡婦不命適私室不敢退。婦將有事，大小必請於舅姑。子婦無私貨，無私畜，無私器，不敢私假，不敢私與。婦或賜之飲食、衣服布帛、佩帨、茝蘭，則受而獻諸舅姑。舅姑受之則喜，如新受賜。若反賜之，則辭；不得命，如更受賜，藏以待乏。婦若有私親兄弟，將與之，則必復請其故賜，而后與之。

茝又作芷。

鄭康成曰：不命不敢退，婦侍舅姑者也。事必請於舅姑，不敢專行也。無私，家統於尊也。或賜之者，謂私親兄弟，不得命不見許也。貨，財貨。畜，牲畜。器，器用。假，借也。與，與人。佩，雜佩。帨，巾。茝，白芷。如新受賜，喜其受獻如新受賜之榮也。待乏，待舅姑之乏。婦之私親兄弟或困乏，將以物與之，則必請於舅姑，以平日賜己故物與之，必許而後與也。

適子、庶子，祗事宗子、宗婦。雖貴富，不敢以貴富入宗子之家，雖衆車徒，舍於外，以寡約入。子弟猶歸器，衣服、裘衾、車馬，則必獻其上，而后敢服用其次也。若非所獻，則不敢以入於宗子之門，不敢以貴富加於父兄宗族。若富，則具二牲，獻其賢者於宗子，夫婦皆齊而宗敬焉，終事而后敢私祭。

適音的。舍去聲。

適子、庶子，小宗之子。祗，敬也。宗，大宗。寡約，少也。入，入宗子家。猶，如也。子弟如有以物見饋者，當以善者與宗子，非所獻，謂非宗子之爵所當服。加猶高也。獻其賢者，賢猶善也。夫婦皆齊，謂助祭於宗子之家者。私祭，祭其祖禰。按：周制自適士以上乃有廟，而天子至大夫世及皆重嫡，故大宗最貴。後世不然，則此法不可行，而賢否貴賤不必宗子皆良，小宗不可廟祀其先矣。

飯：黍、稷、稻、粱、白黍、黄粱，稰、穛。膳：膷、臐、膮、醢、牛炙、醢、牛胾、醢、牛膾，羊炙、羊胾、醢、豕炙、醢、豕胾、芥醬、魚膾，雉、兔鶉、鴽。

稰胥上聲。穛音捉。膷音香。臐音熏。膮音燒。炙音柘。胾，側吏反。鶉音淳。鴽音晏。膮醢二字衍。

鄭康成曰：飯，目諸飯也。黍，黄黍。熟穫曰稰，生穫曰穛。膳，目諸膳也。牛曰膷。羊曰臐。豕曰膮。皆以其氣臭名之。牛胾，切牛肉也。醢，肉醬。鴽，亦鶉類。前人以此爲食大夫禮。然篇名《内則》，似不可拘論。

飲：重醴，稻醴清、糟，黍醴清、糟，粱醴清、糟，或以酏爲醴，黍酏，漿，水，醷，濫。酒：清、白。羞：糗餌、粉酏。

重平聲。酏，自私反。醷，於紀反。糗，起九反。餌音二。

飲，目諸飲。羞，目諸羞也。醴，濃酒之名。重猶厚也。久而陳者稻醴，較薄清。糟，和糟而飲之，更爲不久者。黍粱亦可爲醴清之酒，或又以煮粥爲酒，亦可久陳。黍酏，以黍爲粥，漿水以漱口。醷，梅漿。濫，泛濫之意。言漿水醷，皆近於酒，取其清白可漱，泛濫於口中也。糗，熟米麥而乾之。餌，餅也。粉，米豆皆可爲酏粥也。四物皆羞，所以佐食。黍酏，以黍爲粥。漿，醋水。

食：蝸醢而苽食、雉羹，麥食、脯羹、雞羹，折稌、犬羹，兔羹，和糝不蓼。濡豚包苦實蓼，濡雞醢醬實蓼，濡魚卵醬實蓼，濡鼈醢醬實蓼。腶修，蚳醢；脯羹，兔醢；麋膚，魚醢；魚膾，芥醬；麋腥，醢，醬；桃諸，梅諸，卵鹽。

食音嗣。蝸，力戈反。苽又作菰。稌音杜。和去聲。糝，三敢反。蓼音了。濡音而。

稌似稻而稃麤大，可食，亦可釀酒。孔氏穎達曰：以蝸爲醢，以苽米爲飯，以雉爲羹，三者味相宜。以麥爲飯，析脯爲羹，又以雞爲羹，三者亦相宜。細析稻米爲飯，以犬兔爲羹，三者亦味相宜。此等之羹，宜以五味調和爲羹，不須加蓼也。濡豚之時，包裹豚肉以苦菜，殺其惡氣；濡雞加之以醢及醬；濡魚以魚子爲醬；濡鼈加醢醬：四者皆開破其腹，實蓼於其中，又更縫而合之以煮也。食腶修之時，以蚳醢配之。食析脯爲羹，以兔醢配之。食麋膚，以魚醢配之。食麋生肉之時，還以麋醢配之。食桃諸、梅諸之時，以卵鹽和之。諸，菹也，即今之藏桃藏梅也。欲藏之時，必先稍乾之，故《周禮》爲之乾穢。方氏慤曰：蝸牛，即蜣蝓也。其肉可以爲醢，故《周官·鼈人》共之以授醢人。苽即《周官》六穀之苽。愚按：魚子亦可謂之卵，不必讀爲鯤。

凡食齊視春時，羹齊視夏時，醬齊視秋時，飲齊視冬時。凡和，春多酸，夏多苦，秋多辛，冬多鹹，調以滑甘。牛宜稌，羊宜黍，豕宜稷，犬宜粱，雁宜麥，魚宜苽。

齊上聲。

鄭康成曰：飯宜温，羹宜熱，醬宜凉，飲宜寒。多酸，多苦，多辛，多鹹，多其時味以養氣也。牛宜稌以下，言其氣味相成。方氏慤曰：氣之温凉寒熱異宜，味之酸苦辛鹹異等，因時適宜，以辨其等，未始不齊也，故謂之齊。可否相濟謂之和。酸以養骨，苦以養氣，辛以養筋，鹹以養脈，甘以養肉。肉則肌膚之所包而欲其緩滑，以養竅。竅則内外之所通而欲其利，故謂以滑甘，而利其竅，緩其肉焉。愚按：鄭、孔以上節爲王之燕食，此節爲正食。然此篇記《内則》，自天子以至庶人養親者皆放焉，不必泥也。

春宜羔、豚，膳膏薌。夏宜腒、鱐，膳膏臊。秋宜犢、麛，膳膏腥。冬宜鮮、羽，膳膏羶。

腒音渠。鱐音搜。臊音騷。麛音迷。鮮音仙。

鄭康成曰：腒，乾雉。鱐，乾魚。鮮，生魚。羽，雁也。此八物四時肥美，爲其太盛，煎以休廢之膏，節其氣也。牛膏薌，犬膏臊，雞膏腥，羊膏羶。方氏慤曰：牛之土助養脾，犬之金助養肺，雞之木助養肝，羊之火助養心。御案：二説之義相足。

牛修、鹿脯、田豕脯、麋脯、麕脯，麋、鹿、田豕、麕皆有軒。雉、兔皆有芼。爵、鷃、蜩、范、芝、栭、蔆、椇、棗、栗、榛、柿、瓜、桃、李、梅、杏、楂、梨、薑、桂。

麕，九倫反，本又作麇作麈。軒音憲。蜩音條。栭音而。蔆音陵。椇音矩。柿音俟。楂，側皆反。

鄭康成曰：脯皆乾析其肉也。軒謂藿葉切也。芼謂菜釀也。軒或爲胖。蜩，蟬也。范，蜂也。蔆，芰也。彭氏汝礪曰：麕，麞也。陳氏澔曰：椇，形似珊瑚，味甘美，一名白石李。御案：鹿，山獸，能補陽。麋，澤獸，能補陰。芝生於地爲地耳，小曰卷耳，通謂之芝。生於木爲木耳，有黑有白，通謂之栭。

大夫燕食，有膾無脯，有脯無膾。士不貳羹、胾。庶人耆老不徒食。

御案：此節文義趨重。末句言大夫士雖貴，亦有所不兼，唯老則庶人亦不徒食，以起下文養老之意。

膾，春用葱，秋用芥。豚，春用韭，秋用蓼。脂用葱，膏用薤，三牲用藙，和用醯，獸用梅。鶉羹、雞羹、駕、釀之蓼。魴、鱮烝，雛燒，雉薌，無蓼。

薤，户界反。藙音毅。和去聲。魴音房。鱮音叙。

鄭康成曰：芥，芥醬也。脂，肥凝者。釋者曰膏。三牲，牛羊豕。藙，陸德明曰：似茱萸而實赤小。方氏慤曰：葱以氣達爲患，於春生爲宜。芥以味辛爲介，於秋成爲宜。膾用二物和之。韭性温而生能久，春所宜；蓼性辛而氣能散，秋所宜。豚用二物和之。《書》曰：若作和羹，爾惟鹽梅。醯與梅皆酸，和之以收其味。孔氏穎達曰：用鶉雞爲羹，駕惟烝煮之。釀，切雜和之，言鶉羹、雞羹及烝駕，皆釀之以蓼。魴鱮二魚，皆烝熟之。雛，鳥之小者，火中燒之。然後調和。或曰釀者湛諸酒，薌者羹用蘇，言鶉雞可羹、駕可釀，三者皆用蓼。魴鱮可烝，雛可燒，雉用薌，三者皆無蓼也。

不食雛鼈。狼去腸，狗去腎，狸去正脊，兔去尻，狐去首，豚去腦，魚去乙，鼈去醜。

去上聲。尻，苦刀反。

鄭康成曰：皆爲不利人也。雛鼈，伏乳者。醜，謂鼈竅。陸氏佃曰：狼腸直，狗腎熱，狸脊上一道如界，免尻有九孔，豕俯聚精在腦，醫方云豕腦食之，昏人精神。方氏慤曰：狐首邱，故去首。魚腸謂之乙，餒自腸始，故去乙。

肉曰脱之，魚曰作之，棗曰新之，栗曰撰之，桃曰膽之，相梨曰攢之。

膽，丁敢反。攢，再官反，本又作鑽。

鄭康成曰：皆治擇之名也。皇氏侃曰：脱之，除其筋膜，取好處。作之者，取魚摇動之，視其鮮餒。郭云：今本作斮，謂削鱗也。孔氏穎達曰：棗易有塵埃，恒治拭之，使新。栗多蟲數數布，揀撰省視之。桃，拭治去毛，令青滑如膽。柤梨，一一攢看其蟲孔。柤似梨而酸。

牛夜鳴則庮。羊泠毛而毳，羶。狗赤股而躁，臊。鳥皫色而沙鳴，鬱。豕望視而交睫，腥。馬黑脊而般臂，漏。雛尾不盈握，弗食。舒雁翠，鵠、鴞胖，舒鳧翠，雞肝，雁腎，鴇奥，鹿胃。

庮音由。泠音零，結毛如氈也。毳，昌鋭反。皫，普保反。睫音接。腥作星。般音斑。漏平聲。鴇音保。奥，於六反。胃音謂。

鄭康成曰：亦皆爲不利人也。庮，惡臭也。赤股，股裏無毛。皫色，毛變色。沙猶嘶也。鬱，腐臭也。望視，遠視。腥當爲星，聲之誤也。星，肉中如米者。般，臂前脛般般然。漏，當爲螻，如螻蛄臭也。舒雁，鵝也。翠，尾肉也。胖謂脇側薄肉。舒鳧，鶩也。鴇奥，脾肶也。

肉腥，細者爲膾，大者爲軒。或曰：麋、鹿、魚爲菹，麕爲辟雞，野豕爲軒，兔爲宛脾。切葱若薤，實諸醯以柔之。

軒音憲。辟音百。宛音苑。

凡肉腥者，細切之則爲膾，大切之則爲軒。或又言麋、鹿、魚宜爲菹。辟雞，辟與擘同，謂擘其肉如擘雞也。宛脾，切片如脾，四者皆切。葱及薤實諸醯中，令其柔熟。愚按：自飯飲以下至此，皆言飲食之制，爲主中饋者言，所以爲内則也。先儒必拘拘分貴賤言，不知此非論食之等也。食物無窮，因地因時而異，豈可以此盡哉，亦畧言其概耳。

羹食，自諸侯以下至於庶人，無等。大夫無秩膳，大夫七十而有閣。天子之閣，左達五，右達五。公、侯、伯於房中五，大夫於閣三，士於坫一。

食音嗣。坫，丁念切。

食，飯也。羹，肉菜和水煮爲之者。凡飲亦該焉。秩，常也。大夫爵尊，膳可豐美，不似士庶，膳止常物。至七十則老矣，故有閣以庋食物，令其隨時取喜食者付厨竈治之。閣以木爲之。達五，左右皆有五閣，以天子食品多也。達，通也。五閣相通，不爲之界，近天子食處，便其省視。諸侯則於房中不必近食處，殺於天子也。大夫士若年七十，亦須備食物，以便其省視而命人治以供食，但止三與一而已，不得過多。坫以士爲之。蓋貴者，老者以閣坫庋食物，隨其意所欲食，可常見之。將治食，則以所欲食者付人治之，所以優其貴與老也。前人曲説皆謬。

凡養老，有虞氏以燕禮，夏后氏以饗禮，殷人以食禮，周人修而兼用之。凡五十養於鄉，六十養於國，七十養於學，達於諸侯。八十拜君命，一坐再至，瞽亦如之。九十者使人受。五十異粻，六十宿肉，七十貳膳，八十常珍，九十飲食不違寢，膳飲從於遊可也。六十歲制，七十時制，八十月制，九十日修，唯絞、紟、衾、冒死而后制。五十始衰，六十非肉不飽，七十非帛不煖，八十非人不煖，九十雖得人不煖矣。五十杖於家，六十杖於鄉，七十杖於國，八十杖於朝，九十者，天子欲有問焉，則就其室，以珍從。七十不俟朝，八十月告存，九十日有秩。五十不從力政，六十不與服戎，七十不與賓客之事，八十齊喪之事弗及也。五十而爵，六十不親學，七十致政。凡自七十以上，唯衰麻爲喪。凡三王養老，皆引年。八十者，一子不從政。九十者，其家不從政。瞽亦如之。凡父母在，子雖老，不坐。有虞氏養國老於上庠，養庶老於下庠。夏后氏養國老於東序，養庶老於西序。殷人養國老於右學，養庶老於左學。周人養國老於東膠，養庶老於虞庠。虞庠，在國之西郊。有虞氏皇而祭，深衣而養老。夏后氏收而祭，燕衣而養老。殷人冔而祭，縞衣而養老。周人冕而祭，玄衣而養老。

朱子謂此篇乃古經，而《王制》有之，是漢儒採此入《王制》也。因《王制》已註，故此不再録。

曾子曰：孝子之養老也，樂其心，不違其志，樂其耳目，安其寢處，以其飲食忠養之。孝子之身終，終身也者，非終父母之身，終其身也。是故父母之所愛亦愛之，父母之所敬亦敬之。至於犬馬盡然，而况於人乎。

樂音洛，下同。養去聲。

上文言飲食事甚詳，而自養不敵養老之重，故述凡養老之禮，以爲世勸。而又恐其但養口體而已，故又引曾子之言，以明養志爲本，樂其心志，耳目、寢處皆安，然後以飲食忠養之。且必終身不忘父母，常如生存。凡父母所愛敬，終己之身，不忍一日而忘，義至周矣。父母所愛敬，以當理者言。

凡養老，五帝憲，三王有乞言。五帝憲，養氣體而不乞言，有善則記之爲惇史。三王亦憲，既養老而後乞言，亦微其禮，皆有惇史。

有音又。惇音敦。

又申言帝王養老之禮，以次益隆。五帝但法其德，三王又加乞言之禮，下申明之。五帝養老，使人法其德行，以其老重煩之，故養其氣體而不乞言。其或老者有善，則命史記之。惇，信也，言可信令傳後。微其禮，一切起居周旋皆殺其繁文，不欲煩勞老者。三王亦憲，而既行養禮之後，又乞其言者，老人閲歷多，而不多言，求其言以爲法，亦有惇史。

淳熬：煎醢加於陸稻上，沃之以膏，曰淳熬。淳母：煎醢加於黍食上，沃之以膏，曰淳母。

淳，之純反。熬音遨。母音模。食音嗣。

此下言八珍淳熬等名，皆當時食物衆知之名，記者因言其法，今不可泥矣。淳，沃也。熬，煎也。熟稻米爲飯，加醢於上，沃之以膏，曰淳熬。蓋如今濃粥也。母模通。熟黍爲飯，加醢沃膏，作餌有形模，故曰淳母。如今餅餌也。此八珍之一二。

炮：取豚若將，刲之刳之，實棗於其腹中，編萑以苴之，塗之以謹塗。炮之，塗皆乾，擘之。濯手以摩之，去其皽，爲稻、粉、糔溲之以爲酏，以付豚。煎諸膏，膏必滅之，鉅鑊湯。以小鼎薌脯於其中，使其湯毋滅鼎，三日三夜毋絶火，而后調之以醯醢。

炮，步交反。將音牂。刲音睽。刳音枯。萑音丸。苴，子餘反。謹音芹。乾音干。擘音百。去上聲。皽音展。糔，息酒反。溲，所九反。鑊，户郭反。

炮，塗而燒之之名。取豚或牡羊，刲刳刳去其五藏，實棗於其腹中，編亂草以裹之，外塗以黏土炮之。待塗皆乾，擘去乾塗，恐手汙肉，熱濯手以摩之，去其皽膜，此一珍也。又一炮法，爲稻、粉、糔且溲之，以爲粥，付於豚上。付，敷也。膏不一，任人爲之，故曰諸膏。膏，牛羊豕之油汁也。將豚入膏中，必使膏没豚身，盛以鉅鑊，再加薌草、乾肉於内和勻，而後入小鼎中，加湯與膏豚同煎。湯不可滅鼎，蓋水多則難乾也。以微火緩煎三日三夜，毋絶火，而後調之以醯醢，待乾取起，此又一炮法也。以上二者，爲八珍之三。

擣珍：取牛、羊、麋、鹿、麕之肉，必脄，每物與牛若一，捶，反側之，去其餌，孰，出之，去其皽，柔其肉。

擣音搗。脄音每。

鄭康成曰：脄，脊側肉也，餌，筋腱也。柔之爲汁和也，汁和亦醯醢與。言擣肉爲珍，必取夾脊之肉，羊麋鹿麕，每用一物，必有牛肉與之適均，反覆捶爛，去其筋腱，煮熟之，再去其皽膜，而以醯醢柔漬之。此八珍之四也。

漬：取牛肉必新殺者，薄切之，必絶其理，湛諸美酒，期朝而食之，以醢若醯、醷。

漬音自。湛音尖。期音基。

湛亦漬也。絶其理，横斷其文理。期朝，今旦至明旦。醷，梅醬也。此八珍之五。

爲熬：捶之，去其皽，編萑，布牛肉焉。屑桂與薑，以灑諸上而鹽之，乾而食之。施羊亦如之。施麋、施鹿、施麕皆如牛羊。欲濡肉，則釋而煎之以醢。欲乾肉，則捶而食之。

鹽音艷。濡音儒。

此以火熟之，故亦名熬，與前淳熬異。生捶肉而去其皽膜，編萑，布牛肉於其上，屑桂與薑以灑諸上，而次施鹽，以火烘乾食之。羊、麋、鹿、麕皆如此法。食之之時，欲濡欲乾，聽人自爲之。此八珍之六。

糁：取牛、羊、豕之肉，三如一，小切之。與稻米，稻米二，肉一，合以爲餌，煎之。

孔氏穎達曰：三如一，肉等分如一。稻米二肉一，二分稻米一分肉也。鄭康成曰：此《周禮》糁食。此八珍之七。

肝膋：取狗肝一，幪之以其膋，濡炙之，舉燋其膋，不蓼。

幪，音蒙。燋，又作蕉。

鄭康成曰：膋，腸間脂。孔氏穎達曰：舉，皆也。謂炙膋皆燋。不蓼，膋不可蓼也。此八珍之八。陳氏澔曰：記者文不依次，故間雜在糝食、酏食之間。按《周禮》珍用八物，不列名。以上諸物，鄭氏以爲八珍，無大害於義，從之，但其所言欠分明。今從吕氏希哲，八珍：淳熬、淳母、炮、擣珍、漬、熬、糝、肝膋也。

取稻米，舉糔、溲之，小切狼臅膏，以與稻米爲酏。

臅音獨。

鄭康成曰：狼臅膏，臆中膏也，以狼臅膏與修溲稻米和而煮之爲粥，即食之，不可久貯者，故祇曰酏。此言爲酏之法，酏即粥也。而名異者，稻黍皆可爲粥以食，蒸則爲飯，水煮爲粥。粥中加膏薌則爲酏。字从酉者，以粥爲酒，或加膏，如此文皆曰酏。酏，移也。粥味平淡，加物或釀爲酒，移易粥之味也。前人多誤。

禮始於謹夫婦。爲宫室，辨内外。男子居外，女子居内，深宫固門，閽寺守之，男不入，女不出。

閽音昏。

夫婦，人倫之始，而其情易狎，故禮始謹之。《易》曰男正位乎外，女正位乎内。男女正，天地之大義也。鄭康成曰：閽掌守中門之禁，寺掌内人之禁令。

男女不同椸枷，不敢縣於夫之楎、椸，不敢藏於夫之篋、笥，不敢共湢浴。夫不在，斂枕篋簟席，襡器而藏之。少事長，賤事貴，咸如之。

椸音移。枷音架。縣音玄。楎音輝。笥音四。

郭氏璞曰：植曰楎，横曰椸。椸以竿爲之。夫不在，夫出也。鄭康成曰：斂枕篋等，藏之不敢褻也。

夫婦之禮，唯及七十，同藏無間，故妾雖老，年未滿五十，必與五日之御。將御者，齊、漱、澣、慎衣服，櫛、縰、笄、總角、拂髦、衿纓、綦屨。雖婢妾，衣服飲食必後長者。妻不在，妾御莫敢當夕。

間去聲。與音預。齊音齋。澣音浣。

七十，以年皆老而德齊，無狎褻之嫌，故同藏無間也。未滿五十，必與五日之御，聖人制禮，有妾者爲嗣續計，非爲嗜慾。正妻亦忌淫褻，必七十始同藏無間，以所重在同德也。故妾雖老，妻當令妾常侍夫，非謂必御以爲禮也。將御者，謂妾媵初進御於君者，故櫛、縰、笄、總角，從女子之儀，非既成妾而猶如此也。長者兼夫主及妻言之。莫敢當夕，避正妻也。此節錯舉妻妾事尊之禮，不必定主天子諸侯言。

妻將生子，及月辰，居側室。夫使人日再問之。作而自問之，妻不敢見，使姆衣服而對。至於子生，夫復使人日再問之。夫齊，則不入側室之門。子生，男子設弧於門左，女子設帨於門右。三日始負子，男射女否。

見去聲。姆音茂。齊齋同。

陳氏澔曰：正寢在前，燕寢在後。側室，燕寢之旁室。作，動作之時。姆，女師也。弧，弓也。帨，佩巾也。以此二物爲男女之表。負，抱也。

國君世子生，告于君，接以大牢，宰掌具。三日，卜士負之，吉者宿齊，朝服寢門外，詩負之。射人以桑弧蓬矢六，射天地四方。保受，乃負之。宰醴負子，賜之束帛。卜士之妻，大夫之妾，使食子。

大音泰。齊齋同。朝，直遥反。射音石。

陳氏澔曰：接以大牢，以大牢之禮接見其子也。宰，宰夫。掌具，掌其設禮之具。卜士負之，卜其吉者而使之抱子。詩，承也。射天地四方，期其有事於遠大也。保，保母。受乃負之，受子於士而抱之。宰以醴禮負子之士，仍賜束帛以酬之。食子，乳養之也。

凡接子擇日，冢子則大牢，庶人特豚，士特豕，大夫少牢，國君世子大牢。其非冢子，則皆降一等。

大音泰。少去聲。

接子，蓋以見廟也，故擇日而用太牢等。前人因無子生見廟之禮，故以接子仍是負子，不知太牢重禮，接，接續，是以子告神明繼續之重也。今人作湯餅會，猶接子以見於父母與先人。冢子，天子元子，下冢子則兼元子世子言之。蓋惟天子諸侯冢子大牢，其餘少牢豚豕而已。

異爲孺子室於宫中。擇於諸母與可者，必求其寬裕、慈惠、温良、恭敬、慎而寡言者，使爲子師，其次爲慈母，其次爲保母，皆居子室。他人無事不往。

於宫中者，别爲室以處之。諸母，衆妾也。可者，傳御之屬。師教以善道，慈知其嗜欲，保安其居處，三者大概言。或其人有兼長，亦不必定三人也。此人君養子之禮。他人無事不往，非特畏其驚擾，亦恐有非道漸誘之也。

三月之末，擇日翦髮爲鬌，男角女羈，否則男左女右。是日也，妻以子見於父，貴人則爲衣服，由命士以下皆漱、澣。男女夙興，沐浴，衣服，具視朔食。夫入門，升自阼階，立于阼，西鄉。妻抱子出自房，當楣立，東面。

鬌音朶。鄉去聲。楣音眉。

三月翦髮，不翦者謂之鬌。兩旁當角處爲角，兩髻女則留，其頂上從横各一午達之曰羈。或男左女右，爲角爲解羈亦可。貴人，大夫以上。由，自也。漱，浣。夙興、沐浴，重其事。具，俱也，俱於朔食後乃行禮，因上言夙興，恐人以爲即行禮，故云具視朔食。房，妻之正寢。朱子曰：中脊之架爲棟，次棟之架曰楣。

姆先相，曰：母某敢用時日，祗見孺子。夫子對曰：欽有帥。父執子之右手，咳而名之。妻對曰：記有成。遂左還[1]授師。子師辯告諸婦、諸母名。妻遂適寢。

---

① 還，底本作旋，據阮元《十三經注疏》本改。

相去聲。見音現。帥入聲。咳，户才反。還音旋。辯音遍。

鄭康成曰：某，妻姓。祇、欽，竝敬也。帥，循也。欽有帥，勉妻敬以帥之。咳，喜笑聲。右手作事，執之示可有爲。妻對以當記之，不忘使其終有成。師，子師。諸婦，同族卑者之妻。諸母，同族尊者之妻。適寢，仍返正寢。

夫告宰名，宰辯告諸男名，書曰：某年某月某日某生，而藏之。宰告閭史，閭史書爲二：其一藏諸閭府，其一獻諸州史。州史獻諸州伯，州伯命藏諸州府。夫入，食如養禮。

辯音徧。養去聲。

鄭康成曰：宰，屬吏也。四閭爲族，族，百家。閭胥，中士一人。五黨爲州，州二千五百家。州長中大夫一人，皆有屬吏。孔氏穎達曰：此卿大夫以下，故以名徧告同宗諸男，若諸侯則不告也。彭氏汝礪曰：如養禮敬妻之有所出，而能不負乎始饋之初意，亦示將有爲人舅姑之端也。

世子生，則君沐浴朝服，夫人亦如之，皆立于阼階西鄉。世婦抱子升自西階，君名之，乃降。

朝，直遥反。鄉去聲。

沐浴朝服，重繼嗣也。阼階西鄉，示將繼爲主以應賓。君名之，及戒告，當與前文同，不言，互文見義也。

適子庶子見於外寢，撫其首，咳而名之。禮帥初，無辭。

適子，世子之弟，亦夫人所生。庶子，妾子也。外寢，君燕寢。禮帥循初，如前所言之禮。無辭，無戒敕之辭。

凡名子，不以日月，不以國，不以隱疾。大夫、士之子，不敢與世子同名。

鄭康成曰：不以日月，不以國，終使易諱。不敢與世子同名，尊世子也。先世子生，亦勿爲改。杜氏預曰：隱痛疾患不名，避不祥也。

妾將生子，及月辰，夫使人日一問之。子生三月之末，漱、澣、夙齊，見於内寢，禮之如始入室。君已食，徹焉，使之特餕。遂入御。

齊，側皆反。

孔氏穎達曰：宫室之制，前有路寢，次君燕寢，次夫人正寢。卿大夫以下，前有適室，次燕寢，次適妻之寢。内寢，適妻寢也。如始入室，如始來嫁時。尋常夫食之後，衆妾共餕，今以其生子，故使之特餕也。

公庶子生，就側室。三月之末，其母沐浴，朝服見於君，擯者以其子見。君所有賜，君名之。衆子，則使有司名之。

孔氏穎達曰：前已云適子、庶子見於外寢，今此更重出者，以前文庶子、適子連文，恐事事皆同適子，故以此經特見庶子之法。鄭康成曰：擯者，傅姆之屬。君所有賜，妾賢君所寵異者。

庶人無側室者，及月辰，夫出居群室。其問之也，與子見父之禮，無以異也。

孔氏穎達曰：無側室，故夫出避之。若有側室，則妻自在側室，夫自居正寢，無以異。問妻見子之禮同。

凡父在，孫見於祖，祖亦名之。禮如子見父，無辭。

鄭康成曰：見子於祖，家統於尊也。父在故無辭，以子當繼父，祖無煩戒之也。父卒而有適孫，則有辭，與見冢子同。父雖卒，而庶孫猶無辭也。

食子者三年而出，見於公宫則劬。大夫之子有食母，士之妻自養其子。

食音嗣。

鄭康成曰：士妻、大夫之妾食國君之子三年，出歸其家。劬，勞也。君有以勞賜之。大夫之子食母，選於傅御之中，《喪服》所謂乳母也。士之妻，賤不敢使人。此概言貴賤之禮耳。若子無乳食，固得用乳母。

由命士以上及大夫之子，旬而見。冢子未食而見，必執其右手。適子庶子已食而見，必循其首。

上上聲。適音的，如字。

此補記見子之法。謂名子之前，子生旬日，父始見之，執右手，示將有爲。冢子，長子。適子，適室所生，但非長子耳。拊循其首，以示親愛。

子能食食，教以右手。能言，男唯女俞。男鞶革，女鞶絲。

食上如字，下音嗣。唯上聲。鞶，步干反。

俞，然也。教以右手，取其强且便，男女所同也。唯直而俞婉，革勁而絲柔，則男女之異。

六年，教之數與方名。七年，男女不同席，不共食。八年，出入門户及即席飲食，必後長者，始教之讓。九年，教之數日。十年，出就外傅，居宿於外，學書計。衣不帛襦袴。禮帥初，朝夕學幼儀，請肄簡、諒。

後，胡豆反。數去聲。數日之數上聲。襦，又作儒。袴，苦故反。肄，以二反。

御案：數十百千萬，方上下前後南北東西，凡物皆有名。鄭康成曰：不同席共食，蚤其别也。教之讓，示以廉恥。數日，朔望與六甲也。外傅，教學之師。不用帛爲襦袴，防奢也。禮帥初，帥前人舊法。幼儀，灑埽應對進退之儀。請肄簡、諒，所請教及所習，皆簡默誠信之事。方氏慤曰：書，六書。計，九數。以數必計多寡，故又謂之計焉。

十有三年，學樂誦《詩》，舞《勺》。成童，舞《象》，學射御。二十而冠，始學禮，可以衣裘帛，舞《大夏》，惇行孝弟，博學不教，内而不出。三十而有室，始理男事，博學無方，孫友視志。四十始仕，方物出謀發慮，道合則服從，不可則去。五十命爲大夫，服官政。七十致事。凡男拜，尚左手。

冠、衣竝去聲。行如字。弟音悌。孫音遜。去如字。

陳氏澔曰：樂，八音之器。詩，樂歌之篇章。朱子曰：勺即酌也，以此爲節而舞。成童，十五以上。《象》，維清之詩。射御各有五，見《周禮》。始學禮，邦國通行之禮。《大夏》，禹之樂。文武備者惇行誠厚實踐。不教，人不敢自是也。内而不出，畜德於心，不求外飾。有室，婚受室。男事，男子有爲之事。方猶常也。孫友視志，遜順於友，視其志之賢否而去取之。方物，比方事物，以求其至，是已有謀慮，證之以人，合道則服從，不可則否，此方物之實也。大夫位尊，五十必德可以堪之。服官政，熟習官政。七十則致事，而不苟留。左手，陽也。

女子十年不出，姆教婉、娩、聽從，執麻枲，治絲繭，織紝、組、紃，學女事以共衣服。觀於祭祀，納酒漿、籩豆、菹醢，禮相助奠。十有五年而笄。二十而嫁，有故，二十三年而嫁。聘則爲妻，奔則爲妾。凡女拜，尚右手。

姆音茂。娩音晚，又音萬。枲音徙。治平聲。紝，女金反。組音祖。紃音巡。共音恭。相去聲。

女子至十歲則恒處於内。姆，女師也。婉、娩，詞氣柔和之貌，聽其教而從其事。麻枲所以績常業，故言執；絲繭不常有而貴精，故言治。織以機，紝以箴。組，綬屬。紃，絛也。女事，凡女工觀之，欲熟其禮。納之以下，則習其事也。笄，女子首飾。十五而笄，謂應年許嫁者。女子許嫁，笄而字之，其未許嫁，二十則笄。有故，若遭喪葬事。聘，備禮。奔，不以禮。婦人拜，但俯下手。右，陰也。

附　解

聖人知天下無人不可爲善，且知凡人無不有飲食男女之欲，故制爲大學之教，使人誠意正心，修身以清其源。又制家庭之禮，以防其逸。《内則》之云，豈第講求於飲食居處而已哉。固宜内外交修，倫常胥協，然後或窮或達，皆斯世有用之才也。周衰，禮教凌遲，而文武周公之法猶存，特上無以倡，故下無以率。孔子修明友教，七十子之徒皆有心得，而曾、孟衍其真傳。自戰國至强秦，壞亂極矣，然洙泗遺裔，猶私相授受，以永斯文。故此篇爲漢儒所輯，亦多聖賢遺軌。至於正内正外心性倫常之實功，尚未及詳，豈所得不深，亦或非楮墨所能宣也？夫不變者天理，易惑者人心，無以正其心，又安能制於外哉！篇中記飲食諸物，蓋參以周制與漢人，而後世已不可泥。蓋日用衣食之事嗜欲，不難於工；而仁義忠孝之行天良，每易於喪也。記者於飲食之後，述養老及曾子之言，於子生明師保教訓之道，庶幾窺見本原。而開端以君相布德爲内則之由，尤爲獨探奥義。讀者内求乎正身正家之源，外踐乎行仁講讓之實，則不必區區遵此篇之文，而自能合聖人之道，是在善學者之自勉而已。

禮記恒解卷十三晚年定本

玉　藻

此篇雜記制度文節，摘篇首玉藻字以名篇。中有疑誤，隨文正之。

天子玉藻，十有二旒，前後邃延，龍卷以祭。

藻，本又作璪，音早。邃音粹。卷讀爲衮。

孔氏穎達曰：藻，雜采之絲繩，以貫於玉，以玉飾藻，故云玉藻。前後各十二旒邃者，前後垂旒深邃，延冕上覆也，玄表朱裏。龍衮，畫龍於衣。冕之爲物，後方而前圓，後仰而前俯，有延在上，有旒在下，視之則延長，察之則深邃。方氏慤曰：冕必旒，所以蔽明而示内視也。後亦設之者，有戒慎乎其所不覩之意。旒以十二，惟天子能備，天數也。

玄端而朝日於東門之外，聽朔於南門之外，閏月則闔門左扉，立于其中。

朝音潮。扉音非。

玄端，朝祭之服。正服無殺，故謂之端。春分朝日於東郊。聽朔，則月朔聽治一月之事。帝出乎震，施生於東，故朝之。聽朔於南門，嚮明而治之意。二者皆服玄端，歸功於天，不敢自專，故服次服也。閏月所以節歲氣，然天地之氣化，固無有絶續，故闔明堂之門，立於其中以聽朔。御案：閏月則前月之氣已過，後月之氣方來，故闔左以送前月，開右以迎後月。

皮弁以日視朝，遂以食。日中而餕，奏而食。日少牢，朔月大牢。五飲：上水、漿、酒、醴、酏。

餕音俊。少去聲。大音泰。酏音移。

蒙上言聽朔於南郊，即以其日皮弁視朝遂朝食。日中則食朝之餘，不敢厚於自養也。食必奏樂，以和其心志而養其體。朔月大牢，重朔也。上水，以水爲上，重本也。

卒食，玄端而居。動則左史書之，言則右史書之。御瞽幾聲之上下。年不順成，則天子素服，乘素車，食無樂。

上上聲。

居，燕居。史書言動，勖其德而警其失也。幾，察也。以瞽人侍側，察其聲高下，以知性情政事之得失。年不順成，則自貶損以答天。

諸侯玄端以祭，裨冕以朝，皮弁以聽朔於大廟，朝服以日視朝於内朝。

裨音卑。大音泰。

諸侯之國，受之天子，傳之先君，非己所得專，故玄端以祭，裨冕以朝，示自卑也。聽朔則皮弁者，天子尊天而不敢自專，故服玄端。諸侯敬天子之禮以敬天，故服皮弁。凡冕，自天子衮冕以下，通稱裨冕。裨，卑也。内朝，鄭康成曰：路寢門外之正朝是也。

朝，辨色始入。君日出而視之，退適路寢聽政，使人視大夫，大夫退，然後適小寢釋服。

始入，群臣入應門也。小寢，燕寢。釋服，服玄端。朝，以先爲勤，以後爲逸。退，以先爲逸，以後爲勤。朝而臣先於君，所以明分守。退而君後於臣，所以防怠荒。御案：視朝於路寢門外，立而聽政而已。禮畢，君入路寢門聽政，大夫就寢門外，左右六府各治其事。臣有奏告，大僕引而入；君有命，使大僕傳而出。必大夫皆退，而後適小寢釋服。

又朝服以食，特牲，三俎，祭肺，夕深衣，祭牢肉。朔月少牢，五俎四簋。子卯稷食菜羹。夫人與君同庖。

稷食，食音嗣。

又承上朝服而順言之。雖食必朝服，敬養身也。三俎，豕魚腊。祭肺，周人重肺。夕將食時，切牢肉爲小段而祭之。牛羊豕爲大牢，羊豕少牢。深衣，燕居之服，由朝至夕，則可以燕矣。朔月少牢固降於天子，亦以無故不殺羊也。五俎，三俎加牛羊，與其腸胃俎薦。牲肉天產，故用陽數。簋，盛黍稷，地產，故用陰數。五俎四簋，朔月倍常也。子卯見《檀弓》。常食非不以稷特稻粱爲上，而稷次之；非不以菜爲羹，特雞犬爲胾而菜爲芼。今食止以其次羹止以其芼，以疾日貶故也。同庖與共牢而食同義。

君無故不殺牛，大夫無故不殺羊，士無故不殺犬豕。君子遠庖厨，凡有血氣之類，弗身踐也。

鄭康成曰：故謂祭祀之屬。身踐猶身親。庖宰，殺之所。厨，烹飪之所。

至於八月不雨，君不舉。年不順成，君衣布搢本，關梁不租，山澤列而不賦，土功不興，大夫不得造車馬。

衣去聲。搢音薦。

八月不雨，旱之久也。不舉，不舉樂。周八月，夏六月，自春至夏不雨，則麥難秋而黍亦將槁矣。若年不順成，是大小秋皆耗，故君自責貶損。搢本，去珽，荼佩士笏也。士以竹爲笏，飾本以象列陳也。有司陳其地所產之物可濟民食者，使君周知而不賦其稅。車馬所日需者且不得新造，他可知。

卜人定龜，史定墨，君定體。

《周禮》龜人掌龜各有宜用。定龜，定所當用之龜。凡卜，必先以墨畫其所求之事於龜，以艾灼之，視龜所坼，而視其吉凶。此則史爲之。龜從墨而大坼曰兆，廣裂其旁歧細出曰兆璺。既得兆體，君乃定其體之吉凶，以爲從違。

君羔幦虎犆；大夫齊車鹿幦豹犆，朝車；士齊車鹿幦豹犆。

犆音直。齊音齋。

軾，車前横木，所以憑者。犆即兩旁承軾直木。幦若席然，施諸犆上，而軾可知。虎以其威猛而有義，羔不黨，跪乳而有禮，鹿喜群，豹文炳。大夫朝車，士齊車，皆鹿幦豹犆，朝以見君，而重齊以禮，神而重也，非是則貴賤固有等。

君子之居恒當戶，寢恒東首。若有疾風、迅雷、甚雨，則必變。雖夜必興，衣服冠而坐。

首去聲。衣去聲。

當戶，向明也。東首，順生氣也。必變，敬天威。凡知礼者皆当然，不但有位者，故言君子。

日五盥，沐稷而靧粱，櫛用樿櫛，髮晞用象櫛，進禨進羞，工乃升歌。浴用二巾，上絺下綌。出杅，履蒯席，連用湯，履蒲席，衣布晞身，乃屨，進飲。

盥音館。靧音悔。樿音展。禨，其既反。杅音樗。

盥，洗手。沐，沐髮。靧，洗面。取五穀之水盥沐，取其中和之氣，而稷粱煎水獨清，故用之也。樿，木名，理白不傷髮。晞，乾也。如髮乾燥，則用象櫛。禨，祥也。晨酒以祓除不祥之意。羞，以佐酒者。如浴，則用二巾，上體用絺，下用綌，以其粗軟易去垢。浴竟，出杅履於蒯席，又用湯淨體，履蒲席以衣，或布晞身，乃履，進飲。杅，浴器。連用湯，明初以湯浴，即又以湯淨之。然此大概言沐浴之法，有不可泥者矣。

將適公所，宿齊戒，居外寢，沐浴。史進象笏，書思對命。既服，習容、觀玉聲，乃出。揖私朝煇如也，登車則有光矣。

齊音齋。煇音暉。

宿，前期爲之也。齊戒，居外寢沐浴，敬其事。思，所思，將以告君者。對，所以對君者。命，所受君命，書之於笏，爲失忘也。玉聲，玉佩。私朝，大夫家之朝。

揖其臣乃行煇光，皆德容發越之意。光則又盛於輝矣。此言凡朝君之禮。

天子搢珽，方正於天下也。諸侯荼，前詘後直，讓于天子也。大夫前詘後詘，無所不讓也。

荼音舒。詘音屈。

方氏慤曰：玉之廷者爲珽。《左傳》衮冕黻珽，珽故直，直故方，方故正。方正者，以其直而無所詘於天下出。故天子搢之。且其動也直，天道也；其動也詘，地道也。諸侯進則勢詘於天子，退則道伸於國人，故前詘後直。按：珽玉六寸，搢之於帶。玉之上圜下方者名荼。《管子》云：天子執玉笏，即珽也。諸侯荼制無考，大夫則用竹笏。

侍坐則必退席，不退則必引而去君之黨。登席不由前，爲躐席。徒坐不盡席尺。讀書、食，則齊，句豆去席尺。

爲去聲。躐，力輒反。

臣侍君坐，必退就别席。不退，君不令退也，則必引席去，就君黨之席。蓋退者常也，若君不令退，必有顧問謀議，不得去君太遠，故就君黨而坐。君黨，同姓之臣，其坐本近君者也。登席以下，推言坐席之禮。失節而踐，爲躐席，應從下升。若由前升，是躐席也。徒，空也。謂非飲食及講問時，不盡席尺，前畔餘一尺。讀書、食則坐近前，與席畔齊。豆去席尺，解所以近前之意。以設豆去席一尺，不得不前坐就豆。

若賜之食，而君客之，則命之祭然後祭，先飯，辯嘗羞，飲而俟。若有嘗羞者，則俟君之食，然後食，飯飲而俟。

飯上聲。辯音徧。

凡共食，必祭爲賓主。然君賜臣食，而客之，亦必命之祭乃祭，不敢當客禮也。且必先飯，徧嘗羞飲而俟。仍居臣子之禮也。若有嘗羞者，亦必俟君食而後食，或先飯，或先飲而俟。先之者喜君之賜也，而不遂食也。

君命之羞，羞近者。命之品嘗之，然後唯所欲。凡嘗遠食，必順近食。君未覆手，不敢飧。君既食，又飯飧。飯飧者，三飯也。君既徹，執飯與醬，乃出授從者。

孔氏穎達曰：雖君已食後乃食，而猶未敢食羞，必須君命。君命之羞矣，先食近其前者。品，徧也。君又命徧嘗，而己乃徧嘗之，隨己所欲，不復次第。凡嘗遠食，必順近食，意在嘗遠且從近始，避貪味也。客與不客，悉皆如此。覆手，食飽而覆手，以循口邊，恐有殺粒汙著之也。飧，用飲澆飯於器中也。禮食竟，更作三飧以勸飽。三飯，三度飧以勸君食。君饌既徹，乃徹己饌醬授從者。食於尊者之前，當親徹也。執飯與漿，爲親徹出。授從者，留君惠也。

凡侑食，不盡食。食於人不飽。唯水漿不祭，若祭，爲已傢卑。

侑音又。傢，虚實反。

侍食於所尊曰侑。食不盡食，恭也。不飽，謙也。已猶太也。㳅，褻也。水漿非盛饌，祭之爲太褻。而卑臣於君則祭之。孔子食於少施氏，而飽者，飽其德也。不盡食，不飽，己之恭與謙。若尊者或主人命之飽，又不敢不飽也。

君若賜之爵，則越席再拜稽首受，登席祭之。飲，卒爵而俟，君卒爵，然後授虚爵。君子之飲酒也，受一爵而色洒如也，二爵而言言斯禮已，三爵而油油以退。退則坐取屨，隱辟而后屨，坐左納右，坐右納左。

洒，先典切。言讀作誾。

此侍君而君賜爵，非禮食也。卒爵而俟，蓋君已先飯，而後賜臣，臣飲卒爵，俟君卒爵，然後授虚爵，不敢先君盡爵，其不敢先君而飲，亦明矣。洒如，和悦貌。言言斯禮者，爵益加而和靄之中復敬，循禮節也。斯、已皆語助辭。油油，和敬貌。方氏愨曰：隱則不顯，辟則不正，與就屨跪而屏之於側同義。納左納右，凡以順手足之便也。

凡尊必上玄酒。唯君面尊。唯饗野人皆酒。大夫側尊，用棜；士側尊，用禁。

上上同。棜，於據反。

尊以玄酒之尊爲上，貴太古也。此言人君之常。面猶鄉也，尊鼻鄉君，明君燕臣，專其恩惠。饗野人，蜡祭時皆酒，無玄水。側尊，不向賓主，避君也。棜、禁，見《禮器》。

始冠緇布冠，自諸侯下達，冠而敝之可也。

始冠，古亂反。餘如字。敝亦作弊。

冠禮，初加緇布冠，以存古制。諸侯以下通用，敝之以其非時制，不可常用也。

玄冠朱組纓，天子之冠也。緇布冠繢緌，諸侯之冠也。玄冠丹組纓，諸侯之齊冠也。玄冠綦組纓，士之齊冠也。

繢又作繪，音會。緌又作蕤。齊音齋。綦音其。

朱，南方正陽之色。繢，五采之文。五采雖美，不若正陽之純，其飾所以異也。諸侯與士之齊同，而尊卑不同，故皆玄冠，以一其誠。異組纓，殊色以辨其等。朱與丹皆赤，而丹不若朱之純。繢與綦皆雜色，而綦不若繢之備。綦，蒼艾色也。

縞冠玄武，子姓之冠也。縞冠素紕，既祥之冠也。垂緌五寸，惰游之士也。玄冠縞武，不齒之服也。

縞，古老反。紕音皮。

陳氏澔曰：縞，生絹也。武冠卷縞冠，凶服，武則玄色，吉也。所以吉凶相半者，父有喪服，子不可純用吉。姓，生也，孫是子之所生，故曰子姓。素，熟絹也。紕，冠兩邊及卷下畔之緣。縞冠素紕，冠與卷身皆用縞，但以素緣之耳。既祥之冠，祥祭後所服。方氏愨曰：爲祖之亡也，冠縞以示凶。爲父之存也，武玄以示吉。冠上而武下。爲祖而縞，尊尊於上。爲父而玄，親親於下。居冠不緌，而垂緌以爲飾，蓋游惰之士怠侈則然。縞玄半凶半吉，而玄冠縞武，似喪非喪，二者皆非法服，記者斥而歎之。

居冠屬武，自天子下達，有事然後緌。

屬音燭。

燕居之冠纓屬於武，故無緌有事，乃繫纓於笄，以固冠，而垂其餘以爲飾，乃有緌。無貴賤，皆然。

五十不散送。親没不髦，大帛不緌。玄冠紫緌，自魯桓公始也。

散上聲。髦音毛。

陳氏澔曰：《喪禮》：啟殯以後，要絰之麻散垂，葬畢乃絞。五十始衰，不散麻以送葬。髦，詳《内則》。親没不髦，爲成人已久，殺於親没之後也。大帛，素繒。凡有憂者之服，不緌以爲飾。周人尚赤，至春秋而尚紫，魯桓公始用紫緌，非禮也。

朝玄端，夕深衣。深衣三袪，縫齊，倍要。衽當旁，袂可以回肘。

朝音潮。袪音嶇。縫如字。齊音咨。要平聲。

鄭康成曰：謂大夫士也。早朝在私，朝服玄端，夕則可深衣矣。袪，袖口袪，尺二寸，深衣之廣三倍於袪。齊，裳之下畔。要，裳之上畔。縫下畔倍於上畔。衽，裳之交接處。當旁，在身兩旁。袂，袖之連衣者，上下廣二尺二寸，故可以回肘。肘止長尺二寸也。

長、中，繼揜尺。袷二寸，袪尺二寸，緣廣寸半。以帛裹布，非禮也。

袷音劫。緣、廣竝去聲。

孔氏穎達曰：長衣中衣制畧同。深衣有表，謂之中衣，若露著，則曰長衣，幅廣二尺二寸。繼揜尺，以半幅繼續袂口，揜餘一尺。袷，曲領，廣二寸。袪，袂口，尺二寸。鄭康成曰：緣飾，邊也。中外宜相稱，故以帛裹布，非禮。

士不衣織。無君者不貳采。衣正色，裳間色。

衣、間竝去聲。

鄭康成曰：織，染絲織之。士衣染繒也，不貳采，大夫去位，宜服玄端玄裳。正色，五方之色。間，錯雜者。衣正、裳間，尊上而卑下也。

非列采不入公門。振絺綌不入公門，表裘不入公門。襲裘不入公門。

振上聲。

鄭康成曰：振讀爲袗，襌也。方氏慤曰：正服則文采備焉，故謂之列。絺綌爲凉，必有表衣以蔽之，惡褻也。表裘固爲温，必有正服以被之，惡簡也。按：裘上有裼衣，裼衣之上又有衣，表裘以裘向外，而無裼也。襲裘則在内，而有襲衣，外無裼，皆不敬，故不入公門。蓋古人着裘，或毛向外，或向内，皆内有襲衣，外有裼也。

纊爲繭，緼爲袍。襌爲絅，帛爲褶。

纊音曠。緼音藴。襌音丹。絅，苦迥反，又音迥。褶音牒。

鄭康成曰：纊，新綿。緼，舊絮。余氏心純曰：衣服在躬而不知其名爲罔，故以四時燕服之名，因制定者言之。上二句寒服，下二句温服。愚按：同一有著也，用纊用緼而異名；同一無著也，單衣曰絅，袷衣曰褶。

朝服之以縞也，自季康子始也。孔子曰：朝服而朝，卒朔然後服之。曰：國家未道，則不充其服焉。

朝音潮。

君臣視朝，同服緇衣、羔裘，無用縞者。季康子始失禮，故孔子言惟諸侯皮弁，告朔卒朔，視朝然後服縞。曰，亦孔子之言也。未道，未安靖。不充其服，自貶損也。

唯君有黼裘以誓省，大裘非古也。

君，諸侯也。黼裘，以羔與狐白雜爲黼文。誓，誓師，或田獵練習省視軍眾。諸侯乃得服黼裘，義主斷制也。大裘，羔裘，天子之服。

君衣狐白裘，錦衣以裼之。君之右虎裘，厥左狼裘。士不衣狐白。

衣上聲。

狐白，白狐皮，貴而難得，故唯君衣之。裘上加衣曰裼，雖加他衣，必露其裼，錦衣始與狐白稱。左右，武士之衛君者。裘用虎狼，尚武猛也。士不衣狐白，避尊也。

君子狐青裘豹褎，玄綃衣以裼之；麛裘青豻褎，絞衣以裼之；羔裘豹飾，緇衣以裼之；狐裘，黄衣以裼之。錦衣狐裘，諸侯之服也。

綃音消。麛音迷。豻音岸。絞音爻。

鄭康成曰：君子，士大夫也。綃，綺屬，染之以玄，於狐青裘相宜。豻，胡犬也。絞，蒼黄之色。飾，猶褎也。御案：此與《論語》微異，或原不必一色者，時人禮服之所同。必純一者，聖人之所獨。

犬羊之裘不裼。不文飾也，不裼。裘之裼也，見美也。弔則襲，不盡飾也。君在則裼，盡飾也。服之襲也，充美也。是故尸襲，執玉，龜襲。無事則裼，弗敢充也。

見音現。

上文言羔，羊子也，貴者服之，此羊裘賤服，故不裼之。裘上加裼衣，與裘色稱。裼上加禮衣爲襲，雖有褻衣，襟際必露裼衣，爲見美，以文飾爲恭敬也。弔喪非見美之地，故不裼。君在則爲君而裼，盡其飾美之道。充，覆也。敬神無取文飾，故尸與執玉龜襲。外此無事則裼，弗敢掩其美也。

笏，天子以球玉，諸侯以象，大夫以魚須文竹，士竹，本，象可也。

球音求。

球璆通，美玉。馬氏晞孟曰：象也者，馴物也。諸侯之在外，以順爲行，故其笏用象。大夫士皆事人者也，事人者以貞固爲節，故其笏用竹。按：魚須，以魚須飾有文之竹以爲之。士亦竹，而其本或用象，亦可。

見於天子與射，無説笏。入大廟説笏，非古[①]也。小功不説笏，當事免則説之。既搢必盥，雖有執於朝弗有盥矣。凡有指畫於君前，用笏；造受命於君前，則書於笏。笏，畢用也。因飾焉。

見音現。説音脱。大音泰。免音問。

笏所以記事，雖見天子與射、入太廟，皆不脱笏。脱者非禮也。居喪如小功輕服，亦不脱笏。或當執事而免，則脱之。脱笏者，搢笏於帶，盥手以執事，若有執事於朝，則先脱笏，不待臨時始盥，敬也。造受命，詣君前受命，笏爲記事之物。畢用，猶皆用。因飾之，以别上下等級。

笏度二尺有六寸，其中博三寸，其殺六分而去一。

殺，色介切。去上聲。

長二尺六寸，中廣三寸，其上下六分三寸，而去其一，止二寸半。

而素帶，終辟，大夫素帶，辟垂，士練帶，率，下辟，居士錦帶，弟子縞帶。

辟音襞。率音蟀。

而字上有闕文，今姑如文解之。辟讀如襞，謂疊積之也。帶，繚於要者爲鞶，垂於前者爲紳。終辟，帶通兩旁，皆襞之。大夫士則但襞其垂紳。率，大畧也，總計之辭。言大約士以下，皆下辟之辭。居士，德成而未仕之處士，故以錦帶象其文。弟子，年少學業未成者，故以縞帶象其潔。

并紐約用組。

孔氏穎達曰：并，竝也。紐帶之交結處。以物穿紐，約結其帶，竝用組爲之。

韠，君朱，大夫素，士爵韋。圜，殺，直：天子直，公侯前後方，大夫前方後挫角，士前後正。

韠音必。圜音圓。殺去聲。挫，作臥反

韠之言蔽也，以韋爲之。韍，芾也，蔽膝也。一曰韎韐，貴賤有時同用，要取其與服相稱。爵韋，爵色之韋。圜殺直三者之形制，天子之韠，直四角爲圜殺也，下爲前，上爲後。公侯上下各去五寸，所去之處以物補飾之使方，變於天子也。大夫則圜其上角，變於君也。正即直與方之義，士賤，不嫌與君同。

韠下廣二尺，上廣一尺，長三尺，其頸五寸。肩，革帶，博二寸。

頸中央，肩兩角也。頸中央廣五寸，其肩繫於革帶，博二寸，與革帶同。

大夫大帶四寸。

大夫朝服之帶也。

雜帶，君朱緑，大夫玄華，士緇辟二寸，再繚四寸。

---

① 古，底本作禮，據阮元《十三經注疏本》本改。

御案：雜帶，雜服之帶。謂燕私所用，正服之帶皆素。朱緑，上朱下緑。玄華，外玄内華。華，黄色也。士惟緇，尊者明，卑者闇也。緇辟，皆辟之，亦用緇也。繚，纏也。大夫四寸，士廣二寸。若欲其長，以緇繞之，亦廣四寸，明雜帶以色，異貴賤也。

凡帶有率，無箴功。

率，率畧也。帶雖分等級，然其制有率畧。無箴功，謂無組采之事也。尚樸惡華，所以天子亦素，朱黄等色俱在裏。

一命緼韍幽衡，再命赤韍幽衡，三命赤韍葱衡。

緼音温。韍音弗。幽，讀爲黝。

鄭康成曰：韍之言亦蔽也。緼，赤黄之間色，所謂韎也。衡，佩玉之衡。幽，讀爲黝，黑也。青謂之葱。御案：鞸韍無别，朝祭命數亦不專據侯國，特以一再三命，定緼赤竝衡之幽葱耳，言三命，則上者可知，而不虞無别者，形則圜殺直。此經是已會，則龍火山明堂位是已。

天子素帶，朱裏，終辟。

此上下有闕文。素其外以示潔白，朱其裏以示陽德。終辟見前。

王后褘衣，夫人揄狄。

褘音翬。揄音摇。狄同翟。

鄭康成曰：褘讀如翬。揄讀如摇。翬摇皆翟雉名。雉之性介而有别，質而有文，刻繒而畫之，著於衣以爲飾，因以爲名。夫人，三夫人，亦侯伯之夫人也。

三寸，長齊於帶，紳長制：士三尺，有司二尺有五寸。子游曰：參分帶下，紳居二[①]焉。紳、鞸、結三齊。

鄭康成曰：宜承約用組，亂脱在是。三寸，謂約帶紐組之廣也，長齊於帶，與紳齊也。紳，帶之垂也。有司，府史之屬。三分帶下而三尺，則帶高於中也。結，約餘也。孔氏穎達曰：三者俱長三尺，故云三齊。

君命屈狄，再命褘衣，一命襢衣，士褖衣。

褘依注作鞠。襢，張戰反。褖，士亂反。

鄭康成曰：屈，《周禮》作闕，謂刻繒爲翟，不畫也。褘當爲鞠字之誤也。陳氏祥道曰：《周官》内司服，辨外内命婦之服。鞠衣，九嬪也。展衣，世婦也。褖衣，女御也。外命婦者，其夫孤也，則鞠衣。卿大夫也，則展衣。士也，則褖衣。

唯世婦命於奠繭，其他則皆從男子。

世婦，三大夫九嬪之下者。鄭康成曰：奠猶獻也。孔疏：凡獻物，必先奠於地也。世婦獻，即以其功命之，以服此賞功殊恩，故唯世婦有之。其他則從夫之服也。

凡侍於君，紳垂，足如履齊，頤霤，垂拱，視下而聽上，視帶以及袷，聽鄉

① 二，底本作一，據阮元《十三經注疏·校勘記》改。

任左。

齊音咨。鄉去聲。

此言侍君敬禮也。身折則紳垂，足如履裳下之緝者然。霤，屋簷也，頤垂如霤。拱手恭立，視下，亦以身俯故也。視雖下而聽則上，心專於君也。若有所對，則必視君，其視以君帶及袷，不過高，不過俯也。坐者尊左，臣侍君右，故聽鄉皆以左爲任。孔氏曰：以左耳近君也。

凡君召以三節，二節以走，一節以趨，在官不俟屨，在外不俟車。

君召以節爲信，臣敬君命，以二節爲急則走，一節亦趨矣。官治事公所，不俟屨與車，恭敬不寧之狀，非竟廢屨車也。

士於大夫，不敢拜迎，而拜送。士於尊者先拜，進面，答之拜則走。

鄭康成曰：不敢迎者，禮不敵，始來拜，則士辟也。先拜而後面見，敬也。走，不敢當拜也。

士於君所言大夫，没矣，則稱謚若字，名士。與大夫言，名士，字大夫。

士與君大夫，言皆名士，自卑其類也。稱大夫謚若字，尊大夫也。若大夫存，則君所亦稱名。

於大夫所，有公諱，無私諱。凡祭不諱，廟中不諱，教學、臨文不諱。

公諱，朝廷名諱之類。私諱，己父母。祭及廟中不諱，臨以神與先君，故教學、臨文而諱，則失事理之正。

古之君子必佩玉，右徵、角，左宫、羽，趨以《采齊》，行以《肆夏》，周還中規，折還中矩，進則揖之，退則揚之，然後玉鏘鳴也。故君子在車則聞鸞、和之聲，行則鳴佩玉，是以非辟之心無自入也。

徵，張里反。趨，七須反，本又作趣。齊，疾私反。還旋通。中去聲。鏘，七羊反。辟僻通。

佩玉者，玉以比德。徵、角、宫、羽，則以合音節，而和身心也。鄭康成曰：《采齊》，路門外之樂節。《肆夏》，登堂之樂節，趨行以之自檢其體。孔氏穎達曰：門内謂之行，門外謂之趨。揖，身小俯。揚，則微仰。鸞在衡而和在式，以金爲之。朱子曰：周還，直去卻回來，其回轉處欲其圜如規。折還，直去復横去，其横轉處欲其方如矩。愚按：《采齊》以下六句，承左徵、角二句而言，必如此而後玉鏘鳴，應乎其節。下三句收束之。制外所以養中，故非辟，無自而入。

君在不佩玉，左結佩，右設佩。居則設佩，朝則結佩。齊則綪結佩，而爵韠。

齊，側皆反。綪，側耕反。

鄭康成曰：謂世子也。君在，非朝而與君同在一處，則去德佩而設事佩，辟德而示即事也。結其左者，若於事有未能。結者，結其綬不使鳴焉。居，燕居。朝，朝於君時。居設德佩以自檢束，朝則結佩不敢自飾其德。綪，屈也，結而又曲之意。主潔齊以通神，不以佩散其志。凡佩有三德，佩玉也，在中事。佩二，左右佩之，世子不敢言有德，而事亦不敢言有能，故設之結之如此。爵韠者，朝服玄端。

凡帶必有佩玉，唯喪否。佩玉有衝牙，君子無故玉不去身，君子於玉比德焉。

衝，昌容反。

鄭康成曰：凡，謂天子以至士。喪主於哀，故去飾。故，謂喪與災眚。朱子曰佩玉：上横曰珩，下繫三組，貫以蠙珠。中組之半，貫一大珠，曰瑀。末懸一玉，兩端皆鋭，曰衝牙。兩旁組半各懸一玉，長博而方，曰琚。其末各懸一玉，如半璧而内向，曰璜。又以兩組貫珠上，繫珩兩端，交貫於瑀，而下繫於兩端，行則衝牙觸璜而有聲。

天子佩白玉而玄組綬，諸侯佩山玄玉而朱組綬，大夫佩水蒼玉而純組綬，世子佩瑜玉而綦組綬，士佩瓀玟而緼組綬。孔子佩象環五寸而綦組綬。

綬音受。純，讀爲緇。綦音其。瓀，而兖反。玟音民。緼音温。

鄭康成曰：玉有山玄水蒼者，視其文色所似也。綬者，所以貫佩玉，相承受。純，當爲緇。綦，文雜色也。緼，赤黄。孔氏穎達曰：尊者玉色純，公侯以下玉色漸雜，世子以下惟論玉質，不論玉色。世子，天子諸侯之子。瑜，玉之美者。瓀玟，石次玉者，賤，故士佩之。鄭康成曰：孔子佩象環，謙不比德，亦不事也。象有文理，環可循而無窮。陳氏澔曰：燕居，佩之非禮服，是也。

童子之節也。緇布衣，錦緣，錦紳并紐，錦束髮，皆朱錦也。

緣去聲。

鄭康成曰：童子，未冠之稱。孔氏穎達曰：用緇布爲衣，尚質故也。緣與紳紐、束髮皆用朱錦，示將成人。有德，一文一質之義也。

肆束及帶，勤者有事則收之，走則擁之。

肆，恣也，放也。束帶，展放之餘。執勤勞之事則收之，以便作，走則擁抱於懷，以便走。

童子不裘不帛，不屨約，無緦服，聽事不麻。無事則立主人之北，南面。見先生，從人而入。

約，其俱反。見去聲。

鄭康成曰：皆爲幼小，不備禮也。約，屨頭飾。緦服，本室外之緦服，緦服輕，童子未當室，於本族外之緦服誼疏。喪事聽長者命，而執役不麻服，無事立主人之北，即聽事之禮。主喪，主先生長者也。

侍食於先生、異爵者，後祭先飯。客祭，主人辭曰：不足祭也。客飧，主人辭以疏。主人自置其醬，則客自徹之。一室之人，非賓客，一人徹。壹食之人，一人徹。凡燕食，婦人不徹。

飯上聲。飧音孫。

此論侍食之禮，不必童子然也。異爵，尊於己者。饌不爲己，故後祭先飯，示爲尊者嘗食也。鄭康成曰：客飧者，美主人之食。疏之言麤也。客自徹，敬主人。主人敬客，自置其醬，則客食竟，自徹以答主人之敬。一室之人，同事合居者，既非賓客，則少者一人徹。壹食，同一處聚食也，亦一人徹。婦人不備禮也。

食棗、桃、李，弗致于核。瓜祭上環，食中，棄所操。凡食果實者，後君子，火孰者，先君子。有慶，非君賜不賀。

操平聲。後，胡豆反。先上聲。

孔氏曰：弗致于核，懷核不置於地。食瓜亦祭先。環者形斷如環，上環疐間，下環脱華處，取上環祭之，而食其中。手所持者，棄之不食。果實，俟長者擇其美，火孰先君子嘗其味。慶，宗族親戚燕飲聚會雖吉，不相賀，唯受君賜爲榮，故相賀拜。

有憂者。勤者有事則收之，走則擁之。

有憂者，下有闕文。勤者二句重出。

孔子食於季氏，不辭，不食肉而飧。

孔子嘗食於少施氏而飽，謂其有禮。凡客將食興辭，而孔子不辭。凡禮，食先食胾，次食殽，乃至肩。至肩則飽，乃飧。孔子不食肉，仍爲飧，蓋因季氏失禮故也。

君賜車馬，乘以拜賜。句衣服，服以拜賜，君未有命，弗敢即乘、服也。君賜稽首，據掌，致諸地。酒肉之賜弗再拜。

君賜車馬衣服，雖應乘服者，必先辭讓，君命之而後乘服之，以拜榮君惠也。若未辭讓而君命之，則不敢然。據掌，鄭康成曰：以左手覆按右手。弗再拜，初賜至時拜，明日不重往拜，所賜者輕也。

凡賜，君子與小人不同日。

君子小人以位言。明尊卑以相激勸也。

凡獻於君，大夫使宰，士親，皆再拜稽首送之。膳於君，有葷、桃、茢，於大夫去茢，於士去葷，皆造於膳宰。大夫不親拜，爲君之答己也。

葷音熏。茢音列。去上聲。爲去聲。

大夫不親拜，釋大夫所以不親獻而使宰之故也。鄭康成曰：葷，薑及辛菜。茢，菼帚。熟食恐招邪穢，故以辟邪之物覆之。大夫士以次第降，貴賤别也。造於膳宰，致命訖，而以所獻付主人之食官。

大夫拜賜而退，士待諾而退，又拜，弗答拜。大夫親賜士，士拜受，又拜於其室。衣服弗服以拜。適者不在，拜於其室。

適者狄。

君賜，士大夫往拜，小臣受其辭。以入，即退，恐君召己答拜也。士於外拜竟，小臣傳君命，諾之，即退。君諾時又拜。弗答拜，言君無答拜士之禮也。大夫親賜士，拜受，又拜於其室，以來賜時未見也。若見則不復往。衣服不服以拜，别於君賜。適者，尊卑敵者，有賜必往拜，即其人不在，亦拜於其室。

凡於尊者有獻，而弗敢以聞。士於大夫不承賀。下大夫於上大夫承賀。親在，行禮於人稱父。人或賜之，則稱父拜之。

有獻，弗敢以聞，不敢直云獻尊者，但云贈從者耳。《少儀》曰：臣若致金玉貨貝於君，則曰致馬資於有司。承，受也。士有慶事，不聽大夫親來賀己，下大夫與上大夫近，故受稱父。事統於尊，人子無時不敬親也。

禮不盛，服不充。故大裘不裼，乘路車不式。

充，美備也。禮不以盛飾爲貴者，服不必美備，故祀天，服大裘不裼，以見美，乘路車不他式，以專敬。

父命呼，唯而不諾，手執業則投之，食在口則吐之，走而不趨。親老，出不易方，復不過時。親瘠，色容不盛，此孝子之疏節也。

唯上聲。

唯速而諾遲，走疾而趨緩。不易方，有定方。復，反也。不過時，不愆期也。瘠，病也。不盛，憂鬱也。疏節，猶言大節。

父殁而不能讀父之書，手澤存焉爾。母殁而杯圈不能飲焉，口澤之氣存焉耳。

圈，起權反。

手澤、口澤，平生執持飲啜之餘氣。言所存惟此，則其愛慕當何如也。鄭康成曰：圈，屈木所爲，巵匜之屬。

君入門，介拂闑，大夫中棖與闑之間，士介拂棖。賓入不中門，不履閾。公事自闑西，私事自闑東。

闑音臬。棖音橙。

孔氏穎達曰：闑門，中央所豎短木。棖門，兩旁長木，所謂門楔也。兩君相見，入大門，主君在闑東，賓君在闑西，皆當棖闑之中。上介稍近君，故拂闑。大夫之介微遠於闑，故當棖與闑之間。士介卑，去闑遠，故拂棖。公事，聘享，奉君命而行，自闑西，用賓禮也。私事，私覿，非行君命，自闑東，從臣禮也。閾，門限。

君與尸行接武，大夫繼武，士中武。徐趨皆用是，疾趨則欲發，而手足毋移。圈豚行，不舉足，齊如流。席上亦然。端行，頤霤如矢。弁行，剡剡起屨。執龜、玉，舉前曳踵，蹜蹜如也。

毋音無。圈，舉遠反。豚上聲。齊音咨。蹜音縮。

接武，兩足相接。繼武畧遠，亦相及。中武，迹間可容一迹。發，起屨也。徐趨皆用是，凡徐行者，皆不外此三者，疾趨必有事矣。然欲發屨時，亦不得匆遽。手足毋移，如在圈之豚，不疾不徐。不舉足，但見衣齊貼地而行，如水之流行。而就席之時亦然。端行，直而行。頤霤，行疾而身小折，身俯臨前頤，如屋霤之垂，如矢疾而正直也。弁，急也。剡剡，身起貌。舉前曳踵，前足舉而後足跟不離地。蹜蹜，舉足狹數也。

凡行，容愓愓。廟中，齊齊。朝廷，濟濟翔翔。

愓音傷。

愓愓，莊而適也。齊齊，嚴警貌。濟濟翔翔，整肅而又張拱安詳也。

君子之容舒遲，見所尊者齊遬。足容重，手容恭，目容端，口容止，聲容靜，頭容直，氣容肅，立容德，色容莊，坐如尸。燕居告溫溫。

齊音齋。遬音速。

孔氏穎達曰：舒遲，閑雅也。見所尊則齋莊收斂。鄭康成曰：重，舉欲遲。恭，高且正。端，不睇視。止，不妄動。靜，不噦咳。直，不傾顧。肅，似不息。愚按：立則該一身之容，故見其有德之氣象。莊，無狎褻。尸，敬正也。燕居及告教人，則以溫溫爲主。

凡祭，容貌顏色如見所祭者。

所謂祭如在也。愛敬之誠，徵於容貌。

喪容纍纍，色容顛顛，視容瞿瞿、梅梅，言容繭繭。

纍，良追反。顛音田。瞿音屨。

鄭康成曰：纍纍，羸憊貌。顛顛，憂思貌。繭繭，聲氣微也。瞿瞿、梅梅，張目則驚遽，收目則昏昧也。

戎容暨暨，言容詻詻，色容厲肅，視容清明。

暨，其記反。詻，五格反。

鄭康成曰：暨暨，果毅貌。詻詻，教令嚴也。愚按：厲肅不可犯，清明不可欺。

立容辨卑，毋讇。頭頸必中。山立，時行，盛氣顛實揚休，玉色。

讇音諂。

御案：立容辨者，賈誼曰：固頤凝視，平肩正背，端服整足，體不搖肘，是謂經立。因以微磬曰拱立，因以磬折曰肅立，因以垂佩曰卑立，所當辨也。立至於卑，則易讇，故又戒之。頭頸必中，即平肩正背之意，統言之也。下又合行容言之。言人立則靜，行則動，其靜如山之凝，其動如時之運，盛德之氣闐實於中，休光著揚於外，其色如玉也。

凡自稱，天子曰予一人，伯曰天子之力臣。諸侯之於天子，曰某土之守臣某；其在邊邑，曰某屏之臣某；其於敵以下，曰寡人。小國之君曰孤，擯者亦曰孤。

守去聲。屏音丙。

自稱，天子自稱於臣下，伯自稱於諸侯也。予一人，謙言己不敢有天下，待衆而成之意。伯，牧伯，力臣，謙無德，宣力而已。諸侯稱於天子，則自言守土。在邊邑，自言屏衛。皆爲天子役也。寡人，寡德之人。孤，無助之稱。擯者告於天子，亦曰某孤也。

上大夫曰下臣，擯者曰寡君之老。下大夫自名，擯者曰寡大夫。世子自名，

擯者寡君之適。

適音的。

此皆言稱於他國之君也。上大夫曰下臣某，擯者代大夫言，則曰寡君之老。下大夫自名，不敢稱下臣也。擯者曰寡大夫，不言老也。世子自名，謙，若見父執。擯者曰寡君之適，重其爲世子，以尊國體也。

公子曰臣孽。士曰傳遽之臣，於大夫曰外私。大夫私事使，私人擯則稱名。

孽，五葛反。傳去聲。使去聲。

此亦稱於他國之辭。孽同枿，孔氏曰：樹生之餘也。傳遽，方氏慤曰：《周官》行夫，掌傳遽之小事。急而不遑曰遽。自言服傳遽之賤役。於大夫曰外私，謙比於家臣也。此皆以公事使者，若大夫私事，使家臣之私人爲擯，則稱名，以別於奉君命者。御案：大夫交不出境，玆記春秋之變禮也。

公士擯，則曰寡大夫、寡君之老。大夫有所往，必與公士爲賓也。

賓如字。

孔氏穎達曰：正聘之時用公家之士爲擯，不用私人。稱下大夫曰寡大夫，上大夫曰寡君之老。按：必與公士爲賓，士雖爲介，而主國必以賓禮待之，與私事使不同也。

附解

天理一而已矣，著而爲萬事萬物，則紛頤不齊。先王制爲禮以一之，節其太過，文其不及，無方無體，適協於中，禮得而義在乎其中。故孔子曰：義以爲質，禮以行之。烏有不宜乎時而可以爲禮者哉？後世不得乎天理之原與行義之道，往往拘守傳註，彷彿古人，而其實窒礙難行，反貽放蕩者之口實。豈行禮之難，行禮而不本於心德之難耳！此篇記衣食冠佩及尊卑禮節，亦已綦詳。然世事日增，王制日異，日用事爲，多非昔比，而斤斤古人，匪特自用自專，災將及己，亦且不模不範，勢必不行。夫禮者，理而已。理有定而至無定，非精義入神，安能適中，非仁智兼全，安能精義。此篇所云，在先王爲至德之見端，在後世如球圖之法器。即末而求其本，修己治人之全，可以仰窺。逐流而昧其源，恐物理人情之宜每多不合矣。先儒考辨折衷良至，而失之拘鑿者，亦復不少。愚非有見於體用之學也，第誦習之久，聊即本文詁其字句，以待將來。方今聖人在上，所以善世宜民者無不周詳，此篇意義未嘗不該括於中，要在善學者神明於規矩，返求其本然焉耳。

禮記恒解卷十四 晚年定本

明堂位

王者嚮明而治，故所居謂之明堂。神農曰天府，黄帝曰合宫，堯周曰衢室，舜總章，夏世室，殷重屋。周制更宏備。秦火後，其制不傳，諸儒拘牽傳記，各爲之説，紛紛莫定。以經文考之，天子所居曰明堂，在朝在方岳，其制略同。蓋巡狩所至，彷天子平日所居而爲之，《月令》及泰山明堂是也。其祀文王於明堂，則特以祀文王者，蓋周之德以文而大。周公制禮，既郊祀天以稷配矣，而又念文之德通帝，謂在帝左右，不可齒於群廟，故既作文武世室於七廟之外，而又於南郊爲明堂，以文祀，其祀不知何時，疑聽朔於南門之時。武王讓善於親，謂己功皆文功，不及王季以上，故曰宗祀。其後則又祖文王而宗武王。惟明堂祀文，仍曰宗祀，其制亦彷彿天子，故聽朔亦居。《月令》之十二月，天子所居，各隨其時之方位，亦不過則天之義。然惟夏稱明堂，春秋冬不然，則所居必非止此一時，而面面開門，故四時所居，各有太室左右个，且謂之爲居，固非臨朝涖政之時，而或以爲四時止此一室，特隨方異名，似天子窮薄，止一間屋，寒暑俱在其中，殊不通矣。此篇明堂蓋指畿内而言，記者因誇侈周公，舉此以見天子朝見諸侯之位，皆由公定，鄙人之見也。其意重在諸侯之朝位，不重在明堂。天子幼弱，而薄海恭順，皆由公輔相之故，故名其篇曰《明堂位》。中有疑誤，隨文正之。

昔者周公，句朝諸侯於明堂之位。

朝，直遥反，下皆同。

言周公始定明堂之制。天子朝諸侯則位於此，非謂周公朝諸侯也。下文明言天子負扆，何乃誤認。

天子負斧依，南鄉而立。三公，中階之前，北面東上。諸侯之位，阼階之東，西面北上。諸伯之國，西階之西，東面北上。諸子之國，門東，北面東上。諸男之國，門西，北面東上。

斧音甫。依本作扆，同於豈反。鄉，許亮反。

天子，成王也。負猶言背也。斧依，爲斧文，屏風於户牖之閒。三公中階以下皆言朝位也。三公，太師，太傅，太保，周公亦在其中。此大概言朝見之位，前人誤信《儀禮》。

九夷之國，東門之外，西面北上。八蠻之國，南門之外，北面東上。六戎之國，西門之外，東面南上。五狄之國，北門之外，南面東上。

夷蠻戎狄，各從其方之門而入，不必拘拘以求其義。夷之數與《爾雅》職方不同，諸夷繁多，約舉其概，故異也。

九采之國，應門之外，北面東上。四塞，世告至。

采，七在反。塞，先代反。

孔氏穎達曰：明堂無重門，當朝正門，即應門。采，九州之牧采，取當州美物而貢天子者。愚案：上文言諸侯及四夷之朝位已明矣，此復更端言九州之牧或於朝時有所貢獻者，則以其貢置應門之外。至於上文所言四夷，新天子即位，則世一至，必非常常來見，以足上文之意也。諸儒何誤。塞，鄭康成曰：在四方爲蔽塞者。是也。

此周公明堂之位也。明堂也者，明諸侯之尊卑也。

結上文，言周公所制明堂之位如此，非謂周公所居也。又申之曰：明諸侯之尊卑，則所以正名分而凛王章也。若使周公自朝諸侯，尊卑不已大亂乎。

昔殷紂亂天下，脯鬼侯以饗諸侯。是以周公相武王以伐紂。武王崩，成王幼弱，周公踐天子之位，以治天下。

相去聲。

孔穎達曰：鬼侯，《周本紀》作九侯。九與鬼相近而誤。鄭康成曰：脯鬼侯，以人肉爲薦羞，惡之甚也。愚按：即此以見殷紂殘諸侯之甚，引起周公厚諸侯之禮也。武王崩，成王幼，居諒闇，周公以冢宰攝行天子之事，故云踐天子之位，非自爲天子也。

六年，朝諸侯於明堂，制禮作樂，頒度量，而天下大服。七年，致政於成王。

量音亮。

成王諒闇禮畢親政矣，而周公制作之事未備，又奉命營洛邑，故以冢宰而總庶政。至六年，制作詳備，王乃朝諸侯於明堂，以禮樂頒行天下，度量其一端也。七年，營洛已畢，公留治洛邑，致冢宰之政於成王。非謂前此爲天子事，今始歸政也。

成王以周公爲有勳勞於天下，是以封周公於曲阜，地方七百里，革車千乘，命魯公世世祀周公，以天子之禮樂。

乘，繩證反。

曲阜，魯地。孔氏穎達曰：城内有曲阜，逶迤長八九里。魯侯封一百里，七百里合附庸及伯禽爲方伯所統屬之國土言也。革車，兵車。千乘，亦以其爲方伯言之。《詩》曰：錫之山川，土田附庸。又曰：公車千乘。皆其後誇美之辭也。天子之禮樂，前代天子之禮樂閒有周禮，亦非純似天子也。詳見下文。

是以魯君孟春乘大路，載弧韣，旂十有二旒，日月之章，祀帝於郊，配以后稷，天子之禮也。

載音戴。弧音胡。韣音獨。旂，一作旗，其衣反。旒一作斿，力求反。

鄭康成曰：大路，殷祭天車也。弧，旌旗所以張幅也。其衣曰韣。天子之旌旗，畫日月。周公制禮，郊祀后稷以配天，代先農之享，春以祈穀。諸侯皆然，不止魯也。特魯禮較隆，王氏炎曰：魯有祈穀之郊，無日至之郊，不敢乘天子玉路，又不乘同姓金路，故乘殷之大路。常畫日月，天子建之，旂畫蛟龍，同姓諸侯建之。常十有二旒，旂則九旒而已。今不全用天子之旂，故於旂上畫日月之章，綴十二旒，此皆用天子禮，而不盡同者，是也。

季夏六月，以禘禮祀周公於太廟，牲用白牡，尊用犧、象、山罍，鬱尊用黄目，灌用玉瓚、大圭，薦用玉豆、雕篹，爵用玉琖、仍雕，加以璧散、璧角。俎用梡嶡。

大廟音泰。犧如字。罍音雷。灌，古旦反。瓚，才旦反。篹，息緩反。琖，側眼反。散，先旦反。梡，善管反。嶡，居衛反，一作橛，音同。

四時之祭，夏曰禘。御案：季夏建未之月，不於巳月，遜周天子也。周公爲魯之始祖，薨即祀之魯太廟。而魯公又爲始封之祖，不可列之。昭穆五世而祧，故别立一廟爲世室。至大祫，則周公東向，而魯公配之，儼如王者之禘所自出，而以始祖配之，故曰以禘禮祀周公於太廟也。《周禮》祫禘朝踐用大尊，饋食用山尊，春夏朝踐用犧尊，饋食用象尊。魯不用大尊，下天子也。《周禮》祫禘灌用虎彝、蜼彝，冬烝灌用黄目，魯不用虎彝、蜼彝，下天子也。《周禮》王加以玉爵，后加以璧角，賓加以璧散，魯正爵用玉琖，君加用璧角，夫人加以璧散，下天子也。周公有王禮，故俎用梡嶡。魯公以下無所嫌，則用大房，與周公白牡、魯公騂剛同義。則魯亦何嘗概用天子禮樂哉？鄭康成曰：白牡，殷牲也。尊，酒器。犧尊，腹畫牛。山罍，刻畫山雲之狀於罍。鬱尊，盛鬱鬯之酒者。黄目，黄彝也。灌，酌鬱鬯之酒以降神，以玉飾瓚，以大圭爲瓚柄。薦，祭時所薦脯醢之屬。玉豆，以玉飾豆。篹，籩也。爵，酌酒獻尸之杯。夏世爵名琖，以玉飾之。仍，因也，因爵形而雕飾之。加者，尸入室饋食竟，夫人亞獻於尸，名爲加於時。薦加豆籩也。角、散，皆酒尊名，以璧飾其口。散者，散而非致飾者也，角者剛而能制，以爲酒戒也。夫人用璧角再獻訖，賓用之以獻尸。在夫人加爵之後，故總云加也。虞俎用梡，形四足，如桉。夏俎名嶡，加横木於中，爲横距之形。王氏炎曰：天子賜諸侯圭瓚，宣王嘗以圭瓚秬鬯二卣賜召虎。則魯公必受此賜無疑。

升歌《清廟》，下管《象》，朱干玉戚，冕而舞《大武》。皮弁素積，裼而舞《大夏》。《昧》，東夷之樂也。《任》，南蠻之樂也。納夷蠻之樂於大廟，言廣魯於天下也。

任，平去二聲。

《清廟》，周頌也。升歌，堂上人歌。下管，堂下管吹也。《象》，箾管象，但以管象其詩，非舞其箾也。朱干，赤盾。玉戚，玉飾。斧柄三公，一命衮衣，孔氏穎達曰：著冕執赤盾玉斧而舞，武王伐紂之樂。著皮弁裼而舞，夏后氏之樂。六冕周制，故冕而舞，周樂。皮弁三王服，故皮弁舞，夏樂。武質，故不裼。夏樂文，故裼也。《昧》《任》皆樂名。廣魯於天下，明周公之勳勞，使天下法周公之爲人臣也。

君卷冕立於阼，夫人副褘立於房中。君肉袒迎牲於門，夫人薦豆籩。卿大夫贊君，命婦贊夫人，各揚其職，百官廢職，服大刑，而天下大服。

卷，古本反。褘音輝。袒音誕。

卷冕見上。孔氏穎達曰：尸初入之時，君待之於阼，夫人立於東房中。薦豆籩，謂朝踐及饋熟拜酳尸之時薦之。陳氏澔曰：副，首飾也，副之言覆。以其覆被乎首而爲名。褘，褘衣也。本王后之服，尊周公，故祭公時暫服之。贊，助也。命婦内則，世婦外則，卿大夫之妻。揚，舉也。廢職，則服大型。天下大服，以爲公有大德，王酬庸之當也。

是故夏礿，秋嘗，冬烝，春社，秋省而遂大蜡，天子之祭也。

礿音藥。省讀爲獮，仙淺反。蜡，仕嫁反。

春礿、夏禘、秋嘗、冬烝，四時之祭社，則春秋兼行。春社以祈爲主，秋社以報爲主。獮則秋田獵之名。大蜡，歲十二月索祭萬物而饗之。按：礿禘嘗烝，四時之祭，及蜡自天子以下皆然。記者遂以爲天子之祭，誇魯而失之陋矣。

大廟，天子明堂。庫門，天子皋門。雉門，天子應門。振木鐸於朝，天子之政也。

李氏覯曰：人臣不敢立天子政教之堂，故於周公之廟，略擬明堂之制。諸侯三門，有庫、雉、路而無皋應魯庫雉之制，略擬皋應之制，仍止三門也。振木鐸於朝以警衆，天子之政，周公制禮作樂，成王頒之天下，而又令公之子孫世守之，故亦特命木鐸，以存周公之遺耳。記者誇大之則云然。

山節，藻棁，復廟，重檐，刮楹，達鄉，反坫出尊，崇坫康圭，疏屏，天子之廟飾也。

藻音早。棁，專悦反。復音福。重平聲。檐音簷。刮，古八反。鄉，許亮反。坫，丁念反。康如字。

鄭康成曰：山節，刻欂盧爲山。藻棁，畫侏儒柱爲藻文。復廟，重屋也。重檐，重承壁材也。刮，刮磨也。鄉，牖屬，謂夾戶窗也，每室八窗爲四達。反坫，反爵之坫。兩君爲好，既獻，反爵於其上。出尊，當尊南也。禮，君尊於兩楹之閒。崇，高也。屏謂之樹，今罘罳也。刻之爲雲氣蟲獸。疏，刻也。陸氏佃曰：坫崇則圭，或嫌不安，故謂之康。廟，周公廟，成王尊周公，此或然。

鸞車，有虞氏之路也。鉤車，夏后氏之路也。大路，殷路也。乘路，周路也。

孔氏穎達曰：此明魯有四代之車。方氏慤曰：曰車上下之所通曰路，尊者之所獨。鄭康成曰：鸞，有鸞和也。鉤，有曲輿者也。大路，木路也。乘路，金路也。天子封同姓，則有金路。

有虞氏之旂，夏后氏之綏，殷之大白，周之大赤。

綏如字。

孔氏穎達曰：此論魯有四代旌旗。陳氏祥道曰：旂之制，始於舜，至夏則致飾矣，故曰綏。白，西方之色。十一征而無敵於天下，自湯始，故殷之旂以之。赤，南方文明之色，故周之旂以之。綏，或染鳥羽，或旄牛尾，注於旂竿之首，爲表章。

夏后氏駱馬黑鬣，殷人白馬黑首，周人黄馬蕃鬣。夏后氏牲尚黑，殷白牡，周騂剛。

駱音洛。鬣，力輒反。蕃音煩。騂，息營反，又呼營反。

此明魯有三代之馬及牲色。殷尚白，周尚赤，而魯馬所尚，閒以他色，是雖兼用三代，不用純色，亦殺於天子也。夏后氏尚黑，黑白相閒而鬣黑。殷尚白，頭黑而鬣白。蕃，赤也。周尚赤，用黄近於赤，而赤鬣剛牡也。騂言剛，則白亦剛。白言牡，則黑亦牡也。

泰，有虞氏之尊也。山罍，夏后氏之尊也。著，殷尊也。犧象，周尊也。

著，直略反。

鄭康成曰：泰用瓦。著，著地無足。孔氏穎達曰：此明魯用四代尊也。然或用三代，或用四代，隨其禮存者用之耳。

爵，夏后氏以琖，殷以斝，周以爵。

斝音嫁，又古雅反。

陳氏祥道曰：《爾雅》鐘小者謂之棧。夏爵名琖，其制卑淺也。琖象棧，爵象雀，而斝有耳焉。琖斝唯魯與二王之後得用，故《記》曰琖斝及尸君，非禮也。鄭康成曰：斝，畫禾稼也。

灌尊，夏后氏以雞夷，殷以斝，周以黄目。其勺，夏后氏以龍勺，殷以疏勺，周以蒲勺。

夷作彝。勺，市灼反，下同。

陳氏祥道曰：尊之爲言尊也，彝之爲言常也。尊用以獻上，及於天地，彝用以祼，施於宗廟而已。孔氏穎達曰：雞彝，畫雞於彝。龍勺，勺爲龍頭。疏謂刻鏤，通刻勺頭。蒲，謂合蒲刻勺爲鳧頭，其口微開，如蒲草合本而未微開也。陳氏澔曰：三者皆謂勺之柄頭。勺容一升。

土鼓，蕢桴，葦籥，伊耆氏之樂也。拊搏，玉磬，揩擊，大琴，大瑟，中琴，小瑟，四代之樂器也。

蕢讀爲甴，苦對反。桴音浮。葦，于鬼反。籥音樂。拊，芳甫反。搏音博。揩，居八反。

籥如笛，三孔。伊耆，堯也。拊搏，以韋爲之，實之以糠，形如小鼓。揩擊，謂柷敔。皆所以節樂者。四代，虞夏殷周也。方氏慤曰：以土爲鼓，未有鞾革之聲也。以甴爲桴，未有斲木之利也。以葦爲籥，未有截竹之精也。玉磬琴瑟，又皆堂上之樂，故特舉其名器言之。琴言中而不言小，瑟言小而不言中，互相備也。

魯公之廟，文世室也。武公之廟，武世室也。

周公留相王室，伯禽封於魯，魯以周公爲始祖，不祧。子孫僭立伯禽，庙擬天子世室，後又以武公配之，非成王所賜。《春秋》書立武宫，以罪季氏，而此誇侈之，妄矣。

米廩，有虞氏之庠也。序，夏后氏之序也。瞽宗，殷學也。頖宫，周學也。

廩，力甚反。頖音判。

有虞，藏粢盛於學宫，以教孝。瞽宗祭先代樂師。孟子曰：庠者，養也。序者，射也。而言虞夏殷周不同。方氏慤謂以其養人，則皆可曰庠；以其習射，則皆可曰序。其實一也，是也。御案：《魯頌》惟言泮宫，他書亦無言魯學有三四者。此亦合之以爲誇耳。

崇鼎，貫鼎，大璜，封父龜，天子之器也。越棘、大弓，天子之戎器也。

貫，古喚反。璜音黄。父音甫。

鄭康成曰：崇、貫、封父，皆國名。文王伐崇。古者伐國，遷其重器，以分同姓。大璜，夏后氏之璜。越，國名。棘，戟也。《春秋傳》曰：子都拔棘。輔氏廣曰：諸侯之國皆有分器，不獨魯有之，而曰天子之器，誇辭也。

夏后氏之鼓足，殷楹鼓，周縣鼓。垂之和鐘，叔之離磬，女媧之笙簧。

縣音玄，下同。鐘本作鐘。媧，古蛙反。

鄭康成曰：足，謂四足也。楹謂之柱，貫中上出也。縣，縣之簨虡也。垂，堯之共工。笙簧，笙中之簧也。《世本作》：無句作磬。皇氏曰：無句，叔之别名。方氏慤曰：《郊特牲》曰：以鐘次之，以和居參之也，故謂之和。鐘，《樂記》曰：石聲磬，磬以立辨。辨者離之音也，故謂之離磬。笙以象物，生之形，簧則美在其中，故謂之笙簧。

夏后氏之龍簨虡，殷之崇牙，周之璧翣。

簨本又作筍，恤尹反。虡音巨。翣，所甲反。

鄭康成曰：簨虡，所以縣鐘磬也。横曰簨，飾之以鱗屬；植曰虡，飾之以羸屬、羽屬。簨以大版爲之，謂之業。殷又於龍上刻畫之爲重牙，以掛縣紘。周又畫繒爲翣，戴以璧，垂五采羽於其下，樹於簨之角上，飾彌多也。御案：簨虡至周而已兼夏殷之飾，魯亦周之飾簨虡者耳。記特鋪張其辭，故列言之。

有虞氏之兩敦，夏后氏之四璉，殷之六瑚，周之八簋。

敦音對。璉，力展反。瑚音胡。簋音軌。

鄭康成曰：皆黍稷器。方曰簠，圓曰簋。陸氏佃曰：兩敦，黍稷。四璉，黍稷稻粱。六瑚，黍稷稻粱麥瓜。八簋，黍稷稻粱黄粱稰穛白黍。敦之爲器，有蓋有首也。

俎，有虞氏以梡，夏后氏以嶡，殷以椇，周以房俎。夏后氏以楬豆，殷玉豆，周獻豆。

椇，俱甫反。楬，苦瞎反。獻，素何反。

鄭康成曰：嶡之言蹷也。有虞氏斷木爲俎，足無餘飾，夏則於足閒加横木，似有横蹷之象。椇又爲曲橈之形，似椇枳樹枝之曲橈也。房，足跗。孔疏，周俎頭各有兩足，足下各别爲跗，足閒横者似堂之壁，横下二跗似堂之東西頭各有房。鄭康成曰：楬，無異物之飾也。獻，疏刻之。

有虞氏服韍，夏后氏山，殷火，周龍章。

鄭康成曰：韍，冕服之韠也。舜始作之，以尊祭服。禹湯至周，增以畫文山，取其仁可仰也。火取其明，龍取其變化也。方氏慤曰：有山有火，而又加以龍，則其文成矣。於周特言章，章者文之成。按：韍亦尊卑有異，魯蓋隨意用之，必非天子所賜，而記者反誇榮之。

有虞氏祭首，夏后氏祭心，殷祭肝，周祭肺。

方氏慤曰：有虞氏祭首，尚用氣故也。氣以陽爲主，首者氣之陽也。三代則各祭其所勝，明非有所勝，不能王天下，無以致孝於宗廟矣。夏尚黑勝赤，心赤也。殷尚白勝青，肝青也。周尚赤勝白，肺白也。陳氏祥道曰：周之尚肺，特宗廟賓客飲食之閒而已。若五祀，則事異禮亦異。記者誇飾，於此瑣事，亦謂魯兼用之，妄矣。

夏后氏尚明水，殷尚醴，周尚酒。

明水者，陰鑑取於月，得之於天者。醴則漸致其味，酒則味之成者。明水、醴、酒，祭皆用之，非三代各有所尚，言尚，亦妄也。

有虞氏官五十，夏后氏官百，殷二百，周三百。

蘇東坡曰：古圖志皆在王朝侯國，非賜不能有。此疑乃四代設官分職之典，魯備而藏之，與龜鼎大璜同作寶鎮，其言甚是。蓋制作定於周公，成王特令魯亦備存其制，以傳久遠。聖賢至公無我之心，孔子所謂文武之政，布在方策者也。非魯亦備其官，如王朝也。

有虞氏之綏，夏后氏之綢練，殷之崇牙，周之璧翣。

綏讀爲緌。綢，吐刀反。

孔氏穎達曰：言魯有四代喪葬之飾。綏即前經註旄於竿首。夏綢其杠，以練爲之旒。殷刻繒爲崇牙，飾旌旗之側。周以物爲翣，翣上戴之以璧，陳之而障柩車。此亦瑣事，魯隨意用之，非天子所賜。

凡四代之服、器、官，魯兼用之。是故魯，王禮也，天下傳之久矣，君臣未嘗相弑也。禮樂、刑法、政俗，未嘗相變也。天下以爲有道之國，是故天下資禮樂焉。

武王末受命，周公成文武之德，既定制作，成王不忘周公之勳，命魯世存方策，以詔將來。所以四代之服、器、官，魯皆有之。至於伯禽之所用者，皆侯禮，唯祭周公之廟，得兼用前代服器，蓋所以寵周公，然實與周天子不同也。後世僭及他物，非成王命伯禽之舊。記者本其初而言，故云王禮，而又云君臣未嘗相弑者。羽父弑隱公，慶父弑子般，國史不書。孔子《春秋》、丘明之傳皆私書，未行於世，記者蓋未之見而云。然禮樂、刑法、政俗未變，則或有之。當時號魯爲秉禮之國，夫子亦曰文武之政，布在方策。魯一變至於道，則當盛世之魯可想，不得概以爲誣矣。御案：此極言周公功之大，而成王報禮之隆。然即其所言細覈之，則周公廟所用，皆前代天子之禮樂，其與周同者，皆降王禮一等，則當時所僭亦微矣，不得以此《記》及《魯頌》所無者誣之。

附 解

武王崩，成王幼，諒闇三年。周公以冢宰攝政，凡其制作，皆所以成文武之德。夫子言之矣，證以《詩》《書》。奉命東征之時，成王已作《大誥》，而流言之謗，天感風雷，則王又悟而迎周公。其營洛邑也，召公始之，周公成之，而王亦臨之。是成王雖幼，亦非孩孺矣。前人以爲王立年甫十三，理或近之。自古原有聽於冢宰之禮。伊尹居王桐宫，置師傅以誨之，而日密邇先王其訓。周公輔導世子，學於伯禽而已，實未安於朝廷。負斧扆南面而立者，成王也。因年幼初立，不能備知國事，故周公踐阼而治。阼者，阼階，主人之位也。天子無客禮，何以有阼，謂成王冲年居憂，凡事公爲之主耳。前人誤解，遂疑周公負成王以朝諸侯，而此篇朝諸侯於明堂，竟以爲公自爲之，竟忘下文天子負斧扆之言，抑何妄歟？魯用天子禮樂，先儒以爲成王賜而伯禽受，君臣皆非。然實未知當日情事，蓋聖人以天下爲公，惟期人人咸歸於治，非如後世廣土衆民，欲世世而長保之也。夏殷以前，固各君其國，各子其民，如今之部落、酋長，半屬羈縻，即周之初興也，戎蜀羌髳，從征牧野，汝墳江漢，久已歸心，而西南諸國，後皆不入版圖，惟吴楚以下遼濶，乃以鬻熊馭之，然亦但齒於蠻荒而已。當日中原，即今北五省地，畫井封疆，禮陶樂淑，僅在於斯。聖人之意，若曰苟有人焉治之足矣，奚必胥天下而臣妾？故其時大畏小懷，皆由仁義足以結之。惟前代典型慎重，恪守以詔後來，不恃夏殷之後，修其禮物，作賓王家，即文武周公，本朝之治，亦斟酌前代，承堯舜禹湯而爲之者。成王之意，欲其久遠遵循，又或時易勢殊，後賢必多所採擇，故封伯禽於魯，賜之六代禮樂，與王室同等，於杞宋之守夏殷然。公有大勳，勞於冲人，不容但與諸侯等也。念公爲魯之始祖，特於公廟以前朝天子禮樂享之，其或有同於周制者，悉殺其儀。在成王固爲權而不失其正。傳之既久，子孫乃概行僭用，夫豈成王賜而伯禽妄受者乎？此篇魯儒所輯，其意主於張魯，然亦可想見一斑。故其中有瑣屑不足論者，亦有古制可參稽者。善讀而别其涇渭，亦何至成王、周公至蒙非禮之譏？忝註家不察，每多晦其本來。我朝欽定義疏，剖析精詳，千秋暗室，一旦炯然，而固陋如愚，亦得稍參末議，補前人所未及，學者慎毋以易心嘗也。

禮記恒解卷十五晚年定本

喪服小記

吴氏澄曰：《儀禮·喪服》，正經之後有記，蓋以補經文之所不備。此篇所記喪服，又以補喪服經後記之所未備。其事瑣碎，故名小記，以别於經後之記，其言亦是。《儀禮》本周末文勝之書，因周衰，聖王不作，學者無孔孟之學，以爲古制，筆之於書，流傳至漢，尊爲禮經。記者亦據之立説，而又葺其所見聞，以爲此篇也。中有疑誤，隨文正之。

斬衰，括髮以麻，爲母括髮以麻，免而以布。齊衰，惡笄，以終喪。

衰，七雷反，下竝同。括，古括反。爲，于僞反。免音汶。齊音咨，下竝同。笄，古兮反。

斬衰，父母之喪皆同，或因父在爲母喪，則齊衰。親始死，子服布深衣，去吉冠，而猶有笄縰徒跣，扱深衣，前衽於帶，將小斂，乃去笄縰著素冠。斂訖，去素冠，而以麻自項而前交於額上，卻而繞於紒，如幓頭然。父母皆然，免而以布，謂有要事而出，不可着衰之時，若平居則齊衰惡笄以終喪。括髮以麻者，喪不冠櫛，故以麻括髮。惡笄，榛木爲笄也。

男子冠而婦人笄，男子免而婦人髽。其義：爲男子則免，爲婦人則髽。

冠，古亂反，下同。髽，側巴反。

吉時男子則有冠，女子則有笄。及喪，則去冠而免，去笄而髽。其義云者，言特以别男女而已。御案：髽者，髮髻卑挫之名。吉時有髻有纚，以纚爲髻之梁，髻高而冠亦高，去纚則髻卑，而冠亦卑。故喪冠曰厭冠也。親始死，男子去冠，則露笄纚。

至小斂訖，去纚，則髽露。斬衰者以麻，齊衰者以布，掠髮之四垂而束之焉。麻曰括髮，布曰免。婦人之髽亦去纚，用麻及布，大約與男子同，特異其名曰髽，以爲男女之别耳。其不髽者，初喪即不去纚矣。秃者不髽，以爲髮可露，故不去纚，優之以掩其疾也。

苴杖，竹也。削杖。桐也。

苴，七余反。削，思略反。

苴，麻也，其幹可以爲杖。故父杖則削去其外節，後人以竹代之，因竹節在外，亦與苴同也。爲母則以桐爲杖，以桐節在内，不煩削也。記者即當時所用言，云苴杖，今之竹也，其節皆外著；削杖今之桐也，其節内含。故以爲父母之别。

祖父卒，而後爲祖母後者三年。

鄭康成曰：祖父在，則其服如父在爲母。孔氏穎達曰：此論適孫承重之服。

爲父母長子，句稽顙。大夫弔之，雖緦必稽顙。婦人爲夫與長子稽顙，其餘則否。

上爲如字，下爲去聲。稽音啟。

爲父母之長子，長孫也。長孫居祖父喪，即父在，於有弔者亦稽顙，重嫡亦重賓也。大夫弔士，雖緦必稽顙，敬大夫也。婦人爲夫與長子稽顙，敬夫亦敬夫之嫡也。其餘，謂夫之兄弟及衆子。

男主必使同姓，婦主必使異姓。

喪之無主後者，爲之主，則男以同姓，婦以異姓。與喪家同宗，必與喪家異姓也。與死者同姓之婦人，不得爲喪主，以婦人適於他族，不與己同宗。異姓，與夫家爲異姓也。

爲父後者，爲出母無服。

下爲去聲。

先儒言母犯七出，爲父所遣者，爲父後者，不爲之服，重嫡嗣也。然有子不出，則爲父後者，謂養子耳。爲人後者爲之服，或母早被出，則爲出母無服，而但心喪。無服者順於父也，心喪者禮於母也。若有子被出，而子以爲父後，故視母如無，豈天理人情乎？

親親以三爲五，以五爲九。上殺，下殺，旁殺，而親畢矣。

己身上有父，下有子，三也。由父子而推之，父有父，子有子，合之則爲五矣。父之父爲己之祖，子之子爲己之孫，合五代而計之，己之孫視己之祖爲高祖，由是而上推，己之高祖至己身爲五，己之子至曾元亦爲五，合之則爲九矣。服制以漸而上殺，由三年以至緦麻，下殺亦然。旁及兄弟，以至於同高祖，亦以五服遞殺，而親畢矣。此皆本乎天理人情之自然也。

王者禘其祖之所自出，以其祖配之，而立四廟。庶子王亦如之。

陳氏澔曰：四廟謂高曾祖禰四親廟也。始祖居中爲五，竝高祖之父祖爲七。或世子有廢疾，不可立，而庶子立爲王者，其禮制亦然。趙氏岐曰：王者既立始祖之廟，又追始祖所自出之帝，祀之於始祖之廟，而以始祖配之。

别子爲祖，繼别爲宗。繼禰者爲小宗。有五世而遷之宗，其繼高祖者也。是故祖遷於上，宗易於下。尊祖故敬宗，敬宗所以尊祖禰。

禰，乃禮反。

孔氏穎達曰：别子，諸侯適子之弟，别於正適，故稱别子也。爲祖，别與後世爲始祖，謂此别子子孫爲卿大夫，立此别子爲始祖。繼别爲宗，别子之世，世長子恒繼别子，與族人爲百世不遷之大宗。繼禰者爲小宗，别子之庶子，以庶子所生長子繼此庶子與兄弟爲小宗，謂之小宗者，以其五世則遷，比大宗爲小也。五世者，高祖至玄孫之子。此子於父之高祖無服，故遷易而各從其近者爲宗也。四世之時，尚事高祖，五世則於高祖之父無服，是祖遷於上也。四世之時，猶宗三從族人，至五世則不復宗四從族人，是宗易於下也。宗是先祖正體，惟其尊祖，所以敬宗。

庶子不祭祖者，明其宗也。庶子不爲長子斬，不祭祖與禰故也。

爲，于僞反。

庶子與宗子俱爲適士，適士得立二廟，而宗子已立二廟，則庶子止得立禰廟，不得更立祖廟而别祭，明統於宗子也。庶子不爲長子服三年，以有適子，己之子不得繼祖與禰故也。按：《周禮》重大宗，故適子適孫亦重，而後世加厲，長子死，父亦爲之服三年，今不可行矣。且聖人未有明文，蓋春秋文勝之過。

庶子，句不祭殤與無後者，殤與無後者，從祖祔食。

庶子之子，或殤與無後，庶子不自祭，以己爲庶子，不得立祖廟也。殤與無後，從祖祔食，正明不祭之故。祔食者共其牲物，而宗子主其禮。孔氏穎達曰：殤，未成人而死者。無後，成人未昏，或已取無子而死者。

庶子不祭禰者，明其宗也。

禰在宗子之家，庶子不得立禰廟。不祭禰者，仍是不立禰廟也。若思慕薦新，自不可廢。

親親尊尊長長，男女之有别，人道之大者也。

總結上文。親親，上殺下殺旁殺不同，而皆所以親親。尊尊，則專指己身以上之親，而言長長，又兼庶子敬宗子而言。人道之大，故先王服制必詳也。

從服者，所從亡則已。屬從者，所從雖没也服。妾從女君而出，則不爲女君之子服。

已音以。爲，于僞反。

服術有六，其一曰徒從。徒，空也。本非親屬，從人而服之，所從既亡，則止而不服。臣爲君黨，子爲母黨，夫爲妻黨。已，止也。屬者，骨肉連續以爲親，雖没猶從之服。屬從，謂其平日有恩誼，即從服中之人，非另一事也。妾從而出，謂姪娣從女君而入，若女君犯七出，則姪娣亦從而出也。

禮，不王不禘。

此《大傳》之文，錯簡在此。

世子不降妻之父母，其爲妻也，與大夫之適子同。

爲去聲。

天子諸侯降其妻之父母，世子不敢擬於尊，故不降也。大夫之子，爲其妻不杖期，世子亦不降者，家國雖異，其敬父均也。《記》曰天下無生而貴者也，故世子於妻父母，與妻與大夫同。

父爲士，子爲天子諸侯，則祭以天子諸侯，其尸服以士服。父爲天子諸侯，子爲士，祭以士，其尸服以士服。

父爲士，子爲天子，若舜、禹也。郊鯀配天，豈有尸服士服之禮。凡爲天子父者，尊養之至，安得尚儕於士。即爲諸侯，亦必諸侯其父。若父爲天子諸侯，子爲士，則失國之後，以士禮祭猶可。記者所言，不可泥也。

婦當喪而出，則除之。爲父母喪，未練而出則三年既練而出則已，未練而反則期，既練而反則遂之。

爲，于僞反。

七出之禮，必其妻實有凶德，而不可教誨，然無子、惡疾二條，先儒多非之，謂非聖人之言。若遭父母之喪，人子哀痛之不遑，何暇出妻？保無妻賢夫惡，父母在，不敢出，至此而出之者乎？婦人固不可使其干正，而正妻必由夫綱，無專罪婦人之理。此節芟之可也。

再期之喪，三年也。期之喪，二年也。九月七月之喪，三時也。五月之喪，二時也。三月之喪，一時也。故期而祭，禮也。期而除喪，道也。祭不爲除喪也。

爲，于僞反。

人子思親無已時，而天道變於上，人事應於下，不得不爲之節，以立中道。三年至一時，明禮制準天道爲節也。期而祭，練祭也。期而除喪，男子除首絰，女子除要帶。期而祭，思慕因時而彌深，必祭以將其思，禮所當然也。期而除喪，天道已更，人事宜有節，不得不除要絰，以適中。故曰道也，祭不爲除喪，言期後可祭。然非因除喪乃祭，祭乃禮耳。除喪，除要絰不哭，非竟不終喪禮也。

三年而後葬者，必再祭。其祭之間不同時，而除喪。

或身有事，不得及時而葬，三年後始葬，則尸柩尚存，雖練祥之月後可以祭矣，而不可其時即除喪服，必稍後待祭時乃除。再祭皆然，不忍同於不見親柩之禮也。除喪，男子除首絰，婦人除要帶，祥時除衰杖也。

大功者主人之喪，有三年者，則必爲之再祭。朋友虞、祔而已。

爲，于僞反。

死者有妻，或有子年幼，大功之從父昆弟來主其喪。既主其喪，則必爲之主練祥二祭。朋友疏於大功，則但虞、附而已。虞，葬後安神吉祭。祔，以死者祔於廟而祭也。

士妾有子而爲之緦，無子則已。

按：《喪服傳》，大夫爲貴，妾緦，無子猶服之。士妾無子則不服，蓋以貴賤爲别。然服緣恩誼而制，妾之賢否不同，誼亦不同，豈以夫之貴賤與有子無子而異，此禮非聖人之制也。

生不及祖父母、諸父、昆弟，而父税喪，己則否。

税，他活反。

此下明税服之禮。税，追服之也。祖父母之諸父、昆弟、從伯叔祖父母也。御案：禮：祖伯叔，父母小功。從祖伯叔，父母緦。從伯叔，父母小功再從緦。從祖昆弟，小功再從緦。此言子從父在外生子而不識，此緦小功之親。今聞喪，又在限外，則父追服而已。不服，服本輕也。

爲君之父、母、妻、長子，君已除喪而后聞喪，則不税。

孔氏穎達曰：臣出聘不在，而君諸親喪，臣後方聞之。若君未除，則從爲服之。若君已除，則臣不税之。

降而在緦、小功者，則税之。

如服本當期，因在殤而死，降爲大小功、緦，則必追服也。

近臣，君服斯矣服矣，其餘從而服，不從而税。君雖未知喪，臣服已。

近臣，近侍君者，日與君近，凡君所服，當從服之。其餘不近君者，但從君而服，不從君而税。若君在外，而君有應服者，其死君尚未知，在國之臣亦當先服，不俟君服而後服也。

虞，杖不入於室。祔，杖不升於堂。

祭主於敬，吉禮也。故虞祭則杖不入於室，祔祭則杖不升於堂。方氏慤曰：室内而堂外，故於室曰入。堂高而陛卑，故於堂曰升。

爲君母後者，君母卒，則不爲君母之黨服。

不爲，于僞反。

御案：禮：庶子爲父後者，其爲外祖父母、從母、舅無服，以與尊者爲體，則不得服私親也。今既爲君母後，即爲君父後矣，不於君母之黨服而何服乎？此有闕文，當作爲君母後者，君母卒，爲君母之黨服。不爲君母後，君母卒，則不爲君母之黨服。

絰殺，五分而去一，杖大如絰。

殺去聲。

吴氏澄曰：絰帶竝言，則以首絰爲絰，而要絰爲帶，亦有以要絰爲單，而絞帶爲帶者。若單言絰，則或謂首絰，或謂要絰，各隨所指。此記絰殺，蓋兼首要二絰而言。謂絰之殺，五分首絰之大而去其一，以爲要絰也。如絰則專指要絰。朱子曰：首經大一搤，只是母指與第二指一圍。

妾爲君之長子，與女君同。

周重適君，長子繼君，故妾爲之服，與服女君同。然妾雖賤，賤於君與母，非賤於子也。竟服三年，同於君母而無殺，非天理人情之正，恐非聖人之制。

除喪者，先重者，易服者，易輕者。

鄭康成曰：除先重，謂練，男子除乎首，婦人除乎要。易服，謂大喪既虞卒哭，而遭小喪也，其易喪服，男子易乎帶，女子易乎首。

無事不辟廟門，哭皆於其次。

辟，婢亦反。

孔氏穎達曰：辟，開也。廟門，殯宫門。次，謂倚廬。鬼神尚幽闇，若朝夕入及受弔之事，則暫開入門，即位而哭。葬前晝夜無時之哭，則皆於其次。徐氏師曾曰：倚廬，在中門之外。

復與書銘，自天子達於士，其辭一也。男子稱名，婦人書姓與伯仲，如不知姓，則書氏。

復以招魂，銘著其人而來其神之意，皆致其哀思，欲死者之不亡。故自天子至士，皆同也。姓，昔所賜之姓，如魯姬齊姜氏，則子孫别派受氏者。男子以下泛言，天子諸侯不在其内，故云伯仲姓氏等稱。

斬衰之葛，與齊衰之麻同。齊衰之葛，與大功之麻同。麻葛，皆兼服之。

孔氏穎達曰：斬衰既虞，受服之葛，首絰與齊衰初喪麻絰帶同。齊衰受服之葛，與大功初死之麻同，皆兼服之者。斬衰既虞，遭齊衰。新喪男子，則要服齊衰之麻，帶首服，斬衰之葛絰，婦人則首服齊衰之麻絰，要仍服斬衰之麻帶。

報葬者報虞，三月而後卒哭。

報音抱。

報即赴也，今日猶名訃爲報喪，言如報喪者，葬後而虞，其訃始至，當哭者必三月而後卒哭，蓋古者葬有常期，或居遠葬而後達訃者。

父母之喪偕，句先葬者不虞祔，待後事。其葬，服斬衰。

陳氏澔曰：父母之喪偕，即《曾子問》竝有喪，言父母同時死也。葬先輕而後重，先葬，葬母也。不虞祔，不爲設虞祭。祔，祭也。蓋葬母之明日，即治父葬，葬父畢，虞祔，然後爲母虞祔。故云待後事。祭則先重而後輕也。其葬母亦服斬齊者，從重也，以父未葬，不敢變服也。

大夫降其庶子，其孫不降其父。

大夫爲庶子服大功，厭於所尊也。天子諸侯於庶子無服，庶子之子則爲其父服三年。父母之喪，無貴賤一也。

大夫不主士之喪。

士有死而無主後者，大夫不以尊主卑。然此條亦可疑，主喪必其情誼有當爲之主者，而以貴廢禮乎？周道親親，而記禮者每以貴賤分隆殺，周末造之妄也。

爲慈母之父母無服。

己生母亡，而父命别妾養之，曰慈母。《儀禮》慈母如母，齊衰三年。而其父母無服者，謂父及嫡母在，不得及其私親也。

夫爲人後者，其妻爲舅姑大功。

上爲如字。下爲去聲。

孔氏穎達曰：夫爲本生父母期，故其妻降一等服大功。

士祔於大夫，則易牲。

祖爲大夫，孫爲士，士死，初祔於廟，則易大夫牲以祭祖。蓋祔祭義主告祖，故用祖之牲也。

繼父不同居也者，必嘗同居。皆無主後，同財而祭其祖禰爲同居，有主後者爲異居。

此言不同居繼父之義也。稱以繼父，則必父没隨母而往，乃父之也。而又曰不同居者何？蓋必嘗同居而後異居。繼父卒，無子，己亦無兄弟主父後，故爲繼父服較重。下四句釋同居、異居之義。雖未隨母往嫁，而繼父資之以財，祭其祖禰，則恩重矣，號爲同居。繼父自有子而未同居，又不爲祭祖禰，則爲不同居繼父。

哭朋友者於門外之右，南面。

孔氏穎達曰：門外，寢門外也。右，西邊也。南面，嚮南，爲主以荅弔賓。

祔葬者，不筮宅。

宅，葬地。祔，附也。不筮前人，既筮之。

士、大夫不得祔於諸侯，祔於諸祖父之爲士、大夫者。其妻祔於諸祖姑，妾祔於妾祖姑。亡則中一以上而祔，祔必以其昭穆。諸侯不得祔於天子。天子諸侯大夫可以祔於士。

亡音無。

孫死祔於祖。孫爲士大夫，而死不得祔於祖之諸侯，當祔祖之兄弟爲士大夫者。諸祖姑，夫之諸祖父兄弟爲士大夫者之妻妾，亦祔夫祖之妾。亡，無也。中，間也。若祖無妾，則又間曾祖而祔高祖之妾。祔必昭穆同列，諸侯不敢祔於天子，臣不僭君。天子、諸侯容有祖爲士者，不敢以卑視之。

爲母之君母，母卒則不服。

爲去聲。

陳氏澔曰：母之君母，母之適母也。非母所生之母，故母在爲之服，則己亦從而服，母卒則不服。

宗子，母在爲妻禫。

爲去聲。

母尊，禫，除服祭名。母在厭餘服，故爲妻杖期而不禫。宗子之妻母在，亦己代姑爲主而主祭，故不能厭而禫。

爲慈母後者，爲庶母可也，爲祖庶母可也。

上爲如字。下二爲去聲。

爲慈母後者，乃妾之子，有長子在，有嫡子在，疑於庶母、祖庶母無服，而以己後慈母之義，推之皆可也。

爲父、母、妻、長子禫。

禫，除服而祭。明餘哀不忘，祭以致其繾綣也。三年及期皆有之。但期或有所厭，惟妻者親之枝，子者親之後，而長尤重，故父母而外，爲妻、長子禫。前人殊誤。

慈母與妾母，不世祭也。

世祭，世世祭之，謂有廟祭者也。適子母死，而父命别妾養之。死，服以三年，但不廟祀之，以其有父及適母或生母也。妾母，庶母，若妾之子，則其子孫當世祭，或爲大夫及諸侯，尤當酌其宜而爲之。即慈母恩誼，亦有同於母者。此等禮不可執一而論。

丈夫冠而不爲殤，婦人笄而不爲殤，爲殤後者，以其服服之。

丈夫冠、婦人笄，皆不得爲殤矣。或宗子，或止一子殤，而爲之立後，則其子不得以殤目之，以子爲父之服服之。

久而不葬者，唯主喪者不除。其餘以麻終月數者，除喪則已。

主喪者不除，子於父，妻於夫，承重者，爲其祖曾，臣於君，不得除衰絰也。其餘，期以下，至緦之旁親，主人未葬，不得變葛，仍服麻。至服限满，則除不，待主人葬而始除也。然其服，猶必收藏，待時服服以送葬。

箭笄終喪三年。

箭笄，箭竹爲之，長尺，亦曰篠笄。妻爲夫，妾爲君，女子在室爲父，皆斬衰而箭笄。

齊衰三月，與大功同者繩屨。

陳氏澔曰：齊衰爲尊，大功爲卑，然三月者恩之輕，九月者恩之重，故可以同用繩屨。此制禮者淺深之宜也。繩屨，麻繩爲屨。

練，筮日、筮尸、視濯，皆要絰、杖、繩屨，有司告具而後去杖。筮日、筮尸。有司告事畢，而後杖，拜送賓。大祥吉服而筮尸。

孔氏穎達曰：筮日，筮小祥之日。筮尸，亦筮小祥之尸。視濯，視洗濯小祥之器。喪至小祥，男子除首絰，惟有要絰而病尚深，故猶有杖屨，變爲繩麻，將欲小祥，豫著小祥之服臨此。筮日、筮尸、視濯三事，祭欲吉，故豫服也。不言衰與冠者，亦同小祥矣。有司，執事者也。鄉者變猶杖，有司告三事具，將欲臨事，故孝子去杖。筮日、筮尸二事，皆有賓來，有司告筮，事畢，孝子必更執杖以送賓，視濯無賓，故不言也。吉服，朝服也。大祥之日，縞冠朝服，亦豫服以臨。筮尸不言日及濯，從小祥可知大祥，則竝去絰杖屨，故不云絰杖屨。

庶子在父之室，則爲其母不禫。庶子不以杖即位，父不主庶子之喪，則孫以杖即位可也。父在庶子爲妻，以杖即位可也。

爲去聲。

在父之室，不命之士，父子同官者。庶子爲母不禫，妾子父在，厭也。不以杖即位，下於適子位，朝夕哭位，孫以杖即位，祖不厭孫也。父在，庶子爲妻以杖即位，舅不主庶婦也。

諸侯弔於異國之臣，則其君爲主。諸侯弔，必皮弁錫衰。所弔雖已葬，主人必免。主人未喪服，則君亦不錫衰。

衰音摧。免音問。

鄭康成曰：君爲之主，臣統於君也。子不敢當，主避尊也。惟中庭北面哭，不拜。雖葬必免者，尊弔者而爲之變也。未喪服，不成服。既殯，成服。錫，細布也。

養有疾者不喪服，遂以主其喪。非養者入主人之喪，則不易己之喪服。養尊者必易服，養卑者否。

養去聲。

親屬無近親而遇疾，己往養之。身有期大功以下之喪服，則釋其服，求其生，故去凶服也。若疾者遂死而無後，及主喪之人，則遂以養疾時服主之，不還著喪服也。若非己所養者而死，其必有應養之人，則必有爲主之人。己有喪服，而適遇其喪，則不以死者之服易己之喪服。又申言養疾者易服，父兄則易，卑則不易也。

妾無妾祖姑者，易牲而祔於女君可也。

御案：女君，適妻也。祖姑及高祖姑俱無妾可祔，則遂於適妻祔之。生既相依，死亦相祔，禮之變也。妾牲當下女君一等，今祔於女君，故易女君牲，猶士祔於大夫，而易大夫牲也。

婦之喪，虞、卒哭，其夫若子主之，祔則舅主之。

鄭康成曰：婦，凡適婦庶婦也。虞、卒哭祭婦，非舅事也。祔於祖廟，尊者宜主焉。

士不攝大夫，士攝大夫，唯宗子。

吴氏澄曰：大夫死無主後，其親屬有士而無大夫，士位卑不可攝大夫，惟宗子分尊，則可以士而攝大夫。然主喪自以分誼親疏而别，若誼親而以貴之故不攝，則於恩禮不順。此條亦非聖制。

主人未除喪，有兄弟自他國至，則主人不免而爲主。

葬後惟君弔之，則免以敬君，兄弟親屬尚質，故不須免。

陳器之道，多陳之而省納之可也，省陳之而盡納之可也。

器，明器也。柩，朝廟時陳於廟門内之東，及葬則陳於壙前。賓客所遺，則多陳之以爲榮，省减納之以示慎。若主人所作明器，依禮有限，省陳而盡納於壙。

奔兄弟之喪，先之墓而後之家，爲位而哭。所知之喪，則哭於宫而後之墓。

既葬而後聞兄弟喪，先之墓以致其哀情，後之家以盡其哀禮。朋友遜於兄弟，故不同。

父不爲衆子次於外。

父有適長子之喪，次於中門外。庶子則否。然此次爲弔賓來居於次待之，與苫次異也。

與諸侯爲兄弟者服斬。

臣爲君服斬，即與君係兄弟亦然。明君臣之分嚴也。

下殤小功，帶澡麻不絶本，詘而反以報之。

期服之親死，在下殤降爲小功，其帶以澡雪白麻爲之，不斷去其根本。垂麻向下，又曲而向上，以合而糾之，異於正小功之澡麻斷本者也。鄭康成曰：報猶合也。

婦祔於祖姑，祖姑有三人，則祔於親者。

鄭康成曰：祖姑三人，謂舅之母死，而又有繼母二人也。親者謂舅所生。

其妻，爲大夫而卒，而後其夫不爲大夫，而祔於其妻，則不易牲。妻卒而後夫爲大夫，而祔於其妻，則以大夫牲。

夫爲大夫時而妻卒，卒後夫或黜退，則祔於祖，以見在之士牲，不用前大夫牲。若妻卒而後夫爲大夫，則祔以大夫牲。方氏慤曰：婦人從人，故貴賤從夫，而不在己也。

爲父後者，爲出母無服，無服也者，喪者不祭故也。

爲去聲。

此述前文之義。鄭康成曰：以宗廟爲重，故寧奪母慈而不敢廢祖父之祀。然猶服心喪三年，子無絶母之禮也。愚按：爲出母無服，厭於父也。父出母而子服母，嫌與父抗而懟矣。故但服心喪以致哀，無服以順父，而豈爲祭之故乎？此記者釋禮之妄也。然有子不出，無所歸不出，其子已爲父後，母何以出？此爲父後，當是養子，前文已詳。要之夫婦爲人倫之始，夫爲妻綱，無輕出其妻之禮。有子承祧而母被出，生不養，死無服，聖人制禮豈如是？

婦人不爲主而杖者，姑在爲夫杖，母爲長子削杖。女子子在室爲父母，其主喪者不杖，則子一人杖。

婦人不爲喪主，而亦杖者，有此數端。姑無厭婦之禮，故姑在亦爲夫杖。桐杖非所以服男而母爲子服，削杖重夫之後，以其所服我者而報之。女子在室，年已及笄而無男昆弟，其同姓爲攝主者，不應杖，則長女一人杖。

緦、小功，虞、卒哭則免。既葬而報虞，則雖主人皆冠，及虞則皆免。爲兄弟，既除喪已，及其葬也，反服其服，報虞、卒哭則免，如不報虞則除之。遠葬者，比反哭者皆冠，及郊而後免，反哭。

免音問，下竝同。報音赴。爲去聲。

緦、小功服輕，嫌虞、卒哭可以不免，故言免，則未虞卒哭之時，必免，可知矣。葬則必虞，而不報虞，有故不得即虞也。皆冠者，以未虞仍如未葬，及虞，則皆免爲兄弟。既除喪而後葬，亦因有故，不及期而葬者也。至葬時反服其所當服，以送葬，如主人報虞卒哭，則免。否則除之，視主人哀禮爲節也。若葬於四郊之外，道遠不可無節，故皆冠。及郊而後去冠，著免反哭於廟。此與下節，皆明免之禮。

君弔，雖不當免時也，主人必免，不散麻。雖異國之君，免也，親者皆免。

免音問。

不散麻。糾其垂也。君弔雖不當免時，必爲之著免。不散麻，異國之君弔亦然。又言喪禮凡親者皆免，免喪飾也。

除殤之喪者，其祭也必玄。除成喪者，其祭也朝服縞冠。

成人喪服初除，著朝服，禫祭始從玄端。除殤之喪，即玄，以異於成人也。若除成人之喪，則朝服而猶縞冠，不純乎吉祭。

奔父之喪，括髮於堂上，袒，降、踊，襲絰於東方。奔母之喪，不括髮，袒於堂上，降、踊，襲免於東方。絰即位，成踊，出門，哭止，三日而五哭三袒。

鄭康成曰：凡奔喪，謂道遠。已殯乃來也。孔氏穎達曰：括髮於堂上，殯宫堂上也。不笄纚者，奔喪異於初死。袒，堂上去衣，降堂阼階東，而踊，爲踊故袒。既畢，掩所袒之衣帶絰於東序。東奔母之喪，初時括髮，至又哭，以後至成服，不括髮。父則括髮，而加絰，母則不括髮，而加免。此其異也，餘皆同。著免加絰以後，即位於阼階之東，而更踊，故云成踊。出殯宫之門，就於廬。哭止，則前此哭可知。三日而五哭三袒，父母喪皆然。然此條亦周末之禮耳，非仕與學，無棄父母遠出之孝子。既不能侍養侍疾，則奔喪之時，痛心撫柩，哭踊不能自已，方且從容計父與母免絰之分、方位及絰位之異，其於哀也幾何？先儒爲《儀禮》所誤，竟忘夫子與其易也寧戚之義矣。

適婦不爲舅後者，則姑爲之小功。

孔氏穎達曰：適婦，適子之婦。不爲舅後者，夫有廢疾及他故死，而無子者。小功，庶婦之服。嫡婦本宜大功也，然既曰適婦，即夫廢疾或夫死無子，皆非其人之咎也。名分已定，即以他子傳重，而適婦有二，亦無妨礙，乃遂不服其服，此禮亦非天理人情。

附　解

理者，天理人情而已。然非聖人德造其極，則仁不熟者，義亦不精。自堯舜至孔孟，所以爲人倫之至者，爲其窮理盡性，以至於命。凡天地萬物之理，皆有以盡其變而析其精耳。至重者五倫，總其綱者君相。聖人制禮，以範斯民，高者俯而就，不肖者仰而幾，要無非致人於中和，使各得心理之安，初非繩以所本無，苦以所難至也。周衰，上無綱紀，下少師儒，蕩檢踰閑者不一而足。有志之士，乃兢兢於儀文，然中無聖學，即外鮮通明，是以研求雖切，而本原未知。夫子之以禮教人也，皆本諸躬行心得，而其平日言行，實未嘗盡循周公之舊。蓋禮時爲大，順即次之。周公之法，至春秋而已多失宜，使公復作，亦當從而損益，以歸中和。夫子既弗逢時，則第與門人講習而已。使其得志，固猶是周公，此無可無不可，君子而時中，非徒求諸載籍也。子路與祭懲煩文，而從簡要，夫子謂其知禮，則聖人用禮之心，良可想見。是書記前人之禮，而弗覩精微，故讀者或疑其爲夏殷之禮，又或以爲釋《儀禮》之言。不知禮者理也，理有定而無定，人情世故，今昔異宜，酌其至是化俗移風無定之事，宰以一定之理而裕如，不然，必多窒礙。唐虞三代迹不同而道同，正以其得天理人情之公耳。若喪葬之禮，豈以爲文哉。人子不幸而不能壽其親，親没而猶不盡其哀且誠，則此心難安。故聖人制禮，自附身附棺以至殯葬，其節雖繁，其事則皆至性至情。理之自然，禮即不得不然，而乃拘鑿求之，其誤世寧有極乎？若親族諸人，情誼各有厚薄，雖分位當嚴，亦情誼宜酌，安有一概而施之禮乎？夫遺經可寶，原非僅託空言；公理難誣，要必利於日用。避違眾之嫌，失聖人之意，是則私心竊懼者耳。

禮記恒解卷十六 晚年定本

大傳

吴氏澄謂此篇統論《儀禮·喪服傳》之大凡，故名《大傳》。然《儀禮》不盡合聖人，以之爲經而又傳之，已誤。且考本文言祭者多。中有疑誤，隨文正之。

禮，不王不禘。王者禘其祖之所自出，以其祖配之。諸侯及其大祖。大夫、士有大事，省於其君，干祫及其高祖。

王如字。大祖之大，音泰。

禮，古禮。不爲王，則不得禘祭，以天子世德源長，故祭其始祖之所自出，而以始祖配之。諸侯則但及其太祖而已。大夫更遜於諸侯，惟有三廟。若有大勳勞事，爲君所善，君特賜以殊禮，亦得祫祭，上及其高祖。省，善也。干，求也。據此則祫即禘也。以其合群廟之主而祭於始祖廟曰祫，以其帝祭曰禘。又制始虞舜，又審諦也曰諦，惟天子祫祭，則以禘名之。諸侯以下，不得名禘。若四時之祭，夏曰禘，又以帝王於夏而得名，不可與大祭等也。干，以下干上之詞。大夫本不得有祫祭，以君特恩，故曰干祫，然止及其高祖而已。

牧之野，武王之大事也。既事而退，柴於上帝，祈於社，設奠於牧室。遂率天下諸侯，執豆籩，逡奔走。追王大王亶父、王季歷、文王昌，不以卑臨尊也。

逡，息俊反。追王，于況反。亶，于但反。父音甫。

大事，伐暴救民，奉天命而順人心者也。既事而退，紂已自焚，武庚不肖，微箕遠遯，武王爲天下諸侯所擁戴，不得已而即天子位，於是燔柴以告於上帝，祭於社以祈奠安。又於牧野之室設奠，以祀先人，遂率天下諸侯執豆籩以襄事。逡，疾也，言奔走勤也。蓋天下諸侯，擁戴之心已久，故誠服如此。於時即追王三代，以明功德之所由隆，且以見伐暴救民，先人之本意，不以卑臨尊，言追王者天地神人之意，非己子孫之卑敢封其先人之尊也。御案：大王、王季、文王，理宜追王。惟當柴於上帝，祈於社之時，遂率諸侯行之，若曰此皇天后土之所命，而諸侯共承之，非子孫之所敢爲也。

上治祖禰，尊尊也。下治子孫，親親也。旁治昆弟，合族以食，序以昭繆，别之以禮義，人道竭矣。

禰本作祢，年禮反。繆同穆。

承上意而推廣言之。治，安也。祖禰主敬，故曰尊尊。子孫主恩，故曰親親。旁治昆弟，推己所尊親以及之，其尊親該一切禮儀在内。合族三句，總承而言之。竭，盡也。

聖人南面而聽天下。所且先者五，民不與焉。一曰治親，二曰報功，三曰舉賢，四曰使能，五曰存愛。五者一得於天下，民無不足無不贍者。五者一物紕繆，民莫得其死。聖人南面而治天下，必自人道始矣。

與去聲。紕，匹彌反。繆音謬。

且先，言未遑餘事，且以爲先民不與，非藉民而成之事。治親，即上文三事。報功，報有功勞者。賢，下位有德之士。能，有才藝。存愛，凡事存仁愛之意。一得，皆得也。贍，足之至且多也。紕繆，錯亂。人道，指五者。然此節於義欠全，聖人治天下，修身道立，以仁義爲本，一切制度承隨時處中，可大可久，五者悉該其中。夫子言武王未及下車云云，所謂且先者，如彼而此。云五者，特賞功愛民之一節，名曰人道，是漢儒所見耳。

立權度量，考文章，改正朔，易服色，殊徽號，異器械，别衣服，此其所得與民變革者也。其不可得變革者，則有矣。親親也，尊尊也，長長也，男女有别，此其不可得與民變革者也。

量去聲。長上聲。

鄭康成曰：權，稱錘。度，丈尺。量，斗斛。文章，禮法。服色，車馬。徽號，旌旗之名。器械，禮樂之器及甲兵。衣服，吉凶之制。徽或作褘。親親四者，人道之常。黄氏震曰：此借制度之可變，以形人道之不可變。變易其舊，革則除去之也。此節義亦不全，五倫大義及養教大綱，不可變者也。其制度文爲酌古準今，或變或否，必十分中正宜民善俗，不止如此文所云。

同姓從宗，合族屬。異姓主名，治際會。名著而男女有别。其夫屬乎父道者，妻皆母道也。其夫屬乎子道者，妻皆婦道也。謂弟之妻婦者，是嫂亦可謂之母乎？名者，人治之大者也，可無慎乎！

同姓，父族也。從宗，從其大宗小宗，以明敬。合族屬，以明恩。異姓，他姓之女來歸者，以名而别，若母及叔母妻等，尊卑親疏誼别，而名亦别。際會，婚姻際會之禮。著，明也。男女有别，非母婦之倫，無由相見，其夫屬乎己之父行，其妻皆母行。其夫屬於己之子行，其妻皆婦行也，謂弟妻爲婦，則將降其弟爲子道，將嫂亦可爲母，而以兄屬父道乎？甚言其不可也。名不正則尊卑亂而倫紀黷，故曰大者。

四世而緦，服之窮也。五世袒免，殺同姓也。六世，親屬極矣。

免音問。殺，色界反。

四世共高祖服緦麻，服盡於此，故曰窮。五世共高祖之父，袒免，雖同姓而誼減殺矣。六世共承高祖之祖者，並袒免亦無，以親屬至此而竭，不過厚其遠宗，正欲其篤於五服也。然亦必變吉以爲禮。

其庶姓别於上，而戚單於下，昏姻可以通乎？繫之以姓而弗别，綴之以食而弗殊，雖百世而昏姻不通者，周道然也。

單音丹。食音嗣。

五世以後，可以各自爲氏族，謂之庶姓。戚，親也。單，盡也。繫之以姓，則正姓也，如姬爲魯正姓，而孟仲季爲庶姓，庶姓即氏也。弗别，不别之爲異姓。綴食，即合族以食之。禮記者設爲問答，言五世以後庶姓别於上而親盡於下，昏姻其可以通乎？然繫之以正姓而弗别，綴之以食而弗殊，故周道雖百世不通昏姻，爲禮之正也。

服術有六，一曰親親，二曰尊尊，三曰名，四曰出入，五曰長幼，六曰從服。

親親以恩誼言，尊尊以分位言。名，衰絰笄杖等名。出入，若女在室與嫁來嫁等。長幼，昆弟旁治之服。從服，見下文。然此文義亦拙。服以五而該當服者以恩義而該，何必强别其名。

從服有六，有屬從，有徒從，有從有服而無服，有從無服而有服，有從重而輕，有從輕而重。

陳氏澔曰：屬，親屬。子從母而服，母黨；妻從夫而服，夫黨；夫從妻而服，妻黨。屬，從也。徒，空也。非親屬而空從之服其黨，如臣從君而服君之黨，妻從夫而服夫之黨，妾服女君之黨，庶子服君母之父母，子服母之君母。徒，從也。公子之妻爲父母期，而公子爲君所厭，不得服外舅、外姑，是妻有服而公子無服。又如兄有服而嫂無服，是從有服而無服也。公子爲君所厭，不得爲外兄弟服，而公子之妻則服之。妻爲夫昆弟無服而服娣姒，是從無服而有服也。妻爲其父母期，重也，夫從妻而服之三月，則爲輕母。爲其兄弟之子大功，重也，子從母而服之三月，則爲輕，此從重而輕也。公子爲君所厭，自爲其母練冠，輕也；而公子之妻爲之服期，此從輕而重也。愚按：此六者較通。然君父母及夫爲大，此外服與否，悉以情誼輕重而分。惟本宗五服至重，外此情與義兼權，不可一概而論。如叔嫂無服，而韓文公爲嫂服，人亦不以爲非也。

自仁率親，等而上之至於祖，名曰輕。自義率祖，順而下之至於禰，名曰

重。一輕一重，其義然也。

仁義一也，本仁而施之，有序則爲義。服制者，聖人本仁而以義斷之者也，施之各得其宜曰義。仁以親親爲大。由親逆而推之，等而上以至於祖，其恩較父爲輕，由祖順而推之，等而下以至於父，其恩較祖益重。恩愈遠則服不得不遞殺，此五服之所由制也。一輕一重，皆天理人情之宜，而不得不然者，故曰其義然也。此言服制，本於仁義，甚是。

君有合族之道，族人不得以其戚戚君，位也。

位，列也。君有族食燕飲，合會族人之道，族人不敢以己親戚與君齒列。君於族人主乎愛，失愛則疏；族人於君主乎敬，失敬，失敬則褻。君明親親之恩，族盡尊尊之義，各自盡也。

庶子不祭，明其宗也。庶子不得爲長子三年，不繼祖也。

爲去聲。

庶子不祭，以宗子或適子主之也。不得爲長子三年，謂庶子之長子死，庶子不爲之服三年，以己不得繼祖，則長子亦不得繼祖也。然父爲長子三年，於義欠安，蓋周末之禮，必非聖人所制，前人因《左傳》而誤。

别子爲祖，繼别爲宗，繼禰者爲小宗。

别子，適子之弟，别於正適，故曰别子。或異姓始來，在此國亦曰别子，後世以爲祖也。其世繼别子者，則爲大宗，族人所共宗也。繼禰者，父之適兄弟，尊之爲小宗。然此亦周重宗法，士以下無廟，故然。今不可行矣。

有百世不遷之宗，有五世則遷之宗。百世不遷者，别子之後也。宗其繼别子之所自出者，百世不遷者也。宗其繼高祖者，五世則遷者也。尊祖故敬宗，敬宗，尊祖之義也。

之所自出四字衍文。

鄭康成曰：遷，變易也。按：適子、適孫，世世繼别子爲大宗，故百世不遷。衆子各繼其高祖，親盡則遷，爲小宗。大宗始祖之正體，百世不遷，不忘祖也，惟尊祖故敬宗，敬宗者，以宗子是祖之適，尊所自來，故敬適也。

有小宗而無大宗者，有大宗而無小宗者，有無宗亦莫之宗者，公子是也。

孔氏穎達曰：前言卿大夫自有大宗、小宗相繼屬。此明諸侯之子身是公子，上不得宗君，下未爲後世之宗，不可無人率領。君無適兄弟，遣庶兄弟一人爲宗，領公子禮，如小宗，是有小宗而無大宗也。君有適昆弟，使之爲宗以領，公子更不得立庶昆弟爲宗，是有大宗而無小宗也。公子唯一無他，公子爲宗，是無宗，亦無他公子來宗己，是亦莫之宗也。公子是也，言此三事，他人所無，唯公子有也。

公子有宗道。公子之公，爲其士大夫之庶者，宗其士大夫之適者，公子之宗道也。

陳氏澔曰：此申言公子之宗道。公子之公，公子之適兄弟爲君者，爲其庶兄弟之爲士大夫者立適。公子之爲士大夫者爲宗，使此庶子宗之。故云宗其士大夫之適者。此適是君之同母弟。適，夫人所生之子。

絶族無移服，親者屬也。

移古與施通用。

孔氏穎達曰：在旁而及曰移。方氏慤曰：九族之外謂之絶族，以其親盡若相絶然。或平日相親，而死爲之服，爲移服。然既曰絶族矣，又爲之服，則將紊親疏厚薄之序，故無移服者。禮不得不然，其人自有親者相屬，自必爲之服也。

自仁率親，等而上之至於祖，自義率祖，順而下之至於禰。是故人道，親親也。親親故尊祖，尊祖故敬宗，敬宗故收族，收族故宗廟嚴，宗廟嚴故重社稷，重社稷故愛百姓，愛百姓故刑罰中，刑罰中故庶民安，庶民安故財用足，財用足故百志成，百志成故禮俗刑，禮俗刑然後樂。《詩》云：不顯不承，無斁於人斯。此之謂也。

百姓，百官。刑猶成也。斁，厭也。此總結上文，言人道以親親爲本，親親故推己之親於親，以次相親而及於祖，故尊祖。宗乃祖之正適，尊祖故敬宗，有宗則可以收合族人，而致其恩禮。族無離散，則昭穆序而情誼孚，故宗廟嚴。社稷所以保國家而久享其先人，宗廟嚴，故重社稷。百姓輔治，以安社稷，故重此則愛彼。百姓分理庶民，感上恩而慎厥職，故刑罰中。刑罰者，生民之命，中故庶民安。財用生於庶民，百志成於財用足且成矣。上制爲禮，下習爲俗，相親相敬，而得其和樂。《詩》言文王之德，顯於天下，承其先人，人無厭斁之者，以其仁義交盡，即由此親親之意而推也。

附　解

此篇論服與祭，而首言大禘，下推論之。其意重夫宗禮，蓋因周制而云然耳。然尊祖敬宗，固屬倫道之大，而武周當日爲此，實有不得已者。考古何弗思焉？蓋天下不能以一人治也，則必衆建諸侯，諸侯未必皆象賢也，而何乃令其世及？周自太王、王季，至於文王，積數世之深仁，培植厚矣。而文王享國尤永，於時中林野人，皆可以爲干城腹心，侍御僕從，罔非忠良。故《詩》頌以壽考作人，而詠思其濟濟會朝清明。以後天下大定，封建諸侯，其人蓋皆賢聖之流。聖人以爲有德者必能正其家，以及其子孫，故特使之世守。然大綱統於天子，而舊典祇承先人，觀《尚書》命誥所以戒諭之者至焉。宗嫡之重也，爲其世及故也。卿大夫以下彷此而推，亦緣民皆有田，士皆學道，貴賤長幼之義，天下知之已久。故以禄養賢，以賢世爵，無爵則無廟，無廟則不得不聽命於宗子。而宗子以禮統族人，尤必先以德倡族人，然後卑者安分，尊者克家，交相勖而善俗以成，非養教之法不周，而能强人以率由也。傳世久而生齒繁，則驕淫起於世族，貧寡患其不均。春秋、戰國侵奪多而宗族首先凌犯，有必然之勢焉。聖人不能必後世之皆賢，則救弊扶衰，原以待乎後起。帝摯暴而放勳仁，孟皮廢而尼山作。彼蒼鍾靈，未必專在宗子，妾庶雖賤，豈不可爲聖賢。故宗子之禮，惟主祭者皆賢聖，不敢恃尊凌卑，不敢以賢自負，德望足以服人，恩義無弗周洽，是以人咸畏而愛之，則而象之。傳曰其爲父子兄弟足法，而後民法，即斯義也。不然，其有不長亂者哉？若區區於大宗小宗，過别低昂，甚至子不得祀其父，孫不得承其祖，於理奚當！夫庶固不可以干嫡，而嫡又安可以虐庶？聖人明倫立教，於長幼曰有序，不謂友弟後於恭兄。兄弟既翕，和樂且耽，翩反角弓，戒其胥遠，恩明誼美，交致其歡，所謂父父、子子、兄兄、弟弟、夫夫、婦婦，而家道正者也。孔孟教人孝弟，其言綦詳，而宗庶之義從畧，諒非無故。此《記》所言，沿周家之制而失之拘鑿，義多未安。夫服制由親誼而推，今云貴者當服降服嫡庶，皆祖父之遺，而必使不得承先。揆諸人情，其謬已甚。故宗子之法，秦漢而下，竟不可行。而儒者猶斤斤講求，如時當春夏，汲汲謀禦寒之物，非不可通，實則不切於時用矣。期之喪達乎諸侯，三年之喪達乎天子，惟君父至尊，故有降服，卿大夫以下，豈可以貴而廢親親之禮乎？故愚於此篇所言，多爲辨正，非故反前人，誠慮食古而不化者，揚其波而益增惑耳。

禮記恒解卷十七晚年定本

少 儀

此篇記少時習學之禮儀，而長則行之者也。其文不全，故朱子以爲小學之支流餘裔。中有疑誤，隨文正之。

聞始見君子者，辭曰：某固願聞名於將命者。不得階主。適者曰：某固願見。罕見曰聞名，亟見曰朝夕。瞽曰聞名。

見，賢遍反。適音敵。願見如字。

聞記者，謙言聞之他人也。辭，致辭。某，客名也。固願，願之專也。將命，傳命之人。不得階主，無階進之主者。蓋不敢言聞名於君子，而云聞名於將命，且謙言不得階主，以致謙於將命者也。適者，賓主敵體之人，辭稍遜，而亦曰願見之誠。若罕相見之人，雖敵體，亦曰聞名，不敢驟也。若欲亟見，則曰願朝夕親教。瞽無目，故不稱見，但曰願聞名而已。

適有喪者曰比。童子曰聽事。適公卿之喪，則曰聽役於司徒。

適，之也。比，所謂比於下執事，言與其下共給事也。童子，未成人，則曰聽事於執事，益謙也。公卿有司徒以掌喪，故云聽役。

君將適他，臣如致金玉貨貝於君，則曰致馬資於有司。敵者曰贈從者。

從去聲。

鄭康成曰：適他，行朝會也。君無所乏，特以資有司車馬芻秣之用。贈從者，亦不敢斥言贈君也。

臣致襚於君，則曰致廢衣於賈人。敵者曰襚。親者兄弟，不以襚進。

襚音遂。賈音嫁。

以衣送死者曰襚。廢衣，謙言不堪用。臣不敢云與君，故云致於賈人。賈人，識衣物之貴賤者也。送敵者則直曰襚，以襚親者，明以親誼故襚之。兄弟至親，當視其所乏而爲之，不尚虚文，云以襚進也。

臣爲君喪，納貨貝於君，則曰納甸於有司。

陳氏澔曰：甸，田也。臣受君之田邑，此納者田野所出，故云納甸。

賵馬入廟門。賻馬與其幣，大白兵車，不入廟門。

賵，仲芳反。賻音附。

《穀梁傳》歸死者曰賵，歸生者曰賻。入廟門以其爲死者，不入廟門以其爲生者。幣謂財貨。大白兵車之旗爲送喪之從車。

賻者既致命，坐委之，擯者舉之，主人無親受也。

陳氏澔曰：來賻者既致主人之命，即跪而委置其物於地。擯者舉而取之，主人不親受，異於吉事也。

受立授立，不坐，性之直者，則有之矣。

受立者之物，與以物授立者，皆不跪，禮惟其稱也。直情徑行者或有跪，然非禮也。

始入而辭，曰：辭矣。即席，曰：可矣。排闔，説屨於户内者，一人而已矣。有尊長在，則否。

説本作脱。

此言擯者之禮。辭，辭讓。始入，主人讓客先登，客辭擯者曰：辭矣。止其讓，即席，主人讓客先即席，客又辭，擯者亦止之，皆代主人致其恭也。排闔，開户，亦擯者事。客雖多，惟尊長一人脱屨於户外，若先有尊長在，則後至者不得脱屨。

問品味，曰：子亟食於某乎？問道藝，曰：子習於某乎？子善於某乎？

孔氏穎達曰：品味，殽饌。亟，數也。方氏慤曰：品味有偏嗜，道藝有異尚。品味不可斥之以好惡，而昭其癖，故曰子亟食於某乎？道藝不可斥之以能否，而暴其短，故曰子習於某乎？子善於某乎？

不疑在躬，不度民械，不願於大家，不訾重器。

度入聲。訾音咨。

不疑，誠厚也。在躬，謂一身衣冠，言動凡在躬者，少年以誠厚爲主，械弓矢兵刃之器，非年少所需，不揣度之。大家，富貴人家，對少年言，故曰大不奢願及此。重器，朝廟所需，不得妄訾議之。皆所以安子弟之分也。

氾埽曰埽，埽席前曰拚。拚席不以鬣，執箕膺擖。

氾音泛。埽去聲。拚音糞。鬣音獵。擖音葉。

陳氏澔曰：氾埽，廣掃也。拚，除穢也。鬣，帚也。席上不可用帚。膺，胸也。擖，箕舌也。執箕而拚，則以箕舌向胸前，不可持向尊者。

不貳問。問卜筮，曰：義與？志與？義則可問，志則否。

與平聲。

貳問，再三瀆也。若問卜筮，先自審其爲公義爲私志。義則可問，志則否。蓋神至公正，戒其妄瀆也。

尊長於己踰等，不敢問其年。燕見不將命。遇於道，見則面，不請所之。喪俟事，不犆弔。侍坐，弗使，不執琴瑟，不畫地，手無容，不翣也。寢，則坐而將命。

見去聲。見則之見，如字。犆，本亦作特。

陳氏澔曰：踰等，祖與父之行。問年，嫌若序齒也。燕私見尊長，不使擯者傳命，遜賓主之禮也。遇於道路，尊長已見己，則面之，若不見，則隱遜，不欲煩動之也，不敢間其所之。鄭康成曰：恐尊長所之或卑褻也。尊長有喪，待其有事，朝夕哭時而往，不非時特弔。侍坐，弗使之執。琴瑟不得擅執，不無故畫地，手不整衣冠以爲容。翣，扇也。雖熱不得揮扇，若尊長寢時而見，則必跪而言之，不可直立以臨之。

侍射則約矢，侍投則擁矢。勝則洗而以請。客亦如之。不角，不擢馬。

射，食夜反。勝，時證反。

孔氏穎達曰：凡射必計耦，設楅而倚箭於楅身。上，上耦，次耦，下耦，各進取一，各得四箭，而昇堂插三於要，手執一隻。若卑者侍射，則但一時併取四矢。投，投壺也。賓主各四矢，委於身前坐，一一取之。若卑者侍投，則不敢置於地，手併抱投之，擁抱以待。及投壺竟，司射命酌勝者，當應曰諾。勝者弟子酌酒南面，以置豐上。不勝者下堂揖讓，升堂北面，就豐上取爵飲之。當跪曰賜灌，灌猶飲也。勝者立於不勝者東，亦北面而跪曰敬養。若卑者得勝，則不敢直酌，當洗爵而請行觴。客若不行，則主人亦洗以請，所以優賓也。行罰用角，即兕觥也。飲尊者及客，則不敢用兕觥。投壺立算爲馬，每一勝輒立一馬，至二馬而成勝。若卑者雖得二馬，亦不敢徹尊者之馬，以成己勝。

執君之乘車則坐。僕者右帶劍，負良綏，申之面，拖諸幦，以散綏升，執轡然後步。

乘去聲。拖，徒可反。幦音覓。

執，執轡而守空車也。君未在車，故坐。帶劍之法，在左以便右抽之。今君未在車，僕者故帶劍於右，而以左手負正綏，從左肩上入右腋下，申之於前面，擲於車前覆苓之上。及君將升，僕者執散綏而升，執轡以防馬逸，然後行車五步而立。待君出則授君良綏而升車。此爲僕之通法。覆苓，車前闌也，亦名曰式。

請見不請退。朝廷曰退，燕遊曰歸，師役曰罷。

罷，朱子讀如字。

方氏慤曰：跂慕則來，厭斁則去，人之情也。請見不請退，嫌有厭斁之心。朝廷，人之所趨，故於其還曰退。燕遊不可以久，故於其還曰歸。歸，有所止也。師役勞苦爲甚，故於其還曰罷，以其疲而罷也。

侍坐於君子，君子欠伸、運笏、澤劍首、還屨、問日之蚤莫，雖請退可也。

還音旋。莫音暮。

侍坐者不敢告勞，若君子有倦意，則不敢重煩君子，而請退也。孔氏穎達曰：志倦則欠，體疲則伸。運，動也。澤，玩弄而生光澤。還，轉也。尊者脱屨於户内，是屨恒在側，故得自旋轉之。

事君者量而後入，不入而後量。凡乞假於人，爲人從事者亦然。然，故上無怨而下遠罪也。

量爲遠，皆去聲。

量，先度其道合志從及己勝任否也。或乞假於人，及任人之事，亦必量其可而後行。無怨、遠罪，以其未先輕許也。

不窺密，不旁狎，不道舊故，不戲色。

不窺覘隱密之處，不泛爲狎褻之行，不敢妄稱道舊故之是非，不爲嬉戲之色，皆所以養其正大莊嚴也。

爲人臣下者，有諫而無訕，有亡而無疾，頌而無諂，諫而無驕。怠則張而相之，廢則埽而更之，謂之社稷之役。

諂音諂。相去聲。更平聲。

訕，私道君之惡。亡，道不合而去國。疾，憎惡君也。頌，稱揚其美。諂，阿意曲從。君政怠惰則振起而助成之，廢壞則埽蕩而更新之，是謂社稷之臣。役，使也。

毋拔來，毋報往。毋瀆神，毋循枉，毋測未至。士依於德，游於藝。工依於法，游於説。毋訾衣服成器，毋身質言語。

拔，蒲末反。報讀作赴。

拔、赴皆急疾之義。來往以周旋動静而言。戒其急疾不安重。非禮而求神曰瀆，不誠敬亦瀆也。循枉，習舊邪而不改。未至之事，以私心測度之，則僞妄。德者，天理，凡事不可違。藝，禮樂射御書數也。法，前人成法。説，良工衆論。可折衷是非者。訾，毁其不善也。人之言語未必皆當，毋以身質其是非。

言語之美，穆穆皇皇。朝廷之美，濟濟翔翔。祭祀之美，齊齊皇皇。車馬之美，匪匪翼翼。鸞和之美，肅肅雍雍。

美如字。濟上聲。匪讀爲騑。

穆穆，和而敬。皇皇，正而大也。濟濟翔翔，協恭而安舒。齊齊皇皇，嚴肅而思慕。匪匪翼翼，安重而舒徐。方氏慤曰：肅肅，唱者之整。雍雍，應者之和。鄭康成曰：《周禮》教國子六儀，此也。

問國君之子長幼：長，則曰能從社稷之事矣；幼，則曰能御、未能御。問大夫之子長幼：長，則曰能從樂人之事矣；幼，則曰能正於樂人、未能正於樂人。問士之子長幼：長，則曰能耕矣；幼，則曰能負薪、未能負薪。

長上聲。樂音岳。

國君之子亦人子也，當從父爲敬，故長則曰能從君治社稷之事，幼則曰能御，太幼則曰未能御。御，六藝之一。輔氏廣曰：謂天下無生而貴者也。古樂正之職，主於正國子而教之謙，言能從樂人之事，謂習其事也。能正、未能正，猶言能受教與否也。鄭康成曰：士禄薄，子以農事爲業。此與《曲禮》所記不同，記者各記所聞耳。

執玉、執龜筴不趨，堂上不趨，城上不趨。武車不式，介者不拜。

筴音策。

鄭康成曰：於重器，於近尊，於迫狹，無容也。步張足曰趨。不式兵車，不以客禮下人也。軍中之拜肅拜。

婦人吉事，雖有君賜，肅拜；爲尸坐，則不手拜，肅拜；爲喪主，則不手拜。

肅拜，但俯下手，如今婦人拜，所謂時揖也。手拜，屈膝跪，手至地而首亦至手，特不至地，所謂空首。鄭康成曰：婦人以肅拜爲正，凶事乃手拜耳。爲尸，爲祖姑之尸。《士虞禮》曰：男，男尸。女，女尸。爲尸尊，故手拜。肅拜皆無。爲喪主，且不手拜，不手拜者，爲夫與長子，當稽顙。

葛絰而麻帶。

御案：此承上文，言不特拜不同，即既虞卒哭，婦人葛絰而麻帶，亦與男子之麻絰葛帶不同。

取俎、進俎不坐。

孔氏穎達曰：取俎，就俎上取肉。進俎，進肉於俎。俎有足，立而進取便，故不坐。

執虚如執盈，入虚如有人。

陳氏淳曰：二句體認持敬工夫最親切。雖無人，此心常嚴肅如對大賓然，便是主一無適之意。

凡祭，於室中、堂上無跣，燕則有之。

跣，悉典反。

鄭康成曰：祭不跣者，主敬也。燕則有跣，爲歡也。天子諸侯祭，有坐尸於堂之禮。祭，所尊在室。燕，所尊在堂。將燕，降説屨，乃升堂。

未嘗不食新。

嘗，薦新物於寢廟。未嘗則人子不忍前食新也。

僕於君子，君子升下則授綏，始乘則式。君子下行，然後還立。

還音旋。

孔氏穎達曰：僕御之禮，必授人綏。故君子升及下，僕者皆授綏也。僕者始乘，君子未至，則式以待君子升。君子下行，僕後下，更還車而立，以待君子之去。

乘貳車則式，佐車則否。貳車者，諸侯七乘，上大夫五乘，下大夫三乘。

上乘如字，下竝去聲。

貳車、佐車，皆副車也。對舉則朝祀之副曰貳，戎獵之副曰佐。朝祀尚敬，故式；戎獵尚武，故不式。其數與《周禮》異者。御案：諸侯貳車雖有三等，舉中而上下可知也。

有貳車者之乘馬、服車不齒，觀君子之衣服、服劍、乘馬弗賈。

賈者嫁。

鄭康成曰：服車，所乘車也。不齒，不齒次其年歲。不賈，不評其價所值多少。皆所以廣敬也。方氏慤曰：有貳車者以位言，君子以德言。

其以乘壺酒、束脩、一犬賜人。若獻人，則陳酒、執脩以將命，亦曰乘壺酒、束脩、一犬。其以鼎肉，則執以將命。其禽加於一雙，則執一雙以將命，委其餘。

乘去聲。

乘壺，四壺也。於卑者曰賜，於尊者曰獻。陳其重者，執其輕者，雖未全執，亦必以全數言，而達之。鼎肉，牲體已解可升於鼎者。加猶多也。所餘多於一雙，則委陳於門外。

犬則執緤，守犬、田犬則授擯者，既受，乃問犬名。牛則執紖，馬則執靮，皆右之。臣則[①]左之。

緤，息列反。靮音的。

犬，食犬也。緤、紖、靮，皆所以繫制之者。守犬守户，田犬以獵，故授擯者。問名，若韓盧、宋鵲之屬。右之者，執之宜由其便。臣謂囚俘，《曲禮》獻民虜者操右袂。

車則説綏，執以將命。甲若有以前之，則執以將命；無以前之，則袒櫜奉胄。器則執蓋，弓則以左手屈韣執拊。劍則啟櫝，蓋襲之，加夫襓與劍焉。

説，本又作脱。袒音但。櫜音羔。奉上聲。韣音獨。拊音撫。夫音扶。襓音饒。

甲，鎧也。有以前之，有他摯幣。櫜，弢鎧衣。胄，兜鍪也。有他物與鎧同獻，則執他輕者以將命，無他物，則開甲出櫜，而執胄以將命。器則執蓋，陳底執蓋，輕便也。韣，弓衣。拊，弓把也。左手屈弓衣，竝於把而執之，以其右手執簫以將命。《曲禮》右手執簫，左手承拊是也。櫝，劍函。襲者啟櫝，出劍以蓋，仰置於下，加函底於上，重合之也。御案：劍室以木爲之謂之鞘，若無木室而但以繒綿韜之，則謂之夫襓。藏必以篋，進人亦必以篋。往篋中先加夫襓，置劍襓上，則劍不動，乃加蓋。至獻時則啟蓋，反襲於下，而見劍在夫襓上，左劍之首。

① 則，底本作皆，據阮元《十三經注疏》本改。

笏、書、脩、苞苴、弓、茵、席、枕、几、潁[①]、杖、琴、瑟、戈有刃者櫝、筴籥，其執之皆尚左手。刀，卻刃授潁，削受拊。凡有刺刃者，以授人則辟刃。

苴，子余反。茵音因。穎，京領反。次音刺。辟音僻。

脩，脯也。苞苴者，苴藉而苞致之。書、笏、脩三物皆然。茵，褥也。穎，警枕。戈有刃者，櫝而裹之。筴，蓍也。籥，如笛而三孔。凡十六物。左手執上，右手捧下，陰陽之義。穎，刀鐶，削，曲刀。拊，刀把。辟，偏也。

乘兵車，出先刃，入後刃。軍尚左，卒尚右。

卒，子忽反。

鄭康成曰：入後刃，不以刃向國也。左，陽也，陽主生。左，陰也，陰主殺。方氏慤曰：軍以謀爲主，而好生；卒以戰爲事，而敢死。

賓客主恭，祭祀主敬，喪事主哀，會同主詡。軍旅思險，隱情以虞。

賓客非不敬也，以儀容恭肅爲主。祭祀非不恭也，以心思誠敬爲主。詡，辭氣明盛貌。軍旅危事，故常思險而慎。隱情，彼此未顯之情。在己慎度其可否，在人慮以下人。虞，度也。

燕侍食於君子，則先飯而後已。毋放飯，毋流歠，小飯而亟之，數噍，毋爲口容。客自徹，辭焉則止。

飯上聲。亟音棘。數音朔。噍音醮。

孔氏穎達曰：先君子之飯，若嘗食然。君子食罷而後已，若勸食然。小飯，小口而飯。亟，疾速而咽。數噍，數數嚼之，無得弄口以爲容。食訖，客欲自徹其俎，主人辭其徹俎，客則止而不徹。御案：燕侍食，主人客之而用燕禮，客自卑，而以侍食之禮自居也。

客爵居左，其飲居左。介爵、酢爵、僎爵，皆居右。

《鄉飲酒禮》：賓坐南，向東爲左，西爲右。主人酬賓之爵，居東。客酢主人之爵，居西。介，賓之副。酢，客酬還答主人之爵。僎，主人之副也。

羞濡魚者進尾。冬右腴，夏右鰭，祭膴。

濡音儒。腴，以朱反。鰭音祈。膴音哻。

羞，進也。擘濕魚從後起，則脇肉易離，故以尾向食者。若乾魚，則進首。腴，腹下肥處。鰭在脊，冬時陽氣在下，夏則陽在上，凡陽氣所在之處肥美。右之者便於食也。祭膴者，割魚腹下大臠以祭。此言尋常燕食進魚者，若祭祀及饗食正禮者，不然。

凡齊，執之以右，居之於左。

此謂方調齊之時。凡齊，謂以鹽梅齊和之法。居羹食於左，以右手執鹽梅調和

---

① 潁，底本作穎，據阮元《十三經注疏》本改。

之，於事便也。若陳列，則羹居右。

贊幣自左，詔辭自右。

陳氏澔曰：相禮者爲君受幣，則由君之左。傳君辭命於人，則由君之右。

酌尸之僕，如君之僕。其在車，則左執轡，右受爵，祭左右軌、范，乃飲。

軌，媿美反，《周禮》作軹。范音犯，《周禮》作軓。

鄭康成曰：如君之僕，當其爲尸則尊也。軌，轊頭。范，軾前也。孔氏穎達曰：將欲祭軷，酌酒與尸僕。尸位在左，僕立在右，故左執轡，右受爵，祭之於車左右軌及前范。祭畢乃自飲，所以祭者，欲神助己，不傾危也。

凡羞有俎者，則於俎内祭。君子不食圂腴。小子走而不趨，舉爵則坐祭立飲。凡洗必盥。牛羊之肺，離而不提心。凡羞有湇者，不以齊。爲君子擇葱薤，則絶其本末。羞首者，進喙祭耳。

圂與豢同，音患。盥音管。提，丁禮反。湇音泣。爲去聲。薤，户戒反。喙，許穢反。

孔氏穎達曰：羞在豆，則祭於豆間。俎横在人前，不得祭兩俎閒。故祭於俎内近人處。圂，犬豕之屬。腴，腸也。趨，徐趨。小子給使令，宜驅走，不得趨翔爲容。舉爵時先以坐祭，祭竟而立飲之。洗，洗爵。盥，洗手。提猶絶也。心，中央也。牛羊之肺雖割，離之而不絶，中央少許，使可手絶之以祭。湇，羹汁也。有汁則有鹽梅齊和。若食者更調和之，則嫌薄主人味也。本，根也。本不淨，末萎乾，故絶去之。首，頭也。喙，口也。膳羞有牲頭者，則進口以嚮尊者。尊者若祭，先取牲耳祭之。

尊者以酌者之左爲上尊。尊壺者面其鼻。飲酒者、禨者、醮者，有折俎不坐。未步爵，不嘗羞。

尊者，設尊者也。朱子曰：鄉飲酒之法。玄酒在西方，設尊時即預度酌酒人之左尊，而實以玄酒也。孔穎達曰：尊與壺悉有鼻，鼻宜向尊者，故面其鼻。飲酒者，則下文禨者、醮者是也。禨，沐而飲酒。醮，冠而飲酒者。折俎，折骨體於俎也。折俎所以爲尊者。禨醮小事而有折俎之盛禮，故不坐，無俎則可坐也。步，行也。羞，殽羞也。殽羞本爲酒設，若爵未行而先嘗羞，是貪食也。

牛與羊魚之腥，聶而切之爲膾。麇鹿爲菹，野豕爲軒，皆聶而不切。麕爲辟雞，兔爲宛脾，皆聶而切之。切葱若薤實之，醯以柔之。

麇音倉。軒音獻。麕，俱倫反。辟音壁。

鄭康成曰：聶之言牒也。先藿葉切之，復報切之，則成膾。軒、辟雞、宛脾，皆菹類也。其作之狀，以醯與葷菜淹之。柔，和也。

其有折俎者，取祭肺[①]，反之，不坐，燔亦如之。尸則坐。

燔音煩。

---

① 肺，孫詒讓校勘記疑此字衍。

孔氏穎達曰：此明祭俎之儀。就俎取所祭肺，升席坐祭，祭訖，反所祭之物於俎，均不坐，唯祭時坐耳。然不坐者，是賓客。若爲尸，尸尊，則坐也。

衣服在躬，而不知其名爲罔。

陳氏澔曰：衣裳之制，取諸乾坤，有其名則有其義，服之而不審名義，是無知之人矣。

其未有燭，而後至者，則以在者告。道瞽亦然。凡飲酒，爲獻主者，執燭抱燋，客作而辭，然後以授人。執燭不讓，不辭，不歌。

道音導。燋，側角反。

孔氏穎達曰：日已闇而坐中未有燭，有人後至，則主人以在坐者告之，使後來人知之。瞽無目亦道之。如無燭時。愚按：凡飲後至闇，則主人執燭，抱未然之炬，亦示留客之意。客不敢當，故起而辭主人，然後以燭授執燭之人。凡飲酒有讓有辭有歌，今既至執燭之時，則免三事，以嫌於長夜之飲故也。

洗、盥、執食飲者，勿氣。有問焉，則辟咡而對。

辟，匹亦反。咡音二。

陳氏澔曰：奉進洗盥之水於尊長，及執食以進之時，皆不可使口氣直衝長者。若尊長有問，則偏其口之所向而對。咡，口旁也。

爲人祭曰致福，爲己祭而致膳於君子曰膳，祔、練曰告。凡膳、告於君子，主人展之，以授使者於阼階之南，面，再拜稽首送，反命，主人又再拜稽首。其禮：大牢則以牛左肩、臂、臑折九箇，少牢則以羊左肩七箇，犆豕則以豕左肩五箇。

爲去聲。使去聲。大音泰。少去聲。犆特同。

鄭康成曰：此皆致祭祀之餘於君子。攝主言致福，申其辭也。自祭言膳，謙也。祔、練言告，不敢以爲福膳也。展，省具也。折，斷分也。皆用左者，右以祭也。孔氏穎達曰：周貴肩，故用左肩。九箇者，取肩自上斷折至蹏爲九段，以獻之。臂臑，謂肩腳也。

國家靡敝，則車不彫幾，甲不組縢，食器不刻鏤，君子不履絲屨，馬不常秣。

靡平聲。幾音祇。組音祖。縢音滕。秣音末。

靡敝或兵荒民困之時。雕幾，雕畫漆飾以爲沂鄂。組縢，用組爲飾及緘約之。刻，刻木。鏤，鏤金。絲屨，絇繶繩之屬，以絲飾之。秣，以穀食馬也。

附解

人性無不善，而習染移人，則愚者益愚，賢者亦將不肖。故幼儀之法，古人重之。然其本原，尤有不可不知者。祖宗父母以德修身，以善貽後，則人心之良，固已通於造化矣。而又有胎教、諭教、家範、師範端其儀型，善其養教，然後子弟涵濡變化，日遷善而不知。若言行動静之法，故不可以一端拘也。人生七歲以下曰孩提，十二歲以下曰孺子，十五上下曰童子，二十而後成人。二十年之間，所見所聞，成於家庭者多，成於外人者寡，非聖人身修家齊，一動一静皆可爲子弟法，而豈易成教於家哉！夫人情無不愛其子孫，而衣食關乎生命。謀生之計切而義理潛消，利名之欲滋而天良漸薄。此非獨齊民之咎也。周之盛時，天子建極於上，百僚恪恭於下，民無不田之夫，士無外道之學，六德、六行、六藝，以此修身，即以此選賢，故其時教化行而風俗亦美。數傳以後，主極衰矣，又安能强以率人。然先王之法具存，故孔孟因而踐行立教，門弟子學而安焉，固以其爲一王之制也。其或有不合，則就正師儒，《論》《孟》所及，他書所傳，悉其全豹之一斑。而遺經之内，亦有不盡如先王之舊者，皆聖賢相與講求折衷去取，士林久而寶之者也。此篇所載，猶覩大概。夫朝廷之制作不同。即斯民之率由有定，前賢慮人性之日離也，裒集幼儀，樹以條規，不可謂非維世之苦心。然世變風移，或病其不合時勢。我朝道光六合，普天盡入㠓幪，而禮從宜，使從俗，尤未嘗一概以相繩。竝生竝育之宏仁，誠超前而軼後矣。有志之士考昔人之成法，參晚近之民風，不泥古亦不戾古，不違俗亦不從俗。其事詎不在禔躬乎？然禮不患其不詳明，心難得其中正，聖人以誠正爲教，原欲人清其源而潔其流，明其理以踐其事，若徒斤斤於儀文，而弗求功於心性，則克己等於防川，秉彝荒於世尚。而放誕之士，固悖中庸；拘墟之儒，亦譏畫餅。其爲人心世道之憂，又豈但不知學禮者哉？

禮記恒解卷十八 晚年定本

學記

此篇記教者與學者之義，約言其法而未盡宣其實。蓋心性倫常，次第深造之法，固非文字可傳也。略有小誤，隨文正之。

發慮憲，求善良，足以謏聞，不足以動衆。就賢體遠，足以動衆，未足以化民。君子如欲化民成俗，其必由學乎！

謏讀爲小。聞去聲。

發慮，思合乎成法。凡事知求乎善良，屈就賢人體貼疎遠，此皆求治之盛意。而修身立道，無其本原，則僅有小聞動衆，而不足化民成俗。然此節欠明，化民成俗，在修身道立。學者，學道也。不言化民成俗在於修道，修道必由學，而以謏聞動衆。襯起似爲學，因化民而始。然不知聖人德修於身，非有心治人而成己，自能成物得志，舉而措之已耳。

玉不琢，不成器。人不學，不知道。是故古之王者，建國君民，教學爲先。《兑命》曰：念終始典於學。其此之謂乎！

兑讀作說。

道祇是天理，學而後克己復禮，咸歸於善。故聖王化民，以此爲先。引《説命》言道不可離，故學不須臾忽也。

雖有嘉肴，弗食，不知其旨也。雖有至道，弗學，不知其善也。是故學然後知不足，教然後知困。知不足，然後能自反也。知困，然後能自强也。故曰：教學相長也。《兑命》曰：學學半。其此之謂乎！

强上聲。長上聲。學學，上讀爲斅，下如字。

鄭康成曰：旨，美也。學乃知己之所短，教乃知道之未盡。自反，求諸己。自强，不敢倦。學學半，言教人有益於己，其功居學之半。

古之教者，家有塾，黨有庠，術有序，國有學。

塾音熟。

陳氏澔曰：古者二十五家爲閭，同在一巷。巷首有門，門側有塾。民在家者朝夕受教於塾。五百家爲黨，黨之學曰庠，教閭塾所升之人。術當爲州，萬二千五百家爲州，州之學曰序。《周禮》鄉大夫春秋以禮會民，而射於州序是也。序則教黨學所升之人。天子所都，及諸侯國中之學，謂之國學，以教元子眾子及卿大夫元士之子與所升俊選之士。

比年入學，中年考校。一年視離經辨志，三年視敬業樂群，五年視博習親師，七年視論學取友，謂之小成。九年知類通達，强立而不反，謂之大成。夫然後足以化民易俗，近者説服，而遠者懷之。此大學之道也。《記》曰：蛾子時術之。其此之謂乎！

比，毗志反。中平聲。樂，五教反。論去聲。閒去聲。説音悦。蛾，魚起反。

比，及也。《詩》曰：比于文王。及年謂十年，出就外傅，及十五入大學，學鄉學也。周制以六德、六行教人，必成材而後升於大學。中年，閒一年也。考，核其實。校，彼此相校。下約略言之。離經，離析章句。辨志，辨所志善否。博習，習之廣。親師，有得於師教矣。論，能論其得失。取友，能擇賢友。知類，條析義類。通達，則事理經權皆審。强立不反，學識定矣。大學之道，可以升於大學。引《記》言蚍蜉時時學銜土之術，而成大垤，猶學者志聖賢之學，而成大道也。

大學始教，皮弁祭菜，示敬道也。《宵雅》肄三，官其始也。入學鼓篋，孫其業也。夏、楚二物，收其威也。未卜禘，不視學，游其志也。時觀而弗語，存其心也。幼者聽而弗問，學不躐等也。此七者，教之大倫也。《記》曰：凡學，官先事，士先志。其此之謂乎！

宵小通。肄音異。孫去聲。夏檟同，古雅反。語去聲。

皮弁，天子朝服，入學之始，有司服皮弁，以芹藻之屬祭先聖先師，敬道尊師之意。當祭菜之時，歌習《小雅》之詩，《鹿鳴》《四牡》《皇華》三章，皆君臣燕樂相勞苦之詩，爲始學者習之，以勸居官受任之美。入學時大胥聲鼓警眾，乃發篋出所治經業，使以恭順之心，進其業。有不率教，則用夏楚二物，警其傲慢，使致斂威儀。孔氏曰：夏，今山楸。鄭氏曰：荆，楚也。大禘五年，不五年，天子諸侯不視學考校，使學者優游其志，從容成德教者。時時視學者所爲，而弗亟告語之，使其憤悱，然後啟發之。幼者恭聽，而不責之以問，不躐等，以躁進也。倫，理也。官已仕而學者。士，未仕者。各先其所急也。

大學之教也，時。教必有正業，退息必有居學。

朱子曰：時教如春夏《禮》《樂》，秋冬《詩》《書》之類。居學，如《易》之言居業。蓋常習所習，如下文操縵、博依、興藝之類。

不學操縵，不能安弦。不學博依，不能安詩。不學雜服，不能安禮。不興其藝，不能樂學。

縵，未怛反。依上聲。興樂竝去聲。

初學樂者，手與弦未相得，必先學習調弦，而後可以安弦。學詩者必先明廣博依，擬譬喻之法，而後知詩人意類所託。學禮者必先明衣服一切雜制，然後知先王制禮意義精詳。藝則禮樂射御詩書之文也，興，有所得而興起。樂學，心悦而黽勉。

故君子之於學也，藏焉，修焉，息焉，游焉。夫然，故安其學而親其師，樂其友而信其道。是以雖離師輔而不反也。《兑命》曰：敬孫務時敏，厥修乃來。其此之謂乎！

藏懷諸心，修治其事，息養其原，游博其藝，蓋合動静本末而交養之。故能安志於學，親就其師，有所得而樂其友信其道，久久卓然自立，雖無師輔，亦不反復矣。敬孫，以敬存心，從容涵養，務及時而敏功。其所修之業，乃日新而不已耳。

今之教者，呻其佔畢，多其訊，言及於數，進而不顧其安，使人不由其誠，教人不盡其材，其施之也悖，其求之也佛。夫然，故隱其學而疾其師，苦其難而不知其益也。雖終其業，其去之必速。教之不刑，其此之由乎！

呻音申。佔音覘。訊音信。數音朔。佛本又作拂。

鄭康成曰：呻，吟也。佔，視也。簡謂之畢，訊猶問也。言今之教者，但吟諷其所見之簡牘，本無博識，而故多爲訊問之言，以窮學者。數進，教人不以次第，所業所習，旋又進之，以彼不顧學者之安否，不由其誠，無誨人不倦之心。不盡其材，不審學者之材識分量，施之悖，所以教者多違理求之也。佛求教者不循教法。隱其學，教者不忠。疾其師，學者不恭。苦其難，而不知其益，教法悖而收效難也。終其業，勉從師授。去之速，於心理不安也。刑，成也。

大學之法，禁於未發之謂豫，當其可之謂時。不陵節而施之謂孫，相觀而善之謂摩。此四者，教之所由興也。

當孫，竝去聲。

子弟不善之習禁之，於未發豫立其防也。當其可告而後告之，則心悦易解。不陵節，小大本末各因其才識年分而教之。孫，優游巽入之意。相觀而善，取人之能以自益。摩，動盪切磋之意。

發然後禁，則扞格而不勝。時過然後學，則勤苦而難成。雜施而不孫，則壞亂而不修。獨學而無友，則孤陋而寡聞。燕朋逆其師，燕辟廢其學。此六者，教之所由廢也。

扞，胡半反。格，胡客反。勝音升。孫去聲。壞音怪。辟音僻。

孔氏穎達曰：扞，拒扞。格，堅强也。情欲既發，則扞格於教而不能勝。時過後學，精明已散，徒情苦而難成。雜施，雜亂無次。大才輕其小業，小才苦其大業，壞亂不可復治。獨學無友，孤偏鄙陋，寡有所聞。燕朋，燕褻之友。相習爲非，不順師教。燕辟，燕遊傲僻，浪蕩廢學也。

君子既知教之所由興，又知教之所由廢，然後可以爲人師也。故君子之教喻也，道而弗牽，强而弗抑，開而弗達。道而弗牽則和，强而弗抑則易，開而弗達則思。和易以思，可謂善喻矣。

道音導。强平聲。易音異。

道，順勢而導。牽，强拘制之。因其所明，不强以所難知也。强，有志力者。因其奮發，激勸之不沮抑也。開啟其端，使力行，不遽使之遠求至也。和，喜於漸入。易，易於上進。思，自生體悟。喻，譬曉也。

學者有四失，教者必知之。人之學也，或失則多，或失則寡，或失則易，或失則止。此四者，心之莫同也。知其心，然後能救其失也。教也者，長善而救其失者也。

易去聲。長上聲。

多，貪多。寡，淺陋。易，忽略。止，畏難。四者由資質而結爲私心，知其失而救之，則無棄材。長善，日有所益也。

善歌者使人繼其聲，善教者使人繼其志。其言也約而達，微而臧，罕譬而喻，可謂繼志矣。

使人繼聲、繼志，皆己有深得。而後能善教人，人多繼之。下申言其故，言雖簡約，而事理顯達；道雖深微，而訓誘明善。譬雖罕少，而聽者皆曉。此非深造自得，不能善誘如此。繼志，言能使人得其心中之學。

君子知至學之難易，而知其美惡，然後能博喻；能博喻然後能爲師；能爲師然後能爲長；能爲長然後能爲君。故師也者，所以學爲君也，是故擇師不可不慎也。《記》曰：三王、四代唯其師。其此之謂乎！

學者資質不同。至學有難易，平日言行習染才具有美惡，知之，然後能隨其淺深高下而喻之，不拘一格。吴氏澄曰：教人各得其宜，則治人亦各得其宜，故能爲人之師。小而一官之長，大而一國之君，皆能爲之。愚按：承上而極言師之不易。《書》曰：天佑下民，作之君，作之師。竝重以此，而凡天子諸侯擇師，尤不可不慎也。

凡學之道，嚴師爲難。師嚴然後道尊，道尊然後民知敬學。是故君之所不臣於其臣者二：當其爲尸，則弗臣也；當其爲師，則弗臣也。大學之禮，雖詔於天子，無北面，所以尊師也。

嚴，自處嚴正，人亦嚴憚之，非威猛之謂也。自古聖王以道修身，道賴師而明，則必尊師而後爲重道。其屈於臣也，所以屈於道也。道重而天下咸知勸學，所以化民成俗易也。

善學者師逸而功倍，又從而庸之。不善學者師勤而功半，又從而怨之。善問者如攻堅木，先其易者，後其節目，及其久也，相説以解。不善問者反此。善待問者如撞鐘，叩之以小者則小鳴，叩之以大者則大鳴，待其從容，然後盡其聲。不善答問者反此。此皆進學之道也。

説音悦。撞，丈江反。叩音口。從平聲。

善學者信受力行，故師逸功倍，而歸功於師。不善學者，自不實踐，轉怨師授。攻堅木，由易解以及其難，善問者亦然。及其久也，漸次開悟。師悦弟之善會，弟悦師之善誘。如撞鐘，隨其所叩之小大而答之，不遽盡其藏，待其所問者。已曉然，後因而發其藴，如鐘之以次大鳴也。

記問之學，不足以爲人師，必也其聽語乎。力不能問，然後語之。語之而不知，雖舍之可也。

上語如字。下二語去聲。舍上聲。

記問之學，博聞强記而無真得者也。聞見之學有窮，惟義理浹洽於心，然後本心得躬行，聽學者之言論而隨事啟導，曲中肯要。力不能問，才拙而意見拘者，語之以開其悟。若語之不知，則是質闇，雖舍之而不告，亦非棄之也。

良冶之子，必學爲裘。良弓之子，必學爲箕。始駕馬者反之，車在馬前。君子察於此三者，可以有志於學矣。

良冶，工於補綴。良弓，善於矯揉。其子習見，雖不能弓冶，亦必學爲箕裘。故父母之身範必端，始易教其子弟。如馬初習駕車，必繫馬於車後，車在前，馬在後，習見而知之，久亦能駕矣。此言親之教子，必先自學，不徒恃師教及督責子弟。

古之學者，比物醜類。鼓無當於五聲，五聲弗得不和。水無當於五色，五色弗得不章。學無當於五官，五官弗得不治。師無當於五服，五服弗得不親。

比音紕。當去聲。

鄭康成曰：醜猶比也。戴氏溪曰：五官貌言視聽思也。比其事類以相況，學乃易成。鼓之聲不備五音，而五聲無鼓不得諧和。水不備五色，而五色非水不能成章。學非專爲五官，而設五官弗學，則不能修治，師喪無服，而非師教誨，則不能明五服之情以和親。此皆類而不類，不類而類，須比醜之乃明者也。

君子曰：大德不官，大道不器，大信不約，大時不齊。察於此四者，可以有志於本矣。三王之祭川也，皆先河而後海，或源也，或委也。此之謂務本。

具於身爲德，著於事物爲道。德大者，不專治一官。道大者，不但名一器。誠至而人自信，不必約誓。時中以應萬變，不必有心整齊。凡此四者，皆學至於成，體用全而本末該，然後能爲之。學者察此，則可以有志於學之本矣。學之本何在？存養其性天，體察乎萬變，其始則必由下學而企。譬如河海，海爲河之源，河爲海之委，先王祭川，必先河而後海。君子學道，必由委以窮源。蓋記者既言學之法，而又恐人之務末而失本也，故結之如此。

附解

唐虞言心，成湯言性，傅説始言學。而降及後世，在上必以教學爲先，在下必以務學爲重。豈上古畧於師儒哉？民氣淳樸，聖人第汲汲於安養生全之計，而制作雖畧，俗固敦龐。然開天明教之人，皆有至德，其時必多教化，特荒遠難稽耳。帝堯成功，文章模範百王，而侯明撻記，亦垂教典。三代迭興庠序學校，其制乃詳。然惟聖天子躬行作率於上，賢司牧承流宣化於下，朝廷制度，草野安爲固然。是以仁義涵濡者深，故薄海率從者易也。周衰，孔子不得志於時，而但以聖王之法友教，及門七十子之徒，咸有心得，克己復禮，各修其身。詩書禮樂，博習其事，而學之義亦益以大明。秦火而後，風斯熄矣。然微言大義，猶在六經。特漢室初興，儒者未覩經籍之全，第掇拾於遺文，遂多失其精意。若此等言學，因《周禮》未出，六德、六行、六藝，俱弗之詳，而小學、大學、鄉獻、賢能之典，亦模糊不清。若謏聞動眾，化民成俗之論，尤覺非爲學之要也。夫謏聞動眾，意在求人之知；化民成俗，亦非草莽所能。而發慮憲，求善良，就賢體遠，終身行之可也。以此爲不足化民將慮，不必求其憲而善良與賢，亦不求之就之乎？無貴無賤，其義皆不可通。考校之法，僅及於學問、思辨，不及乎誠正修齊，亦爲舍本而求末。夫學者學爲聖人而已，博學而詳説之，無非所以檢束其身心。三代以下，聰明才智，曷可勝窮，而務爲博洽，罕踐倫常，即有事功，亦難醇備。豈其人皆不足與於聖人乎？正由學術之傳，素少明師，故學之理不明，即學之事亦是非相半，安可不溯源而辨正之也。若其言教者之法，及藏修游息等意，剖析是非，歸於家庭之法，固確鑿不移。詳味文義，若有所見，又若無所得。抑不知記者於心性之學有所諱而不言乎？或師承授受，習聞先王之制而未窺其奥，特述其文乎？是在善學者擇別而踐行之，庶此篇所載，不爲虚文耳。

禮記恒解卷十九晚年定本

樂記

人得陰陽五行之正氣，心之所發，而五音備焉。情之所達，而和氣形焉。聖人葆中和之氣於一身，而作樂以定人心，使皆歸於中正，記曰：言而履之，禮也。行而樂之，樂也。樂導其和，而後禮中其節。三代聖王，以此爲教化之要。周衰，聖王之樂散亡，歷代所傳之樂，各隨其時尚，而不盡合於中和，德爲之也。河閒獻王與諸生共采周官及諸子云樂事者，以作《樂記》。其内史丞王度傳之，以授王禹，有二十四卷。劉向校書，得二十三篇，與禹不同。今存十一篇。《史記·樂書》全采其文，其篇名有《樂本》《樂論》《樂施》《樂言》《樂禮》《樂情》《樂化》《樂象》《賓牟賈》《師乙》《魏文侯》等名。今按其名例，與文義不甚相副，姑闕之，而直詁本文之義焉。中多粹語，不可忽視。

凡音之起，由人心生也。人心之動，物使之然也。感於物而動，故形於聲。聲相應，故生變，變成方，謂之音。比音而樂之，及干戚、羽旄，謂之樂。

比，毗至反。而樂，音洛。

出口爲聲，聲有應和爲音。變，五音高下清濁變化。方猶章也。樂之人心，自然和悦也。鄭康成曰：干盾，戚斧也，武舞所執。羽，翟爲旄，旄牛尾，文舞所執。

樂者，音之所由生也，其本在人心之感於物也。是故其哀心感者，其聲噍以殺。其樂心感者，其聲嘽以緩。其喜心感者，其聲發以散。其怒心感者，其聲粗以厲。其敬心感者，其聲直以廉。其愛心感者，其聲和以柔。六者非性也，感於物而後動。是故先王愼所以感之者。

噍音焦。殺，色界反。樂音洛。嘽，昌善反。散，思旦反。

孔氏穎達曰：此覆明上文感物而動之意。本猶初也。物，外境也。愚案：噍，急也。殺，速止無餘韻也。嘽，舒暢。緩，紆徐。發，發揚。散，疎散。粗，不細。厲，不和。直，端正。廉，謹飭。和，浹洽。柔，遜順。六者皆情之所觸，性本静寂，情則隨感而動，易失其正，故先王慎所以感之者。如下文所云耳。

故禮以道其志，樂以和其聲，政以一其行，刑以防其姦。禮樂刑政，其極一也。所以同民心而出治道也。

行去聲。

志動而易僻，禮以道之則中節。聲發而易戾，樂以和之則和平。政者，本禮樂而著爲法制者也。民情不一，以政齊之，使咸歸中和。姦，悖乎禮樂者也，刑以防之。四者相輔而行，使民同歸中正，治道以成，故所以感之，不可不慎也。極，至也。

凡音者，生人心者也。情動於中，故形於聲。聲成文，謂之音。是故治世之音安以樂，其政和。亂世之音怨以怒，其政乖。亡國之音哀以思，其民困。聲音之道，與政通矣。

樂音洛。思去聲。

又言音生於人心，情動而有聲，聲有清濁高下之文，謂之音。聽其音而知國之治亂，故出政者不可不慎，所以感之也。安其教而樂其生，則政和於民矣。怨其上而怒其虐，則政乖於理矣。哀亂而思治，則困而不伸矣。

宫爲君，商爲臣，角爲民，徵爲事，羽爲物。五者不亂，則無怗懘之音矣。宫亂則荒，其君驕。商亂則陂，其臣壞。角亂則憂，其民怨。徵亂則哀，其事勤。羽亂則危，其財匱。五者皆亂，迭相陵，謂之慢。如此則國之滅亡無日矣。

徵音旨。怗音沾。懘，昌制反。陂音畀。

天有五行，綱理萬物。人有五事，該括動静。五聲者，本於心而應乎事，爲先王，本自然之天籟，節以律吕之器，名曰宫商角徵羽。聲始於宫，宫聲最大，而爲四聲之主，故爲君象。商聲濁，次於宫，爲臣象。角半清半濁，爲民象。徵微清，條理分明，爲事象。羽最清，音輕微，故爲物象。不亂，各得其聲。怗，敝也。懘，敗也。五者生於人心，政失而君臣民事物一有不得其理，則人心所感，音即傳之。若五音皆亂，迭相侵陵，則民心悖慢，滅亡可决。蓋即音而知人心，即民心而知政，非專恃音以决存亡也。

鄭衛之音，亂世之音也，比於慢矣。桑閒濮上之音，亡國之音也，其政散，其民流，誣上行私，而不可止也。

比，毗至反。濮音卜。

鄭康成曰：比，同也。考《路史》桀作東音，操北里，大合樂、桑林，殷紂使師延作靡靡之樂。武王伐紂，師延投濮水而死。鄭衛襲其聲而不變，故爲亂世之音。政散，上無以齊民。流，流蕩忘返。誣罔其上，自行私意，正民流之實。後人誤以桑中之詩爲桑間，因孔子言鄭聲淫而竝斥鄭詩，謬矣。

凡音者，生於人心者也。樂者，通倫理者也。是故知聲而不知音者，禽獸是也。知音而不知樂者，眾庶是也。惟君子爲能知樂。

人倫物理，皆各有自然之情緒。聖王本陰陽性情之正，而制爲樂以通之。禽獸亦有知覺，故能知聲，而不知五音之變。眾庶知五音，而不知中和之義。惟君子性定而情怡，本身心以協於陰陽，能知樂理。

是故審聲以知音，審音以知樂，審樂以知政，而治道備矣。是故不知聲者，不可與言音；不知音者，不可與言樂。知樂則幾於禮矣。禮樂皆得，謂之有德。德者，得也。

幾音機。

方氏慤曰：聲雜而爲音，故審聲以知音。音比而爲樂，故審音以知樂。聲音之道與政通，故審樂以知政。此皆由粗以致精，故每言審焉。愚按：樂者所以和性情，而適於中，故知樂則幾於禮。禮節樂和，性情正而天理得，故曰德。

是故樂之隆，非極音也。食饗之禮，非致味也。《清廟》之瑟，朱絃而疏越，壹倡而三歎，有遺音者矣。大饗之禮，尚玄酒而俎腥魚。大羹不和，有遺味者矣。是故先王之制禮樂也，非以極口腹耳目之欲也，將以教民平好惡，而反人道之正也。

食音嗣。疏音疎。倡，昌諒反。和去聲。好惡，竝去聲。

鄭康成曰：隆猶盛也。極，窮也。《清廟》謂作樂歌《清廟》也。朱弦，練朱絲，以爲弦，練則聲濁。越，瑟底孔也。畫疏之。使聲遲也。唱，發歌句。三歎，三人從歎之耳。俎腥魚，謂以腥魚爲俎實，不臑熟之。太羹，肉湆，不調以鹽菜。遺猶餘也。愚按：申言禮樂，所以教民平其好惡，非欲人極口腹耳目之樂，即《清廟》之瑟，大饗之禮，以明其概。交於神明者如斯，則凡人之節性陶情，莫不稱是也。好惡偏而人道必亂，故以禮樂平之，而反其正。

人生而靜，天之性也。感於物而動，性之欲也。物至知知，然后好惡形焉。好惡無節於內，知誘於外，不能反躬，天理滅矣。夫物之感人無窮，而人之好惡無節，則是物至而人化物也。人化物也者，滅天理而窮人欲者也。於是有悖逆詐僞之心，有淫泆作亂之事。是故强者脅弱，眾者暴寡，知者詐愚，勇者苦怯，疾病不養，老幼孤獨不得其所，此大亂之道也。

知知，上去聲，下如字。誘音酉。知者之知，去聲。

人生而靜，人生之初，粹然者渾然在中，此即所得於天中正之理而爲性。至感物而動，則七情縈繞，是既生以後，形氣所生，即爲伐性之欲，非性之本然矣。故一物至前，而知足以知之，此知乃情識之智，非虛明之智。好惡觸而形於外，未復性之人，內無主而好惡無節，知逐物而好惡遂倚於偏，不能返躬，以求其性之正，則性滅矣。夫字以下，慨歎言之，人不能不感於物，而任其好惡之情，不全性始則是人化於物。悖逆詐僞諸事，紛然以起，始於心術，著於事爲，釀成大亂。蓋成上好惡二字，窮其本原，推其流弊，以見禮樂之不可無也。

是故先王之制禮樂，人爲之節。衰麻哭泣，所以節喪紀也。鐘鼓干戚，所以和安樂也。昏姻冠笄，所以別男女也。射鄉食饗，所以正交接也。禮節民心，樂和民聲，政以行之，刑以防之。禮樂刑政，四達而不悖，則王道備矣。

衰音催。安樂、逸樂，音洛。冠去聲。笄音雞。食音嗣。

承上言先王制禮樂以節民情，而即四者以明其概。分言之則禮節而樂和，合言之則樂以和。禮使之中節，故專言節。居喪有五服，治情異而禮遂各殊。著於容體則衰麻，發於聲音則哭泣，皆各有節。鐘鼓，文事。干戚，武樂。各肖其事而暢其情。男女之禮，始於冠笄，終於昏姻，重其事而嚴爲之別。射禮、鄉飲酒禮、食禮、饗禮，自天子諸侯以達於士庶，交接之際，以敬以和，各得其正。禮樂如是，又政以率之，行刑以防其慝。四達不悖，爲其本人情而適中和，非强人以所無也。

樂者爲同，禮者爲異。同則相親，異則相敬。樂勝則流，禮勝則離。合情飾貌者，禮樂之事也。禮樂立則貴賤等矣，樂文同則上下和矣，好惡著則賢不肖別矣。刑禁暴、爵舉賢則政均矣。仁以愛之，義以正之，如此則治行矣。

勝去聲。著，張慮反。

同，共適其情。異，各別其等。相親不乖戾，相敬不褻慢。禮樂相須，不可偏勝。樂稍過則流蕩，禮稍勝則疎離。和其情而使之合，檢其外而爲之飾。情洽而敬孚，此禮樂之事也。下文又推其效於天下。貴賤有等，上下相和，蓋禮樂皆得其正，而好惡之平可知矣。好善惡惡，本人情之正。今禮樂平，好惡而反人道之正，故賢不肖朗然易別。其有不協於禮樂者爲暴，則刑以禁之。中於禮樂者爲賢，則爵以舉之。此先王愛民之政，而又制爲禮樂，以正其行。愛者，仁也。正者，義也。仁義即在於禮樂之中，是以民治行也。

樂由中出，禮自外作。樂由中出，故静。禮自外作，故文。大樂必易，大禮必簡。樂至則無怨，禮至則不争。揖讓而治天下者，禮樂之謂也。暴民不作，諸侯賓服，兵革不試，五刑不用，百姓無患，天子不怒，如此，則樂達矣。合父子之親，明長幼之序，以敬四海之内，天子如此，則禮行矣。

易，以豉反。

樂所以達人心自然之和，禮所以束一身威儀之致。中外特自其用言之，其實皆一原共貫者也。静者，性情之本體。文者，身心之形容。大樂、大禮，以禮樂之原而言。易順其自然，簡歸於主一。樂至、禮至，謂本乎禮樂之體用。無乖戾，何有怨；無悖逆，何有争。揖讓而治天下，天下人皆安於性分之固然，而盡其所當然，禮樂爲之也。民與諸侯皆和順，故無暴而賓服，兵革不試，五刑不用，以此至百姓無患，則和氣協於陰陽，天子不怒，則一世化爲慈祥，樂之至也。父子本親，而非禮則無以全其親，長幼之序亦然。天子敬其修，以迄於家國天下，禮之至也。

大樂與天地同和，大禮與天地同節。和，故百物不失。節，故祀天祭地。明則有禮樂，幽則有鬼神。如此，則四海之内，合敬同愛矣。

天地和氣，養育萬物，而聖人本之，以爲至和之樂。天地生成，節文萬物，而聖人本之，以爲至中之禮。皆天地自然、當然之禮，具於吾身，而該乎萬物者，故同和同節也。百物各遂其生，不失其性和之驗也。天地咸歆其祀，不違其常節之至也。幽之有鬼神，屈伸變化而不離乎中和，聖人明之，禮樂亦然。故能普暢於人心，而各得其愛敬。承上極言大樂、大禮之功效也。

禮者，殊事合敬者也。樂者，異文合愛者也。禮樂之情同，故明王以相沿也，故事與時竝，名與功偕。

沿，説專反。偕，古諧反。

禮，節文太過不及，其事雖殊，而莫非歸於以敬相合樂。八音變動相須，其文雖異，而莫非使人以愛相孚。其迹不同，其情則同。故明王相沿，必以禮樂爲重。禮樂之事，或不同，爲其時不同也。禮樂之名或異，而其化民之功則偕也。

故鐘鼓管磬，羽籥干戚，樂之器也。屈伸俯仰，綴兆舒疾，樂之文也。簠簋俎豆，制度文章，禮之器也。升降上下，周還裼襲，禮之文也。故知禮樂之情者能作，識禮樂之文者能述。作者之謂聖，述者之謂明。明聖者，述作之謂也。

綴音贅。還音旋。

承上明王相沿之意而言。禮樂之器與文，不外乎此，而其本則本乎人心，合乎天地。故知禮樂之情者，乃能作。識禮樂之文者，即能述。有作無述，亦無以傳，故明聖同功也。孔氏穎達曰：綴，謂舞行相連。綴兆，謂位外營兆。方氏慤曰：管在堂下，磬在堂上。羽籥，文舞所執。干戚，武舞所執。屈伸者，舞之身容。俯仰者，舞之頭容。綴兆，其位也。舒疾，其節也。簠簋以盛地產，俎豆以薦天產。制度者文章之法，文章者制度之飾。升降言其行，上下言其等，周還言其容，裼襲言其服。禮樂之文與器略見焉。御案：此上文殊事異文之意。

樂者天地之和也，禮者天地之序也。和故百物皆化，序故群物皆别。樂由天作，禮以地制，過制則亂，過作則暴。明於天地，然後能興禮樂也。

承上明聖述作之意，而申言禮樂本乎天地，非聖人不能作也。天地一元之氣鼓盪，無所不和，萬物各得其理，無有不序。禮樂節宣人情以應天地，而樂爲陽氣之宣暢，故由天作；禮節陰質之偏駁，故由地制。禮不能法地，則不得其序而亂。樂不能合天，則不得其和而暴。明於天地者，德合天地，然後能洽萬物之性情，興禮樂也。

論倫無患，樂之情也。欣喜歡愛，樂之官也。中正無邪，禮之質也。莊敬恭順，禮之制也。若夫禮樂之施於金石，越於聲音，用於宗廟社稷，事乎山川鬼神，則此所與民同也。

論去聲。

論，言論。倫，序也。言論合理而有序，則人心喜悦，雖未有樂，而樂之情已得。官，主也。樂以欣喜歡愛爲主，如官職然。然亦必當乎天理人情，而後爲正。中正無邪爲質幹，莊敬恭順爲節文。如此則禮樂之道已具。若夫施於金石，發於聲音，用於祭祀，祇是推己之所有，以與民同。蓋申明上文，明於天地然後能興禮樂意。言禮樂之理備於人，必先正其身心，而不徒求諸器數也。

王者功成作樂，治定制禮，其功大者其樂備，其治辯者其禮具。干戚之舞，非備樂也。孰亨而祀，非達禮也。五帝殊時，不相沿樂。三王異世，不相襲禮。樂極則憂，禮粗則偏矣。及夫敦樂而無憂，禮備而不偏者，其爲大聖乎。

辯音徧。亨音烹。夫音扶。

鄭康成曰：辯，徧也。不相沿襲，有損益也。敦，厚也。愚按：此仍承上興禮樂之意，而極言之。功成治定，代天地以阜安民物。本諸身而措諸世，無毫髮之遺憾也。功大則與天地同和，故樂備。治辯則與天地同節，故禮具。干戚之舞，孰亨而祀。禮樂之文，不得爲備樂達禮也，其本在法天地而安民物，五帝三王皆有功德而至治者也。然以時殊世異，禮樂不相沿襲，蓋世變不一，則所以補救而歸於中正者不同，非故異也。樂雖所以樂人情，而過極反憂。禮雖所以利民用，而稍粗則偏。惟大聖德備中和，然後敦樂而無憂，禮備而不偏，故必明於天地，然後能興禮樂也。

天高地下，萬物散殊，而禮制行矣。流而不息，合同而化，而樂興焉。春作夏長，仁也。秋斂冬藏，義也。仁近於樂，義近於禮。樂者敦和，率神而從天。禮者别宜，居鬼而從地。故聖人作樂以應天，制禮以配地。禮樂明備，天地官矣。

長上聲。别，彼列反。

此又承上明於天地之意而言。天地有自然之禮樂，聖人法之以爲禮樂，故禮樂明備，天地各得其位。高下别尊卑，而萬物散殊，各有其序，此自然之禮。一元流行不息，萬物合同生化，此自然之樂。若以時序言，則春作夏長，仁之易見者。秋斂冬藏，義之易見者。其實天地無時不仁義也。仁主乎愛，愛則歡欣，故近樂。義主乎敬，敬則親畏，故近禮。其實禮樂皆有仁義也。和之至而天神可格，别之至而幽顯咸宜。率神從天，就陽氣之發舒以言樂。居鬼從地，就陰氣之森列以言禮。作樂應天，和氣達於上。制禮配地，制度備於物。其實禮樂本天地自然之節，自然之和，不可强分。記特就其易見者，以曉人耳。

天尊地卑，君臣定矣。卑高以陳，貴賤位矣。動静有常，小大殊矣。方以類聚，物以群分，則性命不同矣。在天成象，在地成形，如此，則禮者，天地之别也。地氣上齊，天氣下降，陰陽相摩，天地相蕩，鼓之以雷霆，奮之以風雨，動之以四時，煖之以日月，而百化興焉。如此，則樂者，天地之和也。

上上聲。齊音躋。摩，本又作磨。蕩，或作盪。煖同暄。

此申明上文天高地下六句之義。貴賤以别尊卑之位，小大以别動静之形，性命以别類聚群分之生化。象者日月星辰，形者萬物體貌。地氣上騰，天氣下降。陰陽者天地之氣，天地者陰陽之質，非有二也。相摩、相盪，只是氣機轉運之意。方氏慤曰：雷霆者聲之所作，故曰鼓。風雨者氣之所激，故曰奮。四時代謝，故曰動。日月代明，故曰煖。

化不時則不生，男女無辨則亂升，天地之情也。及夫禮樂之極乎天而蟠乎地，行乎陰陽而通乎鬼神，窮高極遠而測深厚。樂著太始，而禮居成物。著不息者，天也。著不動者，地也。一動一静者，天地之間也，故聖人曰禮樂云。

夫音扶。著如字。

鄭康成曰：辨，别也。升，成也。大始，百物之始生也。王氏肅曰：著，明也。居，法也。愚按：此承上天地聖人而總結之，言天地氣化不時，則物不能生，男女無别則亂成，是則氣化以和爲主，物理以别爲主。故聖人知天地之情制爲禮樂，極乎天而周徧乎地，順陰陽之氣以流行，格鬼神以相感通。窮乎天之高遠，測乎地之深厚，其功用如此。而要其端，則樂所以達生生之意，而著天地之大始。禮所以别萬物之宜，而居天地之成物。不息者天之氣，不動者地之質。然不息者常貫乎不動之中，而不動者乃含乎不息之氣。不息者動也，不動者静也。一動一静者，天地之間，所以流而不息，合同而化也。故聖人以此爲禮樂云，非徒玉帛鐘鼓之謂也。

昔者舜作五弦之琴以歌《南風》，夔始制樂以賞諸侯。故天子之爲樂也，以賞諸侯之有德者也。德盛而教尊，五穀時熟，然後賞之以樂。故其治民勞者，其舞行綴遠。其治民逸者，其舞行綴短。故觀其舞，知其德，聞其謚，知其行也。

舞行音杭。其行去聲。

琴始於黄帝，而舜别爲五弦，歌《南風》，即尸子引《家語》南風之薰語。夔所制樂，即韶樂，蓋承舜之命而贊成之，非别作樂也。聖人正一己之性情，欲萬物皆各正其性情，故制樂以賞諸侯，必有德者，然後能正其身，以及民物。聖人在上，諸侯鮮無德者，所謂有德，蓋功成而化洽，如下文所云也。德稍薄者其治民較勞，德大者其治民自逸。賞之以樂，人數多寡不一，故舞行綴有遠近之不同。聞謚知行，以喻觀舞知德也。

《大章》，章之也。《咸池》，備矣。《韶》，繼也。《夏》，大也。殷周之樂盡矣。

韶，上遥反。

鄭康成曰：《大章》，堯樂名，言堯德章明也。或作《大卷》。《咸池》，黃帝樂名。咸，皆也。池，施也，言德之無不施。《周禮》曰《大咸》。《韶》，舜樂名。韶之言紹也，言能紹堯之德。《周禮》曰《大韶》。《夏》，禹樂名，言能大堯舜之德。《周禮》曰《大夏》。殷周之樂，《周禮》曰《大濩》、《大武》。盡矣，陳氏暘曰：無餘蘊矣。

天地之道，寒暑不時則疾，風雨不節則饑。教者，民之寒暑也，教不時則傷世。事者，民之風雨也，事不節則無功。然則先王之爲樂也，以法治也，善則行象德矣。

疾、饑，皆借名也。教有賞罰，如寒暑之溫肅。事欲普被，如風雨之潤澤。不時則寬嚴失中，傷世之和。不節則勞逸失宜，百爲隳廢。先王功成治定，而後爲樂，所以法治也。樂臻於至善，則民化其德行，皆象之矣。

夫豢豕爲酒，非以爲禍也。而獄訟益繁，則酒之流生禍也。是故先王因爲酒禮。壹獻之禮，賓主百拜，終日飲酒而得不醉焉。此先王之所以備酒禍也。故酒食者，所以合歡也。樂者，所以象德也。禮者，所以綴淫也。是故先王有大事，必有禮以哀之。有大福，必有禮以樂之。哀樂之分，皆以禮終。

豢音患。綴音贅。以樂、哀樂，音洛。分去聲。

鄭康成曰：以穀食犬豕曰豢。言豢豕作酒，本以享祀養賢，而小人飲之善酗，以致獄訟也。壹獻，士飲酒之禮。百拜以喻多。綴猶止也。愚按：大事凡凶裁事，大福凡慶喜事。此承上法治之意而申言之。言酒食所以合歡，而反生禍，故先王作樂以象德，制禮以防淫，有大事必有禮以達其哀，有大福必有禮以宣其樂。哀樂之分，皆以禮終，不得任情而生禍。禮在而樂即在焉，故不復言樂。

樂也者，聖人之所樂也，而可以善民心。其感人深，其移風易俗，故先王著其教焉。

所樂之樂，音洛。

聖人之所樂，以其中和之德有深愜焉者。而民心皆有此理，聞樂而感動，隱微相入，故深以之，推於人，人皆然。故先王以此爲教化之要。此總冒下文也。

夫民有血氣心知之性，而無哀樂喜怒之常，應感起物而動，然後心術形焉。

如如字。

血氣心知之性，氣質之性也。哀樂喜怒之常，則情也。而性矣，惟聖人中和在抱，不任氣血心知，而哀樂喜怒中節。民則不然，故應其所感，因物起念，心之所發，其術不同，得乎正者鮮矣。術，事也。

是故志微、噍殺之音作，而民思憂。嘽諧、慢易、繁文、簡節之音作，而民康樂。粗厲、猛起、奮末、廣賁之音作，而民剛毅。廉直、勁正、莊誠之音作，而民肅敬。寬裕、肉好、順成、和動之音作，而民慈愛。流辟、邪散、狄成、滌濫之音作，而民淫亂。

噍音焦。殺思亟去聲。嘽，昌善反。易去聲。樂音洛。賁讀爲憤。肉，而救反。好去聲。辟音僻。狄音逖。

承上應感起物而動言。君樂與民志相通，故移風易俗者，當慎所以感之。志微，樂意微細。噍殺，急蹙殺小無餘韻。嘽，寬緩。諧，調和。慢，疏落。易，平易。繁文簡節，繁盛而有節制。粗，不精。厲，不和。起，初。末，終也。猛於始而奮於終，其中亦廣大。賁，盛。廉，有分辨。直，無枉曲。勁，不柔細。正，不偏頗。寬裕，大致寬大從容。璧外曰肉，内曰好，借以喻樂之内外圓瑩。順成和動，自然和平動人。流辟，流於邪辟而不能自主。邪散，則以其竟言之。狄成，疾速而成。滌濫，音虚滑而無節制。蓋君心所感，而形於音，民即感之而成俗。馬氏晞孟曰：前哀心感者云云，言音起於心之所感，此言樂之所以感於人心。

是故先王本之情性，稽之度數，制之禮義，合生氣之和，道五常之行，使之陽而不散，陰而不密，剛氣不怒，柔氣不懾，四暢交於中，而發作於外，皆安其位，而不相奪也。然後立之學等，廣其節奏，省其文采，以繩德厚，律小大之稱，比終始之序，以象事行，使親疏、貴賤、長幼、男女之理，皆形見於樂，故曰：樂觀其深矣。

稽，古奚反。道去聲。之行，行去聲。省，西領反。稱去聲。比，毗至反。事行，行如字。長去聲。見音現。

情性，中和之正。性，情也。度如黄鐘，長六寸之類。數如陽六陰六。生氣，一元太和之氣。密，幽閟意。懾，懼怯意。四，謂陰陽剛柔。暢，和也。交，平也。位，五音之分。學等，如十三舞勺成童舞象之類。樂有自然之節奏，廣謂博習之。省猶審也。文采兼音舞而言，繩德厚，情性中和而又以樂繩之，使歸純熟，益加厚也。小大以事言，大事用大樂，小事用小樂，爲法使其相稱。律，法也。終始之序，如金聲玉振，小成大成之類。象事行，事欲其宜，行欲其和也。親疏，如上生下生之屬。貴賤，如君臣民物之屬。長幼，如黄鐘陽之長、林鐘陰之長。男女，如黄鐘以大吕爲妻，太蔟以夾鐘爲妻之屬。然親疏、貴賤、長幼、男女，皆以得其序得其和爲主。樂理不離乎此，亦不獨指是也。言先王本一己情性之正，以制樂。生氣之和，五常之行，皆全備於己，而由内達外，樂臻盡善盡美。然後推以教人，使人涵泳其中，變化其質，以明倫而飭紀。故樂可以深入乎民心，而爲移風易俗之要。

土敝則草木不長，水煩則魚鼈不大，氣衰則生物不遂，世亂則禮慝而樂淫。是故其聲哀而不莊，樂而不安，慢易以犯節，流湎以忘本。廣則容姦。狹則思欲，感條暢之氣，而滅平和之德。是以君子賤之也。

易去聲。湎，綿鮮反。

敝，淫毁。煩，濁擾。氣，天地和氣。慝，過惡。淫，邪蕩。哀而有節則莊，樂而不淫則安。慢易，疎忽。犯節，亂其節。流湎，邪放如酒之酗。本，謂中正也。廣則容姦，闊略而其中濁亂，如容姦邪在内。狹則思欲，促迫而其音散漫。如情欲縈心。此數者，其初特感於人世條暢之氣，而不顧中正之理，其後遂放溢不可收，而滅平和之德。是以君子賤之而不用。此節反形，以足上文也。

凡姦聲感人而逆氣應之。逆氣成象，而淫樂興焉。正聲感人，而順氣應之。順氣成象，而和樂興焉。倡和有應，回邪曲直，各歸其分，而萬物之理，各以類相動也。

倡去聲。倡和，和去聲。分去聲。

此言聲氣相應，感於外而中應，發乎中而外應，内外一原，本末交飭，乃妙。姦聲、正聲發於人心，而積於平昔者也。逆氣、順氣存乎陰陽，而生於人心者也。天地陰陽之理，有倡必有和，故回邪曲直，生自人心，而氣之正逆者，與之相應，各如其分。由萬物之理，皆各以類相動。故先王必正其性情，以理萬物之性情也。

是故君子反情以和其志，比類以成其行。姦聲亂色，不留聰明。淫樂慝禮，不接心術。惰慢邪僻之氣，不設於身體。使耳、目、鼻、口、心知、百體，皆由順正，以行其義。然後發以聲音，而文以琴瑟，動以干戚，飾以羽旄，從以簫管。奮至德之光，動四氣之和，以著萬物之理。

行去聲。比，毗至反。著，張慮反。

情動而有善惡。反情以和其志，克己復禮，以清其源也。比，校。倫，類。從善去惡，以成其行，則身修矣。心清而理熟，耳目自然聰明。姦聲亂色，過而不留。淫樂慝禮，阻而不入。惰慢由心生，邪僻從外至。稍萌曰設。五官百體，皆由順正，以行其義。内外交修，本末交養，則德成矣。然後以樂將其悦豫，宣至德之光華，動四時之和氣。萬物之理由一人而昭著。此申明上文本之情性之義也。

是故清明象天，廣大象地，終始象四時，周還象風雨。五色成文而不亂，八風從律而不姦，百度得數而有常。大小相成，終始相生，倡和清濁，迭相爲經。故樂行而倫清，耳目聰明，血氣和平，移風易俗，天下皆寧。

還音旋。倡和，和去聲。

清明、廣大、終始，皆言聲樂，周還謂舞也。四時周而復始，風雨變化有常。五色配乎五行，五聲諧而有倫，即五色成文而不亂也。八風應乎八卦，八音協而中節，即八風從律而不姦也。百度由律吕之數以推，樂和則百度得數而有常。終始言其序，倡和言其情。清濁迭相爲經，一天地元氣之周流，流而不息，合同而化也。上文所謂奮至德之光，動四氣之和，以著萬物之理者，如是。故樂行而人倫清正。學樂者皆耳目聰明，血氣和平，風移俗易，天下皆寧。虞廷儀鳳舞獸，夫子聞韶忘味，及所謂成於樂者，皆以此也。

故曰：樂者，樂也。君子樂得其道，小人樂得其欲。以道制欲則樂而不亂；以欲忘道，則惑而不樂。是故君子反情以和其志，廣樂以成其教。樂行而民鄉方，可以觀德矣。

樂者、廣樂、樂行，如字，餘竝音洛。鄉去聲。

鄭康成曰：道，仁義，欲邪僻也。方猶道也。愚按：人皆有道而無復性之功，則爲欲移。君子反情以和其志，道足以制欲，而又推之以教，萬民樂行，而民皆不溺於欲，則可以知君子之德矣。

德者，性之端也。樂者，德之華也。金石絲竹，樂之器也。詩，言其志也。歌，詠其聲也。舞，動其容也。三者本於心，然後樂器從之。是故情深而文明，氣盛而化神，和順積中，而英華發外，惟樂不可以爲僞。

全性即爲德而言。性之端者，以德之著者言也。德具於心，而形於外，宣於樂則爲英華。金石絲竹特其器耳。志有言而成詩，聲有餘而成歌，情鼓舞而爲舞。此皆人心之不容自己者。而樂器爲後，是故聖人德至而樂神，其情至深而發爲文采者至明。且其氣至盛，而化及萬物者至神。由其和順久積於中，而英華自發於外，惟樂不可以爲僞也。此申上文反情和志之義。

樂者，心之動也。聲者，樂之象也。文采節奏，聲之飾也。君子動其本，樂其象，然後治其飾。是故先鼓以警戒，三步以見方，再始以著往，復亂以飭歸，奮疾而不拔，極幽而不隱，獨樂其志，不厭其道，備舉其道，不私其欲。是故情見而義立，樂終而德尊。君子以好善，小人以聽過。故曰：生民之道，樂爲大焉。

見音現。復音伏。拔，蒲末反。好去聲。

孔氏穎達曰：心動而有聲。樂無體，由聲而見，故爲樂之象。聲無曲折，則太質素，故以文采節奏飾之，使美。陳氏澔曰：樂將作，必先擊鼓以聳聽。舞將作，必先三舉足以示其舞之方。再始，一節終而再作也。往，進也。亂，終也，如《關雎》之亂。歸，舞畢而就位也。再始以著往者，再擊鼓以昭其進。復亂以飭歸者，復擊鼓以謹其退。此舞者進退周旋之事。舞之容雖若迅速，而不過於疾。舞之道雖若幽微，不可過於隱。獨樂其志，得樂之趣而不厭。備舉其道以公諸人。不私其欲，人各有情，緣樂而見，而不失乎中正，則義立矣。樂以爲樂，自始至終，而不戾乎中和，則德尊矣。君子聽之而好善，感動浹洽其本心。小人聽之而知過，感動蕩滌其邪穢。此申上文志聲容之義，以明其不可苟也。

樂也者，施也。禮也者，報也。樂，樂其所自生，而禮，反其所自始。樂章德，禮報情，反始也。

施去聲。樂其樂，音洛。

樂以樂人，故施禮以相敬，故報。然樂雖主於施，人各有其生氣自然之和，而以樂樂之適。樂其所自生。禮雖主於相報，然人各有其自然之敬，而以禮行之，是反其所自始。然則樂以章德，禮以報情，莫非反始之道也。

所謂大輅者，天子之車也。龍旂九旒，天子之旌也。青黑緣者，天子之寶龜也。從之以牛羊之群，則所以贈諸侯也。

緣去聲。

孔氏穎達曰：此明禮報之事。不明樂施者其事易知，故略之。諸侯守土，奉其土地所有來朝天子，天子以此等報之。異姓，象輅。四衛，革輅。蕃國，木輅。而受於天子，總謂之大輅。龍旂九旒，據上公言之，侯伯則七旒，子男則五旒。寶龜之中，竝以青黑爲緣。牛羊非一，故稱群。

樂也者，情之不可變者也。禮也者，理之不可易者也。樂統同，禮辨異。禮樂之說，管乎人情矣。

管，《史記》作貫。

人情得其正，則和而久，故不可變。人情得其宜，則中而久，故不可易。統人情而歸於至和，辨異同而歸於至中。中和之義，人情不能外，故管之也。

窮本知變，樂之情也。著誠去僞，禮之經也。禮樂偩天地之情，達神明之德，降興上下之神，而凝是精粗之體，領父子君臣之節。

去上聲。偩音負。

鄭康成曰：偩，依象也。凝，成也。此申上文管人情之意。本人心，變音節。禮以達人心之誠而不徒觀美。惟禮樂本乎人心，而通乎萬變。依象天地之情，通達神明之德。上神可降，下神可興。粗之不過日用倫常，精之格乎天地鬼神。父子君臣，尤人道之大者，禮樂皆管領焉。故曰：管乎人情也。

是故大人舉禮樂則天地將爲昭焉。天地訢合，陰陽相得，煦嫗覆育萬物，然後草木茂，區萌達，羽翼奮，角觡生，蟄蟲昭蘇，羽者嫗伏，毛者孕鬻，胎生者不殰，而卵生者不殈，則樂之道歸焉耳。

訢音欣。煦，許具反。覆去聲。區音勾。觡音格。伏，扶又反。鬻音育。殰音瀆。殈，呼闃反。

天地將爲昭，天地本有自然之理氣，而禮樂足以發之，故天地益爲昭明也。訢合，天地無心而若有心，訢然和合。陰陽相得，即承訢合而言。天以氣煦，地以形嫗。覆者天，育者地。區，曲生。萌，直生。羽翼，禽屬。角觡，獸屬。鄭康成曰：無鰓曰觡。昭，曉也。蟄蟲以發出爲曉，更息曰蘇。孕，任也。鬻，生也。内敗曰殰。殈，裂。此又承上節之意而言。禮樂備則天地爲昭，天地訢合以下，發爲昭之意。樂以和禮，而所言物情之和暢，尤可見樂之意，故曰樂之道歸焉。

樂者，非謂黄鐘、大吕、弦歌、干揚也，樂之末節也，故童者舞之。鋪筵席，陳尊俎，列籩豆，以升降爲禮者，禮之末節也，故有司掌之。樂師辨乎聲詩，故北面而弦。宗祝辨乎宗廟之禮，故後尸。商祝辨乎喪禮，故後主人。是故德成而上，藝成而下，行成而先，事成而後。是故先王有上有下，有先有後，然後可以有制於天下也。

鋪，普胡反。行去聲。

此節總束全篇之意。上言樂與禮皆本乎人心，協乎天地，故不可徒求諸器數之末。而禮樂作於天子，必有德而後可以興禮樂，治天下。不然，則循禮樂之文，僅藝成而已，陳氏澔曰：干揚皆舞者所執，商祝習殷禮者。殷尚質，喪禮以質爲主，故兼用殷禮。北面，位之卑也。鄭康成曰：辨猶别也。弦，鼓琴瑟也。後尸，居後贊禮儀。人君以德行爲先，德成而禮樂之本無愧，然後用禮樂之文。上者在所先，下者在所後，有制於天下，正身以正朝廷，正百官以正萬民也。

魏文侯問於子夏曰：吾端冕而聽古樂，則唯恐臥。聽鄭衛之音，則不知倦，敢問古樂之如彼，何也？新樂之如此，何也？

鄭康成曰：魏文侯，晉大夫畢萬之後，僭諸侯者也。端，元衣。古樂，先王之正樂。孔氏穎達曰：凡冕服，其制皆正幅，袂長二尺二寸，袪尺二寸，故稱端也。

子夏對曰：今夫古樂，進旅退旅，和正以廣，弦匏笙簧，會守拊鼓。始奏以文，復亂以武。治亂以相，訊疾以雅。君子於是語，於是道古。修身及家，平均天下。此古樂之發也。

拊音撫。復音伏。相去聲。訊音信。

鄭康成曰：旅，俱也。會，合也。文，鼓也。武，金也。相以節樂。拊者，以韋爲表，裝之以糠，糠一名相，因以名焉。雅亦樂器名也，狀如漆筩，中有椎。陳氏澔曰：相即拊也。所以輔相於樂，治亂而使之理。訊亦治也。過而失節謂之疾，雅以治舞者之疾。愚按：進旅退旅，夫子所謂翕如也。和即純如，正則不姦，廣則不狹。二句言樂之聲，弦匏笙簧會合相守，必待拊鼓而後作。始奏鼓以宣其文德，終擊金鐃以著武功，恐其亂也，以相治之，防其疾也，以雅訊之六句，言其有節。和而有節，君子於是語樂之理，於是道古之事，修齊治平，皆不外乎和而有節。此古樂之發，見而易見者也。文，和諧浹洽意。武，節制嚴謹意。

今夫新樂，進俯退俯，姦聲以濫，溺而不止，及優、侏儒，獶雜子女，不知父子。樂終不可以語，不可以道古。此新樂之發也。

儒音儒。獶，乃刀反，亦作猱。

俯，卑曲。濫，泛濫無節。溺而不止，入於邪僻而不得禁，又兼之以俳優雜戲。侏儒，短小男女。或父子竝爲之不别尊卑。樂之既終，無理可説，揆之古意，無一相合，故不可以道古。

今君之所問者樂也，所好者音也。夫樂者，與音相近而不同。

好去聲。

音生於人心而樂成於律吕。文侯不正其心，是以喜新樂而惡古樂。子夏難以顯斥之，故遜其辭，而言樂與音相近不同。

文侯曰：敢問何如？子夏對曰：夫古者天地順而四時當，民有德而五穀昌，疾疢不作而無妖祥，此之謂大當。然後聖人作爲父子君臣，以爲紀綱。紀綱既正，天下大定。天下大定，然後正六律，和五聲，弦歌《詩·頌》，此之謂德音，德音之謂樂。《詩》云：莫其德音，其德克明。克明克類，克長克君。王此大邦，克順克俾。俾于文王，其德靡悔，既受帝祉，施于孫子。此之謂也。

當去聲。疢，丑刃反。莫，《詩》作貊。長上聲。王此之王，去聲。俾讀爲比，去聲。祉音止。施音異。

君能法天地以治民，故天地順當，和而不忒也。民有德則和氣翔洽，五穀昌則萬物皆理矣。疾，疾病。疢，熱疾也。妖，人妖。祥，天地邪氛。大當，合天地人物而皆當也。以上言人君之德，足以承天地而理萬物，如是然後作爲人倫久遠之紀綱。天下大定，則治功成也。然後作樂以正人心，而《詩・頌》作焉，此之謂德音。德音然後謂之樂，則非德音凡器數皆不足言樂矣。引《詩》言王季之德音積累深厚，至於文王而後受帝祉，欲文侯知樂必由德音而成，蓋深探其本也。《詩》義已見《詩》註，不贅。

今君之所好者，其溺音乎？文侯曰：敢問溺音何從出也？子夏對曰：鄭音好濫淫志，宋音燕女溺志，衛音趨數煩志，齊音敖辟喬志。此四者，皆淫於色而害於德，是以祭祀弗用也。

燕，於見反。趨音促。數音速。敖去聲。辟音僻。喬音驕。

溺，没於其中而不出也。好濫，好爲泛濫之音，令人志意淫蕩。燕女，安於女色，令人溺於情慾，趨數，迫促急速，令人志意煩亂。敖辟，倨傲邪僻，令人志意驕傲。四者皆因邪色晳心，害乎中正之德，故不可用之宗廟也。

《詩》云：肅雝和鳴，先祖是聽。夫肅，肅敬也。雝，雝和也。夫敬以和，何事不行。

引《詩》以明古樂敬而且和，故用之宗廟，而施諸政事，無不可。

爲人君者，謹其所好惡而已矣。君好之，則臣爲之。上行之，則民從之。《詩》云：誘民孔易。此之謂也。

好惡易，竝去聲。

此乃正勖文侯遠溺音而好德音也。人君好惡，民即從之，不可不慎。

然後聖人作爲鞉、鼓、椌、楬、壎、篪，此六者，德音之音也。然後鐘磬竽瑟以和之，干戚旄狄以舞之，此所以祭先王之廟也，所以獻酬酳酢也，所以官序貴賤，各得其宜也，所以示後世有尊卑長幼之序也。

鞉音桃。椌，苦江反。楬，邱瞎反。壎音喧。篪音池。竽音于。酳音脩。長上聲。

陳氏澔曰：鞉，小鼓，持柄擊之，旁耳自擊。椌楬，柷敔也。壎，六孔，燒土爲之。篪，大者長尺四寸，小者尺二寸，竹也。六者皆質素之聲，故云德音。干，楯也，戚，斧也，武舞所執。旄，旄牛尾也，狄，翟雉羽也，文舞所執。愚按：承上言聖人好惡既正，然後作爲六者之德音。本質既立，然後用他樂以和之，文武舞以象之。此所以用之宗廟賓客，無所不宜。官序貴賤得宜，謂用之宗廟朝廷，各如其分。尊卑長幼有序，謂化其囂陵暴戾，各安其序也。

鐘聲鏗，鏗以立號，號以立橫，橫以立武。君子聽鐘聲，則思武臣。石聲磬，磬以立辨，辨以致死。君子聽磬聲，則思死封疆之臣。絲聲哀，哀以立廉，廉以立志。君子聽琴瑟之聲，則思志義之臣。竹聲濫，濫以立會，會以聚衆。君子聽竽、笙、簫、管之聲，則思畜聚之臣。鼓鼙之聲讙，讙以立動，動以進衆。君子聽鼓鼙之聲，則思將帥之臣。君子之聽音，非聽其鏗鏘而已也，彼亦有所合之也。

鏗，古耕反。號去聲。橫，古曠反。磬上聲。濫上聲。會，户外反。畜，敕六反。鼙，步面反。讙，呼端反。將去聲。

鐘聲鏗，鏗然有堅剛之意，且以宣衆樂如號令。然是立號也。號令欲其嚴肅，鐘聲宏大充塞，故立橫。橫則雄盛，故立武。君子謂人君也，爲文侯言故以思臣言之。下放此。石聲惟磬備十二律，故云石聲磬。辨謂辨六律六吕，陰陽之分也。名如其分，猶人臣各守其職，致死無二，故聽磬聲則思死封疆之臣，哀婉而正也。廉，有廉隅不瀆慢也，故立志而聽之者，思志義之臣也。濫，泛愛意。竹聲合衆聲而益佳，故立會。會則可以聚衆，故思畜聚之臣。畜聚之臣，能合衆志者也。讙，鄭氏曰：讙，囂也。動，奮勳。讙欣奮動，則可以進衆，故聽之者思封疆之臣。合之，謂志正而後聽音有益於己，不作淫慝之想。

賓牟賈侍坐於孔子，孔子與之言，及樂曰：夫《武》之備戒之已久，何也？對曰：病不得其衆也。咏歎之，淫液之，何也？對曰：恐不逮事也。發揚蹈厲之已蚤，何也？對曰：及時事也。《武》坐，致右憲左，何也？對曰：非《武》坐也。聲淫及商，何也？對曰：非《武》音也。子曰：若非《武》音，則何音也？對曰：有司失其傳也。若非有司失其傳，則武王之志荒矣。子曰：唯。丘之聞諸萇弘，亦若吾子之言是也。

液音亦。憲音軒。召音邵。唯上聲。

賓牟姓，賈名。鄭康成曰：《武》，周舞也。備戒，擊鼓警衆也。病猶憂也。咏歎、淫液，歌遲之也。逮，及也。事，戎事。致，謂膝至地也。有司，典樂者。萇弘，周大夫。孔子與賈言及樂，而設問之言。《武》舞擊鼓已久，而不遽出，何也？賈對以武王恐不得衆心，故久而未敢出也。此猶未大遠於理也。又問咏歎之，淫液之，何也？對以恐不及時伐紂，故咏歎，淫液，以待諸侯之至。則以武王爲急欲征伐，非也。又問舞時早爲發揚蹈厲，何故？對以及時伐紂之戰事，與下文夫子言太公之志相反，非也。又問舞人何有時而跪，右膝至地，左足仰之？對以非武人之坐。與下文夫子武亂皆坐相反，亦非也。又問其聲似於貪商，何也？對以有司失其傳，若非失傳，則爲武王實爲貪商，其志荒矣。此對極得聖人之心，故夫子唯之，而云聞諸萇弘，亦若吾子言是也。其不是者，夫子不辨之。善善從長，必待其問，始告之也。

賓牟賈起，免席而請曰：夫《武》之備戒之已久，則既聞命矣，敢問遲之遲而又久，何也？子曰：居，吾語汝。夫樂者，象成者也。總干而山立，武王之事也。發揚蹈厲，太公之志也。《武》亂皆坐，周、召之治也。

語去聲。上遲音穉，下遲如字。

孔氏穎達曰：免席，避席也。方氏慤曰：上遲音穉，待也，所謂待諸侯之至也。下遲如字，蓋遲未至於久，遲而又久，則遲之至也。鄭康成曰：居猶安坐也。成，謂已成之事。總干，持盾也。山立猶正立。陳氏澔曰：亂，樂之卒章也。賈前據己見，未安於心，故免席而請問。夫子乃正告之。樂象成功，必其事如此，而後象之，非僞爲也。因言總干山立，正象武王行仁西土，無伐商之心，太公以天下塗炭，諸侯皆欲伐商，勸武王應天順人，故以發揚蹈厲，象太公伐商之事。至舞畢，皆坐象。周有文德布治，自來如此，不爲伐商而然。

且夫《武》，始而北出，再成而滅商，三成而南，四成而南國是疆，五成而分周公左、召公右，六成復綴以崇。天子夾振之而駟伐，盛威於中國也。分夾而進，事蚤濟也。久立於綴，以待諸侯之至也。

分去聲。綴音拙。

鄭康成曰：成猶奏也，每奏《武》曲一終爲一成。復綴，反位止也。駟當爲四聲之誤也。《武》舞，戰象也。每奏四伐，一擊一刺爲一伐。分猶部曲也。孔氏穎達曰：夾，謂振鐸夾之。久立於綴，言未舞之前，舞者久立於酇綴。此乃正言舞樂象成之事，始而從南北出，象武王德教及於北方，紂之屬國皆歸心矣。再成仍在北方，象武王滅商，會朝清明之易。三成從北而南，象武王克商南還。四成仍在南方，象武王疆理南國。五成而舞列分爲左右，象周、召分治。六成復酇綴之本位，象天下尊武王爲天子，非武王自欲爲也。其舞時夾鐸振之，而駟伐，象周之德威盛而中國已久。分夾而進，象天人響應，事已在未伐商時，故曰：事蚤濟也。其未舞時久立於綴者，象商可伐，而不欲伐之，必待諸侯皆至，始應天順人也。

且女獨未聞牧野之語乎？武王克殷反商，未及下車而封黄帝之後於薊，封帝堯之後於祝，封帝舜之後於陳，下車而封夏后氏之後於杞，投殷之後於宋，封王子比干之墓，釋箕子之囚，使之行商容而復其位。庶民弛政，庶士倍禄。濟河而西，馬散之華山之陽而弗復乘，牛散之桃林之野而弗復服，車甲衅而藏之府庫而弗復用，倒載干戈，包之以虎皮，將帥之士使爲諸侯，名之曰建櫜，然後天下知武王之不復用兵也。

女音汝。反如字。薊音計。祝，之六反。復音伏。弛，始氏反。華，平去二音。弗復之復，扶又反。衅同釁。建同鍵。櫜音高。

語，古語，蓋當時民喜新政傳播之語。反商，《書》所謂反商政，政由舊也。孔氏穎達曰：未及下車，言速封也。二王之後其禮大，故待下車而封之。薊，今燕京薊州。祝無考。陳，今河南陳州。投，歸止意，若投止、投宿之投。微子不臣周，故獨不言封，非謂投棄之也。封墓，累土而禁樵牧也。使之，别使人行求商容而復其位。弛政，去苛政。濟河而西，歸鎬京也。弗服，不復以載輜重。倒載而又包以虎皮，示永韜也。御案：名，命也。武王既告武成，大封諸侯，而命之曰：自此建櫜無復事矣。然後天下知武王之不復用兵也。鄭康成曰：兵甲之衣曰櫜。鍵，閉藏兵甲也。

散軍而郊射，左射《貍首》，右射《騶虞》，而貫革之射息也。神冕搢笏，而虎賁之士説劍也。祀乎明堂，而民知孝。朝覲，然後諸侯知所以臣。耕藉，然後諸侯知所以敬。五者，天下之大教也。

左射、右射，射音石。貍，力之反。騶，側由反。貫，古亂反。裨，婢支反。搢音進。賁音奔。説音脱。朝，直遥反。

散軍，散軍於農。郊射，習射於郊學。《貍首》《騶虞》，所以歌爲節者。左射、右射，概言賓主左右揖讓於禮射耳，不必泥左右字。鄭康成曰：貫革，射穿甲革。裨冕，衣裨衣而冠冕也。裨衣，衮之屬。搢猶插也。賁，憤怒也。文王之廟爲明堂。耕藉，藉田也。愚按：習禮射而貫革之，射息及裨冕、搢笏，而虎賁之士，亦脱劍盈，天下無不尚德之人矣。

食三老、五更於大學，天子袒而割牲，執醬而饋，執爵而酳，冕而總干，所以教諸侯之弟也。

食音嗣。更平聲。大音泰。弟音悌。

鄭康成曰：三老五更，互言之耳，皆老人更知三德五事者。冕而總干，陳氏澔曰：首戴冕而手執干也。餘説各見前篇。愚按：雖諸侯必有兄，故特又言此以足上文。

若此，則周道四達，禮樂交通，則夫《武》之遲久，不亦宜乎！

承上言，周道四達，禮樂全備，如此則知其本，無利天下之心。王治浹洽，而天下應之，武之遲久，不亦宜乎。

君子曰：禮樂不可斯須去身。致樂以治心，則易直子諒之心油然生矣。易直子諒之心生則樂，樂則安，安則久，久則天，天則神。天則不言而信，神則不怒而威，致樂以治心者也。致禮以治躬，則莊敬，莊敬則嚴威。心中斯須不知不樂，而鄙詐之心入之矣。外貌斯須不莊不敬，而易慢之心入之矣。

易去聲。子，朱子曰：當依《韓詩外傳》作慈。諒音亮。《韓詩外傳》作良，則樂、樂則之樂，音洛。

君子蓋孔子。致，窮極其理也。治心，除去心之邪戾。易，坦易。直，正直。子，慈愛。諒，誠信也。樂理洽而心怡安，則兼内外禮貌而言也。久則德性堅定，一如天之粹然冲虚。神，謂神明不測。天則仰德者，自尊從，故不言而信。神則感德者，自畏敬，故不怒而威。致禮以治躬，則在我者，莊敬自嚴肅，而威重不可褻狎。禮樂之治心治躬如此，故和樂莊嚴，斯須不可去也。

故樂也者，動於内者也。禮也者，動於外者也。樂極和，禮極順，内和而外順，則民瞻其顔色而弗與争也，望其容貌而民不生易慢焉。故德輝動於内，而民莫不承聽。理[①]發諸外，而民莫不承順。故曰：致禮樂之道，舉而錯之天下，無難矣。

易去聲。錯措同。

動，發動。情動而極其和，身動而順乎理。顔色，面目容貌，兼一身而言。弗争，不易慢，中和之至，身心正而人自感化也。德藴於中，煇光形見於外，理具於己言行發著，其則修身及家，平均天下，以此錯之不難。

樂也者，動於内者也。禮也者，動於外者也。故禮主其減，樂主其盈。禮減而進，以進爲文。樂盈而反，以反爲文。禮減而不進則銷，樂盈而不反則放，故禮有報而樂有反。禮得其報則樂，樂得其反則安。禮之報，樂之反，其義一也。

報如字。則樂之樂，音洛。

承上言禮樂内外交養，不可偏勝也。減，節其性情，以歸物則。盈，暢其心志，以合太和。進謂精進，反謂反本。禮雖主於減，而威儀度數，必精進而實踐。樂雖主於盈，而律吕陰陽，必歸本於中和。銷，簡略。放，淫蕩。得其報，敬人者，人恒敬之。得其反，發乎情而止乎義。樂與人相樂，安一己暢遂。報者在外，反者在内，莫非所以節性而陶情，故曰其義一也。

夫樂者，樂也，人情之所不能免也。樂必發於聲音，形於動静，人之道也。聲音動静，性術之變，盡於此矣。故人不耐無樂，樂不耐無形。形而不爲道，不耐無亂。先王恥其亂，故制《雅》《頌》之聲以道之，使其聲足樂而不流，使其文足論而不息，使其曲直、繁瘠、廉肉、節奏，足以感動人之善心而已矣，不使放心邪氣得接焉。是先王立樂之方也。

樂者、樂必、立樂之樂，竝如字，餘音洛。耐，古能字。道、論，竝去聲。肉，如又反。邪，似嗟反。

不能免，有情必有所樂也。發，氣之方發，形則著於容貌矣。人之道，人之常理。術，事也。性無形，而發於聲音動静者，則足以盡其變也。不爲道，不當乎理。《雅》《頌》之聲，先王本一己性情之正所制者。道順其性，天之自然，故人足樂而不至流蕩。文即《雅》《頌》之辭，論而不息，義味耐人尋繹而不厭也。孔氏穎達曰：曲謂聲音迴曲。直，放直。繁，繁多。瘠，省約。廉，廉稜。肉，肥滿。節奏，謂或作或止，作則奏之，止則節之。善心，自然之良心。鄭康成曰：方，道也。此言先王立樂，因人情而道其善心。

是故樂在宗廟之中，君臣上下同聽之，則莫不和敬；在族長鄉里之中，長幼同聽之，則莫不和順；在閨門之内，父子兄弟同聽之，則莫不和親。故樂者，審一以定和，比物以飾節，節奏合以成文，所以合和父子君臣，附親萬

① 理，底本作禮，據阮元《十三經注疏》本改。

民也。是先王立樂之方也。

族長之長，當作黨。長幼之長，去聲。比音避。

君臣主敬，族里主順，閨門主親，人情之所施，各有其宜，以樂和之，則各得其分，而不失乎正。一，天理人情之極則。物，樂器。節，高下、清濁、短長之節。文，美備有文采。此言先王立樂，因時地而合和。倫，類。

故聽其《雅》《頌》之聲，志意得廣焉；執其干戚，習其俯仰詘伸，容貌得莊焉；行其綴兆，要其節奏，行列得正焉，進退得齊焉。故樂者，天地之命，中和之紀，人情之所不能免也。

要平聲。行音杭。

鄭康成曰：綴，表也，所以表行列。兆，域也，舞者進退所至也。要猶會也。紀，總要之名也。愚按：《雅》《頌》之聲，廣大清明，故志意得廣。執干戚而習容儀，比於音節，可消鄙慢，故容貌得莊。綴兆以範其步趨，節奏以和其容止。正則無邪曲，齊則無參差，天地不外陰陽，陰陽和而後萬物生。命，謂天地之太極，未發之中，已發之和，以樂節宣之，故爲紀。不能免，不能外也。

夫樂者，先王之所以飾喜也。軍、旅、鈇、鉞者，先王之所以飾怒也。故先王之喜怒，皆得其儕焉。喜則天下和之，怒則暴亂者畏之。先王之道，禮樂可謂盛矣。

儕音柴。

陳氏澔曰：皆得其儕，言各從其類。喜非私喜，怒非私怒也。方氏慤曰：五禮特言軍者。對喜而言怒，故也結言先王之喜怒見於禮樂，而天下和之畏之，所以爲盛也。

子贛見師乙而問焉，曰：賜聞聲歌各有宜也，如賜者宜何歌也？師乙曰：乙，賤工也，何足以問所宜？請誦其所聞，而吾子自執焉。寬而静，柔而正者，宜歌《頌》。廣大而静，疏達而信者，宜歌《大雅》。恭儉而好禮者，宜歌《小雅》。正直而静，廉而謙者，宜歌《風》。肆直而慈愛者，宜歌《商》。温良而能斷者，宜歌《齊》。夫歌者，直己而陳德也，動己而天地應焉，四時和焉，星辰理焉，萬物育焉。

贛音貢。好去聲。斷，丁亂反。舊本寬而静四十九字脱，在五帝之遺聲下又衍一愛字。今從鄭氏正本。

鄭康成曰：子贛，孔子弟子。師，樂官也。乙，名。聲歌各有宜，氣順性也。樂人稱工。執猶處也。《商》，宋詩也。陳氏暘曰：以《書》之九德考之，寬而静則寬而栗也。柔而正則柔而立也，廣大而静、廉而謙，則簡而廉也，疏達而信則剛而塞也，恭儉則愿而恭也，好禮則亂而敬也，正直而静則直而温也。愚按：陳説近是。夫《風》《雅》《頌》其地不同，其用或異，然足以正人性情，而合乎義理，則一也。非《雅》《頌》優於《風》，而《雅》之小者不如大，《風》又不如《雅》也。寬静至温良而能斷，皆美德也，特其性情學術所造不同，取其相近者而歌之，非大有優劣。故又申之曰歌者直己而陳德也。直陳己之德意。而人心所感，天地、四時、星辰、萬物，皆相感召。極言歌之不可苟如此。前人拘牽解之，非也。

故《商》者，五帝之遺聲也。商人識之，故謂之《商》。《齊》者，三代之遺聲也，齊人識之，故謂之《齊》。明乎商之音者，臨事而屢斷；明乎齊之音者，見利而讓。臨事而屢斷，勇也。見利而讓，義也。有勇有義，非歌，孰能保此？

此節舊本亦有錯簡，今從鄭氏正本。

因上文約舉《風》《雅》《頌》所宜歌，恐子貢誤以爲《風》不如《雅》《頌》，故又即《商》《齊》申言之，而凡歌可以類推矣。《商》與《齊》皆《風》也，然溯其原，皆五帝三王之遺聲，特以二國各相沿習，遂别其名。果能明乎《商》之音，得其肆直慈愛之意，則臨事决斷，不一而足；明乎《齊》音，得其温良能斷之意。則見利而讓，即二國之音，而義備焉。可見凡歌必已有是德，而後與音相宜，所以必求子貢自執也。鄭康成曰：保猶安也。

故歌者上如抗，下如隊，曲如折，止如槁木，倨中矩，句中鉤，纍纍乎端如貫珠。故歌之爲言也，長言之也。説之，故言之；言不足，故長言之；長言之不足，故嗟歎之；嗟歎之不足，故不知手之舞之，足之蹈之也。《子貢問樂》。

上上聲。隊音墜。倨音据。中去聲。句，紀具反。説音悦。

此乃言歌之法。方氏慤曰：抗言聲之發揚，隊言聲之重濁，曲言其回轉而齊也，止言其闋後而定也。倨則不動，不動者方之體，故中矩，言其聲之常如此。句則不直，不直者曲之體，故中鉤，言其聲之變如此。纍纍乎言其聲相繫屬。端如貫珠，言其終始兩端相貫，而各有成也。《子貢問樂》古有此篇名，而記者引之，以終此篇，言已述之之意。而上文引子夏、孔子等之意亦可以知，非泛詞也。

附　解

天地定位，而成象成形者燦然、秩然，即造化自然之禮也。其各正性命，保合太和，樂即在乎中。人爲萬物之靈，秉賦獨全，則其性情亦奚不正？而先天易爲後天氣質之累深、七情之擾亦甚。於是偏而不中，駁而不和，宇宙之變故始多矣。聖人備中和之德，而合乾坤之撰，以禮正其綱紀，以樂和其心情，相須而不相離，相濟而若相反，惟有德者乃能習而安焉，亦克推而暨焉。自有書契以來，禮樂之文，浩如煙海矣。而愷切詳明，本末兼賅，無逾此篇。本名《樂記》，而其中多以禮樂竝言者，踐乎物則之當然，實以暢其天性之自然。有子曰：禮之用，和爲貴。固未有無樂而可以行禮者也。篇中推本乎天地，詳析乎人心，復及乎歌舞之義，反復縷陳，凡禮樂之精粗，蓋無不具。非聖人之徒，曷能盡其詞義如此哉！後世之禮樂，非復先王之舊矣。然苟得乎此篇之意，而致中致和，以清其源，成己成人，以大其用，則不必定襲古人，未嘗不可致治。夫《咸》《韶》《夏》《武》，固聖作之精華；猗舞獶歌，亦性情之發現。在上者議道自己，隨時制宜，又何不可化民成俗。太史公《樂書》全録是篇，而不詳器數，其亦習聞洙泗之論知，無俟忘本而逐末歟？世故之變遷日甚，民彝之至理長存。内有以養其本體之仁，外有以踐乎人倫之矩，則心固可與天地相通，而氣亦與高卑合德。所謂無體之禮，無聲之樂者，尤宜汲汲而從事也。不然徒講求律吕，肆習聲歌，恐陶情有餘，治世實不足。此書所言，其有不等於弁髦者乎！

禮記恒解卷二十 晚年定本

雜記上

此篇雖多記喪事，而兼及三患、五恥等事，故以雜名篇。因簡策重，分爲上下二篇。中有疑誤，隨文正之。

諸侯行而死於館，則其復如於其國。如於道，則升其乘車之左轂，以其綏復。其輤有裧緇布裳帷，素錦以爲屋而行。至於廟門，不毀墻遂人，適所殯，唯輤爲説於廟門外。

乘去聲。綏讀爲緌。復音扶。輤竝音倩。裧，昌占反。説音脱。

陳氏澔曰：館，主國所授館舍。復，招魂也。如於其國，其禮如在本國。道，路也。乘車，其所自乘之車。在家則升屋之東，榮車向南，則左在東也。綏，旌旗之旄也。輤，柩車上覆飾也。裧，四旁垂下者。緇，布裳。帷，輤下棺外用。緇布爲裳帷，以圍繞棺，又用素錦爲小帳，如屋覆棺而行。廟門，殯宫之門也。不毁墻，不折去裳帷也。所殯在兩楹閒，脱輤於門外者。鄭氏曰：其入自有宫室也。

大夫士死於道，則升其乘車之左轂，以其綏復。如於館死，則其復如於家。大夫以布爲輤而行，至於家而説輤，載以輲車，入自門，至於阼階下而説車，舉自阼階，升適所殯。

輲，市專反。

陳氏澔曰：布輤，以白布爲輤也。輲，《説文》曰：有輻曰輪，别用木以爲輻也。無輻曰輲，合大木爲之也。孔氏穎達曰：天子諸侯，載柩以蜃車，殯時則易輴。大夫士在路至家，皆載以輲車。鄭康成曰：柩入自闕，升自西階。尸入自門，升自阼階，其殯必於兩楹之閒，以其死於外而來留之於中，不忍遠也。

士輤，葦席以爲屋，蒲席以爲裳帷。

陳氏澔曰：士卑，故質略如此。

凡訃於其君，曰：君之臣某死。父、母、妻、長子，曰：君之臣某之某死。君訃於他國之君，曰：寡君不禄，敢告於執事。夫人曰：寡小君不禄。大子之喪，曰：寡君之適子某死。

長上聲。喪去聲。大音泰。適音的。

孔氏穎達曰：此總名遭喪訃告於君及適者，竝訃於隣國稱謂之差，不敢斥指隣國君身，故云告於執事。

大夫訃於同國適者，曰：某不禄。訃於士，亦曰：某不禄。訃於他國之君，曰：君之外臣寡大夫某死。訃於適者，曰：吾子之外私寡大夫某不禄，使某實。訃於士，亦曰：吾子之外私寡大夫某不禄，使某實。

適竝音敵。實如字。

孔氏穎達曰：同國敵者，謂大夫位相敵者。方氏慤曰：士曰不禄，此非士亦曰不禄者，謙辭也。與死者有恩私，故曰外私。與《玉藻》言於大夫曰外私異。劉氏敞曰：使某實者，以異聞傳問疑言，使人實之也。

士訃於同國大夫，曰：某死。訃於士，亦曰：某死。訃於他國之君，曰：君之外臣某死。訃於大夫，曰：吾子之外私某死。訃於士，亦曰：吾子之外私某死。

孔氏穎達曰：士賤，訃大夫、士及他國，皆云某死，但於他君稱外臣，於大夫言外私耳。

大夫次於公館以終喪，士練而歸，士次於公館。大夫居廬，士居堊室。

孔氏穎達曰：大夫恩深禄重，故爲君喪居廬，終喪乃還家。邑宰之士恩輕，又爲君治邑久，不歸則廢職，故小祥反其所治邑。朝廷之士雖輕，而無邑事，故亦留次公館三年。大夫居廬，士居堊室，以位恩不同也。黄氏震曰：倚廬者，倚木於室，外爲廬。堊室者，向其室中爲堊。倚廬制重，堊室制輕。

大夫爲其父母兄弟之未爲大夫者之喪，服如士服，士爲其父母兄弟之爲大夫者之喪，服如士服。

爲其爲，去聲。

三年之喪，自天子達於庶人。齊疏之服，飦粥之食，一也，即兄弟亦期服之重者，故大夫士皆同此。蓋言平日出應事之服乎，不然以貴賤分而異服，殊謬。

大夫之適子，服大夫之服。

此節不通。適子，即承重爲承家事耳，而遂僭服大夫之服乎。

大夫之庶子爲大夫，則爲其父母服大夫服，其位與未爲大夫者齒。

子爲大夫，可以榮其親。然古無誥贈之典，必有君命始可，其父母生而君命之，則可服大夫服。死而子以己服居喪。上文如士服者，又謂何謂何位，與未爲大夫者同，則是。

士之子爲大夫，則其父母弗能主也，使其子主之。無子則爲之置後。

主喪者自始死至葬具喪禮應賓客也。家統於父，猶國統於君，因子貴而廢父子一定之理，可乎！此非聖人之制也。夫喪之必有主也，不但爲應賓客，蓋哀死送終，苟附身附柩，及一切有不如禮，則生者死者皆貽憾耳。雖貴貴親親，禮原竝行。然喪主於哀，家庭宗族，非論爵之地，故愚於此等禮，不敢信之。

大夫卜宅與葬日，有司麻衣、布衰、布帶，因喪屨，緇布冠不蕤，占者皮弁。

孔氏穎達曰：宅謂葬地。布衰，麤衰。皇氏云：以三升半布爲衰，長六寸，廣四寸，綴於衣前，當胸上。後又有負版，長一尺六寸，廣四寸。布帶，以布爲帶。因喪屨，因喪之繩屨也。緇布冠，古法不蕤，後代有蕤。此以凶事，故不蕤。占者，卜龜之人。御案：有司筮史，皆私臣有服者，故半吉。卜人，占者，非其臣，故全吉。

如筮，則史練冠長衣以筮，占者朝服。

御案：長衣，吉衣也。練衣，功衰也。史，命筮者，與宗人之命龜同，皆其家之有服者。卜筮皆所以求神，無分低昂，但容或有能筮而不能卜者。夫子繫《易》曰：蓍之德圓而神，大衍之數顯，道神德行，而人因《左傳》蓍短龜長之言，謂筮賤於龜，此亦分言，似筮遜於龜，謬矣。

大夫之喪，既薦馬，薦馬者哭踊，出乃包奠，而讀書。

薦馬者三字疑衍。

薦，進也。《儀禮·士喪禮》有薦馬之文，將行遣奠時薦馬，是行期已至，故感之而哭踊。馬出，乃取遣奠牲下體包裹之，以遣送行。讀書者，書賵奠賻贈之人名與其物，於板柩將行，主人之史於柩東西面讀之。

大夫之喪，大宗人相，小宗人命龜，卜人作龜。

相去聲。

卜葬及日。相，主人禮也。命龜，告以所問之事。作龜，揚火灼之以出兆。應氏鏞曰：君喪用太宰，太宗，太祝，而亦以贊大夫之喪，其待之厚矣。所謂體群臣者，此類是。

復，諸侯以褒衣、冕服、爵弁服。夫人稅衣揄狄，狄稅素沙。内子以鞠衣、褒衣，素沙。下大夫以襢衣，其餘如士。復西上。

稅音彖。揄音遥。鞠，九六反。襢，張戰反。

此節舊本脱簡，今從鄭康成改正。康成曰：復，招魂復魄也。褒衣，始命爲諸侯及朝覲加賜之衣。冕服者，上公五，侯伯四，子男三。陳氏澔曰：稅衣色黑，而緣以纁。揄，與摇同。揄狄，色青。江淮而南，青質而五色皆備，成章曰揄狄。狄當爲翟，雉名也。此服蓋畫揄狄之形，以爲文章，因名也。鄭氏曰：内子，卿之適妻。下大夫，下大夫之妻。禮，《周禮》作展。或鞠衣，或褒衣，皆用素紗。其餘如士，謂鞠衣、襢衣之外，其餘褖衣如士之妻。凡招魂，皆北面，而招以西頭爲上。招魂冀生氣之來，生氣爲陽，南方是陽，左在西方。

大夫不揄絞，屬於池下。

揄音摇。絞音爻。屬音燭。

陳氏澔曰：此大夫喪車之飾。揄，翟雉也。絞，青黄之繒也。池，織竹爲之，形如籠，衣以青布。若諸侯以上則畫揄翟於絞，而屬於池之下。大夫降於人君，故不揄絞，屬於池下。

大夫附於士。士不附於大夫，附於大夫之昆弟。無昆弟則從其昭穆。雖王父母在，亦然。

附，依鄭氏作祔。

祔，祔於先死者，從其昭穆，此定禮也。惟天子諸侯，臣下不敢妄干，其下則從昭穆而祔，何乃以貴賤亂昭穆之序乎？此周末之失，何可爲訓。

婦附於其夫之所附之妃，無妃，則亦從其昭穆之妃。妾附於妾祖姑，無妾祖姑，則亦從其昭穆之妾。

婦之祔也，亦依昭穆之序，而從其夫所祔之妃，妾亦祔於妾，無妾姑與祖姑，則亦從昭穆而祔。此條可。

男子附於王父則配，女子附於王母則不配。公子附於公子。

女子，對男子而言，猶男婦也，非謂女子嫁未三月而死歸葬者也。凡祔廟之時，必祭所祔，若男子則竝祀王母，以陰統於陽也。女子則不竝祀王父，以陰不可該陽也。公子祔於公子，孔子曰：祖爲君，公子不敢祔之，祔於祖兄弟之爲公子者。

君薨，大子號稱子，待猶君也。

稱子，在喪未成君之辭也。而臣民待之則猶君，以其已任君之事也。

有三年之練冠，則以大功之麻易之，唯杖屨不易。

三年之喪，既練而除首絰要絰葛，忽遭大功之喪，則以大功之麻易三年之葛，從其重者也。杖不易者，大功無杖，無可易；屨不易者，練與大功俱用繩也。

有父母之喪，尚功衰而附。兄弟之殤，則練冠附。句於殤，稱陽童某甫，不名神也。

三年練後之衰升，數與大功同，故云功衰。已有父母喪，尚身著功衰，兄弟之殤在小功者，當祔祭，則不改練時之服，身著練冠祔祭。於殤，祝辭稱陽童者，庶子之殤，祭於室之白處，曰陽童。宗子爲殤，祭於室之奥處，曰陰童。此特言殤者，恐人以殤而可不如此也。

凡異居，始聞兄弟之喪，唯以哭對可也。其始麻，散帶絰。未服麻而奔喪，及主人之未成絰也，疏者與主人皆成之，親者終其麻帶絰之日數。

兄弟情親，異居別所，始聞兄弟之喪，不問餘事，唯哭對使者。其始句謂道遠者，初聞喪即服麻，而散其帶絰，若道近，未服麻而即奔喪。主人尚未成絰。其疏者與主人同時成絰，親者則雖亦與主人同時成絰，必自終其禮之日數，不徒一時絰也。小功以下爲疏，大功以上爲親。

主妾之喪，則自祔至於練祥，皆使其子主之。其殯祭，不於正室。

鄭康成曰：祔，自爲之者，以其祭於祖廟。愚按：至於練祥，皆使其子主之，該一切喪禮言也。不於正室，亦降於正適也。

君不撫僕、妾。

撫，撫其尸，以賤，故略之也。吴氏澄曰：僕賤於室老，妾賤於姪娣，故恩不及之。

女君死，則妾爲女君之黨服。攝女君，則不爲先女君之黨服。

女君死，猶爲女君之黨服者，不忘敬也。攝女君，古者諸侯不再娶，於禮無二適，故女君卒，則以妾攝其事，而不得爲夫人，是謂攝女君。不服其黨，隆於衆妾也，唯其隆，故雖無女君，而内有主，唯其殺，故雖攝女君，而分不踰。

聞兄弟之喪，大功以上，見喪者之鄉而哭。適兄弟之送葬者，弗及，遇主人於道，則遂之於墓。凡主兄弟之喪，雖疏，亦虞之。

大功以上情親，故望其鄉而哭。或往送葬，弗及，主人已葬，而反遇之於道，亦必之墓，以盡其哀。凡兄弟無主而爲之主喪，雖疏，亦必主其虞祭，始爲終事。

凡喪服未畢，有弔者，則爲位而哭，拜，踊。

孔氏穎達曰：未畢，喪服將終，猶有餘日未滿，爲位哭、踊，不以殺禮待新弔之賓也。言凡者，五服悉然。

大夫之哭大夫，弁絰。大夫與殯，亦弁絰。大夫有私喪之葛，則於其兄弟之輕喪則弁絰。

與去聲。

鄭康成曰：弁絰者，大夫錫衰相弔之服，如爵弁而素加環絰。成服以後，往弔哭。未成服以前與殯，亦弁絰。妻子之喪，至卒哭，以葛代麻。遭兄弟緦麻輕喪，亦著弔服弁絰而往。

爲長子杖，則其子不以杖即位。爲妻，父母在，不杖，不稽顙。母在，不稽顙。稽顙者，其贈也，拜。

鄭康成曰：子不以杖即位，辟尊者也。爲妻，尊者在，不敢盡禮於私喪，故不杖，不稽顙。母在，亦不爲妻喪稽顙，同於父也。若無父母，則稽顙，而凡有贈賻者，亦稽顙拜之。蓋夫妻敵體，不以稽顙爲嫌也。

違諸侯之大夫不反服。違大夫之諸侯不反服。

違，去也。之，往也。去諸侯而往，臣於大夫；去大夫而往，臣於諸侯，皆不反服其舊君。所仕敵，則反服。舊君服齊衰三月者，禮也，孟子言之詳矣。

喪冠，條屬，以别吉凶。三年之練冠，亦條屬，右縫。小功以下，左。緦冠，繰纓。大功以上散帶。

別，彼列反。縫音逢。繰，鄭注作澡，音早。

孔氏穎達曰：條猶著也。條屬，取一條繩，屈之爲武，垂下爲纓，以著冠也。吉冠則纓與武各別，喪冠則纓與武共材。三年練冠，小祥之冠也。雖微入吉，亦猶條屬，與凶冠不異。吉冠則攝上，屈縫鄉左，左爲陽。凶冠縫鄉右，右爲陰。過小祥，猶條屬，縫猶鄉右。小功以下輕，故縫同吉，鄉左。緦衰冠，治縷不治布，冠又用澡治緦布爲纓。大功以上散帶者，小斂之後，主人拜賓，襲絰於序東。小功以下皆絞之，大功以上，不忍即成之，至成服乃絞。

朝服十五升，去其半而緦，加灰，錫也。

黄氏震曰：麻縷之數，八十縷爲升，十五升千二百縷，去其半爲緦，曰緦云者，以其縷細如絲也。若以此布而加灰，以澡治之，則謂之錫，所謂弔服之錫衰也。

諸侯相襚，以後路與冕服。先路與褒衣，不以襚。

襚音遂。

鄭康成曰：後路，貳車，貳車行在後也。不以己之正服正車襚人，以彼不以爲正用也。褒衣見前。

遣車視牢具。疏布輤，四面有章，置於四隅。

遣、章竝去聲。

遣車，多少如所包遣奠牲體之數。大夫以上，乃有遣車。輤，其蓋也。四面皆有障蔽，以隱翳牢肉。

載粻，有子曰：非禮也。喪奠，脯醢而已。

粻，米糧也。遣奠本無黍稷，以死者所不需。

祭，稱孝子、孝孫。喪，稱哀子、哀孫。端衰，喪車，皆無等。

祭，吉禮也。自卒哭以後吉祭，申孝子之心，故祝辭云孝。喪自虞以前凶祭，痛慕未申，故稱哀。端，正也。吉時元端服，身與袂同，以二尺二寸爲正。而喪衣亦如之，以其綴六寸之衰於心前，故曰端衰。等，等差也。喪之衣衰及惡車，天子至士，制度同。

大白冠、緇布之冠，皆不蕤。委武，元、縞而後蕤。

鄭康成曰：不蕤，質無飾也。大白冠，大古之冠也。委武，冠卷也。秦人曰委，齊人曰武。元，元冠。縞，縞冠也。孔氏穎達曰：既先有別卷，後乃可蕤，故云而後蕤也。馬氏晞孟曰：此所言，特喪冠耳。

大夫冕而祭於公，弁而祭於己，士弁而祭於公，冠而祭於己。士弁而親迎，然則士弁而祭於己可也。

迎去聲。

冕，絺冕也。弁，爵弁。冠，元冠。祭於公，助君祭也。愚按：諸侯冕而親迎，士弁而親迎，重大昏也。祭祀有常典，記者以爲可，實不可也。

暢，臼以椈，杵以梧，枇以桑，長三尺，或曰五尺。畢用桑，長三尺，刊其柄與末。

椈音匊。枇音匕，本亦作朼。長去聲。

孔氏穎達曰：暢，鬱鬯也。梧，木名，與桐異也。以栢爲臼，以梧爲杵，擣鬱鬯。栢，香梧，潔於神，爲宜也。牲體從鑊，以枇升入於鼎，從鼎以枇載之於俎。主人舉肉時，以畢助主人舉肉。陳氏暘曰：匕有四，有黍稷之匕，牲體之匕，有疏匕，喪匕。三匕以棘，喪匕以桑。畋器曰畢，祭器亦曰畢，皆象畢星。《詩》曰：有捄天畢。捄者，曲而長也。鄭康成曰：畢，狀如匕。喪匕用桑，而畢亦桑。吉枇用棘，而畢亦棘。刊，削也。

率帶，諸侯、大夫皆五采，士二采。

率音律。

率，率略也。謂但攝帛邊而熨殺之，不加箴功，吉時大帶，惟裏有朱緑、元華，無五采，以五采飾之，亦異於生也。大夫與諸侯同，而士二采，竝異於生也。然此天子之士也。諸侯之士則喪禮用緇帶。

醴者，稻醴也。甕、甒、筲、衡，實見間，而後折入。

甒音武。筲，所交反。衡音杭。見音諫。間平聲。

鄭康成曰：此謂葬時藏物也。筲，竹器，以盛物。衡當爲桁，所以庪甕甒之屬。見，棺飾，即帷荒也。以之覆柩，不見柩，而第見帷荒，故名爲見。以甕、甒、筲、衡實於見之間，而後承席入焉。折，承席也。孔氏穎達曰：折，方鑿，連木爲之，蓋如牀而縮者三，横者五，無簀。窆事畢，加之壙上，以承抗席。故謂承席。

重，既虞而埋之。

陳氏澔曰：重説見《檀弓》。虞祭畢，埋於廟門外之東。

凡婦人從其夫之爵位。

鄭康成曰：婦人無專制，生禮死事，以夫爲尊卑。

小斂、大斂、啟，皆辯拜。

辯音徧。

孔氏穎達曰：禮：大小斂及啟攢時，惟君來則止事，而出拜之，他賓客則不止事。事竟，乃即堂下之位，悉徧拜，故云皆辯拜也。御案：古人弔禮於生者，有慰問之辭，於死者有襚賵之物。及哭踊馮尸之節，無拜祭死者之禮。

朝夕哭，不帷。無柩者不帷。

鄭康成曰：朝夕哭，不帷，緣孝子心欲見殯、肂也。既出，則施其居，鬼神尚幽闇也。無柩，謂既葬也。棺柩已去，鬼神在室，堂無事焉，遂去帷。

君若載而後弔之，則主人東面而拜，門右北面而踊，出待，反而後奠。

喪朝廟，柩已下堂，載在車矣，而君來弔。君位於車東，故主人在車西，東面而拜。門，祖廟門。右，西邊也。孝子拜君竟，近門内西邊北面哭踊。哭踊畢，先出門待君，以君來拜迎，去當拜送，不敢必君久留也。君命孝子反，還喪所，而後設奠，告柩知之。

子羔之襲也。繭衣裳與稅衣、纁袡爲一，素端一，皮弁一，爵弁一，元冕一。曾子：不襲婦服。

稅音彖。袡，而占反。

子羔，孔子弟子高柴也。襲，以衣斂尸。繭衣裳，衣裳相連而綿爲之著也。稅衣，黑色。纁，絳色。袡，裳下緣也。繭衣褻，故用褖衣爲表，合爲一稱。素端一，爲二稱。衣裳竝用素爲之。皮弁一，第三稱，皮弁之服，布衣而素裳。爵弁一，第四稱，其服元衣而纁裳。元冕一，第五稱，其服亦元衣纁裳。衣無文而裳刺黼，大夫之上服也。婦服，指纁袡而言。曾子非之，以其不合於禮也。

爲君使而死，公館復，私館不復。公館者，公宫與公所爲也。私館者，自卿大夫以下之家也。

鄭康成曰：公所，爲君所作離宫别館也。互詳《曾子問》。

公七踊，大夫五踊，婦人居閒，士三踊，婦人皆居閒。

按：喪禮，大夫士始死至葬，皆有踊時，此特記始死至大斂之踊節耳。始死及小斂大斂，君大夫士皆踊，以君五日而殯，大夫三日士二日殯，期遠近異，故公大夫踊數多於士。婦人居閒，男子踊賓踊，婦人踊在男子與賓之閒也。

公襲：卷衣一，元端一，朝服一，素積一，纁裳一，爵弁二，元冕一，褒衣一，朱緑帶，申加大帶於上。

卷音袞。

孔氏穎達曰：元端者，燕居，元端朱裳也。朝服者，緇衣素裳，日視朝之服。素積者，皮弁，視朔之服。纁裳者，冕服之裳。爵弁二者，元衣纁裳。此始命之服，重本，故二通也。元冕之下，又取一也。褒衣最上，榮君賜也。自卷衣至此，合爵弁二通爲九稱，朱緑帶者，以素爲之，飾以朱緑，用此小帶結束，重加大帶於上，象生時大帶也。

小斂，環絰，公、大夫、士一也。

環絰，一股而纏繞之。孔氏穎達曰：始死，孝子去冠，至小斂，不可無飾。士素委貌，大夫以上素弁，而貴賤，悉得加於環絰，故云一也。

公視大斂，公升，商祝鋪席，乃斂。

公，君也。孔氏穎達曰：臣喪大斂，主人雖已鋪席，布絞紟衾，君至，撤去之。君升堂，商祝更鋪席，待君至乃斂。榮君來，爲新之也。商祝，主斂事者。

魯人之贈也，三元二纁，廣尺，長終幅。

廣、長竝去聲。

御案：既祖奠。公賵賓客，贈奠於輤左及邦門。又使人贈實於棺。蓋公賵贈，皆元纁束，五匹爲束，元三象天，纁二象地，其廣皆二尺二寸，長丈八爲制。今玄纁廣尺，長終幅，非禮也。

弔者即位于門西，東面。其介在其東南，北面西上，西于門。主孤西面。相者受命曰：孤某使某請事。客曰：寡君使某，如何不淑！相者入告出曰：孤某須矣。弔者入，主人升堂，西面。弔者升自西階，東面，致命曰：寡君聞君之喪，寡君使某，如何不淑！子拜稽顙，弔者降，反位。

相去聲，下同。

鄭康成曰：弔者即位於門西，立門外，不當門。主孤西面，立於阼階下也。相者受命，受主人命以出也。淑，善也。如何不善，言君病之甚，使某弔也。稱孤某者，其君名，君薨，稱子某，使人知適嗣也。須矣，不出迎也。子，孤子也。降反位者，出反門外位。彭氏絲曰：西於門，介雖在賓東南，亦西於門。孔氏曰自此至篇末，明諸侯相弔，含贈賻之禮。

含者執璧將命曰：寡君使某含。相者入告，出曰：孤某須矣。含者入，升堂致命，再[1]拜稽顙。含者坐委于殯東南，有葦席。既葬，蒲席。降，出反位，宰夫朝服，即喪屨，升自西階，西面坐取璧，降自西階以東。

含去聲。朝，直遥反。

孔氏穎達曰：此一節明含禮。含之所用，已見《檀弓》。含者坐，委所含之璧於殯之東南席上，未葬之前，有葦席盛之，既葬以後，則以蒲席承之。朝服者，吉服也。必用吉服者，以鄰國執玉，不麻，故著朝服，且不敢純凶，待鄰國也，以在喪，不敢純吉，故即喪屨。

襚者曰：寡君使某襚。相者入告，出曰：孤某須矣。襚者執冕服，左執領，右執要；入，升堂致命曰：寡君使某襚。子拜稽顙。委衣於殯東。襚者降，受爵弁服於門内霤，將命，子拜稽顙如初。受皮弁服於中庭，自西階受朝服，自堂受元端，將命，子拜稽顙，皆如初。襚者降，出反位。宰夫五人舉以東，降自西階，其舉亦西面。

要平聲。霤，力救反。

衣服曰襚，襚服有此五等。委衣，襚者委之也。五服不必一時皆襚，記者言其所受之地不同如此。陸氏佃曰：所受服轉卑，其所授轉高。爵弁服尊矣。受於門内霤，皮弁次之，朝服又次之。元端卑矣，其舉亦西面。襚者委衣西面，主人之宰夫舉之，亦西面，皆鄉殯也。

上介賵，執圭將命曰：寡君使某賵。相者入告，反命曰：孤某須矣。陳乘黄大路於中庭，北輈執圭將命。客使自下由路西，子拜稽顙。坐委于殯東南隅。宰舉以東。

賵，芳鳳反。乘去聲。

---

① 再，底本作子，據阮元《十三經注疏》本改。

車馬曰賵。孔氏穎達曰：乘黄，馬。大路，車也。陳四黄之馬於大路之西，於殯宫中庭。北輈，大路輈轅北鄉也。客使，客之從者，爲客所使，故曰客使。自下由路西者，陳路北轅既竟，賵客，執圭升堂致命，而客之從者牽馬，設在車之西。鄭康成曰：自，率也。下，馬也。驅馬爲路馬之次，故稱下。

凡將命，鄉殯將命，子拜稽顙，西面而坐委之。宰舉璧與圭，宰夫舉襚，升自西階，西面坐取之，降自西階。賵者出，反位於門外。

鄉去聲。

陳氏澔曰：凡將命者，總言上文弔含襚賵將命之禮也。鄉殯者，立於殯之西南，而面東北，以向殯也。將命之時，子拜稽顙畢，客即西向，跪而委其所執之物。其含璧與圭，則宰舉之。襚衣則宰夫舉之。而其舉也，皆自西階升，而西面以跪而取之，乃自西階以降也。愚按：言賵者，出位於門外，則含襚者可知賵禮獨重，故特舉之也。

上客臨，曰：寡君有宗廟之事，不得承事，使一介老某相執紼。相者反命曰：孤某須矣。臨者入門右，介者皆從之，立於其左，東上。宗人納賓，升，受命於君。降曰：孤敢辭吾子之辱，請吾子之復位。客對曰：寡君命，某毋敢視賓客，敢[①]辭。宗人反命曰：孤敢固辭吾子之辱，請吾子之復位！客對曰：寡君命，某毋敢視賓客，敢固辭！宗人反命曰：孤敢固辭吾子之辱，請吾子之復位！客對曰：寡君命，使臣某毋敢視賓客，是以敢固辭。固辭不獲命，敢不敬從！客立于門西，介立于門左，東上。孤降自阼階，拜之。升，哭，與客拾踊三。客出，送于門外，拜稽顙。

臨如字。相去聲。紼音弗。使去聲。拾，其劫反。

鄭康成曰：上客，弔者也。臨，視也。言欲入視喪所不足而給助之，謙也。其實爲哭耳。臨者，入門右，不自同於賓客。賓三辭而稱使臣，爲恭也。孤降自阼階，拜客，謝其厚意。不迎而送，喪無接賓之禮。孔氏穎達曰：主人納賓升，受命於君者，主國宗人掌禮，欲納此弔賓。先受，納君之命於主國，嗣君降，曰：請復位者，宗人下阼階，請客復門西，客位也。反命者，反此客之辭，命於嗣君。

其國有君喪，不敢受弔。

孔氏穎達曰：國有君喪，而臣又有親喪，則不敢受他國賓來弔。以義斷恩，哀痛主於君，不私於親。

外宗房中南面，小臣鋪席，商祝鋪絞、紟、衾，士盥于盤北，舉遷尸于斂上。卒斂，宰告。子馮之踊，夫人東面坐馮之，興踊。

絞音爻。紟，其鴆反。馮音憑。

陳氏澔曰：此《喪大記》君大斂章，文重出在此。説見本章。

---

① 底本敢後有固字，據阮元《十三經注疏》本删。

士喪有與天子同者三，其終夜燎，及乘人，專道而行。

孔氏穎達曰：柩遷之夜，須光明，故竟夜燎。乘人，人引車，不用馬。專道，喪在路，不辟人也。

附解

禮者，本天理而節文之，其大者在五倫，其要民食喪祭。但天理有定，而人事無定，世變所趨，人情所便，惟聖王不强人以難行，而隨時損益，可以範民於中和。故曰：雖有其德，苟無其位，不敢作禮樂也。元公制作禮儀三百，威儀三千，其詳已不可聞。而周官一冊，宏綱大旨，猶可依類而推。周之衰也，本原之學罕有踐行，而儀文度數，往往務爲講習。夫子曰：人而不仁，如禮何？禮云禮云，玉帛云乎哉？誠傷其無補而有損耳。此篇猶沿周末之制，而中閒言適庶附廟等事，猶多未安。夫禮緣情制，以天理準人情，而適得乎人心之中正，豈徒爲文哉！九經之義，修身而外，尊賢親親，無貴貴之文。蓋盛時賢者乃貴，故尊賢即所以貴貴。及後世，而貴者不盡賢矣。記者於喪服之制，過拘貴貴，於祔廟之際，過拘適妾，皆非所以準理原情，可通百世。愚是以不得不反復而辨正之也。子曰：喪與其易也，寧戚。子游曰：喪致乎哀而止。皆因時尚之失中，而力矯其弊，以存人心。况時移勢易，此篇所載，已多不可行，而必仍循舊説，啟穿鑿拘牵之弊。愚實懼焉。識者詳之。

禮記恒解卷二十一 晚年定本

雜記下

此篇以所記不一爲雜，與上篇同，抑或禮之變者。然通變而不失其正，惟聖人能之。故篇中多有未安者，隨文正之。

有父之喪，如未没喪而母死，其除父之喪也，服其除服。卒事，反喪服。

鄭康成曰：没猶竟也。除服，謂祥祭之服。卒事，既祭也。反喪服，服後死者之服。不以方服母喪而廢祥禮也。

雖諸父、昆弟之喪，如當父母之喪，其除諸父、昆弟之喪也，皆服其除喪之服。卒事，反喪服。

諸父、昆弟，至親，故雖有親之大喪，猶爲之行除服之禮。唯君之喪，不除私服。

如三年之喪，則既潁。其練、祥皆行。

潁，口迴反。

鄭康成曰：潁，草名，無葛之鄉，去麻則用潁。愚案：三年之喪，君、父母也。此申言上文如未没喪之義。凡三年之喪，既虞卒哭，變麻爲葛之時，於前喪當除，皆可行練祥之禮。未變葛，則不可行，以其方甚哀新喪也。三年，前人兼長子言，非是。後喪，既受葛之後，得爲前喪，練祥既潁者後喪。既虞卒哭，合變麻爲葛也。皆行，皆舉行之。

王父死，未練、祥而孫又死，猶是附於王父也。

附作祔，下竝同。猶如字。

孫祔於祖，禮也。王父死未練祥，祖猶未入廟，而孫又死。孫暫祔於殯宫，俟王父入廟，而孫祔之。故曰：猶是祔於王父也。

有殯，聞外喪，哭之他室。入奠，卒奠出，改服即位，如始即位之禮。

有殯，己家有重喪未葬之柩也。外喪，旁親不同居之輕喪。爲位他室而哭之，入奠著新喪之服，卒奠而出，改服重服，即己喪位，如始即位時，亦哭於己殯宫也。雖不當哭，以哭新喪之故，而亦哭。

大夫、士將與祭於公，既視濯而父母死，則猶是與祭也，次於異宫。既祭，釋服出公門外，哭而歸。其他如奔喪之禮。如未視濯，則使人告。告者反而後哭。如諸父、昆弟、姑、姊妹之喪，則既宿則與祭。卒事，出公門，釋服而后歸，其他如奔喪之禮。如同宫，則次于異宫。

與音預，下同。

視濯，在祭前一日。父母死，蓋素無疾而猝死者。猶是與祭，謂重君命，不已輕父母乎。且含哀而襄祭事，吉凶相干，此心何屬。未視濯則祭，尚有待矣。告君而反，固宜。若必待告者反而后歸，如君不令歸，即不歸乎？亦非禮也。諸父、昆弟、姑、姊妹喪較父母爲輕，齋宿與祭，卒事猶可。古者命士以上，父子皆異宫，諸父、昆弟、姑、姊妹，無同宫者。

曾子問曰：卿大夫將爲尸於公，受宿矣，而有齊衰内喪，則如之何？孔子曰：出舍乎公宫以待事，禮也。

齊音咨。衰，七回反。

齊衰内喪，蓋即上文諸父、昆弟、姑、姊妹。出舍乎公宫以待事，待君命如何而從歸，不必定與祭也。然則父母之喪，其必即告君而歸哭，可知上文之不足信，明矣。

孔子曰：尸弁冕而出，卿、大夫、士皆下之。尸必式，必有前驅。

弁冕而出，則已成爲尸矣。皆下，有前驅，皆敬尸，必式尸，亦自敬其事也。

父母之喪，將祭，而昆弟死，既殯而祭。如同宫，則雖臣妾，葬而後祭。祭，主人之升、降、散等，執事者亦散等。雖虞祔亦然。

孔氏穎達曰：將大小祥祭，而有兄弟死，則殯後乃祭。兄弟輕，故殯後便可行吉事。此謂異宫者耳。若同宫，雖臣妾死，猶待葬後乃行父母祭也。散等，謂不拾級聚足，因有新喪，略威儀，故散等也。雖昆弟虞祔，而行二祥之祭，亦散等。

自諸侯達諸士，小祥之祭，主人之酢也嚌之，衆賓、兄弟則皆啐之。大祥，主人啐之。衆賓、兄弟皆飲之可也。

酢音咋。嚌，才細反。啐，七肉反。

鄭康成曰：嚌，啐，皆嘗也。嚌至齒，啐入口。古喪禮，未葬以前爲奠，奠置所建之物而已。及虞，則謂之祭。所以安神則有尸，有獻酬酳酢等禮。尸酢主人，主人飲，卒爵，蓋以死者之意惠其子孫，故不嫌卒爵。至小祥大祥，其時愈遠，其就吉愈近，故或嚌，或啐，或飲，有然。

凡侍祭喪者，告賓祭薦而不食。

孔氏穎達曰：侍，相喪祭禮者。吉時之祭，相者告賓祭薦，賓祭竟而食之。喪禮告賓，但祭其薦，不食之。方氏慤曰：哀而不忍故也。

子貢問喪。子曰：敬爲上，哀次之，瘠爲下。顔色稱其情，戚容稱其服。請問兄弟之喪？子曰：兄弟之喪，則存乎書策矣。君子不奪人之喪，亦不可奪喪也。

稱去聲。

居父母喪，哀而不敬，則不能慎終備禮。夫子就時人所短言之也。瘠恐其毁，故爲下。顔色必由中，情戚容未嘗暫釋，不以文爲貴，稱則至誠無僞矣。兄弟之喪，殺於父母，如書策之禮而行。不奪人之喪，使得盡其哀敬。不自奪喪，哀敬備至也。

孔子曰：少連、大連善居喪，三日不怠，三月不解，期悲哀，三年憂，東夷之子也。

鄭康成曰：言其生於夷狄而知禮也。怠，惰也。解，倦也。

三年之喪，言而不語，對而不問。廬、堊室之中，不與人坐焉。在堊室之中，非時見乎母也，不入門。疏衰皆居堊室，不廬。廬，嚴者也。

堊，烏各反。見去聲。

方氏慤曰：言略而語詳，對應而問倡。不語，不問以居憂，有所不暇故也。不與人坐，示憂之所獨也《閒傳》曰：齊衰之喪，居堊室。齊衰即疏衰。以廬爲嚴，故父母之喪乃居之。所謂嚴者，以居喪之重，人不可犯也。

妻視叔父母，姑、姊妹視兄弟，長、中、下殤視成人。

長去聲。

鄭康成曰：視猶比也。所比者哀容居處也。御案：服降，而情之哀痛不能降也。

親喪外除。兄弟之喪内除。

人子哀親之心無窮，而理有節，故外雖除而哀慕終其身。兄弟則非父母比。或服除，而哀亦漸衰矣。外謂服，内謂心。

視君之母與君之妻，比之兄弟，發諸顔色者，亦不飲食也。

比之兄弟，言其服與禮儀。發諸顔色，亦不飲食，言情雖輕於兄弟，而言貌亦必有哀容也。然此當時之禮，若後世，則君母、君妻至重矣。

免喪之外，行於道路，見似目瞿，聞名心瞿，弔死而問疾，顔色戚容必有以異於人也。如此而后可以服三年之喪，其餘則直道而行之是也。

瞿，九遇反。

鄭康成曰：似，容貌似其父母。名，名與親同。異於人，殊異於無喪之人。其餘謂期親以下，直道而行，如常無喪時。陳氏澔曰：瞿瞿然，驚變也。

祥，主人之除也。於夕爲期，朝服。祥因其故服。

祥，大祥也。祥祭，主人除喪之禮前夕，預卜祥祭之期，著朝服，其祥也，即因其卜期，朝服以祭。

子游曰：既祥，雖不當縞者，必縞，然後反服。

陸氏佃曰：言親喪雖既祥，猶有他喪未除，今以祥故縞，縞既，然後反他喪之服。

當袒，大夫至，雖當踊，絶踊而拜之。反，改成踊，乃襲。於士，既事成踊，襲而後拜之，不改成踊。

袒音但。

孔氏穎達曰：士有喪，當袒踊之時，而大夫來弔，此時斂已竟，雖當主人踊時，絶止其踊而出拜之。反，還也。改，更也。拜大夫竟，反還先位，更爲踊而始成踊。踊訖，乃襲初袒之衣。既猶畢也。當主人有大小斂諸事，而士來弔，則主人畢事竟而成踊，不即出拜。成踊畢而襲，襲畢乃拜之，不更爲成踊。

上大夫之虞也，少牢；卒哭成事，附，皆大牢。下大夫之虞也，犆牲；卒哭成事，附，皆少牢。

犆音特。

孔氏穎達曰：上大夫，平常吉祭用少牢。虞依常禮，亦少牢。卒哭，謂之成事，成吉事也。附，祔廟也。二祭皆大，竝加一等，用太牢。下大夫吉祭，用少牢。虞祭降一等，用犆牲。卒哭附，依常吉祭禮。

祝稱卜葬虞，子孫曰哀，夫曰乃，兄弟曰某，卜葬其兄弟曰伯子某。

葬日即虞，故曰葬虞。祝稱主人之辭，爲祖後者稱哀孫某，卜葬其祖某甫。夫曰：乃某卜葬其妻某氏。兄弟相爲卜，稱名而已。

古者貴賤皆杖。叔孫武叔朝，見輪人以其杖關轂而輠輪者，於是有爵而後杖也。

朝音潮。轂，工木反。輠，胡罪反。

叔孫武叔，魯大夫，名州仇。孔氏穎達曰：關，穿也。輠，迴也。武叔見作輪之人以衰服之杖穿車轂中，而轉其輪，鄙褻殊甚，遂禁無爵者不得杖也。然杖以扶哀，叔孫因噎廢食，非也。而或以爲古賤者不杖，亦非。

鑿巾以飯，公羊賈爲之也。

飯上聲。

飯，含也。孔氏謂大夫以上貴，使賓爲其親含，恐賓憎穢，設巾覆面，當口鑿穿之，令含得入口。士賤，不得使賓，子自含其親，露面而含。鑿巾則是自憎穢其親，故爲失禮。然人子痛親，附身附棺必慎，豈以貴而忽乎。

冒者何也？所以掩形也。自襲以至小斂，不設冒則形，是以襲而后設冒也。

冒，説見《王制》。襲，沐浴後以衣衣尸也。則形者，言尸雖已著衣，若不設冒，則尸象形見，爲人所惡。

或問於曾子曰：夫既遣而包其餘，猶既食而裹其餘與？君子既食則裹其餘乎？曾子曰：吾子不見大饗乎？夫大饗，既饗，卷三牲之俎歸于賓館。父母而賓客之，所以爲哀也。子不見大饗乎？

夫音扶。遣去聲。與平聲。卷上聲。

既遣奠而又包其餘，乃孝子哀親之去，而致其孝享之心。或人疑裹其餘爲傷廉，曾子以大饗之厚賓明之。父母也而以賓客視之，豈真賓客之哉！亦以不能日日奉養，而以此致其哀耳。

非爲人喪，問與賜與。三年之喪，以其喪拜，非三年之喪，以吉拜。

爲去聲。與平聲。

等夷曰問，尊長曰賜。言不知其人有喪，而或問之。賜之乃值其喪。與，當如何，設爲問答，以明其禮，非有脱文也。如三年之喪，則以其喪拜，歸所問賜者，於親不敢專也。非三年之喪，則以吉拜，以親尚在故也。

三年之喪，如或遺之酒肉，則受之，必三辭。主人衰絰而受之。如君命，則不敢辭，受而薦之。喪者不遺人。人遺之，雖酒肉，受也。從父、昆弟以下，既卒哭，遺人可也。

承上文言。若知其有喪而遺之酒肉，則受之，必三辭者，以明哀也。辭之不獲，必衰絰而受之者，明居憂，不貪於滋味也。如君命則不敢辭，受而薦之，重君賜也。不遺人，不暇於惠人也。若從父、昆弟以下，則哀減而禮亦較殺。

縣子曰：三年之喪如斬，期之喪如剡。

縣音玄。期音基。剡，以漸反。

如斬，殺而斷之。剡，但削之。言其哀痛之情如此。

期之喪，十一月而練，十三月而祥，十五月而禫。練則弔。

依義疏移練則弔三字於此。

三年之喪而下，惟期爲重，亦有練、有祥、有禫，以其時促，故練、祥、禫稍緩，以展其哀情。然練則可弔，異於三年之喪矣。

三年之喪，雖功衰，不弔，自諸侯達諸士。如有服而將往哭之，則服其服而往。既葬，大功，弔，哭而退，不聽事焉。期之喪未葬，弔於鄉人，哭而退，不聽事焉。功衰，弔，待事，不執事。小功緦，執事，不與於禮。

原本有練則弔句，今去之。與音預。

孔氏穎達曰：三年之喪，小祥，後衰，與大功同，故曰功衰。衰雖外輕，而痛猶内重，故不得弔人。自諸侯達諸士，貴賤同也。若有五服之親，則往哭之，不著己功衰，而依彼親之節以服之，申於骨肉之親故也。愚按：既葬，父母之喪既葬也，遇有大功之喪，往弔，哭畢則退，不待主人襲斂之事。期喪未葬往弔他人亦然。大功之喪，往弔他人，待事而不親自執事。小功緦麻，則執事，不與於饋奠之禮，以漸殺也。

相趨也，出宫而退。相揖也，哀次而退。相問也，既封而退。相見也，反哭而退。朋友，虞、附而退。

封音窆。

此言送葬之禮，以交情之厚薄，爲去留之遲速。古者敬人必趨。其情輕，故柩出廟之宫門而退。相揖，嘗相識，柩至大門外哀次而退。相問，有往來恩義，待窆而退。相見，執贄相見者，情較重，待孝子反哭於家而後退。朋友情義更重，待虞、附祭畢而退。

弔，非從主人也。四十者執綍。鄉人，五十者從反哭，四十者待盈坎。

綍音弗。

孔氏穎達曰：弔喪者本來助事，非空隨從主人而已。故二十至四十强壯者皆執綍，五十始衰，待主人窆竟反哭，從孝子反。四十强壯，不得即反，待土滿坎而反。若非鄉人，則無問長少，皆從主人反，優饒遠者。

喪食雖惡，必充饑，饑而廢事，非禮也。飽而忘哀，亦非禮也。視不明，聽不聰，行不正，不知哀，君子病之。故有疾飲酒食肉，五十不致毁，六十不毁，七十飲酒食肉，皆爲疑死。

爲去聲。

充饑而已，不至飽而忘哀，亦不至饑而廢事，視聽不明聰，饑廢事矣。不知哀飽廢事矣。疑死，恐死而傷親，反爲不孝。

有服，人召之食，不往。大功以下，既葬，適人，人食之，其黨也食之，非其黨弗食也。

人食之食，音嗣。

鄭康成曰：往而見食，則可食也。爲食而往，則不可。黨猶親也。非親而食，則是食於人無數也。

功衰，食菜果，飲水漿，無鹽、酪，不能食食，鹽、酪可也。

酪音洛。食食，下音嗣。

陸氏佃曰：功衰，斬衰既練，齊衰既葬之後。酪，乳漿也。

孔子曰：身有瘍則浴，首有創則沐，病則飲酒食肉。毁瘠爲病，君子弗爲也。毁而死，君子謂之無子。

瘍音羊。創平聲。

陳氏澔曰：《曲禮》曰不勝喪，比於不慈不孝，是有子與無子同也。

非從柩與反哭，無免於堩。

免音問。堩，古鄧反。

免所以代冠。堩，道路。非從柩反哭，無免於道路之理，謂皆冠也。

凡喪，小功以上，非虞、附、練、祥無沐浴。

陳氏澔曰：潔飾所以交神，故非此四祭，則不沐浴也。

疏衰之喪，既葬，人請見之則見，不請見人。小功，請見人可也。大功不以執摯，唯父母之喪，不辟涕泣而見人。

辟音避。

疏衰，齊衰也。小功既葬，可以請見。人執摯請見，則備賓主之禮矣。不辟涕泣，至哀無飾也。

三年之喪，祥而從政。期之喪，卒哭而從政。九月之喪，既葬而從政。小功緦之喪，既殯而從政。

期音基。

《王制》云：父母之喪，三年不從政。齊衰大功，三月不從政。而此云然者，蓋周末之失。從政，謂給繇役。

曾申問於曾子曰：哭父母有常聲乎？曰：中路嬰兒失其母焉，何常聲之有？

哭踊有節，而此云然者，謂始死時，即尋常思痛，不禁其哀，亦然。鄭氏曰：所謂哭不偯也。

卒哭而諱。王父母、兄弟、世父、叔父、姑、姊妹，子與父同諱。母之諱，宫中諱，妻之諱，不舉諸其側。與從祖昆弟同名，則諱。

卒哭而鬼神事之，故尊而諱其名。王父母以下之親，不必盡諱，其父諱之，則子亦諱之。母，閨中人，不與外事，不能禁人之不諱，惟宫中人諱之。至子自言，則必諱矣。不於妻側犯其所諱親，而恕行之也。若妻所諱與己親同，則非其側，亦諱。

以喪冠者，雖三年之喪可也。既冠於次，人哭踊三者三，乃出。

三竝去聲。

冠謂冠子也。三年之喪，將冠子，未及期日而忽遭喪，冠子所以承先，故可就行冠禮也。因喪服加冠，冠於廬次之中，人哭於喪所，每哭一節三踊，如是者三，凡九踊，乃出。如遭喪非其冠月，必待變除卒哭，而後冠。

大功之末，可以冠子，可以嫁子。父小功之末，可以冠子，可以嫁子，可以取婦。己雖小功，既卒哭，可以冠，取妻。下殤之小功則不可。

取去聲。

陳氏澔曰：末，服將除也。御案：大功至九月之末，則服本輕於期，而月數亦將盡，冠子、嫁女可，而取妻猶不可，爲冠、嫁施之子，而取則身之也。至於小功，則服更輕，疑無不可。然猶有辨。家統於尊，若父有小功之喪，則不可；必待父小功之末乃行。如父服輕而已。小功如從父兄弟之類，雖卒哭，亦可行。惟下殤之小功，則由期而降，其服本重，斷不可行矣。

凡弁絰，其衰侈袂。

鄭康成曰：侈猶大也。弁絰，服者弔服也，其衰錫也，緦也，疑也。袂之小二尺二寸，大者半而益之，則侈袂三尺三寸。

父有服，宫中子不與於樂。母有服，聲聞焉，不舉樂。妻有服，不舉樂於其側。大功將至，辟琴瑟。小功至，不絶樂。

與音預。聞音問。辟音避。

黄氏幹曰：父方持服在家，未出而從吉，其子或輕而先除，或親盡而無服，以其父方在哀戚，不可與於樂。母妻有服，亦謂方在服制之中。御案：父母妻之所服，亦我之所有，服降殺止一等耳。故我服即除，而父母妻有服，必以其哀为哀。陈氏澔曰：大功將至，謂有大功喪服者將來也。爲之屏退琴瑟，亦助之哀戚之意。小功者輕，故不爲之止樂。愚案：此樂止言琴瑟耳。

姑、姊妹，其夫死，而夫黨無兄弟，使夫之族人主喪。妻之黨雖親，弗主。夫若無族矣，則前後家、東西家，無有，則里尹主之。或曰主之，而附於夫之黨。

姑、姊妹無子寡而死，無兄弟，無緦之親，其主喪必夫之族人，以夫家爲家也。妻之黨雖親，弗主其喪，嫌外干也。若夫無族則亦無夫之黨矣，而曰前後東西家。里尹主之，附於夫黨，何也？此係漢人避外戚之文，非聖人之制。鄰里可主其喪，而妻之内兄弟不可主，是其情不如路人矣。且姑、姊妹有服而鄰里無服，反主其親，情理均失，决不可從也。

麻者不紳。執玉不麻。麻不加於采。

鄭康成曰：吉凶不相干也。麻，絰也。紳，大帶也。喪以要絰代大帶。采，玄纁之衣。

國禁哭則止，朝夕之奠，即位，自因也。

鄭康成曰：禁哭，謂大祭祀時，雖不哭猶朝夕奠。自因，自用故事也。

童子哭不偯，不踊，不杖，不菲，不廬。

鄭康成曰：未成人，不能備禮也。當室則杖。菲，菅屨也。

孔子曰：伯母叔母疏衰，踊不絶地。姑、姊妹之大功，踊绝於地。如知此者，由文矣哉！由文矣哉！

伯叔母，從伯叔父而尊，以義服之，哀或不逮，故踊不絶地。姑、姊妹，骨肉之親，哀甚，而義有限制，故踊絶地。知此則情文之禮可以類推，而文不徒文。

泄柳之母死，相者由左。泄柳死，其徒由右相。由右相，泄柳之徒爲之也。

相去聲。

相者，由左，禮也。由右，其徒爲之，咎其徒也。

天子飯九貝，諸侯七，大夫五，士三。

貝、玉皆寶也。此明飯含貴賤之數異。珠玉貝皆可通用，不必泥而别爲夏制。

士三月而葬，是月也卒哭。大夫三月而葬，五月而卒哭。諸侯五月而葬，七月而卒哭。士三虞，大夫五，諸侯七。

孝子哀親之情，不以貴賤異也。而大夫以上葬與卒哭異者，責爲人上者之自盡，以導民，亦通。然苟有庶人之孝子，不循葬即卒哭之禮，可盡非乎。

諸侯使人弔，其次含、襚、賵、臨，皆同日而畢事者也。其次如此也。

鄭康成曰：言五者相次同時。

卿大夫疾，君問之無算。士，壹問之。君於卿大夫，比葬不食肉，比卒哭不舉樂。爲士，比殯不舉樂。

比音畀。爲去聲。

孔氏穎達曰：《喪大記》君於大夫疾，三問之。此無算，謂有師保恩舊之親。

升正柩，諸侯執綍五百人，四綍皆銜枚。司馬執鐸，左八人，右八人。匠人執羽葆御柩。大夫之喪，其升正柩也，執引者三百人，執鐸者左右各四人，御柩以茅。

葆音保。引去聲。

陳氏澔曰：升正柩者，將葬，柩朝祖廟，升西階，用輁軸載柩於兩楹閒而正之也。柩有四綍。枚，形似箸，兩端有小繩，銜於口而繫於頸後，以止諠譁。五百人皆用之。司馬十六人。執鐸，分居左右，夾柩，以號令於衆。葆，形如蓋，以羽爲之。御柩者在柩車之前，若道途有低昂傾虧，則以所執者爲抑揚左右之節，使執綍者知之也。引節綍，互言之耳。茅，以茅爲麾也。

孔子曰：管仲鏤簋而朱紘，旅樹而反坫，山節而藻棁，賢大夫也，而難爲上也。晏平仲祀其先人，豚肩不揜豆，賢大夫也，而難爲下也。君子上不僭上，下不偪下。

鄭康成曰：鏤簋，刻爲蟲獸也。冠有笄者爲紘，紘在纓處兩端，上屬下不結。旅樹，門屏也。反坫，反爵之坫。山節，欂櫨刻之爲山棁，侏儒柱畫之爲藻文。難爲上，言其僭天子諸侯。難爲下，言其偪士庶人也。豚，俎實。豆，徑尺。言竝豚兩肩不能覆豆，喻小也。

婦人非三年之喪，不踰封而弔。如三年之喪，則君夫人婦。夫人其歸也，以諸侯之弔禮；其待之也，若待諸侯然。夫人至，入自闈門，升自側階，君在阼。其他如奔喪禮然。

鄭康成曰：踰封，越境也。君夫人歸，奔父母喪也。若待諸侯，謂夫人①行道車服，主國致禮。入自闈門，升自阼階，不自同於女賓也。宫中之門曰闈門。側階，亦旁階。其他，謂哭、踊、髽、麻。按：女子出嫁，爲本生父母降服，而云三年者，從其朔言之。

嫂不撫叔，叔不撫嫂。

陳氏澔曰：撫，死而撫其尸也。嫂叔宜遠嫌。

君子有三患：未之聞，患弗得聞也。既聞之，患弗得學也。既學之，患弗能行也。君子有五恥：居其位，無其言，君子恥之。有其言，無其行，君子恥

① 夫人，底本作大夫，據正文改，阮元《十三經注疏》亦作夫人。

之。既得之而又失之，君子恥之。地有餘而民不足，君子恥之。衆寡均而倍焉，君子恥之。

其行之行，去聲。

聞，聞善。學，習其理。行，踐其事也。有德而後有言，能行而後非空言。無則可恥，既得又失，不能守其所學。民不足，無德以來之。衆寡均而倍焉，民數多少與人同，而人之功業倍於己也。

孔子曰：凶年則乘駑馬，祀以下牲。

鄭康成曰：自貶損，亦取易供也。駑馬，六種最下者。下牲，御案：如其本應用之牲，不必擇肥腯耳。

恤由之喪，哀公使孺悲之孔子，學士喪禮。《士喪禮》於是乎書。

鄭康成曰：時人轉而僭上，士之喪禮已廢。孔子以教孺悲，國人乃覆書而存之。

子貢觀於蜡。孔子曰：賜也，樂乎？對曰：一國之人皆若狂。賜未知其樂也。子曰：百日之蜡，一日之澤，非爾所知也。張而不弛，文武弗能也。弛而不張，文武弗爲也。一張一弛，文武之道也。

蜡音乍。樂音洛。弛，尸是反。

歲十二月合聚萬物，而索饗之。民皆醉，樂禮也，而亦以慶豐年，快民情也。故夫子樂之，而子貢疑其狂。不知聖人民勞則必慰休之，民逸則必激厲之，若弓之有張有弛，乃能通其欲而制其過也。

孟獻子曰：正月日至，可以有事於上帝。七月日至，可以有事於祖。七月而禘，獻子爲之也。

孔氏穎達曰：正月，周正月，建子之月。日至，冬至日也。七月，周七月，建午之月。日至，夏至日也。愚按：惟天子冬至祀天於圜丘，夏至祀地於方澤。魯之僭郊，祈穀之郊僭禘，季夏六月也。獻子以意爲辭，言天子冬至既可以郊，士庶人亦可以七月而祀祖，其實非禮也。時因獻子之言，或有然者，故曰獻子爲之。禘，夏時之祭。獻子蓋於此時祫祭，詳見《大傳》。

夫人之不命於天子，自魯昭公始也。

諸侯立夫人，必告於天子。天子因而命之，正名尊王也。自昭公以前，蓋已多不命於天子，而昭公娶吴同姓，尤不敢告。後遂習以爲常，故云自昭公始。

外宗爲君夫人，猶内宗也。

爲去聲。

古者大夫不外取。外宗，謂姑、姊妹之女，仍嫁本國爲大夫者。其服，如内宗五屬之女。

廐焚，孔子拜鄉人爲火來者。拜之，士壹，大夫再，亦相弔之道也。

鄭康成曰：《宗伯職》曰：以弔禮哀禍災。

孔子曰：管仲遇盜，取二人焉，上以爲公臣，曰：其所與遊，辟也，可人也。管仲死，桓公使爲之服。宦於大夫者之爲之服也，自管仲始也，有君命焉爾也。

上上聲。辟音僻。爲去聲。

管仲於盗中選二人以爲公臣，曰：其所與遊非人，此二人實可人也。桓公聽之。管仲死，桓公使爲之服，以報之。孔子言禮無仕於公而反服大夫者，二人以君命，故爲之，亦可通也。而後世相沿，宦於大夫，繼升公臣，猶反服大夫，托於管仲此事，則非。

過而舉君之諱，則起。與君之諱同，則稱字。

過，經過也。人或過其前，稱君名，則起立以示敬。其或他人有與君同名者，則稱字。

内亂不與焉，外患弗辟也。

與音預。辟音避。

内亂，指君宫庭小不治而言，家人骨肉小有争擾，非外臣所得知，故俟君自治，且或不久而平也。若外患，則以死捍禦之。

《贊大行》曰：圭，公九寸，侯、伯七寸，子、男五寸。博三寸，厚半寸，剡上左右各寸半，玉也。藻，三采六等。

剡，以冉反。

陳氏澔曰：《贊大行》，古禮書篇名。其書蓋贊説大行人之事。記者引之。子男執璧，非圭也，記者失之。博三寸，圭也。厚半寸，圭璧各厚寸半也。剡上，削殺其上也。藉玉者以韋衣板而藻，畫朱白蒼三色，爲六行，故曰藻，三采六等。

哀公問子羔曰：子之食奚當？對曰：文王之下執事也。

當如字。

鄭康成曰：問其先人始仕食禄，以何君時。對以自文公時起。下執事，謙詞。

成廟則釁之，其禮：祝、宗人、宰夫、雍人皆爵弁、純衣。雍人拭羊，宗人祝之，宰夫北面於碑南，東上。雍人舉羊升屋自中；中屋南面，刲羊，血流于前，乃降。門、夾室皆用雞，先門而後夾室。其衈皆于屋下。割雞，門當門，夾室中室。有司皆鄉室而立，門則有司當門北面。既事，宗人告事畢，乃皆退。反命于君曰：釁某廟事畢。反命于寢，君南鄉于門内，朝服。既反命，乃退。路寢成，則考之而不釁。釁屋者，交神明之道也。凡宗廟之器，其名者成，則釁之以豭豚。

釁，許靳反。純音緇。拭音式。衈，如志反。鄉去聲。朝音潮。豭音加。

孔氏穎達曰：宗廟初成，則殺羊取血以釁之。爵弁，士服。純衣，絲衣，元衣纁裳也。雍人，厨宰之官。拭淨其羊於廟門外，升屋自中，由屋東西之中，兩階之閒而升。門，廟門。夾室，東西廂。不用羊，各一雞，凡三雞，故云皆用雞。如上用羊升屋割之。未刲羊雞割時，先滅耳旁毛以薦神，廟則在廟之屋下，門與夾室則在門、夾室之屋下，故云其衈皆於屋下。衈訖，然後升屋而釁。門與夾室，亦當門屋上，及室土之中。釁畢，反報君命於路寢。考之，與賓客燕會。器之作名者成，則殺豭豚血塗之。細者成，則不釁。

諸侯出夫人，夫人比至于其國，以夫人之禮行。至，以夫人入。使者將命，曰：寡君不敏，不能從而事社稷宗廟，使使臣某敢告於執事。主人對曰：寡君固前辭不教矣。寡君敢不敬須以俟命！有司官陳器皿，主人有司亦官受之。

使去聲。

行道以夫人之禮者，不忍遽貶斥之，以存厚，且以其初來嫁之禮，還致於其國。不教，謂失教。前初嫁時有是詞。禮尚謙退，不能指斥夫人之罪，故云寡君不敏，不能從夫人共事社稷宗廟。須，待。俟，亦待也。器皿，夫人嫁時所齎。

妻出，夫使人致之曰：某不敏，不能從而共粢盛，使某也敢告於侍者。主人對曰：某之子不肖，不敢辟誅，敢不敬須以俟命。使者退，主人拜送之。如舅在則稱舅，舅没則稱兄，無兄則稱夫。主人之辭曰：某之子不肖。如姑、姊妹亦皆稱之。

共音供。盛音成。使去聲。辟音避。

鄭康成曰：誅猶罰也。稱舅、稱兄，言棄妻者，父兄在則稱之，命當由尊者出也。惟國君不稱兄。姑、姊妹見棄，亦曰：某之姑，若姊、若妹不肖。愚按：七出見於《家語》，先儒多疑之。然婦人不肖，至不可訓誨，人倫之本，所繫非小，故先王有出之之禮。然其出之也，以禮謙受如此，則必實有萬不得已而然者。後世徒襲其迹，亦不察其原，則悖亂傷教，有不可勝言者，學者詳之。

孔子曰：吾食於少施氏而飽，少施氏食我以禮。吾祭，作而辭曰：疏食不足祭也。吾飧，作而辭曰：疏食也，不敢以傷吾子。

少去聲。食我、疏食，音嗣。

喜少施氏之循禮，非爲食也。鄭氏曰：少施氏，魯惠公子施父之後。孔氏曰：飧，强飯以答主人之意。傷，謂强飽致傷。

納幣一束，束五兩，兩五尋。

方氏慤曰：納幣，則納徵，以物言曰幣，以義言曰徵。鄭康成曰：十个爲束，貴成數。兩兩者合其卷，是謂五兩。八尺曰尋，五兩五尋，每卷二丈也，合之四十尺[1]，今謂之匹，猶匹偶之云與？

婦見舅姑，兄弟、姑、姊妹皆立於堂下，西面，北上，是見已。見諸父，各就其寢。女雖未許嫁，年二十而笄，禮之。婦人執其禮。燕則鬈首。

見音現。鬈音權。

---

① 尺，底本作丈，據阮元《十三經注疏》本改。

孔氏穎達曰：婦來，明日見舅姑，兄弟姊妹皆立於舅姑之堂下，東邊，西鄉，以北爲上，近堂爲尊也。婦自南門入，從夫兄弟姊妹之前度，以因是即爲相見，不復更别詣其室見之，故云是已見也。諸父，夫之伯叔。明日各往其寢見之，不與舅姑同日。鄭康成曰：女雖未許嫁，年二十亦爲成人矣。禮之，酌以成之。言婦人執其禮，明非許嫁之笄。既笄之後去之，鬈首，猶若女有鬌紒也。

韠長三尺，下廣二尺，上廣一尺，會去上五寸。紕以爵韋六寸，不至下五寸。純以素，紃以五采。

韠音畢。長廣竝去聲。會音膾。紕音毗。純音準。紃音旬。

孔氏穎達曰：韠，韍也。長三尺，與紳齊也。下廣上狹，象天地數。旁緣謂之紕，上緣謂之會，以其在總會之處，故謂之爲會，謂韠之領縫也。此縫去韠上畔廣五寸，謂會上下廣五寸。紕謂會縫之下，韠以兩邊，紕以爵韋闊六寸倒攝之，兩廂各三寸也。不至下五寸者，紕韠之兩邊，不至韠之下畔，闊五寸也。純以素者，紕所不至之處，横純之以生帛，此帛上下亦闊五寸也。紃，絛也。五采之絛，施之諸縫之中。

附解

此篇較上篇所記，爲多中禮，而有不免遺憾者。禮之制也。固人心之良，不能自遂，而以禮達之。抑或徑情直遂，反違乎理。故聖人以此經緯人倫，通乎萬變。而禮之行也，必自上始，非修身道立，天理熟而人情物理周知，安能毫髮無疵，可以納一世於中和？此篇所載，皆繁文末節，而所以行禮之故，必如是而安。不如是而不可者，竝未之及，則亦經生家言，捃摭聖人之遺，而不知聖人之心者也。學者當分别而觀，慎擇而行，乃不爲書籍所誤。

禮記恒解卷二十二——晚年定本

喪大記

吴氏澄謂此篇是每章各記一事之大節，非是逐句補記行事之小節，故云大記。今考其文，不盡大事，則以爲記喪禮之大凡可也。中有小誤，隨文正之。

疾病，外内皆埽。君、大夫徹縣，士去琴瑟。寢東首於北牖下，廢牀，徹褻衣，加新衣，體一人。男女改服。屬纊以俟絶氣。男子不死於婦人之手，婦人不死於男子之手。

縣音元。去上聲。首去聲。牖，當爲墉。屬音燭。纊音曠。俟當作候。

疾困曰病。徹縣、去琴瑟，免聲音動病者。北牖，向南而寢，東首而臥，以迎生氣。廢，去也，近地之生氣。徹褻衣，加新衣。病者欲潔體，一人四體，各一人持之，言侍養不厭多人也。改服，亦取新潔候尸。屬纊，以綿候其氣。男女各以其類，重别也。然此條非聖制。廢牀則不安，屬纊亦多事，侍疾固急欲其生也，而果生，豈近地氣可必乎？果死矣，亦何必屬纊，男女固當别，而妻於夫子婦侯間，及女子子，亦豈不可？明人沿此，臨死别居，至不知其死时，拘鑿之弊至此，可嗤也。

君、夫人卒於路寢。大夫、世婦卒於適寢。内子未命，則死於下室，遷尸於寢。士之妻，皆死於寢。

適音的。

孔氏穎達曰：諸侯夫人皆有三寢，正寢曰路寢，二小寢。適寢猶今聽事處，其制異。吴氏澄曰：此止記君大夫、士與其正妻死處，不及其次妻。世婦，大夫之正妻，天子后之次稱夫人，故諸侯以爲適妻之稱。夫人之次稱世婦，故大夫以爲適妻之稱。

復，有林麓則虞人設階，無林麓則狄人設階。小臣復，復者朝服。君以卷，夫人以屈狄，大夫以玄赬，世婦以襢衣，士以爵弁，士妻以税衣，皆升自東榮，中屋履危，北面三號。卷衣投於前，司服受之，降自西北榮。其爲賓，則公館復，私館不復。其在野，則升其乘車之左轂而復。

朝音潮。卷衮同。屈音闕。赬，赤貞反。襢，知彦反。税音彖。號平聲。卷衣之卷，音捲。

鄭康成曰：復，招魂復魄也。階，所乘以升屋者。虞人，主林麓之官。狄人，樂吏之賤者。階，梯也。小臣，君之近臣。朝服，所以事君之衣，用朝服而復之者敬君也。復，用死者之祭服，以其求於神也。榮，屋翼。危，棟上也。孔氏穎達曰：君以卷，上公衮冕，而下大夫用玄冕玄衣纁裳，故云玄赬也。世婦，大夫妻也。其上服惟襢衣。爵弁，士助祭上服。税衣，六衣之下也。北面，求陰之義。三號，一號於上，一號於下，一號於中，冀神在天在地或在天地之閒而來也。三招既畢，捲衣投與司服之官，復是求生，故自東榮而上，既不忍虚還，故就幽陰而下。愚按：復以招魂，冀其復生。人子哀痛迫切之心不能已也。聖人故爲禮以達之，然世固有死而復生者也。此禮豈爲虚文乎？公館人所共，私館己所獨也。

復衣不以衣尸，不以斂。婦人復不以袡。凡復，男子稱名，婦人稱字。唯哭先復，復而後行死事。

衣尸之衣，去聲。袡，而廉反。先去聲。

復衣可以覆尸，而不以衣尸，不用以斂。袡，嫁時上服，非事鬼神之衣。孝子哭訖，即復，猶冀其生。復而不生，乃行死事，謂正尸於牀及浴襲之屬。

始卒，主人啼，兄弟哭，婦人哭踊。

主人，孝子男女也。哀痛，嗚咽不能哭，故啼。有聲曰哭。婦人，衆婦也。婦不雀踊。

既正尸，子坐於東方；卿大夫、父兄、子姓立於東方；有司庶士哭於堂下，北面；夫人坐於西方；内命婦、姑姊妹、子姓立於西方，外命婦率外宗哭於堂上，北面。

鄭康成曰：正尸者，遷尸牖下，南首也。子姓，衆子孫，姓之言生也。男子立於主人後，女子立於夫人後。世婦爲内命婦，卿大夫之妻爲外命婦。外宗，姑、姊妹之女。

大夫之喪，主人坐於東方，主婦坐於西方，其有命夫、命婦則坐，無則皆立。士之喪，主人、父兄、子姓皆坐於東方，主婦、姑姊妹、子姓皆坐於西方。凡哭尸於室者，主人二手承衾而哭。

大夫之喪。哭位之中有命夫命婦，坐哭；若無，皆立哭。此蓋宗族姻戚來問疾遇喪者。君與夫人位尊，故坐者殊其貴賤，士位下，故尊卑皆坐。陳氏澔曰：承衾而哭，猶若致其親近扶持之情也。

君之喪未小斂，爲寄公、國賓出。大夫之喪未小斂，爲君命出。士之喪於大夫，不當斂則出。

爲去聲。

鄭康成曰：父母始死，悲哀，非所尊不出也。出者或至庭，或至門，不當斂，其來非斂時。孔氏曰：寄公，失國之君。國賓，鄰國大夫來聘者。

凡主人之出也。徒跣，扱衽，拊心，降自西階。君拜寄公國賓於位。大夫於君命，迎於寢門外，使者升堂致命，主人拜於下。士於大夫親弔，則與之哭，不逆於門外。

跣，悉典反。扱，初恰反。拊音撫。使去聲。

徒跣，如罪人扱深衣前衽於帶，交手拊心而哭，降自西階，不忍當主位也。寄公位在門西，國賓位在門東。拜於位，陳氏曰：各向其位而拜之也。孔氏曰：大夫親來弔，於西階下，東面。主人降自西階下，南面拜之，拜訖，即位西階下，與大夫俱哭，不迎大夫於門外。

夫人爲寄公夫人出，命婦爲夫人之命出，士妻不當斂，則爲命婦出。

孔氏穎達曰：出，出房也。婦人不下堂，但出房而拜於堂上。婦人尊卑與夫同，故所爲出者亦同。

小斂，主人即位於戶内，主婦東面，乃斂。卒斂，主人馮之踊，主婦亦如之。主人袒，説髦，括髮以麻，婦人髽，帶、麻於房中。

馮音憑。説音脱。

孔氏穎達曰：小斂，當戶内。馮，馮尸而踊。髦，幼時剪髮爲之，年長則垂兩邊，明人子事親，恒有孺子之義也。父死，脱左髦；母死，脱右髦；竝死，則竝脱之。脱髦竟而括髮，用麻；婦人髽亦用麻。帶、麻，謂婦人要絰。

徹帷，男女奉尸夷於堂，降拜。

孔氏穎達曰：初死，恐人惡之，故有帷。小斂畢，有飾，故徹帷。此士禮也。諸侯及大夫賓，出乃徹帷。夷，陳也。相者舉尸出戶，陳於堂，孝子男女親屬捧之至堂，降，下堂拜賓也。

君拜寄公、國賓，大夫士拜卿大夫於位，於士旁三拜。夫人亦拜寄公夫人於堂上，大夫内子、士妻特拜命婦，氾拜衆賓於堂上。

氾音汎。

君遭喪，拜寄公國賓，見上文。大夫、士遭喪，拜卿大夫，親其位而拜之。士遭喪，三面拜，旁不正也。孔氏曰：卿妻曰内子。大夫妻曰命婦。特猶獨也，特拜，尊之。

主人即位，襲帶絰、踊。母之喪，即位而免。乃奠。弔者襲裘，加武帶絰，與主人拾踊。

免音問。拾，其劫反。

主人即阼階下之位，拜賓，袒拜畢，乃掩襲其衣而加要帶首絰，乃踊。母喪降於父，拜賓竟，而即位以免，代括髮之麻，免而襲絰，乃成踊。乃奠，小斂奠也。孔氏穎達曰：未小斂前，弔者裘，上有裼衣，裼衣上有朝服。開朝服露裼衣。小斂後，弔者以上，朝服揜襲裘上裼衣。帶，要帶。絰，首絰。以朋友之恩，故加帶，若非，則無帶，惟絰而已。拾，更也。主人先踊，婦人踊，弔者踊，踊者三，是與主人更踊也。御案：弔者原素服，但猶裼衣，至此襲之弔者原素冠，但無絰，至此加絰於武。武冠，下卷也。

君喪，虞人出木、角，狄人出壺，雍人出鼎，司馬縣之。乃官代哭。大夫，官代哭，不縣壺。士，代哭不以官。君堂上二燭，下二燭。大夫堂上一燭，下二燭。士堂上一燭，下一燭。

縣音元。

孔氏穎達曰：虞人，山澤之官，故出木與角。狄人，樂吏，主挈壺漏水之器，故出壺。雍人，主烹飪，故出鼎。冬月水凍，則漏遲無準，故取鼎煖水，用虞人木爨煮之也。鄭康成曰：代，更也。未殯，哭不絶聲，爲其罷倦，既小斂可爲漏刻，分時而更哭也。士代哭，不以官，自以親疏哭也。燭，所以照饌。孔氏曰：有喪則中庭終夜設燎，至曉滅燎，而日光未明，故須燭以照祭饌。然古燭與燎無大分别，但有在地、在手之分耳。

賓出，徹帷。

鄭康成曰：此君與大夫之禮也。士卒斂即徹帷。

哭尸於堂上，主人在東方，由外來者在西方，諸婦南鄉。

鄉去聲。

孔氏穎達曰：婦人位本在西方，東鄉，今有外新奔者，故移辟之，而近北鄉南也。

婦人迎客、送客不下堂，下堂不哭。男子出寢門外[①]見人，不哭。其無女主，則男主拜女賓於寢門内；其無男主，則女主拜男賓於阼階下。子幼，則以衰抱之，人爲之拜。爲後者不在，則有爵者辭，無爵者，人爲之拜。在竟内則俟之，在竟外則殯葬可也。喪有無後，無無主。

孔氏穎達曰：婦人迎送不下堂。有君夫人弔，則主婦下堂至庭，稽顙而不哭。男子出殯宫門外，不哭，明不可暫離喪所也。男女無主，則各亦拜賓，明父母之喪一也。子幼，則抱以對賓，人爲之拜，明子爲主也。有爵者尊之，非主人不拜無爵者，則可代主人拜。若主行近在竟内，則俟其還，乃殯葬。若在國外，不可待，而殯又不可待，則葬可也。無後可以攝主，無主何人具喪事，故有無後者，無無主者。

君之喪三日，子、夫人杖。五日既殯，授大夫、世婦杖。子、大夫寢門之外

① 外，此字疑衍，阮元《十三經注疏·校勘記》：按疏正經亦無外字。

杖，寢門之内輯之。夫人、世婦在其次則杖，即位則使人執之。子有王命則去杖，國君之命則輯杖，聽卜、有事於尸則去杖。大夫於君所則輯杖，於大夫所則杖。

輯音集。去上聲。

三日，死之後三日。輯，斂也，謂舉之不以拄地。子大夫廬在寢門外，得扶杖拄地以行，至寢門，殯柩在門内，神明所至，故入門斂之。夫人、世婦次在西房，居喪之地，得扶杖拄地。堂上有殯焉，有王命去杖，尊天子命。鄰國使人來弔，世子未敢比成君，故斂杖。有事於尸，虞及卒哭、祔祭、敬卜及尸，故去杖。大夫於君所輯杖，敬嗣君也。大夫與大夫俱在門外，爲君杖，不相降，故竝得杖拄地也。

大夫之喪，三日之朝既殯，主人、主婦、室老皆杖。大夫有君命則去杖，大夫之命則輯杖。内子爲夫人之命去杖，爲世婦之命授人杖。

爲去聲。

有君命去杖，尊君。大夫使命來弔。輯杖，尊賓。内子於君夫人之命去杖，於君之世婦命弔，使人執杖以隨，稍降於君夫人。杖所以扶哀，有所敬則去。杖，輯杖也。

士之喪，二日而殯。三日之朝，主人杖，婦人皆杖。於君命、夫人之命，如大夫。於大夫、世婦之命，如大夫。

陳氏澔曰：如大夫，謂去杖，輯杖，授人杖。輕重之節也。

子皆杖，不以即位。大夫、士哭殯則杖，哭柩則輯杖。棄杖者，斷而棄之於隱者。

斷音短。

凡爲子者皆杖，但不如適子可以杖即位也。哭殯則杖，哀勝於敬也。哭柩，啟之後輯杖，敬勝於哀也。獨言大夫、士者。天子、諸侯尊，子不敢以杖入殯宫門，故哭殯、哭柩，皆去杖也。杖於喪服爲重，大祥棄之，必斷截，使不堪他用，而棄於幽隱之處，不使人褻賤之。

君設大盤，造冰焉。大夫設夷盤，造冰焉。士併瓦盤，無冰。設牀，禫笫。有枕，含一牀，襲一牀，遷尸於堂又一牀，皆有枕席。君、大夫、士一也。

盤，本又作槃。造，七倒反。禫音展。笫音滓。

喪不盡在用冰時，亦不皆得用冰，而設冰，實喪事所重，故先記之。冰在牀下，故竝記牀。鄭康成曰：造猶内也。禫笫，袒簀也。陳氏澔曰：去席而袒露笫簀，尸在其上，使寒氣得通，免尸腐也。夷盤小於大盤。併，竝也。瓦盤小，故併設之。無冰，盛水也。含、襲、遷尸，三節各自有牀。

始死，遷尸於牀，幠用斂衾，去死衣。小臣楔齒用角柶，綴足用燕几，君、大夫、士一也。

幠音呼。去上聲。楔，臬結反。柶音四。綴，竹劣反。

尸遷於牀，近南當牖前。幠，覆也。斂衾，大斂之被。楔，柱也。柶以角爲之，長六寸，兩頭屈曲，將含，恐口閉急，故使小臣以柶楔齒，令開。尸應著屨，恐足辟戾，亦使小臣用燕几綴拘尸足，令直。貴賤同也。

管人汲，不説繘，屈之。盡階，不升堂，授御者。御者入浴，小臣四人抗衾，御者二人浴。浴水用盆，沃水用枓，浴用絺巾，挋用浴衣，如他日。小臣爪足，浴餘水棄於坎。其母之喪，則内御者抗衾而浴。

説音脱。繘音聿。枓音主。挋音震。

方式懋曰：管人，主管籥之人。井竈亦其所司，故使汲水。枓，勺有柄者。挋，拭也。爪足，斷足爪。孔氏穎達曰：繘，汲水瓶索。遽促，不脱去井索，但縈屈執於手中。以水從西階而升，盡，不上堂。用盆盛浴水，用枓酌盆水沃尸。用盤於牀下盛浴水。絺，細葛，除垢爲易。用生時浴衣拭尸肉，令燥，如平生。坎，甸人取土爲竈所掘。内御，婦人也。

管人汲[1]，授御者。御者差沐於堂上。君沐粱，大夫沐稷，士沐粱。甸人爲垼於西牆下，陶人出重鬲。管人受沐，乃煮之。甸人取所徹廟之西北厞薪，用爨之。管人授御者沐，乃沐。沐用瓦盤，挋用巾，如他日。小臣爪手翦須，濡濯棄於坎。

差，七何反。垼音役。重平聲。鬲音歷。厞，扶味反。

鄭康成曰：差，淅也，淅飯米，取其潘以爲沐也。陳氏澔曰：君與士同沐粱者，士卑，不嫌於僭上也。垼，塊竈也。將沐時，甸人取西牆下之土爲塊竈。陶人，作瓦器之官也。御案：鬲，瓦釜，即鬵也。下爲瓦竈，加鬲其上爨之，謂之重鬲者，有二，上者小，下者大，重疊加之而相閒隔。下鬲煮熟，則上鬲蒸者亦熟。旁亦有兩耳，可懸也。愚按：管人取御者所差之沐煮之，甸人則取所徹廟之西北厞以爲薪爨煮之。既煖，管人乃授御者以沐。濡濯，既沐之汁。沾，濡也。坎，孔氏曰：《既夕禮》：掘坎南，順廣尺，輪二尺，深三尺，南其壤。

君之喪，子、大夫、公子、衆士皆三日不食。子、大夫、公子衆士食粥，納財，朝一溢米，莫一溢米，食之無算。士疏食水飲，食之無算。夫人、世婦、諸妻皆疏食水飲，食之無算。

粥，之育反。莫音暮。疏食音嗣，下竝同。

衆士，朝士。下士，縣都之士也。財謂飲食諸物備用者，皆地産，故言財。以食粥不用，故納而藏之。滿手曰溢，無算謂饑，欲食則隨時食之，不似平時有定時。其食時亦止一溢米爲粥耳。下言無算，皆謂異於平日之食禮。

大夫之喪，主人、室老、子姓皆食粥，衆士疏食水飲，妻妾疏食水飲。士亦如之。

---

① 汲，底本作扱，據阮元《十三經注疏》本改。

鄭康成曰：室老，其貴臣。衆士，衆臣。陳氏曰：士亦如之，士之喪，亦子食粥，妻妾疏食水飲。

既葬，主人疏食水飲，不食菜果，婦人亦如之，君、大夫、士一也。練而食菜果，祥而食肉。

鄭康成曰：果，瓜桃之屬。

食粥於盛，不盥，食於篹者盥。食菜以醯、醬。始食肉者，先食乾肉，始飲酒者，先飲醴酒。

盛平聲。篹，本又作匴，音算。

鄭康成曰：盛，若今時杯杅。篹，竹筥也。孔氏曰：歠粥不用手，故不盥；以手就篹取飯故盥。練而食菜果，始食肉，飲酒，祥後。彭氏曰：乾肉味澁。醴酒，酒初熟，滓汁相將者，孝子不忍即嘗淳厚之味，故先食此飲此。

期之喪，三不食。食疏食水飲，不食菜果。三月既葬，食肉飲酒。期，終喪不食肉，不飲酒。父在，爲母爲妻，九月之喪，食飲猶期之喪也。食肉飲酒，不與人樂之。

期音基。爲去聲。樂音洛。

三不食，不飲酒、食肉、食菜果也。言疏食飲水，即不飲酒食肉也。故下文云三月既葬，食肉飲酒，期終喪，不食肉、飲酒，亞於三年喪也。申之曰父在爲母爲妻，以明期之重。九月之喪，其未葬食飲，猶期之喪也。既葬，食肉飲酒，不與人樂之。

五月、三月之喪，壹不食，再不食，可也。比葬，食肉飲酒，不與人樂之。叔母、世母、故主宗子，食肉飲酒。不能食粥，羹之以菜可也。有疾，食肉飲酒可也。五十不成喪。七十唯衰麻在身。

比音卑。

孔氏穎達曰：壹不食，緦麻。再不食，小功。竝言之，容有殤降之，緦麻再不食，義服小功壹不食也。故主，舊君。鄭康成曰：不能食粥，性不能者。有疾、氣微。不成喪，不能備禮。衰麻在身，言其餘居處飲食與吉時同也。

既葬，若君食之則食之，大夫、父之友食之則食之矣。不辟粱肉，若有酒醴則辭。

君食、食之食，音嗣。辟音避。

鄭康成曰：尊者之前可以食美也，變於顔色亦不可。

小斂於户内，大斂於阼。君以簟席。大夫以蒲席。士以葦席。

簟，徒點反。葦，於鬼反。

《説文》：簟，竹席。蒲與葦皆草席。鄭康成曰：三者下皆有莞。

小斂：布絞，縮者一，横者三。君錦衾，大夫縞衾，士緇衾，皆一，衣十有九稱。君陳衣于序東，大夫、士陳衣於房中，皆西領，北上。絞、紟不在列。

絞音爻。稱去聲。紟，其鴆反。

鄭康成曰：絞，既斂用以束尸，使堅者。十有九稱，法天地之終數也。孔氏穎達曰：以布爲絞，從一幅豎置於尸外，横三幅，亦在尸下，從者在横者之上，每幅之末析爲三片，以便結束，君、大夫、士各用一衾，故云皆一，舒衾於此絞上。君、大夫、士同用十九稱衣，於衾上，然后舉尸於衣上，屈衣裹，又屈衾裹之，然後以絞束之。絞紟不在十九稱之列。杜預云：衣單復具曰稱。紟，單被也。

大斂：布絞，縮者三，横者五。布紟，二衾。君、大夫、士一也。君陳衣於庭，百稱，北領西上。大夫陳衣於序東，五十稱，西領南上。士陳衣於序東，三十稱，西領南上。絞、紟如朝服。絞一幅爲三，不辟。紟五幅，無紞。

幅一作畐，方服反。辟音百。紞，丁覽反。

孔氏穎達曰：布絞縮者三，取布一幅，裂作三片，直用之，兩頭裂，中央不通。横者五，又取布二幅，分裂作六片，用五片，横於縮下。紟當在絞上，以絞束之。二衾者，一是始死覆尸者，一是大斂時復制。北領謂尸在堂也。西上，由西階取之便。大夫、士，小斂衣少，統於尸，故北上。大斂衣多，故南上，亦取之便也。如朝服，鄭氏曰：皆十五升也。辟，擘也。吴氏澄曰：小斂之絞，以布之全幅爲數。大斂之絞，以布之小片爲數。小斂是全幅之布，其末須擘爲三，方可結束。大斂之絞八片，皆狹小，故結束處不用更辟裂之。紟五幅者，用布五幅，聯合爲一，如今布被，斂衾直鋪，布衾横鋪，斂時先緊捲布衾，以包裹斂衾，然後結束。縮絞之三縮，絞束既畢，然後結束，横絞之五也。陳氏澔曰：無紞，被頭不用組紐之類，爲識别也。

小斂之衣，祭服不倒。君無襚。大夫、士畢主人之祭服。親戚之衣，受之，不以即陳。小斂，君、大夫、士皆用複衣複衾。大斂，君、大夫、士祭服無算。君褶衣褶衾，大夫、士猶小斂也。

襚音遂。複音福。褶音牒。

孔氏穎達曰：小斂十九稱，不悉著之，但用裹尸，取其方，衣有倒領在足閒者。惟祭服不倒也。君斂悉用己衣，有致襚，不得陳用。大夫、士先盡用己衣，乃用賓客襚者。親屬有衣相送，受之，而不以即陳列。無算，所有祭服皆用之無限數，陳氏澔曰：複衣複衾，有綿纊褶衣褶衾袷者。君衣尚多，故大斂用袷衣袷衾，大夫、士猶用小斂之複衣複衾也。

袍必有表，不禪，衣必有裳，謂之一稱。

禪音單。

陸德明曰：衣單複具曰稱。袍必有表，衣必有裳，乃成稱也。

凡陳衣者實之篋，取衣者亦以篋，升降者自西階。凡陳衣不詘，非列采不入，絺、綌、紵不入。

詘音屈。

實之篋，自篋中取而陳之。取衣，收取襚衣，亦實諸篋。吴氏澄曰：示慎重不輕褻意。自西階，雖死，視之如生，不敢由主人之階也。鄭康成曰：不詘，舒而不卷。列采，正色之服。絺、綌、紵，當暑之褻衣也。

凡斂者袒，遷尸者襲。君之喪，大胥是斂，眾胥佐之。大夫之喪，大胥侍之，眾胥是斂。士之喪，胥爲侍，士是斂。

孔氏穎達曰：大小斂，事多，故袒爲便。遷尸入棺，事少，故襲。大祝，接神者。君尊，故親執斂事。吴氏澄曰：《周官》大祝之下有胥四人，大胥，大祝之胥也。喪祝之下有胥四人，眾胥，眾祝之胥也。大祝，下大夫喪，祝上士，故雖身親涖事，而各以其下之胥服勞侯國。等而差之，當亦如王朝之數。大夫之斂，大胥二人臨檢，眾胥親斂。士眾胥臨檢，士之友助斂。

小斂大斂，祭服不倒，皆左衽，結絞不紐。

不倒，此竝大斂言之，孔氏穎達曰：衽，衣襟也。生向右，左手解抽帶便。死向左，示不復解。生時帶，竝爲屈紐，使易抽解。死，則無復解義，故絞束畢結之，不爲紐也。

斂者既斂，必哭。士與其執事則斂，斂焉則爲之壹不食。凡斂者六人。

與音預。

孔氏穎達曰：士與其執事，平生曾與亡者共執事，則助斂，爲之廢壹食。斂，兩邊各三人，故六人。凡者，貴賤同也。

君錦冒黼殺，綴旁七。大夫元冒黼殺，綴旁五。士緇冒赬殺，綴旁三。凡冒，質長與手齊，殺三尺。自小斂以往用夷衾，夷衾質殺之裁猶冒也。

冒，莫報反。殺，色介反。

冒，帽也。古人不剃髮，冠制最重，貴賤各别，死者裁纚爲冒，以覆其首，故後人相沿，名冠爲帽。有以直囊籠尸者，古衣冠未備之時。聖人制禮，事死如生，具衣衾等物，附身附棺，必慎，必無以囊囊尸，竝衣裳冠履一切囊之，使蒙頭蓋面，等於盲昧者。自先儒誤解，而程子爲司馬公斂，亦以冒囊尸。蘇東坡譏之，豈爲過乎！今回人小斂，以囊囊尸，民以爲夷俗，咸非之。蓋人情所其見之理，何必拘於傳註曲爲附會，故愚於此條不註。

君將大斂，子弁絰即位於序端。卿、大夫即位於堂廉楹西，北面，東上，父、兄堂下，北面；夫人、命婦尸西，東面，外宗房中南面。小臣鋪席，商祝鋪絞、紟衾、衣，士盥於盤上，士舉遷尸於斂上。卒斂宰告，子馮之踊，夫人東面亦如之。

鋪，普吴反，又音敷。馮音憑，下竝同。

鄭康成曰：子弁絰者，未成服，弁如爵弁而素。孔氏穎達曰：序，東序。端，序之南頭。堂廉，堂基南畔廉稜之上。楹，南近堂廉者。子既在序端，故群臣立於基上東楹之西，父兄不仕者，以賤，故在堂下鄉北，以東爲上也。士亦在堂下。外宗，君姑、姊妹之女及姨舅之女。輕故在房中而鄉南。鋪席，謂下筦上簟，鋪於阼階上，供大斂也。士亦喪祝之屬。將舉尸，故先盥手於盤上。斂上，即斂處。宰告，大宰告孝子也。孝子憑尸起踊。夫人亦然，憑竟，乃斂於棺。

大夫之喪將大斂，既鋪絞、紟、衾、衣，君至，主人迎，先入門右，巫止於門外。君釋菜，祝先入，升堂。君即位於序端。卿、大夫即位於堂廉楹西，北面，東上。主人房外南面。主婦尸西，東面。遷尸。卒斂，宰告，主人降，北面於堂下，君撫之。主人拜稽顙。君降，升主人馮之，命主婦馮之。

鄭康成曰：先入右者，入門而右也。巫止者，君行必與巫，巫主解凶邪也。釋菜，禮門神也。必禮門神者，禮，君非問疾，弔喪不入諸臣之家也。主人房外南面，大夫之子尊，得升視斂也。孔氏穎達曰：遷尸者，鄉鋪絞、紟、衾、衣而君至。今列位畢，故舉尸於鋪衣上也。降堂下，以待君，君撫尸，拜稽顙，以禮君恩。升主人，君命升之也。主人升自西階，由足西面憑尸，不當君所。君又命主婦憑之。

士之喪，將大斂，君不在，其餘禮猶大夫也。

孔氏穎達曰：鋪衣、列位、男女之儀，悉如大夫也。若有大夫來而君在位，則卿、大夫位亦在堂廉近西。

鋪絞紟踊，鋪衾踊，鋪衣踊，遷尸踊，斂尸踊，斂衣踊，斂衾踊，斂絞紟踊。

鄭康成曰：目孝子踊節。

君撫大夫，撫内命婦。大夫撫室老，撫姪、娣。君大夫馮父、母、妻、長子，不馮庶子。士馮父、母、妻、長子、庶子。庶子有子，則父母不馮其尸。凡馮尸者，父、母先，妻、子後。君於臣撫之。父母於子執之。子於父母馮之。婦於舅姑奉之。舅姑於婦撫之。妻於夫拘之。夫於妻、於昆弟執之。馮尸不當君所。凡馮尸，興必踊。

長，竹杖反。奉上聲。

御案：馮者，俯而就之，其統名也。馮必當心，以我悲切之心致之，猶若欲彼知之也。撫以手親之，奉以兩手爲恭敬。拘執既馮其心，又操其手，若與之握别。執緩而拘迫也。鄭康成曰：不當君所，不敢與尊者所馮同處也。凡馮尸，興必踊，悲哀之至，馮尸必坐。然此條可疑。男女别嫌，生死一也。而君何以撫命婦，大夫何以撫姪娣。哀死者其情迫，父母之愛子，一也。嫡長與庶，衣服禮秩異，而哀其死不異，何不馮庶子？馮而或撫，或拘，或執，視其親情與賢否，不必一轍也。此似别而實混，非天理人情之至順。

父母之喪，居倚廬，不塗，寢苫枕甴，非喪事不言。君爲廬，宫之。大夫、士襢之。既葬，柱楣，塗廬，不於顯者；君、大夫、士皆宫之。凡非適子者，自未葬以於隱者爲廬。

苫，始占反。枕去聲。甴，古塊字。襢音展。柱音主。楣音眉。

宫，圍障之也。禫，袒也。廬者於中門外東墻下倚木爲廬，以草夾障，不用泥塗之。寢臥於苫，頭枕於凷。非喪事不言，哀切不及他事也。君以帷障廬，如宫墻。大夫袒露其廬，不帷帳。既葬，情殺，柱楣稍舉，以納日光，以泥塗之，辟風寒。不於顯，不塗廬外顯處，葬後大夫士皆可帷障矣。庶子非喪主，但於東南隱處爲廬。柱楣即梁闇也，言以木爲梁，於闇處廬居。既葬，稍舉其楣，加以柱，使稍高廣，旁加壘墼成室矣。而猶不塗。至練則堊其墻，曰堊室。祥則黝之，使黑矣。

既葬，與人立，君言王事，不言國事。大夫、士言公事，不言家事。

居喪不群立，不旅行。既葬，可與人立言，則爲君事可，爲己事不可。王，天子。君，公也。

君既葬，王政入於國。既卒哭而服王事。大夫、士既葬，公政入於家。既卒哭，弁絰帶，金革之事無辟也。

辟音避。

弁絰帶者，變喪服而着弔服，以便即事。入於國入於家，言可以就己處而圖，不似前之無暇兼營也。金革，安危所繫，故無辟。弁絰，弔服。帶，喪服。異於凡弔也。

既練，居堊室，不與人居。君謀國政，大夫、士謀家事。既祥黝堊。祥而外無哭者，禫而内無哭者，樂作矣故也。

上堊，烏各反。黝，於糾反。下堊，烏路反。禫，大感反。

孔氏穎達曰：練居堊室，猶不與人居也。練後漸輕，故得謀己國家事。祥，大祥。黝，黑也。平治其地，今黑堊白也。新塗堊墻壁，令白，稍飾故也。外即中門外，堊室中。祥之日，鼓素琴，故中門外不哭。若有弔者，則入，即位哭。内，中門也。樂作矣句。釋禫之無哭，不釋祥之無哭。

禫而從御，吉祭而復寢。期，居廬，終喪不御於内者。父在爲母、爲妻齊衰期者，大功布衰九月者，皆三月不御於内。婦人不居廬，不寢苫。喪父母，既練而歸。期，九月者，既葬而歸。

齊音咨。衰，七回反。期音基。爲去聲。

從，服役。御，侍也。可令婦人給使，令從侍復寢，乃入内寢也。御案：女子出嫁，惟祖父母及兄弟爲父後者，正期不降，叔父母、姑、姊妹逆降，九月，衆兄弟姪出降九月，象笄而折其首，爲太飾也。鄭氏曰：歸，歸夫家。

公之喪，大夫俟練，士卒哭而歸。

公，君也。大夫，朝臣。士，邑宰之屬。大夫在朝，故俟練而後歸家。下邑之士卒哭即歸，以治民。然此亦大概言之，若大夫有父母疾與喪，士無專職要事，亦當變通也。

大夫、士父母之喪，既練而歸，朔日、忌日則歸哭於宗室。諸父、兄弟之喪，既卒哭而歸。

歸，歸其職也。古無居父母喪丁憂去官之禮，故大夫、士既練，歸其職，惟朔日忌日則歸哭。諸父兄弟喪，既卒哭，即歸其職。前人誤。

父不次於子，兄不次於弟。

鄭康成曰：不次，謂不就其殯宫爲次而居。

君於大夫、世婦，大斂焉。爲之賜，則小斂焉。於外命婦，既加蓋而君至。於士，既殯而往。爲之賜，大斂焉。夫人於世婦，大斂焉。爲之賜，小斂焉。於諸妻，爲之賜，大斂焉。於大夫、外命婦，既殯而往。

世婦，君之世婦，即内命婦也。外命婦，臣之妻。君於大夫及世婦大斂而往，常也。爲之賜，加恩，先往加蓋，大斂入棺之後，夫人於大夫及外命婦，既殯而往。

大夫、士既殯而君往焉，使人戒之。主人具殷奠之禮。俟於門外，見馬首，先入門右。巫止於門外，祝代之先。君釋菜於門内。祝先升自阼階，負墉南面。君即位於阼，小臣二人執戈立於前，二人立於後。擯者進，主人拜稽顙。君稱言，視祝而踊，主人踊。

先去聲。後上聲。

御案：於士既殯而往者，禮之常。於大夫，亦既殯而往。或君有朝會、疾病之事，不及其斂也。鄭康成曰：殷猶大也。朝夕小奠，至月朔則大奠。君將來，則具大奠之禮以待之，榮君之來也。孔氏穎達曰：祝先道君升阼階。在君之北，立於房户之東，背負壁而鄉南。君位於阼階者，主人不敢有其室也。執戈，辟邪氣也。擯者進於孝子前，告孝子，使行禮。鄭康成曰：稱言，舉所以來之辭。視祝而踊，祝相君之禮也。

大夫則奠可也，士則出俟於門外。命之反奠，乃反奠。卒奠，主人先俟於門外。君退，主人送於門外，拜稽顙。

孔氏穎達曰：君弔大夫，主人在庭，踊畢，殷奠於殯可也。士卑，不敢留君待奠，故先出，待君門外，君命反設奠，乃反入設奠。奠畢，又先出門待君。君退，主人送於門外，拜。大夫、士同。

君於大夫疾，三問之；在殯，三往焉。士疾，一問之；在殯，一往焉。君弔，則復殯服。

三問、三往，一問一往，所以致其殷勤。復，反也。既殯後，君弔則反其未殯，未成服之服，新君事也。孔氏穎達曰：殯服，苴絰、免布深衣也，不散帶。

夫人弔於大夫、士，主人出迎於門外，見馬首，先入門右。夫人入，升堂即位。主婦降自西階，拜稽顙於下。夫人視世子而踊，奠如君至之禮。夫人退，主婦送於門内，拜稽顙。主人送於大門之外，不拜。

孔氏穎達曰：夫人弔臣，孝子迎之，如迎君禮。主婦，臣妻。世子，夫人之世子，從夫人來。夫人弔，世子在前導，禮奠如君至禮者。亦先戒，乃具殷奠。夫人即位哭後，主婦拜竟而設奠。門，寢門也。婦人迎送不出門，故於寢門内拜送。主人送於大門外。喪無二主，主婦已拜，故主人不拜。

大夫君，不迎於門外，入即位於堂下。主人北面，衆主人南面，婦人即位於房中。若有君命、命夫命婦之命，四鄰賓客，其君後主人而拜。

大夫君，大夫之臣，稱大夫爲君。不迎於門外，不升堂而立阼階之下西面，皆貶於正君也。其君在阼階下位，孝子遜之，故在君之南北面。婦人之位在堂，今在房中者，君雖不升堂，猶辟之也。當此大夫君來弔時，或有本國之君，或國中命夫命婦之命，或四鄰卿大夫來弔，有此諸賓在庭，則大夫君代主人拜命及拜賓，以喪用尊者拜賓故也。然大夫不敢同國君，專代爲主，故後主人而拜。

君弔，見尸柩而后踊。大夫、士，若君不戒而往，不具殷奠。君退，必奠。

柩以斂尸，故言尸柩。既殯而往，無不見尸柩者，非與前文異也。言君見尸柩，而後踊，哀死臣，非徒文也。不戒而往，無自知之而先具殷奠，君退必奠。鄭氏曰：榮君之來也。

君大棺八寸，屬六寸，椑四寸。上大夫大棺八寸，屬六寸。下大夫大棺六寸，屬四寸。士棺六寸。

屬音燭。椑音僻。

大棺，棺之在表者也。屬，連屬於棺者。椑，親近身者。按：孟子言中古棺七寸，又云得財則不儉其親。而此言六寸、四寸不等，且與《檀弓》天子之棺四重不合，蓋漢儒各記所聞，當以孟子之言爲正也。

君裏棺用朱緑，用雜金鐟。大夫裏棺用元緑，用牛骨鐟。士不緑。

裏音里。鐟音簪。

裏棺以朱緑之繒，貼著於棺，蓋以漆傳之。下文言蓋用漆，此不言，文互見也。鐟，釘也。恐久而漆解，復用小金鐟琢著之，大夫用牛骨鐟，士不緑，但用元也。

君蓋用漆，三衽三束。大夫蓋用漆，二衽二束。士蓋不用漆，二衽二束。

孔氏穎達曰：蓋，棺上蓋。用漆，漆其衽合縫處。衽，燕尾合棺縫際。棺兩邊各三衽，每當衽上輒以牛皮束之，故三衽三束。大夫士横衽有二，士卑不用漆，衽束，與大夫同。

君、大夫鬊爪實於緑中，士埋之。

鬊音舜。

鄭康成曰：緑當爲角，聲之誤也。角中，棺内四隅也。鬊，亂髮也。將實爪、髮棺中，必爲小囊盛之，此緑或爲篓。

君殯用輴，欑至於上，畢塗屋。大夫殯以幬，欑置於西序，塗不暨於棺。士殯見衽，塗上帷之。

輴音春。欑，才冠反。幬音道。見去聲。

陳氏澔曰：君，諸侯也。輴，盛柩之車，殯時以柩置輴上。欑猶叢也。叢木於輴之四面，至於棺上畢盡也，以泥盡塗之。此欑木似屋形，故曰畢塗屋也。大夫之殯，不用輴，其棺一面貼西序之壁，而攢其三面上，不爲屋形，但以棺衣覆之。幬，覆也。塗不暨於棺者，天子諸侯之殯，木廣而去棺遠，大夫攢狹而去棺近。所塗者，僅不及於棺而已。士殯掘肂，以容棺。肂，即坎也。棺在肂中，不没其蓋，縫用衽處猶在外而可見，其衽上亦用木覆而塗之帷障也。貴賤皆有帷，惟朝夕哭乃褰去其帷。所以帷者，鬼神尚幽闇也。

熬，君四種八筐，大夫三種六筐，士二種四筐，加魚腊焉。

熬，五羔反。種上聲。腊音昔。

陳氏澔曰：熬，以火熓穀，令熟。四種，黍、稷、稻、粱。三種，黍、稷、粱。二種，黍、稷也。愚按：置熬於棺旁，不知其義，或者以五穀爲養生之貴，而其性中和，事亡如存，故熬之，使死者薰其臭歟？

飾棺：君龍帷、三池、振容、黼荒，火三列，黻三列，素錦褚，加僞荒；纁紐六，齊五采，五貝；黼翣二，畫翣二，皆戴圭；魚躍拂池。君纁戴六，纁披六。大夫畫帷，二池，不振容；畫荒，火三列，黻三列，素錦褚；纁紐二，玄紐二，齊三采，三貝，黻翣二，畫翣二，皆戴綏；魚躍拂池。大夫戴前纁後玄，披亦如之。士布帷，布荒，一池，揄絞；纁紐二，緇紐二，齊三采，一貝，畫翣二，皆戴綏。士戴前纁後緇，二披用纁。

僞，當作帷。齊如字。綏音緌。揄音遥。

鄭康成曰：飾棺者，以華道路及壙中，不欲衆惡其親也。孔氏曰：君，諸侯也。帷，柳車邊障也。王侯畫龍，以象君德。池，織竹爲籠，挂於荒之爪端，在路，象平生宫室有承霤也，天子生有四注屋，四面承霤，柳亦四池。諸侯屋亦四注，而柳降一池，闕後一，故三池也。振，動。容，飾也。以絞繒長丈餘，如幡，畫爲雉，懸於池下爲容飾。車行則幡動也。荒柳，車上覆，謂鼈甲也。緣荒邊爲白黑黼文。荒中央，又畫火黻，各三行。素，白也。褚，屋也。荒下用白錦爲屋，象宫室。加僞荒者，帷是旁墻，荒是上蓋，以褚覆竟，而加帷荒於褚外也。纁紐六者，上蓋與邊墻相連，故以纁爲紐連之，旁各三，凡六也。齊五采、五貝者，鼈甲上當中，形圓如車蓋，高三尺，徑二尺餘。四面有垂下蕤，縫合五采繒，列行相次。又連貝爲五行，交絡齊上也。翣形似扇，在路則障車，入椁則障柩。二畫黼，二畫黻，二畫雲氣。翣，兩角皆戴圭玉。魚躍拂池者，池必有魚，故此車池懸振容，又懸銅魚於振容閒，車行則魚躍上拂池也。纁戴六纁、披六者，棺横束有三，每束兩邊屈皮爲紐，三束有六紐。用纁帛戴索連棺著柳，故有六戴。纁披亦用絳帛爲之，將一頭結此戴，出一頭於帷外，人牽之，每戴繫之，故亦有六也。謂之披者，車登高則引前，以防軒車；下則引後，以防翻車，欹左則引右，欹右則引左，使不傾覆。大夫畫帷、畫荒，皆畫雲氣，火黻三列，錦褚，與君同。紐用四，不一色，故二纁二玄。齊三采，絳黄、黑。三貝，亦降二也。翣降兩黼，翣角不圭，止用五采羽作緌，無絞而有魚躍拂池。戴不竝用纁，其數與披同四。士唯白布帷荒，而不畫。一池在前，亦畫。揄雉於絞，在於池上。紐降元用緇，猶四紐連四旁也。齊，與大夫同。一貝者，一行絡之耳。翣，降二黼。前纁後緇者，戴當棺束，通兩邊爲四戴也。二披用纁，通兩旁則亦四披也。

君葬用輴，四綍二碑，御棺用羽葆。大夫葬用輴，二綍二碑，御棺用茅。士葬用國車，二綍無碑，比出宫，御棺用功布。

輴當爲輇，或作團。

御案：乘車皆高而有輻，惟重車則卑而無輻。其輪以全木爲之，故謂之輇，亦謂之輲，以迫地而行，亦謂之蜃車。車中惟此四輪最安，固而不傾，故以載棺。天子於輪畫龍，有似於盾。《詩》龍盾之合，故謂之輴。其實輴與輇，一也。國車，役車也。形制竝同，但或用兩輪，不似輴輇之必用四輪耳。以兩輪共一軸，故謂之輁軸，其實國車團車，亦一也。孔氏穎達曰：四綍，綍四條。二碑，碑二所。此諸侯也。天子則六綍四碑。羽葆，以鳥羽注於柄末如蓋，而御者執之居前，以指麾爲節度。二綍二碑者，碑各一孔，樹於壙之前後，綍各穿之也。天子用大木爲碑，謂之豐碑。諸侯樹兩大木爲碑，謂之桓楹。大夫御棺用茅，自廟至墓。士卑，御自廟至大門墻内而止，出門便否。比出宫，謂柩在宫墻内也。功布，大功布也。用大功布爲御。二綍無碑，手懸下之。

凡封，用綍去碑負引。君封以衡，大夫士以咸。君，命毋譁，以鼓封。大夫，命毋哭。士，哭者相止也。

封音窆。引去聲。咸間緘。毋音無。

孔氏穎達曰：凡柩車至壙，脱載除飾之後；解此蜃車之綍，以繫於柩緘束之繩。又將一頭繞碑間，鹿盧，所引之人在碑外，背碑而立，負引者漸漸應鼓聲而下，故云用綍去碑負引也。諸侯物多棺重，恐柩不正，下棺之時，别以大木爲衡。貫穿棺束之緘，平持而下，備傾頓也。大夫士無衡，使人以綍直繫棺，束之緘下。於君也。君下棺時，命毋得諠譁，以鼓封者，擊鼓爲縱舍之節。每一鼓漸，縱綍也。大夫卑，直命人毋哭耳。士又卑，哭者自相止也。

君松椁，大夫栢椁，士雜木椁。

鄭康成曰：椁，周棺者也。陳氏澔曰：大夫同於天子者，卑遠不嫌僭也。孟子曰：古者棺椁無度，此特明其材之異耳。

棺椁之閒，君容柷，大夫容壺，士容甒。

孔氏穎達曰：柷如漆桶。壺，漏水器。甒，盛酒器。方氏慤曰：柷方三尺四寸，深一尺八寸。壺大一石，甒五斗，則其所容之大小可知。

君裏椁、虞筐。大夫不裏椁。士不虞筐。

御案：裏椁，當與前裏棺同。或亦君朱大夫以元歟？虞筐，疑亦前所謂熬加魚腊者。士遣車不載糧，無魚腊，則不虞筐可知已。

附　解

人子事親，以赤子之心，行敬慎之道，凡所以自將其情者，非可以一言盡，亦非可以存亡殊也。而孟子曰：養生者不足以當大事，惟送死可以當大事。何哉？父母不幸而没，瞻依愛敬，無可致其忠誠矣。附身附棺，一有不慎，悔恨其何可追？且也形骸歸復，魂氣安之，痛念音容，哀忱安得不增百倍？聖人制送死之禮，無非達此精誠，而豈徒爲觀美乎？天子與庶人異其等，不異其親，制禮節而别等威，良不得已！孟子曰：不得不可以爲悦，無財不可以爲悦，得之爲有財。古之人皆用之，吾何爲獨不然？由斯言以推，則自堯舜而降，凡屬聖人，其曲體仁人孝子之志者，必不過爲限制，使遺憾於終天也！自《儀禮》出而繁文多，記《喪禮》者遂或不近人情，若此篇疾病一條，已非中正。其下諸禮，猶無大疵。夫左右就養及哀死送終，乃人子之至情，無貴賤一也。而天子至於大夫，其禮獨隆，豈非古昔盛時，有德乃貴，有貴乃可以榮其親，聖人以孝望人，尤以德勖人乎？德懋而生全其養，死安其誠，宗廟饗而子孫保，夫子所以特稱虞周。然富貴不可期，而孝思則人可自盡，若謂富貴而始無忝事親，孔孟豈不足爲大孝歟？故此篇所載，通其意，不必鑿其文。秦漢而降，禮制疏矣。然凡有孝思者，亦幸得盡禮於其親，特侈爲儀文，以下干上，則法所必禁耳。今天下道一風同，養生喪死無憾，而愚賤之流，罔知禮之所在，賢知之士，又或泥於古人。折其衷而適得乎心理之安，不能不望於有志之君子也。

禮記恒解卷二十三晚年定本

祭法

此篇略記聖王祭先祭百神，而推言其義，以爲後人祭祀之法。然其詞旨不盡純正。今隨文解釋，剖别純疵，學者宜詳味焉。

祭法：有虞氏禘黄帝而郊嚳，祖顓頊而宗堯。夏后氏亦禘黄帝而郊鯀，祖顓頊而宗禹。殷人禘嚳而郊冥，祖契而宗湯。周人禘嚳而郊稷，祖文王而宗武王。

嚳，口毒反。顓音專。頊，許玉反。鯀，本又作骸，古本反。冥，莫徑反。契，息列反。

此書出於漢儒，純雜不一。此節大謬，堯爲帝嚳之子，國號唐。舜爲瞽瞍之子，國號虞。殷爲有娀之人。稷無父而生，被棄復收，隨母歸於有邰。有邰，姜姓之國，何得云同出帝嚳哉？祖者，世系之所自出也。宗有小大，文王爲諸侯，武王繼之，同出於稷者，稱大宗；出於文王者，稱小宗可也，何祖文王而宗武王？《祭法》明聖人制祭禮之法，不外天理人情。堯舜禪讓，書言受終文祖及受命神宗。文祖，帝堯之祖廟，未知爲何人。神宗即帝堯之廟，何得云虞夏禘黄帝哉？虞爲一國之君，姜嫄無夫而孕，故棄子不收，後因牛羊腓字、鳥覆翼，始收養之，歸於有邰。姜嫄遂終身不嫁。後人誤傳帝嚳元妃姜嫄生棄，次妃簡狄生契，三妃慶都生堯，四妃常儀生摯。夫帝嚳生摯，又生堯，如帝嚳係姜嫄之夫，即履武敏歆，安知非嚳之子，何故棄之？詩書所載，情事昭然，而不察，所以妄爲之説。此篇竟援爲祭法之始，一何可笑。

燔柴於泰壇，祭天也。瘞埋於泰折，祭地也。

燔音煩。瘞，於滯反。

泰壇，即圜丘，尊之，故曰泰。祭天本不壇，就所祭之地名曰壇，亦尊之也。燔柴，使氣達於天。折即方澤，陳氏謂如磬折之義，喻方也。瘞，埋牲幣，以地幽藏也。

用騂犢。埋少牢於泰昭，祭時也。相近於坎、壇，祭寒暑也。王宫，祭日也。夜明，祭月也。幽宗，祭星也。雩宗，祭水旱也。四坎、壇，祭四方也。山林、川谷、丘陵能出雲，爲風雨，見怪物，皆曰神。有天下者祭百神。諸侯在其地則祭之，亡其地則不祭。

相如字。近，讀迎，字相近而誤也。宗如字。見去聲。亡無同。

騂犢，周所尚之色。泰昭，亦壇也，謂之昭者，四時各得其序，則歲功昭明也。春夏秋冬，陰陽遞運，其氣藴於地，而其象昭於天，故用騂犢以象其氣之著，埋少牢以象其氣之藏。相迎，若《周禮》迎暑迎寒之類。日壇稱王宫，取君制之義。夜明，月壇也。其祭以二分之節。方氏慤曰：幽言其隱而小。揚雄曰：視日月而知衆星之蔑，故祭星之所，謂之幽宗。雩主祭旱兼祭水言之者。雨以時至，亦無患也。幽雩皆謂之宗，宗，尊也。《詩》曰：靡神不宗。御案：四坎壇即四方之神，東方青帝，太皞之類。每方以一帝爲主，而山林川谷皆從祀焉，《周禮》宗伯兆五帝於四郊，《月令》迎春迎夏等，即此。鄭康成曰：怪物，雲氣非常見者也。有天下，天子也。百者，舉成數也。孔氏穎達曰：在其地，如魯之泰山，晉之河境内。無此山川，則不得言祭也。

大凡生於天地之間者皆曰命，其萬物死皆曰折，人死曰鬼，此五代之所不變也。七代之所更立者，禘、郊、祖、宗①，其餘不變也。

更平聲。

命，理氣之主宰，萬物皆稟賦天地之理氣，故曰命。鄭康成曰：折，棄敗之言也。鬼之言歸也。愚按：五代，唐虞夏商周，自堯而法制始定，故言不變者。斷諸此七代，則溯而上之，合黄農，言其禘、郊、祖、宗之制有變。其餘如上文所言，皆不變。言此所以爲祭法也。

天下有王，分地建國，置都立邑，設廟、祧、壇、墠而祭之，乃爲親疏多少之數。是故王立七廟，一壇一墠，曰考廟，曰王考廟，曰皇考廟，曰顯考廟，曰祖考廟，皆月祭之。遠廟爲祧，有二祧，享嘗乃止。去祧爲壇，去壇爲墠，壇、墠有禱焉，祭之；無禱，乃止。去壇曰鬼。諸侯立五廟，一壇一墠，曰考廟，曰王考廟，曰皇考廟，皆月祭之。顯考廟，祖考廟，享嘗乃止。去祖爲壇，去壇爲墠，壇、墠有禱焉，祭之；無禱，乃止。去墠爲鬼。大夫立三廟二壇，曰考廟，曰王考廟，曰皇考廟，享嘗乃止。顯考、祖考無

① 祖、宗，宋鑒本、嘉靖本作宗、祖。

廟有禱焉，爲壇祭之。去壇爲鬼。適士二廟一壇，曰考廟，曰王考廟，享嘗乃止。顯考無廟，有禱焉，爲壇祭之。去壇爲鬼。官師一廟，曰考廟，王考無廟而祭之，去王考爲鬼。庶士、庶人無廟，死曰鬼。

墠音善。適入聲。顯考無廟之顯，當作皇。

分天下之地建國，以親諸侯，公卿有都，大夫有邑。推親親之義，設廟、祧、壇、墠而祭之，貴賤有等，故爲親疏多少之數，如下文所云。天子功德極厚，則立七廟，七廟之外，又立一壇一墠。累土曰壇，除地曰墠。考，父。王考，祖。皇考，曾祖。顯考，高祖。祖考，始祖也。七廟之制定於周，四親廟與始祖爲五，文武不遷，合爲七廟。月祭，每月一祭。其三昭三穆之當遞遷者，爲祧。古遷主，藏於太祖廟之東西夾室。至周，則穆之遷主皆藏文王之廟，昭之遷主皆藏武王之廟。但四時祭而不月祭，故曰享嘗乃止。其有親更遠者，不得於祧處受祭，祭之則於壇，故曰去祧爲壇。又更遠者，不得於壇受祭，祭之於墠，故曰去壇爲墠。此壇墠之祭，不常祭，有祈禱之事而後祭，無則止。去墠，則至遠矣。雖祈禱有不及，等於凡爲鬼而已。孔氏穎達曰：諸侯立五廟壇墠，與天子同，無功德之祖爲二祧也。月祭三廟，顯考祖考，不得月祭，止預四時，降於天子。去祖，謂去太祖也。即高祖之父，諸侯無功德二祧，若高祖之父亦遷，即寄太祖，而不得於太祖廟受時祭。唯有祈禱，則去太祖而往壇受祭。大夫立三廟二壇者，異於君，故立二壇，而不墠。顯考、祖考無廟，以其卑也。大夫高、太二祖無廟，若有祈禱，則爲壇祭之。去壇爲鬼者，高祖若遷去於壇，則爲鬼，不復得祭，但薦之太祖壇而已。適士，天子三等，諸侯上士，悉二廟一壇也。愚按：適士僅二廟，無始封之祖。高祖即其始祖也。故曰顯考無廟，有禱爲壇祭之。官師，諸侯中下士，一官之長耳。微榮不得溯其高祖，故僅考廟。禱祭及於王考。庶士，庶人無廟，薦於寢而已。又按：此章七廟，即周言之。周合文武爲七廟，祧主即藏其中，但文武月祭，而祧主不月祭。至大祫，則出群祧主而祭之，非文武即爲祧廟，亦非文武之外别有祧廟。記者將記以爲後世法，故曰有二祧。蓋苟無文武之德，不當祧者，謂立二祧廟可也。鄭康成曰：諸侯無祧，藏於祖考之廟中是也。

王爲群姓立社，曰大社。王自爲立社，曰王社。諸侯爲百姓立社，曰國社。諸侯自爲立社，曰侯社。大夫以下成群立社，曰置社。

爲去聲。

社，所以祭土神。惟天子承天理物，得郊天，至地，則無人不食其利，故皆得祭其地之示。大社，即方澤，與郊竝重者也。王社，祭王畿内之土神。國社，祭其一國之土神。侯社，祭其都城之土神。大夫以下，至庶人族居至百家以上曰成群，則共立一社。

王爲群姓立七祀，曰司命，曰中霤，曰國門，曰國行，曰泰厲，曰户，曰竈。王自爲立七祀。諸侯爲國立五祀，曰司命，曰中霤，曰國門，曰國行，曰公厲。諸侯自爲立五祀。大夫立三祀，曰族厲，曰門，曰行。適士立二祀，曰門，曰行。庶士、庶人立一祀，或立户，或立竈。

王者既立廟以祀其先，又念凡人在天地氣化之中，司氣化者，神明也，故又爲群姓立七祀，以時祭之。己於宫中亦立七祀，不時祭之，爲民祈福。司命，天星也，戴筐六星之神，司人生壽夭，故祀之。中霤，當室中霤雨處。土神，各有方域，於其宅，各就中霤，以祀土神。國門，衆所出入門，衆所必由。泰厲，鬼之爲民害者，或無主者，或因人神爽不清而爲厲，故祀以安之。户竈，則一家出入，即養生之所必需，必有神司，故亦祀焉。諸侯以下遞降，因其權位有尊卑，故立祀亦有隆殺。要不徒爲一己求安，而亦爲人祈福。庶士、庶人，則但敬其所居之神而已。此與尋常五祀不同。五祀者，常祭也，自天子至庶人皆祀。但天子有此七祀之廟，則五祀已在其中。諸侯以下，不必有廟，而皆祭五祀。先儒紛紛辨論，由未知爲群姓三字之義耳。

王下祭殤五：適子、適孫、適曾孫、適玄孫、適來孫。諸侯下祭三，大夫下祭二，適士及庶人祭子而止。

殤昔傷。

王尊，其澤之所及者遠，故祭及來孫。獨祭適者，亦以尊故也。諸侯以下，不言適、庶。殤亦有祭也。以卑漸殺，故祭者少。方氏慤曰：玄孫之子爲來孫，言其世數雖遠，方來而未已也。

夫聖王之制祭祀也，法施於民則祀之，以死勤事則祀之，以勞定國則祀之，能禦大菑則祀之，能捍大患則祀之。是故厲山氏之有天下也，其子曰農，能殖百穀。夏之衰也，周弃繼之，故祀以爲稷。共工氏之霸九州也，其子曰后土，能平九州，故祀以爲社。帝嚳能序星辰以著衆，堯能賞均刑法以義終，舜勤衆事而野死，鯀鄣鴻水而殛死，禹能修鯀之功，黄帝正名百物以明民共財，顓頊能修之，契爲司徒而民成，冥勤其官而水死，湯以寬治民而除其虐，文王以文治，武王以武功去民之菑，此皆有功烈於民者也。及夫日月星辰，民所瞻仰也，山林、川谷、丘陵，民所取財用也。非此族也，不在祀典。

菑音哉。共音恭。共財，共如字。鄣音章。去上聲。夫音扶。

法施於民，立法爲民依賴。死勤事，忠義死事。勞定國，勳勞撥亂。菑，天菑，如洪水之屬。患，人患，如猛獸、戎狄之屬。禦，止。捍，衛也。厲山氏，即烈山氏，神農也。其後世子孫有名柱者，善於稼，夏衰而周弃繼之。稷，穀神，尊之曰后也。共工氏，鄭康成據《左傳》謂在炎帝之閒，是也。后土亦當時以其能平九州而名之，没即祀以爲土神。序星辰，始序星辰，以明節候。著衆，使人知天時人事之相應。能賞，爵有德。均刑法，刑不濫，以義終，禪位得人。勤衆事，相堯致治之事。野死，巡方而死。鯀雖治水無功，而其力則勞。禹成父功，而推美於親，郊鯀配天，蓋子功即父功也。天理人情之至，原不爲過，前人疑之者，非。此言其障洪水，蓋亦勞心盡瘁，特不能善其法耳。堯之殛之者，國法也。禹之祀之者，天理也。祀禹亦以其能修鯀之功，仁人孝子之達理也。正名百物，因百物之實，以正其名，使民咸明其義，而得共享物財。能修之，益詳明其法也。民成，人倫正而後成爲人。冥，人名，蓋爲水官而卒，死於水，故後即祀，以爲玄冥之神。至太皞之後，修與熙二人亦爲玄冥之官，然未水死也。除虐去菑，放桀伐紂，烈業也，言日月星辰，以該天地四時寒暑。瞻仰則尊而親之。取財用，享其利也。族猶類也。

附解

人爲三才之貴，而天子尤人神之主，故父事天，母事地，凡分司天地之功化者，無不奉以明禋。蓋懍相在而勵修存，始能内省不疚，可以成己而成人也。有位者然，於人何獨不然？自古聖人，以其身爲天地倚賴之身，即以其心爲萬物托命之本。誠使德修於身，而澤及於民，則無俟區區禱祈，神天亦錫之福。在上如五帝、三王，在下如伊、周、孔、孟，其盡性以盡人物之性者同，故所以馨香而百代者不異。祭祀之禮，豈以爲文而已哉？此篇略舉虞、夏、商、周及事神、祀先諸禮，而終之以聖王制祭祀之義，其言至爲詳明。特廟祀之禮，三代以下罕臻完善，又益以淫祀繁文，祭義始多乖舛矣。夫天人一氣，人神一理，人道修而神道自合，駿奔肅而奏假無言，祭者，禮文也，而所以祭者，不在乎文。反身而誠，帝謂可以相通，而况祖宗父母之淵源、精氣遊魂之情狀乎？君子畏天命，謹危微，而赫赫明明，又將之以誠敬。故祭禮，聖人重之，其分位所限，等威秩然，亦以古時有德斯貴，無其德而瀆於神，必求吉反凶也。古今盛治光明，百神效順，而民間報本追遠之外，竝及先賢，弗爲之禁，誠能由本及末，即委窮源，則籩豆之儀，未始非身心之助。是在善學者之推究而已。

禮記恒解卷二十四晚年定本

祭 義

此明所以祭之義，表裏精粗咸具。而吴草廬誤信《儀禮》與《冠》《昏》等篇相例，謂《儀禮》止有卿大夫士祭禮，而此言天子諸侯以下，乃與他篇不同。其見陋矣。中多精義，最宜詳玩。

祭不欲數，數則煩，煩則不敬。祭不欲疏，疏則怠，怠則忘。是故君子合諸天道，春禘秋嘗。霜露既降，君子履之必有悽愴之心，非其寒之謂也。春，雨露既濡，君子履之必有怵惕之心，如將見之。樂以迎來，哀以送往，故禘有樂而嘗無樂。

數音朔。悽音妻。愴，初亮反。濡音儒。怵，敕律反。惕，他歷反。

親死而神明奉之，故不欲煩黷，然思慕不可忘也，故不欲疏怠。合諸天道，以其靈與天地相合。四時皆祭，舉春秋以該之，故禘在夏而云春，亦以陽之盛者言也。君子思親，未嘗一日忘，而言霜露雨露降濡。悽愴、怵惕者，感於其時而尤深也。思慕之心無窮，而時數有窮，故感春秋遞降，痛親日遠，而奉事之日益促也，如將見之，是所以悽愴、怵惕之。故來往以時，言思親者無時不如見親也。持歲序難挽，故於陽之來，而喜其靈之隨時以伸。於陰之去，而哀其氣之將歸屈晦。四時祭皆有樂，而此云禘有樂、嘗無樂者，蓋不備樂也。

致齊於内，散齊於外。齊之日，思其居處，思其笑語，思其志意，思其所樂，思其所嗜。齊三日，乃見其所爲齊者。

齊，側皆反。散上聲。處上聲。樂，五孝反。

内外以地而言，散齋致其敬，而猶或理事也。致齋則專一不二，居處笑語五者，孝子未嘗一日不思也。至齋之日，而尤專誠追慕之。故至致齋之三日，見其所爲齋者，抑此言齋之禮，蓋指祭先而言。其實子孫於祖及父母，一氣相通，苟立身無忝，可告先人，則平日固已相孚。至祭更加誠敬，無不格。

祭之日，入室，僾然必有見乎其位。周還出户，肅然必有聞乎其容聲。出户而聽，愾然必有聞乎其歎息之聲。

僾音愛。還音旋。愾，開代反。

平日思親已至，齋又極其誠。故一入廟室，恍惚如見其在位。及薦設時，周還出户，心容俱肅，静中必有聞乎其容聲。禮畢而心之依慕無已，故愾然必聞乎其歎息之聲。

是故先王之孝也，色不忘乎目，聲不絶乎耳，心志嗜欲不忘乎心。致愛則存，致慤則著，著、存不忘乎心，夫安得不敬乎？

慤，苦角反。

上文所言，人人皆當然也。獨言先王，以禮制自先王，言其本身以立法，不忘乎目，常若承顔，不絶乎耳，常若聽命，不忘乎心，常若奉養。所以然，致其深愛，雖亡猶存，致其誠慤，雖隱亦著。既著且存矣，則祭之如實見之，安得一毫怠肆乎。

君子生則敬養，死則敬享，思終身弗辱也。君子有終身之喪，忌日之謂也。忌日不用，非不祥也。言夫日志有所至，而不敢盡其私也。

養去聲。夫音扶。

敬生於誠，然未有不敬而可爲誠者，故承上敬字而言。君子生養死享，必竭其誠。夫其所以敬者，非徒思慕，而不忘此身爲父母之遺，平日無一不敬思，終身弗辱其親也。至於忌日，尤其哀慕難忘之日，故其日心如居喪然。不用以治事，非謂其不祥，乃志專思親，而不敢及其私也。

唯聖人爲能饗帝，孝子爲能饗親。饗者，鄉也，鄉之然後能饗焉。是故孝子臨尸而不怍，君牽牲，夫人奠盎。君獻尸，夫人薦豆。卿、大夫相君，命婦相夫人。齊齊乎其敬也，愉愉乎其忠也。勿勿諸其欲其饗之也。

鄉去聲。盎，烏浪反。相去聲。齊如字。愉，羊朱反。

人之生也，受氣於父母，實受氣於天地。聖人性命立而與天合德，祭天則上帝饗之。孝子修其身以及其親，祭親則親享之。鄉也，言其平日志行無一不念念求弗辱也。不怍者，如在其上自反弗辱，則對之而不愧。祭之日，合夫婦、君臣以將事，似乎紛雜然。鄉之者在平日，而不怍者在臨時，故齊一而敬，愉悦而忠，黽勉而欲其受饗。鄭康成曰：奠盎，設盎齊之奠。勿勿猶勉勉，慤愛之貌。君獻尸而夫人薦豆，謂繹尸。

文王之祭也，事死者如事生，思死者如不欲生。忌日必哀，稱諱如見親，祀之忠也。如見親之所愛，如欲色然，其文王與？《詩》云：明發不寐，有懷二人。文王之詩也。祭之明日，明發不寐，饗而致之，又從而思之。祭之日，樂與哀半，饗之必樂，已至必哀。

樂音洛。

陳氏澔曰：如不欲生，似欲隨之死也。宗廟之禮，上不諱下，故有稱諱之時。如祭高祖，則不諱曾祖以下也。如欲色然，言其想像親平生所愛之物，如見親有欲之之色也。《詩·小雅·小宛》之篇。明發，自夜至光明開發之時。文王之詩，言此足以詠文王也。鄭康成曰：祭之明日，謂繹日，言繹之夜不寐也。二人，謂父、母。方氏慤曰：祭之明日猶如此，而况祭之正日乎？愚按：饗而致之，又從而思之，足明發不寐之意。樂與哀半。樂其就饗而哀其不得生養也。

仲尼嘗，奉薦而進，其親也慤，其行也趨趨以數。已祭，子贛問曰：子之言祭，濟濟漆漆然，今子之祭，無濟濟漆漆，何也？子曰：濟濟者，容也遠也。漆漆者，容也，自反也。容以遠，若容以自反也，夫何神明之及交？夫何濟濟漆漆之有乎？反饋樂成，薦其薦俎，序其禮樂，備其百官，君子致其濟濟漆漆，夫何恍惚之有乎？夫言豈一端而已，夫各有所當也。

趨音促。數音朔。濟上聲。漆音切。樂音岳。

嘗，秋祭。親，奉薦親近時。慤，專誠貌。趨趨，急促。數，不甯。漆漆、切切，整飭貌。子貢述所聞，而子釋之。言濟濟者，儀容安雅，遠於奠薦時則然。漆漆者，亦容也。自反其儀，恐有不莊。二者其情一也，皆謂未交於神明時。夫何既交於神明矣，而尚濟濟漆漆乎？是必當祭祀將畢，尸反室而進熟，反饋，樂已終闋，此時薦其薦俎，序其禮樂，百官皆致其肅敬，以終祀事。助祭之君子，於時致其濟濟漆漆，豈如方奉薦時恍惚交於神明，惟恐不當意乎？夫言非一端，各有所當，前之言濟濟漆漆，非自奉薦之謂也。

孝子將祭，慮事不可以不豫；比時具物，不可以不備；虛中，以治之。宮室既修，牆屋既設，百物既備，夫婦齊戒沐浴，盛服奉承而進之。洞洞乎，屬屬乎，如弗勝，如將失之，其孝敬之心至也與！薦其薦俎，序其禮樂，備其百官，奉承而進之。於是諭其志意，以其恍惚以與神明交，庶或饗之。庶或饗之，孝子之志[①]也。

比，必利反。屬音燭。勝音升。與音餘。

比，及也。及其時而具其物，不可以不備也。虛中，心中虛，明無雜念。宮室、牆屋、百物皆豫慮之。事既修、既設、既備，則夫婦齋誠奉承而進之。洞洞屬屬，見禮器如弗勝，如將失之，奉承而進之容也。惟孝敬之心純至於，是祝以孝告諭祭者之志於神嘏，以慈告諭神之意於孝子。神明幽渺，以其恍惚與之交接，庶或歆饗。重言以明其冀饗之切，此孝子之志也。

---

① 志，底本作至，据阮元《十三經注疏》本及注释改。

孝子之祭也，盡其慤而慤焉，盡其信而信焉，盡其敬而敬焉，盡其禮而不過失焉。進退必敬，如親聽命，則或使之也。

慤，專慤。信，誠信。孔氏穎達曰：盡其慤心，盡其慤也。而慤焉，外亦慤。其信與敬，皆内有此心，外著於貌。禮包衆事，如親聽父母之命而父母或使之也。愚按：不過失，無過與不及也。

孝子之祭可知也，其立之也敬以詘，其進之也敬以愉，其薦之也敬以欲。退而立，如將受命。已徹而退，敬齊之色不絶於面。孝子之祭也。立而不詘，固也。進而不愉，疏也。薦而不欲，不愛也。退立而不如受命，敖也。已徹而退，無敬齊之色，而忘本也。如是而祭，失之矣。

詘音屈。齊如字。敖去聲。

孝在平時，及祭而形焉，故言可知也。立，立於尸前待事。進，進而從事。薦，薦物。退而立，奠獻暫退。已徹而退，則祭畢矣。詘，卑屈意。愉言其色，欲言其心。陸氏佃曰：不詘以其恃親爲固，不愉以其憚親爲疏，不欲如不得已而薦，不愛也。愚按：已徹而退，無敬齊之色，則是以事畢而親遂不在矣。本謂父母。

孝子之有深愛者，必有和氣。有和氣者，必有愉色。有愉色者，必有婉容。孝子如執玉，如奉盈，洞洞屬屬然如弗勝，如將失之。嚴威儼恪，非所以事親也，成人之道也。

奉上聲。勝平聲。

此推言孝子平日事親有深愛至敬，而後祭祀克盡其道，如執玉奉盈。言其平日惟恐不得於親也，嚴重威望。端儼莊恪，成人之道，以之事親，則不能柔順。

先王之所以治天下者五，貴有德，貴貴，貴老，敬長，慈幼。此五者先王之所以定天下也。貴有德，何爲也？爲其近於道也。貴貴，爲其近於君也。貴老，爲其近於親也。敬長，爲其近於兄也。慈幼，爲其近於子也。是故至孝近乎王，至弟近乎霸。至孝近乎王，雖天子必有父。至弟近乎霸，雖諸侯必有兄。先王之教，因而弗改，所以領天下國家也。

長去聲。爲去聲。

此又推言先王治天下必本於孝弟。道在五倫，有德者能盡倫，故貴之。貴者佐君理民以正倫，老者、長者、幼者推孝弟慈之心以貴之，是故孝弟者，百行所本。先王定天下雖有五，而皆本此以推也。近乎王，仁慈藹吉之志；近乎霸，畏敬恭順之心。聖人不重霸術，此特借諸侯恭順之意以喻耳。

子曰：立愛自親始，教民睦也。立敬自長始，教民順也。教以慈睦，而民貴有親。教以敬長，而民貴用命。孝以事親，順以聽命，錯諸天下，無所不行。

錯音措。

引子言以證上文之意。人君以愛敬望民，必自愛親敬長，以爲民先。方氏慤曰：相親之謂睦，不悖之謂順。

郊之祭也，喪者不敢哭，凶服者不敢入國門，敬之至也。

方氏慤曰：吉禮莫重於祭，祭禮莫大於郊，故不敢以凶事干吉禮焉。然非敬之至，又安能如此。

祭之日，君牽牲，穆答君，卿大夫序從。既入廟門，麗於碑，卿大夫袒，而毛牛尚耳，鸞刀以刲，取膟膋，乃退。爓祭祭腥，而退，敬之至也。

從去聲。鸞，力端反。刲，苦圭反。膟音律。膋，力彫反。焰音尋。

鄭康成曰：祭，祭宗廟也。穆，子姓也。答，對也。序，以次第從。麗猶繫也。膟膋，血與腸閒脂。爓祭，祭爓肉、腥肉也。湯肉曰爓。孔氏穎達曰：君牽牲，子姓對君共牽牲。卿大夫佐幣，士奉芻，依次從君。牲以紖繫著中庭碑，將殺牲，卿大夫袒取毛牛薦之。耳主聽，故以耳毛，欲神聽之。乃退，殺牲竟，而取卿大夫所刲血毛膟膋薦之，竟乃退也。祭有三，此一節也。方氏慤曰：《郊特牲》言肉袒親割，此言卿大夫者，大夫相君也。鸞刀以刲，聲和而後斷也。取膟膋，將以染蕭而焫之，爓則向乎孰矣，腥則全乎生而已。祭之日，内之父子，外之君臣，周旋反覆，從事如此，故曰敬之至也。

郊之祭，大報天，而主日，配以月。夏后氏祭其闇，殷人祭其陽。周人祭日，以朝，句及闇。

懸象著明，莫大乎日月，而日尤陽精，故主之以祀天。配以月，月亦分日之光，以行陽氣於無窮也。闇昧爽，朝日初出時。以朝及闇，或以朝、或以闇，言時之早耳。鄭氏謂終日。然祭天貴其質，何至繁文至於終日？

祭日於壇，祭月於坎，以别幽明，以制上下。祭日於東，祭月於西，以别外内，以端其位。日出於東，月生於西。陰陽長短，終始相巡，以致天下之和。

别，必列反。巡如字。

孔氏穎達曰：此據春分朝日秋分夕月。月爲幽，日爲明，日在壇，月在坎，是殊别幽明，制定上下也。日陽在外，月陰在内，祭日於東，用朔旦之時，祭月於西，用鄉夕之時。陽主生王於東，陰主成王於秋，外内祇是舒斂之意。位東西之位，下申言之，陰陽長短，由日月之行而分，此始彼終，巡環不息。萬物是以有生化而和致，由日月而致，甚言日月之大，所以必寅祭之也。方氏慤曰：壇之形圓而無所虧，以象日之無所虧而盈。坎之形虚而有所受，以象月之有所受而明。

天下之禮，致反始也，致鬼神也，致和用也，致義也，致讓也。致反始，以厚其本也。致鬼神，以尊上也。致物用，以立民紀也。致義，則上下不悖逆矣。致讓，以去争也。合此五者以治天下之禮也。雖有奇邪，而不治者則微矣。

去上聲。奇，紀宜反。邪，似嗟反。治去聲。

鄭康成曰：致之言至也，使人勤行至於此也。愚按：萬物本乎天，人本乎祖。祭天地、祖宗，致反始以厚其本也。鬼神司造化之迹，爲民司命，致鬼神以尊上也。備物致用，以奉祭事，使知民生利用之物，皆本於天地、先人，故曰致物用以立民紀。物和互言者，物用以和爲貴也。天神地示人鬼及廟制尊卑，禮文隆殺，各有其宜，故制義則上下不悖逆也。從容恭遜以將祀事，致讓以去民之争心也。言祭義有此五者。合此五者以治天下之禮，雖猶或有奇邪，亦甚少矣！方氏慤曰：奇言其無常，邪言其不正。

宰我曰：吾聞鬼神之名，不知其所謂。子曰：氣也者，神之盛也。魄也者，鬼之盛也。合鬼與神，教之至也。衆生必死，死必歸土，此之謂鬼。骨肉斃於下，陰爲野土。其氣發揚於上，爲昭明，焄蒿悽愴，此百物之精也，神之著也。因物之精，制爲之極，明命鬼神，以爲黔首則，百衆以畏，萬民以服。

魄，普白反。陰如字。焄，許云反。蒿，許羔反。黔，其廉反。

所謂，所以名爲鬼神也。神，陽氣也。鬼，陰氣也。神之盛，鬼之盛，以天地之鬼神言之也。合鬼與神，而陰陽之精顯著於日用之前，使人敬畏而不敢肆，故曰教之至也。下又以人之生死明鬼神。衆生謂萬民也。人得陰陽之氣以成形，即有主宰，此形氣者，子產所謂心之精爽，是謂魂魄，是也。其生也以理氣而生，其死也亦以理氣爲聚散盛衰。其形委於土，而陰氣歸於下，則名曰鬼。鬼者，歸也。其氣發揚於上，而有昭明之神。焄蒿，氣蒸蒸浮起貌。悽愴，氣凜凜悚惕貌。萬物雖皆得天地之氣而生，惟人備陰陽五行之全，其葆此正理正氣者無虧，則其死也，形歸土而氣發揚。百物之精，謂獨得百物之精而後有此也，故承之曰神之著也。魄歸土而藏，精神發揚而昭明。鬼者，歸也。神者，伸也。精神原非判然，鬼神故可互言。因鬼神爲百物之精，制爲禮，極命其名曰鬼神，以爲民則。極，極至。鬼神理氣之極致也。百衆以畏，萬民以服，由其皆得陰陽之理氣而生，氣魄與鬼神原相通者，故制爲鬼神，而畏服之心自生於不覺，非強爲也。

聖人以是爲未足也，築爲宫室，設爲宫[①]祧，以别親疏遠邇。教民反古復始不忘其所由生也。衆之服自此，故聽且速也。

承上言鬼神由生死而昭人之生也。既皆有精爽，其死也豈視爲虚無？故聖人不以人心自然之畏服爲足也。於是築爲宫室以位神，設爲宗祧，以别神鬼之親疏遠邇。所以然者，先有古而後有今，有始而後有卒。鬼神者理氣之靈，萬物所由生，自古即有鬼神，萬物之所由始，不忘其所由生，人心天理之良，自然畏服，以此之故。

二端既立，報以二禮：建設朝事，燔燎羶薌，見以蕭光，以報氣也。此教衆

① 宫，底本作宗，據阮元《十三經注疏》本改。

反始也。薦黍稷，羞肝、肺、首、心，見間以俠甒，加以鬱鬯，以報魄也。教民相愛，上下用情，禮之至也。

燔音煩。燎，力有反。羶如字。薌音香。上見如字，下見字衍。俠，古洽反。甒音武。

鄭康成曰：二端，氣也，魄也。二禮，朝事與薦黍稷也。朝事，薦血腥時。薦黍稷，所謂饋食也。愚案：朝薦血腥時，取肉雜蕭焚之，故曰燔燎羶薌，見其蕭光，加蕭燔之，而光始見，取氣之發揚於上也。凡人始生，必受氣於天，其死也神亦在天，此教衆反始也。餽食薦黍稷時，進肝、肺、首、心，間以兩甒。醴酒，加以鬱鬯灌地。凡人始生，必受形於地，其死也，魄亦歸地，所以報魄也。生曰人，死曰鬼。神，鬼神，幽渺而必教民相愛，事死如生，報氣報魄上下之閒用情如此，禮之至極也。

君子反古復始，不忘其所由生也。是以致其敬，發其情，竭力從事，以報其親，不敢弗盡也。

此節承上起下，惟反古復始，不忘其所由生，故祭祀必致敬，發情竭力，從事不敢弗盡。

是故昔者天子爲藉千畝，冕而朱紘，躬秉耒；諸侯爲藉百畝，冕而青紘，躬秉耒，以事天地、山川、社稷、先古，以爲醴酪齊盛於是乎取之，敬之至也。

紘音宏。酪音洛。齊音咨。

鄭康成曰：藉，藉田。先古，先祖。陳氏祥道曰：南郊，正陽之位。朱紘，正陽之色。東郊，少陽之位。青紘，少陽之色。陳氏澔曰：紘，冠冕之繫，所以爲固。取之，於此藉田中取之也。愚按：酪本乳漿，蒸釀酒亦曰酪。

古者天子、諸侯必有養獸之官，及歲時，齊戒沐浴而躬朝之。犧、牷祭牲必於是取之，敬之至也。君召牛，納而視之，擇其毛而卜之，吉，然後養之。君皮弁素積，朔月、月半君巡牲，所以致力，孝之至也。

朝音潮。牷音全。

孔氏穎達曰：養獸者，《周禮》牧人也。歲時，朔月、月半也。言朝者，敬辭也。下文巡牲，即歲時朝之也。初擇牲時，君於牧處，命取牛納於內而視之。皮弁，諸侯視朔之服。方氏慤曰：擇其毛，陽祀用騂，陰祀用黝也。卜之吉，然後養之，所謂帝牛不吉，以爲稷牛也。未卜止謂之牛，既卜乃謂之牲，故召之時曰牛，巡之時曰牲。而上言祭牲者，蓋取之將以爲祭牲故也。先王父天母地，以子道自處，推而及於山川社稷，凡所以事鬼神之道，皆稱孝焉。《論語》曰致孝乎鬼神，陳氏澔曰：色純曰犧，體完曰牲。

古者天子、諸侯必有公桑蠶室，近川而爲之，築宫仞有三尺，棘牆而外閉之。及大昕之朝，君皮弁素積，卜三宫之夫人、世婦之吉者，使人蠶於蠶室，奉種浴於川，桑於公桑，風戾以食之。歲既單矣，世婦卒蠶，奉繭以示於君，遂獻繭於夫人。夫人曰：此所以爲君服與！遂副、褘而受之，因少牢以禮之。古之獻繭者，其率用此與？及良日，夫人繅，三盆手，遂布於三宫夫人、世婦之吉者，使繅。遂朱緑之，玄黄之，以爲黼黻文章。服既成，君服以祀先王先君，敬之至也。

昕音欣。奉上聲。種上聲。食音嗣。單音丹。與音餘。褘音暉。繅音騷。

鄭康成曰：大昕，季春朔日之朝也。諸侯夫人三宫，半后也。風戾之者，及早涼脆采之，風戾之使露氣燥，乃以食蠶，蠶性惡溼也。歲單，三月月盡之後。言歲者，蠶，歲之大功，畢於此。副、褘，王后之服，禮之，禮奉繭之世婦也。三盆手者，三淹也。凡繅，每淹大總，而手振之，以出緒也。孔氏穎達曰：公桑，官家之桑。蠶室，養蠶之室。近川浴種，便也。牆七尺曰仞，七尺又有三尺高一丈也。棘牆，牆上置棘。外閉，扇在户外閉也。世婦，諸侯世婦。愚按：首言天子諸侯必有公桑蠶室，下專就諸侯言之故，三公夫人世婦云云。而天子可類推矣。爲君服，君服以祭事，亦取諸此。副、褘，王后之服，而夫人服以受繭者，將以事神，重其事也，其率用此與，言此禮之重，養與繅必卜其吉者，重其事而决於神明也。孔氏曰：前文耕藉男子之事，故云以事天地山川社稷，兼云先祖。養蠶婦人之事，婦人不與外祭，故云先王先公。其實養蠶爲衣，亦祀天地山川社稷。

君子曰：禮樂不可斯須去身。致樂以治心，則易直子諒之心油然生矣。易直子諒之心生，則樂，樂則安，安則久，久則天，天則神。天則不言而信，神則不怒而威，致樂以治心者也。致禮以治躬則莊敬，莊敬則嚴威。心中斯須不和不樂，而鄙詐之心入之矣。外貌斯須不莊不敬，而慢易之心入之矣。故樂也者，動於内者也。禮也者，動於外者也。樂極和，禮極順。内和而外順，則民瞻其顔色而不與争也，望其容貌而衆不生慢易焉。故德煇動乎内，而民莫不承聽；理發乎外，而衆莫不承順。故曰：致禮樂之道，而天下塞焉，舉而措之無難矣。樂也者，動於内者也；禮也者，動於外者也。故禮主其減，樂主其盈，禮減而進，以進爲文。樂盈而反，以反爲文。禮減而不進則銷，樂盈而不反則放。故禮有報而樂有反。禮得其報則樂，樂得其反則安。禮之報，樂之反，其義一也。

説見《樂記》上文。言粢盛、犧牲、衣服用以祭者，其嚴敬如此而必本於身心之中正和樂。故以斯須不去禮樂結之，非泛言也。

曾子曰：孝有三，大孝尊親，其次弗辱，其下能養。

養去聲。

人之生也，受氣於父母，實受氣於天地。吾身之精神意氣，莫不本於父母。聖人盡人道而德合天地，則尊親至矣，故夫子美舜之大孝，而必先之以德，爲聖人弗辱。

謹言慎行，不貽父母羞辱。能養，不失敬養而已。三者無貴賤皆然。庶人而爲，聖人如孔孟亦尊親也。上文既言以禮樂修身。此下六章又言孝爲立身之本，必有曾子所云，始可以行禮樂，始可以祭。

公明儀問於曾子曰：夫子可以爲孝乎？曾子曰：是何言與？是何言與？君子之所謂孝者，先意承志諭父母於道。參，直養者也。安能爲孝乎？

與音餘。先去聲。

先意承志諭父母於道，作一句讀，言先父母之意而承其志引之於道，非苟順也。曾子固養志者，謙以誨公明儀耳。此申上文尊親之義而言，以道事親，乃爲孝子。不然，徒先意承志，阿意曲從，反爲不孝矣。

曾子曰：身也者，父母之遺體也。行父母之遺體，敢不敬乎？居處不莊，非孝也。事君不忠，非孝也。涖官不敬，非孝也。朋友不信，非孝也。戰陳無勇，非孝也。五者不遂，烖及於親，敢不敬乎？亨、孰、羶、薌，嘗而薦之，非孝也，養也。君子之所謂孝也者，國人稱願然，曰：幸哉，有子如此！所謂孝也已。衆之本教曰孝，其行曰養。養可能也，敬爲難。敬可能也，安爲難。安可能也，卒爲難。父母既没，慎行其身，不遺父母惡名，可謂能終矣。仁者仁此者也，禮者履此者也，義者宜此者也，信者信此者也，强者强此者也。樂自順此生，刑自反此作。

陳去聲。亨音烹。孰音熟。養去聲。

鄭康成曰：遂猶成也，然猶而也。愚按：此身爲父母之身，萬物皆備於我，誠身以事親，則内外始終無一息。可以不敬五者，特其目之大者。烖及於親，不必顯有凶烖，即寤寐中不堪自問，即爲辱親、烖親矣。國人稱之孝子，非必藉此爲榮。夫子稱閔子人不閒於其父母、昆弟之言，蓋實行孚而衆志洽也。本教，教之本也。安誠於敬而樂而安之，卒所謂非終父母之身，終其身也。不遺父母惡名，亦實德之驗。仁、禮、義、信、强莫不本此。樂，樂其天性之良。刑、罰其不孝之罪。言無在不誠不敬，即無在非孝。此申言上文，以道事親之義。

曾子曰：夫孝，置之而塞乎天地，溥之而横乎四海，施諸後世而無朝夕。推而放諸東海而準，推而放諸西海而準，推而放諸南海而準，推而放諸北海而準。《詩》云：自西自東，自南自北，無思不服。此之謂也。

方氏慤曰：置者，直而立之。溥者，敷而散之。施言其出無窮，推言其進不已。放，與孟子放乎四海同。準，以是爲準而不差。愚按：天地人止此一誠之所貫注，孝之至者，其愛敬至誠，通乎天地神明，四海皆一誠之理所貫注。凡人皆有此仁敬之誠心，仁孝肫誠，合天地之心，以仁以誠，施諸百爲，無不順者，而無聲無臭之際，亦神氣無弗布濩。此皆準之義也。非曾子身體之，亦何能發之。

曾子曰：樹木以時伐焉，禽獸以時殺焉。夫子曰：斷一樹，殺一獸，不以其時，非孝也。孝有三，小孝用力，中孝用勞，大孝不匱。思慈愛忘勞，可謂用力矣。尊仁安義，可謂用勞矣。博施備物，可謂不匱矣。父母愛之，喜[1]而不忘。父母惡之，懼而無怨。父母有過，諫而不逆。父母既没，必求仁者之粟以祀之。此之謂禮終。

斷音短。施惡竝去聲。

草木禽獸，雖與人異類，皆天地生意所留。孝子愛其親，恐傷其壽，則必體天地生生之意以愛物，所以廣父母之仁也。力以事言，勞以功言。常思父母慈愛，忘己之勞，是能竭力以事親者。仁義者天之理，而人心之良，尊而體之，安而行之，則勳勞日富，勞及於親矣。博施，廣施德於人。備物，無物不受其生成。上而君相，下而師儒，正己化人，廣父母無窮之德化，故曰不匱。備猶徧也。《詩》曰：孝子不匱，永錫爾類。即此。喜，喜父母之歡。勿忘，則思慕之久。懼，懼己之罪。無怨，則省惕之深。諫不逆，夫子所謂幾諫也。仁者之粟仕，則必居有道，隱則不受，非義。禮終，以禮事親，終其身也。

樂正子春下堂而傷其足，數月不出，猶有憂色。門弟子曰：夫子之足瘳矣，數月不出，猶有憂色，何也？樂正子春曰：善如爾之問也，善如爾之問也！吾聞諸曾子，曾子聞諸夫子，曰：天之所生，地之所養，無人爲大。父母全而生之，子全而歸之，可謂孝矣。不虧其體，不辱其身，可謂全矣。故君子頃步而弗敢忘孝也。今予忘孝之道，予是以有憂色也。壹舉足而弗敢忘父母，是故道而不徑，舟而不游，不敢以先父母之遺體行殆。壹出言而不敢忘父母，是故惡言不出於口，忿言不反於身。不辱於身，不羞其親，可謂孝矣。

數上聲。瘳音抽。頃音跬。

陳氏澔曰：無人，無如人爲最大。天地之性人爲貴也。道，正路。徑，捷出邪徑。游，徒涉也。愚按：父母者一人之天地，而天地者人物所共之父母也。盡性踐形，以事父母，無愧於天地，斯無愧於父母。全生全歸，全其所性，而形骸不待言矣。一念之垢，一形之失，皆爲辱身羞親，非但完體以歸也。

昔者有虞氏貴德而尚齒，夏后氏貴爵而尚齒，殷人貴富而尚齒，周人貴親而尚齒。虞夏殷周，天下之盛王也，未有遺年者。年之貴乎天下久矣，次乎事親也。

上文言誠身事親之理，此下又推廣孝義，以見教必始於在。上古有德者必有爵，有爵而後有富。虞夏殷所貴，一也。周人貴親，亦豈不貴德？記者特變文，言帝王所貴不同，而均尚齒，以明年之貴乎天下耳。次乎事親，前文所謂貴老，爲其近於親也。

是故朝廷同爵則尚齒，七十杖於朝，君問則席；八十不俟朝，君問則就之，

① 喜，阮元《十三經注疏》本作嘉。

而弟達乎朝廷矣。

朝音潮。

鄭康成曰：爵尚齒，老者在上也。則席爲布席於堂上而與之言，凡朝位立於庭，不俟朝，君揖之即退，不待朝事畢也。就之，就其家也。

行，肩而不併，不錯則隨，見老者則車、徒辟。班白者不以其任行乎道路，而弟達乎道路矣。居鄉以齒，而老窮不遺，强不犯弱，衆不暴寡，而弟達乎州巷矣。

併，步頂反。辟音避。

肩而不併，老少竝行，當遜退，不得齊肩也。鄭康成曰：錯，雁行也。父黨隨行，兄黨雁行。車、徒辟，乘車、步行，皆避老人也。班白，毛髮雜色。任，所擔持也。不以任，少者代之。老窮不遺，以鄉人尊而長之。雖貧且無子，無棄忘也。一鄉者五州。巷猶閭也。

古之道，五十不爲甸徒，頒禽隆諸長者，而弟達乎獀狩矣。軍旅什伍，同爵則尚齒，而弟達乎軍旅矣。

甸，田見反。頒音斑。長上聲。獀音蒐，所求反。狩音獸。

孔氏穎達曰：四井爲邑，四邑爲丘，四丘爲甸。甸出長轂一乘，甲士三人，步卒七十二人，供役事。記者生於周末，道周初之事，故云古道。鄭康成曰：頒之言分也。隆猶多也。分禽，多其老者，春獵爲獀，冬獵爲狩。什伍，士卒部曲也。《少儀》曰：軍尚左，卒尚右。孔氏曰：伍人爲伍，二伍爲什。

孝弟發諸朝廷，行乎道路，至乎州巷，放乎獀狩，修乎軍旅，衆以義死之，而弗敢犯也。

孔氏穎達曰：此總結上文。上但言弟，此兼云孝者，以孝故能弟。愚按：以義死之，以孝弟爲義之當然，寧死而不敢犯義也。

祀乎明堂，所以教諸侯之孝也。食三老五更於大學，所以教諸侯之弟也。祀先賢於西學，所以教諸侯之德也。耕藉，所以教諸侯之養也。朝覲，所以教諸侯之臣也。五者，天下之大教也。

食音嗣。更平聲。大學之大，音泰。

吴氏澄曰：凡享祀皆是教孝，而獨言祀明堂者，尊先王以配天，於享禮爲最大。《孝經》孝莫大於嚴父配天，是也。愚按：食三老五更，教諸侯敬長之義。先賢，能孝弟而有德者。西學，西郊小學。耕藉以孝養先人，朝覲以忠敬君上。此因言祭祀孝弟之義，而竝及五者爲天下之大教。蓋德統孝弟，而忠即孝之推，義本無二也。

食三老五更於大學，天子袒而割牲，執醬而饋，執爵而酳，冕而總干，所以教諸侯之弟也。是故鄉里有齒而老窮不遺，强不犯弱，衆不暴寡，此由大學來者也。

大音泰。酳音引，又伍覲反。

承上言。天子教弟之道，尤著於大學，以天子之尊爲養老，故親袒而割牲，親執醬而饋食。罷，又親執爵而酳，諸侯感而化之，推以及民，是故鄉里皆知尚齒，凡老窮弱寡無敢侵陵。此由大學來者也，贊之也。

天子設四學，當人學而大子齒。天子巡守，諸侯待於竟。天子先見百年者。八十九十者東行，西行者弗敢過；西行，東行者弗敢過。欲言政者，君就之可也。

大音泰。

上文錯舉教孝弟之禮，此下四節，特言天子敬老尚齒，敬天以見教所由始。四學，有虞氏之庠，夏之序，殷之瞽宗，周之辟雍。大學之內，雖太子亦齒於國人。巡守必先見百年，即八十九十者，或彼此東西行，不相值，亦必迂道見之，弗敢徑過。若欲言政，亦必就而見之，天子之尚齒如此。

壹命齒於鄉里，再命齒於族，三命不齒。族有七十者弗敢先。七十者不有大故，不入朝。若有大故而入，君必與之揖讓，而後及爵者。

此又明天子推廣弟道之義。壹命，天子下士，諸侯士也。再命，天子中士，諸侯大夫也。三命，天子上士，諸侯卿也。言先王貴爵之義，壹命、再命、三命殊異於衆如此。然鄉射飲酒時，族有七十者，雖貴弗敢先人。年至七十，不有大故，不入朝。有大故而入，君必與之揖讓，而後及爵者，則貴齒之義，較貴爵而尤甚矣。

天子有善，讓德於天。諸侯有善，歸諸天子。卿、大夫有善，薦於諸侯。士、庶人有善，本諸父母，存諸長老。禄爵慶賞，成諸宗廟，所以示順也。

方氏慤曰：天子受命於天，諸侯受命於天子，卿大夫受命於諸侯，故有善讓德。歸薦之士、庶人卑賤，善亦小矣，内則本諸父母，外則存諸長老而已。成諸宗廟，《祭統》曰：明君爵有德而禄有功，必賜爵禄於太廟，示不敢專也。愚按：此言自天子至庶人，有善必歸諸尊者，以示敬順之道，各就其分言之，非謂善有大小，所讓不同也。

昔者聖人建陰陽天地之情，立以爲《易》，易抱龜南面，天子卷冕北面，雖有明知之心，必進斷其志焉，示不敢專，以尊天也。善則稱人，過則稱己，教不伐以尊賢也。

卷音衮。知音智。斷去聲。

陰陽天地之情者，天地之情不可見，即陰陽以見，第常人不能知也。聖人得天地之道，因推以教人，闡陰陽天地之道於《易》。建，創建。立，不易也。故占易之禮，卜者抱龜南面，天子卷冕北面。不自恃，明知而進斷其志，所以然者，天之理至精，假龜靈物以求神。神憑於龜，龜之兆即神之命。天者神之主，以是爲尊天，故北面而卜也。至於善則稱人，過則稱己，教民不伐，以尊賢也。蓋天子事天如親，故敬天而卑己，且不敢菲薄於人。此即上文孝弟之意，而推廣言之也。

孝子將祭祀，必有齊莊之心以慮事，以具服物，以修宫室，以治百事。及祭之日，顔色必温，行必恐，如懼不及愛然。其奠之也，容貌必温，身必詘，如語焉而未之然。宿者皆出，其立卑静以正，如將弗見然。及祭之後，陶陶遂遂，如將復入然。是故慤善不違身，耳目不違心，思慮不違親。結諸心，形諸色，而術省之，孝子之志也。

齊，側皆反。語去聲。明音遥。思去聲。

上文言祭義已詳，此更言臨祭之心容。齊，齊其内。莊，飭其外。慮事，籌慮祭事。服物必備，宫室必嚴，百事必治，正慮事之實也。顔色必温以承親顔。行必恐懼以凛對越。如懼不及愛，申必恐之意，恐失親之愛也。奠之時必温必詘，亦和而敬意。如語焉而未之然，如親有所告語，而猶未盡其詞也。宿者，助祭之賓，祭祀將畢，孝子静立而俟卑志之抑，正心之齊。如將弗見然，惟恐親之去而己弗見也。陶陶遂遂，從容喜悦之貌。蓋如實追隨也。如將復入，如親周旋在室，出而復入。是故以下總結之。慤善不違身，誠慤純善之貌可挹也。耳目不違心，心一於親，耳目毫無外鶩也。思慮不違親，即上二句之所以然。術、述同。省，視也。孔氏穎達曰：循述而省視之，反復不忘也。

建國之神位，右社稷而左宗廟。

陳氏祥道曰：宗廟陽也，故居左。社稷陰也，故居右。陸氏佃曰：左宗廟，不死其親之義，三代共之。愚按：二説相兼，其義始備。言祭義而終之以此者，社稷國之主，宗廟家之生。有國有家者，爲社稷宗廟主，而不知祭之義，何以守土治民，克享天心？左右之主，固分陰陽，然實以明維持輔翼之意焉。

附解

中三才而立得父母以生，實得乾坤之理氣以生。其受氣於天，成形於地者，覆載生成一也。故聖人事親如事天，亦事天如事親，而祭祀之禮，尤至詳且重，無非欲人不愧不怍，全受全歸，爲宇宙之完人焉耳。祖宗父母，吾身受氣之所由來，其必求感孚固已，而天地之功用在鬼神，敬神以敬天，則凡所以修身立德，無憾於天親者，自不容緩。祭祀之儀，豈曰舍民義而求渺冥哉！誠其身以事親，則必能事天地而立命。夫子曰：我祭則受福。祭如在，祭神如神在。未嘗以天爲高遠，神明爲虚幻也。後世天人合德之義不明，而祭典始紊。其高者以爲民義修而鬼神可以無權，其卑者又不修慝，而徒勤媚禱，豈知聖人不敢褻天，實無不畏天？豈特孝享先人當以誠身爲本乎？卑邇通乎高遠，天親近在吾身，夫豈同於惝惚？而求此篇所言祭義，純粹無疵，意其必出於孔孟之徒、深知乎三才之理者。故言之確鑿，義藴畢宣如斯。凡言祭禮，允當奉爲楷模矣。孔子曰：知我其天。而又曰：事父事兄未能。夫惟知天地人神一氣相通者，本無毫髮之閒，故言行幽獨，潔淨精微，深覺信心之難。敬親者，非終父母之身終其身也。敬神明者，又豈徒在對越之際。其一切儀文，慎之又慎者，緣相在屋漏者，嚴之又嚴。秦皇漢武，侈肆而妄；梁武道君，諂媚而愚。有位，然又何怪愚賤之然耶？是故此篇之文必熟，復而思，推類而及，然後幽明一理之故曉然，而奇袞怪誕之流可以靖焉。

禮記恒解卷二十五 晚年定本

祭統

統，總括之義。祭之禮至多，然祇誠敬齋肅四字可以該之。《祭法》《祭義》二篇，已足盡其大凡。記者復爲此篇，實不免罣漏，而十倫尤爲不醇。其失隨文正之，當擇别而觀焉。

凡治人之道，莫急於禮。禮有五經，莫重於祭。夫祭者，非物自外至者也，自中出生於心者也。心怵而奉之以禮，是故惟賢者能盡祭之義。

怵音黜。

五經，吉凶軍賓嘉五禮也。物謂祭之事。祭禮繁重，然非自外至，乃心之思慕怵惕，不得不以此將。惟賢者能盡之義，詳見下文。

賢者之祭也，必受其福，非世所謂福也。福者，備也，備者，百順之名也，無所不順者之謂備。言内盡於己，而外順於道也。忠臣以事其君，孝子以事其親，其本一也。上則順於鬼神，外則順於君長，内則以孝於親，如此之謂備。唯賢者能備，能備然後能祭。是故賢者之祭也，致其誠信，與其忠敬，奉之以物，道之以禮，安之以樂，參之以時，明薦之而已矣，不求其爲。此孝子之心也。

長上聲。爲去聲。

鄭康成曰：世所謂福者，受鬼神之祐助也。其本一者，言忠孝俱由順出也。明猶潔也，爲謂福祐。愚按：内盡於己，外順於道，忠臣孝子之心如是，事人事神，其理一致，如此之謂備。平日無忝所生，臨時乃能孝享，故曰能備，然後能祭。及其祭也，又致其誠信忠敬。則奉物，而馨香克薦。道以禮，而儀文由中。安以樂，而神人和洽。參以時，而春露秋霜、悽愴怵惕交致，此之謂明薦之也。不求其爲，不求其何爲而然。孔氏謂不求孝子之心，無求也。若水旱災荒，禱祭百神則有求。然凡禱祈，必由平日克享天心，然後祭能受福。故孔子曰：某之禱久。然則大祝有六祈之義，大司徒有荒政索鬼神之禮，皆致其恐懼修省之意於神明，而非謂無德可以妄求也。後世禱祀日繁，不修實德，弊由誤會經義，不可不辨。

祭者，所以追養繼孝也。孝者，畜也，順於道，不逆於倫，是之謂畜。是故孝子之事親也，有三道焉：生則養，没則喪，喪畢則祭。養則觀其順也，喪則觀其哀也，祭則觀其敬而時也。盡此三道者，孝子之行也。

養去聲。畜，許六反。行去聲。

應氏曰：追養繼孝，追其不及之養，而繼其未盡之孝也。畜，順也。順於道，不逆於倫，言以道事親，而又不失親之歡心，是之謂畜，非徒阿順之謂。孝子事親，無一不致其敬順。養順、喪哀、祭敬，各以其重言之。時謂思慕與時，俱深之意。

既内自盡，又外求助，昏禮是也。故國君取夫人之辭曰：請君之玉女，與寡人共有敝邑，事宗廟社稷。此求助之本也。夫祭也者，必夫婦親之，所以備外内之官也，官備則具備。水草之菹，陸產之醢，小物備矣。三牲之俎，八簋之實，美物備矣。昆蟲之異，草木之實，陰陽之物備矣。凡天之所生，地之所長，苟可薦者，莫不咸在，示盡物也。外則盡物，内則盡志，此祭之心也。

取去聲。長去聲。

鄭康成曰：玉女者，美言之也。君子於玉比德焉。水草之菹，芹茆之屬。陸產之醢，蚳蝝之屬。天子之祭八簋。昆蟲，温生寒死之蟲也。《内則》可食之物，有蜩範。草木之實，菱、芡、榛、栗之屬。方氏慤曰：婦助夫，不特祭祀，而以祭祀爲本，故曰求助之本。夫婦親之，若君制祭，夫人薦盎；君割牲，夫人薦酒。卿大夫相君，命婦相夫人，此内外之官也。官所以執事，事所以具物，故曰官備則具備。愚按：盡物盡志以養親者，孝子之心。事死如生，故於祭而亦然。極言盡物盡志，而即菹醢俎實，以明其概，其實物有盡而志無窮也，故曰祭之心也。

是故天子親耕於南郊，以共齊盛。王后蠶於北郊，以共純服。諸侯耕於東郊，亦以共齊盛。夫人蠶於北郊，以共冕服。天子、諸侯非莫耕也，王后夫人非莫蠶也。身致其誠信，誠信之謂盡，盡之謂敬，敬盡然後可以事神明，此祭之道也。

共供同。齊本亦作齍，與粢同。盛音成。純如字。

天子耕藉於南郊，向明之義。王后北郊，主陰之義。且農事盛於南，天子以其盛言之，諸侯則於東郊，以遜於天子也。蠶喜陰。純，絲也。非莫耕，非莫蠶。非無人爲之耕蠶，必身親之，以致其誠信，而後爲盡敬神明，享至誠也。

及時將祭，君子乃齊。齊之爲言齊也，齊不齊以致齊者也。是以[①]君子非有大事也，非有恭敬也，則不齊。不齊則於物無防也，耆欲無止也。及其將齊也，防其邪物，訖其耆欲，耳不聽樂，故《記》曰齊者不樂，言不敢散其志也。心不苟慮，必依於道。手足不苟動，必依於禮。是故君子之齊也，專致其精明之德也，故散齊七日以定之，致齊三日以齊之。定之之謂齊，齊者，精明之至也，然後可以交於神明也。

言齊、齊不齊、以齊之齊，皆如字，餘側皆反。耆，市志反。

心者，人之神明，本可以通天地而格鬼神。因私欲亂之，陰濁擾雜，遂無以通神。君子於將祭必齊，齊其思慮之不齊，以致其誠敬。非大事恭敬，則不齊，明乎齊之至重也。其實君子平日省身寡過，非於物無防，耆欲無止。記者特極言齊之必齊耳。邪物耆欲，如男女、嗜欲、口腹、膃羶之類。訖，止也。君子無故不去琴瑟，而齊則不樂。引《記》以明齊之爲義，專一其志於祭也。心所思，皆天理爲依，道身所爲，皆天理爲依。禮内外交飭，斯爲精明之德。定之，志已定而無他。齊之，則無一不精明矣。齊言其究竟，定言其初功。申之曰定之之謂齊，無不定而能齊者也。精明之至，神明所共，故可交於神明矣。

是故先期旬有一日，宫宰宿夫人，夫人亦散齊七日，致齊三日。君致齊於外，夫人致齊於内。然後會於大廟。君純冕立於阼，夫人副禕立於東房。君執圭瓚祼尸，大宗執璋瓚亞祼。及迎牲，君執紖，卿大夫從，士執芻。宗婦執盎，從夫人，薦涚水；君執鸞刀，羞嚌；夫人薦豆。此之謂夫婦親之。

先去聲。大音泰。純音緇。禕音輝。瓚，才旦反。祼，古亂反。紖，直忍反。從去聲。盎，烏浪反。從字絶句。涚，舒鋭反。嚌本又作齊，去聲。

鄭康成曰：宫宰，守宫官也。宿，讀爲肅，猶戒也。戒輕肅重。大廟，始祖廟也。圭瓚、璋瓚，祼器也，以圭璋爲柄，酌鬱鬯曰祼。孔氏穎達曰：外，君之路寢。内，夫人正寢。純冕，緇冕也。冕皆上玄下纁，其服竝然，故通云緇冕，副及禕，后之上服。大宗，主宗廟禮者。亞祼之禮，夫人親爲之。此云大宗者，記者廣言容夫人有故，大宗代之也。紖，牛鼻繩，君自執之人繫於碑。卿大夫從，驅之，及殺與幣告，皆從於君。芻，藁也。殺牲以此藉之。宗婦，同宗之婦，執盎以從，夫人涚即盎齊，盎齊濁，用清酒以涚泲之。涚水，明水。宗婦執盎齊而來，奠盎齊於位，夫人乃就盎齊之尊，酌此涚齊而薦之，因盎齊有明水，連言水耳。嚌，肝、肺也。嚌有二時，一朝踐，取肝以膋貫之，入室燎於爐炭，出薦之主前；一饋熟，君以鸞刀割制所羞嚌肺，横切之使不絶，亦奠於俎上。尸竝嚌之，羞進也。於君羞嚌之時，夫人薦此饋熟之豆。

及人舞，君執干戚就舞位。君爲東上，冕而總干，率其群臣，以樂皇尸。是

① 以，底本作故，據阮元《十三經注疏》本改。

故天子之祭也，與天下樂之。諸侯之祭也，與竟内樂之。冕而總干，率其群臣，以樂皇尸，此與竟内樂之之義也。

樂音洛。竟音境。

鄭康成曰：君爲東上，近主位也。皇，君也。言君尸者，尊之。應氏鏞曰：比干杖鉞，武王臨陣之容；朱干玉戚，爲大武象成之樂。既以顯先王之功，又欲子孫知締刱之難，而毋忘持守也。以君之尊，躬執其事，非徒樂皇尸，所以悦祖考也。

夫祭有三重焉：獻之屬莫重於祼，聲莫重於升歌，舞莫重於《武宿夜》，此周道也。凡三道者，所以假於外而以增君子之志也。故與志進退，志輕則亦輕，志重則亦重。輕其志而求外之重也，雖聖人弗能得也。是故君子之祭也，必身自盡也，所以明重也。道之以禮，以奉三重而薦諸皇尸，此聖人之道也。

鄭康成曰：《武宿夜》，武曲名也。愚按：《書》言甲子昧爽，又曰會朝清明，則武宿夜之義，極言一宿而即平亂耳。陳氏祥道曰：獻之屬有九，莫重於祼，以降神者爲重。聲莫重於升歌，貴人聲也。愚按：舞莫重於《武宿夜》舞，以象武王之武功，而武王平亂，實由平日，故重此以示後人，當知武功本於文德也。志不可見，假外物以明之，而其志彌彰，故曰增。聖人制禮，無所弗重，此言其尤重者耳。必先有其志，而後假物以將之，故君子必身自盡其志。陳氏澔曰：聖人固無内輕而求外重之事。此特以明役志爲本耳。

夫祭有餕，餕者祭之末也，不可不知也。是故古之人有言曰：善終者如始。餕其是已。是故古之君子曰：尸亦餕鬼神之餘也，惠術也，可以觀政矣。是故尸謖，君與卿四人餕。君起，大夫六人餕，臣餕君之餘也。大夫起，士八人餕，賤餕貴之餘也。士起，各執其具以出，陳於堂下，百官進，徹之，下餕上之餘也。

餕音俊。謖，所六反。

末猶終也。餕在祭終，恐人忽略，故曰不可不知。因引古言以美其善終。初薦毛血燔燎，是薦於鬼神。至薦熟時，尸乃食之，故曰尸亦餕鬼神之餘。惠術也，言尸餕是施恩惠之法，施恩惠者爲政之本，故可以觀政。謖，興起也。君於廟中事尸如君，君食尸餘，臣食君餘，是臣餕君之餘也。以下漸徧及下示溥恩惠也。士廟中餕訖而起，所司各執其饌具以出廟戶，陳於堂下，百官餕訖，進徹之。執事之人皆有職事，故曰官。進徹，進而徹其具。

凡餕之道，每變以衆，所以别貴賤之等，而興施惠之象也。是故以四簋黍見其修於廟中也。廟中者，竟内之象也。祭者，澤之大者也。是故上有大澤，則惠必及下，顧上先下後耳，非上積重而下有凍餒之民也。是故上有大澤，則民夫人待於下流，知惠之必將至也，由餕見之矣。故曰：可以觀政矣。

别，彼列反。夫音扶。見音現。

申言上文觀政之意。每變以眾，由君而下，漸及多人。惠由貴者施及賤者，别其等而興起施惠之象，見惠必貴其偏也。君與三卿用四簋之黍，君卿正貴者，惠所由施，而其事自廟中而修舉，是凡施惠竟内之事，君卿皆體祖宗神明之意以行也。合竟内之馨香以事神，即普神之馨香以及眾人，故曰廟中者，竟内之象，祭者澤之大者也。神降澤於上之人，上亦推惠於下之人，其意義同，但上先而下後耳，非上專惠於己，積重不散，聽其下有凍餒之民也。是故上有大澤，則民人皆待澤於下流，知上之人必施惠也。即餕見之，故曰可以觀政矣。

夫祭之爲物大矣，其興物備矣。順以備者也，其教之本與！是故君子之教也，外則教之以尊其君長，内則教之以孝於其親。是故明君在上，則諸臣服從。崇事宗廟社稷，則子孫順孝。盡其道，端其義，而教生焉。是故君子之事君也，必身行之，所不安於上，則不以使下；所惡於下，則不以事上。非諸人，行諸己，非教之道也。是故君子之教也，必由其本，順之至也，祭其是與！故曰：祭者，教之本也已。

與音餘。長惡竝去聲。

物猶言事。興物，興造祭品。順，順理也。順理而備，教當如此，而其本在祭。下文申明之。尊長、孝親，教之大者，祭兼有之。諸臣服從，子孫盡孝，於崇祀見之則道盡而義端。一切教化，由是生矣。君子事君以下，廣言凡爲祭者，不止爲天子諸侯言也。自身躬行以率人，不致寬己而非人，教之實功於祭，見之由其本，順之至，皆謂祭也。

夫祭有十倫焉：見事鬼神之道焉，見君臣之義焉，見父子之倫焉，見貴賤之等焉，見親疏之殺焉，見爵賞之施焉，見夫婦之别焉，見政事之均焉，見長幼之序焉，見上下之際焉。此之謂十倫。

見音現。殺去聲。

當理而有次序之謂倫。就上文所言，條析其義，而有此十倫，下文乃申言之。

鋪筵設同几，爲依神也。詔祝於室，而出於祊，此交神明之道也。

爲去聲。

孔氏穎達曰：設之曰筵，坐之曰席。同，共也。生時形體異，故夫婦别几，死則魂氣同歸，故共几。詔，告也。祝，祝也。愚按：設筵几以依神，如在其上矣。而又祝於室，出於祊，不知神之所在於彼乎？於此乎？蓋至顯而又至微，此爲交神明之道也。

君迎牲而不迎尸，别嫌也。尸在廟門外則疑於臣，在廟中則全於君。君在廟門外則疑於君，入廟門則全於臣、全於子。是故不出者，明君臣之義也。

尸本臣也，入廟則君當以君父事之，而以臣子自處。迎必出門，不出廟門迎尸，以其未入廟，尚嫌有臣之義，以不迎爲尊之也。以君之尊，而因盡臣子之道，尊尸如此，則凡爲臣子者可知矣。故曰：明君臣之義也。孔氏穎達曰：全於君，不云全父，此本明君臣，故略於全父也。

夫祭之道，孫爲王父尸，所使爲尸者，於祭者子行也。父北面而事之，所以明子事父之道也。此父子之倫也。

行音杭。

古爲尸，皆取於同姓適孫之無父者爲尸，於祭者之子爲行輩，而父北面事之者，以明子事父之道。然古人必爲尸以象神，取諸孫輩，固爲其如生，而以一氣之人象之。但父子之倫，不盡於此，而第即此以言，記者之陋也。

尸飲五，君洗玉爵獻卿。尸飲七，以瑤爵獻大夫。尸飲九，以散爵獻士及群有司。皆以齒。明尊卑之等也。

瑤音遥。散，悉但反。

孔氏穎達曰：獻卿、大夫、士及有司等，其爵雖同，皆長者在先，故云以齒。此據上公九獻之禮。凡祭二，裸用鬱鬯，尸祭奠而不飲。朝踐二獻，饋食二獻，及食畢，主人酳尸。爲尸飲五，於此時獻卿，獻卿後，主婦酳尸。賓長獻尸，爲尸飲七。九獻禮畢，而初二裸不飲，故云尸飲七。自此以後，長賓長兄弟更爲加爵，尸又飲二，是竝前尸飲九，主人乃以散爵獻士及群有司。徐氏師曾曰：獻，一也，而由卿，而大夫、士有司，是先尊而後卑。爵，一也，而以玉、以瑤、以散，是重尊而輕卑，皆以明尊卑之等也。前言貴賤，此言尊卑，無二義也。

夫祭有昭穆。昭穆者，所以别父子、遠近、長幼、親疏之序而無亂也。是故有事於大廟，則群昭群穆咸在，而不失其倫，此之謂親疏之殺也。

長去聲。大音泰。

昭穆以始祖序次，而下各分左右，其子孫亦以是序。有事於大廟，群昭群穆咸在，可謂衆矣。而不失其倫，由昭穆有以别之也。昭穆由父子而分，以次遠近，長幼親疏漸别而實，皆以情制，故專承之日親疏之殺也。

古者，明君爵有德而禄有功，必賜爵禄於大廟，示不敢專也。故祭之日，一獻，君降立於阼階之南，南鄉，所命北面，史由君右，執策命之，再拜稽首，受書以歸，而舍奠於其廟。此爵賞之施也。

鄉去聲。舍音釋。

一獻，一酳尸也。尸食已畢，始行爵賞。人君爵賞罰不敢自專，而必本於祖宗。人臣受賞不敢自是，而必舍奠於廟。則人皆知忠孝之誼，爵賞非己所得而私也。方氏慤曰：史掌書者，策則書其所命之事。上言執策，下言受書，互相備也。史由君右，重命也。

君卷冕立於阼，夫人副褘立於東房。夫人薦豆執校，執醴授之，執鐙。尸酢夫人執柄，夫人受尸執足。夫婦相授受，不相襲處，酢必易爵，明夫婦之别也。

卷音衮。校音效。鐙音登。

陳氏澔曰：卷冕、副褘，見前。校，豆中央直者。執醴，執醴齊之人也。此人兼掌授豆。鐙，豆之下跗也。爵形如雀，柄則尾也。襲處，謂因其處。孔氏穎達曰：主人受主婦之酢，必易換其爵。鄭云：男子不承婦人爵，是也。

凡爲俎者，以骨爲主。骨有貴賤，殷人貴髀，周人貴肩。凡前貴於後。俎者，所以明祭之必有惠也。是故貴者取貴骨，賤者取賤骨，貴者不重，賤者不虚，示均也。惠均則政行，政行則事成，事成則功立。功之所以立者，不可不知也。俎者，所以明惠之必均也，善爲政者如此，故曰：見政事之均焉。

髀，必氏反。重平聲。奇音基。

孔氏穎達曰：殷質，貴髀之厚；周文，貴肩之顯，凡前貴於後。據周言之，明祭之必有惠，以助祭者，故賜之俎也。貴者不特多而重，賤者不虚而無，分俎多少，隨其貴賤，是示均平也。愚按：人君施惠均，則人樂趨事赴功，故事成而功立。即俎之均，推之於政可也，故曰見政事之均。然聖人制禮無不均者，而第以骨言，亦偏。

凡賜爵，昭爲一，穆爲一。昭與昭齒，穆與穆齒。凡群有司皆以齒，此之謂長幼有序。

孔氏穎達曰：祭祀旅酬時，賜助祭者酒爵。君衆兄弟子孫昭爲一列，穆爲一列，各自相旅。尊者在前卑者在後。同班則長者在前，少者在後，是昭與昭齒，穆與穆齒。然孔子言序昭穆，亦不止賜爵一事。

夫祭有畀煇、胞、翟、閽者，惠下之道也。唯有德之君爲能行此，明足以見之，仁足以與之。畀之爲言與也，能以其餘畀其下者也。煇者，甲吏之賤者也。胞者，肉吏之賤者也。翟者，樂吏之賤者也。閽者，守門之賤者也。古者不使刑人守門，此四守者，吏之至賤者也。尸又至尊，以至尊既祭之末而不忘至賤。而以其餘畀之，是故明君在上，則竟内之民無凍餒者矣。此之謂上下之際。

畀，必列反。煇音運。胞音庖。翟音狄。閽音昏。竟上聲。

明足以見，謂知不遺於小。仁足以與，實能恩周於物。畀之爲言與，解畀字義。上下之際，謂貴賤懸殊而恩足以及之也。鄭康成曰：煇，《周禮》作韗。韗，磔皮革之官。翟，教羽舞者。不使刑人守門，謂夏殷時。陸氏德明曰：胞，肉吏也。

凡祭有四時，春祭曰礿，夏祭曰禘，秋祭曰嘗，冬祭曰烝。礿、禘，陽義也。嘗、烝，陰義也。禘者陽之盛也，嘗者陰之盛也。故曰：莫重於禘、嘗。古者於禘也，發爵賜服，順陽義也。於嘗也，出田邑，發秋政，順陰義也。故記曰：嘗之日，發公室，示賞也。草艾則墨，未發秋政，則民弗敢草也。

礿音藥，又作禴。夏，尸嫁反。艾音刈。

孔氏穎達曰：爵命生養之事，故屬陽。田邑土地之事，故屬陰。發公室，出公室貨財。草艾則墨，堪艾給炊爨之時，則行小刑之墨。未發秋政，民不敢艾草。愚按：孝子無時忘親，人君無時不畏天命。四時之祭，自不容已。帝德王於夏而功成於秋，禘嘗之義，舉其盛者以該四時。其實四時之祭，無不重者，天之生長收藏，王者無不法之。此未足爲條拘鑿典要也。

故曰：禘、嘗之義大矣，治國之本也。不可不知也。明其義者，君也。能其事者，臣也。不明其義，君人不全。不能其事，爲臣不全。夫義者，所以濟志也，諸德之發也，是故其德盛者其志厚，其志厚者其義章，其義章者其祭也敬。祭敬，則竟内之子孫莫敢不敬矣。是故君子之祭也，必身親涖之。有故則使人可也。雖使人也，君不失其義者，君明其義故也。其德薄者其志輕，疑於其義而求祭，使之必敬也，弗可得已。祭而不敬，何以爲民父母矣。

治平聲。竟上聲。

承上言禘嘗之義大，治國者不可不自盡。禮以義起，孝子有愛敬之志，而義以濟之。君踐其禮而義明，臣分其任而事能。德盛者，其平日誠身事親，無一不合乎禮，故其志厚。厚非一日之積也。章，著也。竟内之子孫，孰非人子，觀感而興禮，又足以範之，則莫敢不敬矣。身親涖之者，禮之正也。有故，使人代，而不失其義者，必有大不得已，而思慕愛敬，實至也。故曰：明其義故也。孔子曰：吾不與祭，如不祭。愛敬不至，而使人代，是爲德薄志輕。義未盡而求祭，必不能敬，不能敬其親，根本已薄，安能化民成俗，故不得爲民父母。

夫鼎有銘，銘者自名也，自名以稱揚其先祖之美，而明著之後世者也。爲先祖者，莫不有美焉，莫不有惡焉。銘之義，稱美而不稱惡，此孝子孝孫之心也，唯賢者能之。銘者，論譔其先祖之有德善，功烈、勳勞、慶賞、聲名，列於天下，而酌之祭器，自成其名焉，以祀其先祖者也。顯揚先祖，所以崇孝也。身比焉，順也；明示後世，教也。

譔音撰。比，毗志反。

銘，書之刻之於器，自名稱揚其先祖之德，著己名於下。烈，業也。王功曰勳，事功曰勞。酌之祭器，斟酌其美，傳著於鐘鼎。身比，自著名於下。順，著名以稱揚先祖，孝順之行。教所以教後世。論，論説。譔，譔録。德善，其成己者也。功烈、勳勞，其成人者也。慶賞，兼受賞賞人而言，比己名注於下，明其當順先人懿行。教，教人則之。

夫銘者，壹稱，而上下皆得焉耳矣。是故君子之觀於銘也，既美其所稱，又美其所爲。爲之者，明足以見之，仁足以與之，知足以利之，可謂賢矣。賢而勿伐，可謂恭矣。

知去聲。

孔氏穎達曰：造銘惟壹稱先祖之善。上下皆得，上光揚先祖，下成己順行，又垂教來世。美所稱無虛譽，美所爲無可訾。子孫明於理而所稱乃當仁，其先而愛慕不忘，知足以利銘於器而不朽，雖有三者之美，意主稱揚，先德不自以爲功，故曰恭。

故衛孔悝之鼎銘曰：六月丁亥，公假於大廟。公曰：叔舅！乃祖莊叔，左右成公。成公乃命莊叔隨難於漢陽，即宫於宗周，奔走無射。啟右獻公。獻公乃命成叔纂乃祖服。乃考文叔，興舊耆欲，作率慶士，躬恤衛國。其勤公家，夙夜不解。民咸曰：休哉！公曰：叔舅，予女銘，若纂乃考服。悝拜稽首曰：對揚以辟之。勤大命，施於烝彝鼎。此衛孔悝之鼎銘也。古之君子論譔其先祖之美，而明著之後世者也，以比其身，以重其國家如此。子孫之守宗廟社稷者，其先祖無美而稱之，是誣也。有善而弗知，不明也；知而弗傳，不仁也。此三者，君子之所恥也。

悝音恢。假音格。大音泰。左右竝去聲。難去聲。射音亦。耆音嗜。解音邂。予上聲。女音汝。辟音璧。比音鼻。

鄭康成曰：孔悝，衛大夫。公，莊公蒯聵，德孔悝之立己，褒之以靖國人，自固也。假，至也。至大廟，以夏之孟夏禘祭。公曰叔舅，公爲策書，尊呼悝而命之。乃猶女也。莊叔，悝七世祖孔達，隨成公出奔楚。漢，楚之川也。即宫於宗周，成公後反得國，坐殺弟叔武，晉人執而歸之於京師，寘諸深室也。射，厭也，言奔走勞苦而不厭。周既去鎬京，猶名王城爲宗周也。獻公，衛侯衎，成公曾孫，亦失國得反。言莊叔之功流於後世，啟右獻公，使得反國。成叔，莊叔之孫成子烝鉏也。右，助也。纂，繼。服，事也。獻公反國，命成子繼莊叔之事，欲其忠如孔達也。文叔，成叔曾孫文子圉，即悝父也。作，起也。公命悝：予女先祖銘，以尊顯之；女繼女父之事，欲其忠如文子也。施猶著也，刻著於烝祭之彝鼎。彝，尊也。記者言銘類衆多，略取此一事言之。以重其國家如此，言如莊公命孔悝之爲也。應氏鏞曰：嗜欲者心志之所存。古慶卿同音同用，故慶雲謂之卿雲。作率，謂奮起而倡率之。陸氏佃曰：辟，君也。勤大命，言命大且勤。對揚以君之勤大命，猶言對揚天子之休命。愚按：孔悝本非賢者，記者節取其銘，以明凡銘追崇先祖之式如此，而又申之以誣與不明不仁爲君子所恥。蓋古之君子，不忘先祖，則必修身而後論譔先祖。著之後世，以比其身，以重其國家，非謂孔悝君子也。

昔者周公旦有勳勞於天下，周公既没，成王、康王追念周公之所以勳勞者，而欲尊魯，故賜之以重祭。外祭則郊、社是也，内祭則大嘗禘是也。夫大嘗禘，升歌《清廟》，下而管《象》，朱干玉戚以舞《大武》，八佾以舞《大夏》，此天子之樂也。康周公，故以賜魯也。子孫纂之，至於今不廢，所以明周公之德，而又以重其國也。

佾音逸。

上文引孔悝鼎銘以著銘式，而其事則不足爲子孫之法也。故復引周公事以終之。成王康王追念周公，必有銘焉。時已無傳，故特即重祭，以見其概。方氏慤曰：郊社所以祭天地，故曰外；嘗禘所以祭祖宗，故曰内。嘗禘曰大，以天子所賜禮樂，比諸侯尤隆也。御案：象有但吹以管者，此下管象是也。有舞以籥者，《左傳》象箾南籥是也。愚按：魯之重祭，先儒多議之。愚於《明堂位》已詳。郊社禘等義，亦見《禮運》及《論語》。

附　解

聖人以一理貫萬事，而施諸天下無不宜，非意之也。天命之性，渾然粹然，具於身者無弗純，而物理人情，得諸見聞者無弗悉。故自朝廷宗廟以及民生纖微之事，或有以得其衷而立之法。昧者無其本，而徒講求於儀文節目之繁，不特時勢所宜，靡知損益，即大經大法萬古不渝者，亦無能通其變而適得乎中。若《祭禮》之文，其一端也。《祭法》《祭義》略舉大凡，所以崇德、報功、誠身、盡制之道已詳。而此篇又贅爲之説，名曰《祭統》，其中雖不無可採，而實不及上二篇之精純。學者當別白而觀，相其宜而立制，始可以當乎天理人情之安，且建諸天地、徵諸庶民、考諸三王而不謬也。若銘之一事，後世尤爲襲用。然虚而不實、駁而不純，每來阿好之誚。人子思有以榮其先，則盡性立命，無忝忠孝之道，固求不疚之難，是宜反躬而自課焉。若徒身後之名，重以矯誣之事，恐不足爲前人光，而反以貽之戚耳。戒之戒之。

禮記恒解卷二十六晚年定本

經解

古無六經之名，孔子贊《易》，删《詩》《書》，修《春秋》，論定《禮》《樂》，門人記録，相沿至漢，尊爲六經。此篇所記，不止解六經。記者特因篇首所言而名之。首孔子曰三字，或孔子删定後嘗有此言，以訓門人。其爲人也以下，則記者之言耳，非夫子自以爲經。且謂六經久已爲教也，前人或盡以爲孔子之言，又或疑其誣，皆未深察也。

孔子曰：入其國，其教可知也。其爲人也温柔敦厚，《詩》教也；疏通知遠，《書》教也；廣博易良，《樂》教也；絜静精微，《易》教也；恭儉莊敬，《禮》教也；屬辭比事，《春秋》教也。故《詩》之失愚，《書》之失誣，《樂》之失奢，《易》之失賊，《禮》之失煩，《春秋》之失亂。

易良之易，去聲。屬音燭。此音畀。

此夫子删定之後，言此以教門人。見《易》《詩》《書》《禮》《樂》《春秋》，皆本乎人情之自然而爲教也。入其國，其教可知，謂觀其風俗，而知上之教化，近於六經，非謂六經久爲治國之常經，而以其俗考之也。其人之性情和平忠厚者，即有得於《詩》教，下放此。疏通知遠，疏解通達而知事之成敗遠近。廣博，不迫隘。易良，簡易良善。絜，不淫雜。静，不煩擾。精微，理致深細。屬辭比事，比合其事，而以類相屬，著於辭。以上六者，性情學問之所就，本有此六者，夫子以爲有得於六經之意。六經之教，因而爲之綱紀節文。學者善學之，則益以成其德器，不善學，則各有失。學《詩》而無裁制，則必一於和柔，失之愚昧。學《書》而無擇别，則必過於信古，失之誣罔。學《樂》而無節制，則必過於氾濫，失之奢放。學《易》而無變通，則必過求深刻，失之賊害。學《禮》而無經權，則必務於儀文，失之煩苦。學《春秋》而不精義，則必泥於記載，失之變亂。夫子先指六失以教門人。

其爲人也温柔敦厚而不愚，則深於《詩》者也。疏通知遠而不誣，則深於《書》者也。廣博易良而不奢，則深於《樂》者也。絜静精微而不賊，則深於《易》者也。恭儉莊敬而不煩，則深於《禮》者也。屬辭比事而不亂，則深於《春秋》者也。

蓋漢儒因孔子之言而明其效。然聖人教人，誠正齊修，自有本末之功，克復功深。如夫子自言不惑，知命以後，六經之義自無不該，必區區分别某事，由某經得來，亦拘墟矣。

天子者，與天地參，故德配天地，兼利萬物，與日月竝明，明照四海，而不遺微小。其在朝廷，則道仁聖禮義之序，燕處則聽雅頌之音，行步則有環佩之聲，升車則有鸞和之音，居處有禮，進退有度。百官得其宜，萬事得其序。《詩》云：淑人君子，其儀不忒。其儀不忒，正是四國。此之謂也。

遺去聲。

自此至篇末，皆記者因言六經，而推廣其義。特以天子言之，明教必自天子始耳。與天地參，以其位言，德必配天地，而後可兼利萬物，明照四海，而不遺微小。衹是人情物理，曲折精微周知之故。道，引導。備仁聖禮義於己，而因以及人。序，次第，精粗各得其宜也。雅頌之音，環佩之聲，鸞和之音，則又即其燕處行步升車，見其斯須不違禮樂之驗。申之曰居處有禮，進退有度，則動容周旋，無不中禮矣。故百官得其宜，萬事得其序，而引《蓼蕭》之詩以美之。

發號出令而民説，謂之和。上下相親，謂之仁。民不求其所欲而得之，謂之信。除去天地之害，謂之義。義與信，和與仁，霸王之器也。有治民之意而無其器，則不成。

發號出令而民説，適得乎民心之所同然也，故曰和。上下相親，恩膏洽浹，故曰仁。體天地之道和民，民不求其所欲而自然得之，如天地生成之不爽，故曰信。天地之害，水旱、疾疫、兵戈之類。國有道而天心順，人事亨也。義，斷制之意。器，鄭康成曰：謂所操以作事者。孔門止言王道，而此云霸者，漢襲秦俗，以王霸竝稱。

禮之於正國也，猶衡之於輕重也，繩墨之於曲直也，規矩之於方圜也。故衡誠縣，不可欺以輕重。繩墨誠陳，不可欺以曲直。規矩誠設，不可欺以方圜。君子審禮，不可誣以姦詐。

圜音圓。縣音玄。

上文言仁聖義信等事，而此下專言禮，禮尤善治之具耳。輕重不齊，曲直難分，方圓不定，喻人情物理不可以一概而定。禮猶衡與繩墨規矩，以此正國，而姦詐自泯。姦詐，不正者也，必先毀禮而後有之。審，精明之意。

是故隆禮由禮，謂之有方之士。不隆禮，不由禮，謂之無方之民。敬讓之道也。故以奉宗廟則敬；以入朝廷則貴賤有位；以處室家則父子親，兄弟和；以處鄉里則長幼有序。孔子曰：安上治民，莫善於禮。此之謂也。

長上聲。

隆，崇重之。由，行也。方猶道也。極言禮之不可不務。禮不外於敬讓。敬讓之道也句，領起下文，能敬讓則無所往而不可，故引孔子之言以結之。

故朝覲之禮，所以明君臣之義也。聘問之禮，所以使諸侯相尊敬也。喪祭之禮，所以明臣子之恩也。鄉飲酒之禮，所以明長幼之序也。昏姻之禮，所以明男女之别也。夫禮，禁亂之所由生，猶坊止水之所自來也。故以舊坊爲無所用而壞之者，必有水敗。以舊禮爲無所用而去之者，必有亂患。

别，彼列反。坊音房，本又作坊。壞音怪。去上聲。

上文言隆禮，由禮所該者廣。此又舉其大端言之。春曰朝，秋曰覲，大曰問，小曰聘。臣子之恩，臣子思君親之恩，故久而弗懈。喪祭尤其重者。鄉飲酒尚齒。男女易嫌，故爲昏姻之禮以别之。人情易肆，猶水易泛也，禮以禁亂，猶坊以止水，必不可稍潰其防。

故昏姻之禮廢，則夫婦之道苦，而淫辟之罪多矣。鄉飲酒之禮廢，則長幼之序失，而争鬬之獄繁矣。喪祭之禮廢，則臣子之恩薄，而倍死忘生者衆矣。聘覲之禮廢，則君臣之位失，諸侯之行惡，而倍畔侵陵之敗起矣。

辟音僻。行去聲。

就上文反言之，以著其弊。上言禁亂，故由朝廷而及下，禮由上起也。此言流弊，故由昏姻而及上，亂從下生也。苦，患也。夫婦不得其正，各有所苦，淫僻其甚焉者。長幼序失，未必即争，而争鬬其必至者。臣子忘恩，則必倍死忘生。君臣位失，則必倍畔侵陵。此乃理勢之必然，而防之所以不可不以禮也。

故禮之教化也微，其止邪也於未形，使人日徙善遠罪而不自知也，是以先王隆之也。《易》曰：君子慎始，差若毫釐，繆以千里。此之謂也。

遠去聲。

教化也微，謂陶淑變化，使人不覺。循禮則正，故止邪於未形。慎始謂豫養其敬讓之心。凡事莫不起於心，心有毫釐不正，而言行動静其失，即有千里之謬。禮所以正心也。

附　解

古未有經之名也。後人尊聖，言而目之爲經。經者，徑也，修道之路徑。經者，常也，天地之常理。人無不得天理而生，則踐天理而無愧於人，即無愧於天。經之所言，豈聖人所獨得哉？當聖人而存，或爲君相，或爲師儒，其言行何一不可爲法？而親炙者猶或弗能率由，况聖人没而言行僅見於書，何以學之耶？君相、師儒其位殊，而覺世牖民之責不殊。《周官》曰儒以道得民，師以賢得民，非備三才之道，而通萬物之情者，曷云有道，又曷堪爲師。自春秋戰國，益以暴秦，而先王之道已微。尼山授受，亦第以成己者成人，初非欲其傳世久遠也。而前聖之道，賴以長留。絲竹傳音，藜光照讀，天眷斯文，孔道復興。一時人心翕然，好學深思之士，復彙集遺言，垂諸弈禩。蓋天理民彝之公，自不可得而泯没耳。《易》象、《詩》《書》《禮》《樂》《春秋》，其始特洙泗一家之言，其後遂尊如日月。漢世通一經以上者，無不登庸，而經之爲天下重益甚。然德如孔、孟者希，故誠正修齊，始終本末之功，文字既不能傳，淵源又不可必，則經雖顯而經義實多未宣。若此篇名曰《經解》，實不盡言經，豈非經之所言，所以範圍曲成者，猶未深造而曲暢其旨歟？方今聖人在上，禮節樂和，生成萬彙，凡屬經義，無不昭然。而承學之士，亦得以私淑其身，誠經學昌明之會矣。顧失愚失誣諸弊，不在於蔑經，而即在於窮經。學者其可不返身而思，求其無忝乎？

禮記恒解卷二十七晚年定本

哀公問

御案：大戴分《問禮》《大昏》二篇，《家語》亦二篇。小戴以俱哀公所問，故合之。哀公十一年，孔子反魯，時公年十四，大昏未成，其後立公子荆母爲夫人，而以荆爲太子。國人惡之，又欲以越伐魯，而去之，因如越。然則哀公所以失國者，三綱而已。愚按：此論深得夫子立言之意。

哀公問於孔子曰：大禮何如？君子之言禮，何其尊也？孔子曰：丘也小人，不足以知禮。君曰：否，吾子言之也。孔子曰：丘聞之，民之所由生，禮爲大，非禮無以節事天地之神也，非禮無以辨君臣、上下、長幼之位也，非禮無以别男女、父子、兄弟之親，昏姻疏數之交也。君子以此之爲尊敬然。

長上聲。别，彼列反。數入聲。

大禮，謂禮之大者。尊謂稱揚之至。否，止其謙也。民之所由，由禮而後，爲人異於物也。孔子即以禮之大者對。天地之神，不特天神地示，有等級，凡神在天地之間者，其禮亦各有攸宜，故曰節。君臣、上下、長幼之位，必辨之而後分嚴。男女、父子、兄弟之親，必别之而後情洽。昏姻由男女、父子、兄弟而及者也。誼親則數相見，誼殺則閒相見。其交有别，以此之爲尊敬然。君子以此，故尊禮也。然，若不敢定之詞，對君言，謙也。

然後以其所能教百姓，不廢其會節。有成事，然後治其雕鏤、文章、黼黻以嗣。

雕本亦作彫。鏤，力豆反。黼音甫。黻音弗。

能，身體行也。會，合聚處。節，限制處。會通而得其中也。成事有功效。嗣，繼續。綱紀立而後修其儀文。

其順之，然後言其喪算，備其鼎俎，設其豕腊，修其宗廟，歲時以敬祭祀，以序宗族。即安其居，節醜其衣服，卑其宫室，車不雕幾，器不刻鏤，食不貳味，以與民同利。昔之君子之行禮者如此。

腊音昔。幾音祈。

順之，民利而行之也。言謂詳求之也。蓋民既樂趨，乃詳悉講求，使詣於精微。凡禮皆然，而此特即上文事神一端以明之也。上言天地之神，而此衹言宗廟之神者，能享親而後能享帝也。算，數也，謂喪禮一切儀度等殺，喪者祭之始也。鼎俎、豕腊，以事生者事死。修宗廟，敬祭祀，而仁孝之志篤，則宗族皆親矣。即，就也。事生備物致敬，而自身居節儉，則素位而行，不求豐腆，即孔子所謂菲飲食而致孝乎鬼神意。雕幾、刻鏤，見《少儀》。與民同利，公利於民而不自私，惟欲民之行禮而已。蓋禮以恭儉爲本，特舉此一節，以該其餘。

公曰：今之君子胡莫之行也？孔子曰：今之君子好實無厭，淫德不倦，荒怠敖慢，固民是盡，午其眾以伐有道，求得當欲不以其所。昔之用民者由前，今之用民者由後。今之君子，莫爲禮也。

好、厭、敖、當，竝去聲。

實，富實。淫德，放浪其德。固民，專取於民。午，忤也。方氏慤曰：好實無厭，貪而不知足。淫德不倦，過而不能改。荒於事，故其心怠；敖於物，故其心慢。固民是盡，或盡民之力，而不計其勞，或盡民之財，而不計其費。眾者人之所順而反午之，有道者人之所尊而反伐之。求其得而已不顧於義，當其欲而已不循於禮，若是則動皆失其所矣。故曰：不以其所。愚按：所謂禮之所宜。

孔子侍坐於哀公。哀公曰：敢問人道誰爲大？孔子愀然作色而對曰：君之及此言也，百姓之德也，固臣敢無辭而對？人道政爲大。

愀，七小反，又音秋，又子了反。

鄭康成曰：愀然，變動貌。作，變也。德猶福也。陳氏澔曰：敢無辭，猶言豈敢無辭。愚按：人道以正爲主，而必由君上正己以正人，人道斯正，故政爲大。

公曰：敢問何謂爲政？孔子對曰：政者正也，君爲正，則百姓從政矣。君之所爲，百姓之所從也。君所不爲，百姓何從？

自下言之曰事，自上言之曰政。政者正也，謂其事皆可以正人也。爲正，所爲正也。上者民之表，君不爲正，百姓何從？

公曰：敢問爲政如之何？孔子對曰：夫婦别，父子親，君臣嚴。三者正，則庶物從之矣。

别，彼列反。

吴氏澄曰：三綱，人倫之大者。庶物，庶事之小者。大綱先正，則小者莫不正。

公曰：寡人雖無似也，願聞所以行三言之道。可得聞乎？孔子對曰：古之爲政，愛人爲大。所以治愛人，禮爲大。所以治禮，敬爲大。敬之至矣，大昏爲大，大昏至矣！大昏既至，冕而親迎，親之也。親之也者，親之也。是故君子興敬以爲親，舍敬是遺親也。弗愛不親，弗敬不正，愛與敬，其政之本與！

迎去聲。舍音捨。與平聲。

鄭康成曰：無似猶言不肖。大昏，國君娶禮。愚按：愛人，人爲天地之心，愛人乃不負天立君師之意也。愛人則必欲其生全，而非禮則不能生全之。禮無不敬，故以敬爲大。敬莫重於人倫，人倫始於夫婦，故敬之至矣。大昏爲大，大昏至矣，言其禮至重也。冕而親迎，親之也，合異姓而親愛之。親之也者，親之也。言自今以往，事宗廟，延子孫，其親無已時也。興敬爲親，必相敬而後相親始久。故君子冕而親迎，興起敬意也。不敬則不爲親愛之仁也，敬之義也，愛敬得其正，施諸天下，無不可，故曰政之本也。與，歎美之辭。

公曰：寡人願有言然。冕而親迎，不已重乎？孔子愀然作色而對曰：合二姓之好，以繼先聖之後，以爲天地宗廟社稷之主，君何謂已重乎。

輔氏廣曰：願有言然，疑似之意，不敢以爲是也。先聖之後，愚按：對哀公言天子諸侯皆神明之後，故云然。朱子曰通天子而言，是也。

公曰：寡人固。不固，焉得聞此言也？寡人欲問，不得其辭，請少進。孔子曰：天地不合，萬物不生。大昏，萬世之嗣也。君何謂已重焉！孔子遂言曰：内以治宗廟之禮，足以配天地之神明。出以治直言之禮，足以立上下之敬。物恥足以振之，國恥足以興之。爲政先禮，禮其政之本與！

焉音烟。

固，固陋。哀公喜孔子之言，欲其更進其辭。孔子因言夫婦本於天地，不可不重，而又言若能正夫婦，則爲政易矣。内謂家庭，出謂朝廷。《易》曰：夫夫婦婦而家道正。宗廟之禮，不外乎孝敬。夫婦之道，内修則正其身，以事宗廟，而祖考格，神明享。直言之禮，謂身修家齊，其條教誥令，皆本身所行以言者，故足以立上下之敬。物恥二句，爲哀公勉也。物，事也。事有可恥，遺憾於心；國有可恥，召侮於外。苟能行禮，則足以振之，故爲政莫先於禮。御案：哀公十一年，孔子自衛反魯，時公年十四，大昏未成。其後立公子荆之母爲夫人，而以荆爲太子。國人惡之，又患三桓之侈，欲以越伐魯而去之，因遜於邾，遂如越。然則哀公之所以失國者，三綱不正而已。三綱又以夫婦爲本，夫婦全在正始閨門，王化之始也。古今至理，要不外是。

孔子遂言曰：昔三代明王之政，必敬其妻、子也有道。妻也者，親之主也，敢不敬與？子也者，親之後也，敢不敬與？君子無不敬也，敬身爲大。身也者，親之枝也，敢不敬與？不能敬其身，是傷其親。傷其親，是傷其本。傷其本，枝從而亡。三者，百姓之象也。身以及身，子以及子，妃以及妃。君行此三者，則愾乎天下矣，大王之道也。如此，則國家順矣。

妃，芳菲反。愾音迄。大音泰。

有道，有其義。妻裏内治而承親，故曰親之主。子承親後。因妻、子易狎，故明其道，以告公，而敬身尤敬之本也。枝以木喻也。親爲根，身爲枝，褻視其身，則傷親，而枝亦不久。象，百姓所取象身也。妻也子也，百姓皆有之，敬己身及子與妃，而推以及百姓，人各正其身，以端人倫，志氣相通，天下如一家也。御案：愾字從心從氣，志氣充塞無間意。

公曰：敢問何謂敬身？孔子對曰：君子過言而民作辭，過動則民作則。君子言不過辭，動不過則，百姓不命而敬恭。如是則能敬其身。能敬其身，則能成其親矣。

作辭，藉口也。作則，效尤也。如此則何有敬恭，惟言行皆當，則不待命而敬恭。

公曰：敢問何謂成親？孔子對曰：君子也者，人之成名也。百姓歸之名，謂之君子之子，是使其親爲君子也。是爲成其親之名也已。孔子遂言曰：古之爲政，愛人爲大。不能愛人，不能有其身。不能有其身，不能安土。不能安土，不能樂天。不能樂天，不能成其身。

樂音洛。

成名，成德之名。百姓歸其德，謂爲君子之子，是成親之令名也。就哀公所知，言其實成親不止此，故遂言古之爲政者。以愛人爲大德，施於百姓，則身之所造者宏，而安土自適，克享天心。樂天，德合天而天眷從之，性分有真樂也。

公曰：敢問何謂成身？孔子對曰：不過乎物。

物，射者所立之位。凡事有一定不移之則，如射者必立於物也。

公曰：敢問君子何貴乎天道也？孔子對曰：貴其不已，如日月東西相從而不已也，是天道也。不閉其久，是天道也。無爲而物成，是天道也。已成而明，是天道也。

已，止也。天道於穆不已，日月運行尤其顯著者。人君法天道以修身，至誠無息，則身成而治畢具矣。閉，閉藏。天悠久無疆，不閉藏，其象人君久道化成，當如之。天本無爲，而萬物自成，及其成功顯明，可見人君能以德化民。禮樂文章，一如天造之自然，而不容已。及治定功成，巍巍乎成功，焕乎其有文章，一天道也。

公曰：寡人惷愚，冥煩，子志之心也。

惷，如容反。志音識。

惷，拙。愚，昧冥。煩，煩擾。自言知識言行，不足以副子之所云。子志之心，言其理惟子自識之，已不能行也。

孔子蹴然辟席而對曰：仁人不過乎物，孝子不過乎物。是故仁人之事親也如事天，事天如事親，是故孝子成身。

蹴音蹙。辟音避。

蹴然，驚謝貌。哀公自謙而尊，孔子故蹴然辟席以對。御案：對天則爲仁人，對親則爲孝子，不過乎物，祇一成身而已。天之理，全具於身，而身實親身，全天之理以事親，是事親如天，即事天如親也。自古聖賢成身之外，更無學問。

公曰：寡人既聞此言也，無如後罪何！孔子對曰：君之及此言也，是臣之福也。

公聞言而慮後罪，是有志於成身矣，故孔子美其言而以爲己福。

附　解

女樂歸而膰肉不至，夫子遂行。本國臣民棄君相而遠適，安敢遽歸？此之齊、之衛、之陳、之蔡，所以久於風塵也。後人弗察，謂子周遊列國，干主求知，其誣已甚。康子欲遵父命召子還魯，而實不能如季斯之用子也。子故退，老惟删訂以教其徒爲。考當時哀公非不知子之賢者，特事權已去，無可如何，而老臣燕見，亦有虚己之懷。《中庸》所記哀公問政、子之告之者綦詳。而公實愚柔，不能自振。此篇因問禮而言政，竝及大昏與成身，所以望公正身齊家者尤切焉。夫人倫之本，萬化之原，未有正内正外、無功而能正天下者也。陽教陰教，理而綱紀昭，庶政肅。凡古聖王，莫不由斯。後世法制，恒有聖人所不能及者矣。而宫廷不治，百弊叢生，夫子之言，豈迂緩而不切者歟？或謂成身之學，非旦夕可爲，不知人君太阿在手，草偃風行，公誠用子如湯之於尹，則齊治之道，既不難以維新，而格心之非，尤必轉移有道。即三家積習，如頑金入鑪，方且變化而不自覺矣。而無如不然，是魯之不幸，亦斯世斯民之不幸焉。故親之枝、親之後，人習聞之，而罕能究行之。大易之垂教也，陰陽相需而生萬物，人知陽尊於陰，不知陰濟乎陽。天施而地生，夫之所以爲綱也；陰静而陽動，妻之所以爲齊也。五行生成，天地各有其功；日月往來，陰陽互藏其宅。乾坤六子，配偶昭然，亦功由代嬗，身不行道，不行於妻子；使人不以道，不能行於妻子。孟子之言，豈非萬世之藥石乎？夫使天理之賦，女果不如男，則風化之源，《關雎》可不作。妻而賢，得賢夫而益彰；妻而不肖，得賢夫而亦免不肖。上事宗廟，下延子姓，倡隨作述，禮教同之。學者安可不求其故而端其本耶？

禮記恒解卷二十八晚年定本

仲尼燕居

燕居，閒居，皆謂無事安息之時。以《論語》考之，凡魯弟子記者，稱子而不言氏。惟君大夫問則稱孔子。齊論稱孔子，此與下篇亦此例也。中有小誤，隨文正之。

仲尼燕居，子張、子貢、言游侍，縱言至於禮。子曰：居！女三人者，吾語女禮，使女以禮周流，無不徧也。

鄭康成曰：言游、言偃，子游也。縱言，泛説事。居，且坐也。凡與尊者言，更端則起。聖人於門人問答，必因材而教，惟禮則皆所宜學，故同語三人，使以禮束身，周流應物，無不宜也。欲其體之，非徒論説。

子貢越席而對曰：敢問何如？子曰：敬而不中禮謂之野，恭而不中禮謂之給，勇而不中禮謂之逆。子曰：給奪慈仁。

中，作仲反。給音急。

方氏慤曰：三人侍坐之序，子張首，子貢次。子張未對，而子貢對，故爲越席也。愚按：敬主於心，心敬而儀文不足則野。恭主貌，貌恭而過爲言辭則給。勇徒力而無德則逆。子貢能言，恐其意主於恭而誠不足，故言給於口，易奪其仁厚之念。給，辯給也。

子曰：師，爾過，而商也不及。子產猶眾人之母也，能食之，不能教也。

食音嗣。

過不及，皆不得乎禮之中。御案：子產十五字，《家語》别見，正論而其言特詳。疑脱簡在此，是也。

子貢越席而對曰：敢問將何以爲此中者也？子曰：禮乎禮！夫禮所以制中也。

重言禮乎禮，歎美詞。人情必本天理，理是矣。而猶恐有太過不及之失，故先王制禮，節文天理，以適中。

子貢退，言游進曰：敢問禮也者。領惡而全好者與？子曰：然。然則何如？子曰：郊社之義，所以仁鬼神也。嘗禘之禮，所以仁昭穆也。饋奠之禮，所以仁死喪也。射鄉之禮，所以仁鄉黨也。食饗之禮，所以仁賓客也。

與音餘。食音嗣。

領，總纜收拾之意。好，善也。惡必去而後善全。仁，天理也。禮本天理之自然，而爲之節文，非有加於性分也。故禮之所在，即仁之所在。郊事天，社事地，禮本於天地，聖人不敢有加於天地，故獨郊社言義。鬼神即天地陰陽之靈，禮行而此心之至誠愷惻，無不徧達。五者，舉其目之大者言之也。

子曰：明乎郊社之義、嘗禘之禮，治國其如指諸掌而已乎！是故以之居處有禮，故長幼辨也。以之閨門之内有禮，故三族和也。以之朝廷有禮，故官爵序也。以之田獵有禮，故戎事閑也。以之軍旅有禮，故武功成也。是故宫室得其度，量鼎得其象，味得其時，樂得其節，車得其式，鬼神得其饗，喪紀得其哀，辨説得其黨，官得其體，政事得其施，加於身而錯於前，凡衆之動得其宜。

長去聲，後皆同。量音諒，下同。錯，七故反，又音措。

上文言五者之禮，而事天地祖宗尤仁之本，而禮之原，故特申言之。事天如事親，事親如事天，乃能行其禮，故治國如指諸掌。下文又推廣言之。居言其常，處言其暫。居處不止家庭，凡尊卑晋接皆有禮，則長幼辨矣。閨門之内，至近且狎，而有禮，故三族和。三族，諸儒説各不同，以父族、母族、妻族爲是，蓋族類也。母妻異姓，而爲至親，自當别爲一族。禮有親疏隆殺，各如其分，故和。朝廷之禮至繁，莫非使上下各得其職，各盡其誠，故有禮則官爵序。田獵不止爲從禽，藉以閑習戎事、軍旅，無禮則將驕卒惰，武功安得而成。得，得乎禮之中也。方氏慤曰：量左爲升，以象陽之升。右爲合，以象陰之合。仰者爲斛，以象顯而有所承。覆者爲斗，以象隱而有所庇。外圜其形，動以天；内方其形，静以地。鼎口在上，以象有所受於上。足在下，以象有所立於下。足奇其數，參乎天。耳偶其數，兩乎地。疏以達，高以粗，廉以深，閎以奄。器無適而非象，止以量鼎爲言者，量爲器之大，鼎爲器之重也。味得其時，飲食順天地之性，非時不用，皆有禮樂以導和。凡器數八音，皆有禮以節之。車得其式，若《考工記》所言，等威儀節不紊。鬼神自郊社以下，禮不同而誠敬同。禮以將之，則饗。喪紀，凡一切喪禮不同，致其哀則同。辨説義理，各依類而求，以禮折衷之。黨，類也。官各有職，政事各有宜，合禮則不失官之體，而施之也順。又總言之，凡加於身而錯於前，所動無不得宜也。

子曰：禮者何也？即事之治也。君子有其事，必有其治。治國而無禮，譬猶瞽之無相與！倀倀乎其何之？譬如終夜有求於幽室之中，非燭何見？若無禮，則手足無所錯，耳目無所加，進退揖讓無所制。是故以之居處，長幼失其别，閨門三族失其和，朝廷官爵失其序，田獵戎事失其策，軍旅武功失其制，宫室失其度，量鼎失其象，味失其時，樂失其節，車失其式，鬼神失其饗，喪紀失其哀，辯説失其黨。官失其體，政事失其施，加於身而錯於前，凡衆之動失其宜。如此，則無以祖洽於衆也。

治去聲。相去聲。倀音昌。錯音措。

即事之治，就其事理而爲之實禮以治之也。瞽之相，幽室之燭，須臾不可離者。耳目、手足，自身之至便於用者。而無禮，則不知所以加，所以錯。極言無禮之不可也。鄭康成曰：凡言失者，無禮故也。策，謀也。祖，始也。洽，合也。言失禮無以爲衆倡始，無以合和於衆。

子曰：慎聽之，女三人者！吾語女。禮猶有九焉，大饗有四焉。苟知此矣，雖在畎畝之中，事之，聖人已。兩君相見，揖讓而入門，入門而縣興，揖讓而升堂，升堂而樂闋，下管《象》、《武》、《夏》籥序興，陳其薦俎，序其禮樂，備其百官。如此而后，君子知仁焉。行中規，還中矩，和鸞中《采齊》，客出以《雍》，徹以《振羽》，是故君子無物而不在禮矣。入門而金作，示情也。升歌《清廟》，示德也。下而管《象》，示事也。是故古之君子，不必親相與言也，以禮樂相示而已。

女音汝。縣音玄。闋音缺。夏上聲。籥音藥。中去聲。還音旋。齊音慈。振平聲。

又言禮之大者，猶有九事，蓋皆天子之事也。知之則明禮樂之情，而有中和之德，雖無位而即其所事，亦聖人矣。下申明之。大饗有四之實，諸侯來朝，饗之太廟之中。揖讓而入門，入門而縣興以迎賓，一也。揖讓而升堂，升堂而賓主獻酬以暢情，二也。升歌《清廟》，下管《象》，以文武之德相勗，三也。大《夏》，禹王之樂，亦依序《象》舞而興，以明文德之大且遠，四也。經文止言下管《象》而不言升歌，以事相屬，文不必備，下文互見之也。知仁，即上文仁賓客意。曲行中於規，方行中於矩。和鸞中《采齊》之曲。客之出也，以《雍》詩送之。禮畢之時，歌《振鷺》以徹器。五者又君子平常之禮。客出以《雍》徹，以《振羽》，凡天子燕群臣皆然，不指大饗。此五者與前而九，即此以明君子無物而不在禮。君子，聖王也。入門金作三句，又申言大饗禮之意。不必親相與言數句，又推言君子以禮樂相示躬行，教人不在言語。示情以情相厚，示德以德相讓，示事以事相勉也。

子曰：禮也者，理也，樂也者，節也。君子無理不動，無節不作。不能《詩》，於禮繆。不能樂，於禮素。薄於德，於禮虚。

繆音謬。

理也，禮本天理而制者也。節也，禮嚴而以樂和之，節其太過也。心依於理，動而成禮；情得其和，作而成樂。故君子無理不動，無節不作。詩本性情而導之和，禮之用，和爲貴。不能詩於禮必多錯繆。樂有聲音綴兆文飾而宣其豫，不能樂，於禮亦太質素。然樂所以節禮，而禮實本於天理，理備於身而有德，然後可以行禮。薄於德，則於禮虛文耳。

子曰：制度在禮，文爲在禮。行之其在人乎！

即事物而爲之制度，即人身之云爲而爲之節文，非禮不可。然行之視乎其人，必厚於德而後可也。

子貢越席而對曰：敢問夔其窮與？子曰：古之人與？古之人也！達於禮而不達於樂，謂之素。達於樂而不達於禮，謂之偏。夫夔達於樂，而不達於禮，是以傳於此名也，古之人也。

與音餘。

窮，當時人目夔之名。夔掌樂，人遂以爲不達於禮，謂其有所窮也。子言夔實古之賢人，不可妄議。凡人通禮而不通樂，則太質素，通樂而不通禮，亦屬偏長。然夔非其人，因歎世人以夔通樂而不通禮，是以傳其爲窮也。然夔實古之人也。舜命夔教冑子，《虞書》命伯夷典朕三禮，伯夷讓夔。是夔知禮也。

子張問政。子曰：師乎！前吾語女乎！君子明於禮樂，舉而錯之而已。

女音汝。

明於禮樂，身體之而無弗宜也。舉而錯之，舉此置彼，不煩他道。

子張復問。子曰：師，爾以爲必鋪几筵，升降，酌、獻、酬、酢，然後謂之禮乎？爾以爲必行綴兆，興羽籥，作鐘鼓，然後謂之樂乎？言而履之，禮也。行而樂之，樂也。君子力此二者，以南面而立，夫是以天下太平也。諸侯朝，萬物服體，而百官莫敢不承事矣。禮之所興，眾之所治也。禮之所廢，眾之所亂也。目巧之室，則有奧阼，席則有上下，車則有左右，行則有隨，立則有序，古之義也。室而無奧阼，則亂於堂室也。席而無上下，則亂於席上也。車而無左右，則亂於車也。行而無隨，則亂於塗也。立而無序，則亂於位也。昔聖帝、明王、諸侯，辨貴賤、長幼、遠近、男女、外內，莫敢相踰越，皆由此塗出也。

復，扶又反。大音泰。而樂之樂，音洛。長上聲。

几筵、綴兆之類，禮樂之文，而非其本也。行必踐言，則物則協矣。樂而行之，則天性適矣。皆本心德以爲禮樂，故可以南面而平天下。體謂君身，君身踐禮樂之實，故諸侯朝，萬物服，而百官莫敢不承事，有禮則治，無禮則亂，有目巧而因以禮爲制度，則有奧阼。下文席之上、下車之左右，行有隨，立有序皆然。禮本人心自然之理，人事當然之矩而爲之，自古如此。聖帝明王辨等別嫌，莫敢相踰越，皆由禮出也。

三子者既得聞此言也於夫子，昭然若發矇矣。

矇音蒙。

吴氏澄曰：若發矇，如徹去其蔽目之物然。

附解

聖人以禮陶成天下，本天理人心之良，而制爲法度。五帝三王，道同而法不同，豈故爲更張哉？時勢所趨，因革異宜，通其變而適乎中，固非一端所可概也。成周之禮，肇自文武，成於周公，至春秋而已敝。孔子以禮教人，不過一王之制，身體以詔其徒，非敢自爲著作，干爲下不倍之義。而其不合於時者，折衷去取，蓋亦多矣。若此篇所言，亦特舉其大畧。而言而履之禮也，行而樂之樂也，二語尤爲切要。蓋聖人以學道望人，凡克復中和之義，平日悉有功能，而言行動静，又束身規矩，内外兼修，本末交養，原非第求諸器數文爲之間。諸賢日聞至教，故所語無不曉然。而後世則第求諸字句，安得不流爲拘鑿耶？猶有九焉一節，不詳其説，則似夫子未嘗盡言，諸賢不知而亦不問，故特疏通之。抑此篇記者蓋好學之儒，非成德之士。聖門以仁爲學，仁者人也。義、禮、智、信，皆所以行仁。子言仁鬼神，仁昭穆，而又曰君子知仁焉，明夫禮之所在，即仁之所在。諸賢平日爲仁，蓋已知貫通之義，故變禮言仁。若夫禮之事至繁，行禮之道亦博，三子蓋久已得其本原，而此則更廣其思慮耳。記者以爲聞言發矇，則視三子太淺，且不知聖門師弟相與勵行者，非後世經生之學也，故詳論焉。

禮記恒解卷二十九晚年定本

孔子閒居

閒居義見前篇。篇中語多精粹，前人注疏多影響，隨文正之。

孔子閒居，子夏侍。子夏曰：敢問《詩》云：凱弟君子，民之父母。何如斯可謂民之父母矣？孔子曰：夫民之父母乎，必達於禮樂之原，以致五至而行三無，以横於天下。四方有敗，必先知之。此之謂民之父母矣。

閒音閑。凱與愷同。弟音悌。夫音扶。

孔氏穎達曰：《詩·大雅·泂酌》之篇，美成王之德。凱，樂也。弟，易也。謂成王行樂易之德，爲民之父母也。愚按：禮樂子夏所知，夫子因其問而進之，欲其達於禮樂之原。五至三無，皆起於幽獨，而極於天下。致之行之，必有誠身盡性之功。馴至乎志氣如神，則可横於天下，而四方有敗，必先知之。方氏慤曰：敗者成之對，不言成而止言敗者，君子思患而豫防敗，尤在乎先知也。

子夏曰：民之父母，既得而聞之矣，敢問何謂五至？孔子曰：志之所至，詩亦至焉。詩之所至，禮亦至焉。禮之所至，樂亦至焉。樂之所至，哀亦至焉。哀樂相生。是故正明目而視之，不可得而見也。傾耳而聽之，不可得而聞也。志氣塞乎天地，此之謂五至。

哀樂音洛。塞入聲。

志形於詩，而詩所以道性情，性情正即禮也。禮主敬，而行之以和，故樂亦至焉。樂者，樂也。樂不可極，樂極而生哀。哀樂相生，戒其樂之過也。蓋五至以至極爲名，惟樂不可極，哀不可過，以得中爲至，故特名之，合五至而言之中和而已。中和即禮樂之原也。五至之原，不可得而見聞，而其盛充塞乎天地，故以至名之。志氣由學養而出，非猶乎人之志氣也。

子夏曰：五至既得而聞之矣，敢問何謂三無？孔子曰：無聲之樂，無體之禮，無服之喪，此之謂三無。子夏曰：三無既得畧而聞之矣，敢聞何詩近之？孔子曰：夙夜其命宥密，無聲之樂也，威儀逮逮，不可選也，無體之禮也。凡民有喪，匍匐救之，無服之喪也。

其讀基。宥音又。逮讀逮。選，宣面反。匍音扶，又音蒲。匐音服，又蒲北反。

樂有聲，禮有體，喪有服，人所知也。而其本在心，心之至誠，不可得而見，故曰無。上文體樂之原即此也。子夏求詩言之近似者以實之。子言《昊天成命》之詩，言成王夙夜，基天命於宥密，則其中和在抱，即無聲之樂也，《柏舟》之詩，言仁人一身威儀棣棣，不可選擇，則其身心皆飭，即無體之禮也；《谷風》之詩，言凡民有喪，匍匐往救，蓋以哀切於中，即無服之喪也。夫三無者，非謂廢聲與體服也。謂夫無其原而徒事其末，則無取焉。引《詩》亦祇言其近似而已，其實則必深造而始知也。

子夏曰：言則大矣，美矣，盛矣！言盡於此而已乎？孔子曰：何爲其然也？君子之服之也，猶有五起焉。

大，量之宏。美，義之粹。盛，用之廣。服，習其事也。起，興起無已。如下文所云。

子夏曰：何如？孔子曰：無聲之樂，氣志不違；無體之禮，威儀遲遲；無服之喪，内恕孔悲。無聲之樂，氣志既得；無體之禮，威儀翼翼；無服之喪，施及四國。無聲之樂，氣志既從；無體之禮，上下和同；無服之喪，以畜萬邦。無聲之樂，日聞四方；無體之禮，日就月將；無服之喪，純德孔明。無聲之樂，氣志既起；無體之禮，施於四海；無服之喪，施於孫子。

施竝音異。畜音旭。聞去聲。

五起皆從微至著，由近及遠，蓋功效自然之次第也。無聲之樂，始則氣志不違乎中和，化乖戾之氣而已，繼則養之漸熟，太和在抱，氣志自然順從，由是和氣迎人，日漸聞及四方，而人之志氣亦爲之興起感化矣。無體之禮，始但檢束威儀，求其從容而已，繼則服習漸熟，威儀翼翼，而莊肅由是施及於人，上下皆安，其禮而和同然，且愈進而愈精微，日有所就，月有所將，施及四海，無不得宜矣。無服之喪，始則内存恕心，於凡疾苦之事，常覺甚悲，養其惻怛之懷而已，繼則施及四國，痌瘝在抱，由是純仁之德昭著，施於孫子，咸世其仁孝矣。夫所謂三無者，非果以無爲尚也。蓋夫子欲其從事本原，故以無言之。然其實必驗之於推暨也，故又歷歷形容之。

子夏曰：三王之德，參於天地，敢問何如斯可謂參天地矣？孔子曰：奉三無私，以勞天下。子夏曰：敢問何謂三無私？孔子曰：天無私覆，地無私載，日月無私照。奉斯三者，以勞天下，此之謂三無私。其在《詩》曰：帝命不違，至於湯齊。湯降不遲，聖敬日齊。昭假遲遲，上帝是祇，帝命式於九圍。是湯之德也。

參音驂。勞如字。覆去聲。齊上如字，下讀躋。假讀格。祇，諸夷反。

三王，禹、湯、文武參竝列而爲三也。天地日月，覆載照臨，似勞矣，而實運之以無心，貞之以至誠。王者奉其意以治天下，而無一毫之私。則亦勞而不勞矣。因引《詩》之美成湯者，以明奉三無私本於敬德也。《長發》之詩，頌商世有令德。帝命已順之矣。至於湯，而德與天齊，湯之生也，適當其時，其聖敬有加無已，昭，格於天。遲遲，久遠。湯惟上帝是敬，故帝命之爲法於九州焉。

天有四時，春秋冬夏，風雨霜露，無非教也。地載神氣。神氣風霆，風霆流形，庶物露生，無非教也。清明在躬，氣志如神。耆欲將至，有開必先。天降時雨，山川出雲。其在《詩》曰：嵩高維嶽，峻極於天。維嶽降神，生甫及申。惟申及甫，惟周之翰。四國于蕃，四方于宣。此文、武之德也。

霆音廷。耆音嗜。翰，平去二聲。

此乃言天地之無私，而聖人所以與之參者。天有四時，春秋冬夏。寒煖異用，風雨霜露，舒慘異情。而屈伸消長，以遂生成，無非教也。地載天之神氣，神氣之易見者，惟風霆。風霆流形，庶物感之而露生，其鼓舞變化，居然可見，故曰無非教也。聖人者德極純一，清明在躬，志氣如神，固已與天地合德矣。故天心肸應，凡聖人願欲之事將至，必有先爲之兆者。如天將降時雨，而山川出雲，自然之符也。其在《詩》曰：崧高維嶽，維嶽降神，生甫及申，而爲周之良臣。此《詩》非詠文武也，而文武之時德合於天，天生聖賢，以成明備之美。此《詩》之云，即可以當文武之德也。言商周而夏王可知，且即《詩》之近是者言，蓋以子夏可與言詩之故也。

三代之王也，必先其令聞。《詩》云：明明天子，令聞不已。三代之德也。弛其文德，協此四國，大[1]王之德也。

之王，去聲。聞去聲。大音泰。

鄭康成曰：弛，施也。協，和也。此又申言參天地之德，必先令聞孚於人，而後休應協於天，不徒侈言符瑞也。明明天子，明德至明之天子。令聞不已，必其德不已，而後聞亦不已也。三代聖王，莫不如此。又引《詩》，言施文德而協四國，太王積德開周，其德足以當之。蓋必文德協於四國，然後令聞不已，積久而與天參，此聖人立言之密也。

子夏蹶然而起，負牆而立，曰：弟子敢不承乎？

蹶音鱖。

鄭康成曰：承，奉承，不失墜也。起負牆者，所問竟，辟後來者。

---

① 大，底本作文，據阮元《十三經注疏》本改。

附解

自天地定位而萬象列焉，惟人賦氣受形，尤爲五行之秀。是以兩大之功業，待人而行；乾坤之精神，亦藉人而著。孟子曰：惟聖人可以踐形。謂夫形之所在，莫非理之所在，而人之形氣，尤與天地一也。第形賴氣以成，氣以理爲宰，理之散著者，即形可知，而理之淵涵者，非跡象所能盡也。聖人深知天地之故，而以學望人爲仁也，明明德致中和也。孟子更質言之曰存心養性事天，而以爲不動心，由於養氣。夫七尺之軀，其氣幾何，而直養無害，可以塞乎天地，則其約之爲方寸，放之彌六合者，豈見見聞聞所能概哉？此篇子夏問民之父母，而子言必達於禮樂之原，告以五至三無與三無私。其所謂無者，非果無也，發於外而經綸參贊者，皆其蓄於内而無臭無聲者。且也德合天地，道洽民生，成功文章，亦若大費經營，而實則出以自然，行所當然，初無一毫私意寓乎其閒。蓋天命之性，即太極也，太極本無極，而性何以有形？虛無清淨者，養心之法也，而人以爲異端。夫心在後天，至陽而含至陰，陰之流動者恒多，而陽之鎮定者常少。去其濁，葆其明，必至静而天性始昭。克己復禮，克去後天之陰邪，復還先天之陽性耳。其静而虛明者，始能外而省察，内外交修，本末交養，固非一端可盡。孔子曰：仁者静。孟子曰：不動心。心至動也，曷爲不動？非克復之久，而至虛至明乎？此篇之三無，其原必由静養夙夜，基命宥密。宥密者，養心之所，非謂心也。人受天地之中，以生在天，則無聲無臭之源在人，則不覩不聞之地致其中，而萬理歸一，實無名象可求。無聲之樂，無體之禮，無服之喪，心也而實，皆性也，非復性之人，安能知之？子夏晚年深造，子故進之以此。而其所以聞言即信，蹶然而起，則以平日爲仁，實踐於心性之學者久，故驚喜而不自安也。後世第知夫子教人以禮，不知禮制乎外，必先有以養其中。聖門以仁爲學，以禮爲規，夫子一貫，固非由於多識，故仁即性，性即太極不顯之德，所以爲純一配天，三無、五至、三無私，豈第求諸於外歟？因後世以無爲諱，此等文義，多恍惚難明，故詳論之。學者苟不返身而求，猶必將以愚爲臆説矣。

禮記恒解卷三十 晚年定本

坊記

此篇蓋孔子嘗語門人之言，記者彙記，以明聖人謹小慎微、防患未然之意，而曰《坊記》。或全係孔子之言，或不盡孔子之言，當分别觀之。註誤隨文正之。

子言之：君子之道，辟則坊與？坊民之所不足者也。大爲之坊，民猶踰之。故君子禮以坊德。刑以坊淫，命以坊欲。

辟讀譬。坊防古字通用。與平聲。

此節總言所防之大要。君子道備於身，得志則制爲禮法以坊民。坊，蓄水使足障水，使無濫。人性皆善，而質有清濁，習有善惡，故聖人以道坊其不足，道理之總名，得於身曰德，德必内外、精粗無弊而後全，禮則檢束其身心者也。外禮則爲淫，刑以懲之，而民有所憚。命即天理之主宰，願欲無窮，以命坊之，而以禮制欲，則敬畏自戢。

子云：小人貧斯約，富斯驕。約斯盗，驕斯亂。禮者，因人之情而爲之節文，以爲民坊者也。故聖人之制富貴也，使民富不足以驕，貧不至於約，貴不慊於上，故亂益亡。

慊，日簞反。亡讀無。

約，窮蹙。驕，汰侈。不循禮則盗亂。禮不外於人情，聖人節其太過，文其不及，以適於中。富貴貧賤，其一端也，不足以驕。制度爲之限，不至於約，恒産足以自給。慊，滿足也。位尊而不自滿，人皆安分循禮，所以無亂。聖人以德化民，本無亂而禮又坊之，故曰益無也。不言賤者，貧該之也。

子曰：貧而好樂，富而好禮。衆而以寧者，天下其幾矣！《詩》云：民之貪亂，寧爲荼毒。故制國不過千乘，都城不過百雉，家富不過百乘，以此坊民，諸侯猶有畔者。

好乘竝去聲。樂音洛。

貧而樂者，若孔顔是也。下此而以樂道安貧爲好，亦有德者也。好禮約己而濟人，衆多易亂，而安分守法者甚少。引《詩》言民之貪亂，非必甘爲荼毒之行，亦無以坊之所致。故制國大不過千乘，都城不過百雉，家富不過百乘，推此意以坊民，諸侯豈猶有畔者。千乘，詳《論語》注。高一丈，長三丈爲雉，百雉，長三百丈也。

子云：夫禮者，所以章疑别微，以爲民坊者也。故貴賤有等，衣服有别，朝廷有位，則民有所讓。

别，彼列反。朝，直遥反。

孔氏穎達曰：疑謂是非不决，當用禮以章明之。微謂幽隱不著，當用禮以分别之。愚按：貴賤因乎德之大小，能之優絀，衣服與位所以章之别之。民知引分，故讓。

子云：天無二日，土無二王，家無二主，尊無二上，示民有君臣之别也。《春秋》不稱楚、越之王喪。禮：君不稱天，大夫不稱君，恐民之惑也。《詩》云：相彼盍旦，尚猶患之。

相去聲。盍音曷。

天無二日，喻也。無二，上承無二王、無二主而言。尊卑分嚴，則君臣位定。《春秋》以下，記者之言也。楚、越皆僭稱王，不書喪葬，正名也。君謂諸侯。鄭康成曰：盍旦，夜鳴求旦之鳥。人猶惡其欲反晝夜而亂晦明，况於臣之僭君乎？上下亂，故衆惑。此逸詩也。

子云：君不同與同姓同車，與異姓同車不同服，示民不嫌也。以此坊民，民猶得同姓以弑其君。

同車、同服，皆謂同其制度。雖同姓，其車亦與君異。同姓之臣與異姓之臣，車同而服亦微異，皆使民一望而知，不以混同爲嫌。春秋時車服僭踰者衆，故即此以明别嫌之道。既使同姓知遜於君，又使知其貴於異姓，故安分循禮，感恩不爲悖逆。

子云：君子辭貴不辭賤，辭富不辭貧，則亂益亡。故君子與其使食浮於人也。寧使人浮於食。

貪富貴而厭貧賤，亂所由也。食浮於人，禄薄任重。人浮於食，才薄禄重。亡，無也。食，謂禄也。

子云：觴酒豆肉，讓而受惡，民猶犯齒。衽席之上，讓而坐下，民猶犯貴。朝廷之位，讓而就賤，民猶犯君。《詩》云：民之無良，相怨一方。受爵不讓，至於己斯亡。

衽，而審反。上，時掌反。

惡，美之反。犯猶僭也。齒，年也。禮：六十以上，籩豆有加。良謂天理。一方，一偏也。忘其天良，而不知敬讓，故如此亡也。《詩·小雅·角弓》篇。

子云：君子貴人而賤[1]己，先人而後己，則民作讓，故稱人之君曰君，自稱其君曰寡君[2]。

先後竝去聲，下章同。

德益進則自小，故不敢賤人。後人，御案：莫尊於君，而己之君猶爲之謙，則在己者無所不讓可知。

子云：利禄先死者而後生者，則民不偝；先亡者而後存者，則民可以託。《詩》云：先君之思，以畜寡人。以此坊民，民猶偝死而號無告。

偝音佩。畜，《詩》作勖。號平聲。

方氏慤曰：死，爲國家死事者。亡，爲國家亡在外者，録其人之功，以及其親族。若《周官》以其財養死、政之老與其孤。禮：去國三世爵禄有列於朝之内死者，君猶不忘，則民勤於孝思，故不偝，亡者君猶不絶，則民勉於忠義，故可以託。《詩·邶風·燕燕》之篇。

子云：有國家者，貴人而賤禄，則民興讓；尚技而賤車，則民興藝。故君子約言，小人先言。

貴賢能而不吝爵禄，則民皆以不德爲耻，故興讓。技謂才技，古人貴者乃富，故千乘、百乘，以車别賦禄。古詩有乘車戴笠之詞，則尚技賤車，謂技之美者，禄之也。約言貴實行，先言矜虚談也。

子云：上酌民言，則下天上施。上不酌民言則犯也。下不天上施則亂也。故君子信讓以涖百姓，則民之報禮重。《詩》云：先民有言，詢于芻蕘。

施去聲。

酌民言，斟酌其至公者而取之，如此則有所施於民，民以天奉之。犯上，犯衆怒。亂下，違上命。信，不欺讓，不驕。《詩·大雅·板》之篇言上當順民之心，而虚受也。

子云：善則稱人，過則稱己，則民不争。善則稱人，過則稱己，則怨益亡。《詩》云：爾卜爾筮，履無咎言。

履作體。

不争，化其讓也。怨益亡，樂其無我也。《詩·衛風·氓》之篇。引卜筮之體，無凶咎，以證怨益亡。

子云：善則稱人，過則稱己，則民讓善。《詩》云：考卜惟王，度是鎬京。惟龜正之，武王成之。

度音鐸，《詩》作宅。

鄭康成曰：度，謀也。鎬京，鎬宫也。言武王卜謀居鎬邑，惟龜出吉兆正之，武

---

① 賤，底本作見，據阮元《十三經注疏》本改。

② 君，底本作人，據阮元《十三經注疏》本改。

王乃成之。引此以見武王不自是，而歸功於神明，爲稱人之法也。

子云：善則稱君，過則稱己，則民作忠。《君陳》曰：爾有嘉謀嘉猷，入告爾君于内，女乃順之于外。曰：此謀此猷，惟我君之德，於乎是惟良顯哉！

女讀汝。於乎，音嗚呼。

《君陳》，《尚書》篇名。嘉，善也。猷，道也。順，順君命行之。陸氏佃曰：臣良君顯，以良故顯也。

子云：善則稱親，過則稱己，則民作孝。《大誓》曰：予克紂，非予武，惟朕文考無罪。紂克予，非朕文考有罪，惟予小子無良。

大音泰。

鄭康成曰：《大誓》，《尚書》篇名。克，勝也。武，武功。考，文王也。無罪，言有德。無良，無功善也。此武王誓衆之辭，而今《大誓》則非古本矣。詳見愚《尚書恒解》。

子云：君子弛其親之過，而敬其美。《論語》曰：三年無改於父之道，可謂孝矣。高宗云：三年其惟不言，言乃讙。

鄭康成曰：弛猶棄忘也。愚按：孝子不記親過而揚其美。父之道，父之善也。記者因子言而引《論語》及《書》以證之。高宗云在《尚書·説命》篇。言乃讙在《書·無逸》篇。記者節取而合言之，以證不改父之道意。讙，天下皆樂其言也。

子云：從命不忿，微諫不倦，勞而不怨，可謂孝矣。《詩》云：孝子不匱。

忿，含慍意。微諫，即幾諫也。不倦，即《論語》見志不從，又敬不違也。匱，乏也。不匱，言其孝心有餘也。

子云：睦於父母之黨，可謂孝矣。故君子因睦以合族。《詩》云：此令兄弟，綽綽有裕，不令兄弟，交相爲瘉。

睦，厚黨親類，必甚愛敬父母，而後能睦於其黨。合族，謂與族人燕食。令，善也。綽綽，寬裕貌。交猶更。瘉，病也。馬氏曰：秦康公送晉文至渭陽，親之至也。贈以車乘，惠之至也。繼以瓊瑰、玉佩，愛之無已也。此爲睦於父母之党。

子云：於父之執，可以乘其車，不可以衣其衣，君子以廣孝也。

上衣，去聲。

執，專摯意，父之至交爲執，與父志同道同者也。其車、其衣，其人之車服，非謂職位相同而不如其服也。車於身差遠，衣則附身，故敬以别之。

子云：小人皆能養其親，君子不敬，何以辨？

養去聲。

辨，别也。此爲能養而不敬者言。與《論語》告子游同。

子云：父子不同位，以厚敬也。《書》云：厥辟不辟，忝厥祖。

辟音壁。

御案：不同位，謂受爵於君，不敢與父同列。忝，辱也。君父之道宜尊嚴。陳氏澔曰：君不君，而與臣相襲，則辱其先祖。以喻父不自尊，亦爲忝祖也。

子云：父母在，不稱老，言孝不言慈，閨門之内，戲而不歎。君子以此坊民，民猶薄於孝而厚於慈。

不稱老，全乎其爲子也。不言慈，不敢自以爲能育子也。戲，和悦以承親歡。歎，感傷也。人情每厚於慈而薄於孝，故此言有子事親者，宜如此。

子云：長民者，朝廷敬老則民作孝。

長上聲。

長民，爲民上者。老，近於親者也。近者上猶近之。故民必興孝於下。御案：公事之地，皆謂之朝廷。如入學、鄉飲、鄉射皆是。

子云：祭祀之有尸也，宗廟之有主也，示民有事也。修宗廟，敬祀事，教民追孝也。以此坊民，民猶忘其親。

鄭康成曰：有事，有所尊事也。愚按：尸以象其生，主以存其神，事死如生矣。修宗廟敬祀事，該祭禮一切而言。追孝，誠敬追慕，必求其通。追遠如此，生存可知，故民不忘其親也。

子云：敬則用祭器，故君子不以菲廢禮，不以美没禮。故食禮，主人親饋則客祭，主人不親饋則客不祭。故君子苟無禮，雖美不食焉。《易》曰東鄰殺牛，不如西鄰之禴祭實受其福。《詩》云：既醉以酒，既飽以德。以此示民，民猶争利而忘義。

食禮之食，音似。

祭器，籩、豆、簠、鉶之屬。饗食禮敬賓客用之。盤盂之屬，爲燕器，菲不失禮，美不逾禮，無禮則不爲敬也，禮具而不敬，則爲虚文。主人親饋與否，而客之祭不祭分焉，亦視其敬否而已。故君子苟無敬禮之實，雖美不食，引《易》以明奢而慢禮，不如儉而恭敬，爲神所福。又引《詩》，言醉酒矣，而必云飽德，蓋不徒享其燕而貴其敬。以此意示民，民皆知義重於利矣。

子云：七日戒，三日齊，承一人焉以爲尸。過之者趨走，以教敬也。醴酒在室，醍酒在堂，澄酒在下，示民不淫也。尸飲三，衆賓飲一，示民有上下也。因其酒肉，聚其宗族，以教民睦也。故堂上觀乎室，堂下觀乎上。《詩》云：禮儀卒度，笑語卒獲。

齊，側皆反。醴音體。度如字。

鄭康成曰：戒，散齊也。承猶事也。淫猶貪也。御案：醴酒即《禮運》醴醆，醍酒即《禮運》粢醍。此實三齊而言。酒，通名耳，非昔酒事酒之三酒也。孔氏穎達曰：味薄者在上，味厚者在下，貴薄賤厚，示民不貪於味。尸飲三，衆賓飲一，尊者得酒多，卑者酒少，示民有上下。祭祀之末，聚昭穆相獻酬，教民相親睦，堂下之人觀堂上人以爲則，上下内外，更相傚法也。《詩・小雅・楚茨》篇，言祭之禮儀，盡合其法度，笑語盡得其節制。

子云：賓禮每進以讓，喪禮每加以遠。浴於中霤，飯於牖下，小斂於户内，大斂於阼，殯於客位，祖於庭，葬於墓，所以示遠也。殷人弔於壙，周人弔於家，示民不偝也。子云：死，民之卒事也，吾從周。以此坊民，諸侯猶有薨而不葬者。

飯音反。

喪禮，一節遠於一節，所以見死者日遠於生人，不可不竭其哀誠。弔以憑柩爲親愛，弔壙、弔家，皆明弔者哀死之誠，不以死而背之也。《鄉飲酒禮》主人迎賓至門，三辭，至階下，三讓，皆主人先入先登，是每進以讓。薨而不葬，不及時葬，蓋葬以安親，非遠親也。浴於中霤七句，解見《檀弓》。

子云：升自客階，受弔於賓位，教民追孝也。未没喪，不稱君，示民不争也。故《魯春秋》記晉喪曰：殺其君之子奚齊，及其君卓。以此坊民，子猶有弑其父者。

鄭康成曰：升自客階，受弔賓位，謂反哭時也。既葬，猶不由阼階，不忍即父位也。没，終也。《春秋傳》曰：諸侯於其封内三年稱子，至其臣子踰年則謂之君，奚齊卓子皆獻公之子，獻公卒，其年奚齊殺，明年而卓子殺。《春秋》書曰：弑其君卓，是踰年稱君也。不争，不令父子相争。愚按：君父天倫之大者，而春秋至有亂弑者，其弊皆起於無禮。夫禮禁亂於未萌，而養其良心於幽獨，苟有毫髮之欺悖，即大亂之階也。故即二節以明禮之慎微，或疑子不應自言書法，然私語門人，亦無不可。且云《魯春秋》，或《春秋》原文本然歟？韓宣子見《魯春秋》謂周禮在魯，則《魯春秋》固史之優者。

子云：孝以事君，弟以事長，示民不貳也。故君子有君不謀仕，唯卜之日稱二君。喪父三年，喪君三年，示民不疑也。父母在，不敢有其身，不敢私其財，示民有上下也。故天子四海之内無客禮，莫敢爲主焉。故君適其臣，升自阼階，即位於堂，示民不敢有其室也。父母在，饋獻不及車馬，示民不敢專也。以此坊民，民猶忘其親而貳其君。

弟與悌同。長上聲。饋，又作餽，音同。

不貳，不自貳於尊長。有君不謀仕，一心無二也。卜之日，卜仕之日。稱二君以定所事，臣無二君。擇君而事，之死靡他，正也，而待卜乎？此蓋二君皆賢智，而臣不若伊吕者，故卜之也。示民不疑，君父同尊也。示民有上下，一心奉上，無自便也。天子爲四海之主，故無客禮，而臣亦不敢私有其室。車馬至重，不敢私以饋人。凡此者，皆不二其親與君也。

子云：禮之先幣帛也，欲民之先事而後禄也。先財而後禮則民利，無辭而行情則民争，故君子於有饋者弗能見，則不視其饋。《易》曰：不耕穫，不菑畬，凶。以此坊民，民猶貴禄而賤行。

先後竝去聲。菑音緇。畬音余。賤行之行，去聲。

禮：賓主相見，必先以幣帛將敬，明先盡其致敬之事。禄，人之惠我者也。下申明之。財以合彼此之歡，而必先以禮自盡，不先重財，故民利。利謂彼此之情安而順之也。辭言其何事，若無事而徒以幣帛相遺，致其私情，則必皆有倖澤之心，故争也。人餽於己，或有故不能見其人，則所餽竝不視之。引《易》言不耕而穫，不菑而畬，皆無其本而求其利，則凶。以此坊民，民皆知輕利而重實行也。《易》辭無凶字，此斷章取義耳。《爾雅》：二歲曰新田，三歲曰畬田。菑即新田也。

子云：君子不盡利，以遺民。《詩》云：彼有遺秉，此有不斂穧，伊寡婦之利，故君子仕則不稼，田則不漁，食時不力珍。大夫不坐羊，士不坐犬。《詩》云：采葑采菲，無以下體。德音莫違，及爾同死。以此坊民，民猶忘義而争利，以亡其身。

不盡利，以遺民，公利於民也。《詩》云穫者之遺，其餘聽人捃拾，可以爲不盡利之證。食時，飲食之時。不力求珍饌，坐以其皮藉坐也。羊皮貴，犬皮賤，以例不盡利之意。葑菲下體，皆可食，詩人以喻己雖下人，言有可擇，此引之，則言不盡利之人，以利遺人，人感其德音，如《詩》所云。採葑菲者不遺下體，蓋不盡利者，不忘惠人也。葑，蔓菁。菲，葍類。下體，謂其根。

子云：夫禮，坊民所淫，章民之别，使民無嫌，以爲民紀者也。故男女無媒不交，無幣不相見，恐男女之無别也。以此坊民，民猶自獻其身。《詩》云：伐柯如之何？匪斧不克。取妻如之何？匪媒不得。蓺麻如之何？横從其畝。取妻如之何？必告父母。

别，必力反。取，七樹反。從，七容反。告音谷。

凡過度者爲淫。章，明也。無嫌，無安嫌疑。禮得而心不以男女相見爲嫌别。理絲數爲紀，喻分别不淆亂也。有幣者必有媒，有媒者不必有幣，男女無别，則爲禽獸。伐柯，伐木以爲柯。克，能也。蓺，樹也。從，直也。南其畝爲從，東其畝爲横。獻其身，無禮而自貢。先言坊民，後引《詩》言咏歎之，以明無媒無父母而會，即無别也。

子云：取妻不取同姓，以厚别也。故買妾不知其姓，則卜之。以此坊民，《魯春秋》猶去夫人之姓，曰：吴。其死，曰孟子卒。

取，七樹反。去上聲。

厚猶遠也。娶妻必備六禮，妾不然，亦有幣焉，如買也。古固無買妾之禮。吴孟子非妾也，而以之證者，言妾猶恐同姓，何况於妻。

子云：禮，非祭，男女不交爵。以此坊民，陽侯猶殺繆侯而竊其夫人，故大饗廢夫人之禮。

繆與穆通。故大饗八字，記者之言。

《祭禮》男女同之，所以備外内之官而孝饗也。非是不交爵。陽侯殺繆侯，其事未聞，或因燕饗而美其貌，後因兵争殺之，而取其妻，如楚滅息，以息嬀歸也。古禮大饗同獻，無他國諸侯助祭者。此蓋春秋以後之事，記者言男女無别，釀禍，至廢饗禮，甚言其失耳。

子云：寡婦之子，不有見焉，則弗友也，君子以辟遠也。故朋友之交，主人不在，不有大故，則不入其門。以此坊民，民猶以色厚於德。

見去聲。辟讀避。遠去聲。

有見，實睹其材藝也。同志爲友。辟遠，辟嫌遠之。大故，喪病也。朋友之交以下，謂凡朋友皆然，不止寡婦之子厚於德，好色甚於好德也。愚按：寡婦之子非盡不可友，而亦非盡爲辟遠也。第防微杜漸，禮亦有之。

子云：好德如好色，諸侯不下漁色，故君子遠色，以爲民紀。故男女授受不親，御婦人則進左手，姑、姊妹、女子子已嫁而反，男子不與同席而坐。寡婦不夜哭，婦人疾，問之，不問其疾。以此坊民，民猶淫泆而亂於族。

好、下竝去聲。泆音逸。遠去聲。

引子言好德如好色，見常人多篤好於色，故坊之當嚴也。下申明之。漁色，廣取如漁也。在上而下取，故云下漁，非但謂取於國中。不夜哭，嫌有所思。不問其疾，嫌媚略之也。上云姑、姊妹、女子子及問疾諸事。皆族中禮，故結之以亂於族。

子云：昏禮，壻親迎，見於舅姑，舅姑承子以授壻，恐事之違也。以此坊民婦，猶有不至者。

迎去聲。見音現。

鄭康成曰：舅姑，妻之父母也。妻之父，外舅；妻之母，外姑。愚按：承，奉也。妻父母奉子以授壻，即其女之所歸，必由父母授，恐事或違乎男女之正也。禮於男女重别如此。坊民婦，歸以禮而無私褻之嫌。婦豈猶有不至者。

附　解

自古聖人爲君相、爲師儒，皆道得於身，而廣爲禮法，以範斯民。其制於外而動静咸宜者，悉其存於中而渾然至善者也。然人心之變化不時，禮樂之流傳易失，故文、武、周公之法，積久而亦陵夷。孔子力行，以教門人日用言行之禮，既折衷而使之遵循克復歸仁之功，尤詳示而使之實踐，所以成就者多。坊之爲言，蓄德於内，而檢察於外也。外不使侵，内不使溢，動静交養之學，固存乎其間。記者習聞聖論，而彙記以爲斯名，其意良厚。然禮禁亂之所由生，猶坊止水之所自來，防其流，亦安可不清其源哉？萬事萬理，莫不咸具於心，而心有人心、道心，正其人心，純乎道心，其功豈一朝而至。太上者，民之父母也。己身正，而因以正天下，六德六行，人人習以爲當然，則順帝之則，道一風同，不必言坊，實無處非坊。讀者其推類而求，返身而思，庶有以成己而成人耳。

禮記恒解卷三十一 晚年定本

中庸

《中庸》一書，《漢書·藝文志》載《中庸説》二篇，戴顒《中庸傳》二卷。《隋書·經籍志》載梁武帝《中庸講疏》一卷。是漢時《中庸》一篇，已有别行之本，不自宋儒始也。自朱子著四書之名，而元延佑復科舉，遂以之取士。《中庸》《大學》，以朱子章句爲準，今仍四書之舊，另有論註，兹不復贅。

禮記恒解卷三十二——晚年定本

表記

表，標也。夫子平日所言，記者彙集，標以爲法，而名曰《表記》。非因事因人問而言，故其語繁簡不一，亦或義未盡，宣解者多誤，今悉隨文正之。

子言之：歸乎，君子隱而顯，不矜而莊，不厲而威，不言而信。

此蓋孔子辭攝相後周遊思歸而言，故稱歸乎。隱而顯，身隱而道德著也。矜，有意矜持。莊，自然整飭。厲，亦有意振厲。威，威嚴。信，平日誠信孚人。子因無所遇，而欲退藏，故以修己無求於外意示人也。

子曰：君子不失足於人，不失色於人，不失口於人。是故君子貌足畏也，色足憚也，言足信也。《甫刑》曰：敬忌而罔有擇言在躬。

鄭康成曰：失謂失其容止之節也。《玉藻》曰：足容重，色容莊，口容止。《甫刑》，《書》篇名。忌之言戒也，言外莊敬而心戒慎，則無有可擇之言加於身也。

子曰：裼襲之不相因也，欲民之無相瀆也。

禮者節文而已，節文不明，慢瀆所由生也。禮盛者不文，則以襲爲敬，如大裘不裼及尸襲。禮不盛者尚文，則以裼爲敬。如君在，則裼，無事則裼。

子曰：祭極敬，不繼之以樂。朝極辨，不繼之以倦。

樂音洛。朝音潮。

祭以致其追慕，即極敬矣，而不繼之以樂，朝以經理政事，即極辨矣，而不繼之以倦。始終敬慎也。

子曰：君子慎以辟禍，篤以不揜，恭以遠恥。

辟音避。遠去聲。

敬慎非徒欲免禍也，而禍自可避。誠篤非求表著也，而光輝自不可揜。恭肅以自飭耳，而恥辱自遠。爲務外而招禍恥者言。

子曰：君子莊敬日强，安肆日偷。君子不以一日使其躬儳焉如不終日。

儳，仕鑑反。

莊敬則神安，而氣日精明；安肆則志昏，而身亦縱弛。儳與孱通。身必解肆，若孱弱不能終日者，然君子則自强不息也。

子曰：齊戒以事鬼神，擇日月以見君，恐民之不敬也。子曰：狎侮，死焉而不畏也。

齊，側皆反。見去聲。

敬基於微，不以鬼神幽遠而齊戒，不以見君爲常而擇日，皆防其微也。小人不知此而狎侮，至死不畏，子深歎之也。擇日見君，蓋出使而歸及致政者，如孔子沐浴而朝是也。

子曰：無辭不相接也，無禮不相見也，欲民之毋相褻也。《易》曰：初筮告，再三瀆，瀆則不告。

古音谷。

辭以通情，禮以致敬，非是則褻而不敬。引《易》明不褻之義。事人事神，情孚而敬達，一也。

子言之：仁者，天下之表也；義者，天下之制也；報者，天下之利也。

仁，人心也，萬善統焉。天下無不仁而猶爲人者。故爲表義，所以全仁節制而得其宜者也。報施準乎仁義，而情誼相屬，故曰天下之利。《易·文言》利者義之和是也。

子曰：以德報德，則民有所勸；以怨報怨，則民有所懲。《詩》曰：無言不讐，無德不報。《大甲》曰：民非后，無能胥以寧。后非民，無以辟四方。

大音泰。辟音璧。

施德者獲德報，則民勸於善。施怨者獲怨報，則民懲於不善。《詩》言一言必有答，一德必有報，可見所施不可不慎也。人君操賞罰分明善罰惡之權，至公至明，民所以賴之相安，而爲法於四方也。此爲治民者言，故與《論語》異。

子曰：以德報怨，則寬身之仁也；以怨報德，則刑戮之民也。

怨謂私怨，非君父之讐可比者也。忘其怨而以德報之，愛其身以行仁者也。以怨報德，不仁已甚，故爲刑戮之民。鄭康成曰：寬猶愛也。

子曰：無欲而好仁者，無畏而惡不仁者，天下一人而已矣。是故君子議道自己，而置法以民。

好、惡竝去聲。

鄭康成曰：一人而已，喻少也。人非聖賢，大抵有所慕以爲善，有所畏而不敢爲惡。故君子責己而嚴，道必自盡；責人以恕，法順民情。

子曰：仁有三，與仁同功而異情。與仁同功，其仁未可知也。與仁同過，然後其仁可知也。仁者安仁，智者利仁，畏罪者强仁。

鄭康成曰：仁有三，安仁、利仁、强仁也。愚按：同功異情，其成功一也，而其用力之始情則異也。馬氏晞孟曰：過者人所避，惟仁者受之而不辭。利仁，知仁之美，利而行之。强仁，悔過而自勉於仁，其究亦可安仁矣。

仁者右也，道者左也；仁者人也，道者義也。厚於仁者薄於義，親而不尊。厚於義者薄於仁，尊而不親。

左右取相須而成之義。仁即性也，具於心而爲體，本仁而施諸萬事曰道爲用，故又申之曰仁者人也，人之所以爲人道者，義也，施諸萬事合宜之謂。世或不知體用一原，動静相須，或厚於仁而義不盡協，人感其恩而親之，然施不合宜，弗尊之也。或厚於義而仁未肫至，人服其明而尊之，然誠懇未周，弗親之也。

道有至有義有考，至道以王，義道以霸，考道以爲無失。

王去聲。鄭謂義上脱一有字。

至謂全體之精粹。義裁制合宜之名，有大小精粗不同。考則稽度其事理道之至者。仁與義合一，故王。其次能裁制，而不盡合乎仁，如霸者之功名是也。考道者雖無仁以爲之本，而凡事慎擇，故可以無失。石粱王氏謂義道以霸，非孔子之言，然此乃借霸以形容偏至之詣，非取霸者也。

子言之：仁有數，義有長短小大。中心憯怛，愛人之仁也。率法而强之，資仁者也。《詩》云：豐水有芑，武王豈不仕。詒厥孫謀，以燕翼子。武王烝哉！數世之仁也。《國風》曰：我今不閲，皇恤我後。終身之仁也。

憯，七感反，今《毛詩》作躬。

有數，言行仁非一端，隨其所造，皆可謂仁。長短小大，喻其得失參差之數也。中心憯怛，常憐愛於人，是其天性慈祥者也。率仁者之成法而行之，雖不盡出於誠，亦能取資，以爲仁者也。《詩》言豐水有芑，武王豈不採之，喻一才一長，武王皆用之，是能培植仁德以貽後者，故爲數世之仁。若《國風·谷風》之詩，言我今尚不能容，何暇憂及其後，則止於其身之仁也。引《詩》斷章取義，不拘本文語義，故於《有聲》之詩，增武王烝哉句。而《谷風》之詩，亦不依其本意。

子曰：仁之爲器重，其爲道遠，舉者莫能勝也，行者莫能致也。取數多者，仁也。夫勉於仁者，不亦難乎？是故君子以義度人，則難爲人。以人望人，則賢者可知已矣。

勝音升。度入聲。

喻仁於器，則至重而難舉。喻仁於道，則至遠而難行。所以然者，以仁之取數至多，一言一行亦仁，言其全則非聖人不能備也。勉於仁者，不亦難乎，言爲仁者無安於小成，取仁不必全求責備也。義即仁之裁制，執義以量度人，精義者有幾，故難爲。人以人所可能之事望人，則一事合義，仁也。充而至於事事合義，即全仁也。故賢者可知已。

子曰：中心安仁者，天下一人而已矣。《大雅》曰：德輶如毛，民鮮克舉之。我儀圖之，惟仲山甫舉之，愛莫助之！《小雅》曰：高山仰止，景行行止。子曰：《詩》之好仁如此。鄉道而行，中道而廢，忘身之老也，不知年數之不足也。俛焉日有孳孳，斃而后已。

輶音由。鮮上聲。行去聲。好鄉，竝去聲。俛音免。

仁即天理，安仁，心純乎天理而安樂之也。《大雅》言德若至輕，而民莫能舉，惟仲山甫克舉之。無有不足，待人之助。《小雅》言高山則仰之，景行則行之，喻見一仁則學之也。故子贊其好仁鄉道。而行中道而廢，則非好仁矣。惟忘身之老，不知年數，不足而俛焉。日有孳孳，死而後已，則可謂好仁矣。

子曰：仁之難成久矣，人人失其所好。故仁者之過，易辭也。

好易竝去聲。

仁者，人也。不好仁而他好，爲失其所好，言人之難成也。由人人失其所好仁者，以仁爲好，即有過亦易解免。《論語》所謂苟志於仁，無惡也。

子曰：恭近禮，儉近仁，信近情，敬讓以行。此雖有過，其不甚矣。夫恭寡過，情可信，儉易容也。以此失之者，不亦鮮乎？《詩》云：温温恭人，維德之基。

夫音扶。鮮上聲。

吕氏大臨曰：恭則不侮，得禮之意。儉則不奪，得仁之意。信則不欺，得用情之正。以敬讓行之，雖有過差，亦不甚矣。又申言之不侮人則人亦不侮，故過寡矣。情實不欺，則人亦信之，故可信矣。不奪人則知足，人諒其儉，故易容。如是則失之者鮮。引《詩》言温温可該，三者是德之本也。

子曰：仁之難成久矣，唯君子能之。是故君子不以其所能者病人，不以人之所不能者愧人。是故聖人之制行也，不制以己，使民有所勸勉愧恥，以行其言。禮以節之，信以結之，容貌以文之，衣服以移之，朋友以極之，欲民之有壹也。《小雅》曰：不愧于人不畏天理。

制行之行，去聲。

上文言仁之難成，欲自修者毋失所好。此言仁之難成，欲立教者毋過苛責。不以己所能者病人，不以人所不能者愧人，不自矜其長，尤恐形人之短也。制行，制爲行誼以教人，不制以己，非不以聖人望人，乃不遽責以己所能也。有所慕而勸勉，有所感而愧恥，以行聖人之言。節，齊之使中節。結，誠意相維持。文，文飾。移，變化。極，推廣其志。壹，專一於仁也。引《詩》言，以明如此善誘，則人皆知愧人而畏天。

是故君子服其服，則文以君子之容；有其容，則文以君子之辭；遂其辭，則實以君子之德。是故君子恥服其服而無其容，恥有其容而無其辭，恥有其辭而無其德，恥有其德而無其行。是故君子衰絰則有哀色，端冕則有敬色，甲胄則有不可辱之色。《詩》云：維鵜在梁，不濡其翼。彼其之子，不稱其服。

衰，七雷反。絰，田節反。鵜，徒兮反。濡，而朱反。稱去聲。

此申上文容貌衣服之義，而歸本於德行也。容也辭也，皆本於德，德蘊諸心而見諸行，内外交飭，有德者必驗諸行。有德行者斯容服必端，修辭必謹。即衰絰三者之色，以見其哀敬不可辱之德行，所謂有諸内者形諸外，而先即容服辭言之。蓋慎於外，乃愜乎心也。引《曹風·候人》之詩，以鵜在梁則不濡其翼，比候人赤芾不稱其服，正欲人重視容服，而思其稱之之本。

子言之：君子之所謂義者，貴賤皆有事於天下，天子親耕，粢盛秬鬯以事上帝，故諸侯勤以輔事於天子。

義者，各盡其道而協宜也，無貴賤，皆然。天子親耕奉粢盛秬鬯於上帝，敬天之義。諸侯勤勞輔事，忠君之義也。凡他可類推。

子曰：下之事上也，雖有庇民之大德，不敢有君民之心，仁之厚也。是故君子恭儉以求役仁，信讓以求役禮，不自尚其事，不自尊其身，儉於位而寡於欲，讓於賢，卑己而尊人，小心而畏義，求以事君。得之自是，不得自是，以聽天命。《詩》云：莫莫葛藟，施于條枚。凱弟君子，求福不回。其舜、禹、文王、周公之謂與？有君民之大德，有事君之小心。《詩》云：惟此文王，小心翼翼。昭事上帝，聿懷多福。厥德不回，以受方國。

庇，必利反。藟音壘。施音異。凱亦作愷。弟音悌。與平聲。

下之事上也，其事皆上之事，故須有大德庇民，可以盡事上之事，然其心則爲君撫此民，以宣上德，非有一毫君民之心也。仁之厚，謂忠愛之至。役，役於君也。恭儉、信讓，仁禮之事，而其意則以此爲君役而廣君之德，非自尚其事，自尊其身也。儉於位，不求尊位。寡於欲，不求厚禄。以位禄讓於賢，爲君得人，卑己尊人，小心畏義。又言凡事皆然，若此者凡以求事君而已。得之，君與之也。自是盡忠不貳，天命至誠，無貳者也，故以此聽之。《詩·大雅·旱麓》之篇，以葛藟之繁盛興文王之多福，而美其凱弟不回，子以爲舜、禹、文王、周公皆足當此詩也。四聖人皆有君民之大德，而小心事君，小心不回之實也。故又引《詩》美文王小心以證之。盡忠事君，即昭事上帝，重小心翼翼，不重以受方國。

子曰：先王謚以尊名，節以壹惠，恥名之浮於行也。是故君子不自大其事，不自尚其功，以求處情。過行弗率，以求處厚。彰人之善，而美人之功，以求下賢。是故君子雖自卑而民敬尊之。子曰：后稷，天下之爲烈也，豈一手一足哉。唯欲行之，浮於名也，故自謂便人。

行去聲。處上聲。

節，節取。壹，專一也。生名而死爲謚，以諱其名，所以尊名也。然必節取其美以謚之，所以專表其平生德惠之實，一字之節，非必能盡其長也，而寧節毋濫，恥名之浮於行也。事可大而不自大，功可尚而不自尚，所以求處情實而免虛譽。過行，過高之行，不可爲訓，故弗率循，以處篤厚。陳氏謂本分上不加毫末，是也。彰善美功，則賢者益勸自卑，而民敬尊。子言其德徵君子，則非欲民然而然也。后稷教民稼穡，開萬世之美利，非一手足之烈也。而稷恐行浮於名，故自謂便習農事之人耳。引此以證上文之意。

子言之：君子之所謂仁者，其難乎？《詩》云：凱弟君子，民之父母。凱以强教之，弟以説安之。樂而毋荒，有禮而親，威莊而安，孝慈而敬，使民有父之尊，有母之親。如此而后可以爲民父母矣。非至德其孰能如此乎？

强平聲。説音悦。毋無同。

葉氏夢得曰：凱言其樂，弟言其順。强教，教不倦也。説安，得其心也。與民同樂而不至荒，以禮相約而不過嚴。威莊，貌之恭也，而出於自然。孝慈，愛之至也，而不稍怠肆。四句申凱弟之義，父母皆尊親也，舉其重者言之。

今父之親子也，親賢而下無能。母之親子也，賢則親之，無能則憐之。母親而不尊，父尊而不親。水之於民也，親而不尊。火尊而不親。土之於民也，親而不尊。天尊而不親。命之於民也，親而不尊。鬼尊而不親。

孔氏穎達曰：下謂下賤之命君之教令，愚按：此承上文而言，尊親不能相兼，惟爲民父母者兼之。以足上文難字之義，非謂父母之尊親，果判然也。命近於民，民狎而玩之。鬼處於幽，民畏而憚之。

子曰：夏道尊命，事鬼敬神而遠之，近人而忠焉。先禄而後威，先賞而後罰，親而不尊。其民之敝，蠢而愚，喬而野，樸而不文。殷人尊神，率民以事神，先鬼而後禮，先罰而後賞，尊而不親。其民之敝，蕩而不静，勝而無恥。周人尊禮尚施，事鬼敬神而遠之，近人而忠焉。其賞罰用爵列，親而不尊。其民之蔽，利而巧，文而不慚，賊而蔽。

遠去聲。蠢，傷容反。

三代聖王其治天下以仁義，無不同也。特其因時立法，久而不能無弊，又須有以善補救之。夫子故歷陳其概如此，使後世有所折衷焉，非謂禹、湯、文、武之治，猶有不足也。夏承唐虞，風俗淳樸，尊其命令，以示率從，事鬼敬神，戒其慢瀆。至於治民，則引而近之，加忠厚焉。禄賞爲先，威罰爲厚，皆忠厚之意也。然而末流則民親而不尊，其民多蠢塞愚冥，喬亢鄙野，樸而不文。殷人懲其敝而救之，於是尊神，率民以事神，使有所畏懼悚動，先鬼先罰以怵其心，而後禮以教之，賞以勸之，然其末流，民尊而不親，信鬼神之過，而至於蕩不安静，畏罰之過，而至於求免無恥。周人懲而救之，於是尊禮，善施以人道往來施報之常，祛其信鬼畏罰之敝，引而近之，加以忠厚，其賞罰用爵列，以黜陟爲勸懲，然其末流，親而不争，趨利而巧慧，文飾而不慚，相賊害而昏蔽不知。

子曰：夏道未瀆辭，不求備，不大望於民，民未厭其親。殷人未瀆禮，而求備於民。周人强民，未瀆神，而賞爵刑罰窮矣。

强平聲。

此言三代民風之異。夏民質樸，上人未煩瀆，其辭不求備，大望於民而民自親上，久未厭怠。殷人禮度未詳，而以民風漸澆，求備於民，必欲使之爲善矣。至周人，則以民無不可爲聖賢，禮樂詳盡，使民强於爲善，盡其人道之當然，而不瀆神以求福，然而爵賞刑罰之制，亦窮極無以復加矣。

子曰：虞、夏之道，寡怨於民。殷、周之道，不勝其敝。子曰：虞、夏之質，殷、周之文，至矣。虞、夏之文，不勝其質，殷、周之質，不勝其文。

勝音升，下二勝如字。

此承上文而言。法三代者，當善損益。虞夏時質，民風亦少華鶩，法之尚可以寡怨於民。蓋民樂趨於簡易也。殷周民風益繁，聖人折衷而立法，以歸於中，不善學之，則不勝其敝。因言四代聖王，文質皆美，特虞夏質多文少，殷周文多質少，故效法之者，當善取耳。

子言之曰：後世雖有作者，虞帝弗可及也已矣。君天下，生無私，死不厚其子，子民如父母，有憯怛之愛，有忠利之教，親而尊，安而敬，威而愛，富而有禮，惠而能散。其君子尊仁畏義，恥費輕實，忠而不犯，義而順，文而静，寬而有辨。《甫刑》曰：德威惟威，德明惟明。非虞帝，其孰能如此乎？

無私，至公。死不厚其子，言既不傳位，亦未封以爵禄，齒於丹朱也。實，謂財貨。辨，别也，猶寬而栗也。愚按：憯怛，愛之誠。忠利，忠厚利民。親而尊、安而敬、威而愛，則民之所以奉舜也。富而有禮以節之，惠而能散以給之，君子有位者尊仁畏義，化於舜之仁義也。恥費，即富而有禮。輕實，即惠而能散。忠者易於徑行，則犯義者主於裁制。易不順文煩易，不静寬大，易無分别，今皆不然。蓋德之美者，德威不恃威，而人自敬畏。德明不恃明而人自莫欺，非虞帝孰能如此？深美之也。夫二帝三王，其德同，則其致治亦同。特舜承堯之化，恭己無爲，遇有獨隆。又當時民情淳樸，異於後世，故夫子尤深歎之，非以是而薄三王也，勿誤會之。

子言之：事君先資其言，拜自獻其身，以成其信。是故君有責於其臣，臣有死於其言，故其受禄不誣，其受罪益寡。

先資其言，以言爲事君之先資也。至君用其言拜命，則自獻其身。有死無二，以見所言之信，君有責於其臣，委以重任，死於其言，失以終身，受禄不誣，受罪益寡，稱其職故也。

子曰：事君，大言入則望大利，小言入則望小利。故君子不以小言受大禄，不以大言受小禄。《易》曰：不家食，吉。

吕氏大臨曰：利及天下，澤及萬世，大利也。進一介之善，治一官之事，小利也。愚按：此言事君必求有利於君民，而惟恐受禄之有愧。《易》言不家食吉，正謂事君有利於民，而非徒以受禄爲榮也。

子曰：事君不下達，不尚辭，非其人弗自。《小雅》曰：靖共爾位，正直是與。神之聽之，式穀以女。

共音恭。女音汝。

陳氏澔曰：下達，趨乎汙下是也。學人有志，事君往往利禄及身喪其本來，遂流於小人矣。不尚辭，以實有勳德爲貴。非其人弗自，己不由匪人以進，亦不以匪人事君也。引《詩》明此爲靖共此爲正直，而神亦將與之以福禄。

子曰：事君遠而諫，則讇也；近而不諫，則尸利也。

讇，亦作諂。

遠，君疏遠之也。近君，親近之。不得於君，而强諫，嫌於諂。得君而不諫，則專於爲利之人。

子曰：邇臣守和，宰正百官，大臣慮四方。

邇臣，親近之臣，獻可替否，輔贊於君，成君德，如和五味。守，持久意。宰，冢宰。大臣兼内外公卿而言。慮四方，天下一切政治，皆預籌之。

子曰：事君欲諫不欲陳。《詩》云：心乎愛矣，瑕不謂矣。中心藏之，何日忘之？

陳者，直指君過諫君，而恐揚君之惡，傷君之意，愛君之至也。故引《詩》以明之。鄭康成曰：瑕之言胡也。謂猶告也。

子曰：事君難進而易退，則位有序。易進而難退，則亂也。故君子三揖而進，一辭而退，以遠亂也。

易、遠竝去聲。

難進，不苟進。易退，不苟禄。人皆不躁進，則位當其才而有序。亂，賢不肖倒置也。相見之禮，主人迎賓，三揖，至於階，三讓。其退也，一辭而出，主人拜送，賓去不顧，喻難進易退之意。

子曰：事君三違而不出竟，則利禄也。人雖曰不要，吾弗信也。

竟與境通。要平聲。

鄭康成曰：違猶去也。利禄，言爲貪禄留也。臣以道去君，至於三而不遂去，是貪禄要君。

子曰：事君慎始而敬終。

必可以行道而後委贄，既知遇，則死生以之而不懈。

子曰：事君可貴可賤，可富可貧，可生可殺，而不可使爲亂。

鄭康成曰：亂謂違廢事君之禮。

子曰：事君，軍旅不辟難，朝廷不辭賤。處其位而不履其事，則亂也。故君使其臣，得志則慎慮而從之，否則孰慮而從之。終事而退，臣之厚也。《易》曰：不事王侯，高尚其事。

辟音避。難去聲。朝，直遥反。處上聲。孰與熟通。

鄭康成曰：履猶行也。愚按：不避難，死於其事。不辭賤，必求盡職。得志不敢自喜，尤必慎慮而繼之。不得志不敢厭怠，更熟慮而繼之。必求終事而後告退。愛君忠職之厚意。然此非素無利禄之志者不能，故引《易》以明高尚不事，正深重其事，不倖進，所以能成其事也。

子曰：唯天子受命於天，士受命於君。故君命順，則臣有順命；君命逆，則臣有逆命。《詩》曰：鵲之姜姜，鶉之賁賁。人之無良，我以爲君。

鶉音蓴。賁音奔。

上言臣事君之道，此又言君當自慎。唯天子代天治民，無一不當體天之心，合天之道。士受命於君，君出命順理，則臣自恭順，不然，則不阿意曲從也。引《詩》以戒君不可以無良。

子曰：君子不以辭盡人。故天下有道，則行有枝葉；天下無道，則辭有枝葉。是故君子於有喪者之側，不能賻焉，則不問其所費。於有病者之側，不能饋焉，則不問其所欲。有客不能館，則不問其所舍。故君子之接如水，小人之接如醴。君子淡以成，小人甘以壞。《小雅》曰：盗言孔甘，亂是用餤。

行去聲。餤音談。

言爲心聲，亦可以觀人，而不可以此盡其人之平生也。蓋敦行者或訥於辭，天下有道，人勵實行，天下無道，人尚虚辭。枝葉者幹之餘也，不能賻而問其所費，嫌爲虚辭也。下放此。水淡而可久，醴甘而易壞。交接尚辭而不貴實，則言甘如醴，亦終壞耳。引《詩》以證甘以壞。

子曰：君子不以口譽人，則民作忠。故君子問人之寒則衣之，問人之饑則食之，稱人之善則爵之。《國風》曰：心之憂矣，於我歸説。

譽平聲。衣去聲。食音似。説音税。

口譽人，口惠而實不至也。問饑寒則衣食之，稱善則爵之，正不口譽之實。詩人憂昭公之無所依，而欲其於我歸息，是口如是而心亦如是者也。

子曰：口惠而實不至，怨菑及其身。是故君子與其有諾責也，寧有已怨。《國風》曰：言笑晏晏，信誓旦旦。不思其反，反是不思，亦已焉哉。

菑音災。已音以。

口飾恩惠而無實，取怨菑之道也。君子寧使人責其不諾，不以口惠致其後怨。引《詩》以證口惠之意。晏晏，情相説。旦旦，言相許，而不思踐言。此等不思踐諾之人，亦復何望哉。

子曰：君子不以色親人，情疏而貌親，在小人則穿窬之盗也與？

穿音川。窬，羊羔反。與平聲。

不以色親人，不虚爲善色以親人。情疏貌親，無誠心而虚詐欺人，如穿窬之盗也。

子曰：情欲信，辭欲巧。

情猶心也。信，實也。巧，善也。即《論語》忠告而善道之之義。此爲諫君規友者言。

子言之：昔三代明王，皆事天地之神明，無非卜筮之用，不敢以其私褻事上帝。是以不犯日月，不違卜筮。卜筮不相襲也。

敬天地者必敬神明，神明司天地之功化者也。神明何以見，無非卜筮之用。凡理之當爲者，無庸卜筮也。惟國家大祭祀，有大事則卜筮，以求神明。私褻之事，不敢卜筮也。大事及祭祀所以必卜筮者，不敢犯上帝不許之日月。既卜筮後則遵行之，不敢違卜筮。卜筮不相襲，皆所以敬神明也。不相襲，見《曲禮》。

大事有時日，小事無時日，有筮。外事用剛日，内事用柔日。不違龜筮。

鄭康成曰：大事，有事於大神，有常時常日。有事於小神，無常時常日。臨有事筮之。剛日、柔日，順陰陽也。陽爲外，陰爲内。愚按：不違龜筮，雖用剛用柔有定，而亦必决於卜筮也。吕氏大臨曰：内事、外事，泛言衆事耳。如郊用辛，社用甲，自别有義，難以剛柔取類。剛柔，見《曲禮》。

子曰：牲牷、禮樂、齊盛，是以無害乎鬼神，無怨乎百姓。

牷音全。齊音咨。盛音成。

御案：承上不違龜筮言。卜日既定，而後以牲牷、禮樂、齊盛奉之，則可以無害乎鬼神，無怨乎百姓，愚按：無害無怨，神享其敬，而民受其福也。

子曰：后稷之祀易富也。其辭恭，其欲儉，其禄及子孫。《詩》曰：后稷肇祀，應無罪悔，以迄于今。

易音異。

后稷爲稷神，祭稷禮尚質，故言易富。富，備也。承上文言事神明之事，而結之以此，明祭祀本於恭儉，神明不尚虚文，即后稷之祀以明之。辭恭則心必誠，欲儉則禮易備。上文所謂無害於鬼神，無怨於百姓者也。引《詩》言后稷肇祀以來，世有恭儉之德，至今無罪悔，以證上意。

子曰：大人之器威敬。天子無筮，諸侯有守筮。天子道以筮。諸侯非其國不以筮，卜宅寢室。天子不卜處太廟。

處上聲。大音泰。

鄭康成曰：威敬，言其用之尊嚴。天子無筮，大事皆用卜也。守筮，守國之筮，國有事則用之。道以筮者，始將出，卜之。道有小事則用筮。諸侯入他國則不筮，不敢問吉凶於人之國也。諸侯受封乎天子，因國而國，唯宫室欲改易者，得卜之。愚按：天子適諸侯，舍於廟，至尊無二，又大廟本吉，不須卜也。

子曰：君子敬則用祭器，是以不廢日月，不違龜筮，以敬事其君長。是以上不瀆於民，不下褻於上。

徐氏師曾曰：祭用祭器，燕用燕器，禮之常也。唯主人敬賓則變其常，而用祭器。陳氏澔曰：敬其禮，故用祭器。敬其事，故詢龜筮。不瀆不褻，以其敬故也。

附　解

聖人以身立教，作止語默，無非道也。上智之資，則而效焉，又從事於本原之學。若顔、曾、端木諸賢，步趨恐後，一有所疑，必就正之，既而記其要爲《論語》，大義已無弗該矣。及門之士，或未深造而尊其所聞，亦私輯以爲此篇，而名曰《表記》。夫聖言天口，天之理固在聖人，而聖言之精微，實不盡於是。何爲乎言表，而第以是哉？蓋聖人之爲表者在乎心性倫常内，而萬理渾含，外而泛應曲當，其或因人因事，叩其兩端，暢所欲言，則語無不盡，義無不兼。此篇雜記子云，初無淺深次第，讀者易以淆亂，又虞、夏、殷、周等文，前人或疑其非，不可不詳詁而其證之也。《孟子》曰：觀水有術，必觀其瀾，日月有明，容光必照。謂夫即一斑而窺全豹，固不得謂見淺者，遂難見深耳。故愚詳釋本文，而又明表字之義，欲學者必知聖人之所以爲表，乃知聖人之所以爲言，明者其鑒之焉。

禮記恒解卷三十三 晚年定本

緇衣

此篇多言好惡，而獨以緇衣名篇者，惡惡亦所以勉善也。又篇首引緇衣，故即以之名篇。

子言之曰：爲上易事也，爲下易知也，則刑不煩矣。

易去聲。

上以恕待下，下以忠事上，上下無詐虞，而百度可貞，刑安得煩？

子曰：好賢如《緇衣》，惡惡如《巷伯》，則爵不瀆而民作愿，刑不試而民咸服。《大雅》曰：義行文王，萬國作孚。

好去聲。上惡去聲，下如字。

鄭康成曰：《緇衣》《巷伯》皆《詩》篇名。《緇衣》好賢欲其貴之甚，《巷伯》惡惡欲其死亡之甚。愚按：人君患在好惡不明。即明矣而不誠，則善無以勸，惡無以懲，如《緇衣》《巷伯》之誠，則不必屢以爵賞善而民自忠厚，不必輕用刑罰惡而民自悦服。引《大雅》言文王爲萬國之儀刑，亦由是也。

子曰：夫民教之以德，齊之以禮，則民有格心。教之以政，齊之以刑，則民有遯心。故君民者，子以愛之，則民親之；信以結之，則民不倍；恭以涖之，則民有孫心。《甫刑》曰：苗民匪用命，制以刑，惟作五虐之刑，曰法。是以民有惡德，而遂絶其世也。

孫去聲。

首六句説見《論語》。格心、遯心，即所謂有耻且格，免而無耻也。愛之如子，誠信不欺，教之以德也。恭以涖之，齊之以禮也。不倍與孫，忠順也。引《甫刑》言苗民不用天命，制五虐之刑虐民。民怙惡而行，上亦絶世。詳見《書·吕刑恒解》。

子曰：下之事上也，不從其所令，從其所行。上好是物，下必有焉者矣。故上之所好惡，不可不慎也，是民之表也。

好、惡竝去聲。

鄭康成曰：甚者，甚於君也。民之從君，如景逐表。

子曰：禹立三年，百姓以仁遂焉，豈必盡仁？《詩》云：赫赫師尹，民具爾瞻。《甫刑》曰：一人有慶，兆民賴之。《大雅》曰：成王之孚，下土之式。

遂，順而行之，言遂利於仁也。豈必盡仁，禹一人仁臣，不必盡仁，言不必朝廷盡是仁人，而禹仁，則天下自化之。引《詩》《書》以證其義，各詳本文。

子曰：上好仁，則下之為仁爭先人。故長民者章志、貞教、尊仁，以子愛百姓，民致行己以説其上矣。《詩》云：有梏德行，四國順之。

好去聲。長上聲。説悦通。梏《詩》作覺。行去聲。

章志，章明己好惡之正。貞教，正而不可易之道。尊仁，萬理皆統於仁，故以之為尊，而愛民如子，則所以仁之者至焉。故民專致行己，惟恐失上之歡。梏，大也，直也。

子曰：王言如絲，其出如綸。王言如綸，其出如綍。故大人不倡游言，可言也不可行，君子弗言也。可行也不可言，君子弗行也。則民言不危行，而行不危言矣。《詩》云：淑慎爾止，不諐于儀。

綍與紼通，音弗。危行而行之行，竝去聲。諐愆通。

比絲而合之曰綸。綍，長绳，喻王言其端甚微，其究甚大。游言，浮言，不實之言也。上人言行相顧，則民亦化之，不過其言行以自危。引《诗》以證言行不可過也。

子曰：君子道人以言，而禁人以行。故言必慮其所终，而行必稽其所敝，則民謹於言而慎於行。《詩》云：慎爾出話，敬爾威儀。《大雅》曰：穆穆文王，於緝熙敬止。

道、行竝去聲。於音烏。

理非言不明，故道人以之而行，則所以踐言也。行端可法，又以禮禁之，然後不善亦歸於善。慮其所終，必其言之可行；稽其所敝，必其行之久而無弊。民化而效之，亦謹言慎行矣，引《詩》證言行必慎，《大雅》明文王亦敬其言行而已。

子曰：長民者，衣服不貳，從容有常，以齊其民，則民德壹。《詩》曰：彼都人士，狐裘黄黄。其容不改，出言有章。行歸於周，萬民所望。

長上聲。

不貳，如法而無雜尚。從容有常，中禮而安也。壹，專一。蓋外莊敬則内安詳，故引《詩》言衣服容止言行皆善，則為民望也。

子曰：為上可望而知也，為下可述而志也，則君不疑於其臣，而臣不惑於其君矣。尹吉曰：惟尹躬及湯，咸有壹德。《詩》曰：淑人君子，其儀不忒。

吉讀作告。

上下至誠相與，事業光明，故可望而知，可述而志。疑惑者，欺闇故也。引《書》以明君臣誠一之德，引《詩》以釋光明正大之意。

子曰：有國家者章義癉惡，以示民厚，則民情不貳。《詩》云：靖共爾位，好是正直。

癉，丁但反。共平聲。好去聲。

義，天理咸宜也。義無不善，善必協，義表章善者，罰懲不善。癉者，勞苦，懲創之使痛悔如病然。罰惡亦欲其善，故為仁厚之意。不貳，一於為善也。引《詩》明正直者民之秉彝，故靖共者人皆好之。

子曰：上人疑則百姓惑，下難知則君長勞。故君民者，章好以示民俗，慎惡以御民之淫，則民不惑矣。臣儀行，不重辭，不援其所不及，不煩其所不知，則君不勞矣。《詩》云：上帝板板，下民卒癉。《小雅》曰：匪其止共，維王之邛。

長上聲。好惡行，竝去聲。瘽，《詩》作癉。共作恭。邛音窮。

上懷疑貳，下懷欺詐，則不相信而徒勞苦。章好，正身以明己之所好。慎惡，防微以禁民之過度。民不惑，信上之誠，好善而惡惡也。儀行，以義自正其行。不重辭，不尚虛言。所不及，所不知，才力智慮所限，不援以為言，不强煩使聽。因其所明，引君當道，君日遷善而不知矣。鄭康成曰：上帝，喻君也。板板，辟也。卒，盡也。瘽，病也。此君使民惑之詩。邛，勞也。言臣不止於恭敬，惟使王之勞，此臣使君勞之詩。

子曰：政之不行也，教之不成也，爵禄不足勸也，刑罰不足恥也。故上不可以褻刑而輕爵。《康誥》曰：敬明乃罰。《甫刑》曰：播刑之不迪。

言政教之不行，由爵禄不足勸，而刑罰不足懲也。其不足勸恥，由上褻刑而輕爵。引《康誥》敬明乃罰，《甫刑》播刑之不迪，則非褻刑輕爵者比矣。《甫刑》原文播刑之迪，此多一不字，蓋古人引經，多斷章取義，以意折衷，不拘原文。播刑之不迪，言政教播於刑所不及之處，非徒恃刑罰也，而爵禄該其中矣。

子曰：大臣不親，百姓不寧，則忠敬不足，而富貴已過也。大臣不治，而邇臣比矣。故大臣不可不敬也，是民之表也。邇臣不可不慎也，是民之道也。君毋以小謀大，毋以遠言近，毋以內圖外，則大臣不怨，邇臣不疾，而遠臣不蔽矣。葉公之《顧命》曰：毋以小謀敗大作，毋以嬖御人疾莊后，毋以嬖御士疾莊士大夫、卿、士。

浩平聲。比音畀。道去聲。毋竝音無。葉音攝。

忠敬，謂君待臣也。富貴過，君徒富貴之臣亦徒富貴自恣。治，治其職事。比，朋比為非。大臣為民之表，必任賢而敬之。邇臣近君，民以之伺君得失，當慎選而道民。大臣權重，小臣常易忌之；近臣親任，遠臣嘗欲閒之；外臣疏遠，内臣尤易毁之。使之各得其所，而不偏聽，則不怨、不疾、不蔽矣。鄭康成曰：葉公，楚縣公葉子高。臨死遺書曰顧命。小謀，小臣之謀。大作，大臣所為。嬖御人，愛妾。疾，憎惡之也。莊后，適夫人齊莊得體者。嬖御士，愛臣。大夫卿士皆賢，統名之於莊士。《汲冢書》以葉公為祭公。

子曰：大人不親其所賢，而信其所賤。民是以親失，而教是以煩。《詩》云：彼求我則，如不我得。執我仇仇，亦不我力《君陳》曰：未見聖，若已弗克見。既見聖，亦不克由聖。

仇與逑同。

所賢、所賤，民所好惡也。賢否失宜，民是以不親上，而教煩亦復無益。夫子曰舉枉錯諸直，則民不服，即此意。馬氏晞孟曰：《詩》言始求我之法，則如不我得其好，可謂篤矣。及其執我仇，仇亦不我力得，而反不用我。《君陳》所言，未見聖思之甚，既見，不從其所為，亦如君知賢而不親也。

子曰：小人溺於水，君子溺於口，大人溺於民，皆在其所褻也。夫水近於人而溺人，德易狎而難親也，易以溺人。口費而煩，易出難悔，易以溺人。夫民閉於人而有鄙心，可敬不可慢，易以溺人。故君子不可以不慎也。《太甲》曰：毋越厥命，以自覆也。若虞機張，往省括于度則釋。《兑命》曰：惟口起羞，惟甲胄起兵，惟衣裳在笥，惟干戈省厥躬。《太甲》曰：天作孽，可違也，自作孽，不可以逭。《尹吉》曰：惟尹躬天，見于西邑夏，自周有終，相亦維終。

天音扶。易竝音異。大音泰。兑作説。吉作告。天作先。相去聲。

凡人覆没於禍患，皆在其褻狎之地。水懦弱，民狎而玩之，故多死焉。水之德，易狎而難親也，故易以溺人。辭費而煩，招尤府怨，易出難悔，君子易溺焉。閉，愚閉。鄙，卑鄙。民雖無知，然苟慢侮之，則立畔，故大人易溺焉，慎修身敬事而已。《太甲》言上人毋顛越命令，以自覆敗，若虞人射禽，機弩已張，必往省視於括，合度則釋，慎之意也。《兑命》言口足以起羞，甲胄足以起兵，必當慎之。衣裳所以命有德，慎其與人干戈，所以止亂當省躬以靖之於未萌。若不慎之，必自作孽而不可逃。故又引《太甲》以證之。《國語》曰忠信為周尹誥，言夏之先王，以忠信有終，其輔相者亦有終，能慎故也。

子曰：民以君為心，君以民為體。心莊則體舒，心肅則容敬。心好之，身必安之；君好之，民必欲之。心以體全，亦以體傷；君以民存，亦以民亡。《詩》云：昔吾有先正，其言明且清，國家以寧，都邑以成，庶民以生。誰能秉國成？不自為正，卒勞百姓。《君雅》曰：夏日暑雨，小民惟曰怨。資冬祈寒，小民亦惟曰怨。

好竝去聲。雅，今書作牙。資作咨。陸氏曰：《詩》無上五句，餘在《節南山》篇，而無能字，或逸詩也。

心與體相依，存則俱存，亡則俱亡，以此喻君民之不容歧視，至切也。先正，先世正人之賢君，正人不徒以言也，即其言之明且清，以見其心之正。不自正而百姓亦勞敝，正上文心體相關之義。引《書》言暑雨祈寒，民猶不能無怨於天，見君於民當敬，從民欲也。

子曰：下之事上也，身不正，言不信，則義不壹，行無類也。

行去聲。

壹，專一於義。類，同類也。人臣事君，身正言信，則專壹於義，而善類相孚，可以冀諫行言聽。

子曰：言有物而行有格也，是以生則不可奪志，死則不可奪名。故君子多聞，質而守之；多志，質而親之；精知，略而行之。《君陳》曰：出入自爾，師虞庶言同。《詩》云：淑人君子，其儀一也。

行有之行，去聲。

申言上文之意。有物，言皆實德。有格，行不踰矩，志成於終身，名傳於後世，上文所謂義壹也。多聞以下，又有所以有物有格之故。志，記也。質，正也。多聞多志，折衷以求，至是親體之也。精知，精而益精，以致其知。略，約也，惟知之既精，故約要以行，無不有物而有格。此數語，上文所謂行類也。成王戒君陳出入與眾虞度，其是非類之説也。《詩》言淑人君子，儀一而不忒，壹之説也。

子曰：唯君子能好其正，小人毒其正。故君子之朋友有鄉，其惡有方。是故邇者不惑，而遠者不疑也。《詩》云：君子好仇。

好惡竝聲。好仇好如字。鄉如字。

毒，害也。鄭康成曰：鄉、方，喻輩類。君子以正自持，故於正者必好之，小人不正而讐忌。正人有鄉，同道相與也；有方，邪僻相容。邇者親其德，故不惑。遠者聞其風，亦不疑。孔氏穎達曰：《詩·周南·關雎》篇斷章，云以好人為匹也。

子曰：輕絶貧賤，而重絶富貴，則好賢不堅，而惡惡不著也。雖曰不利，吾不信也。《詩》云：朋友攸攝，攝以威儀。

上惡去聲。

賢者未必不貧賤，惡者未必不富貴，以此定其賢否，而又輕與輕絶之，則是本無解於賢與惡，而好惡以勢利移也，直昏亂耳。鄭康成曰：《詩》言朋友以禮儀相攝，不以富貴貧賤。

子曰：私惠不歸德，君子不自留焉。《詩》云：人之好我，示我周行。

好去聲。行，户剛反。

私惠，以私情相惠，而不合德禮之公也。不自留，卻之也。周行，喻大道。

子曰：苟有車，必見其軾；苟有衣，必見其敝。人苟或言之，必聞其聲；苟或行之，必見其成。《葛覃》曰：服之無射。

射音亦，《詩》作斁。

軾，所憑以為禮，無軾則無以為乘車之禮矣。喻人有德，則其言必善。衣以彰身，必至敝而後衣之事終，喻人有行，必觀其終服之。無射，言服之久也。而君子言行，審於始，要於終，可以類推。

子曰：言從而行之，則言不可飾也。行從而言之，則行不可飾也。故君子寡言而行，以成其信，則民不得大其美而小其惡。《詩》云：百圭之玷，尚可磨也。斯言之玷，不可爲也。《小雅》曰：允矣君子，展也大成。《君奭》曰：在昔上帝，周田觀文王之德，其集大命于厥躬。

上行如字，下二行去聲。周田觀，古文作割申勸。文，《書》作寧。

言必可行，行必可言。《中庸》所謂言顧行，行顧言也。何可飾，寡言而敏行，乃成信實，民則而化之，皆不得夸美而飾惡矣。御案：引《詩·大雅》以證寡言，《小雅》以證成信，引《書》以證民皆化於善。其説竝見《詩》《書》。

子曰：南人有言曰：人而無恒，不可以為卜筮。古之遺言與？龜筮猶不能知也，而況於人乎？《詩》云：我龜既厭，不我告猶。《兑命》曰：爵無及惡德，民立而正事，純而祭祀，是為不敬。事煩則亂，事神則難。《易》曰：不恒其德，或承之羞。恒其德偵。婦人吉，夫子凶。

與平聲。兑讀説。純作煩。偵作貞。

南人，南國之人，不可以為卜筮，以其無恒，不足與神相通也。龜筮，靈於人，猶不能知其所懷，而况人乎。極言無恒不足信於人也。引《詩》證龜筮取有恒爵，無及恶德，则民皆自立，而事可正。蓋人事即天道，用賢以爲民，則民立於善而正其事，始可事神。纯，專務也。不此之务，而烦瀆事神，則爲不敬，蓋事煩則亂，以之事神，必難不煩者，恒其德而已。故引《易》言不恒德者，羞來於不及防，第恒之義，非拘守一端之謂。當審其常變經權而衷於一，故又引恒其德貞，婦人吉，夫子凶，以終之。

附　解

此篇與《坊記》《表記》皆彙輯聖言，而上篇以坊、表名，此獨舉緇衣二字名篇，記者其殆有深意乎？蓋人之所以為人者，天理而已，天理無不善，而七情之發見於好惡者，往往乖宜，豈性有不善歟？氣質偏而物擾甚耳。孔門以為仁教人，正欲其葆此天理之正，而清乎好惡之源。第克己復禮，功非一朝，而事由實踐，非賢君相持其綱，明師友廣其化，人亦安能樂而就之？此篇首言為上易事，為下易知，而即繼以《緇衣》《巷伯》易事者親民如子，親愛之，則不苛求之也。易知者父事其君，瞻依之，則無復欺慢之也。而其平日道德齊禮，尤有經猷焉。好賢如《緇衣》，惡惡如《巷伯》則其聞善若决江河，惡惡等於豺虎，凡所以建賢與能者，無不周。唐虞三代，道一風同者，其不在斯歟？夫大學之道，基於誠意，而如惡惡臭，如好好色，乃免自欺，及其心正而身修也，尤必好而知惡，惡而知美，乃可齊家。至於平治天下，亦不過絜矩好惡而已。然則好惡之正，豈易言哉？此篇首言上之教民，而即承以從好不從令，歸於上之好仁，亦惟仁者能好人，能惡人意。自修然，即治人亦然，故曰尊仁，以子愛百姓，明乎仁外無子民之道，則亦非仁無以端好惡之本。記者其亦有窺於聖學之原者矣。第仁有全體，有一端。一端之仁，愚夫婦可以與知與能。全體之仁，則必盡性致命而後可當。自漢代誤解子罕言仁，而後世又益以影響之談，於是卑者以仁為難能，高者視仁為奇妙，而不知仁即性，性即天理也。無人無好惡，即無人不當循天理。好惡得其正則仁，失其正則非仁。孟子曰：仁也者，人也，合而言之道也。孔子曰：苟至於仁矣，無惡也。聖賢日以仁望人正，以不仁則好惡乖，而百為謬，奈何恍惚而求之邪？

禮記恒解卷三十四 晚年定本

奔喪

男子志在四方，奔喪之事，不幸而時，亦有記者，所以記此三代無遭喪去官之文。漢人乃往往去官，安帝初，令非父母不得去職，而常義、楊仁以兄憂去，譙元弟憂去，賈逵祖憂去，亦未嘗不奔喪，但去職必待君命。或請之而君不許，則外從公事，退而私喪之如其倫。今制，父母之喪去職，餘俱否，蓋君事重於私親，法至懿也。詳見附解。

奔喪之禮：始聞親喪，以哭答使者，盡哀；問故，又哭盡哀。遂行，日行百里，不以夜行。

鄭康成曰：親，父母也。以哭答使者，驚怛之哀無辭也。問故，問親喪所由也。不以夜行，雖哀戚，猶辟害也。哭則遂行者，不為位也。御案：行百里者，痛親，窮日之力也。

唯父母之喪，見星而行，見星而舍。若未得行，則成服而後行。過國至竟，哭，盡哀而止。哭辟市朝，望其國竟哭。

舍音赦。竟境同。辟音避。

見星二句。申上不夜行之義。未得行，或君命有要政也，至竟望其竟哭，感念親也。辟市朝，鄭康成曰：為驚眾也。

至於家，入門左，升自西階，殯東，西面坐，哭盡哀，括髮袒，降，堂東即位，西鄉哭，成踊，襲絰于序東，絞帶，反位，拜賓，成踊，送賓，反位。有賓後至者，則拜之，成踊，送賓皆如初。

鄉去聲。踊音勇。

孔氏穎達曰：升自西階，人子升降不由阼階，今未忍異於生也。括髮袒者，喪已經日，不笄纚故也。若尋常在家，親始喪則笄纚，至明日小斂畢，乃括髮。序東，在堂下，序牆之東，非堂下之序東也。前送賓畢而反位，後送賓畢而反位，故云皆如初。御案：《士喪禮》既馮尸，主人袒括髮，絞帶在襲絰前，此奔喪無憑尸禮，故襲加首絰，乃繫絞帶，而加要絰之散垂於其上，變於在家也。

眾主人兄弟皆出門，出門哭止，闔門，相者告就次。

相去聲。

彭氏絲曰：眾主人，諸子。兄弟，眾兄弟。鄭康成曰：次，倚廬也。按：此謂奔喪者初至家，眾出門迎之也。出門則眾止哭，而奔喪者不止哭。既入門，相者即闔門，告以就次成服。

於又哭，括髮袒，成踊。於三哭，猶括髮袒，成踊。三日成服，拜賓、送賓皆如初。

鄭康成曰：又哭，至明日朝也。三哭，又其明日朝也。皆升堂括髮袒，如始至，必又哭三哭者，象小斂大斂時也。三日，三哭之明日。既哭，成其喪服，杖於序東，拜賓成踊，送賓反位，皆如初居喪之禮。

奔喪者非主人，則主人為之拜賓送賓。

為去聲。

非主人，非喪主也。賓蓋為奔喪者而來者，故云為之拜。且主喪與喪主微別，而前人多混言。主喪者主辦喪事，無論有子無子，誼親者主之，以居喪者哀痛昏瞀，恐附身、附棺，一切有不周也。喪主則為之後者。此非主人，自當指齊衰以下喪。而彭氏云奔母喪，奔祖父母喪，皆父主之，雖亦通，而子以父為主人，究於詞不順。且父在，則卑幼奔喪。亦不得如上文所言之禮也。下文即承此申言之。

奔喪者自齊衰以下，入門左，中庭北面，哭盡哀，免麻於序東，即位袒，與主人哭，成踊。於又哭、三哭皆免袒。有賓則主人拜賓送賓。丈夫、婦人之待之也，皆如朝夕哭位，無變也。

齊音咨。衰音催。免音問，下俱同。

孔氏穎達曰：中庭北面，不升堂哭者，非父母之喪，統屬於主人也。主人唯饋奠有事乃升堂，無事當在堂下，故奔喪者亦在堂下也。父母之喪來至喪所，乃改服襲絰帶。今齊衰以下之喪，亦至喪所，乃免麻而改服也。陳氏澔曰：免麻，加免於首，加絰於要。上文言襲絰於序東，此言免麻於東序，輕重雖殊，皆是堂下序牆之東。凡袒與襲不同位也。待之，待此奔喪者，以其非賓客，故不變所哭之位也。孔氏穎達曰：此男子奔喪，故待之無變，若婦人奔喪，則待異於男子。

奔母之喪，西面哭盡哀，括髮袒，降，堂東即位，西鄉哭，成踊，襲、免、絰於序東。拜賓、送賓，皆如奔父之禮。於又哭不括髮。

鄉去聲。

奔母之喪，與父微異，其必父在則然也。若父已没，理當喪母如父，而前人過為分别，弊由誤信。《儀禮》不經，孔孟論斷，致生許多傳會，今故略之。

婦人奔喪，升自東階，殯東，西面坐，哭盡哀，東髽，即位，與主人拾踊。

髽，側瓜反。

郑康成曰：婦人，姑、姊妹、女子子也。陳氏澔曰：東階，東面階，非阼階也。婦人入者由闈門，闈門東邊之門。髽，説見《小記》。鄭氏曰：東髽，髽於東序，不髽於房，變於在室者也。拾，更也。主人與之更踊賓客之也。

奔喪者不及殯，先之墓，北面坐，哭盡哀。主人之待之也，即位於墓左，婦人墓右，成踊，盡哀，括髪，東即主人位。絰絞帶，哭，成踊，拜賓，反位，成踊。相者告事畢。

相去聲。

不及殯，葬後乃至也。尸柩不在家，故哭於墓。先者，先主人也。此奔喪者其必死者子弟，故如斯哀踊，而即主人位，以其當盡禮如主人也。故絰絞哭，反位成踊。告事畢，在墓地之禮畢，其當歸家盡禮，固猶有事。

遂冠，歸入門左，北面，哭盡哀，括髪袒，成踊，東即位。拜賓，成踊。賓出，主人拜送。有賓後至者，則拜之，成踊，送賓如初。衆主人、兄弟皆出門，出門哭止。相者告就次。於又哭，括髪，成踊。於三哭，猶括髪、成踊。三日成服，於五哭，相者告事畢。

相去聲。

陳氏澔曰：遂冠而歸者，不可以括髪行於道路也。冠謂素委貌。入門出門，皆謂殯宫門也。孔氏曰：五哭者，初至象始死為一哭，明日象小斂為二哭，又明日象大斂為三哭，又明日成服之日為四哭，成服明日為五哭，皆數朝哭不數夕哭，故為五也。既期已後，朔望朝哭而已，未期猶朝夕哭，不止五哭也。陳氏澔曰：哭雖五，而括髪成踊，則止於三。下文免成踊，亦同。

為母所以異於父者，壹括髪，其餘免以終事。他如奔父之禮。

為去聲。

鄭康成曰：壹括髪，謂歸入門括時。孔氏曰：及殯不及殯，皆壹括髪。

齊衰以下，不及殯，先之墓。西面哭，盡哀，免麻於東方，即位，與主人哭，成踊，襲。有賓，則主人拜賓送賓。賓有後至者，拜之如初，相者告事畢。遂冠，歸入門左，北面，哭盡哀，免袒，成踊，東即位，拜賓，成踊。賓出，主人拜送。於又哭，免袒，成踊。於三哭，猶免袒、成踊。三日成服，於五哭，相者告事畢。

孔氏穎達曰：齊衰下有大功、小功、緦麻，日月多少不同。若奔在葬後，而三月之外，大功已上，則有免麻，東方三日成服。若小功緦麻之喪，則不得有三日成服。

小功以下，不稅，無追服之理。若葬後通葬臨喪節而來，亦得三日成服。東即位，奔喪者於東方就哭位。拜賓，主人代之拜賓。成踊，奔喪者於主人拜賓時成踊。御案：奔喪者為父母，不及殯，殺於及殯，齊衰已下，又殺於其子在墓，又殺於在家，故哭於墓，則免麻而不袒。惟歸入門，則括髮袒而已。又哭三哭之袒，鄭氏以為衍文，是也。襲字亦當是衍字。

聞喪不得奔喪，哭盡哀。問故，又哭盡哀。乃為位，括髮袒，成踊，襲、絰、絞帶，即位。拜賓，反位，成踊。賓出，主人拜送於門外，反位。若有賓後至者，拜之、成踊、送賓如初。於又哭，括髮袒，成踊。於三哭，猶括髮袒，成踊。三日成服，於五哭，拜賓、送賓如初。

鄭康成曰：不得奔，謂以君命有事，不然者，不得為位。位有鄰列之處，如於家朝夕哭位矣。不於又哭乃絰者，喪至此踰月，節於是可也。言五哭者，以迫公事，五日哀殺，亦可以止。陳氏澔曰：篇首言若未得行，則成服而後行。此乃詳言其節次。

若除喪而后歸，則之墓，哭，成踊，東括髮袒，絰，拜賓，成踊，送賓，反位，又哭盡哀，遂除，於家不哭。主人之待之也，無變於服，與之哭，不踊。

親喪無不歸者。除喪而後歸，或阻兵革，異國者也。蓋聞喪在外，亦服，盡哀，特不備禮耳，故其後歸之禮如此。若竝未聞喪，今始歸，則當追服三年喪也。東，東方主人之位。遂除，以前此聞喪即服，特未臨尸柩，今歸見墓而哭，袒成踊，以伸其哀，遂於墓所除服也。主人，子之在家者。喪禮已終，故不踊。

自齊衰已下，所以異者免麻。

齊衰已下，除喪後歸，惟首免麻，哭於墓所，無括髮等禮。

凡為位，非親喪，齊衰已下皆即位。哭盡哀，而東免、絰，即位，袒，成踊。襲，拜賓，反位，哭，成踊，送賓，反位。相者告就次。三日五哭，卒，主人出送賓，眾主人、兄弟皆出門，哭止，相者告事畢。成服，拜賓。

相去聲。

齊衰已下喪，有故不得即歸，聞喪，先為位而哭，盡哀，東面免絰，即位袒踊，踊畢，襲衣。有弔賓，則拜送，如在家之禮。其哭也，三日而五哭即止，以急奔喪故也。既奔喪，至家，有賓，則主人為之送賓，以初至未成服也。迨既成服後，則亦拜賓。鄭康成曰：五哭，始聞喪，訖夕為位，乃出就次，一哭也，與明日、又明日之朝、夕而五哭。

若所為位家遠，則成服而往。

御案：若字作轉則上節，乃家近，無俟成服而往者。

齊衰望鄉而哭，大功望門而哭，小功至門而哭，緦麻即位而哭。

御案：此因父母喪，望國竟哭，而推言之。服重者哀深，故哭早；服輕者哀淺，故哭遲也。《雜記》兄弟之喪，大功已上，見喪者之鄉而哭，蓋以上則該齊衰，而見又較近於望彼約略之辭。

哭父之黨於廟，母、妻之黨於寢，師於廟門外，朋友於寢門外，所識於野張帷。或曰母之黨於廟。

末句今本逸。

鄭康成曰：黨，族類無服者。方氏慤曰：廟者神所居，有尊之道，故哭父黨。寢者人所居，有親之道，故哭母妻黨。師以道之尊，而有別於父，故於廟門外。朋友以德之親，而有別於母妻，故於寢門外。所識，特與之相識而已，故於野，以示其遠焉。愚按：《檀弓》師吾哭諸寢與此異。寢親而廟尊，義皆可也。又云：有殯，聞遠兄弟之喪，哭於側室，陳氏曰：無殯則在寢矣，是也。

凡為位不奠。

聞喪為位而哭，不久即奔喪，故不久奠也。

哭天子九，諸侯七，卿大夫五，士三。

御案：始死，哭踊，襲小斂、大斂，哭踊，凡四。士襲無踊，則三。凡夕哭皆不踊，不數朝哭，無踊亦不數。天子七日而殯，始死、襲、斂，加二日、三日、四日、五日、六日、朝哭踊，凡九。諸侯五日而殯，始死、襲、斂，加二日、三日、四日朝哭踊，凡七。大夫三日而殯，始死、襲、斂，加二日朝哭踊，為五。若臣留滯他國，聞喪不得奔喪，為位而哭，數亦象之。

大夫哭諸侯，不敢拜賓。

御案：大夫在家，聞君喪即哭，有弔者不敢拜之，避君嗣也。

諸臣在他國，為位而哭，不敢拜賓。

御案：聘禮赴者未至，哭於舊，不為位。衰於館，未可以凶服出也。赴者至，則趨而出，於時可以為位矣，而猶不敢拜賓，避為主也。

與諸侯為兄弟，亦為位而哭。

鄭康成曰：族親，婚姻在異國者。御案：兄弟之在他國而未仕者，服斬。已仕者，如舊君。

凡為位者壹袒。

孔氏穎達曰：初聞喪應為位者，初哭一袒而已。又哭、三哭，則不袒。若為父母之喪，則又哭、三哭皆袒。

所識者弔，先哭於家而後之墓，皆為之成踊，從主人北面而踊。

為去聲。

陳氏澔曰：所識已葬矣，而弔之，必先哭於其家者，情雖由於死者，而禮則施於生者故也。賓主雖拾踊，然必主人先而賓從之，故曰從主人也。言皆者，於家、於墓皆踊也。

凡喪，父在，父為主；父歿，兄弟同居，各主其喪；親同，長者主之；不同，親者主之。

陳氏澔曰：父在而子有妻子之喪，則父主之，統於尊矣。父殁，兄弟雖同居，各主妻子之喪矣。同宫猶然，則異宫可知。親同，長者主之，父母之喪，長子為主，其同父母之兄弟死，亦推長者為主也。不同，親者主之，從父兄弟之喪，則彼親者為之主也。

聞遠兄弟之喪，既除喪而后聞喪，免袒，成踊。拜賓則尚左手。

陳氏澔曰：小功緦麻之兄弟死，聞訃在本服日月之外，不税服，而猶免袒，以倫屬不可不為之變也。但拜賓則從吉，拜而尚左手。

無服而為位者，唯嫂叔，及婦人降而無服者麻。

鄭康成曰：雖無服，猶弔服加麻。袒免，為位哭也。孔氏穎達曰：兄公，於弟妻不服，不為位。卑遠之弟妻，於兄公亦不服，尊遠之也。婦人降而無服，族姑姊妹嫁者原是緦麻，既嫁，兩無服。雖無服，亦當為位哭之，弔服如麻。

凡奔喪，有大夫至，袒，拜之，成踊，而后襲。於士，襲而后拜之。

奔喪者為士，有大夫至，先袒拜之，成踊之後，乃襲衣，尊大夫也。士來弔，初亦袒襲衣，後始拜。

附　解

孔子曰：父母在，不遠遊，遊必有方。蓋周制天子雖宰天下，而諸侯實各君其國，各子其民，特禮樂征伐，統於一尊，巡狩述職，以時考察而黜陟之。故各國臣民，仕於本國者多，其或貢之天子，而為王朝卿士，則食采畿内。不似後世仕必違鄉，父母有隨任在籍之殊，忠孝恒不能兩全也。東遷以後，王政不行，諸侯侵奪，士大夫乃有去此適彼、臣於他國者。然父母之喪不去官，其居憂而又奉公，所以吉凶不相妨者，六經未有明文。此篇所記奔喪，其春秋後之事歟？夫人子無故不離其親，惟仕與學，乃奉命而遊，然遊必有方，使或侍養無人，應不容舍親而他適。即商賈謀生，不得已而客寄，亦必有道以處之。蓋先王以孝治天下，不使萬鍾之富，易其菽水之情，非苛也，人子之年日壯，則父母之齒日衰，篤於孝者，即一室蕭然，而左右承歡，此外亦復何求？況文武周公之制，人各有田，國各有君，即困頓無聊，而抱關繫柝，亦可以供俯仰。故奔喪之文，聖王不著，記者沿周末之俗，而掇拾傳聞以為此篇，其講求於儀節，亦至詳明。然而元公未垂其制，孔孟未言其儀，豈非以其為事理之變，而非人子所忍言乎？人生以忠孝為本，五倫以君親為大，受爵於朝，固不得復私其家，而非實有忠主匡時之才，亦不得藉口靖共輕違色養。從古聖賢濟世之情雖殷，而用世之遇恒難，豈矜高尚哉？上無知己，下鮮明揚，而苟且求榮，則無益朝廷，空縻廪禄，盛世亦何取於斯？人况枉己，又何能復有建白也。若孔孟志扶衰周，而不輕仕進，不知者謂其潔身太過，而實則堯舜其君之懷，必重其道，乃成其功，欲分宵旰之憂，勞者固未嘗稍釋於心也。若不能然，而僞託於栖栖皇皇，以求升斗，甚或倚閭望切，曳裾情殷，既無以為孝子，又安能為忠臣？即使聞喪哭踊，搶地呼天，亦無及矣，况竝此而無之者乎！是讀者不可不深長思也。

禮記恒解卷三十五晚年定本

問喪

吴氏澄曰：此篇首論孝子悲哀痛疾之意，後問喪禮，皆約舉大意，重在使人自盡其悲哀痛疾，義至完善也。

親始死，雞斯，徒跣，扱上衽，交手哭，惻怛之心，痛疾之意，傷腎、乾肝、焦肺，水漿不入口，三日不舉火，故鄰里為之糜粥以飲食之。夫悲哀在中，故形變於外也。痛疾在心，故口不甘味，身不安美也。

雞斯讀為笄纚。笄音雞。纚，色買反。跣，悉典反。扱音插。乾音干。飲去聲。食音嗣。夫音扶。

鄭康成曰：親，父母也。雞斯，當為笄纚，聲之誤也。親始死去冠，二日乃去笄纚，括髮也。徒猶空也。上衽，深衣之裳前。孔氏穎達曰：交手哭，交手拊心而哭。糜厚而粥薄，薄者以飲之，厚者以食之。御案：腎主哀，哀甚則腎傷，無以滋木，而肝乾且涸金，而焦肺也。鄰里飲食之，恐其以毁滅性。《詩》云：凡民有喪，匍匐救之。此鄰里之義。

三日而斂，在牀曰尸，在棺曰柩。動尸舉柩，哭踊無數。惻怛之心，痛疾之意，悲哀志懣氣盛，故袒而踊之，所以動體、安心、下氣也。婦人不宜袒，故發胸、擊心、爵踊，殷殷田田，如壞牆然，悲哀痛疾之至也。故曰：辟踊哭泣，哀以送之，送形而往，迎精而反也。其往送也，望望然，汲汲然，如有追而弗及也。其反哭也，皇皇然，如有求而弗得也。故其往送也如慕，其反也如疑。求而無所得之也，入門而弗見也，上堂又弗見也，入室又弗見也。亡矣喪矣，不可復見已矣！故哭泣辟踊，盡哀而止矣。心悵焉愴焉，惚焉愾焉，心絶志悲而已矣。

懣，亡本反。殷上聲。壞音怪。辟，婢尺反。上上聲。後，扶又反。愴，初亮反。

動尸舉柩，觸目而更哀痛，故哭踊無數也。志懣氣盛，哀志鬱結於心胸，而氣為之塞，聖人故制為袒踊之禮，使運動身體，庶志氣下降也。爵踊，如爵之跳，足不離地。殷殷田田，擊心與足踊之聲，如壞牆者之聲也。辟，拊心也。送葬時有柩可親，故曰送形，反哭及日中而虞，哀戀之誠，精神相依而反。望望、汲汲，如有追而弗及，不忍親之去。皇皇，不寧，惟恐親之未同反。如慕如疑，申言望望、汲汲、皇皇之心也。亡，亡其形。喪，喪其精。悵，悵望。愴，悲傷。惚，恍惚。愾，太息。雖哭泣辟踊盡其哀。而心之所存者，不盡此也，故又申之曰習心絶志悲兩言而已矣，非謂情盡於此。正言無可知何之悲，終無已時也。

祭之宗廟，以鬼享之，徼幸復反也。成壙而歸，不敢入處室，居於倚廬，哀親之在外也。寢苫枕塊，哀親之在土也。故哭泣無時，服勤三年，思慕之心，孝子之志也，人情之實也。

徼，古堯反。壙，古晃反。苫，始占反。枕去聲。

孔氏穎達曰：反哭之後，虞祭於殯宫，神之所在，故稱宗廟，以鬼享之尊而禮之，冀其神魂復反也。愚按：親在外，不敢處於内。親在土，不敢安於牀。哭泣無時，服勤三年，如親在而朝夕侍奉之。此思慕之心，孝子之志，實凡人天良之自然，而不容已，故曰實也。

或問曰：死三日而後斂者，何也？曰：孝子親死，悲哀志懣，故匍匐而哭之，若將復生然，安可得奪而斂之也？故曰：三日而後斂者，以俟其生也。三日而不生，亦不生矣。孝子之心，亦益衰矣。家室之計，衣服之具，亦可以成矣。親戚之遠者，亦可以至矣。是故聖人為斷決，以三日為之禮制也。

匍音蒲。匐，蒲北反，又音服。衰，色追反。為去聲。

三日斂，冀幸其復生，貧富不同，則所以安柩與生人居室之地必求其當。益衰，謂求生之心，方氏慤曰：未忍斂者，孝子之心存乎仁，三日而必斂者，聖人之禮制以義。

或問曰：冠者不肉袒，何也？曰：冠至尊也，不居肉袒之體也，故為之免以代之也。

免音問，下同。

袒衣而露肉為肉袒。肉袒形褻，故冠者不肉袒，不褻冠之尊也。鄭康成曰：免，狀如冠，而廣一寸。

然則禿者不免，傴者不袒，跛者不踊，非不悲也，身有錮疾，不可以備禮也，故曰喪禮唯哀為主矣。女子哭泣悲哀，擊胸傷心，男子哭泣悲哀，稽顙觸地無容，哀之至也。

傴，於縷反。跛，補火反。錮音固。稽音啟。

免、袒、踊，皆喪禮也，而有疾則各廢一禮，優之也，而必致其哀則同，曰惟哀為主，明必致其哀，禮特哀之文耳。又以男女哭泣不同，言哀之至則同，無容哀甚，不必為容也。

或問曰：免者以何為也？曰：不冠者之所服也。《禮》曰：童子不緦，唯當室緦。緦者其免也，當室則免而杖矣。

為去聲。

不冠，喪禮去冠，而以免代之也。童子未冠，不為族人緦，惟無父母而主家，則有緦服，有緦服，則免矣。既因當室而有緦，則免且杖矣。

或問曰：杖者何也？曰：竹、桐一也。故為父苴杖，苴杖，竹也。為母削杖，削杖，桐也。

苴，七須反。

竹、桐一也，言其扶病同，而特父母取義稍別耳。苴，麻也，其幹可以為杖，後人以竹與桐代之，故記者云然。詳見《喪服小記》。

或問曰：杖者以何為也？曰：孝子喪親，哭泣無數，服勤三年，身病體羸，以杖扶病也。則父在不敢杖矣，尊者在故也。堂上不杖，辟尊者之處也。堂上不趨，示不遽也。此孝子之志也，人情之實也，禮義之經也。非從天降也，非從地出也，人情而已矣。

羸，力垂反。

鄭康成曰：言得杖乃能起也。父在不哀，謂為母喪也。愚按：母喪可哀，而父在，則當節哀，以慰父，故不敢杖，以動父之憂傷。堂上所處，不杖不趨，示不過哀促迫，使父寬憂。此孝子之志，亦人心天理自然之實也。天降地出，喻言無端而有。

附　解

周承夏商，所重民食喪祭。蓋養生送死，人倫之大，故於此尤嚴，非謂他端不重也。此書所記喪祭之禮為多，而沿襲繁文，失之拘鑿者亦有，不知其由，將舍本求末，流弊更不可勝言矣。記者記是篇，而名曰《問喪》，特表悲哀痛疾之情，豈非有道之士憂世而為之者歟？夫人為三才之主，全人道者即可參贊天地，陶成萬物，而功用暨於無窮，然苟非父母，何以有身，非親曲成，即有此身，又何功業？故罔極之恩，昊天同量，生則竭誠盡愛，致其瞻依之良，没則哀痛憂思，備其禮文之事，固天理人心之自然而不容已也。世教或衰，人心或薄，乃有居憂之時，亦務為觀美者。孔子曰：與其易也，寧戚。子游曰：喪致乎哀而止。聖賢恒以知禮望人，何獨於喪而專尚哀戚？誠慮天下之濟，而先王之典轉滋口實耳。此篇所言，非凡人子之藥石乎？雖然，能慎終者，未必皆能負荷。子曰：孝子者非終父母之身，終其身也。生而篤於愛敬，然後没而形神相依。曾子嚙指而知痛，萊公捫瘡而生哀。親之於子，其一氣感孚之情，固未嘗以存亡殊也。由是篇而讀禮，始不違乎孝思之忱。學者安可不求諸本原哉！

禮記恒解卷三十六晚年定本

服問

此篇無問辭而云服問，豈文之脱歟？詳味其辭，蓋好學之士與其徒問答而為之者。然無深思妙義，第解喪服不同之制而已。中有可疑，隨文正之。

《傳》曰：有從輕而重，公子之妻為其皇姑；有從重而輕，為妻之父母；有從無服而有服，公子之妻為公子之外兄弟；有從有服而無服，公子為其妻之父母。

傳去聲。為去聲。

《傳》，舊記禮之書，蓋《大傳》也。《大傳》曰服術有六，此引四條而為之證實。然於義欠安。凡父在，為母及生母喪殺禮，恐傷父心耳，非但以尊卑論也。公子，諸侯之妾子。父母俱在，服期而心喪仍三年，其妻隨夫服期，不得云從輕而重也。妻為夫父母服三年，而夫僅為其父母服緦，於義未允，亦非從重而輕。公子之妻父母，與凡妻之父母同也，不得云竟無服。外兄弟因親妻而及其兄弟，原宜有服，不得云無服而有服。此皆由誤信《儀禮》而云然，實非聖人之制也。孔氏穎達曰：公子，諸侯之妾子。皇姑，即公子之母也。諸侯在尊，厭妾子，使為母練冠，是輕也，而妻為夫之母期，是重。陳氏澔曰：妻為其父母齊衰，是重也，夫從妻而服之緦麻，是輕。同宗直稱兄弟。母黨、婦黨、壻黨通謂之外兄弟。外兄弟不盡無服，而有無服者，或本應服小功、緦麻，而厭於所尊無服者，其妻猶為之服。公子為其妻之父母服緦麻，而厭於其君，則無服。

《傳》曰：母出則為繼母之黨服，母死則為其母之黨服。為其母之黨服，則不為繼母之黨服。

此所謂《傳》，蓋舊記禮之書，然義亦未允。己母被出，而父再娶，繼母如母，為其黨服，宜也。母死而父再娶，不忘母，則必仍服死母之黨。其繼母之黨，亦與己母之黨同也，何以為其母之黨服，而不為繼母之黨服耶？

三年之喪既練矣，有期之喪既葬矣，則帶其故葛帶，絰期之絰，服其功衰。

期音基。

三年之喪既練，期之喪既葬，皆當易麻帶為葛帶矣。此時兩適相遭，則仍服三年之舊葛帶，不新製葛帶易之，嫌於以期厭三年喪也。惟此時三年之首絰既除，重絰期之麻絰，身則服功衰。功衰者，父喪練後之衰，與大功同，故云功衰，即麤衰也。孔氏穎達曰：若婦人則首絰練之，故葛絰腰帶，期之麻帶。

有大功之喪，亦如之。小功無變也。

御案：設三年喪，既練，期喪，既葬，而又有大功之喪，則帶三年之葛帶，服三年之功衰，而首不絰大功之絰，仍絰期之絰，以齊重於大功，不以輕變重之意也。若三年練後遭小功喪，則冠帶俱不變，或先有大功以上喪服，今遭小功，無變於前服，不以輕減重也。

麻之有本者，變三年之葛。

孔氏穎達曰：大功以上，為帶者麻之根本，竝留之，合糾為帶。小功以下，其絰澡麻斷本。御案：論服則斬齊重，不可以大功變。然麻重於葛，故可以大功之麻變斬衰之葛，而麻又有重輕。有本之麻重，無本之麻輕，重可以變輕，輕不可以變重也。

既練，遇麻斷本者，於免絰之。既免去絰，每可以絰必絰，既絰則去之。

免音問。去上聲。

孔氏穎達曰：斬齊既練之後，遭小功之喪，雖不變服，得為之加絰也。麻之斷本者，小功之喪，練無首絰，故於小功喪，有事於免之時，則為之加小功之絰。斂殯事竟，既免之後，則脱其絰也。小功以下之喪，當殯斂之節，可絰之時，必為之加麻，不應絰之時則去其絰，自若練服也。

小功不易喪之練冠，如免，則絰其緦、小功之絰，因其初葛帶。緦之麻不變小功之葛，小功之麻不變大功之葛，以有本為稅。

免音問。稅，吐外反。

鄭康成曰：稅亦變易也。孔氏穎達曰：小功以下之喪，不變易三年喪之練冠，如當緦，小功著免之節，則首絰其緦小功之絰，而要中所著，仍因其初喪練葛之帶。所以絰緦絰者，以前喪練冠，首絰已除故也。不云故，而云初者，以期初喪之時，變練之葛帶為麻期，既葬之後，還反服練之故葛帶也。輕喪之麻，本服既輕，雖初服之麻，不改前重喪之葛也。蓋緦與小功麻絰無本，不合稅變前喪，惟大功以上麻絰有本者，得稅變前喪也。

殤長中，變三年之葛，終殤之月算，而反三年之葛。是非重麻，為其無卒哭之稅。下殤則否。

長上聲。為去聲。

本大功之喪，因其殤而降為小功。婦人則為長殤，小功為中殤，緦麻，其情本親，得以其麻變三年之葛帶，然終其應服之月算而止。還反復三年之葛，非重麻也。凡卒哭受麻以葛，今既為殤，無卒哭之禮，則無稅變麻帶之時，故以終其月算為節也。若下殤則男子婦人俱為之緦麻，不得變三年之葛也。

君為天子三年，夫人如外宗之為君也。世子不為天子服。

為去聲。

鄭康成曰：外宗，君外親之婦也。其夫與諸侯為兄弟服斬，妻從服期。諸侯為天子服斬，夫人亦從服期。世子不為天子服，遠嫌也。不服，與畿内之民同。

君所主：夫人妻、大子、適婦。

大音泰。

陳氏澔曰：夫人者，君之適妻，故云夫人妻。大子，適子也。其妻為適婦。三者皆正，故君主其喪。

大夫之適子為君、夫人、大子，如士服。

孔氏穎達曰：大夫無繼世之道，其子無嫌，得為君與夫人及君之大子服，如士服。鄭康成曰：士為國君斬，小君期。大子期。

君之母非夫人，則群臣無服，唯近臣及僕、驂乘從服，唯君所服服也。

驂，七南反。乘音剩。

君母為適夫人，則群臣為服期，非夫人則不敢以服夫人者，服之尊君，而謹名分也。近臣朝夕從君，則以親君者親君母。舊説君母非夫人，君為服緦，雖非夫人，君之生母也，而僅服緦乎。

公為卿大夫錫衰以居，出亦如之，當事則弁絰。大夫相為亦然。為其妻，往則服之，出則否。

為去聲。

孔氏穎達曰：君為卿大夫之喪，成服以後，著錫衰以居。若以他事而出，不至喪所，亦著錫衰，其首則服皮弁。君往弔卿大夫，當大斂及殯，竝將葬啟殯之事，則首弁絰身錫衰，大夫相為，亦如君於卿大夫，不當事皮弁，當事弁絰。公於卿大夫之妻，往臨其喪，則錫衰，不恒著之，出則不服，當殯斂之事，亦弁絰。陳氏澔曰：弁絰，制如爵弁，素為之，加環絰其上。

凡見人無免絰，雖朝於君無免絰，唯公門有稅齊衰。《傳》曰：君子不奪人之喪，亦不可奪喪也。

免如字。朝音潮。稅，吐活反。

鄭康成曰：見人，謂行求見人也。無免絰，重絰也。稅猶免也。齊衰，謂不杖齊衰也。

《傳》曰：辠多而刑五，喪多而服五。上附下附，列也。

列音例。

此所謂《傳》，亦舊記禮之書。吴氏澄曰：罪雖多，而不出五刑。喪雖多，而不出五服。其或刑書、禮書所載不盡者，以例通之，由輕而加重，則附於在上之例。由重而減輕，則附於在下之例 。通此二例，則雖至多之罪與喪，而五刑、五服足以該之，而無不足矣。陸氏佃曰：列，若今例也。

附　解

喪之有服也，豈以為文而已哉。人子痛其親，敬其事，起居飲食，悉違其常，固天性之自然，即有其禮之不得不然者也！聖人本人性之良，而為之制五服之典，尤其不可不慎行者。然禮本所以節文，天理高者俯而就，不肖者仰而幾，期於不失人心之良，而可為天下古今之則，要祇人情天理而已。此篇所記，僅繁文縟節，而其義類，又多未全。名曰服問，無所為問，即以言服，亦未盡乎五服之宜。蓋秦漢而下，好學者為之，實未窺聖人之堂奥也。末言辠多而刑五，喪多而服五，以上附下附為列，其文義已足以該括大凡，覺前文殊嫌贅設。讀者當分別而觀，返求乎天性，通達乎人情，斯能不泥古，而亦不戾古。毋徒拘文牽義，反致貽誤生民也。

禮記恒解卷三十七晚年定本

間傳

間讀為閒厕之閒。記者釋喪禮之義，謙言姑厕於傳之例耳，故名間傳。

斬衰何以服苴？苴，惡貌也，所以首其内而見諸外也。斬衰貌若苴，齊衰貌若枲，大功貌若止，小功、緦麻容貌可也。此哀之發於容體者也。

苴，七余反。見去聲。齊音咨。衰音催。枲，思里反。

苴，麻有蕡者。牡麻，枲也。斬衰，服苴，衰裳絰杖竝苴也。苴色蒼黑，哀戚之貌似之。首先也。内先有此情而乃見諸外，枲色亦蒼而黑淺。齊衰稍輕於斬衰，絰不用苴而用枲，止止也。哀戚情專，無他嗜悦，容貌可僅備容貌，不為歡樂之容。

斬衰之哭，若往而不反；齊衰之哭，若往而反；大功之哭，三曲而偯；小功、緦麻，哀容可也。此哀之發於聲音者也。

偯音扆，《説文》作㥜。

吴氏澄曰：往而不反，氣絶而不續。往而反，氣絶而微續。三曲而偯，聲不質直而有餘也。哀容則哀，不廢禮容。

斬衰唯而不對，齊衰對而不言，大功言而不議，小功、緦麻議而不及樂。此哀之發於言語者也。

唯，但唯人之言，不以辭對。議，議論是非，此亦大概言居喪言語之異，與《雜記》所言互參，不可執一而論。

斬衰三日不食，齊衰二日不食，大功三不食，小功、緦麻再不食，士與斂焉，則壹不食。故父母之喪，既殯食粥，朝一溢米，莫一溢米；齊衰之喪，疏食水飲，不食菜菓；大功之喪，不食醯醬；小功、緦麻，不飲醴酒。此哀之發於飲食者矣。

與音預。溢音逸。莫音暮。食音嗣。

三不食，一日三餐，猶言一日不食也。再、壹，一日之內廢再廢一。既殯，則三日矣，故食粥。此亦大概言之。吴氏澄曰：五服哀其死，而不食者恩也。士斂其尸而感發哀情，亦廢一食者，義也。

父母之喪，既虞、卒哭，疏食水飲，不食菜果；期而小祥，食菜果；又期而大祥，有醯醬；中月而禫，禫而飲醴酒。始飲酒者，先飲醴酒；始食肉者，先食乾食。

禫，大感反。

孔氏穎達曰：大祥食醯醬，則食菜果之時，但用鹽酪也。不能食者，得用醯醬。醴酒味薄，乾肉又澀，所以先飲食之。鄭康成曰：先飲醴酒食乾肉者，不忍即御厚味。按：中月大祥已足二十一月，又半月乃禫，不忍遽全吉也。

父母之喪，居倚廬，寢苫枕塊，不税絰帶。齊衰之喪，居堊室，芐翦不納。大功之喪，寢有席。小功、緦麻，牀可也。此哀之發於居處者也。

苫，始占反。塊，古怪反。税，吐活反。芐音暇。

孔氏穎達曰：芐，蒲草為席，翦頭為之，不編納其頭而藏於內也。

父母之喪，既虞、卒哭，柱楣翦屏，芐翦不納。期而小祥，居堊室，寢有席。又期而大祥，居復寢。中月而禫，禫而牀。

楣音眉。

方氏慤曰：柱廬間之楣，以爲之固，曰柱楣。翦廬間屏蔽之草，而飾之，曰翦屏。彭氏絲曰：倚廬，釋見《大記》。小祥居堊室，芐草之上有席。大祥居雖復殯宫寢，猶未備牀，至大祥後半月而禫，始有牀也。

斬衰三升，齊衰四升、五升、六升，大功七升、八升、九升，小功十升、十一升、十二升。緦麻十五升，去其半，有事其縷，無事其布曰緦。此哀之發於衣服者也。

去上聲。

方氏慤曰：八十一縷為升，一服而升數不同者，以其有正服、降服、義服故也。所謂喪多而服五者，此也。孔氏穎達曰：三月之喪，治其麻縷，其細如絲，故云緦麻。以朝服十五升抽去其半，縷細而疏也。有事其縷，鍛治其布纑縷。無事其布，織布既成，不鍛治其布，以哀在外也。

斬衰三升，既虞、卒哭，受以成布六升，冠七升。為母疏衰四升，受以成布七升，冠八升。去麻服葛，葛帶三重。期而小祥，練冠縓緣，要絰不除。男子除乎首，婦人除乎帶。男子何為除乎首也？婦人何為除乎帶也？男子重首，婦人重帶。除服者先重者，易服者易輕者。又期而大祥，素縞麻衣。中月而禫，禫而纖，無所不佩。

為母之為，去聲。重平聲。縓，七戀反。要平聲。縞，古老反。纖平聲。

孔氏穎達曰：成布六升者，言三升、四升、五升之布縷既麤疏，未為成布。六升以下，其縷漸細，與吉布相參，故稱成布。陳氏澔曰：葬後以冠之布升數為衰服，如斬衰冠六升，則葬後以六升布為衰。齊衰冠七升，則葬後以七升布為衰也。去麻服葛者，葬後男子去要之麻絰而繫葛絰，婦人去首之麻絰而著葛絰。葛帶三重，謂男子也。葬後以葛絰易要之麻絰，差小於前，四股糾之，積而相重，則三重也。蓋單糾為一重，兩股合為一繩，是二重二繩又合為一身重，是三重也。小祥，男子除首絰，婦人除要帶，此除先重也。居重喪而遭輕喪，男子則易要絰，婦人則易首絰，此易輕者也 。孔氏曰：大祥之日，首服素，冠以縞紕之，身著朝服而祭，祭後哀情未除，更反服。微凶之服，首著縞冠，以素紕之身著十五升麻，深衣大祥後禫祭，祭時玄冠朝服。祭訖，首著纖冠，身著素端、黄裳，以至吉祭，身著吉服。尋常所服之物，無不佩也。鄭康成曰：黑經白緯日纖，朱子曰縓，今淺絳色。御案：麻至十五升，布縷皆治，即謂之朝服，但朝服緇之不緇，即謂之麻衣耳。《詩》麻衣如雪是也。

易服者何為易輕者也？斬衰之喪，既虞、卒哭，遭齊衰之喪。輕者包，重者特。既練，遭大功之喪，麻葛重。齊衰之喪，既虞、卒哭，遭大功之喪，麻、葛兼服之。斬衰之葛，與齊衰之麻同；齊衰之葛，與大功之麻同；大功之葛，與小功之麻同；小功之葛，與緦之麻同。麻同則兼服之。兼服之服重者，則易輕者也。

麻葛重之重，平聲。

孔氏穎達曰：斬衰既虞卒哭，而遭齊衰初喪，男子所輕者要，得著齊衰要帶，而兼包斬衰之帶。婦人所輕者首，得著齊衰首絰，而包斬衰之絰。故云輕者包也。重者特，男子重首，特留斬衰之絰，婦人重要，特留斬衰要帶。既練，遭大功之喪，麻葛，重者斬衰既練，男子除首絰，唯有要絰，婦人除要絰，惟有首絰，是其單也。今遭大功之喪，男子首空著大功麻絰，婦人要空著大功麻帶。男子又以大功麻帶易練之葛帶，婦人又以大功麻絰易練之葛絰，是重麻也。至大功既虞卒哭，男子帶練之故，葛帶首重期之葛絰，婦人絰練之故，葛絰著期之葛帶，是重葛也。麻葛兼服之，即前文輕者包，重者特之義。齊衰既虞卒哭，遭大功之喪，易換輕者，以大功麻帶易齊衰之葛帶，其首猶服齊衰葛絰，是首有葛、要有麻，故云麻葛兼服之，此謂男子也。若婦人，則首服大功之麻絰，要服齊衰之麻帶，上下俱麻，不得云麻葛兼服之。陳氏澔曰：同者，前喪既葬之葛，與後喪初死之麻，麤細無異也。兼服者，服後麻兼服前葛也。服重者，即上文重者特之説。易輕者，即輕者包是也。《服問》篇云：緦、小功之麻，不變小功、大功之葛，言成人之喪也。此言功以下同，則兼服者據大功之長殤、中殤也。孔氏曰：前文麻葛兼服，但施於男子，不包婦人，今此易輕者，男子則易於要，婦人則易於首。男婦俱得易輕，故云。則者，則男子與婦人也。

附解

先王制禮，無不各有其義，何獨喪禮為然哉？記者因時尚繁文其弊，至於悲哀痛疾之情，少文飾觀美之意多，故為此篇。言哀誠於中，斯發於外者，不得不然，亦可謂知道者矣。然容體、聲音等事，固必有其禮，而亦不可以鍥舟求劍。蓋哀戚之際，容有至情所發、不能自禁者，必曰某事如此則是，不如此則非，將講求纖悉，必違乎與易寧戚之論。故居喪讀《禮》，乃恐其忘哀而騖於文，非慮其至誠而或爽於度也。讀者宜深思之。

禮記恒解卷三十八晚年定本

三年問

三年之喪，喪之至重者。此篇專論其義，故設為問答，因以名篇。三年喪止二十五月，人多未明，今特註之。

三年之喪，何也？曰：稱情而立文，因以飾群，別親疏、貴賤之節，而弗可損益也，故曰：無易之道也。創鉅者其日久，痛甚者其愈遲。三年者，稱情而立文，所以為至痛極也。斬衰苴杖，居倚廬，食粥，寢苫枕塊，所以為至痛飾也。

稱去聲。創音瘡。

稱情立文，稱其情之輕重，而制為禮。文、飾，章著意。群謂親黨。五服各稱其情而立文，弗可損益，而創鉅痛深，尤莫甚於父母。故制為三年喪，以其情則為至痛之極，故其文亦為至痛之飾也。鄭康成曰：無易，猶不易也。

三年之喪，二十五月而畢，哀痛未盡，思慕未忘，然而服以是斷之者，豈不送死有已，復生有節也哉！

斷，丁亂反。

人子哀痛思慕，有何究竟，第思死者無已時，而生者之禮樂不可廢，故制為三年之喪。使高者俯而就，不肖者仰而企也。有已謂喪禮，非謂哀痛思慕。復生有節者，不欲生而幸生。聖人原孝子之情，而以禮節之，言哀痛至於三年，亦可已矣。幸而復生，則當節情以就禮，其三年而斷以二十五月者，因人子思親無已時，而禮不得不為之限制，以再期之後又一月為三年，所以明親恩，竝非三年所能報。而留此不盡之思，以見禮有限而思慕無窮，所以教孝也。二十五月，而大祥有祭，中月而禫，有祭可見聖人教人思慕不忘之心。後人因三年當三十六月，不得所以二十五月之故，於是曲為之解，定為三九二十七月，非禮意也。

凡生天地之間者，有血氣之屬必有知，有知之屬莫不知愛其類。今是大鳥獸則失喪其群匹，越月踰时焉，則必反巡過其故鄉，翔回焉，鳴號焉，蹢躅焉，踟蹰焉，然後乃能去之。小者至於燕雀，猶有啁噍之頃焉，然後乃能去之。故有血氣之屬者，莫知於人，故人於其親也，至死不窮。

喪去聲。號平聲。蹢，直亦反。躅，直六反。踟音馳。蹰音廚。啁音周。噍音啾。知去聲。

鳥獸猶知愛其類，况人為萬物之靈，於其親之死也，哀慕安有窮時？

將由夫患邪淫之人與？則彼朝死而夕忘之，然而從之，則是曾鳥獸之不若也。夫焉能相與群居而不亂乎？

與平聲。曾音層。焉音煙。

吴氏澄曰：患猶病也，謂有邪僻淫溺之患。愚按：人知於物，而於其親，乃朝死夕忘，是中於邪淫之病，而失其本性，曾鳥獸不若也。本心已亡，故群居必亂。

將由夫脩飾之君子與？則三年之喪，二十五月而畢，若駟之過隙，然而遂之，則是無窮也。

過音戈。

修飾之君子，以二十五月為太促，然而遂其心之所願，則服無窮期，反使不肖者得藉口而廢禮。

故先王焉為之立中制節，壹使足以成文理，則釋之矣。

為去聲。

立中制節，無太過不及，定為二十五月之制也。釋謂除喪。御案：相交曰文，各别曰理。酌人情之中，制一定之節，使相交足以成文，相辨足以成理。

然則何以至期也？曰：至親以期斷。

期音基，下同。斷，丁亂反。

何以至期，問期而變服也。答以雖至親之喪，期而練，男子除絰，婦人除帶，皆略為變易。

是何也？曰：天地則已易矣，四時則已變矣，其在天地之中者，莫不更始焉，以是象之也。

期年，則天地四時庶物皆更始，故象之，而以期為重服也。

然則何以三年也？曰：加隆焉爾也。焉使倍之，故再期也。

焉，語助辭，猶於也。鄭康成曰：於父母加隆其恩，使倍期也。

由九月以下，何也？曰：焉使弗及也。

由九月以下，遞降其服，使知恩弗及父母也。

故三年以為隆，緦、小功以為殺，期、九月以為間。上取象於天，下取法於地，中取則於人，人之所以群居和壹之理盡矣。

殺，色界反。

孔氏穎達曰：隆，恩愛隆重。殺，情理殺薄。間，隆殺之間。三年一閏，是三年取象於一閏。天地一期物終，是一期取象於一周。九月象陽數，又象三時，而物成也。五月象五行，三月象天地一時，而氣變。五服之節，皆取法天地也。莫重於父母，上殺下殺旁殺，皆人心愛敬厚薄自然之理。為取則於人和諧，專一則情誼相孚，即服制盡備之矣。

故三年之喪，人道之至文者也。夫是之謂至隆。是百王之所同，古今之所壹也。未有知其所由來者也。

至文，天性自然之流露。凡文飾皆無以過，古今所壹同，此人即同，此專壹父母之心，未有知其所由來。極言自有天地即有此理此心，而不可解，非謂不知三年喪所由來也。

孔子曰：子生三年，然後免於父母之懷。夫三年之喪，天下之達喪也。

引孔子之言以實之。達，鄭康成曰：自天子至於庶人。

附　解

天地無窮，而人生有窮，仁人孝子所無如何也。痛其親，自不能已於哀，哀其死，更奚復愛其生哉！然而忘親非孝，毀身亦非孝也。三年之喪，人道之至文，固謂其節文適中，賢者可以達其情，不肖者亦將勉而企焉。然而自古迄今，能竭誠盡制者無多，豈皆無良哉？説禮者拘鑿而不達於時勢，故畏其難，病其迂，而不覺失乎天理之正耳。若三年之喪，止於二十五月，其義不明，遂以三九為期，而殯葬哭踊等文，傳注紛紛，尤多窒礙。愚於各篇已略舉而論之矣。夫禮緣情制，亦以義起，聖人之法，所以不同而同者，為其時中。後世宫室衣服器用，與古蓋已相懸，而堅執古人，不復計人情天理之正微論。生今反古，孔子所非，且六合之遥，民風土俗，毋乃為面牆之學歟？君子不敢妄議禮樂，而麻冕拜上，斟酌權宜，必有以善全其仁孝，豈必斤斤而争，踽踽而行乎？是篇論三年喪，而亦及其餘，略宣大義，不事煩言，可為簡盡。然送死有已，復生有節，二言已足以該餘藴，而又以鳥獸相形，使人自反其本心之安否，結以尼山之語，凡區區分别貴賤，以言服制者，其失自明，讀者不可以其近而忽之也。

禮記恒解卷三十九晚年定本

深衣

古者上衣下裳，以被體而無袴，故韠制最重，與冕竝稱。深衣則衣裳相連，一名長衣，上別有衣，則名中衣。深亦長之意也。俗謂長若干，為深若干，前人謂其深邃，故名殊。强又以為其義精深，皆曲説，詳見附解。

古者深衣，蓋有制度，以應規矩繩權衡。短毋見膚，長毋被土，續衽鉤邊，要縫半下。

毋音無。見同現。要平聲。縫去聲。

鄭康成曰：毋見膚者，衣取蔽形。毋被土，為汙辱也。御案：朝祭諸服領直，左右二衽皆摺而掩於内，以露裼衣，至襲，則出其左衽而右掩，而裘與裼皆不見。深衣領方交於兩衽之上，先掩左衽於内，次掩右衽於外，故曰衽當旁也。其裳與朝祭異。朝祭之裳，十二幅，襞績而旁無殺縫，深衣止六幅，裁為十二幅。朝祭之衣與裳殊，故衣有垂下之衽，以蔽裳；深衣與裳連，則衣垂下之衽，無所用之。續衽，言裳與衣相續，在垂衽之處，既以六幅解為十二幅，則每幅半有邊，半無邊。無邊則其縷易散，而縫之亦不固，故必以有邊者與無邊者相合，先以無邊者緝之，後以有邊者掩其外，而再緝之，謂之鉤邊。孔氏穎達曰：要縫，謂要中之縫，下畔一丈四尺四寸，要縫半之，七尺二寸。容舉足而行，故宜寬也。

袼之高下，可以運肘，袂之長短，反詘之及肘。帶，下毋厭髀，上毋厭脇，當無骨者。

袼音各。詘音屈。厭，於甲反。髀音俾。

劉氏曰：袼袖與衣接，當腋下縫合處也。運，回轉也。《玉藻》云：袂可以回肘是也。按：衣與人身相稱，不以尺為拘。袂，袖也。袂之長短，反詘之及肘，言袂寬急之中也。下無厭髀，上無厭脇，當無骨者，正當腹間，此衣帶高下之中也。

制十有二幅，以應十有二月。袂圜以應規，曲袷如矩以應方，負繩及踝以應直，下齊如權衡，以應平。

圜圓同。袷音劫。踝華上聲。齊音咨。

敖氏繼公曰：十二幅，衣六幅，裳六幅也。衣身二幅，左右袂各二幅。裳以六幅，交裂裁為十二片，其實止六幅也。衣裳各六幅，象一歲之六陰六陽。御案：曲袷，交領也。以右襟之末斜交於左脇，以左襟之末斜交於右脇，則領不直垂而方。孔氏穎達曰：負繩，謂衣及裳之背縫上下相當，如繩之直，非謂實負繩也。鄭康成曰：踝，跟也。齊，緝也。

故規者，行舉手以為容。負繩抱方者，以直其政，方其義也。故《易》曰：《坤》六二之動，直以方也。下齊如權衡者，以安志而平心也。

孔氏穎達曰：所以袂圜應規者，欲行者舉手揖讓以為容儀如規也。負繩，背之縫。抱方，領之方。欲人直其政教義事方正。引《易》以證之。裳下之齊，如權之衡低昂平也。

五法已施，故聖人服之。故規矩取其無私，繩取其直，權衡取其平，故先王貴之。故可以為文，可以為武，可以擯相，可以治軍旅。完且弗費，善衣之次也。

相去聲。

方氏慤曰：聖人以德言，先王以位言，有德足以稱之，故服之。有位足以作之，故貴之。愚按：規矩象天地成器，而不能加損，故無私。可以為文武，擯相、軍旅，言無所不宜也。完，法制完善。弗費，布為之色，僅於白。善衣，鄭註以為朝祭之服。孔氏曰：諸侯朝朝服，夕深衣；大夫朝元端，夕深衣，是朝祭之次服是也。吕氏大臨曰：深衣之用，上下不嫌同名，吉凶不嫌同制，男女不嫌同服。

具父母、大父母，衣純以繢。具父母，衣純以青。如孤子，衣純以素。純袂、緣、純邊，廣各寸半。

大音泰。純音準。繢音會。緣廣竝去聲。

鄭康成曰：尊者存，以多飾為孝。繢，畫文也。純，謂緣之也。緣袂，謂[1]其口也。緣，緆也。緣邊，衣裳之側，廣各寸半，則表裏共三寸。惟袷廣二寸。吕氏大臨曰：三十以下無父稱孤，三十以上，有為人父之道，不言孤。純袂、緣、純邊，三事也。謂袂口、裳下、衣裳邊皆純也。陳氏祥道曰：純以繢備五采。以為樂，純以青體少陽以致敬。純以素存凶飾以致哀。小祥純以縓，則大祥緣以布。吉時夕服緣以采。

① 謂，底本作緣，據阮元《十三經注疏》本改。

方氏慤曰：褏口謂之袂，裳下謂之緣，衣側謂之邊。其緣，皆寸半，三五之數也。

附解

倮蟲三百六十，而為人之長，人亦蟲也。若無衣裳，飛走何殊？故上古百度未興，而衣其羽皮，人皆有以被體，蓋羞惡之良，自不能已者也。後聖繼作，制度更詳，而夫子繫《易》，直曰：黄帝堯舜，垂裳而治。蓋取諸乾坤。乾坤所育，惟人最靈，人生禮義，衣服為先，言衣之重，豈復有加於斯者？而此篇特表深衣，更為之說，意秦漢而下，衣裳之制漸異，惟深衣適於用，便於民，記者其慮人忽視，而為此歟？然其言規矩、繩權衡及十二幅應十二月等義，夫子乾坤二字固已該之。而坤二之動，直以方也，第以袂圜袷矩立説，亦殊強為附合。夫深衣之肇，雖未定何時，然夫子言黄帝堯舜及《虞書》彰施五采之文，則自有衣裳，即有此制。有虞氏深衣養老，取其適體而不煩費，以優高年；周則無貴賤皆用之，良以其至為簡便故耳。後世衣裳之制甚多，皆由深衣而推廣之，其適於用、便於民者，尤不一而足。必一一而區分之，曰某某法某，固已拘墟。世事日繁，人心技巧日增，雖聖人有未計及者，苟利於民，何必古有？且人之所以異於禽獸、無愧衣冠者，固非特章身之具也。服其服，則文以君子之容；有其容，必實以君子之德。《詩》曰：彼其之子，不稱其服。《傳》曰：服之不衷，身之災也。不正其心，而徒備章服，可乎哉？故此篇所記，亦考古之一端，而其義則止取象乾坤之緒餘。前人斤斤争辨，頗類刻玉而為楮者矣。

禮記恒解卷四十 晚年定本

投壺

古者燕飲，有射以樂賓，且習容講藝，其或地狹而人不備，則以投壺寓射之法，比禮比樂，志正體直，所以觀德者在此，所以節飲而教才藝者亦在此。故先王重焉。

投壺之禮，主人奉矢，司射奉中，使人執壺。

奉上聲。

鄭康成曰：矢所以投也，射人奉之者。投壺，射之類也。孔氏穎達曰：中之形，刻木為之，狀如兕鹿而伏背上，立圜圈以盛算。大夫兕中，士鹿中。方氏慤曰：矢將以授賓，故主人奉之；中將以待獲，故司射奉之；壺將以待投，故使人執之而已。

主人請曰：某有枉矢哨壺，請以樂賓。賓曰：子有旨酒嘉殽，某既賜矣，又重以樂，敢辭。主人曰：枉矢哨壺不足辭也，敢固以請。賓曰：某既賜矣，又重以樂，敢固辭。主人曰：枉矢哨壺不足辭也，敢固以請。賓曰：某固辭不得命，敢不敬從。賓再拜受，主人般還，曰：辟。主人阼階上拜送，賓般還，曰：辟。

哨，七笑反。樂音洛。般盤同。還旋同。辟避同。

白文賓言旨酒嘉殽既賜，則投壺當在數爵之後。枉、哨，皆不正貌。投壺非若射，為男子之事，不可少也。而有樂以節之，故辭其樂以樂之意。般還曰辟，般還而辟，其拜且明言之送，送矢於賓。御案：右請投。

已拜，受矢，進即兩楹間，退反位，揖賓就筵。

孔氏穎達曰：主人拜送矢之後，主人贊者持矢授主人。主人於阼階受矢。既受矢之後，來就兩楹間，看投壺處所，乃卻退，反阼階。西面揖賓，令就投壺之筵，相對為位，而共投壺。御案：右就筵。

司射進度壺，間以二矢半。反位，設中，東面，執八算興。請賓，曰：順投為入，比投不釋，勝飲不勝者。正爵既行，請為勝者立馬，一馬從二馬。三馬既立，請慶多馬。請主人亦如之。

度，徒洛反。比，毗志反。飲去聲。

司射，來賓主筵，前量度置壺之處，隨地廣狹，使壺去賓主之席二矢半也。投壺日中於室，日晚於堂，大晚於庭，各隨光明故也。司射度壺既畢，更還西階上位，取中稍進東面。而設中於中西東面。手執八算。而興起，矢有本末，投矢於壺，矢本先入為順，乃名為入，為之釋算，否則不名入，不為釋算。比，頻也。賓主更遞而投不得一，已頻投雖入，亦不為之釋算。鄭康成曰：勝飲①不勝，言以能養不能也。正爵，罰爵也。既行，猶既具也。司射請為勝者立馬，馬制無考。漢人有功馬、散馬，刻玉而植之，可以類推。蓋設馬以倚算也。下文言各植其算，是。一馬三句，祝之之辭也，亦如之，亦以此三言祝之，故先。御案：右請賓。

命弦者曰：請奏《貍首》，閒若一。大師曰：諾。

閒，閒廁之閒。大音泰。

鄭康成曰：弦，鼓瑟者。《貍首》，《詩》篇名，今逸《射義》所云曾孫侯氏是也。閒若一者，賓主遞投，中閒有閒時，當若一以為投之節也。御案：右作樂。

左右告矢具，請拾投。有入者，則司射坐而釋一算焉。賓黨於右，主黨於左。

拾音涉。

拾，更也。請賓主更遞而投，於是乃投壺也。釋算於地，右司射之，前稍南；左司射之，前稍北。

卒投，司射執算曰：左右卒投，請數一一算為純，一純以取，一算為奇。遂以奇算告，曰：某賢於某若干純。奇則曰：奇，鈞則曰左右鈞。

數上聲。純音全。奇，居易反。

賓主之黨投壺既畢，司射執算，請數其所釋之算，二算為純，每一純則取之實於左手，滿十純則委於地。一算為奇，賓主左右數算畢，司射執其奇算告於賓主曰：某賢於某若干純，有奇則曰：若干純有奇。左右勝負均則曰鈞。御案：右請投視算。

命酌，曰：請行觴。酌者曰：諾。當飲者皆跪，奉觴曰：賜灌。勝者跪曰：敬養。

奉上聲。養去聲。

司射命，酌酒者曰請行觴，謂罰爵也。勝黨之弟子升，酌酒奠於豐上。不勝者坐

---

① 飲，底本作養，據正文改。

取，退而跪飲之。奉觴曰蒙賜飲。灌猶飲也。勝者跪曰敬養。馬氏晞孟曰：受之以禮而不怨，獻之以禮而不矜，是也。御案：右卒投飲不勝者。

正爵既行，請立馬。馬各直其算，一馬從二馬，以慶。慶禮曰：三馬既備，請慶多馬。賓主皆曰：諾，正爵既行，請徹馬。

直，當也。立馬，當其所勝之算，或倚算，或寘算於馬上，其制皆不可考矣。此一馬從二馬，勝算不足三馬者，則以一馬或二馬者足成三馬之數。行慶爵其從也，不分賓黨、主黨，總以足成三馬，為共慶樂之禮。此與射之觀德者不同也。正爵，慶爵。徹馬，則投壺禮畢，乃行無算爵。御案：右三投慶多馬。

算多少視其坐。籌，室中五扶，堂上七扶，庭中九扶。算，長尺二寸。壺頸脩七寸，腹脩五寸，口徑二寸半，容斗五升。壺中實小豆焉，為其矢之躍而出也。壺去席二矢半。矢，以柘若棘，毋去其皮。

孔氏穎達曰：此明算及矢長短多少，竝言壺之大小及矢之所用算之多少，視其所坐之人，每人四矢亦人四算籌矢也。扶膚同。鄭康成曰：鋪四指曰扶，一指案寸。室中最狹，故五扶；堂上稍寬，故七扶；庭中彌寬，故九扶。方氏慤曰：算欲其有別於矢，故加二寸焉。脩，長也。

魯令弟子辭曰：毋幠，毋敖，毋偝立，毋踰言。偝立、踰言有常爵。薛令弟子辭曰：毋幠，毋敖，毋偝立，毋踰言。若是者浮。

幠音呼。敖去聲。

上文言投壺娛賓，此言尋常教弟子習禮投壺，而述魯薛令弟子之詞。幠，侈大。敖，慢也。偝立，不正向前也。踰言，遠談語也。常爵，所以罰人之爵。浮，罰也。

司射、庭長及冠士立者皆屬賓黨，樂人及使者、童子皆屬主黨。

鄭康成曰：庭者，司正也。使者，主人所使薦羞者。樂人，國子能為樂者。陳氏祥道曰：主人以仁接賓，則樂人樂賓者也。使者及童子事人者也，故屬主黨，司射作人者也，庭長正人者也，冠士行禮者也，立者觀禮者也，故屬賓黨。壺以受矢，致樂者也，故主黨執之。中以盛算，取勝者也，故賓黨奉之。然黨雖有賓主之辨，而主黨之樂人，必位於西階，使人執壺，亦立於司射之側。凡所以就賓。

鼓：○□○○□□○□○○□。半，○□○□○○○□□○□○。魯鼓，○□○○○□□○□○○□□○□○○□□○。半，○□○○○□□○。薛鼓，取半以下為投壺禮，盡用之為射禮。魯鼓：○□○○□□○○。半，○□○○□○○○○□○□。薛鼓：○□○○○○□○□○□○○○□○□○□○○□○。半，○□○□○○○○□○。

鄭康成曰：此魯薛擊鼓之節。孔氏穎達曰：每一圜點則一擊鼙，每一方點則一擊鼓。頻有圜點，則頻擊鼙。頻有方點，則頻擊鼓。此射與投壺相對，用半鼓節為投壺，用全鼓節為射禮。御案：魯、薛鼓各有二者，前為初投之節，後為再投、三投之節也。鼓以君樂，五聲不得不和，升歌下管閒歌合樂，無不用鼓者，故魯鼓、薛鼓，總以鼓名之，陸氏佃曰：魯投壺之鼓多，薛投壺之鼓少，亦待同姓異姓之别也。《詩》曰在宗載考，有是哉。

附　解

先王以禮節情，防其肆，而未嘗不導其和，故禮樂相為經緯。既達其天理之良，復宣其心情之豫，使民習而忘勞者，豈一端哉！道莫大於五倫，恩義洽浹，而後相維相恤於不替。是故禮至嚴也。樂以和之，無處非敬，亦無處非所以暢其性天。若投壺之禮，則顯而易見者也。射以觀德，其禮至重，匪特以儲材技之長。而有其地，其人不可以射者，爰制為投壺儀文，較射為略，而亦有君子無争之心。或賓主言歡，或庠塾燕樂，成人小子，皆可易為，而揖讓雍容，所以養其德性者，不下於射。惜此篇所記，儀節不全，而立馬一事，尤無確證。然大概相沿，有雅歌投壺者，傳為盛事，至今尤多有之。是此篇之為功大矣。夫先王遺法，如麟趾鳳毛，得其一二，允堪珍貴。况投壺與射相表裏，射之為禮，諸書具詳，而人罕有得其神妙者，且燕會亦罕用之。惟投壺尚不絶於人間，苟相習而以之佐觴，較諸俳優雜戲、淫蕩失中者，不大有裨益哉！

禮記恒解卷四十一 晚年定本

儒行

行，下孟反。

儒行，言儒者之行也。先儒多疑非孔子之言。然春秋之末，大道日微，夫子因哀公之問而歷舉儒行，厥後凌夷至於戰國，猶知重士。其間守道之士，如孟子輩，猶得以其仁義之説與世相抗。則此篇所言，間有涉於凌厲之氣者，亦聖人不得已救時之苦心也。若儒者樂道修身，不求人知，則固不可藉此篇之言，挾己以驕人耳。

魯哀公問於孔子曰：夫子之服，其儒服與？孔子對曰：丘少居魯，衣逢掖之衣；長居宋，冠章甫之冠。丘聞之也，君子之學也博，其服也鄉。丘不知儒服。

與平聲。少去聲。上衣去聲。長上聲。上冠去聲。

逢猶大也。大掖之衣，按衣制有定，夫子見君自有制服，因當時多不如禮，而夫子不然，故哀公見而異之，疑為儒服。子言儒以學得名，不在衣服，因言己少長平日之衣，隨俗為之。逢掖，魯人之衣。章甫本禮冠，而宋人多冠之，子在其地，則從之，以證衣不可以知儒也。宋，夫子祖鄉。

哀公曰：敢問儒行？孔子對曰：遽數之不能終其物，悉數之乃留。更僕，未可終也。哀公命席，孔子侍。

行去聲，篇内竝同。數上聲。

儒行非一，卒遽數之。則不能終，詳悉數之，非久留不可。僕，擯相者，久疲必更代之，極言非一時可得盡言也。公於是命設席，使孔子侍坐而言之。

曰：儒有席上之珍以待聘，夙夜强學以待問，懷忠信以待舉，力行以待取。其自立有如此者。

强，如字。

徐氏師曾曰：席珍，喻學成如珍寶，可呈席上之有珍也。强學，非為人問而學博，則可以成人。忠信，非為人舉而不欺，乃可以副所舉。力行，非為人取而行脩，乃無嫌於所取。皆自立當然也。强學，自强不息。

儒有衣冠中，動作慎。其大讓如慢，小讓如偽；大則如威，小則如愧。其難進而易退也。粥粥若無能也。其容貌有如此者。

易，以鼓反，下同。粥音燭。

衣冠中，合禮而不詭異。動作慎，敬以踐禮。讓其大者不屑，有如傲慢；讓其小者謙退，有如矯飾。時而尊嚴自大，如有威難犯；時而卑遜自小，如慚愧引分。世或用之，則難於仕進，而易於引退。粥粥然若無能也，粥粥，朴拙意，所謂盛德容貌若愚也。

儒有居處齊難，其坐起恭敬；言必先信，行必中正。道塗不争險易之利，冬夏不争陰陽之和。愛其死以有待也，養其身以有為也。其備豫有如此者。

齊音齋。難行竝去聲。

陸氏佃曰：難猶戒也。洗心曰齊，防患曰難。孔氏穎達曰：不與人争平易之地而避險阻以利己。冬温夏凉，是陰陽之和，處世人所競，儒者讓而不争，愛死以待明時，養身為行道德。吕氏大臨曰：儒者之學，皆豫也。擬之而後言，議之而後動。故學有豫則義精，義精則用不匱。

儒有不寶金玉，而忠信以為寶；不祈土地，立義以為土地；不祈多積，多文以為富；難得而易禄也，易禄而難畜也。非時不見，不亦難得乎？非義不合，不亦難畜乎？先勞而後禄，不亦易禄乎？其近人有如此者。

積，子賜反。易，以豉反。畜，許六反。見音現。

鄭康成曰：祈，求也。立義以為土地，以義為安居。難畜，難以非義久留。積，積聚財物。非時，非明時。以義自處，即以義處人。義者人之幹也，義則相合，非遠人以為道，故曰近人。

儒有委之以貨財，淹之以樂好，見利，不虧其義；劫之以眾，沮之以兵，見死，不更其守；鷙蟲攫搏，不程勇者；引重鼎，不程其力；往者不悔，來者不豫；過言不再，流言不極；不斷其威，不習其謀。其特立有如此者。

樂，五教反。好去聲。更平聲。鷙音至。攫，俱縛反。斷音短。

委，全與之。淹，浸漬之。利，貨財。樂，好也。劫，脅也。沮，遏也。守，謂義也。鷙蟲，虎豹之屬。鄭康成曰：以脚取謂之攫，以翼擊謂之搏。程猶量也。重鼎，大鼎。不程勇、不程力，言其勇力，鷙蟲攫搏與引重鼎者不能及。不再，猶不貳。不極，不問所從出。斷，絶也。威，威嚴。逢事則謀，不豫習。往者不悔，不留悔憾。來者不豫，不設成心。

儒有可親而不可劫也，可近而不可迫也，可殺而不可辱也。其居處不淫，其飲食不溽，其過失可微辨而不可面數也。其剛柔有如此者。

數上聲。

親近者以禮，劫迫者以威，無禮者然後可辱。淫，過度。溽，濃厚。可微辨不可面數，甚言其過失之少，可微於毫釐之間，而不能面斥其瑕疵，非謂不許人言過也。剛毅，謂德性不撓。

儒有忠信以為甲胄，禮義以為干櫓；戴仁而行，抱義而處；雖有暴政，不更其所。其自立有如此者。

處上聲。更平聲。自立，《家語》作自守。

鄭康成曰：甲，鎧也。胄，兜鍪也。干櫓，小楯大楯也。孔氏穎達曰：甲胄、干櫓，所以禦患難。行忠信禮義，則人不敢侵侮。戴仁行仁之盛，抱義義不離身，雖有暴政，不改其志操。自立，作自守為是。

儒有一畝之宫，環堵之室，篳門圭窬，蓬户甕牖；易衣而出，并日而食；上答之不敢以疑，上不答不敢以諂。其仕有如此者。

堵音覩。篳音畢。窬音豆。甕，烏貢反。牖音酉。

宫以基言，室以屋言。宫通地與屋，而言室，專言屋。築土為室，曰環堵。蓬户編蓬，為户甕，牖圓如甕口，或以敗甕口為牖。易衣，人共一衣，出則更著之。鄭康成曰：圭窬，門旁窬也，穿牆為之，如圭。并日而食，二日用一日食也。答之，君用其言，不敢以疑，竭誠也。不敢以諂，守道也。

儒有今人與居，古人與稽；今世行之，後世以為楷；適弗逢世，上弗援，下弗推。讒諂之民，有比黨而危之者，身可危也，而志不可奪也。雖危，起居竟信其志，猶將不忘百姓之病也。其憂思有如此者。

信音申。思去聲。

稽，考也，居今而與古人相考覈，以古準今，無悖於理者，則從之，否則必合於古也。行於今，而後世可為楷模，為其不泥古，而實不背古也。適，適然也。偶然不遇明世，上無援引，下無推薦，甚或讒諂之民，有比黨而危之者。能危其身，不能奪其志，雖暫危其起居，而志竟得伸如孔子厄於陳蔡、危於桓魋終得伸其道於後世也。不忘百姓之病，乃其素志，雖遇難而猶不改也。憂思者不恤一身，而憂天下也。

儒有博學而不窮，篤行而不倦；幽居而不淫，上通而不困；禮之以和為貴，忠信之美，優游之法；慕賢而容衆，毀方而瓦合。其寬裕有如此者。

行去聲。上上聲。

學博則義精，故不窮於用。不倦，行之真且久。優居，優游閒居也。不淫，不過乎禮法。上通，見用於君相。不困，富有經濟，動必由禮，而能和忠信接物，而人服，是美也。優游，自適而有禮，是法也。賢則愛慕，衆則包容。所守者方，而遇人以謙恭，如毀去圭角，與瓦器相合。寬裕，兼自處與待人言也。

儒有内稱不辟親，外舉不辟怨；程功積事，推賢而進達之，不望其報；君得其志，苟利國家，不求富貴。其舉賢援能有如此者。

辟同避。援平聲。

孔氏穎達曰：稱，舉也。不辟親，若祁奚舉其子午。不避怨，若祁奚舉其讐解狐。應氏鏞曰：程算其功，積累其事，不輕薦也，下不求報於人，上不求報於國。

儒有聞善以相告也，見善以相示也，爵位相先也，患難相死也，久相待也，遠相致也。其任舉有如此者。

難去聲。

相告，相示，欲共勉為善人也。相先猶相讓，久相待，已見用，必舉賢友同升。久猶待之，不以其不就而遽舍之，遠則必致之。

儒有澡身而浴德，陳言而伏，静而正之，上弗知也，麤而翹之，又不急為也；不臨深而為高，不加少而為多；世治不輕，世亂不沮，同弗與，異弗非也。其特立獨行有如此者。

澡音早。麤，本又作麄，七鹿反。翹，祁饒反。治去聲。

身無過舉，德求日新，如澡與浴也。陳言而伏，入告嘉謨嘉猷，順之於外。静而正之，潛移默化，格君心之非也。麤，大也。翹，望也。以大人之道望君，又不急為也。臨深為高，其高易不如此希功也。加少為多，其事誣不如此沽名也。且世治則道易行，而不輕進，世亂則道不行，而不沮喪。理非，雖同弗與。理是，雖異弗非。特立獨行，應氏鏞曰：特立於一身，獨行於一世。

儒有上不臣天子，下不事諸侯；慎静而尚寬，强毅以與人，博學以知服；近文章，砥礪廉隅；雖分國如錙銖，不臣不仕。其規為有如此者。

近去聲。砥音脂，又音旨，又如字。錙，側其反。銖音殊。

不臣事天子諸侯，謂非其君者也。戒慎而安静，凡事尚乎寬大，規為大略如此，及其與人，則守理不變，博學古今，明於事情。服，事也。又喜親近文章，益砥礪其廉隅。文章，詩書名象義理，所在皆是。廉，棱也。隅，角也，喻操節也。算法：十黍為絫，十絫為銖，二十四銖為兩，八兩為錙。分國為錙銖，輕其國以相與也。不臣不仕，孟子所謂非義非道，禄之天下，弗顧。規為規模，大概所為也。

儒有合志同方，營道同術，竝立則樂，相下不厭，久不相見，聞流言不信。其行本方，立義同而進，不同而退。其交友有如此者。

樂音洛，下行竝去聲。

方猶法也。友以輔仁，非徒苟合，故其合志也，必同法則後合其營道也，必同正藝而後同營竝立。其或彼德與我齊，則樂之；或德優於我，則下之。不厭久而誠服也。久不相見，而不信流言。相信篤其行，謂朋友相與之行，本乎方正，立乎義理，同此方義則進，否則退也。

温良者，仁之本也。敬慎者，仁之地也。寬裕者，仁之作也。孫接者，仁之能也。禮節者，仁之貌也。言談者，仁之文也。歌樂者，仁之和也。分散者，仁之施也。儒皆兼此而有之，猶且不敢言仁也。其尊讓有如此者。

孫遜同。施去聲。

仁具於心，而施之萬事無不宜。為哀公言，歷舉可見者以明之。本猶木幹。温良，謂性質也。敬慎，不可須臾離，如地也。作猶發動也。仁主乎愛，故寬裕。能，能事也。人之賢否不齊，皆能以孫接之，故為能事禮節，所以成其仁，如貌之飾心也，言談以發其仁之華，故為文歌樂以暢其仁之天，故為和分散。不特財物，凡事濟物利人皆是，是仁之施也。不敢言仁，聖不自聖。尊讓猶《易》言謙尊也。

儒有不隕穫於貧賤，不充詘於富貴，不慁君王，不累長上，不閔有司，故曰儒。今眾人之命儒也妄常，以儒相詬病。孔子至舍，哀公館之，聞此詘，言加信，行加義，終没吾世，不敢以儒為戲。

隕，于敏反。穫，户郭反。詘音屈。慁，胡困反。長上聲。詬，呼候反。行去聲。

陳氏澔曰：隕者如有所墜失，穫者如有所割刈。充者驕氣之盈，詘者吝氣之歉。徒富貴而無德行，故色厲而内荏。鄭康成曰：慁猶辱也。累猶繫也。閔，病也。晏氏曰：不為汙吏，以取辱於君王。不為過行，以連及於長上。不被明刑，以見憐於有司。愚按：命儒以妄，所謂儒者非儒者。儒者既無其實，而世又不識所謂儒，故常以儒相詬病。詬，詈也。病，疾也。加信加義，言於儒者加謹也。前人多疑此篇非孔子之言，然細玩其義，初無不合，未可妄訾也。

附　解

《周官》九兩繫邦國，其三四曰師，以賢得民，儒以道得民。有道而後稱賢，非賢安能體道，何以别言之哉？蓋道有淺深，斯成就有大小，故不容不分為二焉耳。然既以道為民，則雖不盡賢，亦必殊於流俗，儒之與賢，夫豈大相徑庭者？故儒行之實，不可以無其文也。成周之盛，化洽道同，六德六行六藝，上以是求，下以是應，其時之儒，非聖即賢，故山榛隰苓，異世猶懷西方焉。春秋之末，政散民離，禮樂幾如弁髦，夫子身體以教其徒，所言所行，皆一王之制。故雖伏處草茅，尊而信者亦多。觀夫婦口出走，君相不罪其私行，而垂老歸來，猶稱國老，則文武、周公立法之良，尊賢重士之意，固非末世所能幾及。此篇哀公問儒，於時士風漸替，高者矯激清狂，有如莊、列；下者卑污苟且，半為斗筲。儒之為儒，其流失不大可憂乎？子因公問而欲悉數之，其意固有心於維世。及公命坐，而乃暢所欲言，人臣告君，不敢不盡，而儒風已降，其義尤不可不明。故詞繁不殺，良非無因。且其言儒，泛陳梗概，謂有如是之人，非稱道已長，若東方朔之自譽也。而吕氏乃謂其少雍容深厚之致，何耶？夫聖人之道，不幸作率無人，則必師儒猶有授受，夫子一介布衣，主宰斯文，七十子遵聞行知，共相傳述，得孟子而益彰，經兵火而不墜。秦嚴挾書之禁，而漢高至魯，猶有弦歌。洙泗餘裔，遭秦楚昏暴，師範已遥，而守死善道，數百載如新。倘非真儒，何能久而不替？論者徒知絲竹傳音，彼蒼呵護，而不知守缺抱殘，鄒魯群賢維持之功甚鉅。惜師友淵源，漢興僅存大略，不能盡傳姓字，留遺憾於千秋耳。此篇之言，在子不過一時論説，而門人即記而存之，流傳弈禩，抱道自重者多儒，修賴以復明，其為世道所繫，豈淺鮮哉？夫儒固以道而名者也，道本人人所能，何獨儒士？説棲於巖，吕綸於釣，其時未有儒名。漢南遊女，兔罝野人，儀型不專書籍。自道德文字分途，性命事功歧視，而儒乃異於民，民大遠於士。孔子以後之士風，聖人未嘗計及，而於今誠欲為儒者，則必悚然自思，肫然自立，斯讀聖人之書，即踐聖人之事，方為有用之儒矣。

禮記恒解卷四十二——晚年定本

大學

大學之道，在明明德，在親民，在止於至善。知止而后有定，定而后能静，静而后能安，安而后能慮，慮而后能得。物有本末，事有終始，知所先後，則近道矣。古之欲明明德於天下者，先治其國。欲治其國者，先齊其家。欲齊其家者，先脩其身。欲脩其身者，先正其心。欲正其心者，先誠其意。欲誠其意者，先致其知。致知在格物。物格而后知至，知至而后意誠，意誠而后心正，心正而后身脩，身脩而后家齊，家齊而后國治，國治而后天下平。自天子以至於庶人，壹是皆以脩身為本，其本亂而末治者否矣。其所厚者薄，而其所薄者厚，未之有也。此謂知本，此謂知之至也。所謂誠其意者，毋自欺也，如惡惡臭，如好好色，此之謂自謙。故君子必慎其獨也。小人閒居為不善，無所不至，見君子而后厭然，揜其不善，而著其善。人之視己，如見其肺肝然，則何益矣？此謂誠於中形於外，故君子必慎其獨也。曾子曰：十目所視，十手所指，其嚴乎？富潤屋，德潤身，心廣體胖，故君子必誠其意。《詩》云：瞻彼淇澳，菉竹猗猗。有斐君子，如切如磋，如琢如磨。瑟兮僩兮，赫兮喧兮。有斐君子，終不可諠兮。如切如磋者，道學也。如琢如磨者，自脩也。瑟兮僩兮者，恂慄也。赫兮喧兮者，威儀也。有斐君子，終不可諠兮者，道盛德至善，民之不能忘也。《詩》云：於戲！前王不忘。君子賢其賢而親其親，小人樂其樂而利其利，此以没世不忘也。《康誥》曰克明德，《太甲》曰顧諟天之明命，《帝典》曰克明峻德，皆自明也。湯之

《盤銘》曰：苟日新，日日新，又日新。《康誥》曰：作新民。《詩》曰：周雖舊邦，其命維新。是故君子無所不用其極。《詩》曰：邦畿千里，惟民所止。《詩》云：緡蠻黄鳥，止于邱隅。子曰：於止，知其所止，可以人而不如鳥乎？《詩》云：穆穆文王，於緝熙敬止。為人君止於仁，為人臣止於敬，為人子止於孝，為人父止於慈，與國人交止於信。子曰：聽訟，吾猶人也。必也使無訟乎？無情者不得盡其辭，大畏民志。此謂知本。所謂修身在正其心者，身有所忿懥，則不得其正；有所恐懼，則不得其正；有所好樂，則不得其正；有所憂患，則不得其正。心不在焉，視而不見，聽而不聞，食而不知其味。此謂脩身在正其心。所謂齊其家在脩其身者，人之其所親愛而辟焉，之其所賤惡而辟焉，之其所畏敬而辟焉，之其所哀矜而辟焉，之其所敖惰而辟焉。故好而知其惡，惡而知其美者，天下鮮矣。故諺有之曰：人莫知其子之惡，莫知其苗之碩。此謂身不脩，不可以齊其家。所謂治國必先齊其家者，其家不可教，而能教人者無之，故君子不出家而成教於國。孝者，所以事君也；弟者，所以事長也；慈者，所以使衆也。《康誥》曰：如保赤子。心誠求之，雖不中不遠矣。未有學養子而后嫁者也。一家仁，一國興仁；一家讓，一國興讓；一人貪戾，一國作亂。其機如此。此謂一言僨事，一人定國。堯、舜帥天下以仁，而民從之。桀、紂帥天下以暴，而民從之。其所令反其所好，而民不從。是故君子有諸己而后求諸人，無諸己而后非諸人。所藏乎身不恕而能喻諸人者，未之有也。故治國在齊其家。《詩》云：桃之夭夭，其葉蓁蓁。之子于歸，宜其家人。宜其家人，而后可以教國人。《詩》云：宜兄宜弟。宜兄宜弟，而后可以教國人。《詩》云：其儀不忒，正是四國。其為父子、兄弟足法，而后民法之也。此謂治國在齊其家。所謂平天下在治其國者，上老老而民興孝，上長長而民興弟，上恤孤而民不倍，是以君子有絜矩之道也。所惡於上，毋以使下；所惡於下，毋以事上；所惡於前，毋以先後；所惡於後，毋以從前；所惡於右，毋以交於左；所惡於左，毋以交於右。此之謂絜矩之道。《詩》云：樂只君子，民之父母。民之所好好之，民之所惡惡之，此之謂民之父母。《詩》云：節彼南山，維石巖巖。赫赫師尹，民具爾瞻。有國者不可以不慎，辟則為天下僇矣。《詩》云：殷之未喪師，克配上帝。儀監于殷，峻命不易。道得衆則得國，失衆則失國。是故君子先慎乎德。有德此有人，有人此有土，有土此有財，有財此有用。德者本也，財者末也。外本内末，争民施奪。是故財聚則民散，財散則民聚。是故言悖而出者，亦悖而入，貨悖而入者，亦悖而出。《康誥》曰：惟命不于常。道善則得之，不善則失之矣。《楚書》曰：楚國無以為寶，惟善以為寶。舅犯曰：亡人無以為寶，仁親以為寶。《秦誓》曰：若有一个臣；斷斷兮，無他技，其心休休焉，其如有容焉。人之有技，若己有之。人之彦聖，其心好之，不啻若自其口出，實能容之，以能保我子孫黎民，尚亦有利哉！人之有技，媢疾以惡之。人之彦聖，而違之俾不通，實不能容，以不能保我子孫黎民，亦曰殆哉！唯仁人放流之，迸諸四夷，不與同中國。此謂唯仁人為能愛人，能惡人。見賢而不能舉，舉而不能先，命也。見不善而不能退，退而不能遠，過也。好人之所惡，惡人之所好，是謂拂人之性，菑必逮夫身。是故君子有大道，必忠信以得之，驕泰以失之。生財有大道，生之者眾，失之者寡，為之者疾，用之者舒，則財恒足矣。仁者以財發身，不仁者以身發財。未有上好仁而下不好義者也，未有好義其事不終者也，未有府庫財非其財者也。孟獻子曰：畜馬乘，不察於雞豚。伐冰之家，不畜牛羊。百乘之家，不畜聚斂之臣。與其有聚斂之臣，寧有盜臣。此謂國不以利為利，以義為利也。長國家而務財用者，必自小人矣。彼為善之，小人之使為國家，菑害竝至，雖有善者，亦無如之何矣？此謂國不以利為利，以義為利也。

附解

《大學》一書，自宋以前，本有專行之本，故仁宗八年，以《大學》賜新第王拱辰等，若非有專行之本，何以取而賜之？且自漢以來，有以《春秋》諸經為大經，《孟子》《論語》《大學》《中庸》為小經者，則漢唐已有專本單行，可見非宋儒始標為四子書也。自宋理宗，始定為四子書，取士耳。程子昆季，知尊信此書，而改竄舊文，啟後世擅改經文之弊。自程朱後，有王氏柏、蔡氏清、高氏攀龍、葛氏寅亮、季氏彭山、豐山石經本及李氏光地諸人，皆各紛紛變亂此書。

國家因眾説互異，朱子之學較醇，以其書註取士。流傳至今，人幾不知有古本矣。然聖人之書，非徒陳言，固將使人身體力行，以儲為國器，學術有真修，然後治術有大猷。夫子因大學之道，春秋時已不行，特與門人言之。而曾子又恐人不知入手要功，乃為傳五章。幸而漢人輯入此書，歷代誦習。司馬温公有《大學廣義》一卷，在二程之前，特二程論説頗詳耳。我朝聖聖相承，以《大學》陶成天下。乾隆年間，有彭芸楣依古本為疏義進呈。蒙純皇帝嘉許，將頒行天下，會有議者謂朱註相沿已久，遂不果行。然欽定義疏，仍存古本及鄭孔之註。仰見大聖人精義入神，深契尼山，而又不遽廢先儒之説，使初學有所階梯。沅本無知識，何敢妄置一詞，但沐浴光華，誦習已久，又嘗即身心日用體驗之，覺原文殊不可易。不揣冒昧，謹遵欽定義疏、古本梳櫛字句，以為家塾訓蒙。因此書與《中庸》均同《論》《孟》命題取士，而《中庸》一書，朱子未改原文，故不具録。《大學》則經朱子竄易，不書原文，恐後來無所印證。是以録之，其愚僭註之言，已見《四書恒解》，故弗贅焉。

禮記恒解卷四十三晚年定本

冠義

孔氏穎達曰：此記冠禮成人之義。按略説稱周公對成王云古人冒而句，領註云：三皇時以冒覆頭，句領繞項，至黄帝始有冕，故《世本》云黄帝造冕旒。但黄帝以前，以羽皮為冠，黄帝以後，乃用布帛。愚按：二十為冠，蓋自古皆然。特天子諸侯，容有不及歲而踐位者，除喪則冠，以便臨民，禮之變也。若士庶，則不可行。古人論冠年，多迂曲不可信。

凡人之所以為人者，禮義也。禮義之始，在於正容體，齊顔色，順辭令。容體正，顔色齊，辭令順，而后禮義備。以正君臣，親父子，和長幼。君臣正，父子親，長幼和，而后禮義立，故冠而后服備，服備而后容體正，顔色齊，辭令順。故曰冠者，禮之始也。是故古者聖王重冠。

長上聲。冠去聲，下同。

孔氏穎達曰：人之所以異於禽獸者，以其行禮義也。先須正容體，齊顔色，順辭令，然後可以正君臣，親父子，和長幼。吕氏大臨曰：容體、顔色、辭令，修身之要，必學而後成，必成人而後備。童子，未成人者也。自七年始教，至於二十，則三者備矣。然後可以冠，而責成人之事。愚按：成人而後服備，服備而後責以成人之禮義。禮義非二十所能盡也，特自此則事事必由禮義，非如未成人之可以恕也，故曰禮之始。

古者冠禮，筮日筮賓，所以敬冠事。敬冠事所以重禮，重禮所以為國本也。

吕氏大臨曰：筮日、筮賓，於廟門之外，成人之始，質之神而不敢專，敬之至也。愚按：國以禮為本，禮無不敬。冠為禮之始，重之故敬其事也。

故冠於阼，以著代也。醮於客位，三加彌尊，加有成也。已冠而字之，成人之道也。

阼，才故反。醮，子笑反。

阼，主人接賓之處。適子冠於阼，以明將來代父有成之義。若庶子，則冠於户外。酌而無酬酢曰醮，於客位待之，若賓客。三加，鄭康成曰：初加緇布冠，次加皮弁，三加爵弁，蓋士禮也。若天子、諸侯，亦可類推。冠彌加而彌尊，所以勖其日進於成德。古者童子雖貴，名之而已，所以别長幼也。至冠然後字之，其醮也，賓醮之字亦賓字之也。馬氏晞孟曰：初加之辭曰：令月吉日，始加玄服。棄爾幼志，順爾成德。壽考維祺，介爾景福。再加曰：吉月令辰，乃申爾福。敬爾威儀，淑慎爾德。眉壽萬年，永受胡福。三加曰：以歲之正，以月之令。咸加爾服。兄弟具在，以成厥德。黄耇無疆，受天之慶。不惟服之加也。而其德亦有加。不惟德之加也，而其壽亦有加。故曰彌尊加有成也。

見於母，母拜之，見於兄弟，兄弟拜之，成人而與為禮也。玄冠、玄端，奠摯於君，遂以摯見於鄉大夫、鄉先生，以成人見也。

見去聲，下同。摯同贄。

拜之，答拜也。子冠。取脯適東壁，北面見母。母受脯，故答拜。朱子曰：婦人低手祇肅，便是拜，則此母之拜，但俯手而已。母無拜子之禮，而因其成人答拜，示以成人之禮，所以教也，非尊子也。玄冠、玄端，亦冠後一時之服，寵異之，以勖其成人，非以為常也。孔氏穎達曰：《士相見禮》：冬用雉，夏用腒。

成人之者，將責成人禮焉也。責成人禮焉者，將責為人子、為人弟、為人臣、為人少者之禮行焉。將責四者之行於人，其禮可不重與？

少去聲。行去聲。與音餘。

吕氏大臨曰：所謂成人者，非謂四體膚革異於童稚也，必知人倫之備，親親長長，不失其序之謂備。

故孝弟忠順之行立，而后可以為人，可以為人，而后可以治人也。故聖王重禮。故曰冠者，禮之始也，嘉事之重者也。是故古者重冠。重冠，故行之於廟。行之於廟者，所以尊重事。尊重事而不敢擅重事，不敢擅重事，所以自卑而尊先祖也。

弟音悌。

鄭康成曰：嘉事，嘉禮也。愚按：孝弟忠順之行，立無愧於人，然後可推以治人。成己成人，人道始為全備，而其事自冠始，故為重事。尊重事而不敢擅主，必行之廟中者，自為卑讓，若以己尚不能，未敢望於其子，歸美於先祖焉耳。

附　解

黄帝始為冒，冒即冠也，但其制簡略。後聖遞加文飾，衣服備而後禮義修。冠加元首，尤為至重，故詳之焉。顧年幼，安能遽責以成人，故自七八年後，古人幼儀之學至備，使之涵養學習，遲之十餘年，而後有冠子弟之心。固已習為恭順，明長幼之節矣。及其加冠行禮於廟，臨之以先人，重之以賓客，父則親醮，母則答拜，三加彌尊，祝以成德，所以冀其承先而啟後，為天地間不可少之人者，豈第無愧須眉已哉！冠禮廢，而童幼不能循分，《芄蘭》《甫田》，詩人所為刺譏。秦漢而還，成人小子，冠裳莫辨，於是不肖之徒，居然齒於父兄長者，尚安望其恂恂修謹、孝弟忠良歟？先儒憂之，申明小學之法，欲挽頹風，而習俗相沿，莫能眾喻，則冠義不明，所關非小矣！或謂自古迄今，幼慧多人，何必拘於冠義，概量天下之士？然聖人立法，歸於中正，幼而端毅，俯就彌佳；生而冥頑，仰幾亦化。混童蒙於老大，以潁悟為神奇，覺已百己千，困勉之功，俱無用處，其誤世豈淺乎？夫項橐亦開尼山，則孔門不著其行；鄴侯早晤張說，而寶劍自掩其光，烏有專恃天資，可以躋賢聖之域者？自漢以後，衣制漸淆，冠義已難如古，然二十而昏、冠義，亦可行乎其間。賢父師身為之範，二十以前，詳為化導，衣冠飲食居處，毋使僭於尊長，而詳求六禮，益以冠儀，未嘗不可存古人之意也。至於冠年之說，舊説棼如，然天子諸侯為教化之主，守經亦可行權。如年未及歲，自當不拘常例，烏有南面而臨不冠者乎？周公之冠成王也，未必不在妙齡，何乃紛紛拘論，失於支離耶？

禮記恒解卷四十四 晚年定本

昏義

孔氏穎達曰：娶妻之禮，以昏為期，因名焉。必以昏者，取陽往陰來之義。日入後二刻半為昏。壻曰昏，妻曰姻。《爾雅》：壻之父為姻，婦之父為昏。又云：壻之黨為姻，兄弟婦之黨為昏。兄弟夫婦，始自燧皇。譙周云：太昊制嫁取娶，儷皮為禮。愚按：匡衡曰：夫婦之際，人倫之始，萬化之原。昏姻之禮正，然後品物遂而天命全。故記者特記昏義。詳見附解。

昏禮者，將合二姓之好，上以事宗廟，而下以繼後世也，故君子重之。是以昏禮納采、問名、納吉、納徵，請期皆主人筵几於廟，而拜迎於門外，入揖讓而升，聽命於廟，所以敬慎重正昏禮也。

昏，一作昬，避唐諱也。好去聲。

納采，納雁以為採擇之禮。問名，問女之名。納吉，問名歸而卜之，得吉，復女氏也。納徵，納聘財。吕氏大臨曰：徵，成也，證也。所以成其信而不渝。孔氏穎達曰：請期，男家請女家以昏時之期。主人，謂女父母。行此等禮時，女之父母設筵几於禰廟。

父親醮子而命之迎，男先於女也。子承命以迎，主人筵几於廟，而拜迎於門外。壻執雁入，揖讓升堂，再拜奠雁，蓋親受之於父母也。降出，御婦車，而壻授綏，御輪三周，先俟於門外。婦至，壻揖婦以入，共牢而食，合巹而酳，所以合體同尊卑，以親之也。

醮，子妙反。迎去聲。先去聲。巹音謹。酳音引。

鄭康成曰：酌而無酬酢曰醮。孔氏穎達曰：主人，女之父，以敵禮待之，故拜迎門外。主人就東階，初入門，將曲揖，當階北面揖，當碑揖，至階三讓。主人升自阼階揖，壻升西階，北面奠雁，再拜。於時女房中南面，母在房户外之西南，面壻。既拜訖，旋降出。女出房南面，立於母左，父西面誡之，女乃西行，母南面誡之，是壻親受之於父母。壻降西階而出，親御婦車，婦升車，壻授婦以綏，御輪三匝，然後御者代御之。壻自乘其車以歸婦，至壻之寢門，壻揖婦以入，則稍西遜之。在夫之寢，壻東面，婦西面。共一牲牢而食，不異牲也。酳，演也。食畢飲酒，演安其氣也。巹，半瓢，以瓠，分為兩瓢，謂之巹。壻與婦各執一片以酳，欲使相親一體，不使尊卑有殊也。

敬慎重正，而后親之，禮之大體，而所以成男女之别，而立夫婦之義也。男女有别，而后夫婦有義；夫婦有義，而后父子有親；父子有親，而后君臣有正。故曰昏禮者，禮之本也。

别，後列反，下同。

必敬慎重正，而后親之。先嚴其别，後篤其情，禮之大體具矣。無别則狎，狎則無義，無義則乖，而父子之親，亦無其本。移孝可以作忠，故父子親而後君臣正。孔子繫《易》咸恒，亦此義也。

夫禮始於冠，本於昏，重於喪祭，尊於朝聘，和於鄉射。此禮之大體也。

朝，直遥反。

因上文言禮之大體而廣明其義。冠為成人之始，昏為人倫之本，喪祭慎終追遠，故重。朝以敬君，聘以睦隣，其事尊鄉射，興賢教民，故曰和。

夙興，婦沐浴以俟見。質明，贊見婦於舅姑，婦執笲，棗栗段脩以見。贊醴婦，婦祭脯醢，祭醴，成婦禮也。

見音現。笲音煩。段音服。

陳氏澔曰：質明，昏禮之次日，正明之時。贊，相禮之人也。笲之為器似筥，以竹或葦為之。衣以青繒，以盛此棗栗段脩之贄。脩，脯也。加薑桂治之曰段。脩，孔氏穎達曰：《士昏禮》婦席於户牖間，贊者酌醴，置於席前，北面，婦於席西東面拜，受贊者西階上，北面拜送。又拜薦脯醢，婦升席，左報觶，右祭脯，醢訖，以柶祭醴三，所以成其為婦之禮也。

舅姑入室，婦以特豚饋，明婦順也。

孔氏穎達曰：《士昏禮》舅姑入於室，婦盥饋特豚合升側，載無魚，腊無稷，竝南上。鄭註女側載者，右胖載之舅俎，左胖載之姑俎，異尊卑。竝南上者，舅姑共席於奥，其饌各以南為上也。鄭康成曰：明婦順者，供養之禮，主於孝順。

厥明，舅姑共饗婦以一獻之禮，奠酬，舅姑先降自西階，婦降自阼階，以著代也。

厥明，昏之又明日也。按《士昏禮》：舅姑共饗婦以一獻之禮，舅洗於南洗，姑洗於北洗。奠酬，南洗在庭，北洗在北堂。賈疏：舅獻姑薦，脯醢設北洗，為婦人不下堂也。舅獻姑酬，共成一獻，奠酬畢，而舅姑降自西階，婦降自阼階，以明婦代姑主內政之義。

成婦禮，明婦順，又申之以著代，所以重責婦順焉也。婦順者，順於舅姑，和於室人，而後當於夫，以成絲麻、布帛之事，以審守委積蓋藏。

當委、積藏竝去聲。

承上而申明婦順之義。方氏慤曰：舅姑禮隆，故可順不可逆：室人禮敵，故雖和而必不同。絲以成帛，麻以成布，少而有所委，多而有所積。物在下曰蓋，在內曰藏。愚按：順舅姑和室人而後，當於夫宜其家人，乃為婦順，非徒取説於夫而已。

是故婦順備而後內和理，內和理而後家可長久也。故聖王重之。

御案：無不周浹為和，悉有處分為理，二者缺一，便不順。

是以古者婦人先嫁三月，祖廟未毀，教于公宮。祖廟既毀，教于宗室。教以婦德、婦言、婦容、婦功；教成，祭之，牲用魚，芼之以蘋藻，所以成婦順也。

先去聲。芼音冒。

孔氏穎達曰：《內則》女子十年不出，使姆教成之。明已前恒教，但嫁前三月，特就公宫之教，欲尊之也。鄭康成曰：教之者，女師也。祖廟，女所出之祖。公，君也。宗室，宗子之家。婦德，貞順也。言，辭令也。容，婉娩也。功，絲麻也。祭之，祭其所出之祖。魚，蘋藻，皆水物陰類也。魚為俎實，蘋藻為羹菜，祭無牲牢告事耳，非正祭也。其齊盛用黍。若其祖廟已毀，則為壇而告。

古者天子后立六宮、三夫人、九嬪、二十七世婦、八十一御妻，以聽天下之內治，以明章婦順，故天下內和而家理。天子立六宮、三公、九卿、二十七大夫、八十一元士，以聽天下之外治，以明章天下之男教，故外和而國治。故曰：天子聽男教，后聽女順；天子理陽道，后治陰德；天子聽外治，后聽內治。教順成俗，外內和順，國家理治，此之謂盛德。

吕氏大臨曰：男正位乎外，女正位乎內。男女正，天下之大義也。有家者，夫聽家之外治，婦聽家之內治。天子與后有天下。則不得不聽天子之內外治也。外治者明章男教，內治者明章婦順。愚按：天子與后聽內治外治，其本必在正心修身，而其下咸得人，則教順成俗，非徒權也。至夫人嬪御，原不必廣置其人。此經所言，蓋漢儒傳聞傅會之誤。御案：九嬪、世婦、女御《周禮》雖設，其職未嘗實有其人。自昏義始列其數。鄭康成註《小星》詩及《內則》妻不在，妾御莫敢當夕，孔穎達俱從而附會之，此則註疏之背謬也。

是故男教不脩，陽事不得，適見於天，日為之食。婦順不脩，陰事不得，適見於天，月為之食。是故日食則天子素服而脩六官之職，蕩天下之陽事。月食則后素服而脩六宮之職，蕩天下之陰事。故天子之與后，猶日之與月，陰之與陽，相須而后成者也。

適音責。見音現。

鄭康成曰：適之言責也。蕩者。滌去穢惡也。愚按：天子人神之主，而后實佐之。男教不脩，婦順不脩，將使天下人倫乖亂，故適見於天，而日月之食應之。雖日月之食，本有常度，然内治外治皆得，則和氣上達，陰常避陽。朱子所謂其遲速高下，必有參差而不正相合者，所以當食而不食也。不然，雖日行有常度，而實為非常之變。

天子脩男教，父道也。后脩女順，母道也。故曰：天子之與后，猶父之與母也。故為天王服斬衰，服父之義也。為后服齊衰，服母之義也。

衰，七雷反。資，依註作齊，音資。

天子與后，有父母天下之道，盡其道。而無愧父母則服以父母之服。方氏慤曰：以其義而服之，非服之正故《檀弓》謂之方喪。

附　解

天地一陰陽也，陰陽和而萬物育，夫婦之義所由昉歟！然天地之陰陽，統於太極，太極渾然，而氣機動靜，爰有陰陽。天地之陰陽，無不正也，而人物之秉賦，或有不正。故聖人制禮，以節宣陰陽，而人物之正氣，乃符於高厚。昏禮之隆，其由此乎？然非聖天子持其綱，凡六合率其教，亦不能調陰陽之平，而不失乎乾坤之正氣。《儀禮》所載昏禮，後世多不可行，而六禮之節，則永為不刊。蓋非此無以正始，亦非此無以為人也。是篇明昏禮之大要，而推其義於陽教陰教，其維世之意良深。凡人生而有欲，即有男女，而情之易流，莫此為甚。契之教以人倫也，於夫婦特言有別，至難别者，莫如男女，而夫婦則貴於和。然其和也，所以為正身正家之本，而必有别者，誠慮其溺於欲而害於義，無以端人倫之本耳。昏之為名，先儒以為禮成於昏，取陽往陰來之義，而猶有未盡宣者。日出三商為旦，日入三商為昏，夫婦之聚，在乎昏時。及其日出，而各有所事，則情欲之感，無介乎儀容燕私之意，不形乎動靜，諺所謂上牀夫妻，下牀君子者也。以昏言禮，固猶是有别之義。而承宗廟、事父母、訓子孫，必由於正内外之咸宜，夫豈徒燕好而已哉！説者謂情之所同在，聖人不禁夫婦，固情之正者也。然天地之間，草木飛走，下至蟲魚，無弗各有陰陽，而人之所以異於禽獸者，則惟禮義。情正則人，情邪則物，烏可不明辨而慎行之也。天子者，萬物之父母也，以子子民，端父母之範，以安人物，無不欲其致之於太和，即無不欲其歸於中正。人固物之靈者，性情失其正，而百怪叢生，陰陽乖舛，昏禮之設，豈非調燮陰陽之一大端乎？夫男女居室，人之大倫，而猶必以禮節情，始為修齊之本，况於縱情恣欲，漁色亂倫，其喪心蔑理，淪於非類，何可勝言？故此書可以為名教之大坊，其事在閨房衽席之間，而其義暨乎家國天下之大。夫子繫《易》而戒履霜，正家而言物恒，人情之界，盛衰之源，於兹攸繫。學者不可不深思，而禮節之也。

禮記恒解卷四十五晚年定本

鄉飲酒義

孔氏穎達曰：鄉飲酒有四事，一則三年賓興賢能，二則鄉大夫飲國中賢士，三則州長習射飲酒，四則黨正蜡祭飲酒。鄉則三年一飲，鄉大夫為主人；州則一年再飲，州長為主人；黨則一年一飲，黨正為主人。吕氏大臨曰：鄉人凡有聚會，當行此禮，不特四事。愚按：《儀禮》所載，習射飲酒，先飲酒而後射。黨正，國索鬼神而祭祀，則以禮屬民，飲酒以正齒位。及《周官》所言，一命齒於鄉里，再命齒於父族，三命不齒。《記》云：六十者坐，五十者立，侍及三豆、四豆、五豆、六豆之屬，皆可略見。此禮之梗概，而其同異不可復知。此篇特言其義，亦未見精當。詳見附解。

鄉飲酒之義，主人拜迎賓于庠門之外，入三揖而后至階，三讓而后升，所以致尊讓也。盥洗揚觶，所以致絜也。拜至，拜洗，拜受，拜送，拜既，所以致敬也。

盥音管。觶音志。絜與潔通。

鄭康成曰：庠，鄉學也。州黨曰庠，揚舉也。孔氏穎達曰：賓與主人升堂後，主人於阼階上，北面再拜，是拜至也。拜至訖，洗爵而升，賓於西階上，北面再拜，拜主人洗也。拜受者賓於西階上，拜受爵也。拜送者主人於阼階上，拜送爵也。拜既者，賓飲酒既盡而拜也。皆所以致其恭敬之心也。

尊讓、絜、敬也者，君子之所以相接也。君子尊讓則不争，絜、敬則不慢。不慢不争，則遠於鬭、辨矣，不鬭、辨，則無暴亂之禍矣。斯君子所以免於人禍也。故聖人制之以道。

遠去聲。

方氏慤曰：鬬者力相攻之謂，辨者言相敵之謂。御案：尊讓、絜、敬，道也。争、慢、鬬、辨、暴亂，非道也。聖人制此鄉飲酒禮，以尊讓絜敬之道。故無非道之過焉。下賓主共之，至象四時，皆道也。

鄉人、士、君子，尊於房户之閒，賓主共之也。尊有玄酒，貴其質也。羞出自東房，主人共之也。洗當東榮，主人之所以自絜而以事賓也。

上共字，如字。下共，音恭。

御案：鄉人所該甚廣，士則鄉人之秀，而君子則有德有位之通稱。孔氏穎達曰：設酒尊於東，房之西室户之東，在賓主之閒，示賓主共有此酒也。北面設尊玄酒在左。謂酒尊之西，地道尊右，貴其質素也。羞出自東房，主人供於賓也。榮屋，翼也。設洗於庭，當屋之東翼，示主人自絜以事賓。吕氏大臨曰：玄，酒水也。飲之始也。飲始於水，極味於酒。凡設酒，皆尚元酒，質之為貴，不忘本也。

賓主，象天地也。介、僎，象陰陽也。三賓，象三光也。讓之三也，象月之三日而成魄也。四面之坐，象四時也。

僎，一作全。鄭讀遵，今如字。

賓尊而象天，主卑而象地。介，輔賓。僎，輔主。禮待之而成，象陰陽之氣在日月。三賓，衆賓之長，賓衆立三人以為賓長統屬之，象三光之昭明天地。三光，日、月、星。前人因下文有日月，以三光為辰，參北極，迂拘矣。今從《白虎通》。夫三光豈三賓可擬哉！記者極形其重耳。月既望哉生魄，但其魄尚微，至三日則成。魄盈而必虧者天道，讓禮象之，故三讓象成魄也。四面之坐，孔氏穎達曰：主人東南，象夏始；賓西北，象冬始；僎東北，象春始；介西南，象秋始。此亦大概取象，言其禮之重。

天地嚴凝之氣，始於西南而盛於西北，此天地之尊嚴氣也，此天地之義氣也。天地温厚之氣，始於東北而盛於東南，此天地之盛德氣也，此天地之仁氣也。主人者尊賓，故坐賓於西北，而坐介於西南以輔賓。賓者，接人以義者也，故坐於西北。主人者，接人以仁以德厚者也，故坐於東南。而坐僎於東北，以輔主人也。

賓在西北，象天地嚴凝之氣；主在東南，象天地温厚之氣。介在西南，象陰之微氣，僎在東北，象陽之微氣。方氏慤曰：秋斂冬藏，義也，故嚴凝為義。春作夏長，仁也，故温厚為仁。介、僎，輔賓主而接人者也，接人則賓主之先，故坐於陰陽所始之地，賓主則坐於陰陽之盛地焉。主人必三揖，仁之至也；賓必三讓，義之至也。接人以仁為盛德温厚，接人以義為嚴凝尊嚴。按：天地仁義，不是如此説，仁義賓主皆有，亦不可如此分。此曲説也。

仁義接，賓主有事，俎豆有數，曰聖。聖立而將之以敬曰禮，禮以體長幼曰德。德也者，得于身也。故曰：古之學術道者，將以得身也。是故聖人務焉。

御案：有事，主以仁為事，賓以義為事也，有數，俎豆有爵者各以命數，無爵則如下：六十三豆，七十四豆也。聖，通明也。愚按：踐仁義之實，而又熟於禮數，則幾乎聖。於理通明，而將之以敬為禮。鄉飲酒之禮，主於尚齒，使人知長幼，而循禮盡分，為實德。德也者，得於身也。言自得其愛敬之良，非由外鑠。術，藝也。六藝皆道之緒餘，學術學道，皆將自得于身，非徒循習故事，故聖人務焉。然聖字太淺，看禮德等義皆未確實。記者以一己之見言之耳。

祭薦，祭酒，敬禮也。嚌肺，嘗禮也。啐酒，成禮也，於席末。言是席之正，非專為飲食也，為行禮也，此所以貴禮而賤財也。卒觶，致實於西階上，言是席之上，非專為飲食也。此先禮而後財之義也。先禮而後財，則民作敬讓而不争矣。

薦，亦作𧁴。嚌，才細反。啐，七内反。為去聲。

祭薦，主人獻賓，賓即席祭脯醢也。祭酒，既祭薦又祭酒也。必祭其先，而後飲食之。賓敬主人禮也。嚌肺者，《周禮》重肺，嚌肺則遍嘗，可知嚌味其味，故曰嘗禮也。啐酒則飲之矣，故曰成禮。席，末席。西頭祭則於正席上，是貴禮。自飲則於席末，是賤財。主人酬賓，賓坐而據觶，卒爵之時，致其所實之酒於西階上；席之上則别於席之下，西階上即席之下也。上言席之正，以别於席之末同。義先即貴禮，後即賤財。

鄉飲酒之禮；六十者坐，五十者立侍，以聽政役，所以明尊長也。六十者三豆，七十者四豆，八十者五豆，九十者六豆，所以明養老也。民知尊長養老，而后乃能入孝弟。民入孝弟，出尊長養老而后成教，成教而后國可安也。君子之所謂孝者，非家至而日見之也，合諸鄉射，教之鄉飲酒之禮，而孝弟之行立矣。

方氏慤曰：六十者坐，則七十以上可知；五十者立，則四十以下可知。五十服官政，固宜侍以聽政役。六十者指使，固宜坐以役人。尊長在儀，養老在物，坐立不同，所以明尊長豆數不一，所以明養老。民知尊長，則通能入弟；知養老，則能入孝。入而孝弟于其家，出而尊長養老于其國，則教成矣。御案：疏據六十者三豆，推言五十者二豆，是二豆乃五十以下之正豆。六十以上乃有加豆，五十以下有正豆，無加豆也。正豆者，鄉飲酒禮，賓介於設折俎之先薦脯醢，衆賓辨有脯醢，是也。加豆者，徹俎後説屨升坐，乃羞，是也。鄉飲因行飲禮。即鄉射亦行飲禮，故曰合諸鄉射，教之鄉飲酒之禮。

孔子曰：吾觀於鄉，而知王道之易易也。

易去聲。

聖王制禮，無一不本人情而為之節文。世人不務其本，遂以王道為難。故子言觀於鄉飲，而知王道之易，重言易易，深著其不難也。

主人親速賓及，介而眾賓自從之，至於門外。主人拜賓及介，而眾賓自入，貴賤之義別矣。

鄭康成曰：速即家召之。别猶明也。方氏慤曰：賓，三賓也。三賓貴於眾賓，而介則輔三賓者也。故主人或親速之，或不親而使之自從，或不拜而使之自入，故曰貴賤别矣。

三揖至於階，三讓以賓升，拜至，獻酬辭讓之節繁；及介，省矣。至於眾賓，升受、坐祭、立飲，不酢而降，隆殺之義辨矣。

省音眚。殺去聲。

鄭康成曰：繁猶盛也。小減曰省。辨猶别也。孔氏穎達曰：主人于賓，三揖三讓，拜其來至，又酌酒獻賓。賓酬主人，主人又酌而自飲，以酬賓，是辭讓之節，其數繁多。介酢，主人則止，主人不酬介，是及介省矣。主人獻眾賓於西階上受爵，坐祭立飲，不酢主人，而降西階東面，是於賓禮隆、眾賓禮殺。方氏慤曰：前言貴賤，指其人。此隆殺，指其禮。因其人之貴，則禮隆；因其賤，則禮殺。

工入，升歌三終，主人獻之。笙入三終，主人獻之。閒歌三終，合樂三終，工告樂備，遂出。一人揚觶，乃立司正焉。知其能和樂而不流也。

閒去聲。和樂樂，音洛。

鄭康成曰：工，樂正也。樂正既告備而降。言遂出，自此至去不復升也。流，猶失禮也。孔氏穎達曰：工入，升歌《鹿鳴》《四牡》《皇華》，每一篇而一終。主人獻之，獻工也。吹笙之人，入於堂下，奏《南陔》《白華》《華黍》，每一篇一終。主人獻之，獻笙人也。閒，代也。笙歌已竟，而堂上與堂下更代而作。堂上人歌《魚麗》，則堂下笙《由庚》，為一終。堂上歌《南有嘉魚》，則堂下笙《崇北》，為二終。堂上歌《南山有臺》，則堂下笙《由儀》，為三終。合樂三終，謂堂上下歌笙竝作也。若工歌《關雎》，則笙吹《鵲巢》合之。歌《葛覃》，則笙吹《采蘩》合之。歌《卷耳》，則笙吹《采蘋》合之。工告樂備，遂出者，樂工先告樂正，樂正告賓，以樂備，乃降立西階，東北面，自此遂出也。一人，主人之吏。舉觶，示將行旅酬也。時留賓旅酬，恐有懈惰，故主人使相禮者一人，為司正以監之。

賓酬主人，主人酬介，介酬眾賓，少長以齒，終於沃洗者焉。知其能弟長而無遺矣。

少去聲。弟音悌。

鄭康成曰：遺，猶脱也，忘也。孔氏穎達曰：旅酬之時，賓、主人之黨各以少長為序，以次相旅，至於掌罍洗之人，以水沃盥洗爵者，皆豫酬酒。是弟長無遺，馬氏晞孟曰：少長以齒能，弟長也，終於沃洗，能無遺也。

降，説屨升坐，脩爵無數。飲酒之節，朝不廢朝，莫不廢夕。賓出，主人拜送，節文終遂焉。知其能安燕而不亂也。

説音脱。下朝字音潮。莫音暮。

孔氏穎達曰：無算爵，前皆立而行禮，未徹俎，故未説屨。至此徹俎之後，乃説屨升堂坐也。脩爵無數，謂無算爵也。鄭康成曰：朝夕，朝暮聽事也。不廢之者，既朝乃飲，先夕則罷。終遂猶充備也。方氏慤曰：脩，舉也。脩爵無數，可謂安燕矣。然而朝不廢朝，莫不廢夕，以至於節文終遂，是安燕而不亂。

貴賤明，隆殺辨，和樂而不流，弟長而無遺，安燕而不亂，此五行者，足以正身安國矣。彼國安而天下安，故曰：吾觀於鄉而知王道之易易也。

總結上文。五者辭讓恭敬正身之要也。身正然後國正，國正然後天下正，故曰國安而天下安。重言王道易易，以歎今之不然也。

鄉飲酒之義，立賓以象天，立主以象地，設介、僎以象日月，立三賓以象三光。古之制禮也，經之以天地，紀之以日月，參之以三光，政教之本也。

此覆説前文義。天尊地卑，日月運行天地，氣化以布，介、僎輔相賓、主，禮儀以成。三賓為行禮之主，如日月星在天，為萬物所仰照。又推言古人制禮，皆如此。然亦止大概言之，勿穿鑿而求。經，如織之有經，體也；紀，如絲之别條，理用也。參，參錯竝用之意。

亨狗於東方，祖陽氣之發於東方也。洗之在阼，其水在洗東，祖天地之左海也。尊有玄酒，教民不忘本也。

亨烹同。

陳氏祥道曰：狗之為物，有所守而善擇人者也。故古人燕饗多用之。愚按：狗為婁星之精，而旺於戊戌九陽之地。東方，陽施生之地，戌，陽成物之地也。亨狗於東方，以陽畜寓順陽之意耳。鄭康成曰：祖猶法也。陽氣，主養萬物。海，水之委也。太古無酒，飲水而已。愚按：海長於百川而左歸，謙下之義也。洗既在東，水又在洗東，法天地左海之意，以鳴謙，不忘本。陳氏曰：思禮之所由起也。

賓必南鄉。東方者春，春之為言蠢也，產萬物聖也。南方者夏，夏之為言假也，養之、長之、假之，仁也。西方者秋，秋之為言愁也，愁之以時察，守義者也。北方者冬，冬之為言中也，中者藏也。是以天子之立也，左聖鄉仁，右義偝藏也。介必東鄉，介賓主也。主人必居東方。東方者春，春之為言蠢也，產萬物者也。主人者造之，產萬物者也。

鄉去聲，下同。愁作揫。偝音佩。

申言賓介位之所鄉，以見尊賓之至。賓位西北而南鄉，以仁歸賓也。介，介賓主之閒，以輔相為義，主居東方，以養為義。上文已言其方，而此更言其鄉，因釋四方及天子之立位，明鄉飲酒之禮，即一位鄉閒，而法天地四時之義亦具也。鄭康成曰：蠢，動生之貌。假，大也。愁讀為揫，揫斂也。察猶察察嚴殺之貌也。項氏安世曰：聖管萬善，故象春。仁濟萬物，故象夏。義制萬事，故象秋。中藏萬理，故象冬。聖以德言，未及於用也，故左之。義以事言，天下之大用也，故右之。鄉仁以倈物，偝藏以反身也。凡道備於身為聖，施於物為仁，形於事為義，存於心為中 。名雖有四，其實一也。考其次序，固人道之當然，推其方位，亦天理之自然也。愚按：產萬物者聖，言天地之聖，主人者造之謂。此禮由主人設，施亦象春產萬物之意，故居東方耳。中言天子之立，亦因西方而附言之，非有錯簡也。

月者三日則成魄，三月則成時。是以禮有三讓，建國必立三卿。三賓者，政教之本，禮之大參也。

望後一日哉生魄，至三日則魄成矣。吕氏大臨曰：一生二，二生三，三生萬物。三者物之所由致，故禮有三讓、三賓、三卿。愚按：此明立三賓之義，天一地二則三矣。三生萬物，謂有天地，而萬物無不生耳。儒者罕究其實，而異端復傅會之，義益淆矣。

附解

大司徒以鄉三物教萬民，而賓興之比閭族黨皆有師，其父兄子弟所習者，無非禮樂之條。由小學而大學，家無異學，學無異道，蓋周先王培植者深。士皆有田，民無凍餒，故上之所取，下之所安，習為固然。人才蔚起，而鄉飲酒之禮，尤其作育之實功也。於時道一風同，六德、六行、六藝，人皆從事，而又以其閒飲酒、讀法、習射、習禮。考之《禮經》黨正以禮屬民飲酒，州長春秋習射飲酒，鄉大夫與國中之賢飲酒，此三者皆平日講求禮讓、習射、觀德之事，而一鄉之中，父兄師友率子弟而為之者不與焉。惟三年大比，鄉大夫獻賢能之書，則如今科舉，由邑宰而上，申其飲酒之儀，與上三者同異，今已不能盡詳。《儀禮》所載《鄉飲酒》篇，亦僅大略。而此篇申明其義，極為表揚，實則迂拘之説不少。如天地仁義德禮與聖，以之比附，殊欠精深 。而賓主象天地，三賓介僎象日月三光，猶覺其言之易也。夫鄉飲酒禮，為造就人材而設，其必立三賓者，取其德行道藝可以為師，而使子弟觀型焉。其他衆賓，亦必多有碩德耆年，故主人獻酬揖讓，致敬致誠，至於或射或投壺，及讀法課士之法，尤必有獎勵之方。而遺籍不全，第存此升降揖讓之文而已。記者生周之末，聞孔子之言，謂觀於鄉而知王道之易，故特為此篇。惜其所見已在末流文勝之餘，而不得聖人興賢育才之實。故意雖鄭重，語涉張皇，若象月成魄，亨狗東方，其膚庸為已甚。而天地嚴凝温厚之氣云云，尤害理失真，不容以不辨也。蓋天地秖此一元之氣，彌綸布濩，陰陽互為消長，共成歲功，三光四時，亦非賓主坐位可以彷彿。而昧其源，逐其流，以之取象，反貽明者之口實，烏乎可哉？故記者維世之苦衷，誠不可没，而立言之得失，亦不可不明。存其是而辨其非，庶先王之意，不謬於影響之談焉！夫子曰《關雎》之亂，洋洋則當時鄉飲酒禮猶存，而射於矍相及《論語》鄉人飲酒，則尋常飲酒習射，亦在在有之。特其儀不如《鄉飲酒禮》之詳。博考而會通之，周家造士之法可知矣。

禮記恒解卷四十六晚年定本

射義

聖王以禮樂養人才，才德備者乃為君子。射，藝事也，而必志正體直，比禮比樂，德性材藝，即此而儲。天下無事，以此觀德選士。天下有事，以此禦侮克敵。自黄帝創為弧矢，歷代聖王，莫不重之，故記者特記此篇。《禮》：射有三，一大射，將祭擇士。二賓射，諸侯來朝，或諸侯相朝而與之射。三燕射，息燕而與之射。天子、諸侯、大夫，三射皆具，士無大射。士無臣，祭無所擇也。三射之外，又有鄉射。大夫貢賢能，行鄉射之禮，而詢眾庶。又有州長射於州序之禮。又有主皮之射二，一是卿大夫從君田獵，無侯張獸皮而射之。二是庶人無侯，亦張皮而射之，又有習武之射。司弓矢云弧弓，以授射田革椹質者是也。中有遺義，詳見附解。

古者諸侯之射也，必先行燕禮。卿、大夫、士之射也，必先行鄉飲酒之禮。故燕禮者，所以明君臣之義也。鄉飲酒之禮者，所以明長幼之序也。

長上聲。

吕氏大臨曰：諸侯先行燕禮者，大射也。卿大夫先行鄉飲酒禮者，鄉射也。射者，男子之事，必飭之以禮樂。所以養人之德，使之周旋中禮也。孔氏穎達曰：明君臣之義者，臣於堂下再拜稽首，升成拜，君答拜，臣竭力致敬於君，君施惠以報之也。明長幼之序者，黨正飲酒，六十者坐，五十者立侍是也。

故射者，進退周旋必中禮。内志正，外體直，然后持弓矢審固。持弓矢審固，然後可以言中。此可以觀德行矣。

中行竝去聲。

平日服習於禮樂，有以正其心，脩其身，然後當射，而進退周旋中禮。內志正而持弓矢審，外體直而持弓矢固，可期必中，故可以觀德行矣。

其節，天子以《騶虞》為節，諸侯以《貍首》為節，卿大夫以《采蘋》為節，士以《采蘩》為節。《騶虞》者，樂官備也。《貍首》者，樂會時也。《采蘋》者，樂循法也。《采蘩》者，樂不失職也。是故天子以備官為節，諸侯以時會天子為節，卿大夫以循法為節，士以不失職為節。故明乎其節之志，以不失其事，則功成而德行立。德行立，則無暴亂之禍矣，功成則國安。故曰："射者，可以觀盛德也。"

貍，力之反。樂音洛。行去聲。

陳氏澔曰：節者，歌詩以為發矢之節度也。一終為一節。《周禮・射人》云：騶虞九節，貍首七節。《采蘋》《采蘩》皆五節。尊卑之節，雖多少不同，而四節以盡。乘矢則同。如騶虞九節，則先歌五節以聽，餘四節則發四矢也。七節者三節先以聽，五節者一節先以聽也。騶虞仁獸，古人四時講武，以去害稼之物，亦不傷生。詩言即騶虞也。書言伯益若子上下草木鳥獸，庶物蕃則太和翔洽，可以和神人而格上下，故為樂官備也。《貍首》言小大御於君所，則燕則譽，君臣一德，國治民熙，相説燕譽，故為樂會時也。《采蘋》《采蘩》，非言大夫士之事也，而其詩言敬循法度，敬脩職業，可以為大夫士法，故斷章取義。蓋循法敬職，至於誠潔，可以交於神明，凜於在公，乃為盡善，故節取之也。方氏慤曰：設官分職，天子事也，故以備官為節。制節謹度，諸侯事也，故以時會天子為節。服法服道法言，卿大夫事也，故以循法為節。保禄位守祭祀，士之事也，故以不失職為節。愚按：德具於心而見於行，不失其事，則功成而德行之實以著，故曰立自天子，以及士，各盡其事，各成其功，國有不安者乎？故觀盛德於此也。

是故古者天子以射選諸侯、卿、大夫、士。射者，男子之事也，因而飾之以禮樂也。故事之盡禮，樂而可數為以立德行者，莫若射。故聖王務焉。

數音朔。行去聲。

孔氏穎達曰：諸侯繼世而立，卿大夫有功乃升，非專以射而選。但既為諸侯、卿大夫，更以射辨其才藝高下，非直以射選補而用之。愚按：諸侯、卿大夫世及，固已然，必其才德無忝，乃堪勝職，則先王以射選諸侯、卿大夫、士，賞罰必藉是行焉，非以為文而已。蓋盡禮樂在平時，而驗禮樂之德行在射，故聖王務焉。若不能比禮、比樂命中，是其平日無德行可知，豈仍其尸位也乎？男子初生即懸弧，故曰：男子之事。

是故古者天子之制，諸侯歲獻，貢士於天子，天子試之於射宮。其容體比於禮，其節比於樂，而中多者，得與於祭。其容體不比於禮，其節不比於樂，而中少者，不得與於祭。數與於祭而君有慶，數不與於祭而君有讓。數有慶而益地，數有讓則削地。故曰：射者，射為諸侯也。是以諸侯君臣盡志於射以習禮樂。夫君臣習禮樂而以流亡者，未之有也。

比音畀。中去聲。與音預。

古者諸侯雖世及，卿大夫亦世官、世禄，而賓興取士，必及草茅，故諸侯歲獻貢士於天子也。天子試之於射宫者，人之才德非可盡於立談之間，而禮樂、德行，則即射可以概見。與祭者，皆諸侯卿大夫也。中多得與祭，則新貢之士數與於祭，而君有慶。數不與於祭，而君有讓。非賞罰其射之中否，賞罰其德行也。盡志於射，以習禮樂，謂平日服習禮樂，而期射時無失也，非謂素昧禮樂，而專於射習之。故曰：君臣習禮樂而以流亡者，未之有也。蓋射以覘其禮樂，非但以射為禮樂也。

故《詩》曰：曾孫侯氏，四正具舉。大夫君子，凡以庶士，小大莫處，御于君所。以燕以射，則燕則譽。言君臣相與盡志於射，以習禮樂，則安則譽也。是以天子制之，而諸侯務焉。此天子之所以養諸侯而兵不用，諸侯自為正之具也。

鄭康成曰：此曾孫之詩，諸侯之射節也。四正，正爵四行也。四行者，獻賓、獻公、獻卿、獻大夫，乃後樂作而射也。莫處，無安居其官次者也。御猶侍也。以燕以射，先行燕禮乃射；則燕則譽，言安國則有名譽。陳氏澔曰：曾孫侯氏者，諸侯推本其始封之君，故以曾孫言，如《左傳》曾孫蒯聵之類。愚按：君臣盡志於射，以習禮樂，則平日之習禮樂可知，是以天子制此射禮，而諸侯務焉。諸侯皆自為正，習於禮樂，兵何用也

孔子射於矍相之圃，蓋觀者如堵牆。射至於司馬，使子路執弓矢出延射，曰：賁軍之將，亡國之大夫，與為人後者，不入，其餘皆入。蓋去者半，入者半。又使公罔之裘、序點揚觶而語。公罔之裘揚觶而語曰：幼壯孝弟，耆耋好禮，不從流俗，脩身以俟死者，不？在此位也。蓋去者半，處者半。序點又揚觶而語曰：好學不倦，好禮不變，旄期稱道不亂者，不？在此位也，蓋勵有存者。

矍者攫。相去聲。賁讀僨。將與竝去聲。弟、好竝去聲。不音否。旄音耄。勵僅同。

矍相，地名。此蓋孔子平時與門人習射，亦傍鄉飲酒禮行之，故有司馬、司射。子路執弓矢出延射，如司射也。延，進也，出進觀者之欲射者。賁讀為僨。覆，敗也。亡國，亡君之國者。語，告也。三十曰壯。耆耋皆老也。流俗，失俗也。處猶留也。八十、九十曰旄。百年曰期頤。公罔氏，裘名。序氏，點名。觀者既多，庭中不容，故出延之入，乃比耦也。如堵牆，言其周圍而固密。司正以治禮名之，司馬以治兵名之。射事方燕之時，則名為司正；及射之時，則名為司馬，不謂有如此者。否，發問之辭也，言能如此，然後可以在位。為人後，謂禮不當出繼，而苟且為之者。可以死而不死，非忠也。捨己之親，而與為人之後，非孝也。

射之為言者繹也，或曰舍也。繹者，各繹己之志也。故心平體正，持弓矢審

固，持弓矢審固則射中矣。故曰：為人父者以為父鵠，為人子者以為子鵠，為人君者以為君鵠，為人臣者以為臣鵠。故射者，各射己之鵠。故天子之大射，為之射侯。射侯者，射為諸侯也。射中則得為諸侯，射不中則不得為諸侯。

舍音捨。中去聲。

方氏慤曰：繹若抽繹之繹，言其繹於内而明於外。舍若趨舍之舍，言其舍於此而之於彼。《詩》：不云乎？舍矢既鈞。又曰：舍拔則獲。愚案：志定於平時，而臨射又必比禮、比樂，心平體直，持弓矢審固，非涵養熟而德行脩者，不能。故先王以之選士。射為諸侯，言天子以此觀德，賞罰諸侯，即至貴者，以明射之重也。君臣父子之道難盡，然果禮樂節和性情，内正其志，外正其身，亦無不可盡者。以為父鵠云云，謂其射中在臨時，而所以必中平日也。鵠，小鳥，難中，故侯上畫之。以射中為雋，繹之為言，使思志體之何以能正，而謹于平時。禮樂淑身，非果偶一射中，即可為諸侯也。後世無禮樂之節，射遂為武夫之事，則此經所言，幾為畫餅矣。

天子將祭，必先習射於澤。澤者，所以擇士也。已射於澤，而后射於射宫，射中者得與於祭，不中者不得與於祭。不得與於祭者，有讓削以地，得與於祭者，有慶益以地，進爵、絀地是也。

與音預。

鄭康成曰：澤，宫名也。士，謂諸侯射者，諸臣及所貢士也。皆令先習射於澤，已乃射於射宫，課中否也。諸侯有慶者先進爵，有讓者先削地。愚按：祭以交於神明，尤必清其志氣。射非志正不可，且比禮比樂而志正體直。其為養也素矣。故中之，得與於祭。

故男子生，桑弧蓬矢六，以射天地四方。天地四方者，男子之所有事也。故必先有志於其所有事，然后敢用穀也，飯食之謂也。

射音石。飯上聲。食音嗣。

陳氏澔曰：宇宙内事，皆分内事，此男子之志也。人臣所以先盡職事，而後食君之禄者，正以始生之時，先射天地四方，而後使其母食子也。飯食，食子也。

射者，仁之道也。求正諸己，己正而後發，發而不中則不怨勝己者，反求諸己而已矣。孔子曰：君子無所争，必也射乎！揖讓而升，下而飲，其争也君子。

陳氏澔曰：為仁由己，射之中否亦由己，非他人所能與也。故不怨勝己者，而惟反求諸身。《儀禮·大射》云：耦進，上射在左，竝行當階，北面揖，及階揖，升堂揖，皆當其物，北面揖，及物揖。射畢，北面揖，揖如升時，是射時升降揖讓也。飲射爵者，亦揖讓而升降，勝者袒决，遂執張弓，不勝者襲説决，拾卻左手，右加弛弓於其上，而升飲，君子恥之，是以射則争中 。

孔子曰：射者何以射！何以聽？循聲而發，發而不失正鵠者，其唯賢者乎！

若夫不肖之人，則彼將安能以中？《詩》云：發彼有的，以祈爾爵。祈，求也。求中以辭爵也。酒者，所以養老也，所以養病也。求中以辭爵者，辭養也。

正音征。夫音扶。

何以射，何以聽，言既欲聽樂，而循其聲，又欲正志而中乎鵠，非平日習於禮樂，臨時鮮不志亂者。故唯賢者能之。不肖之人，素無禮樂以養其心。的，即正鵠也。賓射，畫布曰正。大射，棲皮曰鵠。鵠，鳱鵠，小鳥，難中，故以為的。祈爾爵，求不飲女爵也。酒所以養老病，射者男子之事，不甘老病，則必求免於爵。

附解

周以六德、六行、六藝取士，射者六藝之一耳，而天子達於庶人皆重之，何哉？人生强弱不同，氣質之拘，賴心思變化之。自少至長，服習於禮樂，内有以正其心，外有以束其身，惰慢邪僻之氣不作，而莊敬日强，固已習為固然矣。若夫射之為藝，雖若武技，然必内正其志，外直其體，而後可以言中，非存養有方，嗜慾少而神志清，何以能正？非禮儀素習，視聽端而内外嚴，何以能直？故先王以之教人。男子初生，即使懸弧；澤宫造士，首重斯義。豈曰穿楊貫札，儲有用之材已哉？蓋正人心，修禮度，馴致乎中正和平，意至深而法至良也。《儀禮》所載大射鄉射，亦已至詳，而比禮比樂之事未備，蓋漢儒採輯遺文，每遺本而就末。然其大概，可以等諸餼羊，故君子猶有取焉。此篇約言射義，亦文字之不可無者，而惜其未道精微。若射中得與於祭，不中不得為諸侯，讀者尤易以辭害意。蓋極言射義之重，不覺其言之失實耳。聖王選賢與能，固有灼知之理，五臣十亂，不以射名；列辟世傳，豈因射舉，而以失諸正鵠，定平生之優劣歟？至其引矍相之事，述無爭之言，則固知以聖人為依歸者。要而言之，習禮樂者，平日之事也；比禮樂者，一時之儀也。志正體直，充其量以極於至精，則誠正修齊在其中矣；謹其身以至於合度，則技能德行亦可觀矣。後世之射，僅一武夫之事，而所謂比禮樂者惘然。即精其詣者，亦未嘗齒之於有道，則又視射太輕，即此篇而求之，猶可以見本原，又奚容苛議而忽視之也？

禮記恒解卷四十七晚年定本

燕義

吕氏大臨曰：古君臣賓主相接，有饗有燕有食。饗禮亡矣，獨燕、食之禮，《儀禮》尚存。燕禮及公食大夫禮。燕以飲為主，食以食為主。饗禮雖無文，然雜見於傳記。饗以訓恭儉，燕以示慈惠。饗有體薦，燕有折俎。又云：几設而不倚，爵盈而不飲。又云：若不親饗，致饗以酬幣。又云：大饗卷三牲之俎於賓館。可見一斑。燕、饗有别，有天子燕諸侯者，《湛露》是也；有燕群臣者，《鹿鳴》是也，《記》云：君與卿燕，則大夫為賓；與大夫燕，亦大夫為賓。有燕賓客者，《記》云：若與四方之賓燕。《聘禮》云：燕羞俶獻無常數。《大行人》云：上公三饗三食三燕。是也。有燕族人者，《文王世子》云：與族燕，則以齒。是也。有養老者，《王制》凡養老，有虞氏以燕禮云云。是也。陳氏祥道曰：近自九族同姓，與兄弟朋友之親，而遠至乎諸侯君臣，與夫蠻夷貊狄，莫不有恩，以見其愛有義，以盡其禮，故人悦而天下服。

古者周天子之官有庶子官。庶子官職諸侯、卿、大夫、士之庶子之卒，掌其戒令，與其教治，别其等，正其位。國有大事，則率國子而致於大子，唯所用之。若有甲兵之事，則授之以車甲，合其卒伍，置其有司，以軍法治之，司馬弗正。凡國之政事，國子存游卒，使之脩德學道，春合諸學，秋合諸射，以考其藝而進退之。

卒，依鄭作倅。大音泰。卒伍卒，如字。治平聲。正音征。

御案：此必他書斷簡掇拾者，見下有士庶子句，遂附此耳。今姑另為一章。庶子，官主諸侯、卿、大夫、士之眾子，故名庶子。倅，副貳之名。眾子副其君長襄政治，故曰卒也。戒禁其非，令命以職，教之以德，治之以事。位，朝位，雖猶未仕，各以其父尊卑為等。國子，即眾子之學於國學者。唯所用之，任太子使用也。授，庶子官授之，有司主將。司馬弗正，屬於大子，司馬不得征役之也。國之政事，力役、土功、胥徒之屬，國子皆不得與。存游卒，不征役之也。使之脩德學道，以儲大用。中春合此諸子於大學，中秋合之於射宫，庶子之官考校其藝能而進退之。天子諸侯之子，皆入大學，與人同習德行道藝，而其平居日用飲食等事，則不能與齊民同也。慮其汰侈不謹，故設庶子官治之，不使等於凡民，亦未嘗不嚴其賞罰。此聖人立法之善、後世或寬或嚴，所置非人，變故多端，皆由未知聖人之教也。

諸侯燕禮之義，君立阼階之東南，南鄉，爾卿，大夫皆少進，定位也。君席阼階之上，居主位也。君獨身立席上，西面特立，莫敢適之義也。

爾邇同。鄉去聲。適音敵。御案：爾卿下當有卿西北面上爾大夫八字，闕文耳。

吕氏大臨曰：燕禮，射人告具小臣，設公席於阼階上，西鄉，公升，即位於席，諸臣未入，而君特立於席。君既即位，小臣納卿大夫、士，皆入門立，公乃降，立於阼階之東南，南鄉。爾卿，卿西面，北上；爾大夫，皆少進，進之使前。愚按：定位也者，位以臨時而定也。居主位也，言君屈尊以盡禮賓之意。莫敢適臣，不敢以君賓之，而失臣禮也。陳氏澔曰：自此以下，皆記者舉《儀禮》正文而釋其義。

設賓主，飲酒之禮也。使宰夫為獻主，臣莫敢與君亢禮也。不以公卿為賓，而以大夫為賓，為疑也，明嫌之義也。賓入中庭，君降一等而揖之，禮之也。

亢，苦浪反。為疑為，去聲。

賓主合歡，而後成飲酒之禮。宰夫，膳夫也。為獻主，攝主人而獻賓，以臣不敢當君獻也。不以公卿為賓，以公卿尊，疑於太近君。明其遠嫌也。降等而揖之，禮賓之道也。

君舉旅於賓，及君所賜爵，皆降，再拜稽首，升成拜，明臣禮也。君答拜之，禮無不答，明君上之禮也。臣下竭力盡能以立功於國，君必報之以爵禄，故臣下皆務竭力盡能以立功，是以國安而君寧。禮無不答，言上之不虚取於下也。上必明正道以道民，民道之而有功，然後取其什一，故上用足而下不匱也。是以上下和親而不相怨也。和寧，禮之用也。此君臣上下之大義也。故曰：燕禮者，所以明君臣之義也。

陳氏澔曰：先是宰夫代主人行爵，酬賓之後，君命下大夫二人媵爵。公取此媵爵以酬賓，賓以旅酬於西階上，賜爵，特賜臣下之爵，二者皆降西階下，再拜稽首。公命小臣辭，則賓升，復再拜稽首。先時以君辭之，於禮未成，故云成拜也。御案：禮通於上下，故拜無不答，因答拜之禮，推及君臣報功之道，又因君臣之禮，推及君民取與之義，以見禮之可以為國也。

席：小卿次上卿，大夫次小卿，士、庶子以次就位於下。獻君，君舉旅行酬，而后獻卿。卿舉旅行酬，而后獻大夫。大夫舉旅行酬，而后獻士。士舉旅行酬，而后獻庶子。俎豆、牲體、薦羞，皆有等差，所以明貴賤也。

差，初宜反。

鄭康成曰：牲體，俎實也。薦，脯醢也。羞，庶羞也。孔氏穎達曰：上卿在賓席之東，小卿在賓席之西，俱南面東上，遥相次。大夫在小卿之西，次小卿，獻士於西階上。既獻，立於阼階下。獻庶子於阼階上，既獻立於阼階，以次就位於下也。宰夫為主人酌以獻賓，賓飲畢，酌以酢主人。主人飲畢，酌以獻君。君飲畢，酌以酢主人。更爵以受酢於阼階下，飲卒爵。主人又洗觚酬，主人先飲卒爵，酌以酬賓。賓受觚坐奠於薦東訖，小臣請媵爵者二人，媵爵阼階下，皆北面媵爵於公。媵爵者先自飲畢，洗象觶，酌奠於公席之前。公坐取所媵之觶以酬賓。賓下，再拜稽首，公命小臣辭。賓升，成拜。公立卒觶，賓乃受公虚爵，酌之，酬大夫於西階上。眾大夫相酬畢，奠虛觶於篚。此獻君之舉旅行酬也。主人洗升，實散，獻卿於西階上。獻卿畢，小臣又請媵爵者，公使二人媵爵，奠於公前。公又行一爵，若賓若長，惟公所酬，以旅於西階上。大夫辯而止。此而后獻卿也。主人洗，獻大夫於西階上，大夫辯受獻，乃納工，獻眾工畢，公又舉奠觶，惟公所賜，以旅於西階上。此而後獻大夫也。脱屨，升堂坐之後，主人獻士於西階上。獻士辯，又獻旅食賓。媵觚於公，公坐取賓所媵觶，興。惟公所賜。乃就席，坐行之，終於大夫。終受者興，以酬士，士舉旅於西階上。此而后獻士也。而后獻庶子者，庶子卑，不為之舉旅，但無算爵之節，執爵者酌而旅之。方氏慤曰：《仲尼燕居》曰席，而無上下，則亂於席上也，故其上下之次如此。御案：凡獻，皆宰夫舉酬，則君自為之，俎豆牲體薦羞等差，禮文雖未詳載，然云惟君與賓有俎，卿無俎，大夫士無脀，則亦略可見矣。

附　解

燕，安息之意，又醼樂也。人情勞則思逸，倦則思安，君臣父子之間，義雖至嚴，而必將其慈惠燕以通上下之情。先王視群臣如子弟，視天下如一家，制禮固不外乎人情也。饗禮已亡，燕食猶存其概。燕食略相近，而燕主於酒，食主於食，故分言之。然飲食必俱而後成禮，特儀物多寡不同，亦無容拘鑿求之矣。夫先王以仁義教人，仁主於愛，義主於敬，平日之心膂股肱，聯為一體，既有以生其愛敬之良，而致其忠靖之實。平居無事，酒食燕樂略分言情，《鹿鳴》《湛露》諸詩，極之於不醉無歸，可謂盡歡。然示我周行，莫不令儀，固未嘗因娛悦而忘箴規也。《天保》九如《卷阿》泮渙，祝之以升，恒歸之於鳳翽，臣下亦美其得人，以相諷諭，明良相與，豈如後世之荒湎哉！此篇繹《儀禮》之文，而略陳其君臣貴賤之義，蓋專就朝廷而言。然即經傳參稽，凡家人、父子、宗族、鄉黨，莫不有燕，即莫不有其儀。第遺文散佚，不克睹其全豹耳。善讀是篇者，考之於詩書，推廣其義類，五倫之間，恩明誼美，敦繾綣之懷，寓德行之事。有情世宙，浩蕩乾坤，太和之氣，何嘗不即在於燕好之間，要無非仁義之道而已。至於揖讓周旋，笙簧酒醴，時勢不侔，禮節亦異，又不可以此篇所云，斤斤而求合焉。

禮记恒解卷四十八 晚年定本

聘義

吕氏大臨曰：天子之與諸侯，諸侯之與鄰國，皆有朝禮、聘禮。朝則相見，聘則相問。朝宗覲遇會同，皆朝也。存頫省聘問，皆聘也。故聘禮有天子所以撫諸侯者，大行人，一歲徧存，三歲徧頫，五歲徧省是也。有諸侯所以事天子者，大行人，時聘以結諸侯之好，殷頫以除邦國之慝是也。有鄰國交脩其好者，大行人，凡諸侯之邦，交歲相問，殷相聘久，無事則相聘是也。按《儀禮》所載，聘禮特有事聘問之禮。此篇亦大概言聘義，非專釋《儀禮》也。何前人誤認之耶?

聘禮：上公七介，侯伯五介，子男三介，所以明貴賤也。

吕氏大臨曰：古者賓必有介。介，副也，所以輔行斯事，致文於禮者也。鄭康成曰：《大行人職》：凡諸侯之卿，各下其君二等。孔氏穎達曰：上公親行則九介，其卿降二等，故七介。侯、伯、子、男，以次差之。

介紹而傳命，君子於其所尊弗敢質，敬之至也。

質，直相當也。紹，相繼傳命也。傳命，擯傳主命出，介傳賓命入，皆相繼傳授，不徑直。

三讓而后傳命，三讓而后入廟門，三揖而后至階，三讓而后升，所以致尊讓也。

孔氏穎達曰：三讓而后傳命者，賓在大門外，以主人陳擯，待以大禮。己不敢當，三度辭讓，主人不許，乃後傳君之命。三讓而后入廟門者，賓既傳命之後，主君延賓入至廟，將欲廟受，賓不敢當。主君在東，賓差退在西，相向三讓，乃入也。三揖而后至階者，初入廟門，一揖；當階北面，又揖；當碑又揖。三讓而后升，主君揖賓至階，主君讓賓升，賓讓主君，如此者三，君乃先升，賓乃升也。尊，主人尊。賓讓，賓讓而不敢受。

君使士迎於竟，大夫郊勞，君親拜迎於大門之内而廟受，北面拜貺，拜君命之辱，所以致敬也。

竟同境。勞去聲。

鄭康成曰：貺，賜也。賓致命，公當楣再拜。其恩惠辱命來聘。孔氏穎達曰：賓及竟，張旜，君使士請事，遂以入。賓至近郊，君使下大夫請行，又使卿朝服，用束帛勞。此大夫即卿也。敬言主君致敬於聘君。

敬讓也者，君子之所以相接也。故諸侯相接以敬讓，則不相侵陵。

總承而推言之。方氏慤曰：侵，以此侵彼。陵，以下陵上。

卿為上擯，大夫為承擯，士為紹擯。君親禮賓，賓私面私覿，致饔餼，還圭璋，賄贈，饗、食、燕，所以明賓客君臣之義也。

覿，大歷反。還音旋。食音嗣，下同。

孔氏穎達曰：上擯，接迎於賓。承擯，承副上擯。紹擯，繼續承擯也。行聘已訖，君親執醴以禮賓。私面，私以已禮見主國之卿大夫，私覿，私以已禮覿主國之君。及卿大夫以其非公聘正禮，故曰私。致饔餼者，行聘之日，主君使卿致饔餼之禮於賓館。牲，殺曰饔，生曰餼。賓將去時，君使卿就賓館，還其所聘之圭璋。因其還圭之時，竝以賄而往，還圭既畢，以賄贈之。饗、食、燕者，主君設大禮以饗賓，設食禮以食賓，皆在朝。又設燕以燕之，燕在寢。或主人敬賓，或賓答主人，或君親接客，或使臣致之，是顯明賓客、君臣之義也。

故天子制諸侯，比年小聘，三年大聘，相厲以禮。使者聘而誤，主君弗親饗食也，所以愧厲之也。諸侯相厲以禮，則外不相侵，内不相陵 。此天子之所以養諸侯，兵不用，而諸侯自為正之具也。

比音畀。使去聲。

御案：《周禮》天子十二年巡狩。十二年中，五服諸侯來朝，各二卿大聘，四大夫小聘，六正，得疏數之中，則比年一小聘，三年一大聘，乃諸侯事天子之正法。至諸侯相聘，無一定之年。晉文襄霸諸侯，以事天子者事晉，非禮也。《聘義》亦因時事為説耳。古今惟禮可以養人制，諸侯天子養之也，自為正，諸侯自養也。相厲以禮，正其以禮相養處。

以圭璋聘，重禮也。已聘而還圭璋，此輕財而重禮之義也。諸侯相厲以輕財重禮，則民作讓矣。

御案：天子命圭，惟朝天子，則執以合符，所謂輯五瑞也。諸侯相朝聘，則執瑑玉，其制視命圭而瑑刻之。瑑圭八寸，與命圭之九寸、七寸，如其命數者異。此還圭璋，即八寸之瑑圭璋也。若六幣之圭璋，乃諸侯所以享天子后者，與八寸之圭璋又不同。以享之圭璋，必合幣聘之圭璋，則特達而不用幣也。愚按：瑑圭亦命于天子，用以行聘禮，故必還之。財幣帛之屬，凡争而不讓，多起于輕禮重財。孔氏穎達曰：重者難以報復，還之輕者，易可酬償，更其他物贈之，是輕財重禮之義。

主國待客，出入三積，餼客於舍，五牢之具陳於内，米三十車，禾三十車，芻薪倍禾，皆陳於外，乘禽日五雙，群介皆有餼牢，壹食，再饗，燕與時賜無數，所以厚重禮也。

積，子賜反。乘去聲。食音嗣。

陳氏澔曰：出，既行也。入，始至也。積，謂饋之牢禮。米禾芻薪之屬，其來與去，皆三饋之積，故云出入三積。餼客於舍，致饔餼於賓館也。三牲備，謂一牢。孔氏穎達曰：五牢之具陳於内，飪一牢在賓館西階，腥二牢在賓館東階，餼二牢在賓館内之西，是皆陳於内也。米三十車設於門東，東陳禾三十車，設於門西，西陳芻薪倍禾。鄭注：薪從米，芻從禾。薪以炊爨，故從米，芻以食馬，故從禾。乘禽，乘行群匹之禽，雁鶩之屬，聘卿每日致五雙也。群介皆有餼牢，爵卿，飧二牢，饔餼五牢。爵大夫，飧大牢，饔餼三牢。爵士，飧少牢，饔餼大牢。陳氏澔曰：禾藁實竝列者也。御案：禮有飯有殽，設酒不飲食，禮也。醴薦不食，爵盈不飲，饗禮也。一獻既畢，坐飲至醉，燕禮也。或賜以束紡，或賜以金玉，時賜也。食行於朝，饗行於廟，以訓恭儉，故有數。燕行於寢，時賜於館，以示慈。惠故無數。愚按：厚重，從其厚而重聘禮也。

古之用財者，不能均如此，然而用財如此其厚者，言盡之於禮也。盡之於禮，則内君臣不相陵，而外不相侵，故天子制之，而諸侯務焉爾。

吕氏大臨曰：古者制國用，量入以為出。至於國新殺禮，凶荒殺禮，故有祈以幣，更賓以特牲者，則用財於賓客，不皆如此之厚也。然禮存其數，將使富者不敢過制，貧者不敢不盡禮。盡之於禮，使内外不相侵陵之道也。

聘、射之禮，至大禮也。質明而始行事，日幾中而后禮成，非强有力者，弗能行也。故强有力者將以行禮也，酒清人渴而不敢飲也，肉乾人飢而不敢食也。日莫人倦，齊莊、正齊，而不敢解惰，以成禮節，以正君臣，以親父子，以和長幼。此眾人之所難，而君子行之，故謂之有行。有行之謂有義，有義之謂勇敢。故所貴於勇敢者，貴其能以立義也。所貴於立義者，貴其有行也。所貴於有行者，貴其行禮也。故所貴於勇敢者，貴其敢行禮義也。故勇敢强有力者，天下無事則用之於禮義，天下有事則用之於戰勝。用之於戰勝則無敵，用之於禮義則順治。外無敵，内順治，此之謂盛德。故聖王之貴勇敢、强有力如此也。勇敢、强有力而不用之於聘義、戰勝，而用之於争鬭，則謂之亂人。刑罰行於國，所誅者亂人也。如此，則民順治而國安也。

幾平聲。乾音干。莫音暮。齊音齋。下齊如字。解音懈。長去聲。有行之行，去聲。治去聲。

呂氏大臨曰：節文之多，惟聘射之禮為然，故曰至大禮也。質明行事，至於日幾中而禮成。酒清肉乾，而不敢飲食，非心夷氣平，强有力而不憚煩，則不能也。非齊莊中正，知所尊敬而不敢懈，則不能也。君臣父子長幼之義，皆形見於節文之中。人之所難，我之所安；人之所懈，我之所敬。故能行之者，君子也。君子之自養也，養其强力勇敢之氣，一用之於禮義，戰勝則德行立矣。其養人也，養其强有力勇敢之氣，一用之於禮義，戰勝而教化行矣。此所以外無敵，内順治，而國安也。愚按：記者括聘、射禮之大概而言。見文德即寓武功，蓋齊莊中正之德，强力勇敢之氣，皆由禮義而出。養之平日，而用之臨時，禮樂兵戎，非叛然二致。後世不然，孔子所以思射不主皮也。

子貢問於孔子曰：敢問君子貴玉而賤碈者何也？為玉之寡而碈之多與？

碈音民。為去聲。與平聲。

鄭康成曰：碈，石似玉，或作玫。孔氏穎達曰：此以聘用玉，因論玉有諸德，而結成聘義之篇。與，疑詞。

孔子曰：非為碈之多故賤之也，玉之寡故貴之也。夫昔者，君子比德於玉焉：温潤而澤，仁也。縝密以栗，知也。廉而不劌，義也。垂之如隊，禮也。叩之，其聲清越以長，其終詘然，樂也。瑕不揜瑜，瑜不揜瑕，忠也。孚尹旁達，信也。氣如白虹，天也。精神見於山川，地也。圭璋特達，德也。天下莫不貴者，道也。《詩》云：言念君子，温其如玉。故君子貴之也。

縝音軫。知音智。劌，九衛反。隊音墜。詘音屈。

鄭康成曰：色柔温潤，似仁也。縝，緻也。栗，堅貌。劌，傷也。義者，不苟傷人也。如隊，禮尚謙卑也。樂作則有聲，止則無也。越猶揚也。詘，絶止貌。《樂記》曰：止如槀木。瑕，玉之病也。瑜，其中間美者。玉之性，善惡不相揜，似忠也。孚，讀為浮。尹，讀如筠。浮筠，謂玉采色也。采色旁達，不有隋翳，似信也。虹，天氣也。精神，亦謂精氣也。山川，地所以通氣也。特達，謂以朝聘也。璧琮則有幣，唯有德者無所不達，不有須而成也。道者，人無不由之。貴玉者，以其似君子也。呂氏大臨曰：金之有廉，雖利也，用之則傷。玉之有廉，雖不利也，用之則不能傷。如君子之義，其威雖若不可犯，卒歸於愛人而已。凡聲滯濁而韻短者，石也；清越而韻長者，玉也。始洪而終殺者，金。始終如一者，玉也。其終詘然，所謂玉振之也。玉之明徹，藴於中而達於外，猶君子之信由中出。

附　解

古者諸侯各君其國，政令刑賞，惟所自為。惟禮樂征伐，統於天子，固有久而必敝之勢。而盛時道一風同者，何也？皇建極而綱紀嚴，巡狩述職，問俗省方，不遺遠邇，是以德足相孚，政足相維，大畏小懷，不虞隕越。朝聘之制，尤大禮也。君臣誼洽，而《湛露》《彤弓》形諸歌詠，列邦聘問，亦以隆協恭之志。而聯指臂之交，非徒私以言情。春秋之衰也，强弱不齊，侵凌日甚，諸侯不知有宗周，而知有霸國。乾綱解紐，眾緒棼如，固事勢之所必然乎！然夫子大管仲之功，表為命之善，而自為聘，擯則翼翼小心，惟恐失墜，豈非以時幣所趨觴酒豆肉之間，即邦交離合所繫，息民修好，不得不兢兢歟？《儀禮》所記，祇侯國聘問之事。而此篇申言其義，亦第舉大凡。且後世宇内一尊，普天皆為臣妾，則此禮已不可行矣。然我朝道光六合，凡有血氣莫不尊親，而共球竝集，寵錫頻加，視唐虞三代，荒服但歸羈縻者，尤為過之。則知此篇所言，久歸聖人之裁制。善讀書者，毋徒以几席煩文，斤斤致辨於是非也。

禮记恒解卷四十九晚年定本

喪服四制

鄭《目録》云：名喪服四制者，記喪服之制，取於仁義禮智。御案：此篇小戴本所無，今按其文，取之大戴《本命》篇者大半，而因殺以為節，上與《家語》同，必後人掇兩書，以己意附益成篇，故不與《三年問》相次，而附之小戴之末。鄭因存之也。愚按：周衰，喪禮尤失，記者特明其義。中有微瑕，詳見附解。

凡禮之大體，體天地，法四時，則陰陽，順人情，故謂之禮。訾之者，是不知禮之所由生也。夫禮，吉凶異道，不得相干，取之陰陽也。

訾音紫。

此節是記者所以特記此篇之意。周衰，蕩棄禮法，吉兇混亂，故云禮之大體。體天地自然之序，法四時變化之情，則陰陽異用之理，順人情自然之理。訾毀之者，不知禮之所由生，而至吉凶相干，是亂天地之經，人情之正也。下文乃於五禮中特以喪禮言。

喪之四制，變而從宜，取之四時也。有恩有理，有節有權，取之人情也。恩者仁也，理者義也，節者禮也，權者知也。仁、義、知，人道具矣。

知音智。

喪者人倫之大事。仁人孝子，不忍之心，於此為重。而當時不遵禮制，故特言之。四制，恩、理、節、權也。天地陰陽之道，見於四時，仁義禮知之性，本於生初，取之四時，法其意，而其理則人情自具者也。四時化育，天地之仁也，而人則得之，以為不忍。四時變化，天地之義也，而人則得之，以為裁制。四時節序，天地之禮也，而人則得之，以為節文。四時消長，天地之權也，而人則得之，以為變通。此記者深明乎天地人之理而言也。御案：權何以日知，凡權度銖兩，由此心之明，精切不差也。

其恩厚者其服重，故為父斬衰三年，以恩制者也。

五服莫非恩制也，而父恩最重，故特以明恩制。

門內之治恩揜義，門外之治義斷恩。資於事父以事君，而敬同，貴貴尊尊；義之大者也。故為君亦斬衰三年，以義制者也。

治去聲。

五服之等差，莫非義制也，而君義最重，故特以明義制，仁義不可偏廢也，而恩之重者主乎恩，義之制者主乎義，遂若相揜者，然實非有所揜也，父非不敬，君非無恩，特以門內門外分言之，而各言其至重者。

三日而食，三月而沐，期而練，毀不滅性，不以死傷生也。喪不過三年，苴衰不補，墳墓不培，祥之日鼓素琴，告民有終也，以節制者也。資於事父以事母，而愛同。天無二日，土無二王，國無二君，家無二尊，以一治之也。故父在為母齊衰期者，見無二尊也。

期音基。苴，七餘反。為去聲。齊音咨。見去聲。大戴不培作不坿，下有下同邸陵四字。

孔氏穎達曰：此明四制之中節制也。愚按：未殯，不食三日，而殯食粥；未葬，不沐三月，而葬將虞，然後沐浴，期而小祥，然後練冠練衣，哀毀至於滅性，反為不孝，以其傷生，非父母之意也。不過三年，以為節也。賢者俯而就，不肖者仰而企，苴衰非以為飾也。故不補墳墓，必慎為封固，故不復培鼓素琴，以示哀未盡而禮有限制，終禮之經也。凡事久而無節則意懈，故以節制者，乃所以全其哀敬之心也。母恩與父同，而父在，為母齊衰期者，家無二尊，為父屈也。然猶心喪，以終三年。父亦必三年乃娶，所以達孝子之心也。事父事母，其愛同，特家無二尊，故父在服異，不可誤認。鼓素琴，鄭康成曰：始存樂也。孔氏穎達曰：始存省此樂若縣，而作在既禫之後。

杖者何也？爵也。三日授子杖，五日授大夫杖，七日授士杖。或曰“擔主”，或曰“輔病”。婦人童子不杖，不能病也。百官備，百物具，不言而事行者，扶而起。言而后事行者，杖而起。身自執事而后行者，面垢而已。禿者不髽，傴者不袒，跛者不踊，老病不止酒肉。凡此八者，以權制者也。

擔平聲。禿，吐木反。髽，側瓜反。傴，紆主反。跛，彼我反。

此明權制也。杖本為哀毀者而設，而日爵也者，以庶人身自執事，又或不能病，禮行於貴者，故先王為爵者而制杖也。君之喪三日、五日、七日授杖異，以爵之貴賤為遠近也。擔，任也，喪主居哀，任杖以治喪事，不至病也。輔病則為其哀瘠也。孔氏曰：婦人，未成人之婦人，是也。喪事委任，百官居不待言而事，皆可行王侯也。

既無他事分心，得專意哀戚，其病必深，故須扶持，乃能起立。大夫士言而後事行，不必極病，杖而起也。庶人身自執事，雖有杖，不必用，但面有塵垢之容可也。子於父母貴賤同情，而為此區别者，所謂權也。辮麻繞髮為紒曰髽。袒者露膊，跛者脚蹇，不髽、不袒、不踊，所以全其疾也。老病羸瘠，而使脩禮，或致滅性，故酒肉養之。八者不杖，扶而起，杖而起，面垢，不髽，不袒，不踊，酒肉也。權謂權其義理之輕重，而制禮以適中。

始死，三日不怠，三月不解，期悲哀，三年憂，恩之殺也。聖人因殺以制節。

解音懈。期音基。殺，色戒反。

吕氏大臨曰：始死，哭不絶聲，水漿不入口，三日不怠也。未葬，哭無時，居倚廬，寢不脱絰帶，三月不解也。既虞，卒哭，惟朝夕哭，期悲哀也。既練，不朝夕哭，哭無時，哀至則哭，三年憂也。因隆殺而制其禮，所謂品節，所斯之謂禮。

此喪之所以三年，賢者不得過，不肖者不得不及，此喪之中庸也，王者之所常行也。《書》曰高宗諒闇，三年不言。善之也。王者莫不行此禮，何以獨善之也？曰：高宗者，武丁。武丁者，殷之賢王也。繼世即位，而慈良於喪。當此之時，殷衰而復興，禮廢而復起，故善之。善之，故載之《書》中而高之，故謂之高宗。三年之喪，君不言。《書》云：高宗諒闇，三年不言。此之謂也。然而曰言不文者，謂臣下也。

賢者思親無已時，不肖者或不能思，故為三年之喪，使過者俯就，不肖者仰企，是為中庸。王者常行，而《書》獨記高宗諒闇不言，以當禮衰之時，能以仁心居喪，故善之而載其事。獨稱高宗三年之喪，君不言。孔氏曰：記者引古禮是也。諒闇，倚廬之别名。三年之喪，君不言禮也。然而禮書又云可言，但不及於文者，謂臣下非謂君也。下申明之。

禮：斬衰之喪，唯而不對；齊衰之喪，對而不言；大功之喪，言而不議；緦、小功之喪，議而不及樂。

吕氏大臨曰：此不言，謂與賓客接。若治喪之事，則亦言而後行事也。孔氏穎達曰：唯，稱唯而已。不對其所問之事。相者為之對，對但對其所問之事，不餘言。議，議論，相問答。不及樂，不聽及於樂。鄭康成曰：言先發口也。

父母之喪，衰冠，繩纓、菅屨，三日而食粥，三月而沐，期十三月而練冠，三年而祥。

衰音催。菅音姦。期音基。

此定制也。自天子至於庶人，一也。

比終兹三節者，仁者可以觀其愛焉，知者可以觀其禮焉，强者可以觀其志焉。禮以治之，義以正之，孝子、弟弟、貞婦皆可得而察焉。

比音畀。知去聲。上弟，音悌。

孔氏穎達曰：三節，初喪至沐，一也。十三月練，二也。三年祥，三也。吕氏大臨曰：惻怛痛疾，悲哀志懣，非仁者篤於愛，則不能也。然哭踊無節，喪期無數，服不别精粗，位不别賓主，直情徑行，其知不足道也。儀文皆中於禮，非知者不能。愚按：志始終而不變，非强不能。仁義禮知四制也，而此獨言禮義者，禮以達其仁，義以制其知，發於性情而禮義經緯之，乃能情文兼至，故孝子、弟弟、貞婦，皆可得而察也。

附解

周之興也，百度具修，而所重在民食喪祭，《論語》亦言之，蓋養生送死，人情所同，即天理所肇。謹其制度，遂其愛敬之良，而一切規為順而推之，始易踐履，是故暨於衰季，猶多講求。此禮之人，觀小戴所記，可以知其概矣。而此篇尤簡要分明，其曰四制，蓋以恩、禮、節、權四字該喪禮之全，而曰取之四時、人情。天道固不外乎人情，人情必準於天道。作者其亦有窺於天人之際歟？顧其分配仁義禮知，殊未精當。蓋仁即天理也，順理而行節文之曰禮，協其宜曰義，智則知此。而已喪主於哀，非仁者安能為孝？禮者，所以達其哀而盡其敬慎。義以權之，無失乎此心之良，而亦不至毀以傷孝。仁、義、禮、智，咸在此中，非曰吾以全仁義禮智也，亦行其心之不忍，而情文自生焉耳。何乃創為節權等名，以言仁義邪？其篇首言法天地四時及則陰陽順人情，則純粹無疵。蓋言理必求其實，苟有微瑕，學者惑焉，更何以有率由。故不得不辨而析之，非必苛求索垢也。